매튜 풀

청교도 성경주석

MATTHEW POOLE'S COMMENTARY

야고보서 ~ 요한계시록

정충하 옮김

역자 **정충하**

역자는 성균관대학교 경영학과와 합동신학원을 졸업했으며, 기독지혜사에서 편집부장을 역임했다. 지금은 경기도 가평에 소재한 새소망교회에서 목회하면서, 전문번역가로 활동하고 있다. 주요 역서로는 「신약신학」(요아킴 예레미아스), 「선지자 연구」(에드워드 J. 영), 「신약의 초석」(랄프 P. 마틴), 「모세오경」(존 H. 세일해머), 「요한계시록의 신학」(도날드 거스리), 「복음서의 난해구절 해석」(로버트 H. 스타인), 또한 매튜 헨리 주석(「사무엘상하」를 비롯하여 역사서 4권) 등이 있다.

매튜 풀 청교도 성경주석 21

야고보서~요한계시록

1판 1쇄 발행 2016년 4월 7일
1판 3쇄 발행 2021년 12월 9일

발행인 박명곤 CEO 박지성 CFO 김영은
편집 채대광, 김준원, 박일귀, 이은빈, 김수연
디자인 구경표, 한승주
마케팅 임우열, 유진선, 이호, 김수연
펴낸곳 CH북스
출판등록 제406-1999-000038호
대표전화 070-4917-2074 **팩스** 031-944-9820
주소 경기도 파주시 회동길 37-20
홈페이지 www.hdjisung.com **이메일** main@hdjisung.com
제작처 영신사 월드페이퍼

청교도
성경주석
21

매튜 풀

청교도 성경주석

MATTHEW POOLE'S COMMENTARY

야고보서 ~ 요한계시록

정충하 옮김

SINCE 1984
크리스천
다이제스트

MATTHEW POOLE'S COMMENTARY

야고보서

서론

본 서신의 권위는 고대의 몇몇 신학자들에 의해 의심되었다. 유세비우스(Eusebius)와 제롬(Jerome, 히에로니무스) 같은 사람들이 바로 그들인데, 그들은 본 서신을 의심쩍은 눈으로 바라보았다. 이와 같은 태도는 나중에 카예탄(Cajetan)이나 에라스무스(Erasmus)는 말할 것도 없고 심지어 루터에게 있어서도 마찬가지였다. 루터는 초창기에 (나중에는 좀 더 온건해지기는 했지만) 본 서신에 대해 매우 경멸적인 태도를 취했으며, 그의 초창기 제자들 역시 마찬가지였다. 먼저 고대의 신학자들에 대해 생각해 보도록 하자.

우리는 유세비우스와 제롬 이전의 대부분의 교부들과 초창기 그리스도인들이 본 서신을 아무 의심 없이 받아들인 사실을 기억할 필요가 있다. 우리는 본 서신 안에서 복음의 교훈과 상충되는 것을 아무것도 발견하지 못한다. 본 서신 역시 다른 성경들이 가지고 있는 장엄함과, 정결함과, 영성(靈性)과, 인간의 양심과 도덕성을 일깨우는 능력을 동일하게 가지고 있다. 또 카예탄과 에라스무스와 관련해서도 우리는 개신교도들뿐만 아니라 심지어 교황주의자들까지도 대부분 본 서신의 권위를 보편적으로 받아들이는 사실을 제시할 수 있다. 그리고 루터와 관련해서도 우리는 오늘날 모든 루터교 신자들이 본 서신의 권위를 보편적으로 받아들이는 사실을 제시한다.

루터로 하여금 본 서신의 권위를 부인하도록 이끈 것은 부분적으로 의롭다 함을 받음에 있어서의 바울과 야고보 사이의 외견상(外見上)의 차이와 또 부분적으로 야고보가 (그리스도인들에게 편지를 쓰고 있었음에도 불구하고) 그리스도의 죽음이라든지 혹은 그의 공로라든지 혹은 그의 부활에 대해 전혀 다루지 않았기 때문이었다. 물론 야고보가 그러한 부분들을 직접적으로 다루지 않는 것은 사실이지만, 그러나 우리는 편지 곳곳에 그와 관련한 개념들이 산재(散在)해 있음을 간과해서는 안 된다. 1:21의 "심어진 말씀"이라든지 혹은 1:25의 "자유롭게 하는 율법" 등의 표현을 주목해 보라. 이것이 그리스도의 복음을 의미하는 것이 아니라면 도대체 무엇이란 말인가? 또 5:9의 "심판주"로써, 그가 그리스도 외에 무엇을 의미했단 말인가?

또 5:7의 "그의 강림하심"으로써, 그가 그리스도의 강림하심 외에 무엇을 의미했단 말인가? 뿐만 아니라 그는 2:1에서 "우리 주 예수 그리스도에 대한 믿음"이라는 명확한 표현을 사용하고 있지 않은가?

다만 본 서신이 지금 우리가 보고 있는 바와 같은 내용을 갖게 된 것은 그것을 기록한 저자의 목적과 그것의 수신자들의 영적 도덕적 상태에 기인한다. 야고보는 믿음을 고백하면서도 여전히 방탕하며 육신적인 상태 아래 있는 사람들에게 편지를 쓰고 있었다. 그들은 스스로 믿음을 가지고 있노라고 자랑했지만, 그러나 그 알맹이는 결여했다. 그들은 성도(聖徒)라기보다 차라리 무도덕자(無道德者)들에 가까웠다. 그들은 그들이 고백하는 믿음에 합당하지 못한 행실로 기독교 신앙을 더럽혔다. 야고보는 이러한 것들을 바로잡으면서 그와 같은 종류의 믿음 즉 행함이 결여된 믿음이 헛것임을 보여주고자 했다. 이와 같이 본 서신을 기록한 야고보의 주된 목적은 그들의 잘못된 행실을 바로잡는 것이었다. 그러므로 믿음의 교리를 장황하게 설명하는 것은 그에게 있어 필요치 않은 일이었다.

바울은 여전히 바리새적인 생각을 그대로 가지고 있는 사람들과 많은 접촉을 가지고 있었다. 그들은 자기 의와 같은 유대교적인 개념을 떨쳐버리기가 매우 어려웠다. 이런 상황에서 바울은 은혜라든지 혹은 믿음으로 의롭다 함을 받는 교리를 강조할 수밖에 없었다. 반면 야고보가 접촉하고 있는 사람들은 은혜의 교리를 마치 아무렇게나 살아도 된다는 식으로 오해한 사람들이었다. 이런 사람들에게 야고보는 그들의 믿음에 합당하게 살 것과 그들이 받은 거룩한 믿음에 합당한 열매를 맺을 것을 촉구했다. 병에 맞게 약이 처방되어야 한다. 이런 병에는 이런 약이 처방되고, 저런 병에는 저런 병이 처방된다. 바리새인들에게는 선한 행실을 강조할 필요가 없다. 왜냐하면 그들은 이미 과도할 정도로 그것을 중요하게 생각하고 있기 때문이다. 마찬가지로 믿음으로 말미암아 의롭다 함을 받은 사람에게는 또다시 은혜의 교리에 많은 강조점을 둘 필요가 없다.

본 서신은 그 권위가 의심되어 왔던 것처럼 그것의 저자 또한 의심의 대상이 되어 왔다. 그러나 이것은 그다지 중요한 문제가 아니다. 우리는 하나님의 영이 본 서신을 기록함에 있어 어떤 도구를 사용하셨는지를 아는 일에 지나친 관심을 가질 필요가 없다. 중요한 것은 그 위에 하나님의 인(印)이 새겨져 있는 것을 발견하는 것이다. 본 서신을 기록한 야고보가 세베대의 아들이 아니었음은 분명하다. 왜냐하면 그는 본 서신이 기록되기 전에 이미 헤롯에 의해 목 베임을 받아 죽었기 때문이다

(행 12:1). 성경에 세 명의 야고보가 있으며 그 중 둘은 사도였고 나머지 하나는 70인의 제자들 가운데 한 사람으로서 "오블리아스"(Oblias) 혹은 "의인 야고보"(James the Just)라고 불리는 사람이었다는 견해가 있는데, 이것은 확실하지 않다. 성경은 단지 두 명의 야고보만을 언급하는 것으로 보인다. 한 사람은 세베대의 아들이고, 다른 한 사람은 "주의 형제"라고 불리는 알패오의 아들이다(갈 1:19). 후자의 야고보는 우리 주님의 친척으로서, 나중에 베드로와 요한과 함께 "기둥"으로 말하여진다(갈 2:9). 어떤 사람들은 이 사람이 70인의 제자들 가운데 한 사람으로서 오블리아스라고 불리는 세 번째 야고보라고 생각하지만, 그러나 열두 사도 가운데 한 사람인 알패오의 아들일 가능성이 훨씬 더 높다. 70인의 제자들 가운데 한 사람이 많은 사도들을 제치고 교회의 세 기둥 가운데 하나로서 여겨졌다는 것은 거의 생각하기 어려운 일이다. 그러므로 나는 본 서신의 기록자를 알패오의 아들 야고보라고 생각한다. 그가 스스로를 사도라고 부르지 않았다고 해서 반드시 그가 사도가 아니었을 것으로 단정할 필요는 없다. 왜냐하면 바울 역시도 편지를 기록하면서 네 번이나 — 즉 빌립보서와 데살로니가전후서와 빌레몬서에서 — 스스로를 사도라고 부르지 않았기 때문이다.

본 서신이 "공동"(general) 서신으로 불린 것 역시 많은 의문의 대상이 되어 왔다. 왜냐하면 그에 대한 만족할 만한 대답이 쉽게 주어지지 않기 때문이다. 어떤 사람들은 바울의 서신들과는 달리 본 서신이 어떤 특정한 교회나 혹은 특정한 사람들에게 보내진 것이 아니기 때문이라고 생각한다. 그렇다면 특정한 사람들에게 보내진 요한이서와 요한삼서가 "공동" 서신으로 간주되는 반면 특정한 수신자를 가지고 있지 않은 히브리서가 그것의 범주에 포함되지 않는 이유는 도대체 무엇이란 말인가? 반면 다른 사람들은 야고보서와 다른 여섯 서신(즉 베드로전후서, 요한일이삼서, 유다서)이 "공동" 서신으로 불린 것은 그것들이 교회들 가운데 정경(正經)의 일부로서 공동적으로 혹은 보편적으로 인정되고 받아들여졌기 때문이라고 생각한다 — 정경의 일부로서 받아들여지지 못한 바나바서, 이그나티우스서, 클레멘스서 등과는 달리 말이다. 이러한 것들이 본 서신이 "공동" 서신으로 불리게 된 것과 관련하여 여러 사람들이 찾은 이유들이다. 어느 것이 더 가능성이 높은지는 각각의 독자들이 판단해보기 바란다.

본 서신은 전체적으로 볼 때 다양한 실천적 교훈들로 구성되어 있다. 본 서신의 주된 내용은 신자들 사이에 슬그머니 들어온 여러 가지 악(惡)들을 바로잡는 것이다. 뿐만 아니라 여기에는 또한 그들을 안일함과 뜨뜻미지근함으로부터 각성시킴으로써 그동안 소홀히 했던 의무를 올바로 실천하도록 격려하는 내용이 담겨 있다. 야고보는 특별히 그들에게 다가오는 심판을 일깨워줌으로써 그렇게 한다. 또 여기에는 연약한 신자들로 하여금 환난과 압제 가운데 인내할 것을 격려하는 내용이 담겨 있다. 이와 같이 우리는 본 서신 전체를 통해 탁월하면서도 유용한 많은 진리들이 각각의 장소에서 다양하게 언급되며 나타나는 것을 보게 된다.

MATTHEW POOLE'S COMMENTARY

야고보서 1장

개요

1. 야고보가 흩어져 있는 열두 지파에게 문안함(1).
2. 그가 고난 가운데 기뻐하며 인내할 것을 권면함(2–4).
3. 그가 믿음으로 기도할 것을 권면함(5–8).
4. 그가 가난한 자들과 부자들에게 훈계함(9–11).
5. 시험을 참는 자가 복이 있음(12).
6. 우리를 시험하는 것은 하나님이 아니라 우리 자신의 욕심임(13–16).
7. 하나님이 모든 좋은 것들의 창시자임(17–18).
8. 우리는 정결함과 온유함으로 말씀을 받아야 하며, 듣기만 하고 행하지 않는 자가 되어서는 안 됨(19–25).
9. 혀를 다스려야 할 필요성(26).
10. 참된 경건의 근본적인 의무들(27).

1. 하나님과 주 예수 그리스도의 종 야고보는 흩어져 있는 열두 지파에게 문안하노라.

하나님과 주 예수 그리스도의(of God and of the Lord Jesus Christ). 우리는 여기의 "하나님"과 "주 예수 그리스도"를 결합적으로(jointly) 취할 수 있다. 그렇다면 접속사 "and"는 단순히 설명의 의미를 갖는 것이 될 것이다. 그러면 여기의 표현의 의미는 "하나님이신 주 예수 그리스도의 종"이 될 것이다. 또 여기의 "하나님"과 "주 예수 그리스도"를 우리는 개별적으로(separately) 취할 수도 있다(우리의 흠정역은 이러한 해석을 선호하는 것으로 보인다). 그렇다면 이러한 표현으로서 야고보는 자신의 편지를 읽는 수신자(受信者)들에게 자신이 그리스도를 섬기는 자이면서 동시에 하나님을 섬기는 자라는 사실과, 자신이 하나님의 권위와 그리스도의 권위 모두를 가지고 이 편지를 쓰고 있음을 알리고자 한 것이다.

종. 야고보는 모든 피조물처럼 창조로 말미암아(시 119:91) 그리고 모든 신자들처럼 구속으로 말미암아 종이었을 뿐만 아니라, 또한 사도의 직분을 받은 자로서 특별한 사명으로 말미암아 종이었다. 갈라디아서 1:10; 빌립보서 1:1; 베드로후서 1:1

을 보라. 또 로마서 1:9과 비교하라. **야고보.** 알패오의 아들이면서 유다의 형제. 여기의 야고보는 또한 "주의 형제"로도 불린다(갈 1:19). **흩어져 있는 열두 지파.** 할례자의 사도 가운데 한 사람으로서, 야고보는 각 나라에 흩어져 있는 모든 유대인 신자들에게 이 편지를 쓰고 있었다(갈 2:9; 행 2:9-11). **문안하노라(greeting).** 이것은 이교도들 사이에서 뿐만 아니라 유대인들 사이에서도 통상적인 인사였다(마 26:49; 27:29). 그리고 그리스도인들 사이에서도 그대로 사용되었다(행 15:23). 이것은 모든 복을 포괄하는 히브리 인사법인 "평안을 구하노라"(peace)와 상응하는 것으로 보인다. 그러므로 여기의 인사 역시 그와 같이 이해되어야 한다.

2. 내 형제들아 너희가 여러 가지 시험을 당하거든 온전히 기쁘게 여기라.

내 형제들아. 야고보는 같은 민족일 뿐만 아니라 같은 믿음을 가진 사람들을 이와 같이 부른다. 이런 친밀한 호칭으로 인해 그의 훈계들은 한층 더 따뜻한 것이 될 수 있을 것이었다. **너희가 … 당하거든.** 너희가 그러한 것들에 의해 포위되고 에워싸임으로 말미암아 피할 길이 없을 때. **여러 가지 시험.** 야고보는 다양한 시련과 역경들을 그 안에 있는 하나님의 목적으로부터 "시험"(temptation)이라고 부른다. 그것은 사람 안에 있는 것을 시험하고(try) 드러내기 위한 것이다. 유대인들은 다른 민족에 속한 사람들에 의해 미움을 받았으며, 특별히 유대 그리스도인들은 심지어 유대인 자신들에게조차 미움을 받았다. 그러므로 유대인 신자들은 다양한 종류의 고통에 노출되었다(벧전 1:6). **온전히 기쁘게.** "all joy" 즉 모든 기쁨으로. 다시 말해서 최고의 기쁨 즉 영적인 기쁨으로. **여기라.** 육신적인 판단으로는 다르게 받아들일 수밖에 없다 하더라도, 영적인 판단으로 그와 같이 받아들이라.

3. 이는 너희 믿음의 시련이 인내를 만들어 내는 줄 너희가 앎이라.

너희 믿음의 시련(the trying of your faith). 야고보가 고통을 시험(temptation)이라고 부른 이유와 신자들이 시험을 당할 때 온전히 기쁘게 여겨야만 하는 이유는 그것이 그들의 믿음을 시련(try)하는 것이기 때문이다.

인내를 만들어 내는 줄. 믿음의 시련 자체가 인내를 만들어 내는 것이 아니라, 하나님이 그것을 도구로 사용하셔서 인내를 만들어 내신다. 반론 : 로마서 5:3에는 "환난이 인내를" 만든다고 언급되는 반면 여기에서는 "시련이 인내를" 만든다고 언급되는 것은 무슨 까닭인가? 대답 : 여기에 사용된 단어와 로마서 5:3에 사용된 단어는 다르다. 여기의 단어는 '도키미온' (δοκιμιον)으로서 능동적으로 시련 자체를 의미한다. 바로 이것이 인내를 만든다. 반면 로마서 5:3에서 그것은 '도키메' (δοκιμη)

로서 수동적으로 시련에 이어지는 경험을 가리키며, 이것이 또한 인내를 만든다. 그러므로 둘 다 사실이다. 바울이 말하는 것처럼 환난도 인내를 만들며, 야고보가 말하는 것처럼 시련도 인내를 만든다.

4. 인내를 온전히 이루라 이는 너희로 온전하고 구비하여 조금도 부족함이 없게 하려 함이라.

인내를 온전히 이루라. 즉 인내로 하여금 너희가 하나님의 뜻에 절대적으로 복종하며 모든 고난 가운데 끝까지 견디는 자들로 만들도록 너희 안에서 충분한 효력을 갖게 하라. 이는 너희로 온전하고 구비하여. 너희가 은혜 가운데 온전하게 자랄 수 있도록 그리고 그리스도의 형상이 너희 안에서 완전하게 될 수 있도록. 조금도 부족함이 없게 하려 함이라. 시련 가운데 넘어지거나 나약하게 되지 않게 하려 함이라, 혹은 기독교의 꼭 필요한 부분에 있어 결함이 없게 하려 함이라.

5. 너희 중에 누구든지 지혜가 부족하거든 모든 사람에게 후히 주시고 꾸짖지 아니하시는 하나님께 구하라 그리하면 주시리라.

너희 중에 누구든지 지혜가 부족하거든. "If any of you lack wisdom." 여기의 "만일"(if)은 의심을 함축하지 않는다. 다만 그들에게 지혜가 부족하다고 하는 특별한 상황을 상정(想定)할 뿐이다. 비슷한 경우로서 말라기 1:6을 보라. 모든 사람에게. 유대인이든 이방인이든 종이든 자유자든 모든 종류의 사람들에게, 혹은 다음 절에 나타나는 것처럼 간구하는 모든 사람들에게. 후히. 탐욕스러운 수전노의 인색한 마음과는 정반대로 열린 마음과 넓은 마음과 값없이 베푸는 마음으로. 여기의 단어는 고린도후서 8:2; 9:13에서도 사용된다. 꾸짖지 아니하시는. 계속해서 조르며 간구하는 것에 대해 책망하지 아니하시는. 그러나 하나님은 받은 것에 대해 감사하지 아니하고 그것을 오용(誤用)하는 것에 대해서는 책망하신다. 하나님께 구하라. 뜨거운 믿음의 기도로써. 그리하면 주시리라. 마태복음 7:7-8; 요한복음 16:23을 보라. 이러한 약속이 덧붙여진 것은 믿음으로 구하도록 격려하기 위함이다.

6. 오직 믿음으로 구하고 조금도 의심하지 말라 의심하는 자는 마치 바람에 밀려 요동하는 바다 물결 같으니.

오직 믿음으로 구하고. 하나님의 속성과 약속에 근거하여 그의 들으심을 확신하면서(막 11:24; 요일 5:14). 조금도 의심하지 말라. 불신앙 가운데 하나님의 능력과 약속에 대해 이러쿵저러쿵 하면서 의심하지 말라(롬 4:20). 사도행전 10:20; 마가복음 11:23을 보라. 의심하는 자는 마치 바람에 밀려 요동하는 바다 물결 같으니. 이것은 믿음 없이 기도하는 것의 헛됨과 무익함을 보여준다. 사람들의 마음이 이와 같이 불확실함 가운데 요동치며 흔들릴 때, 그들의 믿음은 헛것이며 그들의 기도는 아무런 결과도 맺지 못한다. 그리고 그들의 요동치는 마음은 믿음이 들어와 고요하게 될 때까지 결코 고요함을 얻지 못한다. "악인은 평온함을 얻지 못하고 그 물이 진흙과 더러운 것을 늘 솟구쳐 내는 요동하는 바다와 같으니라"(사 57:20).

7. 이런 사람은 무엇이든지 주께 얻기를 생각하지 말라.

이런 사람. 믿음으로 구하는 대신 의심 가운데 요동하는 사람. 마가복음 9:23; 24를 보라. 무엇이든지 주께 얻기를. 앞에서 언급된 지혜는 고사하고 최소한의 긍휼조차도. 생각하지 말라. 헛되이 상상하지 말라, 혹은 스스로를 설득하지 말라.

8. 두 마음을 품어 모든 일에 정함이 없는 자로다.

두 마음을 품어. 그는 (1) 시편 12:2에 묘사된 것처럼 두 마음을 가진 위선자이거나, 아니면 (2) 이리저리 흔들리며 요동하며 때로는 이 마음을 갖고 때로는 저 마음을 가지며 어떤 때는 희망을 갖고 어떤 때는 절망을 하는 두 마음을 가진 사람이다.

모든 일에. "In all his ways" 즉 그의 모든 길에. 히브리 어법에서 어떤 사람의 "길"은 그의 계획과 목적과 행함 등 모든 것을 포괄하는 표현이다. 정함이 없는. 마음에 견고함과 견실함이 없이 계속적으로 흔들리는, 혹은 내적 동요로 가득 찬 가운데 계속적으로 요동치는.

9. 낮은 형제는 자기의 높음을 자랑하고.

낮은. 헬라어 원어는 마음의 낮음과 외적 조건의 낮음을 모두 의미하지만, 그러나 여기에서는 누가복음 1:48에서처럼 후자를 의미하는 것으로 — 그리고 특별히 그리스도와 복음을 위해 기꺼이 취한 낮음을 의미하는 것으로 — 이해된다.

형제. 즉 신자. 모든 신자들 혹은 성도들은 그리스도 안에서 형제이다. 고린도전서 16:20; 데살로니가전서 5:26; 디모데전서 6:2을 보라. 자기의 높음을 자랑하고. 최고의 높음인 형제, 그리스도의 지체, 하나님의 자녀, 영광의 상속자인 것을 자랑하고. 혹은 그리스도를 위해 고난을 당하는 영광으로 높아진 것을 자랑하고. 사도행전 5:41; 로마서 5:3을 보라.

10. 부한 자는 자기의 낮아짐을 자랑할지니 이는 그가 풀의 꽃과 같이 지나감이라.

부한 자. 즉 부한 형제. 세상에서 높고 명예로우며 부유한 조건에 있는 자.

자기의 낮아짐을 자랑할지니. 그는 그의 외적인 조건이 아니라 그의 내적인 성향과 마음의 상태를 자랑해야 한다. 하나님은 그에게 높은 조건 가운데 낮은 마음을 주심으로써 그로 하여금 십자가를 받아들일 수 있도록 준비시키셨다.

이는 그가 풀의 꽃과 같이 지나감이라. 부한 형제가 그의 넘치는 부요함 가운데 겸손해야 하는 이유는 그가 현재적으로 소유하는 것의 불확실함 때문이다. 그의 목숨도 확실하지 않고, 그의 재물도 확실하지 않다. 그도 지나가고, 그가 향유하는 것들도 지나간다. 그의 화려함은 마치 피었다가 금방 지고 마는 풀의 꽃처럼 쉽게 사라진다.

11. 해가 돋고 뜨거운 바람이 불어 풀을 말리면 꽃이 떨어져 그 모양의 아름다움이 없어지나니 부한 자도 그 행하는 일에 이와 같이 쇠잔하리라.

뜨거운 바람. 통상적으로 동방지역에서 해가 뜰 때 부는 뜨거운 동풍(욘 4:8).

부한 자도 이와 같이 쇠잔하리라. "So also shall the rich man fade away." 여기의 "shall"은 "may" 대신 사용된 것일 수 있다. 그렇다면 여기의 미래 시제는 가능법적으로 이해되어야 한다. 그렇다면 야고보는 여기에서 부한 자의 재물이 항상 그리고 확실하게 속히 쇠잔해질 것을 확언하고 있는 것이 아니다. 다만 쉽게 그리고 자주 그렇게 될 수 있음을 말할 뿐이다. 또 그것(shall)은 미래의 확실함을 가리키는 것으로도 취하여질 수 있다. 그렇다면 이것은 부자와 그의 소유가 짧은 시간밖에는 머물지 못함을 말하는 일반적인 명제가 될 것이다. 설령 그가 오래 산다 할지라도 그의 생애는 짧은 것에 불과하다. 또 죽음은 그로부터 그가 향유하는 모든 것을 벗겨버린다. 이러한 덧없음은 모든 사람들에게 공통적이지만 특별히 야고보가 부자들에 대하여 말하는 것은 그들이 자신들의 재물을 자랑하며 그것을 의지(依支)하기 때문이다. "네가 이 세대에서 부한 자들을 명하여 마음을 높이지 말고 정함이 없는 재물에 소망을 두지 말고 오직 우리에게 모든 것을 후히 주사 누리게 하시는 하나님께 두며"(딤전 6:17). 그 행하는 일에. 재물을 위한 그의 여정에서나 혹은 그의 계획과 목표와 행동 안에서(시 146:4).

12. 시험을 참는 자는 복이 있나니 이는 시련을 견디어 낸 자가 주께서 자기를 사랑하는 자들에게 약속하신 생명의 면류관을 얻을 것이기 때문이라.

시험을 참는 자는 복이 있나니. 시험의 공격을 인내와 성실로써 견디는 자는 복이 있나니. "보라 인내하는 자를 우리가 복되다 하나니 너희가 욥의 인내를 들었고 주께서 주신 결말을 보았거니와 주는 가장 자비하시고 긍휼히 여기시는 이시니라"(약 5:11). 또 히브리서 12:5, 7을 보라. 시험. 야고보서 1:2처럼 고통. 시련을 견디어 낸

자. 시련을 통해 견고한 믿음을 가진 자로서 증명된 자. 이것은 불로 연단된 금속으로부터 취한 은유이다. 주께서 약속하신. 이것은 우리가 무슨 근거 위에서 생명의 면류관을 기대하는지를 보여준다. 즉 그것은 주의 약속의 근거 위에서이다. 그러므로 우리는 그것을 확실하게 기대할 수 있다. 자기를 사랑하는 자들에게. 즉 모든 참된 신자들에게. 이들은 율법의 완성인 사랑에 의해 그 믿음이 — 그리고 그로 말미암아 생명의 면류관을 얻을 자격이 — 증명된 자들이다. 반론 : 어째서 야고보는 여기에서 그리스도를 위해 고난을 당한 자들에게 생명의 면류관을 약속하지 않는가? 대답 : 여기에 그것이 함축되어 있다. 왜냐하면 그리스도에 대한 사랑을 증명함에 있어 그를 위해 고난을 당하는 것보다 더 큰 것은 아무것도 없기 때문이다.

생명의 면류관. 하늘의 영광이 이와 같은 이름으로 불리는 것은 그것이 영원한 생명 안에서 얻어지는 것이기 때문일 뿐만 아니라 또한 그것이 영원히 시들지 않는 것이기 때문이다. "그리하면 목자장이 나타나실 때에 시들지 아니하는 영광의 관을 얻으리라"(벧전 5:4).

13. 사람이 시험을 받을 때에 내가 하나님께 시험을 받는다 하지 말지니 하나님은 악에게 시험을 받지도 아니하시고 친히 아무도 시험하지 아니하시느니라.

사람이 시험을 받을 때에. 죄에 충동되어 시험에 빠질 때에. 내가 하나님께 시험을 받는다. 내가 하나님으로 말미암아 죄로 이끌려진다 혹은 죄를 짓도록 강제된다. 하지 말지니. "Let no man say" 즉 말하지 말지니. 자신의 죄에 대한 책임을 참람하게도 하나님에게 돌리는 따위는 입으로도 말하지 말고 마음으로도 말하지 말아야 한다. 하나님은 악에게 시험을 받지도 아니하시고. 하나님은 내부로부터의 어떤 충동이나 혹은 외부로부터의 어떤 자극에 의해 불의한 것으로 이끌려질 수 없다.

친히 아무도 시험하지 아니하시느니라. 하나님은 결코 어떤 사람을 죄로 유혹하지 않으신다. 그러므로 하나님은 어떤 경우에도 죄의 창시자로서 간주되어서는 안 된다. 반론 : 하나님은 출애굽기 17:2, 7; 신명기 6:16; 시편 78:41에서 시험을 당하신 것으로, 또 창세기 22:1; 신명기 8:2; 13:3에서 시험하신 것으로 말하여지지 않는가? 대답 : 둘 모두 감추어져 있는 어떤 것을 드러내기 위한 시험으로 이해되어야 한다. 사람들이 하나님을 시험하는데, 그것은 그가 하실 일을 알기 위함이다. 하나님이 사람들을 시험하시는데, 그것은 그들로 하여금 자신들이 할 일을 알도록 하기 위함이다. 시험이 그것을 드러내며, 그럼으로써 그것이 나타난다. 어쨌든 여기의 "시험"은 상대방을 죄로 유혹하며 이끄는 것으로 이해되어서는 안 된다. 하나님은 어려운 명령을 내리심으로써(창 22:1), 욥의 경우처럼 고난을 통해, 사탄이나 혹은 다른 악한 도구들로 하여금 시험하도록 내버려 두심으로써(왕상 22:22), 사람들로부터 자신의 은혜를 거두심으로써(삼상 28:15), 내적 타락이 죄로 펼쳐지도록 그냥 내버려 두심으로써, 그리고 사람들의 악한 의지(意志)를 그대로 사용하심으로써 — 예컨대 도둑이 이 양이 아니라 저 양을 도둑질하거나 혹은 느부갓네살이 랍바가 아니라 예루살렘을 치러 오는 것처럼(겔 21:21, 22) — 시험하신다. 그러나 하나님은 죄를 짓도록 명령하시거나, 제안하시거나, 유혹하시거나, 혹은 설득하심을 통해 시험하지 않으신다.

14. 오직 각 사람이 시험을 받는 것은 자기 욕심에 끌려 미혹됨이니.

여기에서 야고보는 죄의 위대한 원인을 보여준다. 사람을 시험으로 이끎에 있어 마귀나 혹은 그의 도구들보다 욕심이 더 큰 원인이다. 마귀와 그의 도구들은 우리 자신의 동의(同意) 없이 우리를 죄 짓게 만들 수 없다. 그들은 시험을 하지만, 그러나 종종 성공하지 못한다. 그러나 욕심이 시험을 할 때, 그것은 항상 성공한다.

자기 욕심. 물론 이것의 주된 의미는 욕구하며 갈구하는 것이지만, 그러나 우리는 이것을 본래적인 타락 전체로 이해할 수 있다. 미혹됨. 이것은 미끼에 의해 미혹된 물고기와 청년을 올바른 길로부터 미혹하는 음녀로부터 취한 은유이다. 음녀는 그를 쾌락의 미끼로 미혹한다.

15. 욕심이 잉태한즉 죄를 낳고 죄가 장성한즉 사망을 낳느니라.

욕심이 잉태한즉. 이것을 창기가 음행을 통해 죄의 씨를 잉태하는 것과 비교하라. 죄를 낳고. 의지(意志)가 죄에 혹은 외적인 죄의 행동에 완전하게 동의(同意)할 때, 죄가 태어난다. 죄가. 원죄의 열매와 산물인 실천적인 죄. 장성한즉. 마치 사람의 인생행로처럼 죄가 반복적으로 행해질 때.

사망을 낳느니라. 육체의 사망뿐만 아니라 영원한 사망까지. 여기에서 우리는 죄의 진행되는 순서를 발견할 수 있다. 먼저 욕심이 무심코 일어나는데, 바로 이것이 시험 혹은 미끼이다. 다음으로 그러한 시험이 그것의 즐거움으로 사람을 미혹하며, 그것의 격렬함으로 사람의 마음을 잡아당긴다. 마치 음녀가 "여러 가지 고운 말과 입술의 호리는 말로 유혹하며 꾀는" 것처럼 말이다(잠 7:21). 그러면 마음은 욕심의 발동과 함께 흔들리며 헝클어지게 된다. 그리고 드디어 마음은 시험에 동의하게 되고 그와 함께 욕심이 잉태하게 된다. 그리고 마침내 외적인 행동으로 이어지면서 죄가 태어나게 된다. 그리고 죄가 계속될 때, 그것은 마침내 사망을 낳게 된다. 반론

: 욕심 자체 혹은 욕심이 처음 일어나는 것 자체는 죄가 아니지 않은가? 대답 : 그렇지 않다. 왜냐하면 (1) 욕심의 최소한의 발동조차도 금지되기 때문이다(마 5:28; 롬 7:7). (2) 그것은 율법 및 하나님의 영과 상반되기 때문이다(롬 7:23, 25; 갈 5:16-17). (3) 그것이 불결함의 근원이며, 그러므로 그 자체가 불결하기 때문이다(욥 14:4; 마 7:15-16; 약 3:11). (4) 악한 생각이 사람을 더럽게 하기 때문이다(마 15:19; 행 8:22). 반론 : 로마서 7:8은 죄가 욕심을 만든다고 말한다. 그런데 여기의 구절은 어떻게 욕심이 죄를 낳는다고 말하는가? 대답 : 야고보는 부패한 원리 자체를 욕심으로, 그리고 그것을 행하는 것을 죄로 부른다. 반면 바울은 같은 원리를 죄로, 그리고 그것을 행하는 것을 욕심으로 부른다. 그러므로 양쪽 다 사실이다. 뿌리인 욕심이 그것의 열매인 죄의 행동을 낳는다. 또 뿌리인 죄가 그것의 열매인 실제적인 욕심을 낳는다.

16. 내 사랑하는 형제들아 속지 말라.

너희의 죄를 하나님에게 전가하지 말라. 그리고 너희가 시험을 받을 때 하나님으로 말미암아 시험을 받노라고 말하지 말라.

17. 온갖 좋은 은사와 온전한 선물이 다 위로부터 빛들의 아버지께로부터 내려오나니 그는 변함도 없으시고 회전하는 그림자도 없으시니라.

온갖 좋은 은사(every good gift). 여기의 단어는 "주심"(giving)으로 번역될 수 있다. 사람들은 때로 악한 마음과 악한 방법으로 좋은 선물들(gifts)을 주기도(give) 하는 반면, 하나님의 선물(gift)과 그의 주심(giving)은 항상 선하다. 그러므로 하나님으로부터 무엇인가를 받을 때, 우리는 그것 자체뿐만 아니라 그것을 주시는 자의 선하심과 풍성하심을 보아야만 한다. 또 그것은 우리의 흠정역처럼 "선물"(gift)로 번역될 수도 있다. 설령 그것이 자연(nature)과 은혜(grace)의 모든 좋은 선물들(gifts)이 하나님으로부터 말미암음을 의미하는 것일 수 있다 하더라도, 어쨌든 여기에서의 야고보의 목적은 하나님이 죄의 창시자가 아님을 증명하는 것이다. 좋은 선물들(good gifts)은 마땅히 은혜로부터 말미암은 그리고 죄와 반대되는 최고의 선물들(best gifts)로서 이해되어야 한다. 그것은 에베소서 1:3의 "신령한 복들"과 같은 것으로서, 야고보는 그러한 것들 가운데 하나로서 "거듭남"(regeneration)을 예로 든다(약 1:18, 한글개역개정판에는 단순히 "낳으셨느니라"라고 되어 있음).

온전한 선물(every perfect gift). 최고로 좋은 선물들(the highest degree of good gifts), 혹은 우리를 가장 온전케 하는 선물들. 이것은 거듭남이라고 하는 은혜의 출발점으로부터 영광에 완전하게 참여하는 마지막 절정에 이르기까지 영적 생명의 모든 단계들이 하나님으로부터 말미암음을 보여준다. **위로부터.** 즉 하늘로부터(요 3:27, 31). 하늘은 거기에 거하시는 하나님을 대신하는 표현이다(눅 15:21). **빛들의 아버지.** 모든 온전한 것들의 창시자이신 하나님은, 그러므로 물리적인 빛의 창시자이시다. 그러나 여기의 표현을 우리는 영적인 빛 즉 무지와 불신앙과 죄의 어둠과 반대되는 지식과 믿음과 거룩함의 빛으로 이해해야 한다.

아버지께로부터 내려오나니. 창조주, 창시자, 혹은 첫째 원인(히 12:9처럼). 이것은 히브리적인 방식으로 말하여진 것이다. 창세기 4:20, 21을 보라.

그는 변함도 없으시고 회전하는 그림자도 없으시니라. 여기에서 야고보는 하나님을 본질적으로 선한 하나님으로 제시한다. 그리고 그를 해를 빗대어 빛들의 아버지, 물리적인 빛의 근원으로 제시한다. 해는 계속적으로 그 위치를 바꾸면서 모든 곳에 자신의 빛을 뿌린다. 어떤 때는 청명하게 빛나기도 하며, 또 어떤 때는 구름에 가려 흐려지기도 한다. 어떤 시간에는 동쪽에 떠 있는가 하면, 또 어떤 시간에는 남쪽에, 또 어떤 시간에는 서쪽에 떠 있는다. 그것은 일 년 단위의 궤도를 따라 끊임없이 회전한다. 그러나 하나님은 항상 동일하시다. 하나님이 그러하신 것처럼, 그의 선하심의 빛들 역시도 악의 그림자를 드리움이 없이 모든 곳에 뿌려진다.

18. 그가 그 피조물 중에 우리로 한 첫 열매가 되게 하시려고 자기의 뜻을 따라 진리의 말씀으로 우리를 낳으셨느니라.

그 피조물 중에. 즉 이성적(理性的)인 피조물. 성경 곳곳에서 "피조물"이라는 단어는 사람에게 한정되어 사용된다. 마가복음 16:15; 골로새서 1:15을 보라.

우리로 한 첫 열매가 되게 하시려고. 즉 율법 아래서의 첫 열매처럼 다른 모든 피조물들로부터 분리되어 하나님께 거룩하게 구별된 가장 뛰어난 피조물이 되게 하시려고(계 14:4). **자기의 뜻을 따라.** 첫째 원인으로서 그의 선하심과 기뻐하심으로부터. 하나님의 일하심은 우리 안에 있는 어떤 공로나 존귀로 말미암지 않는다. 에베소서 1:9; 디모데후서 1:9을 보라. **진리의 말씀으로.** 즉 복음의 말씀으로. 하나님은 이것을 도구 혹은 수단으로 사용하셔서 우리를 거듭나게 하신다. 우리는 에베소서 1:13에서 복음이 "진리의 말씀"으로 불리는 것을 발견한다. "그 안에서 너희도 진리의 말씀 곧 너희의 구원의 복음을 듣고 그 안에서 또한 믿어 약속의 성령으로 인치심을 받았으니." **우리를 낳으셨느니라.** 영적 출생으로. 이로 말미암아 우리는 거듭나 신적 본성에 참여하는 자가 되었다(요 1:13; 벧전 1:3, 23).

19. 내 사랑하는 형제들아 너희가 알지니 사람마다 듣기는 속히 하고 말하기는 더디 하며 성내기도 더디 하라.

사람마다 듣기는 속히 하고. 우리는 진리의 말씀으로 말씀하시는 하나님의 말씀에 신속하게 귀를 기울일 준비가 되어 있어야 한다. 말하기는 더디 하며. 우리는 잠잠히 그리고 순복하는 마음으로 말씀을 들어야 한다. 그리고 믿음에 속한 것들에 대해 성급하고 조급하게 말해서는 안 된다. 우리는 다른 사람들을 가르치기 전에 먼저 스스로를 영적인 지식으로 충분하게 구비시켜야 한다. 성내기도 더디 하라. 하나님의 말씀과 그것을 전파하는 자들에 대해 분개하지 말라. 설령 그것이 너희의 양심을 괴롭히며 너희의 은밀한 죄를 드러낸다 하더라도 말이다. 말씀은 소금이다. 설령 그것이 너희의 상처를 쓰라리게 만든다 하더라도, 그것과 더불어 다투지 말라. 왜냐하면 그것이 너희의 상처를 덧나는 것으로부터 지켜줄 것이기 때문이다. 또 너희를 반대하는 자들에 대해서도 편견을 가지고 분개하지 말라.

20. 사람이 성내는 것이 하나님의 의를 이루지 못함이라.

사람이 성내는 것이. 그러한 성냄은 대부분의 경우 인간적이며, 육신적이며, 무절제하며, 격정적이며, 죄와 연결된다. 하나님의 의를 이루지 못함이라. 그것은 너희 안에서 말씀의 목적 즉 하나님이 너희 안에서 만드시고자 하는 의를 이루지 못할 것이다. 우리는 여기에서 곡언법을 주목할 수 있다(曲言法; 예컨대 "very good"을 "not bad"로 표현하는 방식의 수사법). 결국 여기의 구절이 함축하는 것은 사람의 성내는 것이 말씀의 역사(役事)를 가로막고 그럼으로 말미암아 그것이 마침내 불의를 이루게 된다는 것이다.

21. 그러므로 모든 더러운 것과 넘치는 악을 내버리고 너희 영혼을 능히 구원할 바 마음에 심어진 말씀을 온유함으로 받으라.

그러므로 … 내버리고. 그러한 것들을 억제할 뿐만 아니라, 마치 더러운 누더기를 내버리는 것처럼 그렇게 내버리라(사 30:22). 에베소서 4:22; 골로새서 3:8; 베드로전서 2:1을 보라. 모든. 모든 종류의. 더러운 것. 혹은 지저분한 것. 육체의 더러운 것으로부터 빌려온 은유(벧전 3:21). 그것은 육체로부터 영혼으로 옮겨진다. 여기의 표현은 단순히 음욕이나 탐심뿐만이 아니라 사람을 더럽게 하는 모든 종류의 욕심을 의미하는 것으로 보인다(고후 7:1; 벧후 2:20). 넘치는 악. 이것은 문자적으로 "불필요한 과잉의" 악을 의미한다. 이것은 일종의 중복 어법이다. 왜냐하면 어떤 측면에서 모든 악은 영혼 안에서 "불필요한 과잉의" 것이기 때문이다. 그것은 본래 영혼 안에 있지 말았어야 하는 것이다. 그러므로 우리는 더러운 것들로부터 떨어져 있어야 할 뿐만 아니라, 육체의 모든 욕심들과 옛 아담의 유물들을 배설물과 같은 "불필요한 과잉의" 것으로서 단호히 내버려야 한다. 너희 영혼을. 너희 자신을. 여기에서 영혼은 제유법(提喩法)적으로 전인(全人)을 대신하여 사용되었다. 베드로전서 1:9을 보라. 능히 구원할 바. 즉 말씀을 믿음으로 받아들일 때. 하나님은 사람들의 믿음을 도구로 사용하셔서 그들을 구원하시는 당신의 능력을 나타내신다. "내가 복음을 부끄러워하지 아니하노니 이 복음은 모든 믿는 자에게 구원을 주시는 하나님의 능력이 됨이라"(롬 1:16).

심어진 말씀. 복음을 전파하는 자들에 의해 심어진 혹은 접붙여진 말씀(고전 3:6, 7). 이 일은 근본적으로 그러한 말씀을 마음 가운데 기록하시는 하나님의 영에 의해 이루어진다(렘 31:33). 따라서 이것은 특별히 복음의 말씀으로 — 율법과 반대되는 의미에서 — 취하여질 수 있다. 율법은 밖으로부터 사람들의 귀로 들어와 그들의 의무를 일깨워줄 뿐, 그들에 마음에 기록되거나 혹은 심어지지 않는다. 또 복음의 말씀은 생명의 연합으로 말미암아 사람들의 마음에 심어지거나 혹은 접붙여질 수 있다. 그럴 때 사람들의 마음은 그 말씀의 능력에 의해 변화되고 그것이 교훈하는 바에 맞추어진다(고후 3:18; 롬 6:17). 온유함으로. 사람으로 하여금 말씀의 진리에 순복하도록 만드는 그리고 심지어 이해의 범위를 초월하는 것조차 기꺼이 배우고자 준비시키는 겸손과 겸비와 부드러움으로(시 25:9; 사 66:2; 마 11:5, 27). 이것은 사람을 가르칠 수 없게 만드는 성내는 태도와 반대되는 태도이다. 받으라. 지식에 의해 머리로 받을 뿐만 아니라 믿음에 의해 마음으로 받으라.

22. 너희는 말씀을 행하는 자가 되고 듣기만 하여 자신을 속이는 자가 되지 말라.

너희는 말씀을 행하는 자가 되고. 여기의 "행하는 자"는 25절의 "실천하는 자"와 같은 의미이다. 즉 믿음으로 말미암아 너희의 마음 안으로 말씀을 받아들이고, 너희의 삶 가운데 그것의 열매를 맺으라. 누가복음 11:28; 요한복음 13:17을 보라.

듣기만 하여. 단순히 말씀을 듣는 것으로 만족함으로써.

자신을 속이는 자가 되지 말라. 소피스트(궤변론자)들처럼 자신에 대해 궤변을 늘어놓는 자가 되지 말라. 단순히 말씀을 들은 것으로 자신이 매우 좋은 상태에 있다고 스스로를 설득하지 말라. "나더러 주여 주여 하는 자마다 다 천국에 들어갈 것이 아니요 다만 하늘에 계신 내 아버지의 뜻대로 행하는 자라야 들어가리라"(마 7:21).

23. 누구든지 말씀을 듣고 행하지 아니하면 그는 거울로 자기의 생긴 얼굴을 보

는 사람과 같아서.

그는 … 사람(man)과 같아서. 여기에 사용된 헬라어는 종(種)이 아니라 성(性)을 — 즉 사람이 아니라 남자를 — 가리킨다. 그러나 여기에서 야고보는 그것을 12절과 20절과 마찬가지로 차별 없이 사용한다. 그러므로 "거울로 자기의 생긴 얼굴을 보는 사람(man)"은 남자와 여자 모두를 의미한다. 거울로. 거울이 우리 얼굴의 모습과 특징을 그대로 보여주는 것처럼, 말씀은 우리 영혼의 참된 모습과 하나님의 형상의 아름다움과 죄의 더러운 것들을 그대로 보여준다. 자기의 생긴 얼굴을 보는. 자기의 자연적인 얼굴, 즉 자연이 그에게 준 혹은 그가 본래 가지고 태어난 그 자신의 얼굴을 보는.

24. 제 자신을 보고 가서 그 모습이 어떠했는지를 곧 잊어버리거니와.

자기 얼굴이 어떠했는지에 대한 기억은 그가 거울을 떠나는 순간 사라진다. 그는 자기 얼굴에서 본 더러운 것들을 기억하지 못한다. 그와 같이 말씀의 거울에서 자기 영혼의 더러운 것들을 보고 곧 잊어버리는 사람은 그 거울을 헛되이 보는 것이다.

25. 자유롭게 하는 온전한 율법을 들여다보고 있는 자는 듣고 잊어버리는 자가 아니요 실천하는 자니 이 사람은 그 행하는 일에 복을 받으리라.

자유롭게 하는 온전한 율법. 여기에서 복음의 전체적인 교훈이 "율법"으로 불리는 것은 그것이 하나의 법칙인 것과 함께 그것이 마음에 대해 갖는 능력 때문이다. 또 그것이 "자유롭게 하는 율법"으로 불리는 것은 그것이 최고의 자유, 즉 죄로부터의 자유와 의식법(儀式法)의 멍에로부터의 자유와 도덕의 엄격함으로부터의 자유와 하나님의 진노로부터의 자유에 이르는 길을 보여주며, 또한 자녀로서 하나님을 자유롭고 거리낌 없이 섬기는 길을 보여주며, 또한 그것이 이러한 자유를 만드는 양자의 영과 함께 우리 마음 안으로 받아들여지기 때문이다(고후 3:17). 또 그것이 "온전한 율법"으로 불리는 것은 그것이 흠이 없는 완전한 율법이기 때문일 뿐만 아니라 또한 우리를 최고의 온전함인 하나님과의 충분한 일치로 이끌기 때문이다(딤후 3:16, 17).

들여다보고 있는 자는. 즉 하나님의 마음을 부지런하면서도 진지하게 살피는 자는. 여기의 단어는 어떤 것을 살피기 위해 머리를 숙이는 것을 함축한다. 이 단어는 사도들이 그리스도의 무덤을 살필 때에도 사용되었다(눅 24:12; 요 20:5). 또 베드로전서 1:12을 보라. 그것은 별 생각 없이 거울을 바라보는 것과 반대되는 태도이다.

듣고 잊어버리는 자가 아니요. 이것은 앞 절의 “제 자신을 보고 가서 그 모습이 어떠했는지를 곧 잊어버리는 자”와 같은 의미이다. 이것은 우리가 들은 진리들을 기억하지 못하는 것뿐만 아니라 곧이어 언급되는 것처럼 그것을 실천하지 않는 것을 함축한다.

실천하는 자니. 즉 말씀이 가르치는 바를. 여기의 단수는 복수를 대신하여 사용된 것이다. 이것이 의미하는 바는 “자신이 들은 것을 실천으로 옮기는 자”이다(시 103:18).

이 사람은 그 행하는 일에 복을 받으리라. 이것은 “듣고 잊어버리는” 것과 반대이다. 말씀을 듣고 실천하는 자는 그 행하는 일 안에서 혹은 그 행하는 일로 말미암아 복을 받는다. 그 복은 현재의 삶 속에서 시작되고, 펼쳐져 가다가, 미래의 완전한 행복으로 완성된다.

26. 누구든지 스스로 경건하다 생각하며 자기 혀를 재갈 물리지 아니하고 자기 마음을 속이면 이 사람의 경건은 헛것이라.

누구든지 스스로 경건하다 생각하며. 다른 사람들에 대해서나 혹은 특별히 자기 자신에게 대해서. 사람들은 종종 말씀을 듣고 외적인 예배를 드렸다는 사실 때문에 스스로를 경건하다고 생각하곤 한다. 고린도전서 3:18; 8:2; 14:37; 갈라디아서 6:3을 보라. 여기에서 야고보는 말씀을 듣고 실천하지 않는 자들을 보여준다.

자기 혀를 재갈 물리지 아니하고. 욕하며, 비난하며, 비방하는 등의 악들로부터 자기 혀를 억제하지 아니하고. 자기 마음을 속이면. 스스로 경건하다고 생각한다든지 혹은 자기애(自己愛)에 눈이 어두워지고 교만으로 부풀어져 자기 자신의 마음을 속이면. 헛것이라. 공허하며, 무의미하며, 실체가 없으며, 무익한 것이라.

27. 하나님 아버지 앞에서 정결하고 더러움이 없는 경건은 곧 고아와 과부를 그 환난중에 돌보고 또 자기를 지켜 세속에 물들지 아니하는 그것이니라.

하나님 아버지. 즉 아버지이신 하나님(엡 1:3; 5:20). 이러한 호칭은 다음에 묘사되는 긍휼의 행동 즉 고아와 과부를 그 환난 중에 돌보는 행동이 “고아의 아버지시며 과부의 재판장”이라고 불리는 자에게 받으심직한 것임을 잘 보여준다(시 68:5).

정결하고. 참되며 거짓되지 않은(마 5:8; 요 15:3). 더러움이 없는 경건. 여기에 위선적인 유대인들의 경건이 반영되어 있는 것처럼 보인다. 그들의 경건은 주로 외적인 규례를 준수하며 스스로를 의식적(儀式的)으로 부정해지지 않도록 지키는 것으로 이루어졌다(약 1:14; 마 23:23; 요 18:28). 그들은 자신들의 경건이 정결하고 더러움이 없다고 생각했다. 그러나 야고보는 여기에서 하나님 앞에서의 참된 경건을 보여준다. **고아와 과부.** 야고보는 우리의 긍휼과 동정의 대상이 되어야만 하는 다른 사람들을 배제하지 않는다. 다만 여기에서 "고아와 과부"를 예로 든 것은 일반적으로 그들이 가장 비참하며 곤궁한 상태 가운데 있기 때문이다. 어쩌면 당시 박해로 말미암아 고아와 과부들의 숫자가 크게 증가했는지도 모른다. **그 환난 중에.** 그들이 가장 궁핍한 상태 가운데 있을 때. 우리는 단순히 그들을 "방문하는"(visit) 것으로 충분하다고 생각해서는 안 된다. **돌보고.** "visit" 즉 방문하고. 이것은 위로하며, 조언하며, 구제하는 등의 모든 긍휼의 행동을 포함한다. **또 자기를 지켜 세속에 물들지 아니하는 그것이니라.** 세상에 있는 사람들의 악한 모범에 물들지 아니하며, 세상의 정욕들과 도덕적인 타락들로부터 자유로워지는 그것이니라. 야고보는 경건을 단지 여기에 예시(例示)한 두 가지로만 한정하지 않는다. 거기에는 모든 종류의 거룩한 삶과 선한 행실이 포함된다.

MATTHEW POOLE'S COMMENTARY

야고보 2장

개요

1. 부자를 존대하고 가난한 자를 멸시하는 것은 기독교 신앙에 어긋남(1–9).
2. 율법을 깨뜨린 사람의 죄책(10–12).
3. 긍휼의 의무(13).
4. 행함 없는 믿음은 죽은 것임(14–19).
5. 아브라함과 라합의 경우와 마찬가지로 우리는 믿음만이 아니라 행함으로 의롭다 함을 받음(20–26).

1. 내 형제들아 영광의 주 곧 우리 주 예수 그리스도에 대한 믿음을 너희가 가졌으니 사람을 차별하여 대하지 말라.

영광의 주(the Lord of glory). 원어에는 "주"(Lord)가 없다. 여기의 "영광"은 뒤에 나오는 "믿음"과 연결되는 것일 수 있다. 그러면 전체적인 표현은 "우리 주 예수 그리스도의 영광의 믿음" 즉 그가 영광을 받으신 것에 대한 믿음이 될 것이다. 이것은 일종의 제유법으로서 그가 행하신 전체적인 구속 사역 대신 사용된 것일 수 있다(提喩法: 일부로써 전체를 나타내는 표현법). 또 "영광의 믿음"은 히브리 어법대로 "영광스러운 믿음"을 의미하는 것일 수도 있다. 그러나 여기의 구절을 읽는 가장 자연스러운 방법은 우리의 번역자들처럼 "주"를 보충하여 "영광의 주" 즉 "영광스러운 주"로 읽는 것이다. 그리스도는 다른 곳에서도 "영광의 주"로 불린다(고전 2:8). 아버지가 "영광의 아버지" 즉 "영광스러운 아버지"로 불리는 것처럼 말이다(엡 1:17). 이것은 본 문맥에서 야고보가 말하는 것과 잘 어울리는 것처럼 보인다. "그리스도는 영광의 주시니라. 믿음으로 말미암아 그와 연결될 때, 세상에서 멸시를 당하는 가난한 자들조차도 영광스러운 존재가 되느니라. 그러므로 그들은 결코 멸시를 당해서는 안 되느니라."

우리 주 예수 그리스도에 대한 믿음. 즉 우리 주 예수 그리스도를 믿는 믿음. 이것은 갈라디아서 2:20; 3:22; 빌립보서 3:9처럼 우리의 믿음의 대상으로서의 그리스도를 의미한다.

사람을 차별하여 대하지 말라. 여기에서 "사람"으로 번역된 단어는 얼굴 혹은 용모를 의미한다. 이것은 일종의 제유법으로서 전인(全人)을 대신하여 사용된 것이다. 우리는 그리스도인들을 평가할 때 그들의 믿음 혹은 그리스도에 대한 그들의 관계를 가지고 평가해야지, 그들의 세속적인 조건 즉 그들의 빈부귀천을 따라 평가해서는 안 된다. 이 편지의 수신자인 유대인들은 영적인 측면에서 모든 신자들이 동일함에도 불구하고 부유하며 존귀한 사람들은 존대한 반면 가난하며 비천한 사람들은 멸시했다. 그러나 이것은 우리가 통치자나 상전들에 대해 지고 있는 공적인 존경의 의무를 배제하지 않는다.

2. 만일 너희 회당에 금 가락지를 끼고 아름다운 옷을 입은 사람이 들어오고 또 남루한 옷을 입은 가난한 사람이 들어올 때에.

만일 너희 회당에 … 들어올 때에. 예배를 위한 모임이나 혹은 교회의 직분을 배정하는 모임이나 혹은 교회의 분쟁을 해결하기 위한 모임에. 이런 경우 우리는 종종 차별이 일어나는 것을 보게 된다. 고린도전서 11:20-22을 보라. 야고보는 이러한 차별을 율법에 의해 정죄되는 것으로서 분명하게 말한다(9절). 금 가락지를 끼고 아름다운 옷을 입은 사람. 부유하며 존귀한 사람을 묘사하는 일반적인 표현들(창 38:18, 25; 41:42; 눅 15:22; 16:19). 남루한 옷을 입은. 불결하고 더러운 옷을 입은(슥 3:3, 4). 이것은 극도의 가난함을 나타내는 표증이다. 가난한 사람이 들어올 때. 여기의 단어는 구걸을 할 정도로 매우 가난한 사람을 암시한다.

3. 너희가 아름다운 옷을 입은 자를 눈여겨 보고 말하되 여기 좋은 자리에 앉으소서 하고 또 가난한 자에게 말하되 너는 거기 서 있든지 내 발등상 아래에 앉으라 하면.

눈여겨 보고. 존경심과 경외심으로 바라보고 혹은 그를 기쁘게 하고자 하는 마음으로 바라보고. 여기 좋은 자리에 앉으소서. 존귀한 자리. 당시 교회에서는 통상적으로 장로들이 개인 의자(chair)에 앉고, 그들에 이어 보통사람들이 긴 의자(bench)에 앉고, 새로 온 사람들은 그들의 발등상 아래 바닥에 앉았다. 여기의 표현은 이러한 관례를 거스르면서 부유한 자들에게 존귀한 자리를 권하는 행태를 책망하는 것일 수 있다. 혹은 이것은 부유한 자들에게 우선적으로 중요한 직분을 배정하는 것을 가리키는 것일 수도 있다. 너는 거기 서 있든지 내 발등상 아래에 앉으라. 전자는 가장 미천한 자리를 가리키며, 후자는 이제 막 믿음의 울타리 안으로 들어온 어린 제자들에게 속하는 자리를 가리킨다. 두 표현 모두 안에 경멸의 의미가 담겨 있다.

4. 너희끼리 서로 차별하며 악한 생각으로 판단하는 자가 되는 것이 아니냐.

너희끼리 서로 차별하며. 너희가 올바른 분별력 대신 타락한 마음으로 서로 차별하며 불화하는 것이 아니냐? 여기의 단어는 사도행전 15:9과 유다서 1:22에서도 같은 의미로 사용된다. 악한 생각으로 판단하는 자가 되는 것이 아니냐. 즉 악한 생각 혹은 악한 마음을 가진 재판관이 되는 것이 아니냐? 너희는 이와 같이 판단함으로써 스스로 너희 자신의 타락한 마음을 나타내느니라.

5. 내 사랑하는 형제들아 들을지어다 하나님이 세상에서 가난한 자를 택하사 믿음에 부요하게 하시고 또 자기를 사랑하는 자들에게 약속하신 나라를 상속으로 받게 하지 아니하셨느냐.

하나님이 가난한 자를 택하사. 이것은 하나님이 세상에 있는 모든 가난한 자들을 택하셨음을 의미하지 않는다. 다만 주로 가난한 자들을 택하셨음을 의미할 뿐이다(고전 1:26, 28). 여기의 "가난"은 물론 현세의 것들에 있어서의 가난을 의미한다. 그들은 바울이 "이 세상의 부한 자들"이라고 부르는 자들과 반대되는 자들이다(딤전 6:17, 18). 믿음에 부요하게 하시고. 믿음의 크기와 양(量)에 있어 부요하게 하시고(마 15:28; 롬 4:20). 혹은 믿음으로 말미암아 그들이 갖는 특권과 소망에 있어 부요하게 하시고. 자기를 사랑하는 자들에게 약속하신. 야고보서 1:12을 보라. 거기와 여기에 동일한 표현이 나타난다. 다만 거기에서는 약속된 것이 "생명의 면류관"인 반면 여기에서는 "나라"이다. 나라를 상속으로 받게. 그들이 나라를 상속받게 되는 것이 그들의 부요함의 한 가지 실례(實例)이다.

6. 너희는 도리어 가난한 자를 업신여겼도다 부자는 너희를 억압하며 법정으로 끌고 가지 아니하느냐.

너희는 도리어 가난한 자를 업신여겼도다. 너희는 사람들을 차별함으로써 하나님의 가난한 자들을 업신여겼도다. 도리어 부자는. 여기의 "부자"는 믿지 않는 유대인들이나 혹은 이교도들 혹은 기독교 신앙을 고백하기는 하지만 그러나 그것을 진심으로 따르지는 않는 자들을 가리킨다. 너희를 억압하며. 너희를 부당하게 학대하며. 자신들이 가진 권세를 남용하거나 혹은 자신들에게 속하지 않은 권세를 참칭하면서. 법정으로 끌고 가지 아니하느냐. 특별히 믿지 않는 재판관들 앞으로(고전 6:1, 6). 그들은 자신들의 억압을 합법적인 것으로 위장하면서 가난한 성도들을 법정으로 끌고 간다.

7. 그들은 너희에게 대하여 일컫는 바 그 아름다운 이름을 비방하지 아니하느냐.

그들은 … 비방하지(blaspheme) 아니하느냐. 만일 여기의 부자들이 그리스도인들이었다면, 우리는 그들이 그들의 악한 행실로 말미암아 그리스도의 이름이 주변의 불신자들 사이에서 비방을 당하게 만듦으로써 그의 이름을 비방한 것으로 이해할 수 있다(롬 2:24; 딛 2:5; 딤전 6:1). 그러나 만일 여기의 부자들이 불신자들을 의미하는 것이라면, 이로부터 우리는 당시의 부자들이 일반적으로 기독교를 미워하는 적들이었음을 알게 된다. 그리고 그와 함께 야고보가 세상의 부요를 얼마나 하찮것 없는 것으로 간주했는지를 알게 된다.

너희에게 대하여 일컫는 바. 혹은 너희에게 대하여 일컬어지는. 아마도 이것은 히브리 어법으로서 그들이 그 이름으로 말미암아 일컬어지는 것을 — 마치 자녀가 아버지의 이름으로 말미암아 그리고 아내가 남편의 이름으로 말미암아 일컬어지는 것처럼 — 의미하는 것일 것이다(창 48:16; 사 4:1). 하나님의 백성들은 하나님의 이름으로 말미암아 일컬어진다(신 28:10; 엡 3:15).

그 아름다운 이름. 그리스도의 선하며 존귀한 이름. 그들은 마땅히 흠모해야 할 이름을 도리어 비방하며 모독한다.

8. 너희가 만일 성경에 기록된 대로 네 이웃 사랑하기를 네 몸과 같이 하라 하신 최고의 법을 지키면 잘하는 것이거니와.

너희가 만일 … 지키면. 혹은 "너희가 만일 … 완성하면." 여기의 단어는 완전하게 성취하는 것을 의미한다. 그러나 이것이 함의하는 바는 율법의 의무들을 준수함에 있어서의 성실함 외에 아무것도 아니다. 여기에서 야고보가 반대하는 것은 어떤 율법은 중시하고 다른 율법은 무시하는, 율법에 있어서의 그들의 편파성인 것으로 보인다.

최고의 법. "royal law" 즉 왕의 법. 이것은 큰 왕이신 하나님의 법 혹은 성도들의 왕이신 그리스도의 법을 의미하는 것이거나, 혹은 그것보다도 왕의 법(king' s law) 즉 빈부귀천을 막론하고 모든 사람들이 따라야 하는 큰 법을 의미하는 것이다. 마치 모든 사람들이 왕래하는 대로를 왕의 길(king' s way)이라고 부르는 것처럼 말이다(민 21:22). 성경에 기록된 대로. 마태복음 22:39; 갈라디아서 5:14을 보라.

잘하는 것이거니와. 책망할 것이 없고 도리어 칭찬할 만한 것이거니와. 야고보는 여기에서 그들이 스스로를 옹호하기 위해 제시할 수 있는 반론, 즉 부자들을 존대(尊待)한 것이 "네 이웃을 네 몸처럼 사랑하라"는 율법에 따른 행동이었다는 반론에 대해 대답하고 있는 것처럼 보인다. 그러한 가상적인 반론에 대해 야고보는 일단 동의(同意)의 방식으로 대답한다. 만일 그들이 부자들을 존대한 것이 정말로 "네 이웃을 네 몸처럼 사랑하라"는 율법을 순종한 것이었다면, 그렇다면 그들은 잘한 것이다. 그렇다면 야고보는 그들에게서 아무런 허물도 찾을 수 없었다. 그러나 야고보는 다음 절에서 반대쪽 측면을 보여준다.

9. 만일 너희가 사람을 차별하여 대하면 죄를 짓는 것이니 율법이 너희를 범법자로 정죄하리라.

만일 너희가 사람을 차별하여 대하면 죄를 짓는 것이니. 야고보는 그들의 가상적인 반론에 대한 자신의 대답의 두 번째 부분에서 "이웃"이란 단어 대신 "사람"이란 단어를 사용한다. 만일 너희가 이웃을 사랑하는 대신, 다시 말해서 부자와 가난한 자를 차별하지 않고 모든 사람들을 사랑하는 대신, 부자들만 존대하면서 가난한 사람들을 멸시한다면, 너희는 최고의 법을 지키는 것으로부터 너무나 멀리 떨어져 있는 것이며 그 법에 대하여 죄를 짓는 것이니라.

율법이 너희를 … 정죄하리라. 예컨대 "재판할 때에 불의를 행하지 말며 가난한 자의 편을 들지 말며 세력 있는 자라고 두둔하지 말고 공의로 사람을 재판할지며"라고 명령하는 레위기 19:15과 같은 율법. 혹은 그것보다도 "네 이웃을 네 몸처럼 사랑하라"고 명령하는 최고의 율법. 그들은 가난한 자들을 멸시하고 부자들만 편파적으로 존대함으로써 "네 이웃을 네 몸처럼 사랑하라"는 명령을 어겼다. 왜냐하면 "네 이웃" 속에는 아무도 배제되지 않기 때문이다.

범법자로. 즉 다음 절에 나타나는 것처럼 율법 전체를 어긴 자로.

10. 누구든지 온 율법을 지키다가 그 하나를 범하면 모두 범한 자가 되나니.

누구든지 … 지키다가. 이것은 어떤 사람이 "온 율법", 즉 율법 전체를 지킬 수 있음을 말하는 것이 아니다. 다만 "만일 그런 사람이 있다면"이라고 가정하는 것이다.

온 율법. 그 범한 하나를 제외한 나머지 율법 전체. 그 하나를 범하면. 미끄러지거나, 혹은 헛디디거나, 혹은 걸려 넘어지면. 이것은 율법의 어느 한 부분에서 가장 사소하게 넘어지는 것을 의미하는 것으로 보인다.

모두 범한 자가 되나니. 모든 율법을 깨뜨린 죄책을 갖게 되나니. (1) 그는 율법의 모든 계명들을 지키지 않은 것이 아님에도 불구하고 전체적인 율법을 지키지 않은 죄책을 갖는다. 마치 어떤 사람의 팔에 상처를 입힌 사람이, 그 사람의 몸 전체에 상처를 입힌 것이 아님에도 불구하고, 그 전체적인 사람에게 상처를 입힌 것으로 간주되는 것처럼 말이다. 또 사슬의 고리 하나를 깨뜨린 사람이 전체 사슬을 깨뜨린 것으로 간주되는 것처럼, 또 음악에서 음정 하나를 잘못 연주한 사람이 그 음악 전체를 망가뜨린 것으로 간주되는 것처럼 말이다. (2) 그는 율법의 완성인 — 그러므로 모든 계명들이 의존하는 — 사랑에 대해 죄를 범한 것이다. 그러므로 대부분의 계명들을 지켰다 하더라도 그는 참된 의미에서 아무것도 지키지 않은 것이다. 왜냐하면 모든 율법은 사랑으로부터 말미암기 때문이다. (3) 그는 전체적인 율법의 권위에 대해 죄를 범한 것이다. 이것은 모든 계명들에 있어 동일하다. (4) 그는 마치 모든 계명들을 깨뜨린 것과 같은 형벌의 책임을 진다(갈 3:1). 비록 동일한 정도의 형벌은 아니라 하더라도 말이다. 그가 대부분의 계명을 지켰다는 사실이 그를 그 하나의 계명을 깨뜨린 것에 대한 형벌로부터 면제시켜 주지 않는다. 이것은 야고보가 유대인들 가운데 대부분의 율법을 지킴으로 인해 스스로 의롭다고 믿은 바리새인들에 대해 혹은 그리스도인들 가운데 몇 가지 의무들만 취택하여 순종하고 나머지 의무들은 게을리하는 위선자들에 대해 말한 것이다. 우리는 모든 계명을 편파적이지 않게 존중해야 한다. 이와 관련하여 시편 기자는 "내가 주의 모든 계명에 주의할 때에는 부끄럽지 아니하리이다"라고 말한다(시 119:6). 우리 주님 역시도 똑같이 가르치셨다. "그러므로 누구든지 이 계명 중의 지극히 작은 것 하나라도 버리고 또 그같이 사람을 가르치는 자는 천국에서 지극히 작다 일컬음을 받을 것이요 누구든지 이를 행하며 가르치는 자는 천국에서 크다 일컬음을 받으리라"(마 5:19).

11. 간음하지 말라 하신 이가 또한 살인하지 말라 하셨은즉 네가 비록 간음하지 아니하여도 살인하면 율법을 범한 자가 되느니라.

야고보는 자신이 앞 절에서 제시한 명제를 여기에서 두 가지 계명을 예로 듦으로써 증명한다. 하나님의 주권과 의가 두 계명 모두 안에 나타났다. 그러므로 전자의 계명과 마찬가지로 후자의 계명까지도 지키는 것이 하나님의 뜻이다.

율법을 범한 자가 되느니라. 전체적인 율법과 그 안에 있는 모든 계명들 가운데 나타난 하나님의 권위와 거룩하심을 경멸함으로 말미암아.

12. 너희는 자유의 율법대로 심판 받을 자처럼 말도 하고 행하기도 하라.

너희는 … 말도 하고 행하기도 하라. 야고보는 사람들을 차별하지 말라는 자신의 주제를 말과 행동에 있어 스스로를 다스리라는 훈계로 마무리한다. 아마도 그것은 사람들을 차별하는 것이 대부분 그들의 말과 행동으로 이루어졌기 때문일 것이다.

자유의 율법대로. 자유의 율법은 복음을 가리킨다. 복음 안에서 사람들 사이의 차이, 즉 유대인과 이방인, 종과 자유자, 할례자와 무할례자 사이의 차이는 사라진다

(행 10:28; 갈 3:28; 골 3:11). 만일 너희가 사람들을 차별한다면, 너희는 이러한 자유의 율법에 대하여 죄를 짓는 것이니라. 그러므로 너희는 마땅히 그것에 의해 심판을 받을 것을 두려워해야만 할 것이라. **심판 받을 자처럼.** 왜냐하면 너희의 말과 행동으로 인해. 너희는 너희 자신의 양심 안에서 현재적으로 심판을 받을 뿐만 아니라, 장차 하나님의 심판대 앞에서 심판을 받을 것이니라.

13. 긍휼을 행하지 아니하는 자에게는 긍휼 없는 심판이 있으리라 긍휼은 심판을 이기고 자랑하느니라.

긍휼을 행하지 아니하는 자에게는. 이웃에게 잔인하며 무자비하게 행한 자에게는.

긍휼 없는 심판이 있으리라. 율법의 엄격함에 따라 심판을 받을 것이라. 긍휼 없이 오직 공의에 따라 심판을 받을 것이라.

긍휼은 심판을 이기고 자랑하느니라. (1) 하나님의 긍휼은 심판을 이기고 자랑하느니라. 긍휼을 행하는 자에게는 긍휼을 받을 것이라는 약속이 주어진다(마 5:7). 혹은 그것보다도 (2) 사람들의 — 즉 다른 사람들에게 긍휼을 행하는 사람들의 — 긍휼은 심판을 이기고 자랑하느니라. 그들의 긍휼은 하나님의 긍휼의 약속을 가지고 있으므로 두려워할 필요가 없고 도리어 심판을 이기고 기뻐하며 자랑할 수 있다. 반론 : 이것은 시편 143:2; 로마서 4:2의 교훈과 배치되게 사람들이 스스로 안에서 자랑하는 기초를 만드는 것이 아닌가? 대답 : 신자들 안에 있는 긍휼은 그들이 하나님의 긍휼 안에 있음을 보여주는 증거이다. 하나님의 긍휼은 그들의 믿음의 기초 위에서 하나님의 공의를 이긴다. 그러므로 긍휼이 심판을 이기고 자랑하는 것은 그것이 스스로 이겼노라고 자랑하는 것이 아니라, 하나님의 긍휼로 말미암아 이겼노라고 자랑하는 것이다.

14. 내 형제들아 만일 사람이 믿음이 있노라 하고 행함이 없으면 무슨 유익이 있으리요 그 믿음이 능히 자기를 구원하겠느냐.

만일 사람이 믿음이 있노라 하고. 자기 입으로 다른 사람들에게 자랑한다든지 혹은 스스로 마음으로 그렇게 말하면. 야고보는 어떤 사람에게 믿음이 있는 것이 무익하다고 말하지 않는다. 다만 행함 없는 믿음이 무익하다고 말할 뿐이다. 왜냐하면 그는 스스로 믿음이 있노라고 자랑하지만 그러나 행함이 없는 사실로 말미암아 실제로는 그렇지 않음이 명백하게 나타나기 때문이다.

믿음이 있노라. 스스로 선하며 온전하며 구원을 받았노라고 자처하지만, 그러나 실제로는 공허하며 죽고 열매를 맺지 못하는(약 2:26).

행함이 없으면. 즉 자선(慈善)을 베푸는 행동뿐만 아니라 — 교황주의자들은 여기의 "행함"을 이것에 한정한다 — 믿음으로 말미암아 마음과 삶에서 나타나는 모든 의와 거룩의 열매들과 같은 선한 행실이 없으면.

무슨 유익이 있으리요. 즉 그의 영원한 구원에 무슨 유익이 있겠는가? 신앙의 목적이 무엇인가? 야고보는 바로 앞에서 긍휼을 베풀지 않는 사람들은 결국 하나님으로부터 긍휼 없는 심판을 받을 것이라고 선언했다. 그러나 위선적인 신자들은 자신들의 믿음이 그러한 심판으로부터 능히 자신들을 지켜주기에 충분한 것으로 자랑했다. 거룩함과 의를 실천하는 것은 소홀히 여기면서도 말이다. 그리하여 야고보는 열매 없는 공허한 믿음에 대한 그들의 헛된 자랑을 허물어뜨린다. 그리고 그렇게 함으로써 그들로 하여금 그가 "자유의 율법"이라고 말한 것을 마치 그것이 마음대로 살며 죄를 짓는 것을 허락해주는 것이라도 되는 양 오용(誤用)하거나 혹은 오해하지 않도록 한다.

그 믿음이 능히 자기를 구원하겠느냐. 여기의 의문문 형식은 강한 부정을 함축한다. 다시 말해서 행함이 없는 믿음은 결코 사람을 구원할 수 없다는 것이다. 여기에서 야고보는 그와 같은 종류의 소위 믿음을 양보의 방식으로 일단은 그냥 "믿음"으로 — 실제로는 전혀 믿음이 아님에도 불구하고 — 부른다. 마치 사람의 시체를 그냥 사람이라고 부르는 것처럼 말이다.

15. 만일 형제나 자매가 헐벗고 일용할 양식이 없는데.

만일 형제나 자매가. 즉 만일 어떤 그리스도인이. 그리스도인은 종종 이와 같은 이름으로 일컬어진다. 고린도전서 7:12, 15을 보라. 헐벗고. 누추한 옷을 입고, 혹은 제대로 옷을 입지 못하고(욥 22:6; 고전 4:11). 일용할 양식이 없는데. 마태복음 6:11을 보라. 하루의 삶을 유지하는데 필요한 양식. 이러한 두 가지(즉 헐벗은 것과 일용할 양식이 없는 것) 아래 야고보는 인간의 삶의 모든 비참함을 포괄한다. 옷과 음식 아래 삶의 모든 위로와 필요가 포괄되는 것처럼 말이다(창 28:20; 마 6:25; 딤전 6:8). 이러한 비참함은 다른 사람들의 도움에 의해 완화되고 경감될 수 있다.

16. 너희 중에 누구든지 그에게 이르되 평안히 가라, 덥게 하라, 배부르게 하라 하며 그 몸에 쓸 것을 주지 아니하면 무슨 유익이 있으리요.

평안히 가라. 통상적인 인사 방식. 평안의 이름 아래 그들은 상대방의 모든 행복과 형통을 기원했다(막 5:34; 눅 7:50; 8:48). 덥게 하라. 즉 따뜻하게 옷 입어라. 이것은 옷을 입음으로 말미암아 따뜻하게 되는 것을 의미한다(욥 31:20). 배부르게 하라.

혹은 음식을 흡족하게 먹으라. 풀과 건초로 소를 살찌게 하는 것으로부터 취한 은유. 동일한 표현이 마태복음 14:20; 마가복음 6:42; 빌립보서 4:12에서도 사용되었다. 여기의 "덥게 하라"와 "배부르게 하라"는 기원은 앞 절에 나타난 삶의 두 가지 큰 결핍과 대응되는 것이다. 그 몸에 쓸 것을 주지 아니하면. 그러면서 너희가 그들을 구제할 수 없다면. 왜냐하면 지금 야고보는 다른 사람들에게 도움을 베풀 수 있는 능력을 가진 부자들에게 말하고 있기 때문이다. 무슨 유익이 있으리요. 실제로 자선을 베푸는 행함이 없이 단순히 입술로 기원하는 것이 그들에게 무슨 유익이 있단 말인가? 혹은 그것이 너희 자신에게 무슨 유익이 있단 말인가? 혹은 둘 다 포함될 수 있다. 너희의 아름다운 말은 그들에게 아무런 유익도 가져다주지 못할 것이며, 그렇기 때문에 너희 자신들에게도 아무런 상급도 가져다주지 못할 것이다.

17. 이와 같이 행함이 없는 믿음은 그 자체가 죽은 것이라.

이와 같이 행함이 없는 믿음은. 그들이 자랑하는 그리고 스스로 믿음이라고 부르는. 죽은 것이라. 참된 믿음에 필연적으로 따르는 생명이 결여된 것이라. 참된 믿음에는 항상 생명의 행동들과 선한 열매들이 따르는 법이다. 죽은 시체를 생각해 보라. 그 안에는 어떤 생명의 원리도 작동되지 않으며, 모든 생명의 운동들이 그친다. 그것은 여전히 몸이며 또 그렇게 불리지만, 그러나 실제로는 그렇지 않으며 단지 죽은 송장에 불과하다.

18. 어떤 사람은 말하기를 너는 믿음이 있고 나는 행함이 있으니 행함이 없는 네 믿음을 내게 보이라 나는 행함으로 내 믿음을 네게 보이리라 하리라.

어떤 사람. 어떤 참된 신자. 말하기를. 행함이 없음에도 불구하고 스스로 믿음이 있노라고 자랑하는 어떤 위선자에게. 너는 믿음이 있고. 그는 스스로 믿음이 있는 것처럼 꾸민다. 그러나 그가 스스로 가지고 있노라고 자랑하는 믿음은 실제로는 다음 절에 묘사된 것과 같은 역사적인 믿음(historical faith)일 수 있다.

나는 행함이 있으니. 나는 나의 믿음에 대해 자랑하지 않노라, 혹은 나는 나의 믿음에 대해 아무것도 말할 것이 없노라. 다만 나는 행함을 가지고 있노라고 고백하노라. 행함이 없는 네 믿음을 내게 보이라. 이것을 읽는 두 가지 독법이 있다. 그러나 두 독법 모두 야고보서의 나머지 말씀들과 잘 조화된다. 만일 우리가 "네 행함에 의해 네 믿음을 내게 보이라"라는 난외(欄外)의 독법을 취한다면, 그 의미는 "네가 가지고 있노라고 자랑하는 네 믿음을 네 행함에 의해 증명하라"가 될 것이다. 다시 말해서 네 행함으로 하여금 네 믿음의 열매가 되게 하라, 혹은 네 행함으로 하여금 네 믿음의 증인이 되게 하라는 것이다. 반면 만일 우리가 “행함이 없는 네 믿음을 내게 보이라”라는 본문의 독법을 취한다면, 그것은 일종의 역설적인 표현이 될 것이다. 즉 만일 네가 행함이 결여된 진짜 믿음을 가지고 있다면 설득력 있는 논증으로 그것을 나에게 증명해 보라는 것이다. 그것은 불가능한 일이다. 왜냐하면 믿음의 진실성을 유일하게 증명하는 것이 바로 행함이기 때문이다.

나는 행함으로 내 믿음을 네게 보이리라. 나는 나의 믿음이 내 안에서 맺는 선한 행실들로 말미암아 나의 믿음이 참되며 진실한 것임을 쉽게 증명할 것이라. 결과 없는 원인을 내게 보이라. 만일 네가 할 수 있다면 말이다. 그러나 나는 결과에 의해 원인을 나타낼 것이라. 그것은 너무나 쉬운 일이라. 나는 내 안에서 선한 행실의 열매들이 맺히는 것에 의해 내 안에 믿음의 뿌리가 있음을 증명할 것이라. 사람들이 통상적으로 이해하는 선한 행실이 있다고 해서 필연적으로 믿음이 있노라고 추론할 수는 없다. 여기에서 야고보가 의미하는 것은 다만 참된 믿음이 있는 곳에 필연적으로 선한 행실이 있을 것이라는 것이다.

19. 네가 하나님은 한 분이신 줄을 믿느냐 잘하는도다 귀신들도 믿고 떠느니라.

네가 하나님은 한 분이신 줄을 믿느냐. 너는 하나님이 한 분이시라는 사실에 동의하느냐? 이러한 질문은 다른 신조(信條)들에게도 마찬가지로 적용된다. 사람은 이런저런 신조들에 대해 기꺼이 동의할 수 있다.

잘하는도다. 그런 종류의 믿음은 비록 사람을 구원으로 이끄는 믿음은 아니라 하더라도 어쨌든 좋은 것이다. 귀신들도 믿고. 귀신들 역시도 그러한 사실에 동의하고. 떠느니라. 여기의 단어는 극도의 두려움과 공포를 함축한다. 이것은 여기에서 야고보가 말하는 믿음이 참된 신자들 안에 있는, 그리고 그들을 노예적인 두려움으로부터 해방시켜 주는 “하나님에 대한 거룩한 신뢰”가 아니라는 사실을 분명하게 보여준다. 다만 그것은 사람들을 극도의 두려움으로 가득 채우는 이상한 종류의 믿음이다.

20. 아아 허탄한 사람아 행함이 없는 믿음이 헛것인 줄을 알고자 하느냐.

아아 허탄한 사람아(vain man). 이것은 무엇인가로 가득 찬 그릇보다 더 요란한 소리를 내는 빈 그릇을 빗댄 표현이다. 야고보는 여기에서 육신적인 신자를 “비어 있는”(vain) 사람이라고 말하는데, 그것은 그가 참된 믿음과 선한 행실에 있어 비어 있기 때문이다. 비록 자랑하는 소리는 가득 차 있다 하더라도 말이다. 반론 : 야고보는 여기에서 마태복음 5:22에서 그리스도께서 말씀하신 것에 대해 죄를 범하고 있는 것이 아닌가? "나는 너희에게 이르노니 형제에게 노하는 자마다 심판을 받게 되고 형제를 대하여 라가라 하는 자는 공회에 잡혀가게 되고 미련한 놈이라 하는 자는 지옥 불에 들어가게 되리라." 대답 : (1) 야고보는 지금 어떤 특정한 사람이 아니라, 그와 같은 종류의 일반적인 사람들, 즉 자신의 믿음을 자랑하면서 그러나 그것을 행함으로 증명하지 못하는 종류의 사람들에게 말하고 있는 것이다. (2) 이것은 성급한 분노와 경멸하는 마음으로 말하여진 것이 아니라, 정당하게 책망하며 바로잡기 위한 마음으로 말하여진 것이다. 그리스도 자신도 이와 같은 마음으로 말씀하셨고(마 23:17, 19; 눅 24:25), 바울도 마찬가지였다(갈 3:1; 고전 15:36).

행함이 없는 믿음이 헛것인 줄을. 야고보는 행함이 없다면 믿음은 죽은 것이라고 말하지 않는다. 왜냐하면 그러한 말은 자칫 행함이 산 믿음의 원인인 것처럼 오해될 수 있기 때문이다. 그는 다만 본 장 17절과 26절처럼 행함이 없는 믿음이 죽은 것이라고 말할 뿐인데, 이것은 행함이 산 믿음의 결과와 표적임을 함축한다.

알고자 하느냐. 이러한 질문은 요한복음 13:12; 로마서 13:3처럼 가르침을 위한 것으로서, "만일 네가 알고자 하는 마음을 가지고 있다면, 내가 너를 가르칠 것이라"를 의미한다. 혹은 그것은 질문의 방식으로 가르치는 것으로서, 좀 더 강조적으로 "아아 허탄한 사람아 알아라!"를 의미한다.

21. 우리 조상 아브라함이 그 아들 이삭을 제단에 바칠 때에 행함으로 의롭다 하심을 받은 것이 아니냐.

우리 조상 아브라함. 육체를 따른 유대인으로서 우리 조상일 뿐만 아니라 약속을 따른 신자로서 우리 조상. 이와 같이 모든 신자들은 아브라함의 자손으로 불린다(롬 4:11; 갈 3:7). **그 아들 이삭을 … 바칠 때에.** 즉 그의 확고한 결심과 목적 안에서. 만일 하나님이 그를 제지하지 않았다면, 그는 실제로 그 아들 이삭을 바쳤을 것이었다. 그가 실제로 이삭을 바치지 않은 것은 그의 잘못이 아니었다. 그는 실제로 그렇게 한 것으로 간주되었다(창 22:12; 히 11:17). **제단에.** 이것은 이삭을 제물로 바침에 있어서의 아브라함의 확고한 목적을 보여준다. 그는 이삭을 결박한 후 제단 위에 놓았다. 그가 예상하고 계획한 것은 이삭의 죽음 외에 아무것도 아니었다. 일단 제단 위에 놓인 제물에게 따르는 것은 오직 죽음뿐이었다.

행함으로 의롭다 하심을 받은. 하나님 앞에서 뿐만 아니라 세상 앞에서도 의롭다고 발견되고 선언된. 그의 믿음은 그 아들 이삭을 제단에 바치는 것에 의해 참된 믿음, 살아 있는 믿음, 의롭다 하심을 받은 믿음으로 증명되었다(그는 이미 30여 년 전에 하나님 앞에 의롭다 하심을 받았다). 창세기 22:12을 보라. "내가 이제야 네가 하나님을 경외하는 줄을 아노라." 아브라함은 이미 오래 전에 하나님을 경외하는 믿음으로 말미암아 그 앞에 의롭다 하심을 받았다. 그러나 그의 믿음의 진실성이 분명하게 드러나고 증명된 것은 그 아들 이삭을 제단에 바치는 특별한 순종의 행동 안에서였다. 그리하여 전에 그의 인격이 의롭다 함을 받은 것처럼, 지금 그의 믿음이 의롭다 함을 받는다. 그는 이러한 분명한 증언을 하나님 자신의 입으로부터 받았다. 그러므로 여기에서 아브라함이 의롭다 함을 받은 것은 죄인으로서 죄를 사함 받는 것이 아니라, 신자로서 분명하게 인정되고 선언되는 것이었다. 그것은 경건치 않은 자로서 그를 의롭다 한 것이 아니라, 그의 경건에 대해 칭찬한 것이었다. 그는 행함으로 말미암아 의롭다 하심을 받았지만, 그러나 행함으로 말미암아 의로워지거나 혹은 의로운 상태가 된 것은 아니었다. 여기에서의 야고보의 목적은 죄인들이 어떻게 하나님의 법정에서 의롭다 하심을 받는지를 보이는 것이 아니다. 다만 그들이 어떤 종류의 믿음으로 의롭다 함을 받는지를 보이는 것일 뿐이다. 그것은 마음을 깨끗하게 하는 믿음이며(행 15:9), 의로움뿐만 아니라 거룩함을 위해 그리스도를 바라보는 믿음이다(고전 1:30). 그는 의롭다 함을 위해 그를 의지할 뿐만 아니라, 거룩함을 위해 그에게 순종할 것을 격려하고자 했다.

22. 네가 보거니와 믿음이 그의 행함과 함께 일하고 행함으로 믿음이 온전하게 되었느니라.

네가 보거니와 믿음이 그의 행함과 함께 일하고. 야고보는 행함이 그의 믿음과 함께 일한다고 말하지 않는다. 만일 의롭다 함을 받음에 있어 둘의 협력을 의도했다면 그렇게 말할 수도 있었을 것이다. 다만 그는 믿음이 그의 행함과 함께 일한다고 말한다. 그의 믿음은 선한 행함을 산출함에 있어 무력하지 않고 효과적이었다. 그리스도를 의로움과 마찬가지로 거룩함과 연결시키는 것이 믿음의 역할이다(행 26:18).

행함으로 믿음이 온전하게 되었느니라. (1) 믿음은 선한 행함을 산출함으로 말미암아 그 자신이 고무되고, 고양되며, 향상된다. 혹은 그것보다도 (2) 믿음은 행함으로 말미암아 ― 행함이 믿음의 힘과 온전함을 증명한다는 측면에서 ― 선언적으로 온전해진다. 믿음은 원인이고, 행함은 결과이다. 물론 결과에 의해 원인이 온전해지는 것은 아니다. 다만 결과에 의해 원인의 온전함이 드러날 뿐이다. 마치 좋은 열매가 좋은 나무를 만들지 않고 다만 그것이 좋은 나무임을 드러내는 것처럼 말이다.

고린도후서 12:9을 보라.

23. 이에 성경에 이른 바 아브라함이 하나님을 믿으니 이것을 의로 여기셨다는 말씀이 이루어졌고 그는 하나님의 벗이라 칭함을 받았나니.

이에 성경에 이른 바 … 이루어졌고. 자기 아들을 제물로 바치는 아브라함의 순종은 그의 믿음의 진실성을 분명하게 증명했다. 그리고 그로 말미암아 성경이 그에 대해 말한 것 즉 그가 하나님을 믿으니 그것이 그에게 의로 여겨졌다는 말씀이 가장 분명하게 나타났다. 어떤 일은 그것이 가장 분명하게 나타날 때 이루어졌다고 말하여진다. 시편 2:7의 "오늘 내가 너를 낳았도다"라는 말씀이 그리스도의 부활로 이루어졌다고 말하여지는 것처럼 말이다(행 13:32, 33). 그때 그가 처음 아버지로부터 낳음을 받은 것은 아니었다. 다만 그때 죽은 자 가운데 부활하심으로 말미암아 그는 가장 영광스러운 방식으로 하나님의 아들로 선포되었다. "성결의 영으로는 죽은 자들 가운데서 부활하사 능력으로 하나님의 아들로 선포되셨으니 곧 우리 주 예수 그리스도시니라"(롬 1:4). 여기의 아브라함의 경우도 마찬가지이다. 자기 아들 이삭을 제물로 바치는 것 안에서 그의 믿음이 분명하게 나타났으며, 그러한 나타남으로 말미암아 성경이 그에 대해 말한 것, 즉 그가 하나님을 믿었다는 것이 사실임이 증명되었다. 그는 이미 오래 전에 하나님을 믿었다. 그러나 그러한 사실은 아들을 제물로 바치는 순종의 행동에 의해 비로소 온전하게 나타나고 알려지게 되었다.

이것을 의로 여기셨다는. 즉 그 약속 가운데 그리스도를 인식하는 것으로서. 믿음은 그리스도의 의가 적용되는 도구로서 의로 여기심을 받는 통로가 된다(롬 4:3-6). 우리가 의롭다 함을 받는 것으로 말하여지는 다양한 경우를 주목하라. 그리스도 예수 안에 있는 속량으로(롬 3:24, 25), 둘째 아담의 순종으로(롬 5:19), 그리스도 안에서(고후 5:21), 그리스도를 믿음으로(빌 3:9).

그는 하나님의 벗이라 칭함을 받았나니. 아브라함이 하나님의 벗이었던 것은 하나님이 자주 그에게 나타나시고 그와 이야기하시고 그에게 비밀을 나타내시고(창 18:17, 18; 요 15:15) 그와 언약을 맺으셨기 때문이었을 뿐만 아니라, 또한 특별히 그가 자기 아들을 제물로 바친 토대 위에서 그와의 언약을 새롭게 하시고 맹세로써 그것을 확증하시고 그로 말미암아 그를 이를테면 더 깊은 수준의 교제 안으로 받아들이셨기 때문이다(창 22:16).

24. 이로 보건대 사람이 행함으로 의롭다 하심을 받고 믿음으로만은 아니니라.

이로 보건대. 아브라함의 예로부터 혹은 이제까지의 이야기 전체로부터 추론하건대. 행함으로. 새로운 순종의 행함으로. 의롭다 하심을 받고. 의롭다고 선포되고, 혹은 의롭다고 인정되고. 믿음으로만은 아니니라. 즉 단순한 믿음의 고백에 의해서는 아니니라. 혹은 선한 행실의 열매 없이 단순히 진리에 동의하는 것에 의해서는 아니니라.

질문 : 어떻게 아브라함의 특별한 예로부터 이러한 일반적인 결론이 도출될 수 있나? 대답 : 하나님 앞과 세상 앞에서의 아브라함의 믿음과 의롭다 함은 우리의 믿음과 의롭다 함의 모범으로 제시된다. 유대인과 이방인을 막론하고 모든 신자들의 믿음과 의롭다 함은 그의 믿음과 의롭다 함의 연장선상에 있다(롬 4:11-12; 23-24).

질문 : 의롭다 함과 관련한 여기의 야고보의 교리는 로마서 4:1-25에 나타난 바울의 교리와 모순되지 않는가? 대답 : 모순은 단지 피상적으로 그렇게 보이는 것일 뿐 실제적인 것은 아니다. 특별히 다음과 같은 네 가지를 고려할 때, 우리는 그러한 사실을 분명하게 알 수 있다.

(1) 두 사도가 편지를 기록할 때의 정황. 그들은 서로 다른 종류의 사람들에게 편지를 쓰고 있었으며, 그러므로 서로 다른 목적을 가지고 있었다. 이것은 그리스도의 경우도 마찬가지였다. 교만한 바리새인들에게 말씀하실 때, 그는 그들을 겸손하게 하는 방식으로 말씀하셨다. 반면 겸손한 회중들에게 말씀하실 때는 그들을 격려하는 방식으로 말씀하셨다. 바울도 마찬가지였다. 연약한 형제들 가운데 있었을 때, 그는 기꺼이 디모데에게 할례를 행했다(행 16:2, 3). 반면 그리스도인의 자유를 반대하며, 논쟁을 벌이기를 일삼으며, 신자들을 다시금 옛 멍에로 데려가려고 하는 거짓 형제들 가운데 있었을 때, 그는 디도에게 할례를 행하지 않았다(갈 2:3-5). 여기의 주제와 관련해서도 마찬가지이다. 바울이 특별히 로마서와 갈라디아서와 같은 편지들을 기록한 목적은 의롭다 함의 원인을 하나님의 은혜 대신 자기 의로 대체하려고 했던 거짓 사도들과 유대 그리스도인들에게 의롭다 함의 참된 원인을 제시하고 값없이 주어지는 은혜의 교리를 옹호하기 위함이었다. 그런 과정에서 그는 의롭다 함을 받음에 있어서의 아브라함의 다윗의 예를 제시하며 인간의 공로를 배척했다(롬 4:1-25). 반면 야고보는 은혜의 교리를 오용(誤用)하면서 죄를 짓는 일에 별다른 거리낌을 갖지 않았던 육신적인 신자들을 상대하고 있었다. 그들은 신자다운 삶을 살지 않으면서 단순히 입술로 믿음을 고백하는 것으로 만족하고 있었다. 그것은 거룩함이 결여된 공허한 신앙 고백이었다. 이런 상황에서 그의 목적은 의롭다 함의 결과와 열매(즉 거룩함과 선한 행실)를 보이고, 그렇게 함으로써 본 장에 나타

나는 것처럼 믿음과 거룩한 삶을 나누고자 했던 그들의 어리석음을 막고자 하는 것이었다(그들은 하나님이 하나 되게 하신 것을 나누고자 했다). 그들은 육체를 따라 그들의 조상 된 아브라함의 예대로 행위와 상관없이 믿음으로 말미암아 의롭다 함을 받는다는 거짓 확신에 가득 차 스스로 의기양양해하고 있었다. 이런 상황에서 야고보는 같은 아브라함의 예를 사용하여 믿음과 순종은 결코 나누어질 수 없음을 보이고자 했다. 아브라함은 믿음뿐만 아니라 순종에 있어서도 탁월한 자였으며, 그의 믿음은 그의 최고의 순종의 행동을 통해 온전하게 되었다. 야고보가 라합의 예를 사용한 것 역시 같은 목적 때문이었다. 그녀는 이제 막 하나님을 알게 된 어린 신자였음에도 불구하고 하나님의 백성들에 대한 사랑과 긍휼을 실천하는 것을 통해 — 즉 두 정탐꾼을 평안히 영접한 것을 통해 — 자신의 믿음의 진실성을 온전하게 드러냈다. 이와 같이 각각의 편지들을 기록할 때의 정황을 고려할 때, 우리는 두 사도 사이의 차이를 충분히 화해시킬 수 있다. 바울은 행위를 지나치게 강조하는 사람들을 상대하고 있었다. 그들은 믿음과 은혜를 간과하면서 마치 행위에 의해 의롭다 함을 받는 것처럼 생각했다. 이런 상황에서 바울은 죄인이 하나님의 심판대 앞에서 의롭다 함을 받음에 있어 행위가 아무런 역할도 하지 못하는 사실을 분명하게 선언했다. 그것은 전적으로 믿음으로 말미암아 오직 은혜로 이루어지는 일이었다. 반면 야고보는 믿음만을 중요하게 여기는 가운데 행함을 간과하는 느슨한 그리스도인들(loose Christians)을 상대하고 있었다. 그들은 행함이 의롭다 함에 아무런 영향도 끼치지 못할 뿐만 아니라 구원에 전혀 필요하지 않은 것으로 여겼다. 이런 상황에서 야고보는 의롭다 함의 원인으로서가 아니라 그것의 결과와 표적과 증거로서 행함의 중요성을 역설했다. 요컨대 행함이 없는 믿음은 헛된 것이었으며, 결과적으로 그들은 의롭다 함을 받지 못한 상태에 있는 것이었다.

(2) 바울과 야고보가 믿음을 서로 다른 의미로 취하는 사실. 바울은 마음을 정결하게 하며 사랑으로 역사(役事)하는 살아 있는 참된 믿음에 대해 말한다(갈 5:6). 반면 야고보는 선한 열매가 결여된 단순한 입술의 고백에 대해 말한다. 이런 유형의 믿음은 죽은 믿음이며(2:17), 귀신들도 가질 수 있는 믿음이며(2:19), 단순히 하나님의 존재를 믿는 것으로만 구성된 — 그러나 그의 약속을 의지하며 신뢰하는 것은 결여된 — 역사적(歷史的)인 믿음일 뿐이다. 이러한 사실을 고려할 때, 우리는 두 사도 사이에 어떤 모순도 존재하지 않음을 다시금 확인하게 된다. 바울은 믿음으로 말미암는 의롭다 함을 선언했다. 여기에서 "믿음"은 사랑으로 역사하는 살아 있는

믿음을 의미한다. 반면 야고보는 믿음으로 말미암아 의롭다 함을 받는 것을 부인했다. 여기에서 "믿음"은 행함이 결여된 헛된 믿음이다. 그것은 단지 믿음이라는 이름만 가졌을 뿐 은혜의 본질은 결여된 죽은 믿음이며, 믿음 그 자체라기보다 단지 믿음의 외양(外樣)일 뿐이다.

(3) 야고보는 믿음으로 말미암는 의롭다 함을 부인하는 데서 한 걸음 더 나아가 그것(의롭다 함)을 행함에 돌린다. 그러므로 우리는 두 사도가 의롭다 함을 서로 다른 방식으로 취하는 사실을 주목할 필요가 있다. 바울은 그것을 죄인이 그리스도의 의의 전가(轉嫁)로 말미암아 ㅡ 바로 이것이 의롭다 함의 일차적인 개념이다 ㅡ 하나님의 심판대 앞에서 죄를 면제받는 것으로 취한다. 반면 야고보는 그것을 그러한 의롭다 함이 나타나고 선언되는 것으로 취한다. 그 단어는 성경의 많은 곳에서 여기에서 야고보가 취하는 것과 같은 의미로 취하여진다. 예컨대 누가복음 7:29을 보라. "이 말씀을 듣고 하나님을 의롭다 하되." 다시 말해서 그들은 자신들의 죄를 고백하고 요한의 세례를 받음으로써 하나님의 의로우심을 인정하고 선언한 것이다. 또 누가복음 7:35의 "지혜는 … 옳다 함을 얻느니라"는 "지혜는 정당하고 옳은 것으로 선언되느니라"를 의미한다. 또 로마서 3:4의 "주의 말씀에 의롭다 함을 얻으시고"는 "주의 말씀 안에서 참된 것으로 인정되고 선언되시고"를 의미한다. 또 디모데전서 3:16의 "그리스도께서 영으로 의롭다 하심을 받으시고"는 "그가 하나님의 아들로 선포되시고" 외에 다른 아무것도 의미하지 않는다(롬 1:4). 야고보가 의롭다 함을 이와 같은 의미로 취하는 사실은 다음의 두 가지에 의해 분명하게 나타난다. a. 여기에 언급된 아브라함의 역사(歷史)에 의해. 그는 자기 아들을 제물로 바치기 오래 전에 믿음으로 말미암아 의롭다 하심을 받았지만(창 15:1-21), 그러나 여기에서 또다시 그러한 순종의 행동으로 말미암아 의롭다 함을 받았다고, 즉 의로운 것으로 증명되고 선언되었다고 언급된다. 하나님도 그러한 순종의 행동을 보시고 난 후 "내가 이제야 네가 하나님을 경외하는 줄을 아노라"라고 말씀하셨다(창 22:12). 다시 말해서 아들을 제물로 바치는 순종의 행동으로 아브라함은 그의 믿음의 진실성을 풍성하게 나타낸 것이다. b. "이에 ㅡ 즉 자기 아들을 제물로 바치는 것 안에서 ㅡ 성경에 이른 바 아브라함이 하나님을 믿으니 이것을 의로 여기셨다는 말씀이 이루어졌고"라는 말씀에 의해(약 2:23). 만일 이러한 말씀으로 야고보가 아브라함이 의롭다고 선언되는 것을 의미하지 않았다면, 그러한 말씀은 도대체 어떻게 사실일 수 있겠는가? 이와 같이 바울과 야고보는 "의롭다 함"을 각각 서로 다른 의미로 취

한다. 그리고 이러한 사실을 감안할 때 우리는 두 사도 사이에 아무런 모순도 없다는 사실을 다시 한 번 확신할 수 있다. 아브라함은 오직 믿음으로 말미암아 의롭다 함을 받았다 — 즉 죄책으로부터의 면제와 하나님의 열납하심을 받았다. 뿐만 아니라 그는 자기 아들을 제물로 바치는 행위로 말미암아 의롭다 함을 받았다 — 즉 의롭다 함을 받은 신자로서 온전히 나타나고 선언되었다.

(4) 마지막으로, 우리는 의롭다 함을 받았다고 언급되는 사람의 상태를 구별할 수 있다. 여기에 이중적인 의롭다 함이 나타난다. 하나는 자연(nature)의 상태에 있는 죄인으로서 의롭다 함을 받는 것이며, 다른 하나는 은혜(grace)의 상태에 있는 신자로서 받는 의롭다 함이다. 전자는 그리스도의 의의 전가와 율법의 정죄로부터의 면제를 통해 죄인이 의롭다 함을 받는 것이다. 이것은 바울이 자주 말한 것으로서 오직 믿음으로 말미암는다. 반면 후자는 전자의 의롭다 함의 실재와 진정성을 분명히 하는 선언적인 의롭다 함으로서, 야고보가 주로 이야기하는 것이다. 이러한 의롭다 함은 믿음의 열매와 표적으로서 선한 행실로 말미암는다. 전자의 의롭다 함은 일반적인 죄책으로부터의 면제인 반면, 후자의 의롭다 함은 위선이나 불신앙과 같은 특별한 죄책으로부터의 면제이다. (자신의 죄와 비참한 상태에 대해 처음으로 일깨움을 받았을 때) 죄인의 큰 두려움은 거룩한 율법과 의로우신 재판장에 대한 것이다. 그러므로 그가 해야만 하는 첫 번째 일은 의와 죄 사함을 위해 믿음으로 말미암아 그리스도를 바라보는 것이다. 그러나 그러한 의로 말미암아 의롭다 함을 받았음에도 불구하고, 사람들이 그를 위선이나 불신앙 등으로 참소할 수 있다. 믿음이 약하고 시험이 강할 때, 마귀도 그렇게 할 수 있고 자기 자신의 양심도 그렇게 할 수 있다. 그러므로 그의 다음 일은 그러한 정죄로부터 스스로를 정결하게 하고 자신의 믿음과, 하나님 앞에서의 의롭다 하심의 실재와 진실성을 증명하는 것인데, 이것은 그의 믿음의 열매로서 순종과 선한 행실에 의해 이루어진다. 그러므로 우리는 바울과 야고보 사이에 어떤 모순도 없다고 분명하게 결론내릴 수 있다. 바울은 아브라함이 죄인으로서 오직 믿음으로 말미암아 의롭다 함을 받았다고 말한다. 반면 야고보는 그가 신자로서 행함으로 말미암아 의롭다 함을 받았다고 말한다. 이것은 그의 인격이 의롭다 함을 받는 것이라기보다, 그의 믿음이 옳은 (혹은 의로운) 것으로 선언되는 것이다. 이제 이야기를 마무리하도록 하자. 우리는 하나님이 하나 되게 하신 것을 나누어서도 안 되며, 그가 나누신 것을 합쳐서도 안 된다. 하나님은 의롭다 하시는 일에 있어 믿음과 행함을 나누셨다. 그러므로 우리는 바울이 가르치는 것처

럼 그것들을 합쳐서는 안 된다. 또 하나님은 의롭다 함을 받은 사람들의 삶 속에서 믿음과 행함을 하나 되게 하셨다. 그러므로 우리는 야고보가 가르치는 것처럼 그것들을 나누어서는 안 된다. 바울은 사람이 의롭다 함을 받음에 있어 믿음과 행함이 서로 협력하는 것이 결코 아님을 확증한다. 반면 야고보는 의롭다 함을 받은 사람 안에서 그것들이 공존할 수 있고 또 마땅히 공존해야만 함을 확증한다.

25. 또 이와 같이 기생 라합이 사자들을 접대하여 다른 길로 나가게 할 때에 행함으로 의롭다 하심을 받은 것이 아니냐.

여기에서 라합의 예가 아브라함의 예에 덧붙여진 것은 우리에게 어떤 사람도 모든 외적 조건을 초월하여 참된 신자들 가운데 들어올 수 있음을 보여줌과 함께 믿음이 아브라함과 같은 강하고 오랜 제자들 안에서 뿐만 아니라 라합과 같은 새로 회심한 연약한 신자들 안에서도 똑같이 작동되고 열매를 맺을 수 있음을 보여준다.

기생. "harlot" 즉 매춘부. 설령 여관을 운영하는 사람일 수 있었다 하더라도, 그녀는 실제로 이와 같은 이름으로 불린다(수 2:1; 히 11:31). 아마도 정탐꾼들은 그녀가 그러한 여자인 줄 알지 못한 채 그녀의 집에 들어갔을 것이다. 그러나 성령은 이 부분을 특별히 주목하는데, 그것은 그러한 그녀의 회심으로 말미암아 하나님의 은혜가 더욱 온전하게 드러나게 하기 위함이다.

사자들을 접대하여 다른 길로 나가게 할 때에. 그녀가 사자들을 접대한 것 안에는 또한 그들을 숨겨준 것이 포함된다. 이와 같이 그들을 접대하고, 숨겨주고, 다른 길로 나가게 한 것은 하나님의 백성들에 대한 사랑의 행동이었으며, 정탐꾼들에 대한 긍휼의 행동이었다. 뿐만 아니라 그것은 또한 그녀 자신의 안전과 관련한 자기 부인의 위대한 행동이었다. 왜냐하면 그렇게 함으로써 그녀는 여리고 왕과 동족들의 격노에 스스로를 노출시키는 위험을 감수했기 때문이다. 그러나 모든 일은 이스라엘의 하나님에 대한 그녀의 믿음으로부터 진행되었다. 그녀는 이스라엘의 하나님이 행하신 큰 일들에 대해 들었으며, 이제 그를 자신의 하나님으로 받아들였다. 그리고 그녀는 지금 그의 날개 아래 들어왔다.

행함으로 의롭다 하심을 받은 것이 아니냐. 아브라함의 경우와 마찬가지로 그녀 역시 선한 행함으로 말미암아 의롭다고 선언되었다. 다시 말해서, 정탐꾼들을 숨겨줌으로 말미암아 그녀의 믿음의 진실함이 이스라엘 회중 앞에서 증명되었다. 그리하여 하나님은 여리고 백성들이 멸망을 당하는 가운데서 그녀를 구원할 것을 명하셨다.

26. 영혼 없는 몸이 죽은 것 같이 행함이 없는 믿음은 죽은 것이니라.

영혼(spirit). 이것은 난외(欄外)의 독법대로 숨(breath)으로 이해될 수 있다. 그렇다면 그 의미는 분명하다. 생명과 숨은 서로 나누어질 수 없다. 숨이 끊어진 몸은 죽은 몸이다. 그와 같이 믿음과 행함은 서로 나누어질 수 없으며, 행함이 결여된 믿음은 곧 생명이 결여된 믿음을 의미한다. 또 여기의 단어는 본문의 독법대로 영(spirit)으로 이해될 수 있다. 영은 몸에 생명을 불어넣는 실체이며, 생명의 기능을 수행하는 원인이다. 영이 없는 몸이 죽은 것과 마찬가지로 행함이 없는 믿음 역시 죽은 것이다. 영이 없는 몸이 사람의 모양과 생김새를 그대로 가지고 있음에도 불구하고 그 안에 어떤 생명의 흔적도 나타나지 않는 것처럼, 행함이 없는 믿음 역시 참된 믿음처럼 보일 수 있고 또 믿음의 외양을 가질 수 있다 하더라도 그 안에 생명과 진리의 어떤 흔적도 나타나지 않는다.

행함이 없는 믿음. 여기에 "믿음"이라는 단어가 사용됨에도 불구하고 그것은 참된 믿음이 아니다. 왜냐하면 참된 믿음은 결코 죽을 수 없기 때문이다. 도리어 그것은 단순한 입술의 고백일 뿐이다. 어쨌든 여기에서 "믿음"이라고 말하여지는 것은 양보(讓步)의 의미이든지 아니면 그것이 가진 유사함 때문일 것이다. 비록 외적으로 비슷한 모양은 가지고 있다 하더라도, 그러나 실제로 그것은 믿음이 아니다. 죽은 몸이 비록 몸이라고 불린다 하더라도 실제로는 몸이 아니라 송장일 뿐인 것처럼 말이다.

MATTHEW POOLE'S COMMENTARY

야고보서 3장

개요

1. 다른 사람들을 성급하게 책망하며 훈계해서는 안 됨(1).
2. 혀를 다스리는 것의 중요성과 어려움. 그러나 우리는 그렇게 해야만 함(2-12).
3. 참된 지혜는 시기와 다툼 대신 화평과 관용과 양선 안에서 스스로를 나타냄(13-18).

1. 내 형제들아 너희는 선생된 우리가 더 큰 심판을 받을 줄 알고 선생이 많이 되지 말라.

우리가 더 큰 심판을 받을 줄 알고. 다른 사람들을 더 엄격하고 가혹하게 심판할수록 우리는 사람들로부터 뿐만 아니라 하나님 자신으로부터 더 큰 심판을 받을 것이다(마 7:1-3; 눅 6:38; 롬 2:2, 3). 마태복음 23:8, 14에 나타나는 비슷한 말씀을 보라.

선생이 많이 되지 말라. 너희는 다른 사람들의 믿음과 삶의 방식에 대해 이러쿵저러쿵 비판하며 책망하는 선생이 되지 말라(마 7:1). 물론 모든 책망이 금지되는 것은 아니다. 교회의 사역자들에 의한 공적인 책망도 가능하고, 형제들에 의한 사적인 사랑의 책망도 가능하다. 다만 여기에서 금지되는 것은 책망의 근거나 혹은 방식이나 혹은 목적이 올바르지 못한 것이다. 예컨대 잘못된 근거에 의해 책망한다든지, 혹은 지나치게 고압적이며 전제적(專制的)인 방식으로 책망한다든지, 혹은 자신의 유익을 위한 목적으로 책망하는 것을 금하는 것이다.

2. 우리가 다 실수가 많으니 만일 말에 실수가 없는 자라면 곧 온전한 사람이라 능히 온 몸도 굴레 씌우리라.

우리가 다 실수가 많으니. 죄로부터 완전하게 자유로운 사람은 아무도 없다(왕상 8:46; 욥 14:4; 잠 20:9; 요일 1:8, 10). 그러므로 우리는 다른 사람들의 행동에 대해 지나치게 비판적이어서는 안 된다. 왜냐하면 우리 자신도 그들과 별로 다르지 않기 때문이다. "형제들아 사람이 만일 무슨 범죄한 일이 드러나거든 신령한 너희는 온유한 심령으로 그러한 자를 바로잡고 너 자신을 살펴보아 너도 시험을 받을까 두려워하라"(갈 6:1). 만일 말에 실수가 없는 자라면. 자신의 혀를 올바로 다스리는 법을 아는 자라면 그리고 무슨 말을 할 것이며 언제 말할지를 아는 자라면.

온전한 사람. 자신도 별 다를 것이 없음에도 혹은 더 심함에도 불구하고 다른 사람들을 비판하며 책망하는 일에 열심인 위선적인 사람들과 반대되는 진실한 사람. 혹은 그것보다도 다른 사람들에 비해 상대적으로 더 영적이며 높은 수준에 도달한 사람. 고린도전서 2:6을 보라. 능히 온 몸도 굴레 씌우리라. 눈과 귀와 손 등 다른 모든 지체들도 능히 다스릴 수 있을 것이라. 혹은 그러한 지체들에 의해 행해지는 행동들도 능히 다스릴 수 있을 것이라. 모든 지체들 가운데 가장 다스리기 어려운 것이 바로 혀다. 그러므로 혀를 다스릴 수 있는 사람은 나머지 모든 것들도 능히 다스릴 수 있다.

3. 우리가 말들의 입에 재갈 물리는 것은 우리에게 순종하게 하려고 그 온 몸을 제어하는 것이라.

야고보는 혀를 다스릴 수 있는 사람은 능히 몸 전체를 다스릴 수 있다는 앞의 명제를 두 가지 비유로 예증한다. 첫째는 제멋대로 날뛰는 말의 비유이다. 아무리 제어하기 어려운 말이라 할지라도 그 입에 재갈을 물리면 쉽게 제어할 수 있다. 이와 같이 사람의 혀가 잘 통제될 때 그 사람 전체가 잘 통제될 것이다.

4. 또 배를 보라 그렇게 크고 광풍에 밀려가는 것들을 지극히 작은 키로써 사공의 뜻대로 운행하나니.

두 번째는 사람을 배로 비유하는 것이다. 여기에서 사람의 혀는 배의 키로 비유된다. 키에 의해 배 전체가 움직여지듯이 혀에 의해 사람 전체가 통제된다. 배와 비교할 때 키는 지극히 작지만, 그럼에도 불구하고 사공은 키를 통해 배 전체를 자신이 원하는 대로 운행할 수 있다. 마찬가지로 혀는 지극히 작은 지체지만 사람은 혀를 통제함으로써 나머지 전체를 움직일 수 있다.

5. 이와 같이 혀도 작은 지체로되 큰 것을 자랑하도다 보라 얼마나 작은 불이 얼마나 많은 나무를 태우는가.

이와 같이 혀도 작은 지체로되. 혀는 몸 전체와 비교할 때 지극히 작은 지체에 불과하다. 큰 것을 자랑하도다. 여기의 단어는 어원적으로 — 말이 스스로를 뽐내려고 종종 그렇게 하는 것처럼 — 목을 길게 늘이는 것을 의미한다. 그러므로 그것은 자랑하며 뽐내는 것을 표현하기 위해 사용된다. 그러나 여기에서는 그 이상(以上)을 의미하는 것으로 보인다. 즉 큰소리를 치며, 큰 일을 행하며, 자신이 얼마나 큰 일을 할 수 있는지 자랑하는 것을 의미하는 것으로 보인다. 혀는 지극히 작은 지체지만 큰 힘과 능력을 가지고 있다. 그것은 다른 지체들뿐만 아니라 특별히 자신이 얼마나 큰 일을 행할 수 있는지 떠벌리며 자랑한다. 보라 얼마나 작은 불이 얼마나 많은 나무를 태우는가. 여기에 혀가 통제되지 않을 때 야기될 수 있는 큰 해악을 보여주는 또 하나의 비유가 있다. 가장 작은 불꽃 하나가 숲 전체를 태우는 큰 재앙을 일으킬 수 있다.

6. 혀는 곧 불이요 불의의 세계라 혀는 우리 지체 중에서 온 몸을 더럽히고 삶의 수레바퀴를 불사르나니 그 사르는 것이 지옥 불에서 나느니라.

이것은 앞의 비유를 적용한 것이다. 혀는 곧 불이요. 혀는 불의 능력을 가지고 있으며, 큰 재앙을 일으키는 점에서 불과 비슷하다. 불의의 세계. 자연계가 수많은 것들의 집합체인 것처럼 또 고통의 세계라는 표현으로 우리가 고통의 무더기를 의미하는 것처럼, 여기의 표현은 재앙의 무더기 혹은 집합체를 의미한다. 우리는 여기의 표현을 앞 절의 "나무"가 생략된 것으로 취하면서 그것을 "혀는 곧 불의요 불의의 세계는 나무라"라고 읽을 수 있다. 나무가 불을 위한 연료인 것처럼, 불의의 세계는 불의한 혀를 위한 훌륭한 연료이다. 또 여기의 표현을 우리는 본문 그대로 혀는 불의의 세계 즉 다양한 종류의 죄들의 무더기 혹은 집합체라고 읽을 수도 있다. 혀는 육체의 작은 지체에 불과하지만, 그러나 그 안에 악의 세계 전체가 포함된다.

온 몸을 더럽히고. 혀는 — 마치 그것이 몸의 모든 지체들에 의해 행해진 죄의 원인인 것처럼 — 전인(全人)을 죄로 오염시킨다(전 5:6). 왜냐하면 죄는 영혼 안에서 시작됨에도 불구하고 결국 몸에 의해 행해지기 때문이다. 삶의 수레바퀴를 불사르나니. 이것은 빠른 회전에 의해 수레바퀴에 불이 붙는 것을 빗댄 것이다. 이것이 의미하는 바는 다음과 같다. 삶의 수레바퀴는 다양한 욕망들과 악의와 분노와 교만과 방탕으로 불이 붙는다. 높은 신분을 가졌다거나 혹은 나이가 많은 사람이라고 해서 그것이 일으키는 악으로부터 자유로운 것도 아니다. 다른 악들은 사람 전체로 확장되지 않기도 하고, 나이가 들면서 약화되기도 하고, 시간이 경과됨으로 인해 희석되기도 한다. 그러나 혀가 끼치는 악은 사람 전체에까지 확장되며 인생 전체에까지 미친다. 그 사르는 것이 지옥 불에서 나느니라. 그것은 혀가 행하는 거짓과 비방과 다른 죄들의 아비인 마귀로부터 말미암는다(욥 1:10; 요 8:44; 계 12:10). 혀는 불이다. 마귀는 유혹의 바람을 일으켜 그 불을 더 거세게 타오르게 하며, 그렇게 함으로써 세상에 모든 재앙의 불을 일으킨다.

7. 여러 종류의 짐승과 새와 벌레와 바다의 생물은 다 사람이 길들일 수 있고 길들여 왔거니와.

여러 종류의 짐승과 새와 벌레와 바다의 생물. 많은 종류의 사나운 들짐승들과 하늘을 나는 새들과 파충류들과 바다의 생물들. 다 사람이 길들일 수 있고 길들여 왔거니와. "Is tamed, and hath been tamed of mankind" 즉 다 사람이 길들이고 또 길들여 왔거니와. 이런저런 방법으로 온순해지고 사람에게 순복하게 되었거니와. 여기에서 야고보가 두 가지 시제 즉 현재시제와 현재완료시제를 사용한 것은 그러한 일이 지금까지 행해져 왔을 뿐만 아니라 지금도 행해지고 있는 것을 나타내기 위함이다. 그것은 다니엘(단 6:1-28)과 바울(행 28:1-31)의 경우처럼 특별한 섭리에 의한 것이 아니라, 통상적으로 사람의 훈련에 의한 것이다.

8. 혀는 능히 길들일 사람이 없나니 쉬지 아니하는 악이요 죽이는 독이 가득한 것이라.

혀는. 다른 사람들의 혀뿐 아니라 자기 자신의 혀는. 능히 길들일 사람이 없나니. 신적 은혜의 도움 없이는 어떤 사람도 자신의 혀를 길들이며 순복시킬 수 없다. 쉬지 아니하는 악이요. 혹은 제어될 수 없는 악이요. 들짐승은 쇠창살에 의해 가두어질 수 있지만, 그러나 혀는 결코 가두어지거나 제어되지 않는다. 죽이는 독이 가득한 것이라. 여기에서 혀의 악은 그것이 다른 사람들에게 끼치는 해악의 측면에서 독에 비유된다. 여기의 표현은 혀 아래 맹독을 품고 있는 독사를 빗대어 말하고 있는 것처럼 보인다. "뱀 같이 그 혀를 날카롭게 하니 그 입술 아래에는 독사의 독이 있나이다"(시 140:3). 독사가 어떤 사람을 물 때, 그 사람은 그것의 독에 의해 죽는다. 혀의 독은 독사의 독 못지않게 치명적이다. 그것은 사람들을 중상함으로써 그들의 명예를 죽이며, 그것이 그들 안에서 일으키는 격정과 욕망에 의해 그들의 영혼을 죽이며, 그것이 사람들 사이에 일으키는 다툼과 분쟁에 의해 종종 그들의 몸까지도 죽인다.

9. 이것으로 우리가 주 아버지를 찬송하고 또 이것으로 하나님의 형상대로 지음을 받은 사람을 저주하나니.

이것으로 우리가 주 아버지를 찬송하고. 이것으로 우리가 그리스도의 아버지 — 그리고 그 안에서 모든 참된 신자들의 아버지 — 에게 기도하며 찬미하고.

하나님의 형상대로 지음을 받은. 이것은 (1) 그 안에서 하나님의 형상이 새롭게 회복된 성도들을 가리키는 것이거나, 혹은 그것보다도 (2) 영적 지식과 의와 참된 거룩을 잃어버렸음에도 불구하고 여전히 그 안에 하나님의 형상의 흔적을 어느 정도 가지고 있는 일반적인 사람들을 가리킨다. 이러한 표현이 덧붙여진 것은 그러한 죄의 악독함을 더욱 부각시키기 위해서이다. 하나님의 형상대로 지음을 받은 사람들을 저주하는 것은 결국 하나님 자신을 저주하는 것이다. 저주하나니. 욕하며, 악담하며, 잘못 되기를 기원하나니.

10. 한 입에서 찬송과 저주가 나오는도다 내 형제들아 이것이 마땅하지 아니하니라.

한 입에서 찬송과 저주가 나오는도다. 야고보는 강조를 위해 앞 절에서 말한 것을 여기에서 다시 반복한다. 한 입에서 찬송과 저주가 나오는 것, 다시 말해서 하나의 구멍에서 두 가지 서로 상반되는 것이 나오는 것은 참으로 터무니없는 일이다.

이것이 마땅하지 아니하니라. 이것은 수사학적으로 곡언법이다(曲言法: 예컨대 "very good" 대신에 "not bad"라고 표현하는 수사법). 야고보가 의미하는 것은 그것이 너무나 터무니없는 일이라는 것이다. 디모데전서 5:13; 디도서 1:11의 비슷한 표현을 보라.

11. 샘이 한 구멍으로 어찌 단 물과 쓴 물을 내겠느냐.

만일 실제로 이런 일이 있다면, 그것은 정말로 이상하며 놀라운 일일 것이다.

12. 내 형제들아 어찌 무화과나무가 감람 열매를, 포도나무가 무화과를 맺겠느냐 이와 같이 짠 물이 단 물을 내지 못하느니라.

내 형제들아 어찌 무화과나무가 감람 열매를, 포도나무가 무화과를 맺겠느냐. 한 나무에서 서로 다른 두 종류의 열매가 맺는 것은 불가능하다. 마태복음 7:16-18을 보라. 이와 같이 짠 물이 단 물을 내지 못하느니라. 혹은 샘이 짠 물과 단 물을 함께 내지 못하느니라. 이러한 독법이 문맥과 좀 더 잘 어울리는 것으로 보인다. 야고보는 자연적으로 불가능한 것으로부터 그것, 즉 한 입에서 찬송과 저주가 나오는 것의 터무니없음을 논증한다. 거듭난 사람의 혀가 하나님을 찬양하는 일에 사용되면서 동시에 사람을 저주하는 일에 사용되는 것은 너무나 터무니없는 일이다. 그것은 하나의 나무로부터 서로 다른 두 종류의 열매가 맺는 것만큼이나 혹은 하나의 샘으로부터 짠 물과 단 물이 함께 나오는 것만큼이나 이상한 일이다.

13. 너희 중에 지혜와 총명이 있는 자가 누구냐 그는 선행으로 말미암아 지혜의 온유함으로 그 행함을 보일지니라.

너희 중에 지혜와 총명이 있는 자가 누구냐. 다시 말해서, 만일 너희 중에 지혜와 총명이 있는 자가 있다면. 시편 25:12; 베드로전서 3:10을 보라. 거기에서 다윗은 의문문의 어법으로, 그리고 베드로는 직설법의 어법으로 말한다. 앞에서 야고보는 혀가 끼치는 해악에 대해 이야기했는데, 계속해서 여기에서 그 원인을 보여준다. 그것은 사람들이 스스로에 대해 지혜롭게 여기기 때문이다. 다시 말해서, 그들이 다른 사람들을 비난하는 것은 자신들이 다른 사람들보다 더 지혜롭다고 여기기 때문이다. 그리고 계속해서 야고보는 그것을 고치는 치료제인 경건한 온유함을 보여준다 — 바로 이것이 최고의 지혜이다. 지혜(wisdom)와 총명(knowledge)은 같은 것을 의미하는 것일 수도 있고 서로 다른 것을 의미하는 것일 수도 있지만, 어쨌든 전체적인 의미는 이것이다. "너희는 지혜와 총명이 있는 것처럼 꾸미는도다. 만일 너희가 정말로 그러하다면, 선행으로 말미암아 지혜의 온유함으로 그 행함을 보일지니라."

지혜의 온유함으로. 즉 교훈뿐만 아니라 오래 참음으로 온유하게 책망하며 훈계하며 대답하며 가르칠 수 있는 부드러운 지혜로(딤후 4:2). 참된 온유함은 지혜로부터 나오는 온유함이거나 혹은 지혜와 결합된 온유함이다. 그것은 사나움과 성급함과 반대되는 것이다. 이와 같이 우리는 여기에서 참된 온유함의 원인 혹은 원천을 보게 된다. 그 행함. 그로 하여금 그의 지혜의 증거로서 그의 요란한 말이 아닌 그의 선한 행함을 보이게 하라. 그리고 이따금씩 행하는 선한 행함이 아니라 그의 삶의 기본적인 방향과 지속적인 삶의 방식으로서의 선한 행함을 보이게 하라.

14. 그러나 너희 마음 속에 독한 시기와 다툼이 있으면 자랑하지 말라 진리를 거슬러 거짓말하지 말라.

독한 시기. 여기의 "시기"는 헬라어로 "열심"(zeal)을 의미한다. 야고보가 거기에다가 "독한"(bitter)이라는 형용사를 덧붙인 것은 부분적으로 그것을 선한 열심과 구별하기 위함이다. 스스로를 "열심"으로 가장한다 하더라도, 그것은 실제로 시기 외에 아무것도 아니다. 야고보가 그렇게 한 것은 또 부분적으로 그것이 통상 독한 영으로부터 나오며 또 영을 더 독하게 만드는 경향이 있기 때문이다. 다툼. 독한 열심 혹은 시기의 통상적인 결과. 너희 마음 속에. 마음은 독한 시기와 다툼 같은 것들이 흘러나오는 근원이다. 자랑하지 말라. 마치 다른 사람들을 얼마든지 책망할 수 있다는 듯이 너희의 열심, 혹은 그것보다도 너희의 지혜를 자랑하지 말고 도리어 겸손하라. 너희가 자랑하는 것은 실제로 부끄러움의 원인 외에 아무것도 아니라. 진리를 거슬러 거짓말하지 말라. 실제로 그렇지 않음에도 불구하고 스스로 지혜로우며 열심이 있노라고 떠벌리지 말라.

15. 이러한 지혜는 위로부터 내려온 것이 아니요 땅 위의 것이요 정욕의 것이요 귀신의 것이니.

이러한 지혜. 스스로 지혜롭다고 자처하면서 다른 사람들의 행동을 비판하며 가혹하게 책망하는 지혜. 그리고 독한 시기와 다툼이 따르는 지혜. 위로부터 내려온. 즉 지혜의 창시자이신 그리고 그로부터 온갖 좋은 은사와 온전한 선물 그리고 심지어 자연적인 지식과 기술까지도 내려오는 하나님으로부터 내려온(약 1:17; 사 28:26, 29). 이러한 지혜가 하나님으로부터 내려오지 않는 것은 그것이 땅 위의 것이기 때문이다. 그것은 땅에 속한 것으로서, "땅에서 난" 첫째 아담 이상(以上)의 기원을 갖지 않는다(고전 15:47). 그렇기 때문에 그것은 또한 사람들의 마음을 땅에 속한 것들에 고정시킨다. 정욕의 것(sensual). 이것은 다음과 같이 이해될 수 있다. (1) 본문의 독법대로 영(spirit)과 반대되는 것으로서. 이 단어는 육체적이며 감각적인 힘을 의미하는 것으로 취하여진다. 이것은 지적인 힘과 구별되는 것으로서 사람과 짐승이 함께 공유하는 힘이다. 신적 은혜가 없는 단순한 이성(理性)은 야수성(野獸性)으로 퇴행하기 쉽다. 그리고 그것은 쉽게 육신적인 욕망의 목적에 봉사하는 길로 나아간다. 그러므로 이러한 지혜는 당연히 "정욕의 것"으로 말하여질 수 있다. (2) 유다서 1:19처럼 영적인(spiritual) 것과 반대되는 자연적인(natural) 것으로서(한글개역개정판에는 "육에 속한"이라고 되어 있음). 자연적인 사람(natural man) 즉 자연인은 하나님의 영에 의해 밝아지고 거듭난 이성(理性)이 아니라 그 자신의 육신적인 이성에 따라 살아가는 사람이다. 그러므로 본문이 말하는 "이러한 지혜"는 하나님의 영의 빛과 은혜는 결여된 채 단순히 인간 자신의 영혼으로부터 그리고 그것의 자연적인 상태 안에서 나오는 지혜이다.

귀신의 것. "devilish" 즉 마귀적인. 그것이 마귀적인 것은 그것이 마귀로부터 온 혹은 마귀 안에 있는 것이기 때문이다. 그는 사람들을 자기처럼 교만하며, 시기하며, 거짓말하며, 비방하는 자들로 만든다(요 8:44). 그는 사람들의 허물을 주목하는데, 그것은 그들을 바로잡기 위해서가 아니라 그것으로 말미암아 그들을 참소하기 위함이다.

16. 시기와 다툼이 있는 곳에는 혼란과 모든 악한 일이 있음이라.

시기와 다툼이 있는 곳에는. 시기와 다툼은 통상적으로 마귀적인 지혜의 동반자들이다. 혼란과. 시기는 사람을 내적으로 요동하게 만들며, 나아가 다른 사람들에게 불화를 일으키도록 만든다. 그리고 그것은 자기 자신뿐만 아니라 다른 사람들 사이에 다툼과 분쟁을 일으키고 화평을 깨뜨린다. 모든 악한 일이 있음이라. 이러한 혼란과 불화로 말미암아 모든 형태의 악들이 들어온다.

17. 오직 위로부터 난 지혜는 첫째 성결하고 다음에 화평하고 관용하고 양순하며 긍휼과 선한 열매가 가득하고 편견과 거짓이 없나니.

위로부터 난 지혜. 위로부터 내려오지 않은 지혜와 반대되는 하나님으로부터 온 참된 지혜(15절). 성결하고. 섞인 것이 없으므로 위선적인 것과 반대되고. 혹은 더러운 것이 없으므로 육신적인 것과 반대되고(15절). 여기의 단어는 죄와 허물의 더러운 것들로부터 자유로운 것을 함축한다. 그것은 참된 지혜에 속한 것으로서 사람들을 진리와 거룩함에 착념하도록 만든다. 화평하고. 사람들을 세상적인 지혜의 열매인 분쟁과 다툼이 아닌 화평으로 이끌고. 우리는 여기에서 사람과 관련되는 화평이 하나님과 관련되는 성결 다음에 놓인 사실을 주목할 필요가 있다. 이러한 사실은 화평보다 성결이 우선하는 사실을 암시한다. 사람들과의 화평에 앞서 먼저 하나님 앞에서의 성결이 선행되어야만 한다. 관용하고. 혹은 공평하며 온유하고(빌 4:5; 딤전 3:3; 딛 3:2). 다른 사람들의 허물에 대해 관용하는 것은 우리에게 끼쳐진 해악에 대해 용서하며, 모든 일을 최대한 좋게 해석하며, 우리 자신의 유익을 구하지 않으며, 연약한 형제들에 대해 지나치게 가혹하며 엄격한 태도를 취하지 않는 것을 의미한다. 양순하며. 이것은 다른 사람들의 말이나 청원에 마음을 열고 귀를 기울이는 태도를 가리킨다. 참된 지혜는 사람들을 좋은 훈계와 충고와 변론에 순복하도록 만든다. 이것은 로마서 1:31의 "무자비함"과 잠언 13:1의 "거만함"과 반대되는 태도이다. 긍휼과. 고통 가운데 있는 사람들을 불쌍히 여기는 은혜. 이것은 무정함과 몰인정함과 반대되는 태도이다. 선한 열매가 가득하고. 긍휼로부터 나오는 자선(慈善)과 너그러움을 비롯한 모든 아름다운 열매들. 편견과. 혹은 심판하는 것과. 즉 비난을 위한 근거를 찾기 위해 다른 사람들의 허물을 찾는 태도. 이것은 때로 흠정역의 난외(欄外)처럼 논쟁을 의미하기도 하고, 또 때로 육신적인 조건 위에서 사람과 사람 사이를 차별하는 것을 의미하기도 한다. 거짓이 없나니. 혹은 위선이 없나니. 그들은 다른 사람들을 심판함으로써 이와 같은 죄책을 갖는다. 또 여기에서 "거짓"이 덧붙여진 것은 진실함이 앞에 열거된 모든 것들 즉 성결과 화평과 관용과 양순과 긍휼과 모든 선한 열매들을 완성하는 것임을 보이기 위함이다. 거짓은 그 모든 것들을 망가뜨린다. 그러므로 위로부터 난 지혜는 거짓이 없이 진실하다.

18. 화평하게 하는 자들은 화평으로 심어 의의 열매를 거두느니라.

화평하게 하는 자들은. 화평을 추구하며 좇는 자들은. 여기의 표현은 이중적인 의미를 갖는다. (1) 의를 행하는 자들은 화평하며 온유한 방식으로 그렇게 해야 한다는 것. 특별히 다른 사람들을 책망할 때 우리는 온유함과 적당함으로 그렇게 해야 한다. 우리는 형리(刑吏)처럼 그들을 괴롭혀서는 안 된다. 도리어 의사처럼 그들을 치료해야 한다. (2) 화평으로 의를 심는 자들, 다시 말해서 의를 화평을 향한 노력과 결합시키는 자들은 이 땅에서의 위로뿐만 아니라 하늘의 영광 가운데 상급을 거둘 것이라는 것. **화평으로**. 온유하며 평온하며 평화로운 방식으로. 혹은 영적인 화평과 양심의 위로로. **심어**. 좋은 열매로서 의가 행해짐으로써(호 10:12). 악이 행해지는 것 역시도 그것이 심어지는 것으로서 말하여진다(욥 4:8). 여기에 상급의 확실성이 암시된다. 씨를 심으면 나중에 추수가 확실한 것처럼, 의를 행하면 나중에 상급이 확실하다. 또 여기에 이 땅에서는 그 열매를 향유하지 못할 것이 암시되기도 한다. 왜냐하면 씨를 뿌리는 자들은 오랜 시간이 지날 때까지 거두지 못하기 때문이다.

의. 이것은 환유적(換喩的)으로 앞에 묘사된 하늘의 지혜 대신 언급된 것이다. 의는 하늘의 지혜의 불가분리적인 동반자이며, 그것의 결과이다(욥 28:28).

의의 열매. 의 자체로서 우리가 맺는 열매거나(눅 3:8-9; 롬 6:22; 빌 1:11), 혹은 의의 상급 즉 영원한 생명으로서 우리가 거두는 열매.

MATTHEW POOLE'S COMMENTARY

야고보서 4장

개요

1. 우리의 악한 정욕과 욕심은 우리로 하여금 하나님과 더불어 불화하도록 이끎(1–6).
2. 그러한 불화를 극복하며 하나님의 호의를 회복하는 방법(7–10).
3. 비방하며 판단하는 것에 대한 경고(11–12).
4. 주제넘게 미래를 예측할 것이 아니라 모든 것을 하나님의 섭리에 맡겨야 함(13–17).

1. 너희 중에 싸움이 어디로부터 다툼이 어디로부터 나느냐 너희 지체 중에서 싸우는 정욕으로부터 나는 것이 아니냐.

너희 중에 싸움이 어디로부터 다툼이 어디로부터 나느냐. 어쩌면 이것은 일부 육신적인 신자들이 가담한 반란과 폭동을 가리키는 것일 수 있다. 그러나 그것보다 외적인 일로 인해 신자들 사이에 분쟁이 생기고 그럼으로 말미암아 법정으로 가는 것을 가리키는 것일 가능성이 더 높아 보인다(고전 6:1). 너희 지체 중에서. 몸의 지체들만이 아니라 그것들에 의해 행해지는 영혼의 기능들 중에서. 다시 말해서 새로워지지 못한 사람의 모든 부분들 중에서(골 3:5). 결국 이러한 것들은 모두 불의의 병기로 사용된다. 싸우는. 이성(理性)과 양심과 은혜에 대항하여 폭동을 일으키는(롬 7:23; 벧전 2:11). 정욕. 헬라어로 쾌락. 즉 쾌락을 목적으로 하는 정욕. 여기에서 야고보가 의미하는 것은 재물과 세상적인 힘과 육신적인 즐거움에 대한 과도한 열망이다(딛 3:3). 정욕과 쾌락은 함께 간다.

2. 너희는 욕심을 내어도 얻지 못하여 살인하며 시기하여도 능히 취하지 못하므로 다투고 싸우는도다 너희가 얻지 못함은 구하지 아니하기 때문이요.

너희는 욕심을 내어도. 너희가 탐욕스럽게 원하여도. 얻지 못하여. 너희가 그토록 탐하는 것을 얻지 못하고, 혹 얻는다 하더라도 곧 잃어. 살인하며. 이것은 그들 사이의 싸움으로 말미암아 몇몇 사람이 죽은 것을 가리키는 것일 수 있다. 혹은 마음속으로 다른 사람들을 죽이고자 하는 그들의 살의(殺意)를 가리키는 것일 수도 있다.

시기하여도. 혹은 가지려고 열망하여도. 즉 다른 사람들이 가진 것을 갖고자 간절히 바라도. 능히 취하지 못하므로. 즉 다른 사람들이 가진 것에 대해 너희가 시기하는 것을. 다투고 싸우는도다. 너희가 이웃들이 가진 것을 너희도 갖고자 그들과 더불어 분쟁하며 싸우는도다. 너희가 얻지 못함은. 너희는 간절히 바람에도 불구하고 여전히 핍절하도다. 너희의 욕심은 한이 없으며 도무지 만족할 수 없도다.

구하지 아니하기 때문이요. 즉 기도로써 하나님께. 하나님은 다투며 싸우는 자가 아니라 구하는 자에게 주시겠다고 약속하셨다(마 7:7). 필요한 것을 하나님께 겸손하게 구하는 대신, 그들은 그것을 힘으로 강탈하거나 혹은 거짓으로 속여 취하려고 했다.

3. 구하여도 받지 못함은 정욕으로 쓰려고 잘못 구하기 때문이라.

구하여도 받지 못함은. 좋은 것을 위해 기도했음에도 불구하고 받지 못한 것은 너희가 올바로 그리고 하나님의 뜻을 따라 기도하지 않았기 때문이라(요일 5:14). 그러므로 너희는 들으심을 받지 못한 것으로 인해 불평해서는 안 될 것이라.

정욕으로 쓰려고 잘못 구하기 때문이라. 너희는 오로지 이생의 것들만 구하는도다. 그러면서 육체를 기쁘게 하는 것을 갖고자 하며, 육신적인 욕망을 만족시키고자 하는도다. 그러한 악한 목적이 선한 수단을 망쳐 놓는도다.

4. 간음한 여인들아 세상과 벗된 것이 하나님과 원수 됨을 알지 못하느냐 그런즉 누구든지 세상과 벗이 되고자 하는 자는 스스로 하나님과 원수 되는 것이니라.

간음한 여인들아. 혹은 간음한 자들아. 야고보는 이것을 영적인 의미로 사용한다. 즉 여기의 "간음한 여인들" 혹은 "간음한 자들"은 세속적인 정신을 가진 그리스도인들, 다시 말해서 신앙 고백을 통해 주님과 혼인했음에도 불구하고 세상의 것들에 마음을 빼앗긴 사람들을 가리킨다. 마태복음 12:39; 16:4에서도 여기와 비슷한 표현이 사용된다.

세상과 벗된 것. 세상에 대한 과도한 애정, 혹은 세상의 것들에 대한 과도한 탐닉과 집착. 하나님과 원수 됨. 그 영혼이 하나님으로부터 분리됨(요일 2:15). 알지 못하느냐. 너희는 마땅히 알아야만 하며, 또 알 수밖에 없느니라. 누구든지 세상과 벗이 되고자 하는 자는. 누구든지 그 마음의 목적과 결심이 세상과 친해지는 것이라면. 스스로 하나님과 원수 되는 것이니라. 하나님과 무관한 것에 집착함으로써 결과적으로 그분께 대하여 적의(敵意)를 나타내는 것이니라.

5. 너희는 하나님이 우리 속에 거하게 하신 성령이 시기하기까지 사모한다 하신 말씀을 헛된 줄로 생각하느냐.

너희는 … 말씀을 헛된 줄로 생각하느냐. 즉 아무 의미 없는 것으로 생각하느냐? 여기의 질문 속에는 강한 부정(否定)이 함축되어 있다. 다시 말해서 그와 같은 말씀은 결코 헛되이 말하여진 것이 아니라는 것이다. 질문 : 여기의 헛되이 말하여지지 않은 말씀은 구체적으로 어떤 말씀을 가리키는 것인가? 대답 : 그것은 야고보가 앞 절에서 이야기한 "누구든지 세상과 벗이 되고자 하는 자는 스스로 하나님과 원수 되는 것이니라"라는 말씀이거나, 혹은 본 절의 "하나님이 우리 속에 거하게 하신 성령이 시기하기까지 사모한다"는 말씀이다.

하나님이 우리 속에 거하게 하신 영. the spirit that dwelleth in us(한글개역개정판에는 "하나님이 우리 속에 거하게 하신 성령"이라고 되어 있음). 이것은 신자들 안에 거하는 하나님의 영을 가리키는 것이거나(고전 3:16, 17), 혹은 죄에 의해 부패된 그리고 불순종의 자녀들 가운데 역사하는 마귀에 의해 충동되는 사람들의 영을 가리키는 것이다. 특별히 후자의 경우라면 그것은 타락한 본성과 같은 것이다.

시기하기까지 사모한다. "Lusteth to envy" 즉 시기하기까지 욕망한다. "시기"라는 단어 아래 야고보는 다른 모든 육체적 욕망들까지 포함시킨다. 다만 여기에서 "시기"를 특별하게 언급하는 것은 앞에서와 마찬가지로 특별히 그것을 예시(例示)하는 것이다(3:14, 16). 시기는 다른 욕망들과 너무나 밀접하게 연결되어 있다. 대부분의 경우 그것은 다른 욕망들의 원인이거나 혹은 그것들의 부수물이다. 이런 의미에서 시기는 옛 사람의 주된 지체이다. 본 구절을 우리는 의문문으로도 읽을 수 있고 긍정문으로도 읽을 수 있다. 그리고 여기의 "영"을 하나님의 영으로 읽느냐 혹은 사람의 영으로 읽느냐에 따라 본문의 의미가 달라질 수 있다. (1) 우리 속에 거하는 하나님의 영은 시기하기까지 욕망하는가? 다시 말해서 우리를 그토록 저열한 감정(시기심)으로 이끄는가? 결코 그럴 수 없다. 다음 절에 나타나는 것처럼, 그는 더욱 큰 은혜를 주신다. 다시 말해서, 그는 값없이 후하게 주시며, 그럼으로써 우리로 하여금 다른 사람들이 가진 좋은 것으로 인해 그들을 시기하도록 만들지 않는다. 하나님은 우리에게 풍성한 선물을 주신다. 그러므로 우리를 시기로 이끄는 것은 하나님의 영의 속성과 가장 먼 것이다. 혹은 (2) 우리는 전치사 "to"를 "against"를 의미하는 것으로 취하면서 본 절을 의문부호 없이 읽을 수 있다. 그러면 그 의미는 다음과 같을 것이다. 우리 안에 있는 하나님의 영은 우리에게 다툼과 시기보다 더 나은 것을 가르친다. 왜냐하면 그 영은 "시기를 거슬러"(against envy) 욕망하기 때문이다. 다시 말해서 우리 마음을 그것을 미워하며 거스르도록 이끌기 때문이다. 이러한 해석은 이어지는 말씀과 잘 어울린다. "그 영은 시기를 거슬러 욕망하느니라. 그러나 하나님은 — 이를테면 다른 사람들을 시기하는 것보다 — 더 큰 은혜를 주시나니." 혹은 (3) 만일 여기의 "영"을 사람의 영 즉 사람의 타락한 본성으로 이해한다면, 그 의미는 명백하다. 사람의 영은 (특별히 마귀의 부추김으로 말미암아) 시기하기까지 욕망하지만 혹은 시기하기까지 강하게 이끌리지만, 그러나 하나님은 더 큰 은혜를 주시나니. 질문 : 우리는 성경의 어디에서 이와 같은 문장을 발견할 수 있나? 대답 : 여기와 동일한 문장은 어디에도 나타나지 않는다. 그러나 우리는 민수기에서 여기와 비슷한 의미를 가진 말씀을 발견한다. 우리는 엘닷과 메닷이 예언하는 것에 대해 여호수아가 시기한 것을 여기의 욕망의 한 실례로서 취할 수 있다. "모세가 그에게 이르되 네가 나를 두고 시기하느냐 여호와께서 그의 영을 그의 모든 백성에게 주사 다 선지자가 되게 하시기를 원하노라"(민 11:29). 여기의 말씀을 사람의 마음의 자연적인 성향이 악하다고 말하는 창세기 6:5; 8:21과 비교해 보라.

6. 그러나 더욱 큰 은혜를 주시나니 그러므로 일렀으되 하나님이 교만한 자를 물리치시고 겸손한 자에게 은혜를 주신다 하였느니라.

그러나 그는. "But he"(한글개역개정판에는 "그는"이 생략되어 있음). 만일 앞 절의 "영"을 하나님의 영을 의미하는 것으로 취한다면, 여기의 "그"는 하나님의 영을 가리키는 것일 것이다. 반면 앞 절의 "영"을 사람의 영을 의미하는 것으로 취한다면, 여기의 "그"는 하나님을 가리키는 것이 될 것이다.

더욱 큰 은혜를 주시나니. 비록 우리가 우리의 자연적인 성향을 따라 시기한다 할지라도, 그러나 하나님은 (혹은 그의 영은) 풍성하며 후하시나니. 혹은 하나님은 새로워진 자들에게 그들의 옛 영으로 말미암아 시기하기까지 욕망하는 것보다 더 나은 은혜를 주시나니.

그러므로 일렀으되. 혹은 하나님이 성경 안에서 말씀하시되. 여기의 구절은 잠언 3:34을 70인경대로 인용한 것이다. 70인경은 야고보뿐 아니라 다른 신약 저자들에 의해서도 자주 인용되었다.

하나님이 … 물리치시고. 이것은 군사적인 용어이다. 하나님은 교만하게 대적하는 자들을 경멸하며, 쳐부수며, 멸망시키신다. 하나님은 그런 자들에게 은혜를 베풀지 않고 마치 철천지원수처럼 그들을 물리치신다.

교만한 자. 하나님이 주신 선물로 말미암아 스스로를 다른 사람들 위로 높이는 자들. 솔로몬은 그들을 "거만한 자들"이라고 부른다(잠 3:34). 그들은 다른 사람들을 깔보면서 — 그리고 심지어 하나님 자신의 심판과 경고조차 경멸하면서 — 스스로를 과도하게 높이는 자들이다.

겸손한 자에게 은혜를 주신다. 사람들 앞에서 존귀와 호의를 주실 뿐만 아니라 특별히 그들에게 육체의 소욕과 남아 있는 부패를 이길 수 있는 은혜를 덧입혀 주신다.

7. 그런즉 너희는 하나님께 복종할지어다 마귀를 대적하라 그리하면 너희를 피하리라.

그런즉. 교만의 위험성과 겸손에 의해 오는 은택 모두 때문에.

너희는 하나님께 복종할지어다. 자발적이며 아낌없이, 그리고 그의 모든 명령에 순종하는 방법으로만이 아니라 너희의 약함과 아무것도 아님과 그의 은혜가 필요함을 의식(意識)하는 겸손의 방법으로.

마귀를 대적하라. 육체적 욕망들의 머리인 마귀를 믿음을 비롯한 모든 영적 전신갑주로 대적하라(엡 6:13, 14). 우리는 마귀의 유혹과 행태를 따라서는 안 된다. 이것 역시도 군사적인 용어이다. 앞에서 싸움과 다툼에 대해 이야기한 야고보는 이제 우리가 더불어 다투어서는 안 되는 상대에게로 향한다. 그는 사람들에 대해 겸손할 것을 가르친다. 그들은 우리와 동류(同類)의 사람들이며, 우리는 그들 위에 스스로를 높이면서 그들에 대해 시기하거나 혹은 그들과 더불어 다투어서는 안 된다. 또 야고보는 여기에서 우리의 최고의 통치자로서 하나님께 복종할 것을 훈계한다. 우리는 그분과 더불어 다투어서는 안 된다. 우리가 더불어 다투어야 하는 자는 우리의 큰 원수인 마귀이다.

그리하면 너희를 피하리라. 설령 그가 다시 돌아와 너희를 또다시 유혹한다 하더라도, 너희가 그를 계속해서 대적하는 한 그는 여전히 패배할 것이라. 너희가 허락하지 않는 한 그는 결코 너희를 이기지 못할 것이라.

8. 하나님을 가까이하라 그리하면 너희를 가까이하시리라 죄인들아 손을 깨끗이 하라 두 마음을 품은 자들아 마음을 성결하게 하라.

하나님을 가까이하라. 믿음으로 말미암아. 믿음은 하나님에게 가까이 가는 것이다(히 7:25). 또 참된 회개로 말미암아. 회개는 하나님께 돌이키는 것이다(호 14:1, 말 3:7). 또 그의 은혜를 구하는 간절한 기도로 말미암아(시 25:1).

그리하면 너희를 가까이하시리라. 그의 은혜와 호의를 나타내심으로 말미암아, 그리고 특별히 마귀와 스스로의 욕망을 대적하는 능력을 주심으로 말미암아.

죄인들아. 노골적으로 악을 행하는 악인들아. 너희의 악함은 너희의 일상적인 행위들 가운데 나타나도다. 마태복음 11:19; 마가복음 2:15; 누가복음 7:37; 15:2; 요한복음 9:31에도 이와 같은 호칭이 나타난다.

손을 깨끗이 하라. 너희의 행동을 새롭게 하며 너희의 삶을 고쳐라. 손은 육체의 행동의 주된 도구이다. 손을 깨끗이 하는 것은 외적인 행동을 정결하게 하는 것을 의미한다(욥 22:30; 시 24:4; 26:6; 사 33:15-16).

두 마음을 품은 자들아. 앞의 "죄인들"은 불경건한 자들을, 그리고 여기의 "두 마음을 품은 자들"은 위선자들을 가리키는 것일 수 있다. 혹은 두 표현 모두 같은 사람들, 즉 악한 마음을 품고 악한 삶을 살아가는 사람들을 가리키는 것일 수도 있다. 여기에서 야고보는 참된 회개가 무엇으로 구성되는지를 보여준다. 그것은 겉 사람과 속 사람 모두를 바꾸는 것이다.

마음을 성결하게 하라. 너희의 생각과 내적인 감정들을 정결하게 하라. 그러한 것들로부터 외적인 행동들이 흘러나온다(사 60:7). 베드로전서 1:22; 요한일서 3:3을 보라.

9. 슬퍼하며 애통하며 울지어다 너희 웃음을 애통으로, 너희 즐거움을 근심으로 바꿀지어다.

슬퍼하며. 앞에 언급된 죄로 인해 스스로를 겸비케 하면서, 그리고 다가올 진노를 생각하면서. 애통하며. 내적인 마음의 슬픔으로. 울지어다. 울음으로써 너희의 내적 슬픔을 나타낼지어다. 우는 것은 내적 슬픔의 통상적인 표현이며 표증이다. 너희 웃음을. 죄의 길을 통해 얻은 너희의 육신적인 기쁨을. 애통으로. 너희의 육신적인 기쁨을 경건한 슬픔으로 바꿀지어다.

너희 즐거움을. 앞의 "웃음"과 비슷한 의미로 사용됨. 여기의 "즐거움"이라는 표현으로 야고보는 그들이 불의 가운데 스스로를 즐겁게 하는 것과 그들이 폭력과 강압으로 얻은 것을 의미한다. 근심으로 바꿀지어다. 앞의 "애통"과 비슷한 의미로 사용됨. 여기의 "근심"은 애통하는 마음이 얼굴로 나타나는 외적 표현이다. 그것은 통상적으로 부끄러움이나 혹은 슬픔으로부터 말미암는다(그 단어는 원어적으로 둘 모두를 의미한다). 반면 즐거움과 자신감은 사람들로 하여금 머리와 얼굴을 들게 만든다(겔 9:6; 욥 10:15; 11:15; 22:26; 눅 21:28).

10. 주 앞에서 낮추라 그리하면 주께서 너희를 높이시리라.

주 앞에서. 마치 마음을 살피는 자 앞에 있는 것처럼 진심으로.

낮추라. 여기에서 마음을 낮추라는 훈계가 다시금 반복되는 것은 자칫 그들이 외적인 행위에 지나치게 의존할 수 있었기 때문이었다. 그들은 교만과 다툼을 통해 스스로를 높였다. 이에 야고보는 그들에게 참된 높아짐에 이르는 최고의 길을 보여 준다. 그것은 다름 아닌 스스로를 낮추는 겸손이다(마 23:12; 잠 15:33; 18:12).

그리하면 주께서 너희를 높이시리라. 하나님은 당신의 기쁘신 뜻 안에서 너희의 외적인 상태와 즐거움을 높이실 것이다. 그리고 무엇보다도 이 땅에서 은혜 가운데 그리고 장차 하늘에서 영광 가운데 너희를 높이실 것이다(눅 14:11).

11. 형제들아 서로 비방하지 말라 형제를 비방하는 자나 형제를 판단하는 자는 곧 율법을 비방하고 율법을 판단하는 것이라 네가 만일 율법을 판단하면 율법의 준행자가 아니요 재판관이로다.

서로 비방하지 말라. "Speak not evil one of another" 즉 서로에 대해 악하게 말하지 말라. 정해진 규례에 따른 정당한 책망이나 훈계가 아니라면(레 5:1; 고전 1:11; 11:18; 고후 11:13; 딤후 4:14-15), 야고보는 다른 사람들에 대한 모든 종류의 험담과 비난과 성급한 판단을 금한다. 사람들은 너무나 쉽게 자기 자신의 기분이나 생각으로 다른 사람들을 비난하며 정죄한다.

형제를 판단하는 자는. 율법이 정죄하지 않는 것에 대해 형제를 정죄하며 형제의 허물을 찾는 자는(롬 14:3, 4). 율법을 판단하는 것이라. (1) 율법이 정죄하는 행동 즉 비판하며 정죄하는 행동을 함으로 말미암아. 혹은 (2) 율법이 허용하는 것을 정죄함으로 말미암아. 결과적으로 그는 그것을 허용하는 율법을 정죄한 것이다.

네가 만일 율법을 판단하면 율법의 준행자가 아니요 재판관이로다. 네가 만일 네 형제를 판단함으로써 율법의 역할을 침해할(왜냐하면 그를 판단하는 것은 율법의 역할이기 때문에) 뿐만 아니라 율법이 금하지 않은 것에 대해 그를 판단함으로써 율법 자체를 불완전하며 불충분한 것으로 판단한다면, 너는 율법의 통치를 내팽개치고 율법의 우월성을 부인하며 그것에 순복하지 않음으로써 스스로를 율법의 재판관으로 만드는 것이라.

12. 입법자와 재판관은 오직 한 분이시니 능히 구원하기도 하시며 멸하기도 하시느니라 너는 누구이기에 이웃을 판단하느냐.

입법자와 재판관은 오직 한 분이시니. 오직 한 분의 절대적이며 우주적이며 영적인 최고의 입법자와 재판관이 계실 뿐이다. 그는 사람들의 양심을 직접적으로 통제하며 그들의 영혼을 위한 법을 만드실 수 있다(잠 8:15, 16; 사 33:22; 행 4:19). 이러한 말로써 야고보는 그들이 하나님의 권리를 침해했음을 암시한다. 왜냐하면 그들은 다른 사람들의 양심을 통제하는 합법적인 권세를 스스로 취하면서 자신들의 뜻을 다른 사람들의 행동의 규칙으로 만들었기 때문이다.

능히 구원하기도 하시며 멸하기도 하시느니라. 일시적으로 그리고 영원히(신 32:39; 삼상 2:6; 사 43:13). 다른 입법자들와 재판관들은 사람들의 영혼을 구원하거나 멸할 수 없을 뿐만 아니라, 하나님의 협력이 없이는 심지어 그들의 목숨까지도 그렇게 할 수 없다. 그러나 하나님은 그들의 목숨뿐만 아니라 영혼까지도 능히 구원하거나 멸할 수 있다. 너는 누구이기에. 너는 도대체 어떤 피조물이기에 감히 하나님의 자리에 앉아 스스로를 다른 사람들을 판단하는 재판장으로 만드는가! 이웃을 판단하느냐. 다른 주인의 종을 판단하느냐(롬 14:4). 구원하거나 멸하는, 또 포상하거나 징벌하는 권세를 가지고 있지 않음에도 불구하고 재판장의 위치를 취하는 것은 얼마나 분별없는 일인가!

13. 들으라 너희 중에 말하기를 오늘이나 내일이나 우리가 어떤 도시에 가서 거기서 일 년을 머물며 장사하여 이익을 보리라 하는 자들아.

들으라(go to now). 이것은 다른 주제로 이행할 때나, 혹은 그보다도 어리석은 일을 행하는 아랫사람들에게 어떤 명령이나 훈계를 내릴 때 — 급하게 그들의 주의(注意)를 환기시키면서 그들의 의무나 혹은 위험을 일깨워 주기 위해서 — 사용하는 표현이다. 너희 중에 말하기를. 입술로 혹은 마음으로. 오늘이나 내일이나 우리가 어떤 도시에 가서. "우리가 가자"(let us go)가 아니라, 직설적인 화법으로 "우리가 갈 것이라"(we will go)이다. 여기에 나타나는 그들의 단호한 계획과 목적을 주목하라. 미래의 시간과 일은 그들의 권세 아래 있지 않다. 그럼에도 불구하고 그들은 마치 그것이 그들의 권세 아래 있는 것처럼 그것을 자의적으로 취한다. 거기서 일 년을 머물며 장사하여 이익을 보리라. 야고보는 여러 지역을 다니며 장사하는 상인들을 정죄하지 않는다. 또 그는 장사를 통해 이익을 보려고 한다든지 혹은 사업을 구상하는 것을 정죄하지 않는다. 다만 하나님의 섭리와 인도하심 없이 마치 그들의 시간과 일이 하나님의 손이 아니라 그들 자신의 손에 놓여 있는 것처럼 그들의 삶이 일 년 동안 계속될 것이라든지, 혹은 장사를 통해 이익을 볼 것이라고 스스로에게 약속하는 것을 정죄할 뿐이다.

14. 내일 일을 너희가 알지 못하는도다 너희 생명이 무엇이냐 너희는 잠깐 보이다가 없어지는 안개니라.

내일 일을 너희가 알지 못하는도다. 내일 살아있을지 혹은 내일 어떤 일이 일어날

지 너희가 알지 못하는도다. 너희는 하루 일도 알지 못하면서 일 년 후의 일을 헛되이 자랑하는도다. **너희 생명이 무엇이냐.** 사무엘상 25:10; 시편 144:3-4처럼, 이러한 질문 속에는 경멸의 의미가 함축되어 있다. **너희는 잠깐 보이다가 없어지는 안개니라.** 그렇다면 이와 같은 보잘것없는 기초 위에 세워진 계획과 목표는 얼마나 헛된 것인가!

15. 너희가 도리어 말하기를 주의 뜻이면 우리가 살기도 하고 이것이나 저것을 하리라 할 것이거늘.

너희가 도리어 말하기를 … 할 것이거늘. 여기에서 요구되는 것은 하나님의 섭리를 실제적으로 인정하면서 우리의 모든 일을 그에게 맡기는 것이다. 이것은 여기의 경우처럼 말로써 이루어지기도 하고, 마음속에서 내적으로 이루어지기도 한다.

주의 뜻이면. 주의 섭리적 의지(意志)를 알지 못할 때, 우리는 "주의 뜻이면"이라고 말한다. 그것은 우리의 모든 계획과 결정이 그의 뜻에 의해 통제되어야 하기 때문이다. **주의 뜻이면 우리가 살기도 하고 이것이나 저것을 하리라.** 어떤 사람들은 이것을 "만일 주께서 뜻하시고 우리가 살 것이라면, 우리가 이것이나 저것을 하리라"라고 읽는다. 그러면 그 의미는 우리의 모든 행동들이 우리의 사는 것뿐 아니라 주님의 뜻에 의존한다는 것이 될 것이다. 하나님은 우리에게 사는 것은 허락하시지만 그러나 이것이나 저것을 행하는 것은 허락하지 않으실 수 있다. 반면 만일 우리가 이것을 본문의 독법대로 "주의 뜻이면 우리가 살기도 하고 이것이나 저것을 하리라"라고 읽는다면, 그 의미는 우리의 사는 것과 행동들 모두가 하나님의 뜻에 의존한다는 것이 될 것이다. 우리의 사는 것이나 행동하는 것 모두 우리의 권세 아래 있지 않다. 이와 같이 본문은 자신의 생명의 연약함을 생각함이 없이 혹은 자신의 삶을 하나님의 뜻에 의존함이 없이 자의적으로 결정하고 계획을 세우는 자들의 헛된 자랑을 이중적으로 금한다.

16. 이제도 너희가 허탄한 자랑을 하니 그러한 자랑은 다 악한 것이라.

너희가 허탄한 자랑을 하니. 너희가 육신적인 계획과 바라는 것들로 스스로 즐거워하니. 너희는 하나님의 섭리는 고려함이 없이 너희 자신의 계획과 바라는 것들로 허탄한 자랑을 하는도다. **그러한 자랑은 다 악한 것이라.** 그러한 자랑은 하나님의 축복과 허락하심 없이 스스로에게 세속적인 형통과 성공을 약속하는 것이 헛된 일임을 확증하는 말씀들과 상반되는 것이다(시 127:1; 잠 16:9, 33). 또 그것은 교만과 안일로부터 나오는 것이다.

17. 그러므로 사람이 선을 행할 줄 알고도 행하지 아니하면 죄니라.

이것은 야고보가 지금까지 이야기한 모든 것과 연결되는 것일 수 있다. 그렇다면 그가 의미하는 것은 이것이 될 것이다. "나는 너희에게 너희의 의무를 훈계했노라. 그러므로 이제 너희는 너희의 의무를 아노라. 그러므로 만일 너희가 그것을 행하지 않는다면, 그것은 너희의 죄가 될 것이니라." 혹은 이것은 그가 바로 앞에서 이야기한 것과 연결되면서 예상되는 반론을 막기 위해 말하여진 것일 수 있다. 그들은 야고보가 자신들이 이미 알고 있는 것 외에는 아무것도 가르치지 않았으며 자신들은 범사에 하나님의 섭리를 인정하노라고 말할 수 있었다. 이에 대해 야고보는 다음과 같이 대답한다. "만일 너희가 너희의 의무를 안다면, 너희는 마땅히 그것을 실천해야만 하느니라. 그리고 그렇게 함으로써 스스로를 그러한 섭리에 순복시켜야만 하느니라. 그러나 알면서도 행하지 않는 것은 너희에게 죄가 될 것이라."

죄니라. 실제적인 죄니라, 혹은 증인이 있는 죄니라, 혹은 큰 죄니라. 알면서 행한 죄의 죄책은 더 가중된다. 그러한 죄는 모르고 행한 죄보다 더 큰 보응을 받는다. 요한복음 9:41; 15:22-24의 비슷한 표현을 보라.

MATTHEW POOLE'S COMMENTARY

야고보서 5장

개요

1. 악한 부자들에게 하나님의 임박한 심판을 경고함(1–6).
2. 형제들에게 선지자 욥의 모범을 따라 인내할 것을 훈계함(7–11).
3. 형제들에게 함부로 맹세하지 말 것을 훈계함(12).
4. 형제들에게 고난 가운데 있을 때는 기도하고 환난 가운데 있을 때는 찬송할 것을 훈계함(13–15).
5. 피차 허물을 고백하며 서로를 위해 기도할 것을 훈계함(16–18).
6. 죄인들의 회복을 위해 노력할 것을 훈계함(19–20).

1. 들으라 부한 자들아 너희에게 임할 고생으로 말미암아 울고 통곡하라.

들으라(go to now). 야고보서 4:13을 보라.

부한 자들아. 야고보는 단순히 부자들에게 말하고 있는 것이 아니다. 왜냐하면 부와 은혜는 종종 함께 갈 수 있기 때문이다. 다만 그는 부요함 가운데 탐닉할 뿐만 아니라 그것을 교만과 사치와 압제와 학대로 오용(誤用)하는 악한 부자들에게 말하고 있는 것이다. 이런 사람들에게 — 그들이 유대인 신자들을 괴롭히는 회심하지 않은 유대인들이든, 혹은 유대인 신자들을 압제하는 이방인들이든, 혹은 의인을 정죄하고 죽일 정도로 악을 행하는 명목적인 그리스도인들이든 — 야고보는 회개하고 돌이키지 않으면 하나님의 심판이 임할 것을 경고한다.

너희에게 임할 고생으로 말미암아. 혹은 너희에게 다가오고 있는 고생으로 말미암아. 이것은 그들에게 임할 고생의 가까움과 확실함을 나타낸다. 여기에서 야고보가 말하는 "고생"은 일시적인 것과 영원한 것 모두를 가리키는 것일 수 있다.

울고 통곡하라. "Weep and howl" 즉 울고 울부짖으라. 이것은 그들에게 임할 재앙의 극한적인 두려움을 나타낸다. 그들은 사람처럼 울(weep) 뿐만 아니라 들짐승처럼 울부짖어야만(howl) 한다. 예레미야 4:8; 미가 1:8; 요엘 1:10, 13을 보라.

2. 너희 재물은 썩었고 너희 옷은 좀먹었으며.

너희 재물은 썩었고. 여기의 재물은 그들의 부(富) 전반을 의미하는 것으로 그리고 옷과 금과 은은 그것을 구성하는 구체적인 것들을 의미하는 것으로 이해될 수 있다. 그리고 썩었다는 것은 그들의 부가 헛된 것이 되는 여러 가지 방식들을 모두 포괄하는 것으로서 이해된다. 혹은 재물은 그들의 부의 중요한 부분들인 곡식이나 포도주나 기름과 같이 썩거나 변질되기 쉬운 것들을 의미하는 것일 수도 있다.

너희 옷은 좀먹었으며. 비싼 옷. 부자들은 자신들의 부를 자랑하기 위해 비싼 옷을 입기를 좋아한다.

3. 너희 금과 은은 녹이 슬었으니 이 녹이 너희에게 증거가 되며 불 같이 너희 살을 먹으리라 너희가 말세에 재물을 쌓았도다.

너희 금과 은은 녹이 슬었으니. 금과 은은 가장 값지고 오래 가는 금속이다. 그러나 그런 것들조차도 오래 사용하지 않으면 녹이 슨다. 여기의 금과 은 속에 다른 귀금속들도 포함되는 것으로 이해될 수 있다.

이 녹이 너희에게 증거가 되며. 하박국 2:11; 누가복음 19:40처럼, 이것은 오직 살아 있는 인격적 존재에게만 고유하게 속하는 것이 무생물에게 돌려지는 의인법이다. 야고보는 이를테면 이렇게 말하고 있는 것이다. "그 녹이 썩는 것을 의지(依支)한 너희의 어리석음과 그것을 쌓은 너희의 탐욕과 다른 사람들의 궁핍을 외면한 너희의 무자비함과 만족할 줄 모르는 너희의 무분별한 사치에 대해 너희를 대적하는 확실한 증거가 될 것이며, 어떤 증인보다 더 효과적으로 너희를 고발할 것이라." 여기와 비슷한 표현을 우리는 마가복음 6:11에서 발견한다.

불 같이. 마치 너희가 곳간에 불을 쌓아 놓은 것 같이. 너희 살을 먹으리라. 지금 너희의 돈을 먹는 녹은 장차 너희에게 하나님의 진노를 불붙임으로써, 그리고 죄와 어리석음을 생각나게 하여 너희의 양심을 쓰라리게 함으로써 너희의 영혼과 몸을 먹으리라. 너희가 말세에 재물을 쌓았도다. 이것은 은유적으로 "너희가 말세를 위해 진노의 보화를 쌓았도다"로 이해될 수 있다(롬 2:5). 또 이것은 문자적으로 "너희가 하나님이 심판을 행하시고 모든 것을 사르실 말세에 대하여 너희의 재물을 쌓았도다"로 이해될 수도 있다.

4. 보라 너희 밭에서 추수한 품꾼에게 주지 아니한 삯이 소리 지르며 그 추수한 자의 우는 소리가 만군의 주의 귀에 들렸느니라.

보라(behold). 이것은 주의를 환기시키거나 혹은 무엇인가를 확증하거나 증명할 때 사용하는 표현이다. 너희 밭에서 추수한 품꾼에게 주지 아니한 삯. 수고와 땀으로 말미암아 너희를 부요하게 해 준 자들의 임금. 그러나 너희는 율법을 거슬러 그들의 정당한 몫을 주지 않았도다(레 19:13; 신 24:14, 15). 삯을 주는 것을 미루는 것은 일종의 사취(詐取)이며, 품꾼으로부터 그의 정당한 몫을 빼앗는 것이다. 그리하여 그들은 여기에서 탐욕과 함께 부당행위를 한 것으로 책망을 받는다. 그들은 다른 사람들의 수고에 근거해 살면서도 스스로 더 부자가 되기 위해 그들을 굶주리게 했다. 우는. 혹은 부르짖는. 즉 보응을 위해 하나님께 부르짖는. 이와 같은 종류의 죄는 종종 하나님께 부르짖는 것으로 말하여진다. 창세기 4:10; 19:20-21을 보라. 또 가난한 자들을 압제하는 것 역시 큰 소리로 부르짖는 죄이다(출 2:23; 욥 24:11-12; 합 2:9-12).

만군의 주. 하늘과 땅의 모든 피조물들을 자신의 뜻대로 명령하며 주관하는 주. 야고보가 하나님을 이와 같은 호칭으로 부르는 것은 압제받는 가난한 자들을 격려하면서 동시에 스스로 사람의 심판의 범위 밖에 있다고 생각하는 압제자들을 두렵게 하기 위함이다. 하나님은 스스로 그들의 보호자와 옹호자가 되실 것을 맹세하신다(출 22:22, 23, 27).

5. 너희가 땅에서 사치하고 방종하여 살륙의 날에 너희 마음을 살찌게 하였도다.

너희가 사치하고. 사치와 향락 가운데 너희가 스스로를 너희의 육신적인 욕망에 던졌도다(암 6:4-6; 눅 16:19, 25). 땅에서. 너희는 하늘을 바라보지 않는 가운데 오로지 땅으로부터 즐거움을 취하였도다. 방종하여. 여기와 같은 단어가 디모데전서 5:6에 사용된다. "향락을 좋아하는 자는 살았으나 죽었느니라." 이것은 그들의 방탕한 삶의 결과로서 음탕하며 무기력한 삶의 태도를 의미하는 것으로 보인다.

살륙의 날에. 도살의 날이 다가오고 있음에도 불구하고 아무 생각 없이 풀을 뜯고 있는 양들처럼, 안일함 가운데 너희에게 다가오고 있는 멸망을 두려워함이 없이. 혹은 많은 동물들이 희생제물로 죽임을 당하는 절기의 날에. 절기의 날에 그들은 잔치를 벌였다(잠 7:14; 17:1). 이와 같이 그들은 매일같이 잔치를 벌였으며, 그렇게 함으로써 자신들의 육체를 위해 다른 사람들의 몫을 낭비했다. 그들은 품꾼들에게 줄 삯을 가지고 자신들의 욕망을 충족시키는 일에 사용했다.

너희 마음을 살찌게 하였도다. 히브리 어법으로서, 너희가 너희 자신을 살찌게 하였도다(에 6:6; 욥 10:13). 혹은 너희가 사치와 육체를 좇음으로 말미암아 너희 마음을 즐겁게 하였도다(눅 12:19).

6. 너희는 의인을 정죄하고 죽였으나 그는 너희에게 대항하지 아니하였느니라.

너희는 의인을 정죄하고 죽였으나. 너희는 너희의 재물과 권력으로 불의한 판결을 내림으로써 의인을 죽게 했다. 의인(the just). 이것은 특별히 어떤 사람을 지칭하는 것이 아니라 일반적이며 집합적으로 사용된 것이다. 다시 말해서, 가난한 자들을 박해하는 자들과 대조되는 무죄하며 의로운 자들. 그는 너희에게 대항하지 아니하였느니라. 이것은 박해를 견디는 인내뿐만 아니라 박해 가운데 사람들의 도움을 받지 못하는 그들의 연약함을 나타낸다.

7. 그러므로 형제들아 주께서 강림하시기까지 길이 참으라 보라 농부가 땅에서 나는 귀한 열매를 바라고 길이 참아 이른 비와 늦은 비를 기다리나니.

그러므로 형제들아 주께서 강림하시기까지 길이 참으라. 즉 의로운 자들과 불의한 자들 모두에게 충분한 보응이 이루어질 심판의 날까지(롬 2:5, 6). 성경은 모든 사람들에게 ― 특별히 압제와 박해 아래 있는 사람들에게 ― 이러한 심판의 날을 바라보라고 명령한다(살후 1:6, 7).

농부가 땅에서 나는 귀한 열매를 바라고. 풍성한 추수를 위해서는 힘든 수고의 값을 치러야만 한다. 그러한 수고를 통해 농부는 풍성한 양식의 큰 은택을 받는다.

이른 비와 늦은 비를 기다리나니. 이른 비는 파종한 직후에 내리는 비로서 싹이 나게 하며, 늦은 비는 추수하기 전에 내리는 비로서 곡식을 영글게 한다(신 11:14; 렘 5:24; 호 6:3; 욜 2:23).

8. 너희도 길이 참고 마음을 굳건하게 하라 주의 강림이 가까우니라.

너희도 길이 참고. 농부가 그의 추수와 수고의 열매를 기대하는 것처럼, 너희도 너희의 추수와 수고의 열매를 기대하는 가운데 길이 참고.

마음을 굳건하게 하라. 너희 마음을 믿음 안에서 견고하며 거룩함 안에서 흔들림이 없게 하라. 주의 강림을 바라보며 스스로를 믿음과 거룩함으로 격려하라.

주의 강림이 가까우니라. 즉 그의 심판의 날이 가까우니라. 그의 심판의 날이 가깝다고 말하여지는 것은 그 날이 올 것의 확실함과 그 때의 불확실함 때문이다. 또 그것은 그 날이 계속적으로 다가오고 있기 때문이기도 하며, 그때까지의 시간이 그 이후의 영원한 시간과 비교할 때 지극히 짧기 때문이기도 하며, 모든 사람들의 개별적인 심판이 가까이 임박했기 때문이기도 하다. 빌립보서 4:5; 히브리서 10:37을 보라.

9. 형제들아 서로 원망하지 말라 그리하여야 심판을 면하리라 보라 심판주가 문 밖에 서 계시니라.

서로. 서로를 향하여, 혹은 형제가 형제를 향하여, 혹은 그리스도인이 그리스도인을 향하여. 그들은 단순히 부유한 세상 사람들과 노골적인 압제자들에 의해서만이 아니라 같은 동료 신자들에 의해서도 고통을 받았다. 그들은 서로 신음하며 탄식할 원인을 제공했다. 원망하지 말라. 혹은 탄식하지 말라. 이것이 의미하는 바는 "서로 시기하지 말라"일 수 있다. 왜냐하면 다른 사람의 좋은 일로 인해 탄식하는 것이 바로 시기심의 본질이기 때문이다. 혹은 그것은 "다른 사람들에 대해 하나님께 불평하는 방식으로 신음하지 말라"를 의미하는 것일 수도 있다.

그리하여야 심판을 면하리라. 그리하여야 하나님이 너희를 징벌하지 않으시리라. 다른 사람들에게 신음하며 탄식할 원인을 제공하는 자는 결국 다른 사람들로부터 그것을 받게 될 것이다. "비판을 받지 아니하려거든 비판하지 말라"(마 7:1).

보라 심판주가 문 밖에 서 계시니라. 너희 모두의 심판주이신 주 예수 그리스도가 곧 오실 것이니라(빌 4:5). 그는 악인들에게는 보응을, 그리고 "참고 선을 행하는" 자들에게는 상급을 내리실 것이니라(롬 2:7). 여기와 비슷한 구절이 마태복음 24:33; 마가복음 13:29에 나타난다. 혹은 이것은 창세기 4:7을 인용한 것일 수 있다.

10. 형제들아 주의 이름으로 말한 선지자들을 고난과 오래 참음의 본으로 삼으라.

주의 이름으로 말한. 주의 명령과 권위로 말미암아 말한. 그들은 이스라엘에서 최고의 섬김을 행함으로써 하나님으로부터 인정을 받았을 뿐만 아니라 그에게 가장 사랑스러운 자들로 나타났다. 선지자들을 … 삼으라. 하나님의 백성 가운데 가장 뛰어난 사람들로서 그리고 그들의 지도자들로서. 야고보는 최고의 사람들과 함께 고난을 당하는 것이 매우 영예로운 일임을 은연 중 암시한다. 고난과. 하나님이 그들을 그토록 사랑하시고 존귀케 하셨음에도 불구하고 그들은 고난으로부터 면제되지 않았느니라. 도리어 그들은 사람들로부터 끊임없이 비방과 조롱과 박해를 받았느니라(왕상 18:13; 19:14; 왕하 6:31; 암 7:10; 히 11:1-40). 이와 같이 그들이 그토록 가혹한 고난을 받았으므로 너희가 그와 같은 고난을 받는 것은 결코 부끄러운 일이 아니니라(마 5:12).

오래 참음의 본으로. 그들의 고난의 본이 너희의 낙심을 막는 것처럼, 그들의 오래 참음의 본 역시 그러하니라. 하나님은 고난과 오래 참음에 있어 그들을 너희의 본으로 세우셨느니라. 그러므로 그러한 것들이 올 때, 너희는 그들과 같은 마음으로 그러한 것들을 능히 감당할 수 있느니라.

11. 보라 인내하는 자를 우리가 복되다 하나니 너희가 욥의 인내를 들었고 주께서 주신 결말을 보았거니와 주는 가장 자비하시고 긍휼히 여기시는 이시니라.

인내하는 자를 우리가 복되다 하나니. 즉 참음으로 계속해서 인내하는 자(마 5:10, 11). 고난이 있다고 불행한 것이 아니다. 고난 가운데 참고 견디는 자가 복이 있다.

너희가 욥의 인내를 들었고. 욥은 고난에 있어서 뿐만 아니라 그 가운데 인내함에 있어서도 특별했다. 어느 정도의 조바심과 참지 못함을 나타내기는 했지만, 그럼에도 불구하고 그에게 가장 두드러진 것은 하나님에 대한 인내와 순복이었다.

주께서 주신 결말을 보았거니와. 그들은 욥의 인내를 들었을 뿐만 아니라 주께서 주신 결말을 보았다. 듣는 것보다 더 확실한 지각(知覺) 수단인 보는 것이 뒤에 놓인 것은 하나님의 풍성한 상급이 욥의 인내보다 더 명백했기 때문이었다.

주께서 주신 결말. 욥의 모든 고난에 대해 하나님이 주신 선한 결과. 하나님은 그를 예전의 상태로 다시 회복시키셨을 뿐만 아니라 갑절로 형통하게 하셨다.

주는 가장 자비하시고. 헬라어로 "창자로 가득하시고." 동정심의 좌소(座所)로 여겨지는 — 왜냐하면 뜨거운 감정이 일어날 때 종종 창자가 뭉클해지는 느낌을 갖기 때문에 — 창자는 종종 어머니가 그 자녀에 대해 갖는 것과 같은 가장 뜨겁고 애틋한 감정을 표현할 때 사용된다(창 43:30; 왕상 3:26; 사 43:15; 골 3:12).

긍휼히 여기시는 이시니라. 이것은 자비로운 본성에 적합한 자비로운 행동들을 의미하는 것일 수 있다. 앞의 자비가 내적인 것이라면 여기의 긍휼은 그것이 밖으로 표현되어 나오는 것이다.

12. 내 형제들아 무엇보다도 맹세하지 말지니 하늘로나 땅으로나 아무 다른 것으로도 맹세하지 말고 오직 너희가 그렇다고 생각하는 것은 그렇다 하고 아니라고 생각하는 것은 아니라 하여 정죄 받음을 면하라.

걸핏하면 맹세하는 것은 큰 죄임에도 불구하고 유대인들은 일상적으로 그렇게 했다. 그리고 그러한 습관으로부터 그들을 떼어놓는 것은 매우 어려운 일이었다. 그러므로 야고보는 그들에게 "무엇보다도" 맹세하지 말라고, 즉 그렇게 하지 않도록 특별한 주의를 기울이라고 명령한다. 그들은 그토록 익숙한 죄로부터 스스로를 지키고자 부지런히 살피며 경계해야만 했다.

맹세하지 말지니. 모든 맹세가 금지되는 것은 아니다. 왜냐하면 구약과 신약의 많은 성도들이 실제로 맹세를 사용했을 뿐만 아니라(창 21:23-24; 24:3; 26:28; 왕상 17:1-2; 고후 1:23; 갈 1:20), 또한 맹세를 사용하는 것이 하나님 자신에 의해 허락되고 인정되었기 때문이다(시 15:4; 히 6:16). 그러나 정당한 이유 없이 거짓되며 성급하며 헛되게 맹세하는 것은 엄격하게 금지된다(왕상 19:2; 렘 5:2; 마 5:37).

하늘로나 땅으로나. 유대인들은 하나님의 이름을 직접적으로 부르는 것은 피하면서 하늘이나 땅이나 다른 피조물의 이름으로 합법적으로 맹세할 수 있다고 생각했다. 그들은 그러한 것들 안에 이미 하나님의 이름이 내포되어 있음을 생각하지 않았다. "그러므로 제단으로 맹세하는 자는 제단과 그 위에 있는 모든 것으로 맹세함이요 또 성전으로 맹세하는 자는 성전과 그 안에 계신 이로 맹세함이요 또 하늘로 맹세하는 자는 하나님의 보좌와 그 위에 앉으신 이로 맹세함이니라"(마 23:20-22).

아무 다른 것으로도 맹세하지 말고. 즉 비슷한 종류의 어떤 다른 것으로도 맹세하지 말고. **오직 너희가 그렇다고 생각하는 것은 그렇다 하고 아니라고 생각하는 것은 아니라 하여.** 이것은 다음과 같은 것들을 의미할 수 있다. (1) 너희의 말이 예라면 예라고 하고 아니라면 아니라고 하라. 즉 확인을 위해 어떤 맹세를 덧붙이지 말고 단순히 긍정과 부정으로만 말하라. "오직 너희 말은 옳다 옳다, 아니라 아니라 하라 이에서 지나는 것은 악으로부터 나느니라"(마 5:37). (2) 너희의 예는 예가 되게 하고 아니요는 아니요가 되게 하라. 즉 너희의 말이 거짓이 없는 참 말이 되게 하고, 그것이 너희의 행동으로 뒷받침되게 하라. 항상 참 말만을 하는 습관을 들여라. 그러면 굳이 맹세할 필요가 없어질 것이라. 여기와 비슷한 경우로서 고린도후서 1:17-19을 보라.

정죄 받음을 면하라. 즉 하나님의 이름을 망령되이 부름으로 말미암는(출 20:7). 하나님의 이름을 망령되이 부르는 죄는 정당하지 않은 맹세 가운데 항상 행해진다.

13. 너희 중에 고난 당하는 자가 있느냐 그는 기도할 것이요 즐거워하는 자가 있느냐 그는 찬송할지니라.

너희 중에 고난 당하는 자가 있느냐. 하반절의 "즐거워하는" 것과 반대되는 의미에서 마음으로 고통을 당하는 것이든, 혹은 좀 더 일반적으로 어떤 형태로든 고난과 고통을 당하는 것이든. 이것은 다른 경우에는 우리가 기도할 필요가 없음을 가르치는 것이 아니다. 다만 고난 가운데 하나님이 좀 더 특별하게 우리를 기도로 부르심을 가르치는 것일 뿐이다. 고난 가운데 우리는 특별히 기도할 필요가 있다.

그는 기도할 것이요. 고난 가운데 도우심과 인내함을 위해 그리고 그것을 통해 거룩하게 되기를 위해. **즐거워하는 자가 있느냐 그는 찬송할지니라.** 그의 즐거움을 시와 찬미와 신령한 노래들로 하나님을 찬송하는 거룩한 방식으로 표현하라(고전 14:15; 엡 5:19). 그리고 그와 같은 방식으로 즐거워함으로써 그의 즐거움이 공허한 물거품으로 전락되지 않도록 하라.

14. 너희 중에 병든 자가 있느냐 그는 교회의 장로들을 청할 것이요 그들은 주의 이름으로 기름을 바르며 그를 위하여 기도할지니라.

너희 중에 병든 자가 있느냐. 혹은 약한 자가 있느냐?

그는 교회의 장로들을 청할 것이요. 특별히 가르치는 장로들. 통상적으로 이들은 말씀과 교훈을 위한 은사들로 가장 잘 구비되어 있다. "잘 다스리는 장로들은 배나 존경할 자로 알되 말씀과 가르침에 수고하는 이들에게는 더욱 그리할 것이니라"(딤전 5:17). 여기에서 "장로들"이라고 복수로 표현된 것을 주목하라. 이것은 단순히 단수 대신 사용된 것이든지, 아니면 당시 각 교회마다 여러 명의 장로들이 있었기 때문이었을 것이다. **그들은 그를 위하여 기도할지니라.** 이를테면 그를 하나님 앞에 놓고 그분께 드리면서. 이렇게 하는 것은 기도에 있어 더 뜨거운 감정과 열정을 불러일으키는 수단이 될 수 있다. 열왕기상 17:21; 열왕기하 4:33-34; 요한복음 11:41; 사도행전 20:10; 9:40을 보라. 혹은 그 위에 손을 얹고(행 28:8). 이것 역시 동일한 목적을 위한 것이다.

주의 이름으로. 주를 부르면서 즉 기름을 바르는 것을 기도와 결합시키면서. 혹은 "주의 이름으로"는 그들이 치유의 은사를 받은 "주님의 권세로 말미암아"를 의미한다. **기름을 바르며.** 당시 병자들의 기적적인 치유를 위해 사용한 외적인 의식(儀式). 치유의 은사가 계속되는 동안에는 이러한 의식이 정당하게 사용될 수 있었다. 그러나 치유의 은사가 그쳤음에도 불구하고 이러한 의식을 계속 사용하는 것은 그것을 헛되이 사용하는 것이다. 이러한 치유는 때로 말씀과 함께(행 9:34; 14:10; 16:18), 때로 품에 안거나 혹은 손을 잡아 일으킴으로써(행 3:7; 20:10), 때로 손을 얹음으로써(막 16:18; 행 9:17), 때로 기름을 바름으로써(막 6:13) 행해졌다. 그러므로 이것은 성례를 제정하는 것이 아니라 명령이다. 치유의 은사를 가진 장로들은 병자들이 청할 때 하나님의 영의 인도하심을 따라 그러한 은사를 사용하면서 그들을 위해 기도해야 한다.

15. 믿음의 기도는 병든 자를 구원하리니 주께서 그를 일으키시리라 혹시 죄를 범하였을지라도 사하심을 받으리라.

믿음의 기도. 즉 믿음으로부터 나온 기도. 치유는 일시적인 의식(儀式)인 기름을 바르는 것이 아니라 항구적인 수단이며 규례인 기도에 돌려진다. 또 치유는 믿음에 돌려지는데, 이것은 이러한 치유가 오직 (기적의 필수불가결한 조건인) 믿음이 역사할 때에만 유효하게 됨을 보여준다.

병든 자를 구원하리니. 건강을 회복시키리니. 하나님이 기뻐하실 때, 몸의 건강은 영혼을 위해 유익하다. 마가복음 10:52; 누가복음 7:50; 18:42을 보라. 주께서 그를 일으키시리라. 장로들이 기도하지만 그러나 일으키는 분은 주님이시다. 일으키시리라. 앞의 "구원하리니"와 동일한 의미. 여기의 표현은 병자가 누운 침상과 관련되는 것으로 보인다. 고침을 받을 때, 그는 자신의 침상으로부터 일어난다(막 1:31).

혹시 죄를 범하였을지라도. 혹시 죄로 말미암아 병이 생긴 것일지라도. 죄는, 항상은 아니더라도(요 9:2), 종종 병의 원인이 된다(마 9:2; 요 5:14; 고전 11:30). 사하심을 받으리라. 하나님은 결과뿐만 아니라 원인까지 제거하시며, 몸뿐만 아니라 영혼까지 치료하신다. 기도는 둘 모두를 받는 수단이다.

16. 그러므로 너희 죄를 서로 고백하며 병이 낫기를 위하여 서로 기도하라 의인의 간구는 역사하는 힘이 큼이니라.

너희 죄를 고백하며. 어떤 사본들에는 본 절 서두에 "그러므로"라는 접속사가 나타난다(한글개역개정판은 그와 같이 되어 있음). 그러나 그것이 있든 없든 본 절은 명백히 앞 절과 연결된다. 앞 절에서 야고보는 병자들의 죄가 장로들의 기도에 의해 사하심을 받게 될 것이라고 말했다. 그러므로 그는 여기에서 그들의 죄가 반드시 고백되어야 한다고 덧붙인다.

서로 고백하며. 이것은 사제(司祭)에게 행하는 고해성사를 의미하지 않는다. 다만 양심의 무거운 짐을 내려놓고 다른 사람들의 기도의 도움을 얻기 위해 경험 많은 경건한 그리스도인들에게 — 물론 사역자들까지 포함하여 — 행하는 고백을 의미한다.

병이 낫기를 위하여. 육체의 건강을 회복하는 것뿐만 아니라 죄로 말미암아 병든 영혼의 건강을 위해. 치유는 종종 육체뿐만 아니라 영혼에 적용된다(마 13:15; 눅 4:18; 히 12:13; 벧전 2:24).

서로 기도하라. 서로 죄를 고백하는 경우뿐만 아니라 모든 일반적인 경우에.

의인. 복음적인 의미에서 참되며 의로운 자. 다음 절의 엘리야의 예(例)가 보여주는 것처럼, 이것은 절대적으로 의로운 사람을 의미하지 않는다.

간구. "effectual fervent prayer" 즉 효과적인 뜨거운 기도. 이것은 성령으로 말미암아 영혼 안에서 행해지는 기도를 의미하는 것으로 보인다. 이것은 하나님의 영의 효력과 기도로 말미암아 야기된 뜨거운 감정을 모두 함축하는 것으로 보인다(슥 12:10; 롬 8:26).

역사하는 힘이 큼이니라. 기도하는 것을 얻음에 있어 매우 강력한 힘을 갖느니라(요일 5:14). 반면 하나님은 죄인들의 기도는 듣지 않으신다(잠 15:8, 29).

17. 엘리야는 우리와 성정이 같은 사람이로되 그가 비가 오지 않기를 간절히 기도한즉 삼 년 육 개월 동안 땅에 비가 오지 아니하고.

엘리야는 우리와 성정이 같은 사람이로되. 몸과 정신 모두에서 그리고 자연적인 측면과 도덕적인 측면 모두에서. 그는 의로운 사람이기는 했지만 그러나 완전한 사람은 아니었다. 그는 탁월한 선지자이기는 했지만 그러나 단지 사람일 뿐이었다.

비가 오지 않기를. 구약에서 이것은 분명하게 언급되지 않는다. 그러나 야고보는 계시에 의해서나 혹은 당시 잘 알려진 전승에 의해 이것을 알았을 것이다. 여기와 비슷한 경우 즉 구약에 나타나지 않음에도 불구하고 신약에 나타나는 구절들을 위해서는 디모데전서 3:8; 히브리서 12:21; 유다서 1:9 등을 보라.

간절히 기도한즉. 앞에서 언급한 것과 같은 효과적이며 뜨거운 기도로. 누가복음 22:15처럼, 이것은 히브리 어법으로서 격렬함을 의미한다.

삼 년 육 개월 동안. 누가복음 4:25을 보라. 질문 : 이것은 어떻게 제삼년에 여호와의 말씀이 엘리야에게 임했다고 말하는 열왕기상 18:1과 조화되는가? 대답 : 거의 틀림없이 그 일은 엘리야가 사렙다에 온 때로부터 3년 중에 그리고 그가 그릿 시냇가에 있었던 일 년 중에 있었을 것이다(왕상 17:7). 그러므로 그가 두 장소에서 보낸 기간은 충분히 3년 6개월이 될 수 있었다. 땅에 비가 오지 아니하고. 즉 열 지파와 사렙다처럼 그에 인접한 지역에(왕상 17:9; 눅 4:25-26).

18. 다시 기도하니 하늘이 비를 주고 땅이 열매를 맺었느니라.

다시 기도하니. 바알의 선지자들을 멸한 후에. 바알 숭배는 특별히 그로 하여금 이전의 기도를 하도록 만들었다. 그는 이스라엘의 우상 숭배로 땅에 떨어진 하나님의 영광을 다시 세우고 또 그들을 회개시키기 위해 우상 숭배자들을 멸하는 본보기를 보였다. 이와 같이 우상 숭배자들이 멸망을 당하고 백성들이 회개하자 엘리야가 다시 기도했고, 그와 함께 하늘이 다시 비를 주고 땅이 다시 열매를 맺었다.

하늘이 비를 주고. 즉 3년 동안 내리지 않았던 비가 다시 내렸고.

19. 내 형제들아 너희 중에 미혹되어 진리를 떠난 자를 누가 돌아서게 하면.

진리. 믿음과 삶의 완전한 규칙으로서 복음에 계시된 하나님의 진리. 복음이 그 탁월함으로 인해 진리로 불리는 것을 위해서는 야고보서 1:18; 갈라디아서 2:5, 14; 3:1; 5:7; 에베소서 1:13; 베드로전서 1:22를 보라.

누가. 사역자든 일반적인 신자든, 모든 사람이 다른 사람들의 회심을 위한 도구가 될 수 있다. 전자는 권위에 따른 행동에 의해, 그리고 후자는 사랑하는 마음에 의해 그렇게 할 수 있지만, 어쨌든 그렇게 하는 것은 둘 모두의 마땅한 의무이다.

돌아서게 하면. 즉 하나님에게 순복하는 길로 돌아서게 하면. 이 일은 하나님의 일이지만(엡 2:10), 그러나 종종 그 아래서 수종드는 도구들에게 돌려진다. 하나님은 자신이 세운 도구들을 사용하여 일하신다(행 26:18).

20. 너희가 알 것은 죄인을 미혹된 길에서 돌아서게 하는 자가 그의 영혼을 사망에서 구원할 것이며 허다한 죄를 덮을 것임이라.

미혹된 길. 삶과 행동에 있어 하나님이 정하신 길과 반대되는 길.

영혼. 그와 같이 회심한 자의 영혼(딤전 4:16). 여기의 영혼은 야고보서 1:21처럼 전인(全人)을 대신하여 사용된 것이다.

사망. 영원한 사망. 미혹된 길에 있는 동안 그는 계속적으로 영원한 사망의 멸망을 향해 달려간다. 구원할 것이며. 회심시킬 것이며. 즉 도구적인 의미에서.

허다한 죄를 덮을 것임이라. 그의 영혼을 사망에서 구원할 것이라는 것과 같은 의미로. 다시 말해서, 그는 죄인을 믿음과 회개로 이끄는 도구가 되며, 하나님은 그의 믿음과 회개 위에서 그의 죄를 사하신다. 즉 그의 죄를 덮으신다(시 32:1). 그의 죄는 하나님의 전지(全知)한 눈으로부터는 가려질 수 없지만, 그러나 그의 공의의 눈으로부터는 가려진다.

MATTHEW POOLE'S COMMENTARY

베드로전서

MATTHEW POOLE'S COMMENTARY

서론

본 서신의 저자에 대해서는 어떤 의심의 여지도 없다. 반면 본 서신을 기록한 때가 주후 45년인지 혹은 65년인지 확실하지 않다. 베드로가 본 서신을 기록한 이유는 야고보가 그의 서신을 기록한 이유와 동일한 것으로 여겨진다. 그것은 당시 유대 그리스도인들 가운데 어떤 사람들의 어리석음과 완악함 때문이었다. 그들은 믿음과 거룩함을 분리시키면서 베드로와 바울이 같은 교훈을 가르치는지에 대해 의문을 품었다. 그러므로 베드로의 목적은 부분적으로 성도들을 복음의 신앙 안에 굳게 세우면서 자신이 그들에게 전파한 하나님의 은혜의 교훈이 정말로 사실이며(벧전 5:12) 선지자들이 구약의 조상들에게 전파한 것과 동일한 것임을(벧전 1:10-12) 증언하는 것이었다. 뿐만 아니라 베드로는 자신이 전파한 것이 바울이 전파한 것과 동일한 것임을 이 편지를 할례자들에게 보냄에 의해, 무할례자의 사역자이며 복음 사역에 있어 바울의 동료인 실루아노에 의해, 그리고 바울과 그의 글을 수차례 언급하는 것에 의해 은연 중 증언한다(벧후 3:15, 16).

본 서신을 기록한 베드로의 목적은 또 부분적으로 그들로 하여금 경건과 복음에 합당한 교제를 실천하도록 훈계하기 위함이었다. 이와 관련하여 그는 모든 신자들에게 지워지는 일반적인 의무들(벧전 1:13-2:12)과, 통치자에 대해, 종과 상전 사이에서, 남편과 아내 사이에서, 사역자와 백성들 사이에서, 장로들과 젊은이들 사이에서, 그리고 특별히 고난을 받는 자들과 압제자들 사이에서 행해져야 할 특별한 의무들을 제시한다. 그리고 베드로는 이 모든 다양한 의무들과 모든 사람들에 대한 자신의 관심을 언급하면서 기도와 인사로 편지를 마무리한다.

MATTHEW POOLE'S COMMENTARY

베드로전서 1장

개요

1. 베드로가 그리스도 안에서 택함 받은 소아시아 전역에 흩어진 나그네들에게 문안함(1–2).
2. 그들에게 썩지 않고 쇠하지 않는 산 소망을 주신 것으로 인해 베드로가 하나님을 찬양함(3–9).
3. 그들이 그리스도 안에서 받은 구원은 구약의 선지자들에 의해 예언된 것임(10–12).
4. 베드로가 그들에게 그리스도의 피로 말미암은 부르심과 구속에 합당한 거룩한 삶을 살 것을 훈계함(13–21).
5. 베드로가 그들에게 서로 사랑할 것을 훈계함(22–25).

1. 예수 그리스도의 사도 베드로는 본도, 갈라디아, 갑바도기아, 아시아와 비두니아에 흩어진 나그네.

본도. 흑해에 인접한 소아시아의 한 지역. 갈라디아. 본도 남쪽 지역. 이곳에 있는 이방인 교회들에게 바울은 갈라디아서라고 이름 붙여진 편지를 썼다. 갑바도기아. 이곳 역시 본도와 인접한 지역이었다(행 2:9). 아시아. 드로아, 브루기아, 루디아, 카를라 등을 포함하는 이오니아 전역. 사도행전 16:6, 9; 19:10, 31을 보라. 비두니아. 본도 및 갈라디아와 경계하고 트라키아 반대편에 있었던 또 다른 소아시아 지역.

흩어진. 야고보서 1:1처럼. 나그네. 그들은 모든 신자들이 세상에서 나그네라고 하는 은유적인 의미에서 뿐만 아니라 실제적인 의미에서 즉 자신의 고향을 떠나 여기에 언급된 지역들에 이산(離散)하여 살아가고 있는 나그네들이었다.

질문 : 이 편지의 수신자인 나그네는 누구를 가리키는 것인가? 대답 : 그들은 일차적으로 베드로전서 2:12과 1:18에 나타나는 것처럼 이러한 지역들에 흩어진 유대 그리스도인들이었다. 거기에서 베드로는 그들이 큰 애착을 가지고 있었던 "그들의 조상들의 유전"을 언급한다(마 15:2; 갈 1:14). 그러나 이차적으로 그들은 회심한 이방인들이었다. 무할례자의 사도였던 바울이 일차적으로 로마와 고린도와 에베소 등에 거주하고 있던 회심한 이방인들에게 편지를 쓰는 가운데서도 그들 가운데 있는 유대인들 즉 같은 믿음으로 말미암아 그들과 더불어 함께 한 몸을 이루고 있었

던 회심한 유대인들을 배제하지 않았던 것처럼, 여기의 베드로 역시도 일차적으로 할례자의 사도로서 유대인들에게 편지를 쓰고 있었지만 그러나 믿음과 예배로써 그들과 함께 연합한 이방인들을 배제하지 않았다.

2. 곧 하나님 아버지의 미리 아심을 따라 성령이 거룩하게 하심으로 순종함과 예수 그리스도의 피 뿌림을 얻기 위하여 택하심을 받은 자들에게 편지하노니 은혜와 평강이 너희에게 더욱 많을지어다.

여기의 "택하심"은 다음과 같은 것들을 의미할 수 있다. (1) 고린도전서 1:1처럼 효과적인 부르심으로 말미암아 세상으로부터 분리하여 하나님에게로 구별시키는 것. 부르심을 받았다고 말하여지는 자들은(고전 1:26) 택하심을 받았다고 말하여진다(고전 1:27, 28). 이 단어는 야고보서 2:5에서도 이와 같은 의미로 취하여지는 것으로 보인다. 혹은 (2) 하나님의 영원한 작정 가운데 구원으로 선택되는 것(엡 1:4; 살후 2:13).

하나님 아버지의. 이것은 신적 섭리에 있어 아들과 성령의 협력을 배제하지 않는다. 다만 인간을 구원하는 일에 있어 삼위 사이의 사역에 있어서의 순서를 나타낼 뿐이다. 택하심은 아버지에게 돌려지며, 화해는 아들에게 돌려지며, 거룩하게 하는 것은 성령에게 돌려진다.

미리 아심을 따라. 이것은 다음과 같은 것들을 의미할 수 있다. (1) 신적 미리 정하심에 따라 혹은 택하심의 작정에 따라. 이 단어는 본장 20절에서 이와 같은 의미로 취하여진다. 그러면 우리는 본 절의 "택하심"을 앞의 첫 번째 의미로 취할 수 있다. 사람들은 영원으로부터의 택하심에 따라 세상으로부터 택함을 받는다. "또 미리 정하신 그들을 또한 부르시고 부르신 그들을 또한 의롭다 하시고 의롭다 하신 그들을 또한 영화롭게 하셨느니라"(롬 8:30). 혹은 (2) 여기의 "미리 아심"은 찬동(贊同) 혹은 사랑과 동일한 의미로서(마 7:25; 롬 11:2) 택하심의 작정이 흘러나오는 근원인 하나님의 값없는 호의와 선하신 뜻을 가리킨다. 그러면 우리는 본 절의 "택하심"을 앞의 두 번째 의미로 취해야만 한다. 그렇다면 "하나님 아버지의 미리 아심을 따라 택하심"을 받은 것은 하나님이 영원 전부터 가지고 계셨던 값없는 은혜와 사랑에 따라 생명으로 영원히 계획된 것을 의미한다. 바로 이것이 그가 그들을 택하심에 있어 가지고 계셨던 유일한 동기(動機)이다. 혹은 우리는 여기의 "미리 아심"을 택하심 자체로 이해할 수도 있다.

성령이. "Of the Spirit" 즉 영의. 이것은 거룩하게 되는 객체인 사람의 영이 아니라 거룩하게 하는 주체인 하나님의 영으로 이해되어야 하다(한글개역개정판은 이와 같이 되어 있음).

거룩하게 하심으로. 여기에서 거룩하게 하심은 우리의 영적 상태의 전체적인 변화라는 넓은 의미로 취하여진 것으로 보인다. 효과적인 부르심으로 말미암아 우리를 죄로부터 의롭다 하시고 순종으로 새롭게 하실 때, 하나님은 우리를 거룩하게 하신다고 말하여질 수 있다. 이 단어는 히브리서 10:10에서도 이와 같이 취하여진다.

순종함. 이것은 다음과 같은 것들을 의미할 수 있다. (1) 하나님에게 대한 그리스도의 순종. 그렇다면 이것이 의미하는 바는 성령의 거룩하게 하심으로 말미암아 택하심을 받은 사람들은 그리스도의 순종의 은택에 참여하는 자들이 되었다는 것이 된다. 혹은 (2) 그리스도에게 대한 신자들의 순종. 믿음은 복음의 큰 명령에 순종하는 것이다. "예수께서 대답하여 이르시되 하나님께서 보내신 이를 믿는 것이 하나님의 일이니라 하시니"(요 6:29). 이런 의미에서 믿음은 순종으로 불린다. "그의 이름을 위하여 모든 이방인 중에서 믿어 순종하게 하나니"(롬 1:5). 그렇다면 이것이 의미하는 바는 성령의 거룩하게 하심 혹은 믿음의 열매인 거룩함을 실천하는 삶으로 말미암아 너희 가운데 역사하는 믿음으로의 택하심이 된다. 그렇다면 이것은 에베소서 1:4이 의미하는 것과 동일한 것을 의미하는 것이 된다. "곧 창세 전에 그리스도 안에서 우리를 택하사 우리로 사랑 안에서 그 앞에 거룩하고 흠이 없게 하시려고." 우리는 성령의 거룩하게 하심으로 말미암아 거룩하며 흠이 없게 되기 위해 택하심을 받았다.

예수 그리스도의 피 뿌림. 이것은 율법 아래서 희생제물의 피를 뿌리는 것을 빗댄 것이다(히 9:13-14, 20-22; 12:14). 이것은 죄책으로부터 양심을 깨끗하게 하기 위해 그리스도의 피가 적용되는 것을 가리킨다(율법의 피 뿌림은 바로 이것을 상징한다). 우리의 양심에 그리스도의 피가 뿌려지는 것 혹은 적용되는 것은 우리의 측면에서 믿음으로 말미암아 그리고 하나님의 측면에서 효과적인 부르심을 통해 우리 안에서 그러한 믿음을 작동시키는 성령으로 말미암아 이루어진다. 그리고 이렇게 함으로써 하나님은 우리에게 그리스도의 의를 전가시키신다. 그러므로 전체적인 의미는 하나님의 미리 아심에 따라 택하심을 받은 자들은 성령의 거룩하게 하심으로 말미암아 그리스도의 구속의 모든 은택 안으로 받아들여지며 그것은 우리의 본성이 순종으로 새롭게 되는 것과 우리의 인격이 의롭게 되는 것으로 구성된다는 것이다.

은혜와 평강이 너희에게 더욱 많을지어다. 다양한 종류의 은혜와 평강이 있다(벧전 4:10). 외적인 것들도 있고 내적인 것들도 있다. 여기에서 베드로는 모든 종류의 은혜와 평강을 기원한다. 또 은혜와 평강의 분량도 다양한데, 베드로는 그것들이 풍성하게 더해질 것을 기원한다. 요컨대 그는 일시적이며 영적인 모든 선한 것들이 풍성하게 넘쳐나기를 기원하고 있는 것이다.

3. 우리 주 예수 그리스도의 아버지 하나님을 찬송하리로다 그의 많으신 긍휼대로 예수 그리스도를 죽은 자 가운데서 부활하게 하심으로 말미암아 우리를 거듭나게 하사 산 소망이 있게 하시며.

우리 주 예수 그리스도의 아버지 하나님을 찬송하리로다. "Blessed be the God and Father of our Lord Jesus Christ." 여기의 접속사 "and"는 단순히 설명적인 것이거나 혹은 연결적인 것으로서 이해될 수 있다. 전자의 의미라면 고린도후서 1:3처럼 그것은 "하나님 곧 우리 주 예수 그리스도의 아버지"가 될 것이다. 반면 만일 우리가 그것을 후자로 취한다면, 여기에서 하나님은 에베소서 1:3처럼 "예수 그리스도의 하나님"으로 불리는 것이 된다. 이것은 그리스도의 인성과 그의 아버지의 신성에 따른 것이다.

산 소망이 있게 하시며. 여기의 "산 소망"은 생명의 소망을 가리키거나, 혹은 그것보다도 산 믿음으로부터 흘러나오며 또 평안과 정결함의 열매를 맺는 참되며 효과적인 소망을 가리킨다(롬 5:2; 요일 3:3). 그것은 믿음으로부터 나오지도 않고 거룩함의 열매를 맺지도 못하는 세속적인 사람들의 헛된 소망과 반대되는 것이다.

예수 그리스도를 죽은 자 가운데서 부활하게 하심으로 말미암아. 이것은 다음과 같은 것들과 연결될 수 있다. (1) 우리를 거듭나게 하사. 그렇다면 이것이 의미하는 바는 그리스도의 부활이 우리의 거듭남의 원인이라는 것이다. 우리는 그리스도의 부활의 능력으로 말미암아 영적 생명으로 다시 살아난다. 성경은 우리가 새 생명으로 다시 살아나는 것을 종종 그리스도의 부활에 기인하는 것으로 돌린다(벧전 3:21; 롬 4:25; 6:4-5). 에베소서 2:5을 보라. 혹은 (2) 산 소망이 있게 하시며. 우리의 산 소망은 그리스도의 부활을 믿는 믿음에 의존하며 그것으로부터 생겨난다(롬 8:11; 고전 15:17, 19; 살전 4:13, 14). 그리스도의 부활은 우리의 부활의 원인이며 보증이다. 그리고 우리의 부활의 확실함은 그의 부활의 확실함에 의존한다. 그러므로 우리의 산 소망은 그의 부활을 믿는 믿음 위에 세워진다. 어쩌면 이러한 말 가운데 베드로는 자신과 다른 제자들의 미적지근한 상태의 소망을 생각하고 있었는지도 모른다(눅

24:21). 그때 그러한 소망은 거의 꺼질 준비가 되어 있었다. 그러나 그리스도의 부활을 확인함으로 말미암아 그들의 소망은 다시 불 같이 살아났다(눅 24:33, 34).

그의 많으신 긍휼대로. 이것은 거듭남과 다른 모든 영적 축복들이 흘러나오는 근원을 보여주면서 동시에 우리의 모든 공로를 배제한다. 그의 모든 위대한 은택들의 원인은 우리의 어떤 공로가 아니라 "그의 많으신 긍휼"이다. 그리고 "그의 많으신 긍휼"은 "그의 긍휼의 부요함"과 같은 의미이다(엡 2:4). 우리를 거듭나게 하사. 우리를 죄와 멸망의 상태로부터 은혜와 생명의 상태로 옮기사. 그러므로 여기의 "거듭나게 하사"는 앞 절의 "거룩하게 하심으로"와 같은 의미이다.

4. 썩지 않고 더럽지 않고 쇠하지 아니하는 유업을 잇게 하시나니 곧 너희를 위하여 하늘에 간직하신 것이라.

썩지 않고. 영원히 소멸되지 않고. 그것은 한 번 받으면 빼앗길 수도 없고 다른 사람에게 양도될 수도 없다. 더럽지 않고. 그것은 그 자체로 정결할 뿐만 아니라 그것을 향유하는 사람들을 더럽히지도 않는다. 그것은 이스라엘 백성들의 지상적(地上的)인 유업이었던 가나안 땅에 대해 말하여졌던 것과는 반대이다(렘 2:7; 겔 36:17). 쇠하지 아니하는. 그것의 생명력과 상쾌함이 항상 살아 있는. 그것을 소유하는 자는 결코 그것으로 인해 질리지도 않고 물리지도 않는다. 이것은 꽃으로부터 — 아마도 시들거나 쇠함이 없이 계속해서 그 푸르름과 상쾌함을 가지고 있는 아마란투스 꽃으로부터(여기에 바로 이 단어가 사용되었다) — 취한 은유로 보인다. 유업을 잇게 하시나니. 이와 같이 영생은 유업(inheritance) 혹은 기업으로 불린다. 그것은 일꾼에게 대한 삯으로서가 아니라 자녀에게 대한 유업으로서 주어진다. 그들은 하나님으로부터 낳음을 받고 자녀로 받아들여진 자들이다. 너희를 위하여. 난외(欄外)에는 "우리를 위하여"라고 되어 있음. 즉 하나님이 거듭나게 하신 우리를 위하여. 만일 우리가 본문처럼 "너희를 위하여"라고 읽는다면, 그것은 베드로가 훈계를 위해 일인칭(우리)을 이인칭(너희)으로 바꾼 것이 된다. 하늘에. 그러므로 안전하게, 그리고 원수들의 손이 미치는 범위 밖에. 이것은 가나안 땅의 경우처럼 지상적(地上的)인 소유의 불확실한 상태와 반대되는 것이다. 간직하신. 쌓아두신(골 1:5; 딤후 4:8). 혹은 상속자들을 위해 안전하게 보관해 두신.

5. 너희는 말세에 나타내기로 예비하신 구원을 얻기 위하여 믿음으로 말미암아 하나님의 능력으로 보호하심을 받았느니라.

너희는 … 보호하심을 받았느니라. 왜냐하면 — 비록 그들의 유업이 하늘에 안전하게 간직되어 있다 하더라도 — 상속자들은 원수들의 권세와 궤계로 인해 이 땅에서 위험 가운데 있기 때문에. 베드로는 그들의 유업이 하늘에 간직되어 있을 뿐만 아니라 또한 그들이 마치 요새 안에 있는 것처럼 마귀와 세상의 모든 공격과 궤계로부터 안전하게 보호하심을 받고 있다고 덧붙인다. **말세에.** 절대적인 의미에서 마지막 때. 즉 마지막 날이라고 불리는 심판의 날(요 6:39-40; 11:24; 12:48). **나타내기로.** 그들의 유업은 하늘에 안전하게 간직될 뿐만 아니라(4절), 또한 값비싼 보화처럼 철저하게 지켜진다. 그것의 위대함은 심지어 그 상속자들에게조차 아직 알려지지 않는다(골 3:3-4; 요일 3:2). 그러나 그것이 나타날 때가 올 때, 그것은 충분하게 나타나고 알려질 것이다. **예비하신.** 이미 사시고(purchase) 준비하셔서 우리를 위해 예비해 두신 것으로서. 이것은 그들이 아직 구원을 소유하지 못하는 것은 그것이 그들을 위해 예비되어 있지 않기 때문이 아니라 그것을 소유할 때가 아직 이르지 않았기 때문임을 함축한다.

구원을 얻기 위하여. 이 땅에서 불완전하게 시작된 구원은 장차 영광 가운데 충만하며 완전하게 주어질 것이다. **믿음으로 말미암아.** 믿음은 하나님의 능력 위에서 모든 원수들과, 육체와(요일 3:9), 마귀와(벧전 5:9), 세상을(요일 5:4) 이긴다. 이것은 그들 자신이 하나님의 능력과 그의 약속을 의지하는 믿음에 의해 지켜지는 것을 함축할 뿐만 아니라 또한 그들의 믿음 역시 하나님의 능력에 의해 지켜지는 것을 함축한다. **하나님의 능력으로.** 하나님의 능력은 무한하며 무엇과도 비교될 수 없기 때문에 능히 그들을 지킬 수 있다(요 10:28, 29; 롬 8:31, 38, 39; 딤후 1:12).

6. 그러므로 너희가 이제 여러 가지 시험으로 말미암아 잠깐 근심하게 되지 않을 수 없으나 오히려 크게 기뻐하는도다.

그러므로. 이것은 앞의 말씀 전체와 연결된다. 베드로는 이를테면 이렇게 말하고 있는 것이다 : 이와 같이 너희가 하나님의 능력에 의해 구원에 이르도록 지켜지고 있기 때문에 너희는 크게 기뻐하는도다.

크게 기뻐하는도다. 여기의 헬라어 단어는 단순히 기뻐하는 것 이상(以上)을 의미한다. 그것은 내적인 마음의 기쁨을 말과 표정과 몸짓으로 외적으로 표현하는 것을 함축한다. 어떤 사람들은 이것을 훈계를 위한 명령문으로 읽는다. 그러나 우리의 번역처럼 직설법 문장으로 읽는 것이 문맥과 더 잘 부합되는 것으로 보인다. 왜냐하면 지금 문맥은 베드로가 그들에게 그들 안에 있는 하나님의 은혜를 상기시켜 주고 있는 것이기 때문이다. 그들에 대한 그의 훈계는 좀 더 뒤에 나타난다(13절).

잠깐. 즉 이생이 계속되는 동안. 이 기간은 영원과 비교할 때 짧은 시간에 불과하다. "우리가 잠시 받는 환난의 경한 것이 지극히 크고 영원한 영광의 중한 것을 우리에게 이루게 함이니"(고후 4:17).

근심하게 되지 않을 수 없으나. 여기에서 한 가지 질문을 던져보자. 그들은 도대체 어떻게 근심 가운데 있으면서 동시에 기뻐할 수 있었단 말인가? 이에 대한 대답은 그들의 근심과 기쁨이 서로 다른 대상과 관련한 것이었다는 것이다. 그들은 현재의 고난으로 인해 근심하면서 동시에 미래의 영광을 바라보며 기뻐할 수 있었다. 그들은 사람으로서 근심하면서 동시에 성도로서 기뻐할 수 있었다. 그들은 고통을 느낄 때 근심할 수 있었지만, 그러나 장차 올 더 나은 것을 소망하며 바라볼 때 그러한 근심은 기쁨으로 바뀔 수 있었다. 물론 그들의 근심이 그들의 기쁨을 어느 정도 억누를 수 있었지만 그러나 완전하게 억누를 수는 없었다. 마찬가지로 그들의 기쁨이 그들의 근심을 없애주기는 했지만 그러나 완전하게 없애주지는 못했다.

여러 가지 시험으로 말미암아. 이와 같이 베드로는 그들의 믿음의 시련과 여러 가지 고통들을 "시험"이라고 부른다(눅 22:28; 행 20:19; 갈 4:14; 약 1:2; 벧후 2:9). 또 시험 앞에 "여러 가지"라는 형용사를 덧붙이는 것은 단순히 숫자로만이 아니라 그 종류에 있어서도 여러 가지이기 때문이다.

7. 너희 믿음의 확실함은 불로 연단하여도 없어질 금보다 더 귀하여 예수 그리스도께서 나타나실 때에 칭찬과 영광과 존귀를 얻게 할 것이니라.

너희 믿음의 확실함은. 혹은 너희 믿음의 시련(試鍊)은. 여기에서 베드로는 성도들의 믿음을 금과 비교한다. 그는 작은 것으로부터 큰 것으로 논증을 전개한다. 사람들은 금을 불 가운데 시련하여 그것으로부터 불순물들을 제거함으로써 그것의 탁월함과 보배로움을 드러낸다. 마찬가지로 하나님은 성도들의 믿음을 고난으로 말미암아 시련하심으로써 그것의 탁월함이 좀 더 충분하게 나타나게 하신다(성도들의 믿음은 하나님에게 금이 사람들에게 귀한 것보다 더 귀하다).

없어질. 사용함에 따라 닳으며 소모될(18절). 반면 믿음은 사용함에 따라 닳거나 소모되지 않는다. 도리어 믿음은 사용할수록 더 커지며 분명해진다.

금보다 더 귀하여. 혹은 금을 시련하는 것보다 더 귀하여. 베드로는 시련된 금을 시련된 믿음과 비교한다. 예수 그리스도께서 나타나실 때에. 즉 심판의 날에(벧전 1:13; 5:4; 골 3:4; 살후 1:7). 그리스도의 영광은 지금은 감추어져 있다. 그동안 그는 그의 원수들에 대한 심판을 미루는 가운데 그의 택하신 자들을 가르치시며 인내에 이르도록 훈련시키신다. 그러나 마침내 그 날은 세상 앞에 충분하게 나타날 것이다. 그 날 그는 구름을 타고 오실 것이며 모든 눈이 그를 볼 것이다(계 1:7).

칭찬과 영광과 존귀를 얻게 할 것이니라. 혹은 칭찬과 영광과 존귀로 발견될 것이니라. 혹은 칭찬과 영광과 존귀로 변하게 될 것이니라. 믿음의 가치는 시련으로 말미암아 도리어 증명된다. 여기의 말씀은 현재의 시련이 어떤 결과를 가져오는지를 보여준다. 그것은 이 땅에서는 슬프고 부끄러운 것일 수 있지만(히 12:2), 그러나 결국 영광스러운 것으로 귀결된다. 우리는 여기의 세 단어들 사이의 차이를 지나치게 꼬치꼬치 따질 필요가 없다. 그것들은 모두 같은 것을 묘사하는 동의어적인 표현일 수 있다. 그러한 단어들은 다른 곳에서도 신자들과 관련하여 언급된다. 칭찬(고전 4:5), 영광(삼상 2:30; 요 12:26), 존귀(롬 2:10).

8. 예수를 너희가 보지 못하였으나 사랑하는도다 이제도 보지 못하나 믿고 말할 수 없는 영광스러운 즐거움으로 기뻐하니.

너희가 보지 못하였으나. 육체의 눈으로는. 여기의 유대인들 가운데 대부분의 사람들은 유대 지역 밖에서 살았다. 따라서 그들은 그리스도를 육체로 보지 못했다. 이것은 그들의 사랑을 칭찬하는 말이다. 그들은 자신들이 보지 못한 자를 사랑했다. 눈으로 봄으로 말미암아 사랑의 감정이 일어나는 것이 통상적인 일임에도 불구하고 말이다.

이제도 보지 못하나. 우리는 보는 것이 아니라 믿음으로 말미암아 행한다(고후 5:7). 말할 수 없는. 말로써 표현할 수 없는. 여기와 비슷한 구절로서 로마서 8:26; 고린도후서 9:15을 보라. 영광스러운. 혹은 영광으로 가득한. 말할 수 없는 즐거움의 대상인 하늘의 영광과 관련해서. 그러한 즐거움은 이 세상의 헛되며 일시적인 즐거움과 비교할 수 없는 최고의 그리고 가장 영속적인 즐거움이다. 기뻐하니. 그를 보며 즐거워할 것을 바라는 가운데.

9. 믿음의 결국 곧 영혼의 구원을 받음이라.

믿음의 결국. 믿음이 향해 나아가는 목표점. 혹은 믿음이 바라보는 상급.

영혼의. 이것은 일종의 제유법으로서 "전인"(全人)을 대신하여 사용된 것이다.

구원. (1) 이생에서 시작되는 좀 더 일반적인 의미의 구원(엡 2:8, 딛 3:5). 혹은 그것보다도 (2) 다른 세상에서의 완전하면서도 최종적인 구원(벧전 1:5). 그렇다면 그 의미는 "너희가 너희 영혼의 충분한 구원을 확실하게 받을 것으로 인해 기뻐하니"든지, 혹은 "너희가 그러한 구원을 받는 것으로 인해 기뻐하니" 다시 말해서 "그것의 약속 안에서, 너희 안에서 역사하는 성령의 은혜들 안에서, 그리고 그것의 확실함 안에서 기뻐하니"가 될 것이다.

받음이라(receiving). 여기의 표현은 환유법적으로 현재형을 대신한 미래형으로 이해하든지, 혹은 현재형으로서 여기에서 언급하는 사실의 확실성을 함축하는 것으로 이해할 수 있다.

10. 이 구원에 대하여는 너희에게 임할 은혜를 예언하던 선지자들이 연구하고 부지런히 살펴서.

이 구원. (1) 그리스도께서 오실 때 다시 말해서 복음을 통해 생명과 썩지 아니함이 빛으로 드러날 때 약속된 구원의 좀 더 충분하며 분명한 나타남(딤후 1:10). 그렇다면 여기의 구절은 누가복음 10:24과 같은 의미를 갖는 말씀이 될 것이다. 혹은 (2) 흩어진 유대인들의 구원 즉 복음에 의한 그들의 공적인 회심과 그에 따른 영원한 생명. (이방인들의 부르심과 마찬가지로) 이것은 메시야의 때를 위해 준비되어 있었다. 너희에게 임할 은혜를 예언하던. 베드로는 앞에서 자신이 "구원"이라고 부른 것을 여기에서는 "은혜"라고 부른다. 이것은 그들의 구원이 전적으로 은혜로 말미암은 것임을 암시한다. 선지자들. 즉 옛 언약 아래서 활동하던 선지자들. 새 언약의 신자들의 믿음은 그들이 예언한 것과 완전하게 일치된다(요 5:39; 행 17:11). 여기에서 베드로가 그들을 언급하는 것은 자신이 전파한 교훈이 새로운 것이 아니라 하나님이 옛 선지자들에게 계시하셨던 바로 그 진리라는 사실을 확신시킴으로써 유대인 신자들의 믿음을 강화시키기 위함이었다. 연구하고 부지런히 살펴서. 여기의 표현은 지식에 대한 그들의 뜨거운 열망을 보여준다.

11. 자기 속에 계신 그리스도의 영이 그 받으실 고난과 후에 받으실 영광을 미리 증언하여 누구를 또는 어떠한 때를 지시하시는지 상고하니라.

그리스도의 영. 이와 같이 성령은 아버지의 영으로 뿐만 아니라 또한 아들의 영으로 불린다(요 14:16, 26; 15:26). 또 이것은 그리스도가 구약 즉 성육신 이전에도 계셨을 뿐만 아니라(왜냐하면 만일 그리스도가 없었다면 그리스도의 영도 있을 수 없었기 때문에), 또한 그가 하나님이심을(왜냐하면 선지자들을 미래에 대한 계시로 영감시키는 것은 오직 하나님만이 할 수 있는 일기기 때문에) 보여준다.

그 받으실 고난을 미리 증언하여. 선지자들이 그리스도와 관련하여 예언한 것은 그들 자신의 생각으로 말미암은 것이 아니라 성령께서 그들에게 계시하신 것이었다.

후에 받으실 영광. 원어에는 "영광들"이라고 복수로 되어 있다. 다시 말해서, 그의 고난에 이은 다양한 영광들 즉 그의 부활의 영광과, 승천의 영광과, 하나님 보좌 우편에 앉은 영광과, 성령을 보내신 영광 등을 가리킨다. 그리스도의 고난과 영광은 종종 서로 연결된다(시 22:6; 110:1-7; 사 53:3, 10-12; 눅 24:26; 히 2:9-10). 그리스도는 고난을 통해 영광에 이르셨다. 마찬가지로 그의 지체들도 같은 방식으로 영광에 이른다. 언제(what time, 한글개역개정판에는 "누구를"이라고 되어 있음). 가까운 때인지 혹은 먼 때인지 혹은 어느 특정한 때인지. 이것은 특별히 다니엘의 칩십 이레와 연결되는 것일 수 있다(단 9:1-27).

어떠한 때(what manner of time). 백성들이 자유함 가운데 있는 평안한 때인지 혹은 멍에 가운데 있는 고통의 때인지 그리고 그 때의 모습 혹은 표적이 어떠한지. 그리스도의 오심과 관련하여 야곱은 "홀이 유다를 떠날 때"라고 예언했으며(창 49:10) 이사야는 보편적인 평안의 때라고 예언했다(사 2:4; 11:6). 그리스도의 오심의 때에 대해 부지런히 살핀 것은 그들이 그 때를 간절히 사모했음을 보여준다.

12. 이 섬긴 바가 자기를 위한 것이 아니요 너희를 위한 것임이 계시로 알게 되었으니 이것은 하늘로부터 보내신 성령을 힘입어 복음을 전하는 자들로 이제 너희에게 알린 것이요 천사들도 살펴 보기를 원하는 것이니라.

이 섬긴 바가. 그들이 선포하고 예언한 것이. 여기에서 말씀을 전파하는 것이 섬기는 것으로 불린다(행 6:4; 고후 4:1; 5:18). 자기를 위한. 그리스도의 성육신 이전에 살았던 그들 자신을 위한. 너희를 위한. 사도들뿐만 아니라 그리스도께서 오신 이래로 살고 있는 모든 신자들을 위한. 계시로 알게 되었으니. "It was revealed" 즉 계시되었으니. 즉 그들 안에 있었던 그리스도의 영으로 말미암아.

이것. 그리스도의 인격과 사역과 은택과 나라 및 신약의 전체적인 상태와 관련한 복음의 전반적인 교훈. 하늘로부터 보내신 성령을 힘입어. 그리스도께서는 성령을 보내실 것을 약속하셨으며(눅 24:49; 요 14:26; 15:26; 16:7), 실제로 보내셨다(행 2:1-47). 그리고 사도들은 스스로의 생각이 아니라 성령으로 말미암아 그들에게 옛 선지자들이 같은 성령(그들 안에 있었던 그리스도의 영)의 능력으로 예언한 것들이 때가 되매 이루어진 것을 선포했다.

복음을 전하는 자들. 즉 사도들과 다른 복음 사역자들. 여기의 말씀의 전체적인 의미는 다음과 같다. 옛 언약 아래 선지자들은 성령으로 말미암아 그리스도의 수난과, 부활과, 승천과, 성령을 보내심과, 이방인들의 부르심으로 말미암은 교회의 확장을 미리 내다보고 예언했다. 그러나 그들은 지금의 너희들과는 달리 살아서 그들 자신의 예언과 하나님의 약속이 성취되는 것을 보지 못했다(히 11:13). 지금 너희가 즐기는 식탁을 그들은 단지 준비했을 뿐이었다. 지금 너희가 즐기는 만찬을 그들은 단지 멀리서 믿음으로 맛보았을 뿐이었다. 그러나 그들은 성령의 인도하심으로 말미암아 자신들이 말하는 것이 자신들의 세대가 아니라 오는 세대에 이루어질 것이라는 것을 분명하게 선포했다. 그러므로 너희는 선지자들이 예전에 선포한 것과 복음 사역자들이 지금 선포하는 것을 비교함으로써 진리에 대한 너희의 믿음을 더욱 확고히 할 수 있을 것이다. 이제 너희에게 알린 것이요. 즉 선지자들에 의해 예언되었던 것이 이제 너희에게 실제적으로 성취되고 나타난 것이요.

천사들도 살펴 보기를 원하는 것이니라. 이것은 언약궤 위에 서서 그리스도의 모형인 은혜의 보좌를 내려다보고 있는 그룹들을 언급하고 있는 것으로 보인다. 여기의 단어는 무엇인가를 알기를 간절히 바라는 열망으로 고개를 숙인 채 구푸려 그것을 내려다보며 세심하게 살피는 것을 의미한다(눅 24:12; 요 20:5). 이와 같이 천사들은 복음의 신비들이 어떻게 성취되는지, 그리고 그것들 안에서 하나님의 은혜와 지혜가 어떻게 나타나는지 알기를 간절히 바라면서 그것들을 살핀다(엡 3:10). 그리고 그것들의 목적이며 결과인 죄인들의 구원으로 인해 기뻐한다.

13. 그러므로 너희 마음의 허리를 동이고 근신하여 예수 그리스도께서 나타나실 때에 너희에게 가져다 주실 은혜를 온전히 바랄지어다.

그러므로. 이어지는 훈계는 4절과 연결되는 것일 수 있다. 너희를 위하여 하늘에 간직하신 영광스러운 유업이 있으니, 그러므로 너희 마음의 허리를 동이고 근신하여. 혹은 그것은 12절과 연결되는 것일 수 있다. 선지자들조차도 충분하게 보지 못한 것들 그리고 천사들조차도 보기를 바랐던 것들을 너희가 이제 보고 알게 되었으니, 그러므로 너희 마음의 허리를 동이고 근신하여.

너희 마음의 허리를 동이고. 즉 너희 마음으로 하여금 너희의 영적인 일을 위해 항상 삼가며 준비하며 깨어 있게 하여. 그리고 너희의 마음으로부터 그렇게 하는 것을 방해하는 모든 생각과 근심과 염려와 욕심을 떨쳐 버리면서. 이것은 발까지 내려오는 긴 옷을 입고 있다가 일을 한다든지 혹은 여행을 할 때 방해가 되지 않도록 그것을 허리에 묶는 동방 나라들의 관습으로부터 취한 은유이다(왕상 18:46; 왕하 4:29; 눅 17:8). 누가복음 12:35, 37에 대한 저자의 주석을 참조하라. 어쩌면 이것은 유월절 즉 이스라엘이 애굽을 떠나 여행을 시작하려고 했을 때의 비슷한 의식(儀式)과 특별하게 관계된 것일 수 있다.

근신하여. "sober" 즉 술 취하지 않은 맑은 정신으로. 이것은 다음과 같은 것들과 연결될 수 있다. (1) 몸. 그러면 여기의 의미는 누가복음 21:34과 같은 것이 될 것이다. "너희는 스스로 조심하라 그렇지 않으면 방탕함과 술취함과 생활의 염려로 마음이 둔하여지고 뜻밖에 그 날이 덫과 같이 너희에게 임하리라." 여기의 "생활의 염려"는 본문의 "마음의 허리를 동이는" 것과 그리고 "방탕함과 술취함"은 "근신하는" 것과 반대되는 것으로 보인다. 혹은 그것보다도 (2) 영혼. 그렇다면 마음의 허리를 동이는 것은 의지(意志)와 감정과 생각과 관련되는 것으로서 술 취함과 같은 무절제한 삶의 태도와 반대되는 스스로 삼가는 삶의 태도를 의미하는 것이 될 것이다. 또 이것은 디모데후서 4:5처럼 "신중함"으로 번역될 수도 있다. 그러면 그것은 앞 절과 잘 조화된다. 마음의 허리를 동이는 자들은 이제 시작하려고 하는 어떤 일을 위해 스스로를 준비시키는 자들이다.

예수 그리스도께서 나타나실 때. 7절을 보라. 너희에게 가져다 주실 은혜. 은혜의 선물인 최종적인 구원(롬 6:23). 이것은 또한 생명의 은혜로도 불린다(벧전 3:7). 온전히 바랄지어다. 즉 굳은 확신을 가지고 진지하며 완전하게 바랄지어다. 혹은 흠정역처럼 "끝까지 바랄지어다"(hope to the end). 이러한 해석은 바로 앞의 "예수 그리스도께서 나타나실 때"라는 구절과 좀 더 잘 어울리는 것처럼 보인다. 히브리서 3:6을 보라. "그리스도는 하나님의 집을 맡은 아들로서 그와 같이 하셨으니 우리가 소망의 확신과 자랑을 끝까지 굳게 잡고 있으면 우리는 그의 집이라."

14. 너희가 순종하는 자식처럼 전에 알지 못할 때에 따르던 너희 사욕을 본받지 말고.

순종하는 자식(obedient children). 이것은 헬라식 표현으로서 이에 상응하는 히브리식 표현은 "순종의 자녀"(children of obedience)이다. 이것은 "불순종의 자녀"와 반대되는 개념이다(엡 2:2; 골 3:6). 이것은 명백히 하나님에 대하여 순종하는 그의 자녀들을 가리키는 것이다. 그렇다면 베드로는 여기에서 그들의 양자됨으로부터 취한 논증을 가지고 그들에게 그들의 의무를 설득하고 있었던 것이다. 다시 말해서 그들에게 하나님의 자녀로서의 신분에 합당하게 행동하도록 설득하고 있었던 것이다.

전에 따르던 너희 사욕. 너희가 전에 빠져 있었던 욕심들. 에베소서 4:22을 보라.

알지 못할 때에. 즉 그리스도와 복음을 알지 못할 때에. 다시 말해서 그리스도를 알지 못할 때 빠져 있었던 욕심들을 따라 살지 말라는 것이다. 여기에서 베드로는 그들이 알지 못했던 때와 지금 빛 가운데 있는 때 사이를 구별한다. 다른 시대는 다른 삶의 태도를 요구한다. 그들은 전에는 자신들의 욕심을 따라 살았지만 그러나 이제는 그리스도의 뜻을 따라 살아야 한다. 베드로전서 1:18; 사도행전 17:30; 에베소서 4:17, 18을 보라. 본받지 말고. 스스로를 일치시키거나 혹은 모양 짓지 말고. 로마서 12:2에 여기와 같은 단어가 사용된 것을 보라. "너희는 이 세대를 본받지 말고."

15. 오직 너희를 부르신 거룩한 이처럼 너희도 모든 행실에 거룩한 자가 되라.

오직 너희를 부르신 거룩한 이처럼. 우리의 부르심은 대부분의 경우 첫째 원인이신 아버지 하나님에게 돌려진다(롬 9:11, 24; 고전 7:15; 갈 1:6, 15). 또 이것은 "너희를 부르신 거룩한 자를 따라" 즉 "그의 본을 따라"로 번역될 수도 있다. 너희는 자녀이므로 아버지를 본받아야만 하느니라(엡 5:1). 너희를 부르신. 즉 그리스도를 아는 지식과 그에 대한 믿음으로 효과적으로 부르신. 거룩한. 이와 같이 하나님은 종종 이사야와 다른 성경 저자들에 의해 거룩함의 근원과 본보기로 말하여진다. 모든 행실에. 행실에 있어서의 전체적인 방향과 개별적인 행동들 모두에 있어. 혹은 신자든 불신자든 친구든 원수든 친척이든 외인이든 너희가 관계하는 모든 사람들과, 그리고 평안할 때든 곤고할 때든 형통할 때든 역경의 때든 너희가 있는 모든 조건에서.

16. 기록되었으되 내가 거룩하니 너희도 거룩할지어다 하셨느니라.

나는 너희의 아버지이므로 혹은 내가 너희를 내 소유로 삼기 위해 다른 백성들로부터 분리했으므로, 너희는 나를 본받으며 나에게 순종해야 하느니라(레 20:26).

17. 외모로 보시지 않고 각 사람의 행위대로 심판하시는 이를 너희가 아버지라 부른즉 너희가 나그네로 있을 때를 두려움으로 지내라.

너희가 아버지라 부른즉. 이것은 기원(祈願) 즉 그들이 기도 가운데 하나님을 부르는 것일 수 있다. 그렇다면 그 의미는 다음과 같을 것이다. 너희는 아버지의 종이며 또 아버지를 예배하는 자들이므로 기도 가운데 아버지를 부르느니라. 혹은 이것은 마태복음 6:9(하늘에 계신 우리 아버지여)처럼 그들이 하나님을 아버지로 부르는 것일 수도 있다.

외모로 보시지 않고. 유대인이든 이방인이든 상관없이(욥 34:19; 행 10:34; 엡 6:9). 각 사람의 행위대로. 즉 "행위들" 대로. 야고보서 1:25처럼 여기에서 복수 대신 단수가 사용되었다. 이와 같은 용례를 위해서는 로마서 2:6; 욥기 34:11을 보라. 심판하시는. 하나님은 아버지일 뿐만 아니라 가장 의로우신 심판장이시다.

너희가 나그네로 있을 때를 지내라. "나그네"(sojourning)라는 단어는 어떤 사람이 그가 태어나지 않은 장소에서 혹은 그가 일상적으로 거주하지 않는 장소에서 일시적으로 거주하는 것을 함축한다. 이 세상에서의 신자들의 상태가 바로 이와 같다. 그들은 이 세상의 시민이 아니라 나그네들이다. 그들은 이 세상을 통과하여 아버지의 집으로 여행하고 있다(히 11:9, 10, 13, 16). 그러므로 그들은 그에 합당한 삶의 태도를 가져야만 한다. 두려움으로. 혹은 경외함으로. 바로 이것이 아버지이며 동시에 심판장이신 자에게 합당한 태도이다. 이것은 가장 큰 경의와 가장 깊은 겸손을 함축한다(빌 2:2; 고전 2:3; 벧전 3:2, 15).

18. 너희가 알거니와 너희 조상이 물려 준 헛된 행실에서 대속함을 받은 것은 은이나 금 같이 없어질 것으로 된 것이 아니요.

너희 조상이. "from your fathers" 즉 너희의 아버지들로부터. 너희의 선조들(ancestors)로부터나 혹은 너희의 선생들과 지도자들로부터. 그들의 선생들과 지도자들 역시도 종종 "아버지들"(fathers)이라고 불렸다(고전 4:15).

물려 준(received by tradition). 즉 전승으로 받은. 그들의 모범과 행실에 의해서 뿐만 아니라 그들의 교리와 교훈에 의해(마 15:3; 막 7:7). 갈라디아서 1:14을 보라.

헛된 행실. 그들이 유대교 안에서 행했던 하나님이 명하지 않은 각종 규례와 의식(儀式)들. 그것이 "헛된" 것은 그것이 의와 구원을 위해 무익하며 불충분하기 때문이다. 대속함을 받은 것은. 디도서 2:14을 보라. "그가 우리를 대신하여 자신을 주심은 모든 불법에서 우리를 속량하시고 우리를 깨끗하게 하사 선한 일을 열심히 하는 자기 백성이 되게 하려 하심이라." 이것은 그들이 회심하기 전에 노예적인 상태, 즉 그들 자신의 그릇된 행실의 멍에 아래 있었음을 함축한다.

은이나 금. 사람들 사이에서 가장 값지며 귀중한 것으로 평가되는 것들.

19. 오직 흠 없고 점 없는 어린 양 같은 그리스도의 보배로운 피로 된 것이니라.

흠 없고. 허물과 결함이 없고 그 온전함에 있어 부족한 것이 아무것도 없는. 여기의 헬라어는 히브리어 "뭄"으로부터 파생된 것으로 보인다. 레위기 24:19, 20을 보라. 점 없는. 다른 결함이나 불구가 없는. 이것은 그리스도가 거룩함에 있어 완전하며 모든 죄로부터 자유로운 어린 양이라는 사실을 상징한다(요 8:29, 46; 히 7:26; 벧전 2:22). 어린 양 같은. 즉 어린 양이셨던. 어린 양. 세상 죄를 지고 가는 하나님의 어린 양(요 1:29). 예수 그리스도는 그의 무죄함과 온유함으로 인해 어린 양 같았을 뿐만 아니라(사 53:7), 또한 율법 아래서 매일같이 희생제물로 드려졌던 어린 양의 그리고 좀 더 특별하게 유월절 어린 양의 원형이었다. 그러한 희생제사들 안에서 그림자처럼 예표되었던 것들이 그리스도 안에서 온전하게 성취되었다. 보배로운. 무죄한 자의 피일 뿐만 아니라 또한 하나님의 아들의 피이기 때문에(행 20:28).

20. 그는 창세 전부터 미리 알린 바 되신 이나 이 말세에 너희를 위하여 나타내신 바 되었으니.

창세 전부터. 영원 전부터. 창세 전에는 영원한 것 외에 아무것도 없었다(요 17:24). 미리 알린 바 되신 이나. 구속의 일과 관련한 하나님의 영원한 작정에 의해. 그리스도는 세상 죄를 지고 가는 하나님의 어린 양으로 영원히 예정되었다. "그 뜻의 비밀을 우리에게 알리신 것이요 그의 기뻐하심을 따라 그리스도 안에서 때가 찬 경륜을 위하여 예정하신 것이니"(엡 1:9).

이 말세에. 구약 시대와 비교하여 마지막 때에. 이것은 "때가 차매"와 같은 의미이다(갈 4:4). 너희를 위하여. 다른 신자들과 함께 너희는 그로 말미암아 구원에 참여할 수 있게 되었도다. 그리스도의 구속의 결실은 모든 세대에 미치지만, 그러나 그가 육체로 오신 이후의 세대에 훨씬 더 풍성하게 임한다. 여기의 논증의 요지는, 그리스도가 영원 전부터 예정되고 그들의 조상들에게 약속되었지만 그러나 정작 나타난 것은 바로 그들에게라는 것이다. 이와 같이 그들은 그들의 조상들보다 훨씬 더 큰 특권을 가졌으므로 마땅히 더 거룩해야 한다는 것이다(마 13:17; 히 11:39, 40).

나타내신 바 되었으니. 그의 성육신에 의해서 뿐만 아니라(딤전 3:16), 또한 복음 전파에 의해. 갈라디아서 4:4; 에베소서 1:10; 히브리서 1:2; 9:26을 보라.

21. 너희는 그를 죽은 자 가운데서 살리시고 영광을 주신 하나님을 그리스도로 말미암아 믿는 자니 너희 믿음과 소망이 하나님께 있게 하셨느니라.

영광을 주신. 즉 부활과 승천과 하나님 우편에 앉히심 등을 통해(빌 2:9-11; 히 2:9-10). 하나님을 그리스도로 말미암아 믿는 자니. 그리스도는 하나님을 나타내는 자이면서(마 11:27; 요 1:14) 동시에 하나님께로 나아가는 길을 내는 자이시다. 그리스도 밖에서 하나님은 소멸하는 불이시다. 그러므로 그로 말미암지 않고 하나님께 나아올 자는 아무도 없다(요 14:6; 엡 2:18; 3:12; 히 7:25).

너희 믿음과 소망이 하나님께 있게 하셨느니라. 그리스도께서 부활하시고 영광을 받으셨기 때문에, 너희는 죄에 대한 신적 공의가 완전하게 만족되었음과 — 왜냐하면 만일 그리스도께서 구속의 대가를 충분하게 지불하지 않으셨다면 아버지는 결코 그를 사망의 감옥으로부터 나오게 하지 않으셨을 것이기 때문에 — 그로 말미암아 완전한 화해가 이루어졌음을 충분하게 확신할 수 있게 되었느니라. 이러한 믿음 즉 너희의 부활과 영광의 보증이며 약속인 그리스도의 부활을 바라보는 믿음은 소망을 불러일으키느니라. 그리스도의 부활과 영광은 믿음의 큰 기초이다(벧전 3:21; 행 2:32-33; 5:31; 10:40; 롬 4:24-25; 고전 15:14, 17).

22. 너희가 진리를 순종함으로 너희 영혼을 깨끗하게 하여 거짓이 없이 형제를 사랑하기에 이르렀으니 마음으로 뜨겁게 서로 사랑하라.

진리를 순종함으로. 믿음으로 말미암아 스스로를 복음의 진리에 순복시킴으로. 마음을 깨끗하게 하는 것은 믿음에 돌려진다. "믿음으로 그들의 마음을 깨끗이 하사 그들이나 우리나 차별하지 아니하셨느니라"(행 15:9). 이것은 의롭다 함을 받고 죄책이 제거되는 것뿐만 아니라 거룩하게 되고 죄의 더러운 것으로부터 정결하게 되는 것을 의미한다. "너희는 하나님으로부터 나서 그리스도 예수 안에 있고 예수는 하나님으로부터 나와서 우리에게 지혜와 의로움과 거룩함과 구원함이 되셨으니"(고전 1:30). 너희 영혼. 즉 너희 자신 혹은 너희 전인(全人). 영혼은 우리 존재의 주된 부분이다.

거짓이 없이 형제를 사랑하기에 이르렀으니. 외식함이 없이, 그리고 단지 말로만이 아니라 행함과 진실함으로(요일 3:18). 이렇게 사랑하는 것이 그리스도 안에서 사랑하는 것이며, 그리스도 때문에 사랑하는 것이다. 이것은 우리의 거룩함의 한 가지 큰 목적을 보여준다. 그것은 형제 사랑을 실천하는 것이다. 하나님에 대한 우리의 사랑은 하나님 때문에 형제를 사랑하는 것을 통해 나타난다. 요컨대 본 절의 전체적인 요지는 믿음으로 말미암아 스스로를 점점 더 깨끗하게 하고, 그럼으로써 형제를 더 잘 사랑할 수 있게 되라는 것이다. 마음으로 서로 사랑하라. 마음은 우리의 사랑이 흘러나오는 근원이다(딤전 1:5; 딤후 2:22).

뜨겁게. 혹은 강렬하며 격렬하게. 이 단어는 활로부터 취한 은유로 보인다. 활은 더 힘껏 구부릴수록 더 강한 힘으로 화살을 날려 보낸다. 이와 같이 사랑은 더 뜨겁고 강렬할수록 더 크게 다른 사람들을 유익하게 한다.

23. 너희가 거듭난 것은 썩어질 씨로 된 것이 아니요 썩지 아니할 씨로 된 것이니 살아 있고 항상 있는 하나님의 말씀으로 되었느니라.

너희가 거듭난 것은. 이것은 다음과 같은 것들과 연결될 수 있다. (1) 거룩함에 대한 일반적인 훈계와(14-15절). 그렇다면 여기의 논증은 이렇게 진행된다 : 너희는 거듭남으로 말미암아 하나님의 자녀가 되었으므로 마땅히 하나님의 자녀답게 거룩함으로 행해야만 하느니라. 혹은 (2) 형제 사랑에 대한 좀 더 특별한 훈계와(22절). 그렇다면 여기의 논증은 이렇게 진행된다 : 너희는 거듭남으로 말미암아 영적 형제가 되었으므로 마땅히 형제처럼 살아야만 하느니라.

썩어질 씨로 된 것이 아니요. 썩어질 씨는 그 자체가 썩을 뿐 그것으로부터 아무것도 나오지 않는다. 또 썩어질 씨로부터는 썩는 것 외에 아무것도 나오지 않는다. 그러므로 썩어질 씨로부터 난 생명은 썩는 생명 외에 아무것도 아니다.

썩지 아니할 씨로 된 것이니. 이와 같이 말씀은 종종 "썩지 아니할 씨"로 말하여진다. 그것이 "썩지 아니할 씨"인 것은 그 자체는 변하지 않으면서 그것을 믿음으로 받아들이는 자들의 마음을 변화시키며 새롭게 만들 뿐만 아니라 또한 썩지 않는 생명을 맺기 때문이다. 하나님의 말씀. 즉 썩지 아니할 씨. 바로 이것이 사람을 거듭나게 만드는 도구이다. 살아 있고. 여기의 동사와 뒤이어 나오는 동사는 다음과 같은 것들과 연결될 수 있다. (1) 하나님. 즉 살아 있고 항상 있는 하나님. (2) 말씀. 여기에서 살아 있고 항상 있는 것은 하나님이 아니라 말씀이다. 우리의 역본(흠정역)은 후자와 같이 읽는데, 이러한 해석은 다음 절의 이사야의 증언과 가장 잘 어울린다. 하나님의 말씀이 살아 있는 말씀으로 말하여지는 것은 그것이 그것을 기쁨으로 받아들이는 자들의 마음에 생기를 불어넣기 때문이다.

24. 그러므로 모든 육체는 풀과 같고 그 모든 영광은 풀의 꽃과 같으니 풀은 마르고 꽃은 떨어지되.

모든 육체. 육체로 태어난 모든 사람. 거듭난 사람과 반대 되는 자연적인 상태 가운데 있는 사람(23절). 그 모든 영광. "All the glory of man" 즉 사람의 모든 영광. 사람 안에 자연적으로 있는 가장 탁월한 것과 가장 자랑할 만한 것. 풀은 마르고 꽃은 떨어지되. 야고보서 1:10을 보라. "부한 자는 자기의 낮아짐을 자랑할지니 이는 그가 풀의 꽃과 같이 지나감이라."

25. 오직 주의 말씀은 세세토록 있도다 하였으니 너희에게 전한 복음이 곧 이 말씀이니라.

주의 말씀은 세세토록 있도다. 절대적인 의미 즉 말씀 자체의 진실성의 측면에서 뿐만 아니라(시 119:160; 마 24:35), 상대적인 의미 즉 신자들 안에 내주하는 측면에서(요일 3:9). 신자들은 항상 자신 안에 있는 말씀의 효력을 경험하며, 그것으로부터 견고하며 흔들리지 않는 존재 즉 새로운 본성을 받는다. 그러한 새로운 본성은 그들이 처음 태어날 때 받은 요동하며 흔들리는 존재 즉 그들의 옛 본성과 반대된다.

너희에게 전한 복음이 곧 이 말씀이니라. 이사야가 전한 말씀은 사도들이 전파한 복음과 정확하게 같은 것이다.

MATTHEW POOLE'S COMMENTARY

베드로전서 2장

개요

1. 베드로가 회심한 그리스도인들에게 모든 악을 버릴 것을 훈계함(1–3).
2. 베드로가 그들에게 보배로운 모퉁잇돌이신 그리스도로 말미암은 그들의 특권을 보여줌(4–10).
3. 베드로가 그들에게 육체의 정욕을 제어하면서 선행으로 말미암아 이방인들 가운데 하나님의 영광을 나타낼 것을 훈계함(11–12).
4. 베드로가 그들에게 권세자들에게 순종할 것을 훈계함(13–17).
5. 베드로가 종들에게 그리스도의 본을 따라 주인에게 순종할 것을 가르침(18–25).

1. 그러므로 모든 악독과 모든 기만과 외식과 시기와 모든 비방하는 말을 버리고.

앞 장에서 거듭남(23절)과 형제 사랑(22절)에 대해 이야기한 베드로는 계속해서 거듭난 하나님의 자녀와 형제 사랑에 반대되는 악들을 버릴 것을 훈계하는 것으로 본 장을 시작한다.

모든 악독. 다른 사람에게 악을 행할 때 갖는 악의(惡意). 혹은 다른 사람이 해를 당하는 것을 즐거워하는 마음. 로마서 1:29; 에베소서 4:31을 보라. **모든 기만.** 다른 사람을 속이는 모든 종류의 사기와 협잡. **외식.** 속마음은 그렇지 않으면서 겉으로 입에 발린 말을 하며 그럴듯한 표정과 태도를 나타내는 거짓된 호의. 마태복음 22:16, 18을 보라. **시기.** 다른 사람이 잘 되는 것을 배 아파하는 마음. **모든 비방하는 말.** 모든 종류의 욕.

버리고. 혹은 벗어버리고. 이것은 오랫동안 입어 해어진 낡은 옷으로부터 취한 은유이다. 그런 옷은 벗어서 내버리는 것 외에 아무 짝에도 쓸모없다. 에베소서 4:22; 골로새서 3:8-9; 야고보서 1:21을 보라.

2. 갓난아기들 같이 순전하고 신령한 젖을 사모하라 이는 그로 말미암아 너희로 구원에 이르도록 자라게 하려 함이라.

앞 장 23절에서 "거듭남"에 대해 이야기한 베드로는 여기에서 그들을 "갓난아기들"이라고 부른다. 그러나 이것은 히브리서 5:14; 고린도전서 3:1과 같이 충분한 나이가 된 "장성한 자들"과 반대되는 표현이 아니다. 도리어 이것은 그들의 "거듭나지 못한 예전의 타락한 상태"와 반대되는 표현이다. 그때 그들은 모든 영적 생명이 결여되어 있었다. 그러므로 이것은 어린 회심자들뿐만 아니라 모든 거듭난 사람들 전체를 가리킨다.

순전하고 신령한 젖. 여기의 "신령한 젖"(spiritual milk)이라는 표현은 합당한 젖(reasonable milk) — 즉 몸이 아니라 영혼을 위한 합당한 젖 — 으로 번역될 수 있고, 실제로 일부 역본들에서 그렇게 번역된다. 사람의 마음은 그러한 젖을 통해 영양공급을 받고 강해진다. 또 그것은 "말씀의 젖"(wordy milk)으로 번역될 수도 있다. 베드로는 명사(word) 대신 형용사(wordy)를 사용한다(그러나 이러한 표현은 영어식 어법과 잘 어울리지 않는다. 그래서 흠정역은 "wordy milk" 대신 "milk of the word"라고 번역한다). 그러나 그러한 형용사는 바로 앞의 "순전한"(sincere)과는 달리 뒤의 명사 "젖"의 속성을 설명하는 것이 아니라 그것과 동격으로서 "말씀인 젖"을 의미한다. 이와 비슷한 어법을 우리는 베드로전서 3:7에서 발견한다. "남편들아 이와 같이 지식을 따라 너희 아내와 동거하고 그를 더 연약한 그릇이요." 여기의 헬라어를 직역하면 "wifeish weaker vessel"이 된다(베드로는 명사 "wife" 대신 형용사 "wifeish"를 사용했다). 본문과 같이 여기의 "wifeish" 역시 뒤의 명사 "weaker vessel"의 속성을 설명하는 것이 아니라 그것과 동격으로 사용된 것이다. 이것은 우리에게 이사야 55:1과 동일한 복음의 교훈을 일깨워 준다. "오호라 너희 모든 목마른 자들아 물로 나아오라 돈 없는 자도 오라 너희는 와서 사 먹되 돈 없이, 값 없이 와서 포도주와 젖을 사라." 신자들은 "썩지 아니할 씨 즉 항상 있고 살아 있는 하나님의 말씀"으로 거듭났다고 말하여지는데(벧전 1:23), 그들은 같은 말씀을 그들의 양식으로 공급받는다. 이러한 말씀의 젖은 또한 "순전한"(sincere) 것으로서 말하여진다. 그것은 사람들의 허탄한 생각에 의해 오염되거나 혹은 그것과 섞이거나 혹은 그것에 의해 희석됨이 없이 순수하다. 갓난아기들은 엄마의 달콤한 젖을 좋아하며, 그것이 순전하기를 바란다. 이와 같이 신자들은 하나님의 말씀이 순전하기를 바라야 한다. 그것은 그것의 달콤함과 효력을 감소시키는 어떤 것과도 혼합되어서는 안 된다.

사모하라. 갓 태어난 아기들이 젖을 갈망하는 것처럼 그렇게 새로 태어난 아기들로서 영적 양식을 갈망하라.

이는 그로 말미암아 너희로 구원에 이르도록 자라게 하려 함이라. 즉 영적 양식인 말씀으로 말미암아 너희는 영적 생명과 힘 가운데 완전한 사람에 이를 때까지 자라게 될 것이라. "우리가 다 하나님의 아들을 믿는 것과 아는 일에 하나가 되어 온전한 사람을 이루어 그리스도의 장성한 분량이 충만한 데까지 이르리니"(엡 4:13).

3. 너희가 주의 인자하심을 맛보았으면 그리하라.

너희가 맛보았으면. 이것은 의문을 제기하는 것이 아니라 단순한 가정(假定)이다. 그리고 여기의 "맛보는" 것은 히브리서 6:4처럼 효과적이지 않은 앎으로 가볍게 맛보는 것이 아니라, 그들의 영적인 감각으로 경험하며 인식하는 것이다. 그들은 거듭남으로 말미암아 영적인 감각과 영적인 것들을 분별하는 능력을 회복했다. 이것은 시편 34:8과 이사야 66:11을 인용한 것으로 보인다.

주. 다음 절에 나타나는 것처럼, 주 예수 그리스도.

인자하심. 선하시며 동정심이 많으시며 달콤하심. 누가복음 5:39에서 같은 단어가 포도주에 대해 사용되었다. 전체적인 의미는 "만일 너희가 믿음으로 말미암아 복음을 받았다면 그리고 그로 말미암아 그리스도 예수 안에 있는 위로의 달콤함을 인식하고 경험했다면"이 될 것이다(빌 2:1).

4. 사람에게는 버린 바가 되었으나 하나님께는 택하심을 입은 보배로운 산 돌이신 예수께 나아가.

사람에게는 버린 바가 되었으나. 과거에 유대인 불신자들과 그들의 통치자들에 의해서 뿐만 아니라, 지금까지도 여전히 불신 세상에 의해.

하나님께는 택하심을 입은. 그는 하나님의 집의 기초로서 택하심을 받았다. 여기의 "택하심을 입은"(chosen)은 "미리 정해진" 것과 같은 의미이다. 또 그것은 뛰어난 혹은 탁월한 등의 의미도 갖는다.

보배로운. 여기에서 베드로는 사람들이 귀하게 여기는 돌(즉 보석)을 빗대어 말하고 있는 것으로 보인다. 그리스도는 하나님 앞에서 보배로운 자임에도 불구하고 사람들에게 버린 바가 되었다. 이것은 그들이 불신앙으로 그를 배척한 것이 그의 보배로움을 조금도 손상시키지 못함을 암시한다. 왜냐하면 그의 아버지가 그를 그토록 존귀하게 여기시기 때문이다.

산. 자신 안에 생명을 가지고 계실 뿐만 아니라 믿음으로 말미암아 자신에게 나아오는 자들을 살리시는. 돌. 즉 베드로전서 2:6처럼 모퉁잇돌. 베드로는 교회를 신령한 집로 제시하기에 앞서 먼저 그리스도를 그 집의 기초와 모퉁잇돌로 제시한다.

나아가. 즉 그를 믿는 믿음으로 말미암아(요 6:35, 44, 45). 여기의 단어는 현재형이다. 그러므로 이것은 그들의 최초의 회심이 아니라 그들의 현재적인 상태를 묘사하는 것이다. 그리스도 안에 거하는 가운데 그들은 계속적인 믿음 가운데 매일같이 그에게 나아가고 있었다.

5. 너희도 산 돌 같이 신령한 집으로 세워지고 예수 그리스도로 말미암아 하나님이 기쁘게 받으실 신령한 제사를 드릴 거룩한 제사장이 될지니라.

산. 즉 그리스도로 말미암아 살아난. 여기의 "산"(lively)과 앞 절의 "산"(living)은 같은 의미이다. 그러나 앞 절은 그리스도를 가리키는 것으로서 능동적으로 이해되어야 하는 반면 이것은 그리스도로부터 영적인 생명을 받은 신자들에게 적용된 것으로서 수동적으로 이해되어야 한다.

돌. 여기에서 각각의 신자들이 "돌"로 일컬어지는데, 그들은 함께 연합하여 집 혹은 성전을 이룬다(고후 6:16; 엡 2:21). 또 때로는 그들 사이의 연합과 그들 가운데 하나님이 거하시는 측면에서 각각의 신자들이 그의 성전으로 불리기도 한다(고전 3:16, 17; 6:19).

신령한 집. 물질적인 집과 구별되는 영적인 집. 이것은 성막과 성전이 하나님의 집으로 불리는 것과 관련된다(출 23:19; 34:26; 신 2:18). 죽은 돌들로 세워진 물질적인 집, 즉 옛 언약의 하나님의 집은 산 돌들로 세워진 그리고 산 돌이신 그리스도 위에 세워진 신령한 집의 모형이었다. 베드로가 이러한 표현을 사용한 것은 신약 교회의 특권을 부각시키기 위함이었다.

세워지고. 즉 주된 모퉁잇돌이신 그리스도 위에(엡 2:20). 이것은 다음과 같이 이해될 수 있다. (1) 명령법으로. 즉 신령한 집으로 세워져라. 그렇다면 이것은 훈계가 될 것이다. 이것은 그들이 그리스도 안에 계속적으로 거할 뿐만 아니라 또한 믿음으로 말미암아 그 위에 계속적으로 세워져 가야만 함을 함축한다. 그렇다면 이것은 앞의 2절과 같은 의미, 즉 "순전하고 신령한 젖을 통해 구원에 이르도록 계속해서 자라가라"는 것을 의미하는 것이 될 것이다. (2) 직설법으로. 베드로는 신자들의 특권을 보여주면서 그들이 마땅히 행할 도리를 훈계하는 자리에까지는 아직 이르지 않았다. 그렇게 하는 것은 11절에 가서야 비로소 시작된다. 여기의 단어는 현재형으로 되어 있는 것은 그 집이 아직 완성되지 않고 계속해서 세워져 가는 것을 암시한다.

예수 그리스도로 말미암아 하나님이 기쁘게 받으실. 오직 그로 말미암아 그리고 오직 그만을 통해. 신자들의 인격뿐만 아니라 그들의 행실까지도 하나님을 기쁘시게 하는 것이 되어야 한다. 예수 그리스도는 중보(仲保)에 의해 그들을 아버지께 드린다. 그리고 자신의 가장 완전한 의로써 그들의 허물을 가린다. 어떤 사람들은 여기의 "예수 그리스도로 말미암아"를 뒤의 "드릴"과 연결시킨다. 그렇다면 전체 문장은 이렇게 진행될 것이다 : 하나님이 기쁘게 받으실 신령한 제사를 예수 그리스도로 말미암아 드려라. 그러나 본문처럼 "예수 그리스도로 말미암아"를 "받으실"과 연결시키는 것이 가장 합당해 보인다. 우리는 예수 그리스도를 통해 하나님께 신령한 제사를 드려야 한다. 왜냐하면 오직 그로 말미암아서만 그것은 하나님에게 기쁘게 받으심이 되기 때문이다. 히브리서 13:15-16, 21을 보라.

신령한 제사를 드릴. 복음의 제사장들이 드려야 할 제사는 동물을 잡아 드리는 제사가 아니라 영적 제사이다. 그들은 그들 자신을 희생제물로 드려야 한다. "그러므로 형제들아 내가 하나님의 모든 자비하심으로 너희를 권하노니 너희 몸을 하나님이 기뻐하시는 거룩한 산 제물로 드리라"(롬 12:1). 그것은 기도와 감사와 구제와 다른 영적 의무들을 통해 스스로를 하나님께 성별시키는 것이다(빌 4:18; 히 13:15, 16).

거룩한 제사장. "holy priesthood" 즉 거룩한 제사장직. 여기에 보통명사(거룩한 제사장) 대신 추상명사(거룩한 제사장직)가 사용되었다. 이것은 모든 성도들로 구성되는 복음적인 제사장들의 전체 모임을 가리키는 것일 수 있다. 그리스도는 멜기세덱의 반차를 따라 영원한 제사장이 되셨다. 그의 제사장직과 비견될 수 있는 제사장직은 결코 없다. 오직 그만이 하나님께 죄를 위한 속죄의 희생제사를 드린다.

6. 성경에 기록되었으되 보라 내가 택한 보배로운 모퉁잇돌을 시온에 두노니 그를 믿는 자는 부끄러움을 당하지 아니하리라 하였으니.

성경에 기록되었으되. 여기의 원어가 수동형으로 되어 있는 사실은 그 해석에 있어 주석가들 사이에 많은 차이를 불러일으켰다. 나는 그와 같은 다양한 해석들을 장황하게 열거함으로써 독자들의 머리를 혼란스럽게 만들고 싶지 않다. 다만 다음과 같이 대략 두 가지 방법으로 이해하는 것이 가장 자연스러운 것으로 보인다. (1) 앞 절의 "하나님"을 끌어와 여기의 주어로 취하면서 "하나님이 성경에 기록하였으되"라고 읽는 방법. (2) 흠정역이 읽는 것처럼, 능동형으로 되어 있지만 그러나 수동형으로 취하면서 "성경에 기록되었으되"라고 읽는 방법(한글개역개정판도 이와 같이 되어 있음). 특히 후자와 같은 어법은 다른 저자들도 종종 사용하는 방법으로서 결코 비정상적인 것이 아니다.

보라 내가. 사람이 아닌 나 여호와가(시 118:23). 시온에 두노니. 즉 복음 전파로 말미암아. 그리스도는 교회의 유일한 기초로 선포되며, 사람들은 믿음으로 말미암아 그들의 유일한 기초인 그 위에 세워진다. 그리고 그렇게 하여 신령한 집이 세워진다(5절).

시온. 이것은 제유법(提喩法)으로 예루살렘을 가리키는 것일 수 있다(왜냐하면 시온은 예루살렘의 일부이기 때문이다). 그리스도는 먼저 예루살렘에서 전파되었다. 그렇게 하여 그곳에 처음 기초석이 세워졌으며, 그 위에 하나님의 성전이 세워지기 시작했다(시 110:2; 사 2:3; 미 4:2; 눅 24:47). 또 그것은 복음 교회로서 이해될 수 있다. 시온은 신약 교회의 모형이었다.

내가 택한 보배로운. 앞의 4절을 보라. 모퉁잇돌. 혹은 모퉁이의 머릿돌(시 118:22). 이것은 건물을 지탱하면서 동시에 각 부분들을 연결한다. 그리스도는 어느 한 부분의 기초가 아니라 교회 전체의 기초이다. 유대인과 이방인을 포함한 모든 부분이 그 위에 연결되어 세워지며, 그에 의해 지탱된다. "너희는 사도들과 선지자들의 터 위에 세우심을 입은 자라 그리스도 예수께서 친히 모퉁잇돌이 되셨느니라"(엡 2:20).

그를 믿는 자는 부끄러움을 당하지 아니하리라. 예상한 구원에 있어 실망하게 되지 않을 것이며, 그리하여 그렇게 바란 것에 대해 부끄러워할 이유가 없게 될 것이라. 70인경에는 "그를 믿는 자는 다급하게 되지 않을 것이라"라고 되어 있다. 즉 그리스도를 믿는 자는 다급하게 다른 구원의 길을 찾게 되지 않을 것이라는 것이다. 그리하여 결국 그들은 (앞에서와 마찬가지로) 실망하게 되지 않을 것이며, 그러므로 부끄러워할 이유가 없게 될 것이다. 반면 믿지 않는 자들은 결국 그들의 기대가 좌절된 상태에서 다급하게 될 것이다. 이사야 28:16; 로마서 9:33을 보라.

7. 그러므로 믿는 너희에게는 보배이나 믿지 아니하는 자에게는 건축자들이 버린 그 돌이 모퉁이의 머릿돌이 되고.

보배이나. 그리스도는 그 자신 보배로운 자이며, 그의 아버지에게도 보배로운 자이며, 그러므로 그를 믿는 자들에게도 또한 보배로운 자이다. 난외(欄外)는 "영광이나"(honour)라고 읽는다. 그렇다면 그 의미는 "믿는 너희는 부끄러움을 당하지 않고 너희의 믿음은 좌절되지 않을 것이므로, 너희는 그리스도로 말미암아 영광스러워지고 구원을 받을 것이다"가 될 것이다. 이것은 다음 절과 잘 어울린다.

믿지 아니하는. 혹은 순종하지 아니하는. 다시 말해서 주 예수 그리스도를 믿는 믿음과 관련한 복음의 큰 명령에 순종하지 아니하는.

건축자들. 대제사장들과 서기관들과 바리새인들과 유대인의 관원들. 그들의 의무는 교회를 건축하는 것이었으며, 그들은 당시 그렇게 할 수 있는 권세를 가지고 있었다. 버린. 혹은 배척한. 그들은 예수를 약속된 메시야로서 하나님의 교회가 세워지는 큰 기초로 인정하지 않았다.

모퉁이의 머릿돌이 되고. 건축자들은 그를 경멸했으나 하나님은 그를 존귀케 하셨다. 그들은 그에게 그 건물에 있어 아무 자리도 허락하지 않았으나, 하나님은 그에게 가장 좋은 자리를 주시고 그를 모퉁이의 머릿돌로 삼으셨다. 그리스도는 그들의 배척과 반대를 받았지만, 그러나 마침내 그들에게 모퉁이의 머릿돌, 즉 그들을 억제하고 통제하는 왕과 재판장이 되셨다.

8. 또한 부딪치는 돌과 걸려 넘어지게 하는 바위가 되었다 하였느니라 그들이 말씀을 순종하지 아니하므로 넘어지나니 이는 그들을 이렇게 정하신 것이라.

부딪치는 돌과 걸려 넘어지게 하는 바위. 이러한 말씀은 그리스도가 그들의 걸려 넘어짐의 원인임을 의미하지 않는다. 다만 그들이 그렇게 되는 대상이라는 것을 의미한다. 그들은 그리스도에 의해 주어지는 어떤 원인 때문이 아니라 단지 그들 자신의 본성의 타락으로 말미암아 스스로 걸려 넘어진다. 그들은 그리스도 안에서 자신들의 걸려 넘어짐의 어떤 원인도 발견하지 못한다. 그들은 그 안에서 자신들이 좋아하지 않는 것, 즉 그의 율법의 거룩함과 그의 가르침의 정결함을 발견할 뿐이다. 그러한 것들은 그들의 타락한 정욕과 반대되는 것들이다. 특별히 그는 그들에게 의롭다 함을 받기 위해 자신을 믿을 것을 요구했는데, 이것은 그들의 마음의 교만과 완전하게 상충되는 것이었다. 그들은 하나님의 의에 복종하지 않고 자신들의 의를 세우고자 했는데, 바로 이것이 그들이 그에 대해 걸려 넘어진 한 가지 큰 이유였다. "어찌 그러하냐 이는 그들이 믿음을 의지하지 않고 행위를 의지함이라 부딪칠 돌에 부딪쳤느니라 기록된 바 보라 내가 걸림돌과 거치는 바위를 시온에 두노니 그를 믿는 자는 부끄러움을 당하지 아니하리라 함과 같으니라"(롬 9:32, 33). 또 로마서 10:3을 보라. 이러한 걸려 넘어짐은 그들이 죄 가운데 떨어지는 것뿐만 아니라 또한 죄에 대한 형벌인 멸망 가운데 떨어지는 것을 포함한다(사 8:14, 15). 이와 같이 그들이 걸려 넘어진 이유는 그리스도가 아니라 그들 자신의 불신앙이었다.

말씀을 순종하지 아니하므로 넘어지나니. 이것은 두 가지 독법으로 읽혀질 수 있다. 하나는 우리의 역본(흠정역)처럼 읽는 것이다. 그러면 그 의미는 그들에게 오신 그리스도를 배척함으로써 복음의 말씀에 걸려 넘어지는 것, 즉 그것에 불순종하는 것이 된다. 또 하나의 독법은 말씀에 불순종함으로 넘어지는 것, 즉 말씀 가운데 그들에게 전파된 그리스도에 대해 넘어짐으로 그 말씀에 순종하지 않는 것으로 읽는 것이다. 그들은 그리스도의 가르침을 받아들이지 않음으로 말미암아 그에 대해 넘어졌다.

이는 그들을 이렇게 정하신 것이라. 이것은 다음의 두 가지와 연결될 수 있다. (1) 그리스도가 "하나님이 택하셔서 시온에 둔(여기에서 "정하신"이라고 번역된 단어와 동일한 헬라어) 보배로운 모퉁잇돌로서 그를 믿는 자는 부끄러움을 당하지 않는" 자로서 말하여지는 6절과. 계속해서 베드로는 심지어 믿지 않는 자들조차도 믿음으로 말미암아 그리스도 위에 세워지도록 정해졌지만 — 즉 하나님과의 언약 안으로 받아들여지는 그들의 외적인 부르심 안에서 — 그러나 그들은 복음의 말씀을 믿지 않음으로 넘어졌다고 덧붙인다. 그들은 하나님의 특별한 백성이었음에도 불구하고 그들에게 먼저 제시된 구원을 배척했는데, 이러한 사실은 그들의 불신앙을 더욱 가중시킨다(행 13:26, 46, 47). 혹은 (2) 바로 앞에 나오는 "그들이 말씀을 순종하지 아니하므로 넘어지나니"라는 말씀과. 그렇다면 그 의미는 (하나님의 뜻을 배척한 유대인들에 대해 이야기하면서) 하나님이 그들을 이러한 넘어짐으로 정하셨다는 것이 된다. 다시 말해서 하나님은 그들에게 그리스도를 믿는 믿음을 주시지 않고 그들을 불신앙 가운데 그냥 내버려 두시기로 정하셨다는 것이다. 로마서 9:17; 데살로니가전서 5:9; 유다서 1:4을 보라. 베드로가 이와 같이 말한 목적은 연약한 그리스도인들을 다수의 불신자들로 인해 넘어지는 것으로부터 지키기 위한 것으로 보인다. 그렇게 하기 위해 베드로는 그들에게 이 모든 것이 이미 오래 전에 예언된 사실을 보여준다. 그러므로 그들은 많은 사람들의 불신앙으로 인해 놀랄 필요도 없고 그것으로 인해 넘어질 필요도 없다. 요한복음 16:1, 4을 보라.

9. 그러나 너희는 택하신 족속이요 왕 같은 제사장들이요 거룩한 나라요 그의 소유가 된 백성이니 이는 너희를 어두운 데서 불러 내어 그의 기이한 빛에 들어가게 하신 이의 아름다운 덕을 선포하게 하려 하심이라.

그러나 너희는. 말씀에 순종하지 않는 악인들과 반대되는 너희 믿는 자들은. 베드로는 모세가 그들의 조상들에게 속하는 것으로서 언급한 특권들과 존귀들이 한층 더 특별한 의미로 그들에게 속하는 사실을 보인다. 그들은 그리스도의 나타남을 실제적으로 경험했다. 그러나 그들의 조상들은 그것을 단지 맛보기로만 경험했을 뿐이었으며, 나머지 유대인들은 불신앙으로 말미암아 그것을 잃어버렸다.

택하신 족속. 하나님으로부터 선택된 백성. 그들은 세상으로부터 뿐만 아니라 같은 유대인들로부터도 선택된 자들이었다. 또 그들은 외적인 양자됨과 외적인 특권들로 뿐만 아니라 영원한 구원으로 선택된 자들이었다.

왕 같은 제사장들(royal priesthood). 혹은 제사장들의 나라. 베드로는 앞에서 그들을 "거룩한 제사장"이라고 불렀다(5절). 그리고 계속해서 여기에서 "왕 같은 제사장"이라고 부르는데, 이것은 그들이 영적인 제사장뿐만 아니라 영적인 왕이 되었음을 보여준다. 그들은 유대인으로서가 아니라 신자로서 이러한 특권을 받았다. 그들 모두는 하나님께 대하여 영적인 제사장으로 성별(聖別)되었으며, 그에게 영적인 희생제사를 드린다. 또 그들은 왕으로서 장차 나라를 상속받을 것이다.

거룩한 나라. 모세는 여기의 수신자(受信者)들의 조상들을 그들이 이방의 부정한 것들로부터 분리되어 하나님에게 드려지고 또 하나님이 그들에게 많은 율법들을 주신 측면에서 거룩한 나라라고 불렀다(신 7:6). 하나님은 그러한 율법들을 통해 그들을 외적이며 의식적(儀式的)인 정결로 이끄셨고, 그렇게 하여 결국 내적이며 실제적인 거룩함으로 데려가고자 하셨다. 그러나 본 서신의 수신자들은 참되며 내적인 거룩함의 측면에서 거룩한 나라이다. 여기에서 베드로는 특별히 이사야 62:12을 가리키고 있는 것으로 보인다.

그의 소유가 된 백성(a peculiar people). 출애굽기 19:5을 보라. "세계가 다 내게 속하였나니 너희가 내 말을 잘 듣고 내 언약을 지키면 너희는 모든 민족 중에서 내 소유가 되겠고." 같은 단어가 신명기 7:6과 14:2에서는 "자기 기업의 백성"으로 번역된다. 또 그 단어는 말라기 3:17에서는 "그의 특별한 소유"로 번역된다. 70인경은 여기에서 베드로가 사용한 단어와 똑같은 단어를 사용하는데, 그것은 하나님이 자기의 특별한 소유 혹은 보화로서 얻은 백성을 의미한다. 하나님은 이스라엘 자손들을 애굽의 멍에로부터 건져내시고, 그들을 모든 민족 가운데 자신의 특별한 소유로 취하셨다. 하나님은 자신의 강한 손으로 그들을 구속하셨다. 그러므로 하나님은 그들을 귀하게 여기시며, 그들에 대한 자신의 소유권을 주장하신다. 하나님은 많은 권능과 많은 이적들의 값을 치르시고 그들을 얻으셨는데, 이것은 그리스도가 교회를 영적인 바로인 사탄의 폭정과 죄악의 멍에인 죄의 권세로부터 건져내신 것의 모형이었다. 이런 측면에서 하나님의 백성들은 "그의 소유가 된 백성" 혹은 "그의 친 백성"(딛 2:14) 혹은 "그의 얻으신 소유"(엡 1:14) 등으로 불린다.

너희를 … 불러 내어. 그의 목적에 따른 효과적인 부르심으로 말미암아. "우리가 알거니와 하나님을 사랑하는 자 곧 그의 뜻대로 부르심을 입은 자들에게는 모든 것이 합력하여 선을 이루느니라"(롬 8:28).

어두운 데서. 무지와 불신앙과 죄와 멸망의 어두움으로부터. 복음이 전파되기 이전의 때는 어둠의 때였다(마 9:16; 눅 1:79).

그의 기이한 빛에. 지식과 믿음과 거룩함과 위로의 빛으로. "너희가 전에는 어둠이더니 이제는 주 안에서 빛이라"(엡 5:8). 여기에서 그 빛이 "기이하다고" 말하여지는 것은 사람들이 전에는 보지 못했던 하나님의 법의 기이한 것들을 보기 때문이며(시 119:18) 또 총체적인 어둠 가운데 앉아 있었던 자들이 영광스러운 빛으로 옮겨지기 때문이다.

선포하게 하려 하심이라. 이것은 그들에게 주어진 모든 특권들의 목적이 그들이 그것을 향유하는 것 안에서 하나님을 영화롭게 하는 것임을 보여준다. 베드로는 이사야 43:7, 21을 인용하는 것으로 보인다. "내가 내 영광을 위하여 창조한 자를 오게 하라." "이 백성은 내가 나를 위하여 지었나니 나를 찬송하게 하려 함이니라."

선포하게(show forth). 다른 사람들도 동일하게 하나님께 영광을 돌리도록 고취하기 위해 말과 행동으로 나타내며 드러내게. 하나님은 그들에게 주신 특권들 안에서 자신의 덕과 지혜와 권능과 선하심과 의와 진리가 나타나게 하심으로써 다른 사람들까지도 자신에게 영광을 돌리며 찬미하게 하신다.

10. 너희가 전에는 백성이 아니더니 이제는 하나님의 백성이요 전에는 긍휼을 얻지 못하였더니 이제는 긍휼을 얻은 자니라.

너희가 전에는 백성이 아니더니. 여기의 "백성이 아니었다"는 표현은 그들이 제대로 된 나라를 이루지 못한 채 여러 민족들 가운데 분산됨으로 말미암아 백성이라는 이름을 가질 만한 자격을 갖지 못했다는 의미이거나, 혹은 하나님이 그들에게 이혼증서를 주면서 그들을 "로암미"와 "로루하마"로 부름으로 말미암아 그들이 하나님의 백성이 아니었다는 의미이다(호 1:1-11). 그들은 바벨론 포로로부터 돌아오지 않은 흩어진 유대인들이었다. 그들은 그리스도께로 회심하기 전에는 이스라엘 공동체로부터 끊어진 것처럼 보일 정도로 다른 민족들과 많이 혼합되었다. 그들은 이교도들의 더러운 것들에 오염되었으며, 하나님에 대한 거룩한 예배로부터 상당 부분 단절되어 있었다.

이제는 하나님의 백성이요. 이제 그들은 그리스도를 믿음으로 말미암아 예전의 언약 상태와 교회의 특권들로 회복된 하나님의 참 백성이 되었다.

전에는 긍휼을 얻지 못하였더니 이제는 긍휼을 얻은 자니라. 하나님의 백성이 되는 긍휼과 의롭다 함을 받고 그와 더불어 화평을 이루는 등 그에 따른 특권들을 향유하는 긍휼. 베드로는 앞 절에서 그들의 큰 존귀와 특권들을 이야기했다. 여기에서 베드로는 그들로 하여금 그것을 자신들의 공로로 돌리지 못하도록 하기 위해 그 모든 것이 전적으로 하나님의 긍휼로부터 말미암은 것임을 분명히 한다.

11. 사랑하는 자들아 거류민과 나그네 같은 너희를 권하노니 영혼을 거슬러 싸우는 육체의 정욕을 제어하라.

거류민과 나그네. 그들은 자신들의 땅을 떠나 여러 나라에 흩어져 거하는 거류민이면서 동시에 이 세상에서 나그네였다(대상 29:15; 시 39:12; 119:19; 히 11:13, 14).

영혼을 거슬러. 여기의 영혼은 육체의 정욕과 반대되는 영 혹은 속사람 혹은 전인(全人)의 거듭난 부분을 가리킨다. "육체의 소욕은 성령을 거스르고 성령은 육체를 거스르나니 이 둘이 서로 대적함으로 너희가 원하는 것을 하지 못하게 하려 함이니라"(갈 5:17). 싸우는. 원수로서 대적하며 전쟁을 벌이는. 육체의 정욕을 제어하라. 육체의 소욕뿐만 아니라 모든 육체의 일들(갈 5:19-21). 육신의 생각은 하나님과 원수가 된다(롬 8:7).

12. 너희가 이방인 중에서 행실을 선하게 가져 너희를 악행한다고 비방하는 자들로 하여금 너희 선한 일을 보고 오시는 날에 하나님께 영광을 돌리게 하려 함이라.

너희가 … 행실을 선하게 가져. 사람들로 하여금 너희 자신과 너희가 고백하는 믿음에 대해 호감을 갖도록 만드는 열매를 많이 맺어.

이방인 중에서. 너희와 종교가 다름으로 말미암아 너희의 행실을 유심히 지켜보는 자들 중에서. 이것은 본 서신이 유대인들에게 쓰여진 것임을 증명한다.

너희 선한 일을 보고 … 하나님께 영광을 돌리게 하려 함이라. 그들로 하여금 너희에 대해서 뿐만 아니라 너희가 고백하는 믿음에 대해 좀 더 호의적으로 생각하도록, 그리고 너희 안에 있는 하나님의 은혜를 인식하고 스스로를 그분께 좀 더 쉽게 순복시키도록 하게 하려 함이라. 바로 이것이 하나님께 영광을 돌리는 최선의 방법이다. 성도들의 선한 행실을 통해 죄인들을 회심시키는 것은 하나님의 통상적인 방법이다. 오시는 날에. 하나님이 그들을 복음으로 말미암아 부르시는 은혜로운 오심의 날에(눅 1:68, 78; 7:16; 눅 19:44).

13. 인간의 모든 제도를 주를 위하여 순종하되 혹은 위에 있는 왕이나.

모든. 고위든 하위든 모든 종류의. 인간의 제도. 헬라어로는 "human creatures." "Human creatures"는 마가복음 16:15처럼 단순히 "사람"을 의미하는 것으로 이해될 수 있다. 다만 베드로가 다루는 주제로 볼 때 여기의 "사람"은 방백 혹은 통치자로 한정된다. 그렇다면 여기의 의미는 모든 통치자들에게 순종하라는 것이 된다. 또 "Human creatures"는 인간의 제도로서 이해될 수 있다. 이런 경우 여기의 "creature"는 제도 혹은 규례를 의미하는 것으로서 취하여진다. 그러나 여기의 "creatures"는 이어지는 구절에 나타나는 것처럼 통치자들을 의미하는 것으로서 이해되는 것이 좀 더 합당하다. 그 단어 앞에 "human"이 붙여진 것은 그들의 통치권이 하나님으로부터 말미암은 것이 아니기 때문이 아니라(롬 13:1은 "모든 권세는 다 하나님의 정하신 바"라고 분명하게 말한다), 다만 그들의 통치권이 사람들 사이에서 행해지기 때문이다. 그것은 일차적이며 본원적으로 하나님에게 속하며, 이차적이며 도구적으로 사람들에게 속한다.

주를 위하여. 통치자들에게 권세를 주시고 사람들에게 순종을 명하신 하나님을 위하여. 통치자들에게 복종하는 것은 곧 하나님에게 순종하는 것이며, 그렇게 하여 하나님은 사람들로부터 영광을 받으신다. 여기의 "주를 위하여"는 에베소서 6:1의 "주 안에서"와 같은 의미인 것으로 보인다.

위에 있는. 백성 위에 있을 뿐만 아니라 다른 통치자들 위에 있는. 왕이나. 최고의 권세자인 가이사나. 당시 유대 그리스도인들은 그의 통치 아래 있었다. 이것은 모든 그리스도인들에게 확장되는 일반적인 명령이다.

14. 혹은 그가 악행하는 자를 징벌하고 선행하는 자를 포상하기 위하여 보낸 총독에게 하라.

혹은 … 총독에게 하라. 베드로는 일차적으로 유대의 빌라도와 벨릭스와 베스도 그리고 구브로의 서기오 바울 등 로마 제국의 통치 아래 있는 지역들의 총독들을 의미하고 있는 것으로 보인다. 누가복음 3:1을 보라. 그러나 그와 함께 그는 ― 왕이라는 이름 아래 모든 고위 통치자들을 의미했던 것과 마찬가지로 ― 총독이라는 이름 아래 모든 하위 통치자들을 의미하고 있었던 것으로 보인다.

그가 … 보낸. (1) 왕이 보낸. 그렇다면 이어지는 구절은 왕이 총독을 보내고 또 그 아래 관리들을 임명한 목적을 보여주는 것이 된다. 혹은 그것보다도 (2) 하나님이 보낸. 고위 통치자든 하위 통치자든 모든 통치자는 하나님으로부터 권세를 부여 받는다. 그리고 바로 이것이 우리가 그들에게 순종해야 하는 근본적인 이유이다. 그렇다면 이어지는 구절은 그들을 세운 하나님의 목적을 보여주는 것이 된다. 여기에 우리가 그들에게 순종해야 하는 또 하나의 이유가 나오는데, 그것은 그들이 사회의 공동선(共同善)을 위해 세움을 받았기 때문이다.

선행하는 자를 포상하기 위하여. 포상(praise, 혹은 칭찬)은 일종의 상급이다. 이것은 제유법적으로 선을 행하는 자들에게 주어지는 모든 종류의 상급들을 가리키는 것으로서 취하여진다. 로마서 13:3, 4을 보라.

15. 곧 선행으로 어리석은 사람들의 무식한 말을 막으시는 것이라.

선행으로. 모든 형태의 선한 행동으로. 그 가운데 중요한 한 가지가 바로 통치자들에게 순종하는 것이다.

어리석은 사람들의. 참된 지혜는 하나님을 아는 것으로 이루어진다. 그러므로 하나님을 아는 지식이 결여된 불신자들은 어리석은 자로 불린다.

무식한. 신자들의 상태와 행실에 대해 알지 못하는. 바로 이것이 그들이 신자들에 대해 악하게 말하는 이유일 수 있다. 혹은 하나님과 그의 길에 대해 알지 못하는. 그리스도는 박해자들이 광분하는 이유를 바로 이것에 돌렸다. "그들이 이런 일을 할 것은 아버지와 나를 알지 못함이라"(요 16:3). 하나님을 알지 못하는 자들이 하나님을 아는 자들을 비방하며 악담하는 것은 조금도 이상한 일이 아니다.

말을 막으시는 것이라. 혹은 입을 막으시는 것이라(딛 1:11). 즉 악하게 말하는 모든 기회를 빼앗으심으로 말미암아.

16. 너희는 자유가 있으나 그 자유로 악을 가리는 데 쓰지 말고 오직 하나님의 종과 같이 하라.

너희는 자유가 있으나. 그들은 "이제 우리는 그리스도로 말미암아 자유로운 사람이 되었으니 이방인들에게 순종할 필요가 없다"라고 말해서는 안 되었다(신 17:15; 요 8:33). 물론 그들이 자유로워진 것은 사실이었다. 그러나 그것은 의로부터 자유로워진 것도 아니었고, 하나님의 법에 순종하는 것으로부터 자유로워진 것도 아니었다. 다만 죄로부터 자유로워진 것뿐이었다. 하나님의 법은 여전히 통치자들에게 복종할 것을 요구한다. 왜냐하면 그들은 여전히 하나님의 종들이기 때문이다.

그 자유로 악을 가리는 데 쓰지 말고. 너희의 자유를 너희의 악을 덮거나 혹은 변명하는 데 사용하지 말고. 우리는 기독교적 자유를 빙자하여 상전에게 순종하는 의무를 방기(放棄)해서는 안 된다. 우리는 죄로부터 자유로워졌지만, 그러나 의무로부터는 그렇지 않다.

오직 하나님의 종과 같이 하라. 우리는 여전히 하나님과 그분 안에서 우리의 통치자들에게 순종할 의무를 가지고 있다.

17. 뭇 사람을 공경하며 형제를 사랑하며 하나님을 두려워하며 왕을 존대하라.

뭇 사람을 공경하며. 즉 그들의 존귀에 합당하게. 다시 말해서 그들의 존귀와 권세와 은사에 따라. 로마서 12:10; 13:7; 빌립보서 2:3을 보라.

형제를 사랑하며. 물론 모두가 다른 사람들을 사랑해야 하지만, 그러나 신자들에게 요구되는 특별한 형제 사랑이 있다(벧전 1:22; 갈 6:10).

하나님을 두려워하며. 하나님 아버지에 대한 두려움 혹은 경외심으로. 여기에 이러한 명령이 끼어 있는 것은 우리에게 사람들에 대한 다른 모든 의무들이 흘러나오는 참된 근원을 보여준다. 그것은 다름 아닌 하나님을 두려워하는 것이다. 왜냐하면 하나님을 두려워함이 없는 곳에서는 사람들에 대한 다른 의무들도 올바르게 행하여질 수 없기 때문이다. 하나님을 참으로 두려워할 때 비로소 우리는 형제를 가장 잘 사랑하고 왕을 가장 잘 존대할 수 있게 된다. 또 여기에 "하나님을 두려워하며"라는 명령이 끼어 있는 것은 우리에게 사람들에 대한 모든 의무들의 합당한 한계를 보여준다. 사람들에 대한 우리의 의무는 하나님을 두려워하는 것과 상충되어서는 안 된다. 다시 말해서 우리는 하나님을 두려워하는 것과 상충되는 것은 어떤 것도 행해서는 안 된다.

왕을 존대하라. 다른 모든 사람들을 능가하는 왕에게 합당한 존귀로써.

18. 사환들아 범사에 두려워함으로 주인들에게 순종하되 선하고 관용하는 자들에게만 아니라 또한 까다로운 자들에게도 그리하라.

사환들아(servants). 이 단어는 바울이 골로새서 3:22에서 사용한 것과 같은 단어가 아니다. "종들아 모든 일에 육신의 상전들에게 순종하되 사람을 기쁘게 하는 자와 같이 눈가림만 하지 말고 오직 주를 두려워하여 성실한 마음으로 하라." 여기의 "사환들"은 노예뿐만 아니라 자유를 얻기는 했지만 그러나 여전히 주인의 울타리 안에 있는 자들까지도 포함한다.

범사에 두려워함으로 주인들에게 순종하되. 주인에 대한 존경심과 두려움뿐만 아니라 하나님을 두려워하는 마음으로. 골로새서 3:22; 에베소서 6:5-7을 보라.

선하고 관용하는 자들에게만 아니라. "선하고"로써 베드로는 은혜가 많거나 혹은 거룩한 것을 의미하지 않는다. 다만 다음 절이 보여주는 것처럼, 온유하며 공정하며 공평한 것을 의미한다.

또한 까다로운 자들에게도 그리하라. 심술궂으며, 무뚝뚝하며, 공정하지 못하며, 무자비한 자들.

19. 부당하게 고난을 받아도 하나님을 생각함으로 슬픔을 참으면 이는 아름다우나.

하나님을 생각함으로. 하나님을 공경함과 그분을 기쁘시게 하려는 마음으로부터. 이는 아름다우나(for this is thank-worthy). 혹은 감사할 만하나. 여기의 "thank-worthy"가 헬라어에서는 형용사 대신 명사로 되어 있다. 이것의 의미하는 바는 그것이 하나님에게 받으심 직하여 상급을 받게 될 것이라는 것이거나, 혹은 베드로전서 2:20처럼 그것이 칭찬할 만하여 그들의 영광이 될 것이라는 것이다.

20. 죄가 있어 매를 맞고 참으면 무슨 칭찬이 있으리요 그러나 선을 행함으로 고난을 받고 참으면 이는 하나님 앞에 아름다우니라.

무슨 칭찬이 있으리요. 그것을 통해 너희가 무슨 칭찬 혹은 영광을 얻으리요? 혹은 그렇게 하는 것이 너희에게 무슨 훌륭한 일을 행한 것이 되리요? 여기의 의문문은 부정을 함축하지만 그러나 상대적으로 이해되어야 한다. 정당하게 고난을 당할 때 인내로써 참는 것도 어느 정도 칭찬할 만하기는 하지만, 그러나 부당하게 고난을 당할 때 참는 것이야말로 정말로 칭찬할 만하다는 것이다.

이는 하나님 앞에 아름다우니라(this is acceptable with God). 이것은 앞 절의 "아름다우나"(thank-worthy)가 무엇을 의미하는 것인지를 보여준다. 베드로는 여기에서 자신이 앞 절에서 의미한 것이 어떤 종류의 "감사"(thank) 혹은 칭찬(praise)인지를 덧붙인다. 즉 그것은 사람으로부터 말미암은 감사 혹은 칭찬이 아니라 하나님으로부터 말미암은 감사 혹은 칭찬이다. 신자들은 특별히 후자를 귀하게 여겨야 한다.

21. 이를 위하여 너희가 부르심을 받았으니 그리스도도 너희를 위하여 고난을 받으사 너희에게 본을 끼쳐 그 자취를 따라오게 하려 하셨느니라.

이를 위하여. 심지어 부당한 고난 가운데서조차 참고 인내하기 위하여.

너희가 부르심을 받았으니. 즉 그리스도와 그의 나라의 교제로. 이와 같이 그리스도인으로서의 우리의 부르심과 우리의 신앙 고백은 우리에게 부당한 고난 가운데서조차 참고 인내할 것을 요구한다.

그리스도도. 즉 그리스도 역시도. 여기의 "역시도"(also)에 상당한 강세가 놓인다. 베드로는 여기에서 이를테면 이렇게 말하고 있는 것이다. "심지어 우리의 주님이시며 머리이신 그리스도조차도 우리를 위해 고난을 받으셨느니라. 그러므로 그의 종이며 지체일 뿐인 우리는 결코 고난을 피하고자 생각해서는 안 될 것이라."

너희를 위하여. 혹은 우리를 위하여. 이인칭으로 "너희를 위하여"라고 읽는 것이

전후 문맥과 더 잘 어울리지만, 그러나 대부분의 사본들은 일인칭으로 "우리를 위하여"라고 읽는다(흠정역도 "우리를 위하여"라고 읽으면서 欄外에 "너희를 위하여"라고 적어 놓음). 그러나 어떻게 읽든 그 의미는 동일하다. 여기에서 베드로는 일반적인 명제로부터 실제적인 훈계를 끌어낸다. "그리스도께서 우리를 위하여 고난을 당하시고 우리 모두를 위한 본보기를 남기셨느니라. 그러므로 우리는 그의 발자취를 따라야 하느니라." 요한복음 13:15; 요한일서 2:6을 보라. 너희에게 본을 끼쳐. 다른 은혜들에 있어서도 마찬가지이지만 특별히 인내에 있어.

22. 그는 죄를 범하지 아니하시고 그 입에 거짓도 없으시며.

그 입에 거짓도 없으시며. 이것은 "그 입에 거짓된 것이 없으셨으며"를 의미하는 히브리식 표현이다. 그에게 발견되는 것은 그에게 있는 것이며, 그에게 발견되지 않는 것은 그에게 없는 것이다(창 2:20; 사 39:2). 로마서 7:10을 보라. 본 절은 그리스도의 절대적인 완전하심을 보여준다(약 3:2). 본 절이 의미하는 바는 그리스도께서 모든 형태의 죄로부터 자유로우셨음에도 불구하고 고난을 참으셨으므로 너희도 그렇게 해야 한다는 것이다.

23. 욕을 당하시되 맞대어 욕하지 아니하시고 고난을 당하시되 위협하지 아니하시고 오직 공의로 심판하시는 이에게 부탁하시며.

욕을 당하시되. 이것은 그리스도를 핍박하는 자들이 그에게 던진 모든 형태의 비난과 비방과 신성모독의 말과 악독한 말을 가리킨다. 맞대어 욕하지 아니하시고. 그리스도는 유대인들에게 그들이 그들의 아비 마귀에게서 났다고 말씀하셨다(요 8:44). 이것은 그들을 욕하는 것이 아니라, 정당하게 고발하거나 혹은 그들의 마귀적인 행동을 책망하는 것이었다.

고난을 당하시되. 말로써 뿐만 아니라, 채찍으로 때리며 침을 뱉으며 가시관을 씌우며 십자가에 못 박는 등 실제적인 위해(危害)로써. 위협하지 아니하시고. 그는 복수를 한다든지 혹은 악을 악으로 갚는 일로부터는 너무나 멀리 떨어져 계셨다. 그는 그들에게 나중에 어떻게 보복할 것이라고 위협하지 않으셨다.

공의로 심판하시는 이에게. 베드로가 여기에서 하나님을 "공의로 심판하시는 이"로 표현하는 것은 사환들을 위로하고 주인들을 두렵게 하기 위함이었다(그가 지금 사환들과 주인들에게 말하고 있는 것을 기억하라). 왜냐하면 공의로 심판하시는 하나님을 생각함으로써 사환들은 위로를 받고 주인들은 두려움을 느낄 것이었기 때문이다.

부탁하시며. 자기 자신을 혹은 자신의 사정을. 이와 같은 목적어는 원어에 나타나지 않지만, 그러나 그 의미를 분명하게 하기 위해 보충될 필요가 있다. 어쨌든 의미는 이것이다. "그리스도는 보복하지도 않으시고, 개인적인 복수심으로 행동하지도 않으셨다. 도리어 그는 자기 자신과 자신의 사정에 대한 판단을 아버지의 기쁘신 뜻에 맡기면서 아버지께 그들을 용서해 주실 것을 간구하셨다." 누가복음 23:34을 보라.

24. 친히 나무에 달려 그 몸으로 우리 죄를 담당하셨으니 이는 우리로 죄에 대하여 죽고 의에 대하여 살게 하려 하심이라 그가 채찍에 맞음으로 너희는 나음을 얻었나니.

친히. 레위 계통의 제사장들처럼 다른 희생제물이 아니라 자기 자신을 희생제물로 드리는 것으로. 나무에 달려. 십자가에 달려.

그 몸으로. 이것은 그의 영혼을 배제하는 것이 아니다. 다만 이것은 제유법적으로 그의 인성 전체를 가리키는 것으로 이해되어야 한다. 그의 몸이 고난을 당했다는 말씀뿐만 아니라 그의 영혼이 고난을 당했다는 말씀도 많이 있다(사 53:10, 12; 요 12:27). 다만 여기에서 "그 몸으로"라고 되어 있는 것은 몸의 고난이 가장 눈에 잘 띄기 때문이다.

우리 죄를 담당하셨으니. 우리 죄를 짊어지셨으니. 이것은 구약의 희생제사를 빗댄 것이다. 여기와 동일한 단어가 히브리서 7:27; 야고보서 2:21에 나타난다. 희생제물을 드리는 자의 죄가 상징적으로 희생제물 위에 전가되어 그것이 그 대신에 죽임을 당했던 것처럼, 그리스도께서 우리를 대신하여 우리의 죄책을 짊어지고 우리의 형벌을 담당하셨다(사 53:4). 하나님은 우리의 죄를 그리스도 위에 놓으셨으며, 그는 기꺼이 그것을 취하셨다. 그리고 그는 모든 저주를 담당하심으로써 우리의 죄책을 제거하셨다. 또 이것은 십자가와 연결될 수도 있다. 십자가 위에서 그리스도는 우리의 죄를 짊어지시고 그 삯인 사망을 담당하심으로써 속죄를 이루셨다.

이는 우리로 죄에 대하여 죽고 의에 대하여 살게 하려 하심이라. 그리스도의 죽으심의 또 하나의 목적은 우리가 죄에 대하여 죽음으로써 죄의 지배로부터 자유로워지고 그럼으로 말미암아 거룩한 삶으로 새로워지는 것이다(롬 6:2, 6).

그가 채찍에 맞음으로 너희는 나음을 얻었나니. 즉 죄로 말미암아 너희의 영혼에 생긴 상처로부터. 이것은 가혹한 주인이 종에게 가하는 채찍질과 관련되는 것으로 보인다. 여기에서 베드로는 그들을 위로하고 있는 것으로 보인다. 왜냐하면 그리스도께서 종의 형벌인 채찍에 맞으심으로 말미암아 그들의 처참한 상처와 영적 질병과 양심의 죄책과 영혼의 더럽혀진 것들을 고치셨기 때문이다.

25. 너희가 전에는 양과 같이 길을 잃었더니 이제는 너희 영혼의 목자와 감독 되신 이에게 돌아왔느니라.

너희가 전에는. 너희가 유대교 가운데 있으면서 복음을 받아들이지 않고 있었던 동안에는. 양과 같이 길을 잃었더니. 큰 목자이신 그리스도로부터, 그의 양 떼인 신자들의 교회로부터, 그리고 그가 인도하는 의의 길로부터. 너희는 하나님의 생명으로부터 끊어져 죄의 길에서 방황하며 길을 잃었도다. "우리는 다 양 같아서 그릇 행하여 각기 제 길로 갔거늘 여호와께서는 우리 모두의 죄악을 그에게 담당시키셨도다"(사 53:6).

이제는 … 돌아왔느니라. 믿음으로 회심함으로써. 너희 영혼의 목자와. 그리스도는 마치 목자가 그의 양들을 돌보는 것처럼 우리의 영혼을 돌보는 선한 목자시다(요 10:11, 14, 16). 감독 되신 이. 즉 양 떼를 찾아오시며, 살피시며, 돌보시는 이. 베드로는 특별히 종들을 위로하기 위해 이 말을 덧붙인다. 그들은 많은 아픔에 노출되어 있었지만 그러나 동시에 그리스도의 돌보심과 살피심 아래 있었다.

MATTHEW POOLE'S COMMENTARY

베드로전서 3장

개요

1. 아내와 남편의 의무에 대한 훈계(1–7).
2. 사랑으로 연합할 것과 선으로써 악을 이길 것에 대한 훈계(8–13).
3. 의를 위해 인내할 것과 소망에 관한 이유를 묻는 자들에게 대답할 것을 항상 준비할 것과 선을 행함으로 고난 받을 것에 대한 훈계(14–18).
4. 그리스도가 영으로 가서 옥에 있는 영들에게 선포함(19–20).
5. 구원의 표로서의 물은 세례를 상징하는 것임(21–22).

1. 아내들아 이와 같이 자기 남편에게 순종하라 이는 혹 말씀을 순종하지 않는 자라도 말로 말미암지 않고 그 아내의 행실로 말미암아 구원을 받게 하려 함이니.

자기 남편에게. 베드로가 이것을 덧붙인 것은 아내의 순종의 의무의 경계를 분명히 함으로써 그것의 어려움을 경감시키기 위함이었다. 그들은 남의 남편이 아니라 오직 자기 남편에게 순종해야 했다.

혹 말씀을 순종하지 않는 자라도. 즉 복음의 말씀. 바울은 믿는 남편을 가진 아내들에게 뿐만 아니라 믿지 않는 남편을 가진 아내들에게까지도 자기 남편에게 순종할 것을 훈계한다.

말(word)로 말미암지 않고. 혹은 말씀으로 말미암지 않고. 이것은 그들이 말씀에 대한 지식 없이 그리스도께 회심할 수 있음을 말하는 것이 아니다. 왜냐하면 믿음은 들음에서 나며 들음은 하나님의 말씀으로 말미암기 때문이다(롬 10:17). 다만 이것이 가르치는 바는 아내가 가르치는 것을 감당할 수 없거나 혹은 전에 말씀을 배척한 자들이라 하더라도 자기 아내의 삶 속에서 말씀의 열매를 봄으로써 말씀에 대해 호감을 갖게 되고 그럼으로써 말씀을 더 잘 들을 수 있도록 준비되고 그렇게 하여 마침내 믿음의 자리로 들어올 수 있게 될 수 있다는 것이다.

구원을 받게 하려 함이니. 그리스도와 그의 교회로 돌아오게 하려 함이니. 여기와 같은 은유가 고린도전서 9:19-21; 빌립보서 3:8에서 바울에 의해 사용된다.

2. 너희의 두려워하며 정결한 행실을 봄이라.

두려워하며. 남편에 대한 존경심으로 말미암아. 아내는 하나님을 경외함과 그의 명령을 기꺼이 순종하고자 하는 마음으로 마땅히 남편을 존경해야 한다. 에베소서 5:1-33을 보라. 22절은 복종할 것을 요구하며, 33절은 존경할 것을 요구한다.

정결한 행실. 모든 형태의 부정한 것들과 혼인 언약과 반대되는 것들로부터 자유로워진 행실.

3. 너희의 단장은 머리를 꾸미고 금을 차고 아름다운 옷을 입는 외모로 하지 말고.

외모로 하지 말고. 외모를 위주로 하지 말고. 우리는 속사람을 단장하는 분량과 같은 분량으로 겉사람을 단장해서는 안 된다. 여기의 부정(否定)은 출애굽기 16:8; 누가복음 14:12처럼 상대적으로 취하여져야 한다. 베드로는 모든 종류의 장신구와 부유한 옷차림새를 절대적으로 정죄하지 않는다. 우리는 성경에서 경건한 자들도 때로 그러한 것들을 사용한 것을 발견한다(창 24:22, 30; 에 5:1). 또 이것을 시편 45:9, 13과 비교하라. "왕이 가까이 하는 여인들 중에는 왕들의 딸이 있으며 왕후는 오빌의 금으로 꾸미고 왕의 오른쪽에 서도다 … 왕의 딸은 궁중에서 모든 영화를 누리니 그의 옷은 금으로 수 놓았도다." 여기에서 그리스도의 신부들이 꾸며야 할 영적인 장신구들이 솔로몬의 아내들의 외적인 장신구들로부터 취한 단어들로 묘사된다. 또 에스겔 16:12은 그러한 것들을 하나님의 선물로 묘사한다. 다만 베드로는 여기에서 자신의 분수를 넘어서는 모든 허영과 경박함과 무절제한 사치를 엄하게 책망하고 있는 것이다. 그러한 행태는 어리석은 정욕으로부터 나오는 것으로서 우리가 진정으로 추구해야 할 내적인 아름다움과 영적인 장신구들을 망각하며 간과하도록 만든다.

4. 오직 마음에 숨은 사람을 온유하고 안정한 심령의 썩지 아니할 것으로 하라 이는 하나님 앞에 값진 것이니라.

마음에 숨은 사람. 즉 속사람(롬 7:22; 고후 4:16). 육체와 반대되는 영혼과 하나님의 형상과 영혼 안에서의 성령의 은혜들은 다른 곳에서 부패한 옛 사람과 반대되는 새 사람으로 불린다(엡 4:24; 골 3:9, 10).

썩지 아니할 것. 이것은 "온유하고 안정한 심령"과 연결되는 것으로서 영구하며 변치 않는 것이며, 앞에서 언급한 쇠하며 사라지는 외적인 장신구들과 반대되는 것이다. 이와 같이 외적인 화려한 옷과 몸을 단장하는 장신구를 과도하게 좋아하는 여자들은 멋진 옷으로 치장한 몸보다 신적 은혜들로 영혼을 아름답게 꾸미는 일에 더 큰 관심을 기울여야 한다.

온유하고 안정한 심령의 썩지 아니할 것. 혹은 온유함과 안정함의 썩지 아니할 것. 이것은 영적인 아름다움을 구성하는 은혜들을 가리킨다. 여기의 두 단어 "온유함"과 "안정함"은 같은 은혜를 나타내는 서로 다른 표현일 수 있다. 혹은 "온유함"은 까다로움, 완고함, 교만, 혈기와 반대되는 까다롭지 않음, 부드러움, 달콤함을 의미하는 반면, "안정함"은 분주함, 시끄러움, 수다스러움과 반대되는 평온함, 고요함, 조용함을 의미하는 것일 수 있다. 이러한 두 가지는 통상적으로 함께 가며, 일반적으로 후자는 전자의 결과이다. 디모데전서 2:9-12을 보라.

이는. 이것은 "심령"과 연결될 수도 있고 앞의 문장 전체와 연결될 수도 있다. 그러나 어떤 경우든 그 의미는 동일하다.

하나님 앞에. 하나님은 가장 잘 판단하실 수 있으시다. 왜냐하면 그는 사람들의 눈에는 보이지 않는 속사람을 보시기 때문이다. 여기에서 하나님의 판단은 외적인 화려함과, 헛된 세상에서 다른 사람들에게 스스로를 드러내고자 생각하는 허영에 가득 찬 여자들의 판단과 대비된다.

값진 것이니라. 여기에서 금이라든지 혹은 아름다운 옷과 같은 것들과 대비되는 것으로서 탁월한 은혜들과 영적인 장신구들이 제시된다. 만일 여자들이 스스로를 진정으로 아름답게 나타내고자 한다면, 그녀들은 최고의 장신구들로 스스로를 꾸며야 한다. 그것은 온유하며 안정한 심령의 썩지 아니할 장신구들인데, 그것은 하나님 앞에 금이라든지 혹은 화려한 옷 등의 외적인 장신구들보다 훨씬 더 값진 것이다. 외적인 장신구들은 고작해야 남자들의 눈길을 끄는 데에만 도움이 될 뿐이다.

5. 전에 하나님께 소망을 두었던 거룩한 부녀들도 이와 같이 자기 남편에게 순종함으로 자기를 단장하였나니.

하나님께 소망을 두었던. 이와 같이 그녀들의 유일한 소망은 하나님 안에 있었다. 그러므로 그녀들의 관심은 하나님을 기쁘시게 하는 것이었다.

거룩한 부녀들. 그러므로 다른 사람들에게 본보기가 될 만한 여자들.

자기를 단장하였나니. 즉 온유하며 안정한 심령의 썩지 아니할 것으로. 그녀들은 이러한 장신구를 최고의 장신구로 여겼다.

6. 사라가 아브라함을 주라 칭하여 순종한 것 같이 너희는 선을 행하고 아무 두려운 일에도 놀라지 아니하면 그의 딸이 된 것이니라.

사라. 하나님은 그녀의 이름을 "나의 여주인"(my lady)을 의미하는 사래로부터 단순히 "여주인"(lady)을 — 그러므로 모두의 여주인을 — 의미하는 사라로 바꾸어 주셨는데, 그것은 왕들이 그녀로부터 나올 것이기 때문이었다(창 17:15, 16). 이와 같이 그 이름이 사라로 바뀐 후에도 여전히 그녀는 남편 아브라함에게 순종했다. 베드로가 이와 같이 말한 것은 그녀의 순종을 칭찬하기 위함이었다.

아브라함을 주라 칭하여. 사라는 의례적으로 그렇게 부른 것이 아니라, 남편의 권위와 우위(優位)를 기꺼이 인정하면서 실제적으로 그렇게 불렀다.

선을 행하고. 선한 행실에 있어 그녀를 따르고(딤전 2:10).

아무 두려운 일에도 놀라지 아니하면. 여기의 "두려운 일"은 두려움의 대상 혹은 원인을 가리킨다(벧전 3:14; 시 53:5; 잠 3:25). 이것은 "너희가 단호한 마음으로 너희의 의무를 행하면서 너희의 믿음에 반대되는 것으로부터 스스로를 지키는 한"이나 혹은 "너희가 노예적인 두려움이 아니라 자발적인 존경심으로 기쁘게 너희의 남편에게 스스로를 순복시키는 한"을 의미하는 것으로 보인다.

그의 딸이 된 것이니라. 육체를 따라서가 아니라 약속을 따라 영적으로. 즉 너희는 사라의 믿음과 거룩함을 본받음으로 말미암아 그녀의 딸이 되었느니라, 혹은 그녀의 딸로 알려지고 선언되었느니라. 여기와 동일한 표현이 요한복음 15:8에 사용된다.

7. 남편들아 이와 같이 지식을 따라 너희 아내와 동거하고 그를 더 연약한 그릇이요 또 생명의 은혜를 함께 이어받을 자로 알아 귀히 여기라 이는 너희 기도가 막히지 아니하게 하려 함이라.

지식을 따라. 복음으로 말미암아 너희가 얻은 하나님의 뜻에 대한 지식을 따라, 혹은 신중하며 지혜로우며 자신의 의무를 아는 자들답게.

너희 아내와 동거하고. 너희 아내에게 남편의 모든 의무를 행하고. 이것은 일종의 제유법이다. 여기의 "동거하는" 것 한 가지 안에 남편의 모든 의무가 포함된다.

더 연약한 그릇. 일반적으로 아내는 육체적으로나 정신적으로나 남편보다 "더 연약한" 그릇이다. 성경에서 도구들은 종종 그릇으로 불린다. 여기에서 아내가 이와 같은 이름으로 불리는 것은 그녀가 남편과 가정을 꾸미는 장신구일 뿐만 아니라 또한 돕는 배필이기 때문이다(창 2:18). 베드로는 남편이 아내를 귀하게 여겨야 하는 한 가지 이유로서 이것을 덧붙인다. 즉 남편이 아내를 귀하게 여겨야 하는 것은 아내가 더 연약한 그릇이기 때문이라는 것이다. 연약한 그릇은 조심스럽게 다루어져야 한다. 또 연약한 아이는 잘못을 행해도 쉽게 용서를 받는다. "우리가 몸의 덜 귀히 여기는 그것들을 더욱 귀한 것들로 입혀 주며 우리의 아름답지 못한 지체는 더욱 아름다운 것을 얻느니라"(고전 12:23). 바로 이것이 남편이 아내와 동거해야 하는 이유 가운데 하나이다. 왜냐하면 그렇게 함으로써 아내의 연약함을 좀 더 잘 보살필 수 있게 되기 때문이다.

생명의 은혜. 즉 은혜의 선물인 혹은 은혜로 말미암아 주어지는 영원한 생명.

함께 이어받을 자로 알아. 이것은 남편이 아내를 귀하게 여겨야 하는 또 하나의 이유이다. 왜냐하면 아내는 본성의 측면에서는 더 연약한 그릇이요 남편과 동등하지 않음에도 불구하고 동일한 은혜와 영광으로 부름 받았다는 측면에서는 남편과 동등하기 때문이다. 그리스도 안에서는 남자도 없고 여자도 없다. "너희는 유대인이나 헬라인이나 종이나 자유인이나 남자나 여자나 다 그리스도 예수 안에서 하나이니라"(갈 3:28).

귀히 여기라. 너희 아내를 연약함으로 인해 경멸한다든지 혹은 노예처럼 부려먹지 말고 존중하는 마음으로 돌보며, 결점을 감싸주며, 부드럽게 대하라(마 15:6; 딤전 5:3).

이는 너희 기도가 막히지 아니하게 하려 함이라. 너희의 기도가 방해를 받지 않게 하려 함이라, 혹은 너희의 기도의 효력이 방해를 받지 않게 하려 함이라. 만일 우리가 지식을 따라 아내와 동거하지 않고 또 아내를 귀하게 여기지 않는다면, 그로 말미암아 불화와 다툼이 일어날 것이고 그것은 결국 우리의 기도와 기도의 효력을 방해할 것이다.

8. 마지막으로 말하노니 너희가 다 마음을 같이하여 동정하며 형제를 사랑하며 불쌍히 여기며 겸손하며.

너희가 다 마음을 같이하여. 믿음의 일들에 있어 한 마음을 가지고, 혹은 믿음과 사랑으로 함께 연합하여. 로마서 12:16; 고린도후서 13:11; 빌립보서 4:2을 보라.

동정하며. 좋은 일과 나쁜 일에 있어 서로 마음을 같이하며(롬 12:15; 히 10:34; 13:3). 믿음과 사랑으로 함께 연합된 자들은 한 몸으로서 어떤 지체가 고통을 받으면 다른 지체들도 함께 고통을 받는다(고전 12:26). 형제를 사랑하며. 즉 그리스도 안에서. 베드로전서 2:17을 보라. 불쌍히 여기며. 이것은 긍휼을 나타낼 준비가 되어 있는 태도를 가리킨다(엡 4:32; 골 3:12). 겸손하며(courteous). 이것은 친절하고 상냥하며 예의바른 태도를 가리키는 것으로서, 무뚝뚝하며 까다로운 태도와 반대된다. 같은 단어가 사도행전 27:3에 사용된다.

9. 악을 악으로, 욕을 욕으로 갚지 말고 도리어 복을 빌라 이를 위하여 너희가 부르심을 받았으니 이는 복을 이어받게 하려 하심이라.

악을 악으로, 욕을 욕으로 갚지 말고. 말과 행동에 있어 악에 대해 복수하지 말고(잠 24:29). 베드로전서 2:3에 대한 저자의 주석을 보라. 또 로마서 12:14, 17, 19, 21을 보라. 도리어 복을 빌라. 너희에게 악을 행하며 악한 말을 하는 자들에게 선을 행하며 그들이 잘 되기를 위해 기도하라(마 5:39, 44; 눅 16:27, 28).

이를 위하여. (1) 너희에게 악을 행하는 자들을 축복하기 위하여. 그와 같이 고난을 참으며 개인적인 복수를 하지 않음으로 말미암아 너희가 복을 얻을 것이라. 혹은 (2) 복을 이어받기 위하여. 부르심을 받았으니. 즉 그리스도를 믿는 믿음으로.

이는 복을 이어받게 하려 하심이라. 이것은 신자들이 어떻게 복에 참여하게 되는지를 보여준다. 그것은 유업으로 이어받음을 통해서이다. 또 이것은 복의 영원성을 함축한다. 그들은 단지 잠시 동안만 고난을 참을 뿐이지만, 그러나 그에 대한 상급은 영원할 것이다.

복. (1) 가장 큰 복인 영원한 생명. 혹은 (2) 일시적인 삶과 영원한 삶에 있어서의 모든 좋은 것들. 이 모두가 경건한 자들에게 약속된다. "육체의 연단은 약간의 유익이 있으나 경건은 범사에 유익하니 금생과 내생에 약속이 있느니라"(딤전 4:8). 그리고 그들은 이 모든 것을 유업으로 가진다(시 37:11; 마 5:5). 이것은 베드로전서 3:10-12과 잘 어울리는 것으로 보인다.

10. 그러므로 생명을 사랑하고 좋은 날 보기를 원하는 자는 혀를 금하여 악한 말을 그치며 그 입술로 거짓을 말하지 말고.

생명을 사랑하고. 이 땅에서 고요하며 평안한 삶을 살며 장차 하늘에서 영원한 삶을 향유하기를 진정으로 바라고. 좋은 날. 평안하며 형통한 날. 이와 반대로 악한 날은 슬픔과 재앙의 날이다(창 47:9). 악한 말. 악담하며, 욕하며, 비방하며, 비난하는 말. 그 입술로 거짓을 말하지 말고. 이웃에게 거짓말을 하지 말고. 또 이것은 수군수군하며, 뒤에서 험담하며, 은밀하게 악담하는 것을 의미할 수도 있다. 여기의 두 가지 즉 "악한 말"과 "거짓" 아래 입술의 모든 악들이 포함된다. 그리고 이와 반대되는 것이 "축복" 혹은 "복을 비는" 것이다.

11. 악에서 떠나 선을 행하고 화평을 구하며 그것을 따르라.

악에서 떠나 선을 행하고. 여기의 "악에서 떠나"는 일반적으로 모든 죄와 모든 악행을 떠나는 것뿐만 아니라 특별히 이웃에 대한 모든 죄를 떠나는 것을 의미한다.

우리는 이웃에게 우리가 할 수 있는 모든 선을 행하며, 선으로써 악을 이겨야 한다.

화평을 구하며. 하나님과의 화평 및 자신의 양심과의 화평뿐만 아니라 이웃과의 화평. 여기의 말씀은 특별히 이웃과의 화평을 의미한다.

그것을 따르라. 혹은 그것을 추구하라. 즉 화평을 진심으로 열망하면서 그것을 얻기 위해 합법적인 모든 수단을 사용하라는 것이다. 우리가 화평을 추구함에도 불구하고 그것은 우리로부터 날아가는 것처럼 보일 수 있다. 또 우리가 화평을 원할지라도 상대방은 그렇지 않을 수 있다. "나는 화평을 원할지라도 내가 말할 때에 그들은 싸우려 하는도다"(시 120:7). 그러므로 우리는 화평을 간절히 따라야만 한다. "모든 사람과 더불어 화평함과 거룩함을 따르라 이것이 없이는 아무도 주를 보지 못하리라"(히 12:14).

12. 주의 눈은 의인을 향하시고 그의 귀는 의인의 간구에 기울이시되 주의 얼굴은 악행하는 자들을 대하시느니라 하였느니라.

주의 눈은 의인을 향하시고 그의 귀는 의인의 간구에 기울이시되. 하나님은 의인을 살피시며, 그들을 호의적으로 바라보시며, 그들의 기도를 들으신다. 시편 34:15을 보라. 베드로는 이것을 우리가 고난 가운데 참고 인내해야 하는 한 가지 이유로 제시한다. 우리는 부당한 고난 가운데서조차 분노를 폭발시키며 복수를 다짐해서는 안 된다. 왜냐하면 우리가 당하는 모든 고난을 하나님이 보시기 때문이다. 하나님은 우리의 기도를 들으시고 적당한 때에 우리를 도우실 것이다.

주의 얼굴은 악행하는 자들을 대하시느니라. 여기의 "주의 얼굴"은 그의 진노 혹은 분개를 가리킨다. 여기에서 "얼굴"은 성경의 다른 많은 곳에서처럼 하나님의 호의가 아니라, 레위기 17:10; 20:5; 시편 68:1, 2처럼 그와 정반대의 의미로 취하여진다. 사람들은 얼굴의 표정으로 분노와 즐거움 등의 감정을 나타낸다. 마찬가지로 하나님의 얼굴은 때로는 호의적인 의미로 취하여지고, 또 때로는 정반대의 의미로 취하여진다. 부당한 고난 가운데서조차 참고 인내해야 하는 또 다른 이유는 하나님이 그 모든 일을 떠맡으시고 친히 우리를 대신하여 원수를 갚으시기 때문이다.

13. 또 너희가 열심으로 선을 행하면 누가 너희를 해하리요.

너희가 열심으로 선을 행하면. 즉 만일 너희가 부지런히 다른 사람들에게 선을 행한다면, 아무도 너희에게 해를 끼칠 마음을 갖지 않게 될 것이라.

누가 너희를 해하리요. 즉 아무도 너희를 해할 자가 없을 것이라. 만일 우리가 열심으로 선을 행한다면, 아무리 악하고 강퍅한 자들이라 하더라도 결국 우리의 선행을 인정하면서 마음이 녹을 것이다(삼상 24:16, 17).

14. 그러나 의를 위하여 고난을 받으면 복 있는 자니 그들이 두려워하는 것을 두려워하지 말며 근심하지 말고.

의를 위하여 고난을 받으면. 만일 너희가 복음 때문이든 혹은 의를 행하는 것 때문이든 부당하게 고난을 받는다면.

복 있는 자니. 도리어 너희가 그로 인해 영적인 은택을 얻을 것이다. 즉 믿음과 인내와 겸손으로 견고하게 세워질 것이며, 그로 인해 하나님께 영광을 돌리게 될 것이며, 그로 말미암아 하늘의 상급을 받을 것이다. "의를 위하여 박해를 받은 자는 복이 있나니 천국이 그들의 것임이라"(마 5:10).

그들이 두려워하는 것을 두려워하지 말며. (이사야 8:12-13에서 선지자가 본래 의미한 것처럼) 육신적인 사람들의 방식대로 두려워하지 말며, 혹은 그것보다도 (베드로가 자신의 목적에 맞게 변용하여 사용하는 것처럼) 그들이 너희를 위협하는 두려운 것들을 두려워하지 말며, 혹은 그들 자신과 그들의 위협을 두려워하지 말며.

근심하지 말고. 즉 과도하게. 과도한 근심은 믿음과 반대된다. 그리고 그것은 우리로 하여금 마땅히 행할 바를 행하지 못하도록 가로막는다(요 14:1).

15. 너희 마음에 그리스도를 주로 삼아 거룩하게 하고 너희 속에 있는 소망에 관한 이유를 묻는 자에게는 대답할 것을 항상 준비하되 온유와 두려움으로 하고.

너희 마음에 그리스도를 주로 삼아 거룩하게 하고. 원수들의 모든 악행으로부터 지키시고 도우실 것이라는 그의 약속을 믿음으로 말미암아 너희 마음속에서 그리스도를 높이며 그의 모든 완전하심과 능력과 지혜와 선하심과 신실하심으로 인해 그에게 영광을 돌리고.

너희 속에 있는 소망에 관한 이유. 여기의 "소망"은 곧 믿음을 가리킨다. 성경에서 소망은 종종 믿음을 대신하여 사용된다. 왜냐하면 소망은 필연적으로 믿음 위에 세워지는 것이기 때문이다. 그러므로 여기의 의미를 풀어쓰면 다음과 같다. "너희를 박해하는 불신자들은 미래의 영광에 대한 너희의 소망을 헛되며 근거 없는 것으로 여기면서 너희를 어리석고 미친 자들로 비웃을는지 모른다. 또 너희는 미래의 불확실한 소망을 기대하는 가운데 이 세상에서 모든 것을 잃고 스스로를 많은 고난에 노출시키는 위험을 감수해야 할는지도 모른다. 그러므로 너희는 너희를 대적하는 모든 사람들에게 너희의 구원의 소망이 얼마나 합리적이며 그것의 기초가 얼마나 확실한 것인지 나타내기 위해 너희의 믿음을 변증하며 변론할 수 있도록 항상 준비해

야만 한다."

묻는 자에게는. 너희를 심문할 권세를 가진 자들에게든 혹은 겸손하게 너희로부터 배우기를 바라서 묻는 자들에게든. 대답할 것을. 너희가 고백하는 믿음에 대해 변론하거나 혹은 변증할 것을. 여기의 단어는 사도행전 22:1; 고린도전서 9:3에서도 사용된다. 항상 준비하되. 언제든 질문을 받을 때마다 대답할 것을 준비하되.

온유와 두려움으로. 사람들에 대하여는 혈기와 반대되는 온유함으로(우리는 용기 있게 그러나 온유와 겸손으로 우리의 믿음을 고백해야 한다), 그리고 하나님에 대하여는 두려움 혹은 경외함으로. 두려움 혹은 경외함이 있는 곳에 인간의 사나움은 누그러진다. 그리고 그것은 사람들로 하여금 하나님의 일들에 대해 조심스럽게 말하고 사람들에 대해 합당한 존경심을 표하도록 만든다. 또 여기에서 "두려움"은 자신의 지혜와 힘을 자랑하는 교만과 반대되는 개념으로 제시되었을 수 있다. 그렇다면 그 의미는 다음과 같다. "너희의 믿음을 너희 자신의 힘과 능력과 은사를 신뢰함이 아니라 두려움과 떨림으로 겸손하게 고백하라."

16. 선한 양심을 가지라 이는 그리스도 안에 있는 너희의 선행을 욕하는 자들로 그 비방하는 일에 부끄러움을 당하게 하려 함이라.

선한 양심을 가지라. 이것은 다음과 같이 읽혀질 수 있다. (1) 앞 절과 이어지는 직설법으로. 그렇다면 그 의미는 다음과 같을 것이다. "만일 너희가 너희 속에 있는 소망에 관한 이유를 묻는 자에게는 대답할 것을 항상 준비한다면, 너희는 선한 양심을 갖게 될 것이다." 혹은 그것보다도 (2) 명령법으로. 흠정역과 한글개역개정판은 이와 같은 독법을 취한다. 그렇다면 그 의미는 다음과 같을 것이다. "너희 속에 있는 소망에 관한 이유를 묻는 자들에게 대답할 것을 항상 준비할 뿐만 아니라 또한 스스로를 죄로부터 정결하게 지키며 부지런히 경건을 연습함으로써 너희의 삶과 행실을 그것에 일치시켜라." 선한 양심은 경건으로부터 흘러나온다. 그러므로 여기의 본문은 원인(경건) 대신 결과(선한 양심)를 제시한 것이다. 이와 비슷한 경우로서 사도행전 23:1을 보라.

그리스도 안에 있는 너희의 선행. 즉 그리스도 안에 있는 자로서 너희가 그의 교훈과 모범을 따라 그리고 성령의 능력으로 말미암아 행하는 선행.

욕하는 자들로 그 비방하는 일에 부끄러움을 당하게 하려 함이라. 여기의 의미는 다음과 같다. 설령 그들이 너희에 대해 행악자라고 비방한다 하더라도, 너희의 선한 행실이 너희를 위해 증언하며 그들의 비방을 반박하며 그들을 부끄럽게 만들 것이다. 왜냐하면 너희의 선한 행실로 말미암아 그들의 참소가 거짓임이 드러나기 때문이다. 그러므로 그들의 참소는 도리어 너희가 그리스도의 참된 제자임을 온전하게 드러내는 것 외에 아무것도 아닌 것이 될 것이다.

17. 선을 행함으로 고난 받는 것이 하나님의 뜻일진대 악을 행함으로 고난 받는 것보다 나으니라.

하나님의 뜻일진대. 이것은 그들이 고난을 받는 것이 (그들 자신의 어리석음이나 경솔함 때문이 아니라) 하나님의 섭리에 의한 것임을 암시한다.

18. 그리스도께서도 단번에 죄를 위하여 죽으사 의인으로서 불의한 자를 대신하셨으니 이는 우리를 하나님 앞으로 인도하려 하심이라 육체로는 죽임을 당하시고 영으로는 살리심을 받으셨으니.

그리스도께서도 단번에 죽으사. 매일 그리고 매년 드려졌던 율법에 따른 희생제물과 반대로, 그리스도께서는 단번에 죽으셨다(히 7:27; 9:25; 10:12). 그리스도는 여러 번이 아니라 오직 한 번 죽임을 당하셨으며, 그 다음에 그의 영광이 따랐다. 이것은 우리에게도 마찬가지이다. 만일 우리가 이생에서 그의 모범을 따라 의를 위하여 고난을 당한다면, 더 이상의 고난은 우리에게 남아 있지 않을 것이며 우리는 그와 함께 영화로워질 것이다(딤후 2:12).

죄를 위하여. 즉 죄를 속하기 위하여. 이것은 우리가 고난 가운데 참음으로 인내해야 하는 또 하나의 이유이다. 그리스도는 그의 고난으로 말미암아 죄책을 제거하시고 우리를 죄의 형벌로부터 자유롭게 하셨다. 그러므로 우리가 당하는 고난은 죄에 따른 형벌이 아니다.

의인으로서 불의한 자를 대신하셨으니. 그러므로 (스스로는 불의한 자에 불과한) 우리는 특별히 그와 그의 진리를 위해 고난당하는 것으로 만족할 수 있다.

이는 우리를 하나님 앞으로 인도하려 하심이라. 이와 같이 그리스도께서 우리를 대신하여 단번에 죽으신 것은 우리를 하나님과 화해시키고 우리로 하여금 그 앞에 자유함과 담대함으로 나아가게 하려 하심이었다(롬 5:2; 엡 3:12).

육체로는 죽임을 당하시고. 그의 인성은 성경에서 종종 육체로 불린다(벧전 4:8; 요 1:14). 그의 영혼은 불멸의 것으로서 죽지 않는다. 그러나 그는 그의 육체 안에서 가장 극심한 고통을 겪으셨으며, 그의 육체는 그의 영혼과 실제적으로 분리되는 죽임을 당하셨다.

영으로는 살리심을 받으셨으니. 즉 그 자신의 신성으로는(요 2:19; 10:17, 18). 앞의

"육체"는 그의 죽음의 실체에 대해 이야기한다. 그는 육체로 죽으셨다. 반면 여기의 "영"은 그의 살아나심의 효과적인 원인에 대해 이야기한다. 그는 그 자신의 영원한 영으로 살아나셨다.

19. 그가 또한 영으로 가서 옥에 있는 영들에게 선포하시니라.

그가. 즉 그리스도가. 뒤의 "영"이 그의 신적 본성(divine nature)을 가리키는 것처럼, 이것은 가서 선포한 자의 인격(person)을 가리킨다.

또한 영으로. 즉 그의 신적 본성 안에서 그리고 그것으로 말미암아. 그는 또한 같은 영으로 말미암아 살리심을 받았다. 가서. 즉 하늘로부터. 이것은 신인동형론적인 표현이다. 우리는 종종 성경에서 하나님이 가셨다든지 혹은 내려오셨다는 등의 표현을 발견한다(창 18:21; 출 3:8). 그러므로 이것은 그리스도와 관련하여 장소의 이동이 아니라 특별한 행동과 그의 임재의 증언을 가리킨다. 옥에 있는. 즉 지옥에 있는. 이 단어는 잠언 27:20에서도 이와 같이 취하여진다. 이것을 마태복음 5:25; 누가복음 12:58과 비교하라. 여기에서 옥은 지옥의 상징 혹은 표현으로 사용된다. 또 수리아 역본은 이 단어를 "스올"로 번역하는데, 이것은 때로 무덤을 의미하고 또 때로 지옥을 의미하기도 한다. 베드로후서 2:4, 5; 유다서 1:6의 같은 표현을 보라. 영들에게. 세상을 떠난 사람들의 영혼에게. 세상을 떠난 사람들의 영혼은 종종 영으로 불린다(전 12:7; 행 7:9; 히 12:23). 선포하시니라. 즉 노아로 말미암아. 그리스도는 노아로 말미암아 악한 세대에게 다가오는 심판을 경고하고 그들에게 회개를 촉구함으로써 의의 선포자가 되셨다.

20. 그들은 전에 노아의 날 방주를 준비할 동안 하나님이 오래 참고 기다리실 때에 복종하지 아니하던 자들이라 방주에서 물로 말미암아 구원을 얻은 자가 몇 명뿐이니 겨우 여덟 명이라.

그들은. 즉 옥에 있는 영들. 질문 : 언제 그리스도는 여기의 옥에 있는 영들에게 노아로 말미암아 선포하셨는가? 대답 : 그것은 베드로가 이 편지를 쓰고 있었던 때이다. 여기에 헬라어 현재분사형이 보충되어야 한다. 그렇다면 여기의 말씀은 "지금 이 시간 옥에 있는 영들에게 선포하시니라"라고 읽혀져야 한다. 그러므로 여기의 "옥에 있는" 때는 과거 그들이 불순종했던 때와 대비된다. 그들이 불순종한 때는 그들이 옥에 있는 때보다 선행한다. 즉 그들은 그때 불순종했고, 지금 옥에 있다.

전에. 그들이 이 땅에 있었던 노아의 날에. 노아의 날 방주를 준비할 동안. 즉 방주가 완성될 때까지 120년 동안. 이와 같이 그들이 회개할 수 있는 기회는 항상 있는 것이 아니었다. 그것은 정해진 기간 즉 120년으로 한정되어 있었다. 그 기간이 지나갔을 때, 그들이 구원받을 소망은 더 이상 남아 있지 않았다. **하나님이 오래 참고.** "The long-suffering of God" 즉 하나님의 오래 참으심. 다시 말해서 인내와 오래 참으심 가운데 하나님이. **기다리실 때에.** 패역한 세대가 회개하고 새롭게 되기를. **복종하지 아니하던.** 노아가 하나님의 이름으로 선포한 것을 믿지도 아니하고 그의 선포로 말미암아 회개하지도 아니하던.

물로 말미암아(by water). 이것은 다음과 같이 이해될 수 있다. (1) "물 안에서"(in water) 대신 사용된 것으로서. "물 안에서" 구원을 받았다는 것은 "물에도 불구하고"(notwithstanding the water) 구원을 받았다는 것과 같은 의미이다. 다시 말해서 물이 구원을 방해하지 못했다는 것이다. 여기와 동일한 전치사가 사용된 디모데전서 2:15의 "해산함으로 구원을 얻으리라"(saved in childbearing)도 이와 같이 이해될 수 있다. (2) "물에 의해"(by water)로. 즉 세상을 뒤덮은 물에 의해 방주가 떠오르고 그로 인해 노아와 그의 가족들이 구원을 받게 되었다는 의미로.

여덟 명. 노아와 그의 아내와 세 아들과 세 며느리.

질문 : 이것은 교황주의자들이 말하는 림보(limbus) 즉 구약 성도들의 영혼이 그리스도께서 육체로 오실 때까지 거하는 장소의 개념을 뒷받침하는가? 대답 : 아니다. 왜냐하면 (1) 여기에 언급된 영들은 "복종하지 아니하던 자들"이기 때문이다. 참된 신자였던 그들은 결코 "복종하지 아니하던 자들"이 아니었다. (2) 여기에 언급된 영들은 옥으로부터 구원받았다고 말하여지지 않고 단지 그리스도께서 그의 영으로 말미암아 그들에게 선포하셨다고 말하여지기 때문이다. 그들의 불순종은 그리스도께서 그들에게 선포하셨다는 것과 대비된다. (3) 교황주의자들에 따르면 노아와 그의 가족들은 림보에 있어야만 한다. 그러나 그들은 그리스도께서 선포하셨다고 말하여지는 불순종한 영들과 반대된다.

21. 물은 예수 그리스도께서 부활하심으로 말미암아 이제 너희를 구원하는 표니 곧 세례라 이는 육체의 더러운 것을 제하여 버림이 아니요 하나님을 향한 선한 양심의 간구니라.

예수 그리스도께서 부활하심으로 말미암아. 이것은 흠정역과 한글개역개정판이 번역하는 것처럼 "구원하는"과 연결되고 나머지 구절은 일종의 삽입구처럼 읽혀질 수 있다. 그렇다면 그 의미는 세례가 그리스도의 부활을 믿는 믿음으로 말미암아 혹은 그리스도의 부활로 인한 공로로 말미암아 우리를 구원한다는 것이 된다(여기의 부활 안에 그의 고난과 죽음이 포함된다). 혹은 그것은 뒤에 나오는 "간구"와 연결될 수도 있는데, 이 경우에는 그 사이에 "which is"가 보충되어야 한다. 그렇다면 전체 문장은 "예수 그리스도의 부활하심으로 말미암은 선한 양심의 간구"가 될 것이다. 그러면 그 의미는 하나님을 향한 선한 양심의 간구는 우리가 죄 사함과 값없는 은혜의 약속을 믿는 기초로서 그리고 그리스도가 죄와 마귀를 완전하게 이기셨을 뿐만 아니라 하나님이 죄에 대해 충분하게 만족하셨음을 확증하는 것으로서 그의 부활로 말미암는다는 것이 된다. 이런 믿음이 없는 곳에 선한 양심은 결코 있을 수 없으며, 하나님이 세례 안에서 우리에게 요구하시는 것에 대한 참된 응답도 결코 있을 수 없다. 만일 사람들이 부활로 말미암아 완전하게 확증된 사실, 즉 그리스도로 말미암아 신적 공의가 충분하게 만족된 사실을 믿지 않는다면, 그들은 결코 하나님의 은혜 앞으로 나아오지 않을 것이며 스스로를 그리스도께 드리지도 않을 것이다. 베드로전서 1:3; 고린도전서 15:17을 보라.

이제 너희를 구원하는 표니 곧 세례라. 즉 노아의 현세적인 구원에 대응되는 영원한 구원으로. 그것은 '표'일 뿐만 아니라, 또한 하나님의 영이 신자들의 마음 안에서 그리스도의 죽음과 부활로 말미암은 그들의 의롭다 함을 확증하는 '인'(印)이다(롬 4:25).

표. 헬라어로 원형(antitype). 이 단어는 성경에서 두 번 나타난다. 한 번은 히브리서 9:24에서인데, 여기에서 그 단어는 단순히 모형(type) 혹은 표본(exemplar) 혹은 표현(representation)을 의미한다. "그리스도께서는 참 것의 **그림자**인 손으로 만든 성소에 들어가지 아니하시고." 그리고 다른 한 번인 여기에서 그 단어는 "어떤 것과 같은 모양을 한 혹은 서로 상응하는 또 다른 것"을 의미한다. 이와 같이 여기에 두 개의 "형"(型)이 있다. 하나는 노아와 그의 가족들이 홍수 가운데 구원받은 것이고, 다른 하나는 세례이다. 여기에서 전자는 후자의 모형(type)이고, 후자는 전자의 원형(antitype)이다. 그리고 둘 모두 교회의 구원을 상징한다. 물에 의해 방주가 떠오르고 그로 말미암아 그 안에 있던 노아와 그의 가족들이 구원을 받은 것은 교회의 구원을 나타낸다. 마찬가지로 세례 역시도 교회 안에 있는 사람들이 세상의 멸망으로부터 구원받는 것을 나타낸다. 또 세례는 모형과 대응되는 것으로서 진리 자체를 나타낸다. 노아와 그의 가족들이 방주 안에서 홍수로부터 일시적으로 구원을 받은 것은 모형이며, 세례로 말미암아 신자들이 영원한 구원을 받는 것은 그러한 모형에 의해 상징되었던 진리이다.

이는 육체의 더러운 것을 제하여 버림이 아니요. 단순히 물로써 육체를 씻는 것이 아니요. 혹은 단순히 육체를 씻는 것 이상의 효과를 갖지 못하는 세례의 외적인 측면이 아니요. 이러한 말로써 베드로는 "세례를 받았음에도 불구하고 멸망을 당한 사람들이 얼마나 많은가? 그런데 도대체 어떻게 세례가 우리를 구원한다고 말하여질 수 있단 말인가?"라는 가상적인 질문에 대답한다.

하나님을 향한. 즉 하나님 앞에서. 오직 하나님 한 분만이 양심의 심판자이시다. 왜냐하면 그것이 선한지 그렇지 않은지 완전하게 아는 자는 오직 하나님뿐이기 때문이다. 혹은 이것은 "하나님에 대한"으로 이해될 수도 있다. 그러면 이것은 "간구"와 연결되며, 그 의미는 "하나님에게 드려지는 양심의 간구"가 될 것이다.

선한 양심의 간구(answer)니라. 여기에 사용된 헬라어는 다양하게 번역될 수 있다. 그러므로 그것은 여러 가지로 해석될 수 있는데, 그 가운데 가장 좋은 해석은 다음과 같다. (1) 한글개역개정판처럼 "선한 양심의 간구"로. 그렇다면 이것은 세례의 효력 즉 거룩한 신뢰와 그로 말미암은 양심의 평안함을 가리키는 것이 된다. 그리스도의 피로 뿌림을 받은 양심은 간구 가운데 스스로를 하나님 아버지에게 맡긴다. 그 단어는 마태복음 15:23; 16:2; 로마서 10:20에서 이와 같이 취하여진다. 혹은 그것보다도 (2) 흠정역처럼 "선한 양심의 응답"으로. 여기에서 "응답"(answer)은 환유법적으로 (언약이 요구하는) "조건" 대신 사용된 것이다. 세례 안에는 하나님과 세례를 받는 자 사이에 엄숙한 언약 혹은 상호 약정이 있다. 세례 안에서 하나님은 자신의 은혜를 — 세례를 받는 자가 그 은혜를 받아들일 것을 조건으로 요구하면서 — 제시하며, 적용하며, 인치신다. 세례를 받는 자는 선한 양심으로 스스로를 하나님을 섬기는 일에 드림으로써 언약의 조건을 받아들이는데, 바로 이것이 여기에서 "선한 양심의 응답"으로 표현된 것이다. 이것은 세례의 방식을 빗대어 표현한 것으로 보인다. 통상적인 세례의 방식을 생각해 보라. 세례를 베푸는 자는 그것을 받는 자에게 그리스도에 대한 믿음에 대해 질문하며, 그는 그에 대해 대답한다. "당신은 예수 그리스도를 당신의 구주로 믿습니까?" "예, 믿습니다." "당신은 마귀와의 모든 관계를 끊습니까?" "예, 끊습니다." 사도행전 8:37을 보라.

선한 양심. 믿음으로 말미암아 (육체의 더러운 것들을 제거하는 것과는 반대되는) 내적이며 영적인 더러운 것들로부터 깨끗하게 된 양심. 하나님이 세례를 통해 요구하시는 것이 바로 이것이다.

22. 그는 하늘에 오르사 하나님 우편에 계시니 천사들과 권세들과 능력들이 그에

게 복종하느니라.

그는 하늘에 오르사 하나님 우편에 계시니. 로마서 8:34; 히브리서 1:3을 보라. 이것은 믿음과 선한 양심의 또 하나의 근거로서 덧붙여진다. 천사들과 권세들과 능력들. 로마서 8:38; 에베소서 1:20, 21; 골로새서 1:16; 2:10을 보라. 그에게 복종하느니라. 즉 그의 아버지로 말미암아. 이와 같이 만물은 하나님 아버지로 말미암아 그의 아들인 그리스도에게 복종한다(고전 15:27; 엡 1:22; 히 2:8).

MATTHEW POOLE'S COMMENTARY

베드로전서 4장

개요

1. 그리스도께서 죄를 위해 고난을 당하신 것과 미래의 심판을 생각하여 죄를 그쳐야 함(1–6).
2. 만물의 마지막이 가까웠으므로 정신을 차리고 근신하여 기도해야 함(7).
3. 무엇보다도 뜨겁게 사랑해야 함(8).
4. 서로 대접하기를 힘써야 함(9).
5. 각각 받은 영적인 은사들을 올바로 사용해야 함(10–11).
6. 박해 아래 있는 자들에 대한 위로(12–19).

1. 그리스도께서 이미 육체의 고난을 받으셨으니 너희도 같은 마음으로 갑옷을 삼으라 이는 육체의 고난을 받은 자는 죄를 그쳤음이니.

앞 장에서 신자들에게 그리스도의 모범을 따라 환난 가운데 참고 인내할 것을 훈계한 베드로는 계속해서 그들이 외적으로 짊어진 십자가를 영적 진보를 위한 내적인 경건 훈련으로 활용할 것을 가르친다. 성경은 그리스도의 죽음을 우리에게 박해와 치욕을 감당하는 외적인 자기 부인과 죄의 몸을 멸하는 내적인 자기 부인의 모범으로 제시한다. 특별히 본 장은 후자 즉 내적인 자기 부인을 다루는데, 이것을 베드로는 그리스도의 죽음으로부터 끌어온다. 그는 그리스도의 죽음을 우리의 자기 부인의 모범으로서 뿐만 아니라 그것의 효과적이며 공로적인 원인으로 제시한다. 그리스도는 그의 죽음으로 말미암아 죄 사함의 공로를 이루셨을 뿐만 아니라 성령을 보내심으로써 우리의 옛 사람을 멸하고 본성을 새롭게 만드실 수 있게 되었다.

그리스도께서 이미 … 고난을 받으셨으니. 즉 인내와 하나님의 뜻에 대한 순복의 모범으로서 뿐만 아니라 죄의 권능과 죄책을 제거하기 위해. 그렇게 하여 그는 우리의 자기 부인의 모범이 되시면서 동시에 그것을 가능하게 하는 자가 되셨다.

육체의. 앞 장 18절처럼, 그의 인성 안에서.

너희도 같은 마음으로 갑옷을 삼으라. 그리스도께서 당하신 육체의 고난의 강력한 효력을 마음에 새김으로써 스스로를 모든 시험과 유혹에 대항하여 철저하게 무장시켜라. 그가 그의 육체로 ― 즉 그의 인성 안에서 ― 고난을 받으심으로 말미암아 너희 역시도 너희 육체로 혹은 너희의 죄로 죽은 타락한 본성 안에서 혹은 그리스도께서 가지셨던 것과 같은 마음으로 고난을 받을 수 있게 되었다. 그는 자신의 죽음 안에서 너희의 죄가 사함을 받는 것뿐만 아니라 그 죄가 멸하여지고 너희의 본성이 새로워지는 것을 목표로 삼으셨다. 또 "너희도 같은 마음으로 갑옷을 삼으라"는 것은 육체로 고난을 받는 것 혹은 육체를 부인하는 것 안에서 그리스도와 함께 영적으로 죽는 것을 가르치는 교훈이기도 하다(롬 6:6, 7). 그리스도께서 육체로 고난을 받으시고 죽으셨던 것처럼, 너희 역시도 죄에 대하여 죽고 너희의 육체와 함께 그 정욕과 탐심을 십자가에 못 박아야만 한다(갈 5:24). 또 여기의 "같은 마음"이 무엇인지 베드로는 다음 절에서 분명하게 보여준다.

이는. 여기의 헬라어는 원인이 아니라 단순히 설명을 위한 것으로 보인다.

육체의 고난을 받은 자. "He that hath suffered in the flesh" 즉 육체 안에서 고난을 받은 자. 다시 말해서 옛 사람 혹은 타락한 육체(여기의 육체는 앞의 육체와 다른 의미로 취하여진 것이다) 안에서 고난을 받은 자. 그리스도와 함께 영적으로 죽은 자는 그의 옛 사람이 그리스도와 함께 십자가에 못 박혔다.

죄를 그쳤음이니. 고의적이며 노골적으로 죄를 짓는 것을 그쳤음이니. 혹은 스스로를 죄의 권능에 굴복시키는 것을 그쳤음이니. 이것을 로마서 6:1-23과 비교하라. 여기에서 베드로가 "육체로 고난을 받는" 것으로 부르는 것을 로마서에서 바울은 "죄에 대하여 죽는" 것으로 부른다(롬 6:2, 11). 또 여기에서 베드로가 "죄를 그치는" 것으로 부르는 것을 거기에서 바울은 "더 이상 죄 가운데 살지 않는" 것과 "죄로부터 벗어난" 것으로 부른다(롬 6:2, 7). 바로 이것 즉 그리스도와 함께 죄에 대하여 죽었으므로 더 이상 그 가운데 살아서는 안 된다는 것과 그들의 육체가 십자가에 못 박혔으므로 더 이상 육체의 정욕과 탐심에 탐닉해서는 안 된다는 것이 그들이 갑옷으로 삼아야 하는 "같은 마음" 혹은 생각일 수 있다.

2. 그 후로는 다시 사람의 정욕을 따르지 않고 하나님의 뜻을 따라 육체의 남은 때를 살게 하려 함이라.

사람의 정욕. 이러한 표현으로 베드로는 육신적인 사람의 타락한 소욕과 죄로 가득한 삶의 방식을 의미한다. 우리는 이것을 따른다든지 혹은 이것을 우리 삶의 규칙으로 삼아서는 안 된다(롬 12:2; 고전 3:3; 골 2:8; 딛 1:14).

하나님의 뜻을 따라. 사람의 정욕과 대비되는 것으로서 하나님이 당신의 율법 가운데.우리에게 계시하신 거룩한 뜻. 바로 이것이 우리가 따라 걸어가야 할 인생의 참된 규칙이다. 우리는 사람의 뜻이 아니라 하나님에 뜻을 따라 살아야 한다.

육체의. 즉 몸 안에서의. 이것은 사람의 자연적인 삶을 의미한다. 갈라디아서 2:20과 빌립보서 1:22처럼, 여기의 "육체"는 앞의 두 경우와는 구별되는 세 번째 의미로 취하여진다.

3. 너희가 음란과 정욕과 술취함과 방탕과 향락과 무법한 우상 숭배를 하여 이방인의 뜻을 따라 행한 것은 지나간 때로 족하도다.

음란. 특별히 외적인 음탕한 행동들. 정욕. 이것은 앞의 외적인 음탕한 행위들이 나오는 내적인 동기이다. 술취함과 방탕. 시도 때도 없이 행하는 사치스러운 잔치(롬 13:13; 갈 5:21). 향락(banquetings). 주연(酒宴) 혹은 술잔치(잠 23:30; 사 5:11, 12). 무법한 우상 숭배. "abominable idolatries" 즉 혐오스러운 우상 숭배들.

질문 : 어째서 베드로는 여기에서 유대인들을 우상 숭배로 참소하고 있는가? 바벨론 포로 이후 그들은 스스로를 우상 숭배로부터 잘 지키지 않았는가? 대답 : (1) 대부분은 그랬다 하더라도 모두가 그런 것은 아니었을 수 있다. (2) 우상에게 드려진 제물을 먹는 것도 일종의 우상 숭배이다. 이방인들 가운데 흩어져 있었던 많은 유대인들은 그들의 잔치에 초대 받았을 때 충분히 그들의 우상에게 드려졌던 제물을 먹었을 수 있었다. (3) 어쩌면 여기의 우상 숭배는 천사 숭배를 가리키는 것이었는지도 모른다. 천사 숭배는 이방인들 가운데 — 특별히 골로새인들 가운데 — 흔한 관습이었다(벧전 1:1). (4) 여기의 편지를 받게 될 교회들은 유대인들과 이방인들로 구성되었을 것이다. 여기에서 베드로는 제유법적으로 일부에게만 해당되는 것을 모두에게 돌렸을 수 있다.

이방인의 뜻을 따라. 즉 하나님과 그리스도를 알지 못하는 불경건한 백성들의 뜻을 따라. 그러므로 이것은 "사람의 정욕을 따라"와 같은 의미이다(2절).

행한(walked). 에베소서 2:3처럼, 지낸. "전에는 우리도 다 그 가운데서 우리 육체의 욕심을 따라 지내며 육체와 마음의 원하는 것을 하여." "걷는"(walking) 것은 사람의 삶의 과정을 표현하는 통상적인 용어이다. 그것은 누가복음 1:6처럼 때로 선한 길이기도 하고, 베드로후서 2:10; 3:3; 유다서 1:16, 18처럼 때로 악한 길이기도 하다. 지나간 때로 족하도다. 이러한 표현으로 베드로는 그들로 하여금 예전의 정욕과 방탕을 삼갈 뿐만 아니라 과거의 죄로 얼룩진 삶을 되돌아봄으로 말미암아 거룩한 삶으로 나아가도록 격려한다. 나아가 이러한 표현은 그들의 과거의 죄로 얼룩진 삶에 대한 그의 책망의 날카로움을 상당 부분 무디게 한다. 여기와 비슷한 경우로서 에스겔 44:6; 45:9; 마가복음 14:41을 보라.

4. 이러므로 너희가 그들과 함께 그런 극한 방탕에 달음질하지 아니하는 것을 그들이 이상히 여겨 비방하나.

너희가 그들과 함께 … 달음질하지 아니하는. 이러한 표현은 여기의 이방인들이 자신들의 정욕을 좇는 일에 매우 열심이었음을 나타내는 것처럼 보인다. 아마도 그들은 바쿠스 축제와 어느 정도 관련되어 있었던 것으로 보인다(Bacchus는 그리스 신화에 나오는 술의 신임). 그들은 그 축제를 향해 미친 듯이 달음질했으며, 그곳에서 무법한 우상 숭배를 행했다(3절).

극한 방탕에. 혹은 방탕과 사치의 혼돈에. 그들의 이러한 행태는 앞 절에 언급된 죄들과 잘 맞는다. 이것은 그 모든 것을 포함하는 포괄적인 표현인 것으로 보인다.

그들이 이상히 여겨. 이방인들은 복음이 여기의 신자들 안에서 일으킨 변화를 보고 의아하게 생각하며 놀랐다. 왜냐하면 그들이 더 이상 자신들의 악한 행습을 따르지 않았기 때문이다.

비방하나. 혹은 악담하나. 그들은 신자들을 인간미가 결여되고 사교적이지 못한 사람들이라고, 그리고 기독교를 따분하고 지루하며 재미없는 종교라고 비방한 것으로 보인다.

5. 그들이 산 자와 죽은 자를 심판하기로 예비하신 이에게 사실대로 고하리라.

그들이 … 사실대로 고하리라. 그들의 악행뿐만 아니라 신자들을 비방한 것을(유 1:15). 이것은 청지기가 주인에게 고하는 것으로부터 취한 은유이다(마 18:23; 눅 16:2). 산 자와 죽은 자를 심판하기로. 그리스도께서 오실 때 살아 있을 자들과 이미 죽은 자들. 그때 죽은 자들은 다시 살아나 심판대 앞에 서게 될 것이다. 베드로는 여기의 신자들을 위로하기 위해 그들을 비방하는 원수들이 결코 하나님의 심판을 피하지 못할 것임을 분명하게 선언한다. 예비하신. 그렇게 예비되었을 뿐만 아니라 곧 그렇게 행하실(약 5:9).

6. 이를 위하여 죽은 자들에게도 복음이 전파되었으니 이는 육체로는 사람으로 심판을 받으나 영으로는 하나님을 따라 살게 하려 함이라.

죽은 자들(to them that are dead). 이것은 다음과 같은 것들을 의미할 수 있다. (1) 영적으로 죽은 자들. 즉 베드로가 복음을 전파했을 때 죄 가운데 죽은 자들. 혹은 (2) 육체적으로 죽은 자들. 즉 베드로가 이 편지를 쓰고 있었을 때 이미 죽은 자들. 여기의 동사 "are"는 헬라어에는 없는 것이다. 그러므로 여기의 말씀과 관련하여 우리는 "were"를 보충함으로써 전자와 같이 이해할 수도 있고, "are"를 보충함으로써 후자와 같이 이해할 수도 있다. 이와 비슷한 경우로서 룻기 1:8을 보라.

육체로는 사람으로 심판을 받으나. 그들이 육체 안에서 심판 혹은 정죄를 받을 수 있으나. 다시 말해서 그들의 옛 사람과 육신적인 행실은 육체의 정욕 가운데 행하는 사람들을 따라 멸망을 당할 수 있으나. 육체 안에서 심판을 받는 것은 죄에 대하여 죽기 위해 육체 안에서 고난을 당하는 것과 같은 의미이다(롬 6:2; 벧전 4:1).

영으로는 하나님을 따라 살게 하려 함이라. 하나님을 따라 사는 것은 곧 새 생명 가운데 행하는 것을 의미한다. 이러한 말로써 베드로는 여기의 그리스도인들을 실족시키는 돌을 제거하려고 했던 것으로 보인다. 그들은 그들의 철저한 믿음과 세상과의 구별로 말미암아 주변의 불신자들로부터 정죄와 비난을 당했다. 그들에게 베드로는 그들만 그런 것이 아니라 그들 앞서 살았던 사람들도 마찬가지였다고 말한다. 이와 같이 그들은 육체 안에서는 혹은 그들의 겉사람과 관련해서는 사람들에 의해 정죄를 당한다 하더라도 영혼과 관련해서는 (혹은 여기의 표현대로 영으로는) 이 세상에서 거룩하며 영적인 삶 즉 하나님에 대한 삶을 살 수 있었다.

7. 만물의 마지막이 가까이 왔으니 그러므로 너희는 정신을 차리고 근신하여 기도하라.

만물의 마지막. 이 세상의 모든 선뿐만 아니라 모든 악에 대해 종지부를 찍을 마지막 심판. 가까이 왔으니. 야고보서 5:8, 9을 보라. 정신을 차리고(sober). 즉 맑은 정신으로. 우리는 정신적으로 신중하고 분별 있어야 하며(고후 5:13; 딛 2:6), 육체적으로 먹고 마시는 일에 있어 절제해야 한다. 근신하여(watch). 즉 경계하면서. 이 단어가 이 자리에 놓인 것은 매우 자연스럽다. 왜냐하면 이 단어는 앞 단어(sober)와 자연스럽게 연결되기 때문이다. 기도하라. 바로 이것이 그들이 정신을 차리고 경계해야 하는 목적이다. 왜냐하면 그렇게 함으로써 비로소 그들은 제대로 기도할 수 있게 될 수 있었기 때문이다.

8. 무엇보다도 뜨겁게 서로 사랑할지니 사랑은 허다한 죄를 덮느니라.

무엇보다도. 비슷한 표현으로 야고보서 5:12; 골로새서 3:14을 보라. 뜨겁게 서로 사랑할지니. 뜨겁게 사랑하기를 힘쓸 뿐만 아니라 사랑 자체가 뜨겁고 강렬하며 강하게 하라. 사랑은 허다한 죄를 덮느니라. 부분적으로 죄가 터져 나오지 않도록 분노와 욕설과 악담과 다툼을 막음으로 말미암아, 또 부분적으로 죄가 터져 나올 때 그것을 억제하며 감추며 용서함으로 말미암아(고전 13:7). 야고보서 5:20을 보라.

9. 서로 대접하기를 원망 없이 하고.

서로 대접하기를. 나그네, 특별히 복음을 위해 고난을 당함으로 인해 우리의 도움을 필요로 하는 형제들을 환대하는 기독교적 대접. 원망 없이 하고. 너희가 치르게 되는 비용으로 인해서나 혹은 너희가 대접하는 자들의 태도로 인해 불평하지 말고. 남을 대접할 때는 기꺼이, 값없이, 그리고 즐겁게 해야 한다(롬 12:8; 고후 9:7).

10. 각각 은사를 받은 대로 하나님의 여러 가지 은혜를 맡은 선한 청지기 같이 서로 봉사하라.

각각 은사를 받은 대로. 다른 사람의 유익을 위해 사용될 수 있는 은사와 직분과 재능과 능력은 하나님으로부터 받은 것이다(고전 12:11; 엡 4:7). 하나님의 여러 가지 은혜. 여기의 "은혜"는 앞의 "은사"와 같은 것을 의미한다. 그러므로 "여러 가지 은혜"는 하나님이 주신 다양한 은사들을 의미한다(고전 12:4-6). 선한 청지기 같이. 즉 주인의 것을 신실하게 나누어주는 선한 청지기 같이. 서로 봉사하라. 겸손하며 지혜롭게 서로 나누며 전달하라. 다른 사람들에게 무엇인가를 준다고 해서 스스로를 그들 위에 높이지 말라. 그 모든 것은 받은 것이라는 사실과 자신은 단지 그것을 나누어주는 청지기일 뿐이라는 사실을 기억하라.

11. 만일 누가 말하려면 하나님의 말씀을 하는 것 같이 하고 누가 봉사하려면 하나님이 공급하시는 힘으로 하는 것 같이 하라 이는 범사에 예수 그리스도로 말미암아 하나님이 영광을 받으시게 하려 함이니 그에게 영광과 권능이 세세에 무궁하도록 있느니라 아멘.

만일 누가 말하려면. 즉 교회에서 공적인 교사로서 직분에 따라 권위 있게. 여기의 말씀은 각각의 그리스도인들이 개인적으로 다른 사람을 가르칠 때에도 적용될 수 있지만, 그러나 특별히 가르치는 직분을 가진 자들에게 의도된 것으로 보인다.

하나님의 말씀을 하는 것 같이 하고. 이것은 먼저 말씀을 가르치는 방식과 관련된다. 교사는 말씀을 가르칠 때 그 말씀에 대해 합당한 경외심을 가지고 믿음으로 가르쳐야 한다. 뿐만 아니라 이것은 또한 말씀 자체와도 관련된다. 그는 오직 순수한 하나님의 말씀만을 가르쳐야 한다. 그는 하나님의 말씀 대신 사람의 유전(遺傳)이나 허구로 꾸며낸 것이나 상상력으로 만들어낸 것을 가르쳐서는 안 된다.

누가 봉사하려면. 이것은 다음과 같은 것들을 의미하는 것으로 이해될 수 있다. (1) 좀 더 특별하게, 집사의 일을 하려면(행 6:1-15). 집사는 가난한 자들을 돌보며, 구제의 일을 하며, 접대하는 일을 맡았다(행 6:2). 혹은 (2) 좀 더 일반적으로, 가르치는 일 외에 다른 사역을 하려면(예컨대 성례 시 떡과 포도주를 나누어주는 일이라든지 혹은 치리를 행하는 일 같은 것들). 가르치는 일과 관련해서는 이미 앞에서 다루었다.

하나님이 공급하시는 힘으로 하는 것 같이 하라. 즉 냉랭함과 무기력함이 아니라 부지런함과 뜨거운 마음으로 힘을 다하여 하라. 청지기에게 특별하게 요구되는 것은 이와 같은 충성됨이다(고전 4:2).

이는 범사에 … 하나님이 영광을 받으시게 하려 함이니. 너희의 모든 은사들 가운데. 하나님은 은사를 단순히 장식품으로 주신 것이 아니다. 우리는 우리에게 주어진 다양한 은사들을 통해 하나님께 영광을 돌려야 한다.

예수 그리스도로 말미암아. 우리는 그로부터 은사를 받았으며(엡 4:8), 그로 말미암아 하나님께 영광을 돌릴 수 있으며, 오직 그를 통해서만 우리가 행한 일이 하나님께 받으심직한 것이 될 수 있다. 에베소서 3:21을 보라.

12. 사랑하는 자들아 너희를 연단하려고 오는 불 시험을 이상한 일 당하는 것 같이 이상히 여기지 말고.

너희를 연단하려고 오는. 베드로는 이것을 그들이 박해를 이상한 것으로 여겨서는 안 되는 이유로서 덧붙인다. 하나님이 그것을 보내신 것은 그들을 멸망시키기 위함이 아니라 연단하기 위함이다.

불 시험(fiery trial). "불"로써 베드로는 14절에 나타나는 것처럼 특별히 의(義) 때문에 오는 큰 고통을 의미한다. 그러한 고통은 종종 불로 비유된다. 그것은 그러한 고통이 불이 사람의 몸에 가하는 것과 동일한 괴로움과 슬픔을 가하기 때문이며, 또 쇠가 불에 의해 연단되는 것처럼 사람이 그것에 의해 연단되기 때문이다(시 66:10; 사 48:10).

이상히 여기지 말고. 박해로 인해 이상히 여기면서 요동하거나 실족하지 말고. 그들은 박해가 올 때 당황하거나 놀라서는 안 된다는 사실을 사전에 마음에 깊이 새겨 두어야만 했다. 4절에 같은 단어가 사용된다.

13. 오히려 너희가 그리스도의 고난에 참여하는 것으로 즐거워하라 이는 그의 영광을 나타내실 때에 너희로 즐거워하고 기뻐하게 하려 함이라.

오히려 … 즐거워하라. 고난으로 인해 실족하지 말고 도리어 그 안에 즐거워할 큰 이유가 있는 것으로 여겨라. 고난은 우리를 더욱더 강하며 인내할 줄 아는 사람으로 만든다.

너희가 그리스도의 고난에 참여하는 것으로. (1) 우리는 그리스도께서 고난을 당하셨던 것처럼 고난을 당한다. 그리스도는 진리로 인해 고난을 당하셨다. 우리 역시도 진리를 고백함으로 인해 고난을 당한다. (2) 우리는 그리스도의 지체로서 고난을 당한다. 우리가 당하는 고난은 그리스도께 속하는 자들을 위해 준비된 고난이다. (3) 고난을 통해 우리는 우리의 머리이신 그리스도와 일치된다. (4) 우리는 그리스도의 고난의 결과에 참여한다. 그리스도는 우리의 고난을 거룩하게 하기 위해 고난을 당하셨다. 빌립보서 3:10을 보라.

그의 영광을 나타내실 때. 즉 그가 재림하실 때(벧전 1:7; 골 3:4; 살후 1:7).

너희로 즐거워하고 기뻐하게 하려 함이라. 너희로 티끌만큼의 고통이나 슬픔도 섞이지 않은 순전한 기쁨으로 즐거워하게 하려 함이라. 이 땅에서의 성도들의 기쁨은 이런저런 고통 또는 힘겨움과 섞여 있다. 그러나 장차 하늘에서는 순전한 기쁨으로 즐거워하게 될 것이다. 이 땅에서는 소망 가운데 즐거워하지만, 장차 하늘에서는 즐거움을 완전하게 향유할 것이다.

14. 너희가 그리스도의 이름으로 치욕을 당하면 복 있는 자로다 영광의 영 곧 하나님의 영이 너희 위에 계심이라.

너희가 … 복 있는 자로다. 왜냐하면 너희의 복의 통로이며 증거이신 성령이 너희 안에 거하시니까.

영광의 영 곧 하나님의 영. 즉 영광스러운 하나님의 영, 혹은 영광의 영이신 하나님의 영. 그는 스스로 영광스러우실 뿐만 아니라 그가 내주하는 자들에게 영광이 되신다. 뿐만 아니라 그는 또한 그들이 장차 영광스럽게 되는 원인이시다. 베드로가 이것을 덧붙인 것은 그들이 그리스도의 이름으로 당하는 치욕과 균형을 맞추기 위함이다. 그는 이를테면 이렇게 말하고 있는 것이다. "너희 안에 성령이 거하시는 것은 너희에게 있어 원수들이 너희에게 가하는 모든 치욕보다 훨씬 더 영광스러운 일이다."

너희 위에 계심이라. 이것은 이사야 11:2을 빗대어 인용한 것이다. "그의 위에 여호와의 영 곧 지혜와 총명의 영이요 모략과 재능의 영이요 지식과 여호와를 경외하는 영이 강림하시리니." 성령께서는 우리 안에 내주하시며, 영원히 우리와 함께 거하실 것이며, 고난 가운데 우리를 그냥 내버려 두지 않으실 것이다(요 14:16).

15. 너희 중에 누구든지 살인이나 도둑질이나 악행이나 남의 일을 간섭하는 자로 고난을 받지 말려니와.

너희 중에 누구든지 살인이나 도둑질이나 … 고난을 받지 말려니와. 너희는 살인이나 도둑질과 같은 죄를 저지름으로써 공의의 손을 통해 고난을 받아서는 안 된다.

너희는 그러한 죄로부터 스스로를 정결하게 지켜야만 한다.

악행. "evil-doer" 즉 악을 행하는 자. 이것은 공공의 법을 위반하는 자들을 가리키는 일반적인 용어일 수 있다. 혹은 어쩌면 그것은 살인이나 도둑질보다 못한, 상대적으로 작은 죄를 범한 자들을 가리키는 것일 수도 있다.

남의 일을 간섭하는 자. 이것은 다른 사람이 가진 것을 악한 눈으로 바라보며 할 수만 있으면 그것을 가로채려고 하는 탐욕스러운 자를 가리키는 표현일 수 있다. 혹은 그것보다도 자신의 부르심의 경계를 넘어 다른 사람들의 부르심의 영역 안으로 침범해 들어가 그들의 일에 쓸데없이 참견하며 자신에게 속하지 않은 일에 대해 재판장 노릇을 하는 자를 가리키는 것일 수 있다. 몇몇 나라들은 자신의 일을 게을리하면서 쓸데없이 남의 일에 참견하는 사람들을 범죄자로서 처벌한다고 한다. 어쨌든 그리스도인들은 이러한 행동으로 말미암아 이방인들에게 밉살스러운 사람으로서 비방과 고난을 당해서는 안 된다.

16. 만일 그리스도인으로 고난을 받으면 부끄러워하지 말고 도리어 그 이름으로 하나님께 영광을 돌리라.

만일 그리스도인으로 고난을 받으면. 만일 그의 기독교 신앙이 그의 유일한 죄목이며 그가 고난을 받는 유일한 이유라면. 부끄러워하지 말고. 디모데후서 2:12을 보라.

도리어 그 이름으로 하나님께 영광을 돌리라. 행악자로서 고난을 당하지 않고 그리스도를 위해 고난 받기에 합당한 자로 여기심을 받은 것으로 인해 하나님을 송축하라(행 5:41). 그리고 고난 가운데 견딜 수 있는 인내와 감당할 수 있는 용기를 주신 것으로 인해 하나님을 송축하라.

17. 하나님의 집에서 심판을 시작할 때가 되었나니 만일 우리에게 먼저 하면 하나님의 복음을 순종하지 아니하는 자들의 그 마지막은 어떠하며.

하나님의 집에서 … 시작할. 여기에서 베드로는 하나님의 교회와 그 교회의 지체들을 "하나님의 집"이라고 부른다(딤전 3:15; 히 3:6). 교회는 옛 언약 하에서 물리적인 하나님의 집 혹은 성전으로 상징되었다.

심판. 즉 하반절에 암시된 멸망의 심판과 대비되는 선(善)을 위한 일시적인 심판. 이것은 하나님이 그의 자녀들을 가르치며, 연단하며, 고치며, 온전케 하기 위해 보내는 모든 고통들을 의미한다(고전 11:31, 32).

때가 되었나니. 즉 하나님에 의해 정해진 시간이 되었나니. 하나님의 백성들에게 임하는 고난은 정해진 때에 온다. 그러므로 때에 맞지 않는 고난은 결코 없다. 혹은 어쩌면 이것은 선지자들이 그들의 시대에 말한 것이 복음 시대에 특별하게 일치되는 것을 가리키는 것인지도 모른다(사 10:12; 렘 25:29).

하나님의 복음을 순종하지 아니하는 자들의 그 마지막은 어떠하며. 하나님의 복음을 순종하지 아니하는 모든 자들의 마지막은 얼마나 두려우며 끔찍할 것인가! 설령 하나님이 지금 당장 그들을 손보지 않는다 하더라도, 그들은 장차 훨씬 더 나쁜 상태 가운데 있게 될 것이다. 만일 하나님이 그의 자녀들을 아끼지 않는다면, 하물며 그의 원수들이야 얼마나 더 그러하겠는가! 만일 하나님의 자녀들이 그의 진노의 잔을 한 모금 마신다면, 그의 원수들은 "그 찌꺼기까지" 마시게 될 것이다(시 75:8).

18. 또 의인이 겨우 구원을 받으면 경건하지 아니한 자와 죄인은 어디에 서리요.

겨우 구원을 받으면. 마치 좁은 길과 좁은 문을 통과하는 것처럼 큰 수고와 난관과 많은 환난을 통해(마 7:13, 14; 행 14:22).

경건하지 아니한 자와 죄인. 불신자들과 모든 종류의 회개하지 않는 죄인들. 여기의 두 단어는 같은 것을 가리키는 것으로서, 앞의 "의인"과 대비되는 표현이다.

어디에 서리요. 그들은 하나님의 심판과 그때 그들에게 선언되는 정죄의 판결을 견딜 수 없을 것이다(시 1:5). 다시 말해서, 만일 의인이 겨우 구원을 받는다면, 악인은 필히 멸망을 당할 것이다.

19. 그러므로 하나님의 뜻대로 고난을 받는 자들은 또한 선을 행하는 가운데에 그 영혼을 미쁘신 창조주께 의탁할지어다.

하나님의 뜻대로. 하나님이 고난을 통해 이루시고자 정하신 뜻대로(벧전 3:17; 살전 3:3). 고난. 의를 위한 모든 형태의 고통과 박해. 선을 행하는 가운데에. 고난을 받는 것으로 인해 선을 행하는 것이 방해받아서는 안 된다. 우리는 고난에도 불구하고 거룩함 가운데 계속적으로 선을 행해야 하며, 그럼으로써 우리가 행악자로서 고난을 당하는 것이 아니라는 사실을 마지막까지 나타내야 하다.

그 영혼을. 우리의 영혼은, 마치 가장 소중하게 보호되어야 할 가장 값진 보화처럼, 고난 가운데 죄로부터 지켜져야 한다. 또 여기의 영혼에는 몸까지도 포함된다. 그러므로 영혼을 의탁하는 것은 곧 전인(全人)을 의탁하는 것이다. 미쁘신 창조주께. 창조주로서 자신에게 맡겨진 것을 능히 지킬 수 있는 자에게. 하나님은 당신의 약속에 미쁘신 자이시며, 그러므로 그 약속을 반드시 지키실 것이다. 의탁할지어다. (마치 은행에 예금을 맡기는 것처럼) 그의 손에 맡길지어다(시 31:5; 딤후 1:12).

MATTHEW POOLE'S COMMENTARY

베드로전서 5장

개요

1. 장로들에게 그리스도의 양 무리를 올바로 칠 것을 훈계함(1–4).
2. 젊은이들에게 장로에게 순종하고 서로 겸손으로 허리를 동일 것을 훈계함(5).
3. 하나님의 능하신 손 아래에서 겸손해야 할 것을 훈계함(6–7).
4. 근신하고 깨어 믿음을 굳게 하여 마귀를 대적할 것을 훈계함(8–9).
5. 기원(祈願)과 함께 편지를 끝마침(10–14).

1. 너희 중 장로들에게 권하노니 나는 함께 장로 된 자요 그리스도의 고난의 증인이요 나타날 영광에 참여할 자니라.

너희 중 장로들에게 권하노니. 2절의 "양 무리를 치되"라는 말씀에 나타나는 것처럼, 나이가 아니라 직분에 의해 장로 된 자들. 이러한 표현으로써 베드로는 교회의 일반적인 사역자들을 의미한다.

나는 함께 장로 된 자요. 장로는 그 아래 사도들까지 포함되는 포괄적인 호칭이다. 모든 장로들이 다 사도는 아니었지만, 그러나 사도들은 모두 장로였다.

그리스도의 고난의 증인이요. (1) 그의 가르침 속에서. 베드로는 자신의 가르침 속에서 그리스도의 고난을 제시했다. 그는 그리스도의 고난을 직접 목격했으며, 이런 측면에서 사도들은 종종 증인으로 불린다(눅 24:48; 행 1:8, 22; 2:32). (2) 그의 모범 속에서. 베드로가 그리스도를 위해 많은 고난을 받은 것은 그리스도의 고난의 실재 즉 그리스도가 실제로 고난을 당하신 것을 충분하게 증언한다. 나타날 영광. 즉 그리스도께서 재림하실 때 나타날 영광(벧전 1:5; 4:13; 롬 8:17, 18).

2. 너희 중에 있는 하나님의 양 무리를 치되 억지로 하지 말고 하나님의 뜻을 따라 자원함으로 하며 더러운 이득을 위하여 하지 말고 기꺼이 하며.

너희 중에 있는. 너희와 함께 있는, 혹은 너희의 책임 아래 맡겨진. 이것은 양 무리가 그들의 것이 아님을 암시한다. 그들은 나중에 자신들에게 양 무리를 맡긴 자와 더불어 회계(會計)하게 될 것이다. 하나님의 양 무리. 즉 교회. 치되. 가르치고 다스리되(마 2:6; 요 21:15-17; 행 20:28). 억지로 하지 말고. 강요에 의해 마지못해 혹은 해야만 하기 때문에 하지 말고. 다시 말해서 가능하면 하지 않으려고 하는 사람들처럼 하지 말고, 비슷한 표현으로 고린도후서 9:7을 보라. 자원함으로 하며. 출애굽기 36:2; 시편 54:6처럼, 즐겁고 기꺼운 마음으로. 고린도전서 9:17과 비교하라. 더러운 이득을 위하여 하지 말고. 탐욕으로부터나 혹은 그 일을 통해 이득을 얻겠다는 생각으로부터 하지 말고. 양털을 얻을 목적으로 양을 치는 것은 목자에게 있어 부끄러운 일이다. 디도서 1:7; 디모데전서 3:3, 8을 보라.

기꺼이 하며. 앞에 언급된 "더러운 이득을 위하여"와 반대되는 양들의 유익을 구하는 선한 마음으로부터. 억지로나 혹은 더러운 이득을 위하여 양 무리를 치는 사람은 그 일을 자원하는 마음과 기꺼이 하는 마음으로 하는 것이 아니다.

3. 맡은 자들에게 주장하는 자세를 하지 말고 양 무리의 본이 되라.

맡은 자들(God' s heritage). 혹은 "하나님의 기업." 이것은 앞의 "양 무리"와 같은 사람들로서 장로들의 책임 아래 있었던 사람들을 가리킨다. 이스라엘 교회는 종종 "하나님의 기업"으로 불린다. 그것은 그것이 이를테면 제비뽑기(lot)에 의해 하나님의 분깃으로 떨어졌기 때문이었다. 사람들의 기업이 그들에게 너무나 귀한 것처럼, 하나님의 기업인 이스라엘 교회는 그에게 너무나 귀하다. 신명기 4:20 ; 9:29; 32:9; 시편 33:12; 74:2; 78:71을 보라. 그와 같이 이스라엘 교회를 계승하는 신약 교회 역시 하나님의 기업으로 불린다. 여기의 '클레루스'는 신약 어디에서도 사역자들에게만 특별하게 적용되지 않는다. 여기에서 하나님의 백성들에게 주어진 이러한 호칭은 장로들이 그들에게 주장하는 자세를 하지 말아야 하는 이유를 보여준다. 그것은 그들이 장로들 자신의 소유가 아니라 하나님의 기업이기 때문이다. 하나님은 그들을 통치자가 아니라 돌보는 자로서 세우셨다. 하나님은 자기 백성들에 대한 자신의 권리를 여전히 보유하고 계신다.

주장하는 자세를 하지 말고. 세상의 일시적인 통치자들과 방백들이 자신의 신민(臣民)들에게 하는 것과 같은 태도로 하지 말고(마 20:25, 26; 눅 22:25). "우리가 너희 믿음을 주관하려는 것이 아니요 오직 너희 기쁨을 돕는 자가 되려 함이니"(고후 1:24). 양 무리의 본이 되라. 그들 앞에서 거룩한 삶을 실천함으로써(빌 3:17; 살후 3:9; 딛 2:7).

4. 그리하면 목자장이 나타나실 때에 시들지 아니하는 영광의 관을 얻으리라.

목자장. 목자들의 유일한 왕이신 주 예수 그리스도. 그가 여기에서 "목자장"으로 그리고 히브리서 13:20에서 "양들의 큰 목자"로 불리는 것은 그가 다른 모든 목자들

위에 뛰어난 것과 그들에 대한 그의 권세 때문이다. 그들은 그의 권세에 절대적으로 순복하며, 그로부터 모든 직임을 위임받으며, 그의 이름으로 그들의 직분을 수행하며, 모든 사역에 있어 그에게 책임을 진다.

나타나실 때에. 베드로전서 1:7, 13; 4:13을 보라. 시들지 아니하는. 전쟁이나 운동경기에서 승리한 자들에게 주어졌던 금방 시드는 꽃으로 만든 관과 반대되는. 베드로전서 1:4; 고린도전서 9:25을 보라. 영광의 관. 영광스러운 관, 혹은 너희에게 관과 같은 영광. 그것은 디모데후서 4:8에서 "의의 면류관"으로, 그리고 야고보서 1:12에서 "생명의 면류관"으로 불린다. 얻으리라. 즉 심판장이신 그리스도께서 너희에게 그것을 상으로 주실 것이라.

5. 젊은 자들아 이와 같이 장로들에게 순종하고 다 서로 겸손으로 허리를 동이라 하나님은 교만한 자를 대적하시되 겸손한 자들에게는 은혜를 주시느니라.

젊은 자들(younger). 이것은 교회의 직분자들 아래에 있는 자들을 의미하는 것일 수 있다. 그렇다면 베드로는 여기에서 사역자들에 대한 일반 신자들의 의무를 규정하고 있는 것이 된다. 혹은 그것보다도 이것은 아직 나이를 충분히 먹지 않은 젊은 이들을 가리키는 것일 수 있다. 그렇다면 베드로는 여기에서 좀 더 특별한 훈계로부터 좀 더 일반적인 훈계로 이행하고 있는 것이 된다.

장로들(elder). 여기의 "장로들"은 직분에 의한 장로들을 가리키는 것일 수도 있고, 나이로 인한 연장자들을 가리키는 것일 수도 있다. 물론 전자의 경우도 통상적으로 나이가 많은 경우가 대부분이지만, 간혹 나이가 젊음에도 불구하고 장로의 직분으로 선택된 자들도 있었다.

순종하고. 여기의 "순종" 아래 베드로는 장로들에 대한 젊은이들의 모든 의무를 포함시킨다. 예컨대, 그들을 존경하며, 그들의 훈계를 들으며, 그들의 인도를 받는 것 등 말이다. 혹은 만일 앞의 "젊은 자들"을 전자의 의미로 취한다면, 여기의 훈계는 히브리서 13:17과 같은 훈계가 될 것이다. "너희를 인도하는 자들에게 순종하고 복종하라 그들은 너희 영혼을 위하여 경성하기를 자신들이 청산할 자인 것 같이 하느니라."

다 서로 겸손으로. 이것은 그들 서로간의 — 예컨대 남편과 아내 사이, 혹은 부모와 자녀 사이와 같은 — 상호적인 의무를 가리킨다. 높은 자라고 해서 낮은 자에게 겸손하지 않아도 되는 것은 아니다. 빌립보서 2:3을 보라.

겸손으로 허리를 동이라. 혹은 겸손으로 옷을 입어라. 즉 아름다운 옷으로 꾸미는 것처럼 그렇게 스스로를 겸손으로 꾸며라. 어떤 은혜나 혹은 덕을 갖추는 것을 옷의 은유로 표현하는 것은 성경에 자주 나타나는 방식이다(롬 13:12; 엡 4:24; 골 3:10, 12).

6. 그러므로 하나님의 능하신 손 아래에서 겸손하라 때가 되면 너희를 높이시리라.

하나님의 능하신 손. 이러한 표현으로 베드로는 하나님의 전능하심을 의미한다. 하나님의 전능하심은 종종 "강한 손"(출 3:19), "능하신 손"(출 32:11; 신 3:24), "권능의 오른손"(마 26:64) 등으로 불린다. 그러한 손으로 하나님은 스스로를 높이는 교만한 자들을 치실 수 있으시며, 스스로를 낮추는 겸손한 자들을 지키시며 높이실 수 있으시다. 때가 되면. 하나님이 보실 때 당신의 영광과 우리의 실제적인 유익으로 귀결될 수 있는 가장 적당한 때에.

7. 너희 염려를 다 주께 맡기라 이는 그가 너희를 돌보심이라.

너희 염려를 다 주께 맡기라. 모든 종류의 일들과 관련한 염려, 심지어 목숨과 관련한 염려, 너희의 마음을 도려내며 찢는 염려, 너희를 슬프게 하며 고통하게 하는 염려 — 이 모든 염려들을 마치 무거운 짐처럼 다 주께 맡기라.

이는 그가 너희를 돌보심이라. 하나님 자신이 당신의 종들의 일에 대해 염려하심이라. 하나님은 자기 종들을 부지런히 살피시며 그들에게 좋은 것을 아끼지 아니하실 것이다(시 84:11; 빌 4:6).

8. 근신하라 깨어라 너희 대적 마귀가 우는 사자 같이 두루 다니며 삼킬 자를 찾나니.

근신하라(sober). 베드로전서 1:13; 4:7을 보라. 너희는 광분한 원수 마귀와 상대해야만 하느니라. 그러므로 너희는 먹고 마시는 일에 있어 근신할 뿐만 아니라 이 생의 염려에 있어 근신해야만 하느니라. 너희의 마음을 취하게 하거나 너희를 광분한 마귀에게 노출시키는 것은 무엇이든 정신을 차리고 가까이 하지 말 것이니라.

깨어라(be vigilant). 영적으로 깨어 있어 경계하며 주위를 살피라. 사탄의 올무와 유혹을 의식(意識)하면서 너희의 구원에 주의를 기울이라(마 24:42; 25:13; 26:41; 살전 5:6). 너희 대적. 너희와 다투며 너희를 참소하는 자(마 5:25; 눅 12:58). 여기의 단어는 히브리어 "사탄"과 대응된다(슥 3:1). 마귀. 너희를 참소하며, 비방하며 헐뜯는 자. 그가 이와 같이 불리는(마 4:1; 13:39) 것은 그가 사람들에게 하나님을 그와 같이 하며(창 3:4, 5), 또 하나님에게 사람들을 그와 같이 하며(욥 1:7; 2:2; 계 12:10), 또 사람들끼리 서로 그와 같이 하도록 만들기(요 8:44) 때문이다. 우는 사자 같이. 즉 굶주림 가운데 먹이를 찾아 포효하는 강하고 사나우며 잔인한 사자 같이. 두루 다니며. 마귀는 쉼 없이 우리를 시험에 빠뜨리거나 혹은 공격하려고 애를 쓴다. 욥기 1:7을 보라. 삼킬 자를 찾나니. 그는 우리에게 가벼운 상처를 입히는 것이 아니라 통째로 삼킴으로써 완전히 멸망시킬 기회를 찾는다.

9. 너희는 믿음을 굳건하게 하여 그를 대적하라 이는 세상에 있는 너희 형제들도 동일한 고난을 당하는 줄을 앎이라.

너희는 믿음을 굳건하게 하여. 이것은 다음과 같은 것들을 의미할 수 있다. (1) 너희의 믿음을 굳게 붙잡고 그 안에 견고하게 서서. 마귀는 우리로부터 믿음을 빼앗고 싶어 한다. 왜냐하면 믿음이 없을 때 우리는 결코 마귀에 대항하여 설 수 없기 때문이다. 혹은 (2) 믿음으로 말미암아 강하고 견고하여져서. 이것은 그리스도인에게 있어 믿음이 최고의 힘이라는 사실을 보여준다. 믿음으로 말미암아 우리는 하나님의 능력과 그리스도의 은혜를 우리 편으로 끌어오며, 모든 원수들에 대해 승리를 거둔다. "무릇 하나님께로부터 난 자마다 세상을 이기느니라 세상을 이기는 승리는 이것이니 우리의 믿음이니라"(요일 5:4).

그를 대적하라. 그의 유혹에 굴복하지 않음으로써(엡 4:27), 그리고 너희의 영적 전신갑주를 입음으로써(엡 6:11-13). 야고보서 4:7을 보라.

세상에 있는. 이것은 성도들의 고난이 보편적인 것임을 암시한다. 그것은 세상 전체에 흩어져 있는 그들 모두에게 미친다. 또 이것은 그러한 고난이 영원한 것이 아니라 일시적인 것임을 암시한다. 그것은 단지 그들이 세상에 거하는 동안에만 한정된다.

너희 형제들도 동일한 고난을 당하는 줄을 앎이라. 혹은 너희 형제들 안에서도 동일한 고난이 이루어지는 줄을 앎이라. 이것은 다음과 같은 것들을 의미할 수 있다. (1) 너희가 너희의 분량을 채우고 있는 것과 마찬가지로, 너희 형제들도 하나님이 그들에게 할당하신 고난의 분량을 채우고 있는 중이라(골 1:24). 혹은 (2) 그들의 고난의 공통성. 즉 너희가 당하는 고난을 다른 사람들도 똑같이 당하므로 너희는 고난당하는 것을 불평해서는 안 되느니라.

동일한 고난. 여기의 "고난"은 다음과 같은 것들을 의미할 수 있다. (1) 마귀의 유혹. 베드로가 마귀의 유혹을 "고난"으로 부르는 것은 그 가운데 빠져 있는 신자들이 그것을 가장 큰 고난으로 여기기 때문이다. 혹은 그것보다도 (2) 박해. 박해는 직접적으로는 세상 사람들로부터 오지만 그러나 궁극적으로 세상의 왕인 마귀의 부추김과 선동에 의해 온다. 그는 그들을 자신의 도구로 삼아 그들을 통해 역사(役事)한다. 그러므로 사람들이 우리를 압제할 때, 우리는 그들을 통해 역사하는 마귀를 대적해야 하다. 우리는 우리가 겪는 일시적인 고난조차도 종종 영적인 원수와 관계된 것일 수 있음을 기억할 필요가 있다.

10. 모든 은혜의 하나님 곧 그리스도 안에서 너희를 부르사 자기의 영원한 영광에 들어가게 하신 이가 잠깐 고난을 당한 너희를 친히 온전하게 하시며 굳건하게 하시며 강하게 하시며 터를 견고하게 하시리라.

모든 은혜의 하나님. 즉 모든 은혜의 창시자이시며 그것을 주시는 자. 그로부터 너희는 너희가 가진 것을 받았으며 너희가 원하는 것을 기대하느니라.

그리스도 안에서. 혹은 우리의 효과적인 부르심의 공로적인 원인이신 그리스도로 인해, 그리고 우리의 믿는 도리의 큰 사도이신 그로 말미암아(히 3:1). 혹은 여기의 "그리스도 안에서"는 뒤에 나오는 "영광"과 연결될 수도 있다. 그는 그들의 부르심뿐만 아니라 그들의 영광의 원인이시다.

너희를 부르사 자기의 영원한 영광에 들어가게 하신. 신자들이 마지막 날 영원한 영광에 참여하게 될 것은 하나님이 그들에게 그렇게 약속하시고 마침내 그렇게 이루실 것이기 때문이다. 베드로전서 5:1; 로마서 5:2을 보라.

잠깐 고난을 당한 너희를. 베드로는 그들을 격려하기 위해 이것을 덧붙인다. 그들이 당하는 고난은 그것이 무엇이든 잠깐 동안의 고난에 불과하다(벧전 1:6; 고후 4:17). 친히 온전하게 하시며 굳건하게 하시며 강하게 하시며 터를 견고하게 하시리라. (1) 하나님이 이미 시작된 것을 온전하게 하시며(히 13:20, 21), 옳은 것을 굳건하게 하시며(살후 2:16), 약한 것을 강하게 하시며, 이미 지어진 것을 (그리스도와의 굳은 연합으로 말미암아) 견고하게 하실 것이라(엡 3:17, 18; 골 1:23). 혹은 (2) 여기의 네 단어는 동일한 사실 즉 하나님이 성도들을 완전한 구원에 이르기까지 굳게 붙잡으시는 것을 나타내는 서로 다른 표현들일 수 있다. 그리고 베드로가 이와 같이 다양한 표현들을 사용하는 것은, 우리가 넘어지거나 혹은 푯대에 도달하지 못함이 없이 우리의 기독교적 경주를 달려가는 것이 매우 어려우며, 그러므로 하나님의 도우심이 필요하다는 사실을 암시하는 것일 수 있다.

11. 권능이 세세무궁하도록 그에게 있을지어다 아멘.

권능이. 혹은 영광과 주권이. 베드로전서 4:11을 보라. 여기의 동사 "be"는 헬라어

원문에는 없다. 그러므로 우리는 동사 "be"를 보충하여 기원문으로 읽을 수도 있고, 직설법으로 읽을 수도 있다. 전자의 경우 이것은 우리의 번역(즉 흠정역)처럼 영광송이 된다(한글개역개정판도 마찬가지임). 반면 후자의 경우라면 이것은 "영광과 주권이 그에게 있느니라" 혹은 "영광과 주권이 그에게 속하느니라" 혹은 "영광스러운 주권이 그에게 속하느니라"가 된다. 그렇다면 이것은 여기의 성도들을 격려하기 위해 베드로가 덧붙인 것이 된다. 즉 그가 "굳건하게 하시며 강하게 해 달라고" 기도하는 그분은 그 일을 능히 행하실 수 있는 충분한 능력을 가지고 계시다는 것이다.

그에게. 즉 하나님에게.

12. 내가 신실한 형제로 아는 실루아노로 말미암아 너희에게 간단히 써서 권하고 이것이 하나님의 참된 은혜임을 증언하노니 너희는 이 은혜에 굳게 서라.

내가 신실한 형제로 아는. "a faithful brother unto you, as I suppose" 즉 "내가 신실한 형제로 생각하는." 여기의 "as I suppose"는 실루아노의 신실함에 대한 의심을 나타내는 것이 아니다. 도리어 굳은 확신을 나타낸다. 즉 나는 그를 신실한 형제로 생각하는데, 그러한 사실을 지금까지 계속해서 발견해왔다는 것이다. 혹은 그것은 뒤에 나오는 "간단히"와 연결되는 것일 수도 있다. 즉 지금까지 내가 쓴 것이 너희에게 너무나 간단한 것처럼 생각된다는 것이다.

실루아노. 이 사람은 바울의 동역자였던 실라였고, 그러므로 베드로가 여기에서 그를 무할례자들의 사역자였음에도 불구하고 "신실한 형제"라고 부른 것이었을 수 있다(행 15:1-41; 16:1-40). 혹은 이 사람은 그들에게 말씀을 전파했던 다른 어떤 사람이었고 그러므로 그들에게 "신실한 형제"로 말하여졌을 수도 있다. 전자가 더 가능성이 높다. 권하고. 즉 믿음 안에서 흔들리지 말고 굳게 설 것과 마땅히 행할 의무를 부지런히 행할 것을. 증언하노니. 베드로가 참된 은혜를 증언한 것은 그들이 그것을 좀 더 충분하게 확신함으로 말미암아 그 위에 계속적으로 더 굳게 설 수 있도록 하기 위함이었다. 비슷한 구절로서 느헤미야 9:29, 30; 13:15을 보라.

너희는 이 은혜에 굳게 서라. "이 은혜"는 앞의 "하나님의 참된 은혜"를 가리키는 것으로서 곧 하나님의 참된 가르침을 의미한다. 요컨대 베드로는 이렇게 말하고 있는 것이다. "너희는 올바른 길 안에 있으며, 너희가 받은 가르침은 진실로 하나님의 진리로다."

13. 택하심을 함께 받은 바벨론에 있는 교회가 너희에게 문안하고 내 아들 마가도 그리하느니라.

바벨론에 있는 교회. 갈대아의 바벨론. 베드로는 이곳에서 본 서신을 쓰고 있었을 가능성이 가장 높다. 이 지역에 매우 많은 유대인들이 살고 있었다. 왜냐하면 포로 이후 그 지역에 많은 유대인들이 정착했기 때문이었다. 베드로는 할례자의 사도로서 이 지역에서 많은 사역을 펼쳤다. 한편 교황주의자들은 계시록 17:1-18처럼 여기의 바벨론을 로마로 생각하면서 베드로가 로마라는 본래 이름 대신 바벨론이라는 이름을 사용한 것은 예루살렘 감옥으로부터 나온 이후 자신이 있는 곳이 알려지지 않도록 하고자 했기 때문이었다고 생각한다(행 12:12, 25). 그러나 전에 그토록 담대했던 그가 도대체 무슨 연고로 지금 이토록 소심해졌단 말인가? 이것이 교회의 머리, 그리스도의 대리자, 사도들의 우두머리와 어울리는 모습인가? 그리고 그가 로마에서 전혀 알려지지 않은 상태로 25년을 살았다는 것이 가능한 일인가? 그가 어디에 있었든, 어쨌든 우리는 지금 마가가 그 옆에 있는 것을 발견한다. 마가는 네로 8년에 알렉산드리아에서 죽은 것으로 알려져 있다. 그리고 베드로는 그 이후 6년 동안 죽지 않고 살아 있었다. 만일 마가가 그때 처음 알렉산드리아 교회를 세우고 여러 해 동안 그 교회를 치리했다면, 그와 베드로가 함께 로마에 있었다는 것은 매우 생각하기 어려운 일이 될 것이다. 그럼에도 불구하고 그들이 여기의 바벨론을 굳이 로마로 이해하고자 하는 까닭이 무엇일까? 그것은 교황주의자들이 로마에서 그리스도의 교회보다 베드로의 옥좌(玉座)를 찾는 일에 더 관심이 많기 때문이다.

14. 너희는 사랑의 입맞춤으로 서로 문안하라 그리스도 안에 있는 너희 모든 이에게 평강이 있을지어다.

너희는 사랑의 입맞춤으로 서로 문안하라. 로마서 16:16; 고린도전서 16:20; 고린도후서 13:12을 보라. 그리스도 안에 있는. 믿음으로 말미암아 그리스도와 연합되고 그의 지체가 된.

MATTHEW POOLE'S COMMENTARY

베드로후서

MATTHEW POOLE'S COMMENTARY

서론

본 서신의 저자와 권위는 결코 부인될 수 없을 정도로 너무나 명확함에도 불구하고 일부 사람들에 의해 계속적으로 의심받아 왔다. 본 서신의 저자가 의심받은 것은 본 서신과 앞 서신 사이의 문체의 차이 때문이다. 그러나 다른 학자들이 보여주는 두 서신 사이의 문체상의 큰 유사성은 차치하고라도, 한 저자가 서로 다른 상황에서 서로 다른 주제로 글을 쓸 때 다소 다른 방식으로 쓰는 것이 도대체 무엇이 이상하단 말인가? 뿐만 아니라 성령께서 자신의 도구를 자신이 기뻐하는 방식으로 사용할 수 없단 말인가? 성령께서 그들에게 그들이 쓰는 주제뿐만 아니라 사용하는 표현과 구절까지 지시하실 수 있으시지 않은가? 도대체 무엇 때문에 무한하신 주권자가 그가 사용하는 사람들의 재능과 조건에 제한되어야만 한단 말인가?

옛 공의회와 교부들의 판단은 차치하고라도, 우리는 1장으로부터 본 서신의 저자가 베드로임을 증명하는 두 가지 큰 논증을 끌어낼 수 있다. 첫 번째 큰 논증은 본 서신의 제목으로부터 끌어낼 수 있다. 거기에서 우리는 그의 두 이름 즉 시몬과 베드로를 발견한다. "예수 그리스도의 종이며 사도인 **시몬 베드로**는 우리 하나님과 구주 예수 그리스도의 의를 힘입어 동일하게 보배로운 믿음을 우리와 함께 받은 자들에게 편지하노니"(벧후 1:1). 또 하나의 큰 논증은 16절로부터이다. "우리 주 예수 그리스도의 능력과 강림하심을 너희에게 알게 한 것이 교묘히 만든 이야기를 따른 것이 아니요 우리는 그의 크신 위엄을 친히 본 자라." 여기에서 베드로는 그리스도께서 영광스럽게 변화될 때 자신이 그와 함께 있었음을 증언한다. 어느 누구도 본 서신의 저작권을 요한이나 이미 죽은 야고보에게 돌리지 않는다 — 설령 이때 야고보가 살아 있었다 하더라도, 그가 베드로의 이름을 사칭(詐稱)하여 편지를 썼다는 것은 도무지 상상할 수 없는 일이다. 우리 주님이 영광스럽게 변화되실 때 그 자리에 함께 있었던 자들은 베드로 외에 그 두 사람뿐이었다(마 17:1). 그렇다면 본 서신의 저자는 베드로 외에 다른 사람일 수 없다. 만일 본 서신이 정말로 베드로가 쓴 것이 아니라면, 표제에 그의 이름이 분명하게 새겨진 사실은 이것이 정경(正經)과 너무나 거리가 먼 것임을 확증하는 것이 될 것이다. 도리어 위경(僞經) 가운데 하나로 간주되는 것이 훨씬 더 타당할 것이다. 왜냐하면 표제부터가 거짓이기 때문이다.

계속해서 본 서신의 권위에 대해 생각해 보도록 하자. 만일 베드로가 본 서신의 저자라면, 그 안에 성경의 다른 구절과 모순되는 것은 아무것도 없는 상태에서 그것의 권위는 의심의 여지가 없는 것이 된다. 물론 몇몇 학자들이 본 서신의 권위를 의심한 것은 사실이다. 그러나 우리는 대부분의 학자들이 그것의 권위를 기꺼이 인정한 사실을 잊어서는 안 된다. 본 서신은 단 한순간도 위경에 속하는 것으로 간주된 적이 없었다. 본 서신이 초창기 수리아 판본에서 발견되지 않는 사실은 그것의 권위가 몇몇 학자들에 의해 의심되었음을 의미하는 것일 뿐 그것의 권위가 모든 사람들에 의해 부인되었음을 의미하는 것은 아니다.

3:1, 2에 나타나는 것처럼, 본 서신은 앞 서신과 마찬가지로 흩어진 유대인들에게 쓰인 것으로 보인다. 왜냐하면 거기에 "이 둘째 편지를 너희에게 쓰노니"라는 표현이 나타나기 때문이다. 본 서신은 그의 생애가 많이 남아 있지 않았을 때 기록되었다(1:14). 본 서신의 목적은 부분적으로 그들로 하여금 그가 그들에게 전파한 진리들을 다시금 기억하게 하고, 그럼으로써 그들이 더 이상 사도들의 가르침을 받을 수 없게 된 상태에서도 거짓 선생들의 오류에 넘어지지 않고 굳게 설 수 있도록 하는 것이었다(1:12, 15; 2:1). 그리고 또 부분적으로 그것은 그들로 하여금 거룩함을 부지런히 실천하며 믿음 가운데 흔들리지 않고 견고하게 서도록 설득하며 격려하기 위한 것이었다. 앞 서신에서 박해자들의 가혹한 폭정 가운데 굴복하지 말고 인내할 것을 훈계했던 것처럼, 여기에서도 베드로는 그들에게 이단의 거짓에 대항하여 복음의 진리 가운데 인내할 것을 훈계한다(2:1-22). 그렇게 함으로써 그들은 저들의 유혹에 넘어지지 않고, 조롱하는 자들의 불경건에도 불구하고 계속해서 거룩함을 지킬 수 있을 것이었다(3:1-18).

MATTHEW POOLE'S COMMENTARY

베드로후서 1장

개요

1. 베드로가 문안 인사를 하는 가운데 그들에게 계속적으로 경건의 삶을 배양할 것을 훈계함(1–4).
2. 베드로가 그들에게 믿음에 각종 아름다운 덕들을 더할 것을 훈계함(5–9).
3. 베드로가 그들에게 더욱 힘써 그들의 부르심과 택하심을 굳게 할 것을 훈계함(10–11).
4. 베드로가 그들에게 자신의 떠날 때가 가까웠음을 일깨워줌(12–15).
5. 베드로가 그들에게 그리스도의 재림을 확증하면서 자신이 거룩한 산에서 보고 들은 것에 대해 증언함. 그리고 그와 함께 예언에 대해 이야기함(16–21).

1. 예수 그리스도의 종이며 사도인 시몬 베드로는 우리 하나님과 구주 예수 그리스도의 의를 힘입어 동일하게 보배로운 믿음을 우리와 함께 받은 자들에게 편지하노니.

종이며 사도. 종이면서 동시에 사도. 전자는 모든 복음사역자들에게 일반적으로 적용되는 호칭이지만, 그러나 후자는 더 탁월하며 뛰어난 호칭이다. 그러므로 이러한 표현으로 베드로는 자신이 그들에게 단순히 한 사람의 평범한 사역자로서가 아니라 최고(最高)의 사역자인 사도의 권위를 가지고 편지를 쓰고 있음을 암시한다.

하나님과 구주 예수 그리스도의 의를 힘입어(through the righteousness). 여기의 전치사 "through"는 베드로후서 1:5; 사도행전 7:38에서처럼 "with"로도 번역될 수 있다. 그렇다면 이것은 다음과 같은 것들을 의미할 수 있다. (1) 의(義) 즉 그리스도의 약속 안에서 그의 진리와 신실하심을 힘입어. 성도들의 믿음은 바로 이것의 결과이다. 혹은 (2) 믿음의 공로적인 원인으로서 그리스도의 의를 힘입어. 혹은 (3) 그들에게 전가된 그리고 믿음으로 말미암아 그들의 것이 된 그리스도의 의와 함께. 그들은 그리스도의 의와 함께 사도들과 다른 사람들이 가졌던 것과 동일한 보배로운 믿음을 얻었다(롬 4:22).

우리 하나님과 구주 예수 그리스도. 헬라어에는 관사가 하나만 붙어 있다. 그러므로 여기의 표현은 하나로 결합하여 이해해야 한다. 그리고 여기의 접속사 "과"(and)는 단지 설명적인 것에 불과하다. 그렇다면 그 의미는 다음과 같다: 우리 하나님이신 구주 예수 그리스도의 의를 힘입어. 비슷한 표현으로서 베드로후서 1:11; 3:18; 요한복음 20:28; 디도서 2:14을 보라.

동일하게 보배로운 믿음. 그것의 크기 혹은 분량의 측면에서가 아니라, 그것의 대상(즉 그리스도)과 그것이 가져다주는 은택들(예컨대 의롭다 함을 받고 거룩하여지고 양자가 되는 등)의 측면에서. 이런 측면에서 가장 연약한 신자의 믿음은 가장 강한 신자의 믿음과 동일하게 보배롭다. 우리와 함께. 우리 사도들과 함께, 혹은 유대에서 태어난 우리 유대 그리스도인들과 함께.

2. 하나님과 우리 주 예수를 앎으로 은혜와 평강이 너희에게 더욱 많을지어다.

하나님과 우리 주 예수를 앎으로. 혹은 인정함 즉 믿음으로. 이러한 믿음으로 말미암아 우리는 성령의 모든 구원의 은혜에 참여하며, 의롭다 함을 받으며, 하나님과 화평을 이루게 된다(롬 5:1). 우리 주 예수. 그리스도로 말미암음이 없이 구원에 이르는 하나님에 대한 앎 혹은 하나님에 대한 믿음은 결코 없다.

3. 그의 신기한 능력으로 생명과 경건에 속한 모든 것을 우리에게 주셨으니 이는 자기의 영광과 덕으로써 우리를 부르신 이를 앎으로 말미암음이라.

그의 신기한 능력(his divine power). 혹은 "그의 신적 능력." 이것은 하나님과 연결될 수도 있고, 바로 앞의 그리스도와 연결될 수도 있다(아마도 후자가 좀 더 가능성이 높아 보인다). 베드로는 그들에게 하나님으로부터 뿐만 아니라 그리스도로부터 은혜와 평강이 더욱 많아지기를 간절히 소망하는데, 그들은 생명과 경건에 속한 모든 것 즉 생명과 경건에 도움이 되는 성령과 믿음과 회개 등을 주신 것 안에서 이미 그(하나님 혹은 그리스도)의 신기한 능력을 경험했다(요 7:39; 고후 4:6; 딤후 2:25).

생명. 이것은 다음과 같은 것들을 의미할 수 있다. (1) 영적인 생명. 그렇다면 다음에 나오는 "경건"은 그것을 설명하는 것으로서 덧붙여진 것이 될 것이다 — 즉 경건으로 이루어지는 생명. 혹은 여기의 생명은 영적인 행동들의 내적이며 영원한 원리를, 그리고 경건은 그러한 행동들을 구체적으로 실천하는 것을 의미하는 것일 수 있다. 혹은 (2) 영원한 생명. 우리는 경건을 통해 이러한 생명을 얻는다. 그러면 여기의 두 단어는 개별적으로 — 즉 생명은 목적으로, 그리고 경건은 그 수단으로 — 이해되어야 한다. 그러면 여기의 생명은 앞 절의 평강과, 그리고 여기의 경건은 앞 절의 은혜와 같은 것이 된다.

영광과 덕으로써(to glory and virtue). 흠정역의 번역에 따를 때, 여기의 영광은 앞의 생명과 그리고 여기의 덕은 앞의 경건과 같은 것일 수 있다. 그러면 여기의 말씀은 하나님이 우리를 부르시는 목적을 제시한다. 그것은 이 땅에서의 덕 혹은 경건이면서 동시에 장차 하늘에서의 영광 혹은 생명이다. 그러나 헬라어 전치사 '디아' (δια)는 신약 어디에서도 'to' 를 의미하는 것으로 나타나지 않는다. 예컨대 로마서 6:4에서 그것은 'by' 로 번역된다. "이는 아버지의 영광으로 말미암아(by the glory of the Father) 그리스도를 죽은 자 가운데서 살리심과 같이 우리로 또한 새 생명 가운데서 행하게 하려 함이라." 여기에서 "영광"은 하나님의 능력 대신 사용된 것이다. 따라서 흠정역 난외(欄外)는 그것을 "영광과 덕으로 말미암아"로 읽는다. 여기의 "영광과 덕"은 중언법(重言法)으로 "영광스러운 덕"을 ― 혹은 덕을 능력 대신 사용한 것으로 취하면서 "영광스러운 능력"을 ― 의미하는 것이거나, 혹은 우리의 부르심 가운데 나타나는 그의 영광스러운 선하심과 자비하심을 의미하는 것일 수 있다. 디도서 3:4, 5; 베드로전서 2:9을 보라. 혹은 그것은 ― 영광이 종종 능력 대신 취하여지는 것을 감안하여(요 2:11) ― "하나님의 능력과 선하심"을 의미할 수도 있다.

4. 이로써 그 보배롭고 지극히 큰 약속을 우리에게 주사 이 약속으로 말미암아 너희가 정욕 때문에 세상에서 썩어질 것을 피하여 신성한 성품에 참여하는 자가 되게 하려 하셨느니라.

이로써. 즉 "영광과 덕으로써." 특별히 앞에서 설명한 두 번째 의미로 "우리에 대한 그의 영광스러운 선하심과 자비하심으로써."

그 보배롭고 지극히 큰 약속(promises)을 우리에게 주사. 여기의 "약속들"을 우리는 그리스도로 말미암은 구속과 화해와 양자됨 등과 같은 약속된 것들로서 이해할 수 있다(히 10:36). 그리고 여기에서 그러한 것들은 세상의 모든 일시적인 것들과 반대되는 "보배롭고 지극히 큰" 것으로서 말하여진다. 또 그것은 약속들 자체로서 이해될 수도 있다. 그것이 "지극히 큰" 것은 그 안에 담겨 있는 것들의 탁월함 때문이다. 또 그것은 우리와 관련하여 "보배롭다." 그 약속들 안에 지극히 큰 것들이 담겨 있으며, 그러한 것들은 그 약속들로 말미암아 우리에게 주어진다.

이 약속으로 말미암아 너희가 … 신성한 성품에 참여하는 자가 되게 하려 하셨느니라. 우리가 신성한 성품(divine nature)에 참여하는 자가 된다고 말하여지는 것은 신적 본질(divine essence)이 우리에게 전달되기 때문이 아니라 하나님이 ― 지식, 의, 참된 거룩함 등과 같은 ― 신적 속성들과 성향들을 우리 안에 주입하시기 때문이다. 그러한 것들은 하나님의 완전하심과 닮은 것으로서, 그의 형상으로 일컬어진다

(엡 4:24; 골 3:10). 또 우리가 복음의 약속들로 말미암아 이러한 신성한 성품에 참여하는 자가 된다고 말하여지는 것은 그러한 약속들이 우리의 거듭남의 효과적인 수단이기 때문이다(거듭나는 것은 그러한 신성한 성품이 우리에게 전달되는 것이다). "살리는 영"인 성령은 그러한 약속들로 말미암아 역사(役事)하는 가운데 우리 안에서 하나님의 지혜와 의와 거룩함의 형상 혹은 주의 영광의 형상을 이루신다(고후 3:6). 우리가 믿음으로 말미암아 약속의 복음의 거울을 볼 때, 우리는 "주의 영으로 말미암아 그와 같은 형상으로 변화"된다(고후 3:18). 또 "신성한 성품"은 내세의 영광과 썩지 않음으로 이해될 수도 있다. 그러한 것들 안에서 우리는 하나님과 같이 될 것이다. 그리고 우리는 또한 약속들로 말미암아 그러한 것들에 참여하는 자가 될 것이다.

정욕 때문에 세상에서 썩어질 것을 피하여. 여기의 "썩어질 것"(corruption)을 우리는 다음과 같이 이해할 수 있다. (1) 멸망. 그렇다면 여기의 "썩어질 것"은 앞의 생명과 평강, 그리고 "정욕"은 경건과 덕과 반대되는 것이 될 것이다. (2) 인간 본성의 모든 악하고 부패한 것. 이것은 여기에서 "정욕"과 관련되면서 동시에 "세상에" 가득한 것으로서 말하여진다. 그렇다면 여기의 "정욕 때문에 세상에서 썩어질 것을 피하라"는 말씀은 갈라디아서 5:24의 "육체와 함께 그 정욕과 탐심을 십자가에 못 박으라"는 말씀과 같은 말씀이 될 것이다. 여기의 "정욕 때문에 썩어질 것"은 앞의 "신성한 성품"과 반대되는 것이다. 그러므로 "썩어질 것을 피하는" 것은 "신성한 성품에 참여하는 자가 되는" 것과 같은 것이다. 에베소서 4:22-24; 골로새서 3:9, 10을 보라.

5. 그러므로 너희가 더욱 힘써 너희 믿음에 덕을, 덕에 지식을.

그러므로 너희가 더욱 힘써. 여기에서 베드로는 그들에게 적극적으로 힘쓸 것을 훈계하기 시작한다. 하나님이 그들을 위해 그토록 많은 일을 행하셨으므로(3, 4절), 그들 역시도 마땅히 그들의 의무를 행해야만 한다. 받은 은혜를 더욱 증진시키며 계발시키고자 힘쓸 때, 그것은 더 풍성해지고 넘치게 될 것이다.

믿음. 믿음은 여기에서 첫 번째 은혜로서 제시된다. 이를테면 그것이 앞에서 이끌고, 나머지 은혜들은 그것을 따른다. 그리고 모든 은혜들은 마치 사슬처럼 서로 연결되어 있다. 믿음은 가장 기본적인 은혜로서 첫째 자리에 놓인다. 그것은 다른 모든 은혜들의 기초이며 뿌리이다. 그리고 그것이 없이는 아무것도 하나님을 기쁘시게 하지 못한다(히 11:6).

덕. 여기의 덕을 베드로는 보편적인 의 혹은 믿음의 역사(役事)를 일으키는 모든 은혜들의 총체로 이해하는 것으로 보인다. 이것은 좀 더 일반적인 것으로서, 베드로는 이것으로부터 좀 더 특별한 것들로 나아간다.

지식. 이것은 다른 덕들을 통제하며 이끄는 영적인 분별력을 의미하는 것으로 보인다. 이것이 "지식"으로 불리는 것은 그것이 하나님의 뜻에 대한 실제적인 앎으로 이루어지기 때문이다. 고린도후서 6:6; 베드로전서 3:7을 보라.

6. 지식에 절제를, 절제에 인내를, 인내에 경건을.

절제. 육체의 정욕뿐만 아니라 모든 종류의 과도한 욕망을 억제하며 통제하는 은혜(갈 5:22; 딛 1:8). 인내. 고통과 해악을 견디는 기독교적 참음. 이 은혜가 있을 때, 우리는 악에 의해 요동됨이 없이 계속해서 우리의 의무를 지킬 수 있다. 경건. 이것은 하나님에 대한 우리의 직접적인 의무와 관련되는 것으로서 첫째 돌판의 모든 의무들을 포함하는 것이다. 이것이 "인내"와 연결되는 것은 그것이 우리가 겪는 고난 가운데 우리에게 하나님의 섭리와 구원과 상급의 약속을 일깨워 주기 때문이다.

7. 경건에 형제 우애를, 형제 우애에 사랑을 더하라.

형제 우애(brotherly kindness). 믿음의 권속들에 대한 사랑. 이것이 "경건"과 연결되는 것은 참된 경건이 있노라 하면서 형제 사랑이 없는 것은 헛된 일임을 나타내기 위함이다. 사랑(charity). 이것은 앞의 "형제 우애"보다 일반적인 것으로서 모든 사람들과 — 심지어 원수들까지도 — 관계되는 것이다. 더하라. 이것은 고대의 춤추는 방식으로부터 취한 은유일 수 있다. 그들은 춤을 출 때 함께 손을 잡고 서로를 도우며 붙잡아 주었다.

8. 이런 것이 너희에게 있어 흡족한즉 너희로 우리 주 예수 그리스도를 알기에 게으르지 않고 열매 없는 자가 되지 않게 하려니와.

이런 것이 너희에게 있어 흡족한즉. 만일 너희 안에 이러한 은혜들이 있을 뿐만 아니라 너희가 그것들 안에서 풍성하거나 혹은 계속해서 자라간다면. 너희로 … 하려니와. 그것들이 너희를 … 만들 것이라. 우리 주 예수 그리스도를 알기에. 즉 그리스도를 믿는 믿음에 있어. 게으르지 않고. 혹은 소홀히 하지 않고.

열매 없는 자가 되지 않게. 선행이 결여된 자가 되지 않게. 선한 행실은 종종 열매로 비유된다(마 3:10; 7:17-19; 갈 5:22). 그러나 여기에는 표현된 것 이상의 것이 함축되어 있다. 본 절의 전체적인 의미는 다음과 같다. "만일 너희 안에 이러한 은혜들이 있을 뿐만 아니라 너희가 그것들 안에서 풍성하거나 혹은 계속해서 자라간다면, 그러한 것들이 너희를 그리스도를 아는 지식에 있어 능동적이며 열매를 맺도록 만들 것이며, 나아가 너희의 그러함을 드러내면서 너희가 헛되이 그리스도를 배우지 않았음을 나타낼 것이라."

9. 이런 것이 없는 자는 맹인이라 멀리 보지 못하고 그의 옛 죄가 깨끗하게 된 것을 잊었느니라.

이런 것이 없는 자는. 앞의 은혜들을 실천하면서 살지 않는 자는. 맹인이라. 구원에 이르는 지식이 결여된 영적인 맹인.

멀리 보지 못하고. 여기의 헬라어는 다양하게 번역된다. 그 가운데 가장 적합한 설명은 다음과 같다. (1) 맹인이 그렇게 하는 것처럼 손을 더듬어 길을 찾는 것. 그러면 여기의 의미는 이런 것이 없는 자는 맹인으로서 맹인처럼 갈 길을 알지 못한 채 손을 더듬어 찾는다는 것이다. 실제적으로 그는 구원에 이르는 지식을 갖고 있지 못한 것이다. 혹은 (2) 흠정역과 한글개역개정판이 번역하는 것처럼, 반(半) 맹인으로서 멀리 보지 못한 채 바로 앞밖에는 보지 못하는 것. 그러면 그 의미는, 이런 것이 없는 자, 즉 앞에 언급된 은혜들을 행하지 않는 자는 맹인으로서 오직 세상의 것들만 보면서 하늘에 속한 멀리 있는 것들은 보지 못하는 자라는 것이다.

그의 옛 죄가 깨끗하게 된 것을 잊었느니라. 사실상 그는 하나님 앞에서 자신이 받은 은택을 모두 잊은 것이다. 왜냐하면 앞의 은혜들이 결여된 삶은 받은 은택을 올바로 기억하며 그에 합당하게 사는 것이 아니기 때문이다. 여기에 묘사된 자, 즉 의롭다 하심과 거룩하게 하심 안에서 그리고 그리스도의 피와 그의 영으로 말미암아 자신의 옛 죄가 깨끗하게 되었노라고 고백하면서 여전히 죄 가운데 살면서 마땅히 행할 의무를 게을리하는 자는 사실상 자신이 받았노라고 고백하는 긍휼을 잊어버리고 만 것이다(고전 6:11; 엡 5:25-27). 그렇게 이해할 수밖에 없는 것은 그가 실제로 그렇게 살며 행하기 때문이다. 또 설령 그가 실제로 그의 옛 죄로부터 깨끗하게 된 자라 하더라도 만일 그와 같은 은택의 목적에 합당하게 살지 않는다면, 그는 그러한 은택을 잊은 것으로 충분히 말하여질 수 있다(눅 1:74, 75).

10. 그러므로 형제들아 더욱 힘써 너희 부르심과 택하심을 굳게 하라 너희가 이것을 행한즉 언제든지 실족하지 아니하리라.

더욱 힘써. 즉 앞의 은혜들을 행하는 일에. 너희 부르심. 너희를 그리스도를 믿는 믿음으로 부르신 효과적인 부르심. 택하심. 은혜와 영광으로의 영원한 택하심. 굳게 하라. 하나님의 측면에서가 아니라(왜냐하면 하나님의 계획은 그 자체로 확실하고 견고하기 때문에, 롬 11:29; 딤후 2:19), 너희 자신의 측면에서. 너희는 결과에 의해 원인을 가장 잘 분별할 수 있다. 그러므로 너희의 택하심은 그것의 목적이며 너희의 부르심을 증명하는 선한 행실에 의해 가장 잘 분별된다(엡 1:4; 4:1, 2). 사도행전 13:48; 로마서 8:30을 보라.

너희가 이것을 행한즉. 5-7절에 언급된 은혜들. 언제든지 실족하지 아니하리라. 하나님의 길로부터 완전히 이탈하게 되지 않을 뿐만 아니라 유혹으로 말미암아 회복될 수 없을 정도로 죄 가운데 넘어지지 않게 될 것이라.

11. 이같이 하면 우리 주 곧 구주 예수 그리스도의 영원한 나라에 들어감을 넉넉히 너희에게 주시리라.

넉넉히. 혹은 풍부하게. 만일 너희가 하나의 은혜에 또 다른 은혜를 더하며 하나의 선한 행실에 또 다른 선한 행실을 더한다면, 하나님도 마찬가지로 성령 안에서 너희에게 필요한 은혜와 능력과 위로를 넉넉히 혹은 풍부하게 더하실 것이라. 그리고 그렇게 하심으로써 너희가 영원한 나라를 소유하는데 이를 때까지 너희의 믿음이 자라며, 너희의 기쁨이 증진되며, 너희의 인내가 견고하게 되도록 하실 것이라.

12. 그러므로 너희가 이것을 알고 이미 있는 진리에 서 있으나 내가 항상 너희에게 생각나게 하려 하노라.

너희가 이것을 알고. 베드로는 "우리가 이미 그것을 알고 있지 않느냐?"는 가상적인 반론을 미리 막는다. 베드로는 이를테면 이렇게 말하고 있는 것이다. "너희가 그것을 이미 알고 있는 것은 사실이로다. 그러나 그것은 너무나 중요한 문제로다. 너희는 여러 가지 유혹들과 각종 연약함들에 둘러싸여 있도다. 망각의 땅에 있는 동안, 너희는 이미 알고 있는 것이라 할지라도 그것을 다시 마음에 되새기는 것이 필요하도다. 그래서 내가 항상 너희에게 그것을 생각나게 하려 하노라." 여기와 비슷한 말씀으로서 로마서 15:14, 15; 요한일서 2:21을 보라.

이미 있는 진리. 지금 너희에게 계시된 진리. 그것은 사도들이 전파하고 가르친 큰 주제로서 예수가 그리스도이시며, 그가 구속을 이루셨으며, 그가 죽은 자 가운데서 다시 살아나셨으며, 그를 믿는 자는 누구든지 죄 사함을 받는다는 등의 진리이다. 조상들에게 주어진 약속이 지금 성취되었으며(행 13:32, 33), 옛 언약 아래에서 미래였던 것이 새 언약 아래에서 지금 현재가 되었다.

13. 내가 이 장막에 있을 동안에 너희를 일깨워 생각나게 함이 옳은 줄로 여기노니.

이 장막에. 이 육체에. 짧은 기간 동안의 육체의 때에, 나는 최고의 목적을 위해 그리고 가능한 가장 많은 선을 행하면서 살고자 하노라. 여기에서 베드로가 자신의 육체를 보잘것없는 거처인 장막으로 부르는 것은 그것이 짧은 기간 동안만 계속되는 것이라는 측면에서와 그 안에서의 수고로운 삶의 측면에서이다.

너희를 일깨워. 너희를 각성시켜. 우리는 수시로 각성될 필요가 있다. 왜냐하면 우리의 육체는 너무나 게으르기 쉽기 때문이다. 우리는 수시로 각성됨으로써 안일함과 무심함으로 인해 우리가 받은 은택을 잃어버리지 않을 수 있게 된다. 이미 알고 있다 하더라도, 우리에게는 계속적인 훈계가 필요하다.

14. 이는 우리 주 예수 그리스도께서 내게 지시하신 것 같이 나도 나의 장막을 벗어날 것이 임박한 줄을 앎이라.

우리 주 예수 그리스도께서 내게 지시하신 것 같이. 요한복음 21:18, 19에서 예수 그리스도는 베드로에게 그가 어떤 종류의 죽음을 맞게 될 것인지에 대해 말씀하셨다. 그것은 폭력적인 죽음일 것이었다. 그러나 그때 그리스도는 때와 관련해서는 아무 말씀도 하지 않으셨다. 그러므로 어쩌면 베드로는 그의 죽음과 관련하여 두 번의 계시를 받았는지 모른다. 하나는 그 방식과 관련한 것이고, 다른 하나는 여기에 언급된 것으로서 때와 관련한 것이다. 혹은 만일 여기의 언급이 요한복음 21:1-25을 가리키는 것 외에 다른 것이 아니라면, 우리는 거기에서 우리 주님이 베드로의 죽음이 요한의 죽음보다 앞설 것을 암시했다고 말할 수 있다. 거기에서 주님은 베드로에게 "내가 올 때까지" 즉 예루살렘이 심판을 받아 멸망을 당할 때까지 "그를 머물게 하고자 할지라도 네게 무슨 상관이냐"고 말씀하셨다(22절). 베드로는 지금(마태복음 24장의 주님의 말씀과 유대인들의 상황을 유심히 지켜보면서) 그 날이 가까웠음을 인식하고 있었으며, 그로부터 자신의 죽음이 멀지 않았음을 추론했다.

나의 장막. 고린도후서 5:1을 보라. 벗어날 것이. 혹은 벗을 것이. 이것은 옷으로부터 취한 은유이다. 몸 안에 있는 동안 우리는 육체로 옷을 입는다. 그리고 경건한 자들에게 죽음은 단지 옷을 벗고 침대로 가는 것일 뿐이다(사 57:2).

15. 내가 힘써 너희로 하여금 내가 떠난 후에라도 어느 때나 이런 것을 생각나게 하려 하노라.

어느 때나(always). 혹은 항상. 이것은 "힘써"와 연결될 수 있다. 그렇다면 이것은 베드로 자신과 관련된다. 즉 그는 그들이 이런 것들을 기억할 수 있도록 "어느 때나"(always) 힘썼다는 것이다. 혹은 그것보다도 그것은 (흠정역과 한글개역개정판처럼) "생각나게"와 연결될 수 있다. 베드로는 지금 자신의 장막을 벗을 날이 가까웠다. 그러므로 여기의 "어느 때나"는 곧 죽게 될 그 자신보다도 그가 죽은 후에 살아 있을 그들과 더 잘 연결될 수 있다.

이런 것. 그리스도를 믿는 믿음과 선행을 실천할 것 등과 관련하여 전에 가르친 교훈들. 생각나게. 혹은 기념하게. 이와 같이 이것은 단순히 기억하는 것뿐만 아니라 그 이상의 의미를 함축한다.

16. 우리 주 예수 그리스도의 능력과 강림하심을 너희에게 알게 한 것이 교묘히 만든 이야기를 따른 것이 아니요 우리는 그의 크신 위엄을 친히 본 자라.

우리 주 예수 그리스도의 능력. 이것은 그리스도의 신성과 관련되는 것으로서 그것의 영광스러운 결과이다. 그는 그의 가르침의 효력과 그가 행한 각종 기적들과 특별히 그의 부활을 통해 그의 신성을 분명하게 나타냈다(롬 1:4).

강림하심. 이것은 그의 인성과 관련된다. 그는 육체로 오심 안에서 그의 능력을 나타냈다. 이러한 두 가지, 즉 약속된 메시야인 그리스도가 육체 가운데 오셨으며 그가 죄인들을 끝까지 구원할 수 있는 충분한 능력을 가지고 계시다는 것이 전체적인 복음의 총체를 이룬다. 혹은 여기의 그리스도의 강림하심은 그의 두 번째 오심을 가리키는 것일 수 있다. 여기의 단어는 신약에서 대부분 그것(즉 그의 두 번째 오심)을 가리키는 것으로 사용되며, 뒤이어 언급되는 변화산 사건은 그것의 일종의 전조(前兆)이다. 베드로는 주의 재림을 조롱하는 자들에 맞서 여기의 성도들에게 그것을 분명하게 확증했다(3:3, 4).

교묘히 만든 이야기. 사람들의 상상력을 만족시키기 위해서나 혹은 그들의 판단력을 왜곡시키기 위해 인위적으로 꾸민 허구. 베드로는 이를테면 이렇게 말하고 있는 것이다 — 우리가 너희에게 전파한 것은 (그것의 요체는 우리 주 예수 그리스도의 능력과 그의 강림하심이다) 사람들이 만든 허구가 아니라 참된 하나님의 말씀이니라. 디모데전서 1:4; 4:7; 디모데후서 4:4; 디도서 1:14을 보라.

우리는 그의 크신 위엄을 친히 본 자라. 여기의 "그의 크신 위엄"은 그가 이 땅에 계셨던 모든 시간 동안 그 안에서 빛났던 모든 영광을 가리키는 것으로 이해될 수 있다(요 1:14). 그러나 그것은 다음 절이 언급하는 변화산 사건에서 좀 더 특별하게 나타났다.

17. 지극히 큰 영광 중에서 이러한 소리가 그에게 나기를 이는 내 사랑하는 아들이요 내 기뻐하는 자라 하실 때에 그가 하나님 아버지께 존귀와 영광을 받으셨느니

라.

존귀와 영광. 영광은 그리스도께서 변화되실 때 그의 몸에서 나타난 광채를 가리키며, 존귀는 그 때 아버지로부터 그에게 임한 음성, 즉 그에게 대한 존귀한 증언을 가리키는 것일 수 있다(마 17:2). 지극히 큰 영광 중에서. 하늘로부터 혹은 그리스도의 아버지이신 영광스러운 하나님으로부터. 하나님은 이러한 음성에 의해 특별한 방식으로 자신의 영광스러운 임재를 나타내셨다. 이는 내 사랑하는 아들이요. 즉 이는 내가 그토록 자주 약속한 메시야요. 이와 같이 율법과 선지자들이 메시야와 관련하여 언급한 모든 것은 그에게로 초점이 모아진다. 내 기뻐하는 자라. 이것은 그리스도가 아버지에게 특별하게 사랑스러운 자라는 사실뿐만 아니라 그를 믿는 믿음으로 말미암아 자녀가 된 모든 사람들 역시도 그 안에서 그리고 그를 통해 하나님에게 사랑스러운 자라는 사실을 함축한다(마 3:17; 요 17:26; 엡 1:6).

18. 이 소리는 우리가 그와 함께 거룩한 산에 있을 때에 하늘로부터 난 것을 들은 것이라.

우리. 나와 야고보와 요한. 거룩한 산. 그 산이 이와 같이 불리는 것은 그 안에 어떤 고유한 거룩함이 있기 때문이 아니라 그곳에서 특별한 방식으로 하나님의 임재가 나타났기 때문이다. 하나님이 모세와 여호수아에게 나타나셨던 땅이 거룩한 땅으로 불린 것 역시 같은 의미에서이다(출 3:5; 수 5:15). 들은. 베드로는 그리스도의 영광을 자신의 눈으로 직접 보았을 뿐만 아니라 자신의 귀로 직접 들었노라고 확증한다. 그리고 그렇게 함으로써 그는 은연중 복음의 확실성을 암시한다. 세상에서 일어나는 어떤 일과 관련하여 눈으로 보고 귀로 들은 것보다 더 확실한 것은 아무것도 없다. 요한일서 1:1, 3과 비교하라.

19. 또 우리에게는 더 확실한 예언이 있어 어두운 데를 비추는 등불과 같으니 날이 새어 샛별이 너희 마음에 떠오르기까지 너희가 이것을 주의하는 것이 옳으니라.

앞에서 베드로는 그리스도께서 영광스럽게 변화되실 때 자신이 그의 영광을 직접 본 것과 그에 대한 하나님의 증언을 직접 들은 것을 이야기함으로써 복음의 확실성을 증명했다. 그리고 계속해서 그는 여기에서 옛 언약 하에서의 선지자들의 증언에 의해 복음의 확실성을 또다시 증명한다. 그러면서 그는 그러한 선지자들의 증언을 "더 확실한 예언"이라고 부른다. 그러한 선지자들의 증언을 다음의 것들과 비교해 보도록 하자. (1) 하늘로부터의 음성. 그가 선지자들의 예언의 말씀을 더 확실하다고 말하는 것은 진리의 측면에서가 아니라, 그것이 계시되는 방식의 측면에서

이다(진리의 측면에서는 둘 다 같다). 하늘로부터의 음성은 일시적이다. 그것은 잠깐 동안 들렸다가 사라졌다. 뿐만 아니라 그것은 오직 세 명의 사도들에 의해서만 들려졌을 뿐이었다. 반면 예언의 말씀은 선지자들이 하나님으로부터 받은 것이었을 뿐만 아니라 하나님이 그들에게 기록하라고 명령하신 것이었다. 나아가 그것은 여러 세대를 걸쳐 수많은 선지자들이 계속해서 일어난 사실에 의해 확증되고, 마침내 그리스도 자신에 의해 최종적으로 확증되었다. 심지어 그리스도는 기적보다도 선지자들의 증언이 더 중요하다고 말씀하셨다(눅 16:26, 31). (2) 그리스도에게 임한 음성과 관련한 베드로와 다른 두 사도들의 증언. 이것보다도 선지자들의 예언의 말씀이 더 확실한 것은 특별히 여기의 편지를 받는 수신자(受信者)들의 측면에서 그러하다. 선지자들의 예언의 말씀은 이 편지의 수신자인 유대인들과 관련하여 더 확실하다. 그들은 선지자들의 글에 대해 큰 존경심을 가지고 있었으며, 그것을 진심으로 존귀하게 여겼다. 그것은 오랜 세대를 통해 그들에 의해 아무 이의 없이 확증되었다. 반면 베드로와 다른 두 사도들의 증언은 성경에 기록된 선지자들의 예언만큼 그들에게 신적인 것으로서 충분하게 나타나지 않았다.

너희가 이것을 주의하는 것이 옳으니라. 너희가 그것을 찾고 연구하는 것이 옳으니라. 혹은 너희가 너희의 양심과 행실을 그것의 능력에 복종시키는 것이 옳으니라.

어두운 데. 혹은 더럽고 지저분한 데. 왜냐하면 빛이 없는 장소는 통상적으로 더럽고 지저분하기 때문이다. 눈에 띄지 않는 쓰레기는 치워지지 않는 법이다.

등불. 혹은 빛. 말씀은 종종 등불 혹은 빛에 비유된다(시 119:105; 잠 6:23). 그것은 마치 등불이 집으로부터 어둠을 쫓아내고 그곳에 있는 사람들에게 빛을 비추는 것처럼, 말씀이 하나님의 집이라 일컬어지는 교회에 있는 모든 사람들에게 빛을 비추기 때문이다(딤전 3:15).

날이 새어 샛별이 너희 마음에 떠오르기까지. (1) 여기의 "날"은 "그 날"(the day)이라고 불리는 마지막 날을 가리키는 것으로 이해될 수 있다. 마지막 날이 "그 날"이라고 불리는 것은 그 날의 특별함 때문이다. 그 날은 일단 시작되면 결코 끝나지 않는다. 그리고 그 날은 아무 어둠도 없이 오직 모든 빛으로만 가득할 것이다. 여기에서 예언의 말씀에 대해 말하여지는 것은 성경 전체에 대해 말하여지는 것으로 이해되어야 한다. 그렇다면 그 의미는 다음과 같다. 이생의 모든 시간은 단지 거짓과 무지(無知)의 밤에 불과한 반면, 하나님은 자신의 등불을 높이 드시고 우리가 미래의 삶의 영광스러운 빛에 도달할 때까지 우리를 인도하며 이끄시기 위해 우리에게 성경의 빛을 주셨다. 그때 우리는 우리를 인도하는 성경의 빛을 더 이상 필요로 하지 않게 될 것이다. 도리어 우리는 하나님을 계신 그대로 볼 것이며, 얼굴과 얼굴로 볼 것이다(고전 13:12). 이러한 해석에 따를 때, 날이 새는 것과 샛별이 뜨는 것은 같은 날의 다른 부분이 아니라, 말씀의 빛이 없을 때 우리를 완전히 뒤덮는 어둠과 반대되는 전체적인 낮(whole day)을 가리키는 것이다. 우리의 마음은 그 자체로는 어둡다. 그러나 그 안에 말씀의 빛이 비취고 성령께서 우리에게 말씀에 대한 더 풍성한 이해를 주실 때, 그 말씀은 우리의 마음으로부터 점차적으로 어둠을 쫓아낸다. 그러나 영원한 생명의 날이 우리 위에 동터올 때까지, 그리고 하나님에 대한 완전한 지식의 샛별이 우리의 마음속에서 떠오를 때까지, 어둠은 완전히 사라지지 않을 것이다. 혹은 (2) 날이 새고 샛별이 뜨는 것은 그리스도와 복음의 비밀을 좀 더 충분하고 분명하며 명확하게 아는 것으로 이해될 수 있다. 그렇다면 이것은 구약의 예언들과 특별하게 연결된다. 바울은 구약시대를 어둠과 흑암의 때로서 신약 아래서의 빛과 그리스도를 아는 지식의 때와 대비되는 "밤"으로 부른다(롬 13:12). 그와 같이 베드로는 여기에서 구약의 선지자들의 예언을 약간의 빛밖에는 비추지 못하는 등불로, 그리고 복음이 전파되는 것을 날이 새고 샛별이 뜨는 것으로 비유한다. 그러면서 그는 자신의 편지를 받는 여기의 유대인 신자들에게 복음 안에 나타난 그리스도를 더 충분하고 분명하게 아는 지식의 샛별이 그들의 마음속에서 떠오를 때까지 예전의 흐릿한 빛, 즉 선지자들의 예언의 말씀을 주의하여 살필 것을 권면한다. 이러한 해석은 사도행전 17:11과 잘 어울린다. "베뢰아에 있는 사람들은 데살로니가에 있는 사람들보다 더 너그러워서 간절한 마음으로 말씀을 받고 이것이 그러한가 하여 날마다 성경을 상고하므로." 베뢰아인들은 사도들이 전파한 것들이 옛 선지자들에 의해 기록된 것들과 일치하는지 여부를 알기 위해 부지런히 성경을 상고했다. 여기의 유대인 회심자들 역시도 베뢰아인들과 마찬가지로 부지런히 그렇게 할 것을 권면받는다. 다시 말해서, 그들 역시도 복음 계시의 더 큰 지식과 이해에 이를 때까지 옛 선지자들의 예언의 빛에 부지런히 참여해야만 했다.

20. 먼저 알 것은 성경의 모든 예언은 사사로이 풀 것이 아니니.

먼저 알 것은. 다른 것들보다 더 중요하므로 반드시 알아야만 하는 것은. 혹은 이것을 믿음의 첫 번째 원리로 여길지니.

모든 예언은 사사로이 풀 것이 아니니. 여기에 사용된 헬라어는 다음과 같이 번역될 수 있다. (1) 흠정역처럼, "해석"으로. 흠정역은 이것을 "That no prophecy of the

Scripture is of any private interpretation" 즉 "모든 예언은 사사로이 해석할 것이 아니니"라고 번역한다. 이것이 의미하는 바는 개인들은 성경을 해석해서는 안 되고 오로지 모든 것을 교회에 맡겨야만 한다는 것이 아니다. 다만 어떤 사람도, 어떤 단체도, 어떤 교회도, 어떤 공적인 사역자들도 성경을 그들 자신의 머리로, 그들 자신의 생각에 따라 해석해서는 안 된다는 것이다. 우리는 우리 자신의 개인적인 생각을 성경의 생각으로 만들어서는 안 된다. 우리는 우리 자신으로부터가 아니라 하나님으로부터 성경을 이해하도록 추구해야 한다. 하나님은 우리에게 말씀 자체 안에서 말씀의 의미를 보여주신다. 또 하나님은 당신의 영으로 말미암아 우리가 성경을 연구하는 것 안에서 우리로 하여금 그 안에 담겨 있는 당신의 생각을 이해하도록 이끄신다. 말씀의 저자이신 하나님 자신이 그것에 대한 최고의 해석자이시다(벧후 1:21). 혹은 (2) 한글개역개정판처럼, "푸는" 것으로. 이것은 경주로부터 취한 은유이다. 경주에서 달음질하는 자들은 경주가 시작된 출발 장소로부터 "풀리며," 그럼으로써 그들은 자신들의 달려갈 길을 달려갈 수 있게 된다. 선지자들은 구약에서 하나님의 사자(使者)로서 "달음질하는" 것으로 말하여진다. "이 선지자들은 내가 보내지 아니하였어도 달음질하며 내가 그들에게 이르지 아니하였어도 예언하였은즉"(렘 23:21). 그리고 하나님은 그들을 보내는 것으로 말하여진다(겔 13:6, 7). 그렇다면 이것은 성경을 해석하는 것과 직접적으로 관련되지 않는다. 다만 다음 절에 언급된 그것의 최초의 기원과 관련된다. 문제는 "누가 지금 기록된 성경을 해석할 권한을 갖는가?"가 아니라, "성경의 저자들은 그것을 기록하는 어떤 권한을 가졌는가?" 그리고 그럼으로 말미암아 "성경은 얼마나 존중되어야 하는가?" 그리고 "어째서 신자들은 성경에 그토록 큰 주의를 기울여야 하는가?"이다. 그렇다면 본 절이 의미하는 바는 이것이다. "성경이 인간의 창작이 아니라 신적 영감으로 말미암은 것이라는 것이 우리의 믿음의 첫 번째 원리이다. 선지자들은 그 안에 그들 자신의 사사로운 생각이 아니라 하나님의 생각을 기록했으며, 그들 자신의 마음대로가 아니라 하나님의 명하심에 따라 기록했다."

21. 예언은 언제든지 사람의 뜻으로 낸 것이 아니요 오직 성령의 감동하심을 받은 사람들이 하나님께 받아 말한 것임이라.

예언. 예언의 글 혹은 예언의 말씀(19절). 언제든지 사람의 뜻으로 낸 것이 아니요. 선지자들은 자신들이 원하는 때 자신들이 원하는 것을 자신들로부터 말한 것이 아니었다. 오직 성령의 감동하심을 받은 사람들. 하나님의 사람으로 불렸던 선지자들

(삼상 2:27; 왕상 17:18). 그들이 여기에서 "성령의 감동하심을 입은"이라고 불리는 것은 그들이 그 삶에 있어 다른 사람들의 모범이었기 때문이 아니라 그들이 성령의 특별한 도구였기 때문이다. 성령은 그들을 자신이 지시하는 말씀을 전파하며 기록하는 일로 성별(聖別)하셨다. **하나님께 받아 말한 것임이라.** 즉 그들 자신의 자연적인 능력을 초월하여 말한 것임이라. 이것은 그들의 마음을 신적 비밀의 지식과, 장차 올 일들을 예언함에 있어 오류에 빠지지 않도록 무오성(無誤性)의 은사와, 말씀을 전파하거나 혹은 기록할 때의 성령의 특별한 감동으로 조명(照明)한 것을 의미하는 것일 수 있다.

MATTHEW POOLE'S COMMENTARY

베드로후서 2장

개요

1. 베드로가 거짓 선생들이 나타날 것과 그들의 불경건과 그들에게 임할 심판을 예언함(1–6).
2. 롯이 소돔으로부터 구원을 받은 것처럼, 경건한 자들은 구원을 받을 것임(7–9).
3. 베드로가 거짓 선생들의 악한 행실을 묘사함(10–19).
4. 죄 가운데 살아가는 옛 삶의 방식으로 다시 되돌아가는 것에 대한 경고(20–22).

1. 그러나 백성 가운데 또한 거짓 선지자들이 일어났었나니 이와 같이 너희 중에도 거짓 선생들이 있으리라 그들은 멸망하게 할 이단을 가만히 끌어들여 자기들을 사신 주를 부인하고 임박한 멸망을 스스로 취하는 자들이라.

그러나 … 거짓 선지자들이 일어났었나니. 앞 장에서 믿음 가운데 계속적으로 진보할 것을 훈계한 베드로는 여기에서 그들이 그렇게 나아가는 것을 훼방하는 무리들에 대해 경고한다. 그는 그들에게 과거에 거짓 선지자들이 일어났었던 것을 상기시키면서 그들 사이에 있게 될 거짓 선생들에 대해 경고한다. 하나님에 의해 보냄을 받은 참 선지자들이 있었던 것처럼, 하나님에 의해 보냄을 받지 않은 거짓 선지자들이 있었다. 마찬가지로 참된 선생들과 함께 거짓 선생들도 일어날 것이었다.

백성 가운데. 이스라엘 백성 가운데. 이와 같이 … 거짓 선생들이 있으리라. 거짓 교훈을 가르치는 선생들(마 7:15; 행 20:29). 너희 중에도. 이방인 그리스도인들과 마찬가지로 너희 유대 그리스도인들 중에도. 혹은 새 언약 아래서 그리스도인이며 하나님의 백성인 너희 중에도.

멸망하게 할 이단. 혹은 저주받을 이단. 즉 영원한 멸망이나 혹은 저주로 이끄는 이단. 가만히 끌어들여. 여기의 헬라어는 그럴듯한 허울 아래 사람들의 눈에 띄지 않은 채 교활하고 음흉하게 끌어들이는 것을 의미할 수 있다(갈 2:4; 유 1:4). 혹은 그것은 복음의 교훈이 아닌 것이나 그것을 넘어서는 것을 끌어들이는 것을 의미할 수도 있다. 혹은 여기의 표현 속에 둘 모두가 함축되었을 수도 있다.

자기들을 사신(that bought them). 혹은 "그들을 사신." 만일 우리가 다음에 나오는 "주"를 하나님 아버지로 이해한다면, 여기의 의미는 다음과 같은 것이 될 수 있다. (1) 세상의 총체적인 어둠과 악으로부터 그리스도와 복음을 아는 지식으로 부르심으로 말미암아 그들을 사신 혹은 그들을 취하여 자기 소유로 삼으신 하나님 아버지를 부인하고. "사다"(buy)라는 단어는 종종 이와 같은 일반적인 의미로 취하여진다(사 55:1; 계 3:18). 혹은 (2) 이스라엘 백성들을 자기 소유의 백성으로 삼기 위해 그들을 애굽으로부터 사신 하나님을 부인하고. 그렇다면 여기의 "그들"은 거짓 선생들이 아니라 이스라엘 백성들이다. 즉 여기의 거짓 선생들은 그들의 악한 행실로 말미암아 이스라엘 백성들을 사신 하나님을 부인했다. 여기의 말씀은 신명기 32:6로부터 취한 것으로 보인다. "그는 네 아버지시요 너를 사신 이가 아니시냐"(한글개역개정판에는 "지으신"이라고 되어 있음). 베드로는 13절에서 그들을 "점"(spots)이라고 부른다. 반면 만일 우리가 다음에 나오는 "주"를 그리스도로 이해한다면(이것이 좀 더 가능성이 높아 보인다), 그 의미는 다음과 같은 것이 될 것이다. (1) 그들을 사신 혹은 구속하신 그리스도를 부인하고. 예수 그리스도는 그의 죽음으로 말미암아 그들의 생명을 사시고, 그들의 형벌을 연기하시고, 그들을 현재적인 멸망으로부터 구원하셨다. 혹은 (2) 이것은 그리스도로 말미암아 구속을 받았노라는 그들의 자기주장뿐만 아니라 악한 행실로 말미암아 그렇지 않음이 드러날 때까지 스스로 그렇게 판단하는 유형 교회의 일반적인 행태와도 관련된다. 그리스도로 말미암아 구속을 받았노라고 고백하지만 그러나 행실로 그를 부인하는 자는 사실상 자신을 사신 주님을 부인하는 것이다.

주(Lord). (1) 하나님 아버지. 하나님 아버지는 누가복음 2:29; 사도행전 4:24에서 이와 같은 호칭으로 불린다. 또 계시록 6:10; 유다서 1:4의 "주" 역시 하나님 아버지를 가리키는 것으로 이해될 수 있다. 혹은 그것보다도 (2) 그리스도.

부인하고. 말과 행동으로, 그리고 직접적으로 혹은 그들의 행동의 결과로 말미암아. 하나님을 아노라 고백하면서 그러한 고백과 무관하게 사는 자들은 실제로 하나님을 부인하는 것이다. "그들이 하나님을 시인하나 행위로는 부인하니 가증한 자요 복종하지 아니하는 자요 모든 선한 일을 버리는 자니라"(딛 1:16).

임박한 멸망을 스스로 취하는 자들이라. 스스로 자신의 멸망을 재촉하는 자들이라. 여기의 "멸망"은 이 세상의 일시적인 멸망일 수도 있고, 다음 세상의 영원한 멸망일 수도 있다. 전자는 개연적(蓋然的)이고, 후자는 필연적(必然的)이다. 다시 말해서 전자는 임할 수도 있고 임하지 않을 수도 있지만, 그러나 후자는 반드시 임한다. 그것이 "임박한" 것으로서 말하여질 수 있는 것은 그들이 그것에 대해 의식하지 못할 때 갑자기 임할 것이기 때문이다. "그들이 평안하다, 안전하다 할 그 때에 임신한 여자에게 해산의 고통이 이름과 같이 멸망이 갑자기 그들에게 이르리니 결코 피하지 못하리라"(살전 5:3).

2. 여럿이 그들의 호색하는 것을 따르리니 이로 말미암아 진리의 도가 비방을 받을 것이요.

여럿이 그들의 호색하는 것을 따르리니. 헬라어, 그들의 멸망을 따르리니. 즉 멸망으로 귀결되는 그들의 잘못된 길을 따르리니. 그 의미는 거짓 선생들이 그들의 이단으로 스스로 멸망을 취할 것처럼 그들의 잘못된 길에 동참하는 많은 사람들 역시 동일한 멸망 속으로 떨어질 것이라는 것이다.

이로 말미암아. "By reason of whom" 즉 그들로 말미암아. 다시 말해서, 거짓 선생들과 그들을 따르는 많은 사람들로 말미암아.

진리의 도(the way of truth). 즉 복음. 복음이 "진리의 도"로 불리는 것은 그것이 구원의 진리를 담고 있는 교훈이기 때문이다. 복음은 사도행전 9:2; 19:9; 22:4에서 "도"(way)로, 사도행전 16:17에서 "구원의 길"(the way of salvation)으로, 사도행전 18:26에서 "하나님의 도"(the way of God)로 불린다.

비방을 받을 것이요. 악하게 말하여질 것이요 혹은 모독을 당할 것이요. 거짓 선생들과 그들을 따르는 자들로부터 혹은 그들로 인해 다른 사람들로부터. 로마서 2:24; 디모데전서 6:1; 디도서 2:5을 보라.

3. 그들이 탐심으로써 지어낸 말을 가지고 너희로 이득을 삼으니 그들의 심판은 옛적부터 지체하지 아니하며 그들의 멸망은 잠들지 아니하느니라.

지어낸 말을 가지고. 그들의 거짓을 가리는 진리의 외양(外樣)을 가진 속이는 말을 가지고. 너희로 이득을 삼으니. 마치 노예나 혹은 가축으로 이득을 삼는 것처럼. 이것은 어떻게든 팔기 위해 나쁜 물건을 좋다고 말하는 상인으로부터 취한 은유인 것으로 보인다. 그 의미는 그들이 그럴듯한 말과 경건한 태도로 너희로 이득을 삼기 위해 너희를 속일 것이라는 것이다. 그들의 심판. 혹은 그들의 정죄. 옛적부터. 그것은 오래 전에 하나님에 의해 결정되었으며 성경에 예언되었다. 그러나 그것은 그들이 상상하는 것보다 훨씬 더 가깝다. 지체하지 아니하며. 급히 임하며. 그들의 멸망. 혹은 그들의 저주. 잠들지 아니하느니라. 자기의 때에 그들을 덮치기 위해 항상 깨어 준비하고 있느니라. 이것은 잠언 6:11처럼 여행자로부터 취한 은유일 수 있다.

혹은 비슷한 표현이 발견되는 신명기 32:35을 인용한 것일 수도 있다. 본 장 1절을 보라.

4. 하나님이 범죄한 천사들을 용서하지 아니하시고 지옥에 던져 어두운 구덩이에 두어 심판 때까지 지키게 하셨으며.

하나님이 범죄한 천사들을 용서하지 아니하시고 지옥에 던져. 여기의 "지옥"은 누가복음 8:31; 요한계시록 9:1; 11:7; 17:8; 20:1, 3에서 "깊음"(deep) 혹은 "무저갱"(bottomless pit)으로 표현된다. 이것은 범죄한 천사들의 (1) 상태의 변화를 함축한다. 그들은 전에는 피조물 가운데 가장 높은 상태에 있었지만 이제는 가장 낮은 상태로 추락했다. (2) 장소의 변화를 함축한다. 그들은 전에는 다른 천사들과 함께 하나님의 보좌 앞에 있었지만 이제는 그들의 죄에 합당한 가장 낮은 장소로 떨어졌다. 성경은 우리에게 그곳이 어떤 장소인지 충분하게 알려주지 않는다. 그러므로 우리는 그곳에 대해 지나친 호기심을 가져서는 안 된다. 다만 우리는 그들이 본래의 복된 장소로부터 쫓겨나 지금 고통의 장소에 있다는 사실을 아는 것으로 충분히 만족할 수 있다.

어두운 구덩이에 두어. "delivered them into chains of darkness" 즉 흑암의 사슬에 넘겨주어. 흑암의 사슬에 결박되도록, 혹은 사슬에 묶여 하나가 되는 것처럼 흑암과 하나가 되도록. 혹은 여기의 표현은 유다서 1:6처럼 "영원한 사슬로 흑암에 가두는" 것을 함축하는 것일 수 있다. 여기에서 흑암은 그들의 비참함과 두려움의 상태를, 그리고 사슬은 그들의 완악한 악독과 구원의 소망이 없는 것과 미래의 심판을 함축하는 것일 수 있다(히 10:27). 마지막 보응이 임할 때까지 하나님의 섭리와 능력이 그들을 그러한 상태로 계속해서 살피시며 붙잡고 계신다. 이것은 유죄판결을 받은 범죄자로부터 취한 은유이다. 그는 처형의 날까지 사슬에 결박되어 지하감옥에서 지켜진다.

심판 때까지. 즉 마지막 날까지. 그들은 지금 큰 분량으로 하나님의 진노를 느끼지만, 그러나 그때에는 극한의 분량으로 임할 것이다. 지키게 하셨으며. 도망칠 수 없도록.

5. 옛 세상을 용서하지 아니하시고 오직 의를 전파하는 노아와 그 일곱 식구를 보존하시고 경건하지 아니한 자들의 세상에 홍수를 내리셨으며.

옛 세상을 용서하지 아니하시고. 여기의 "세상"은 세상에 있는 사람들 즉 홍수 이전에 세상에서 살던 사람들을 가리킨다.

의. 이것은 다음과 같은 것들을 의미할 수 있다. (1) 하나님의 의. 노아는 세상이 악함으로 인해 하나님으로부터 멸망을 당할 것을 전파했다. (2) 믿는 모든 자들에게 대한 그리스도의 의. 의심의 여지 없이 노아는 자신이 받은 것과 동일한 의를 전파했는데, 그것은 믿음의 의였다. "믿음으로 노아는 아직 보이지 않는 일에 경고하심을 받아 경외함으로 방주를 준비하여 그 집을 구원하였으니 이로 말미암아 세상을 정죄하고 믿음을 따르는 의의 상속자가 되었느니라"(히 11:7). 그리고 이것을 그는 말로써만이 아니라 행동으로 전파했다. 특별히 후자는 그가 자신과 자신의 가족을 구원하기 위해 방주를 만든 것으로 나타났는데, 그것은 그리스도로 말미암아 신자들이 구원을 받는 것의 모형이었다. (3) 거룩함의 의. 노아는 사람들을 회개와 거룩함으로 초청했으며, 그렇게 함으로써 그들은 다가오는 홍수를 막을 수 있을 것이었다. 전파하는. 신적 권세와 위임에 의해.

노아와 그 일곱 식구를 보존하시고. 즉 노아와 그의 아내와 세 아들과 세 자부(벧전 3:20). 노아의 이름이 특별히 불린 것은 하나님이 그를 특별하게 주목하시고 존중하셨을 뿐만 아니라 그로 인해 다른 사람들을 보존하셨기 때문이다.

경건하지 아니한 자들의 세상에 홍수를 내리셨으며. 그때 세상에 살고 있었던 악인들의 전체 무리에 홍수를 내리셨으며.

6. 소돔과 고모라 성을 멸망하기로 정하여 재가 되게 하사 후세에 경건하지 아니할 자들에게 본을 삼으셨으며.

소돔과 고모라 성. 소돔과 고모라는 당시 아드마와 스보임과 소알을 포함하는 다섯 도시 가운데 주된 두 도시였다. 특별히 소알은 롯으로 인해 보존되었다(창 14:18). 창세기 19:25과 비교하라.

멸망하기로 정하여. 즉 총체적인 멸망으로 징벌하여. 후세에 경건하지 아니할 자들에게 본을 삼으셨으며. 하나님의 진노와 보응의 본. 하나님은 소돔과 고모라 사건을 불경건하게 살아가는 사람들 앞에 진노와 보응이 준비되어 있음을 보여주는 본으로 삼으셨다. 그럼으로써 사람들은 그토록 참혹하게 멸망을 당한 그들의 죄를 흉내내지 않게 될 것이었다. 여기의 "본"이라는 단어는 히브리서 8:5; 9:23처럼 모형으로 번역될 수 있다. 다시 말해서, 그것은 마지막 날 악인들에게 임할 지옥 불의 모형이었다. "소돔과 고모라와 그 이웃 도시들도 그들과 같은 행동으로 음란하며 다른 육체를 따라 가다가 영원한 불의 형벌을 받음으로 거울이 되었느니라"(유 1:7). 이스라엘 백성들이 애굽으로부터 구원받은 것이 하나님의 모든 백성들이 세상 끝날 구원받을 것의 모형이었던 것처럼, 소돔과 고모라의 멸망은 세상의 모든 악인들에게 임할 보편적인 멸망을 보여주는 신적 보응의 모형이었다.

7. 무법한 자들의 음란한 행실로 말미암아 고통당하는 의로운 롯을 건지셨으니.

고통당하는. 애통하며 근심하는. 무법한 자들. 율법과 공의를 무시하는 불의한 자들. 그들은 다음 절에서 베드로가 "의인"이라고 부르는 롯과 반대되는 자들이었다.

8. 이는 이 의인이 그들 중에 거하여 날마다 저 불법한 행실을 보고 들음으로 그 의로운 심령이 상함이라.

보고 들음으로. 그들은 아무 부끄럼 없이 노골적으로 악을 행했다. 그리하여 롯은 단지 소문으로만 들었을 뿐만 아니라 그들이 행하는 악을 직접 보았다(사 3:9).

상함이라. 헬라어, 고통을 당함이라. 즉 그의 영혼에 극심한 괴로움이 임했다. 롯은 그들의 불법한 행실을 보고 들었을 때 경건한 슬픔으로 괴로워하지 않을 수 없었다. 그것은 그 자신의 내부로부터 끓어오르는 슬픔이었다. 그것은 그리스도께서 나사로가 죽었을 때 느끼셨던 슬픔과 비슷한 슬픔이었다(요 11:33).

9. 주께서 경건한 자는 시험에서 건지실 줄 아시고 불의한 자는 형벌 아래에 두어 심판 날까지 지키시며.

주께서 … 아시고. 성경에서 "알다"라는 단어는 시편 1:6처럼 마음의 감정을 포함한다. 여기의 하나님의 아심은 그의 무한하신 지혜뿐만 아니라 경건한 자들을 건지는 모든 다양한 방법들을 아시는 것을 함축한다.

경건한 자는 … 건지실. 의로운 롯과 당대에 완전한 자였던 노아의 발자취를 따라 걸어가는 자들. 4절로부터 시작된 이야기는 여기에서 일단 종결되고 한 단락을 이룬다. 그 요지는 이것이다. 예전에 악한 천사들과 악인들을 용서하지 않으시고 옛 세상과 소돔을 멸하시고 의로운 롯과 노아를 구원하신 하나님은 지금도 여전히 경건한 자들을 구원하시고 악인들을 징벌하기 위한 지혜와 능력과 의지(意志)를 가지고 계신다. 시험에서. 고통으로부터(약 1:2, 12).

불의한 자는 형벌 아래에 두어 심판 날까지 지키시며. 헬라어는 현재형으로 되어 있는데, 다음과 같이 이해될 수 있다. (1) 미래의 의미로. 그러면 그 의미는 다음과 같을 것이다. 설령 하나님이 많은 경우 악인들을 이 세상에서 그냥 내버려 두심으로써 그들이 현재적인 형벌을 피했다 하더라도, 그러나 그들은 결코 미래의 고통을 피하지 못할 것이다. 그들은 잠시 동안 보존되기는 했지만 그러나 용서받은 것은 결코 아니다. 현세의 형벌은 피했을지 모르지만, 그러나 그들은 영원한 형벌을 위해 지켜진다. (2) 현재의 의미로. 이것은 앞에서 언급한 악인들에게 이 세상에서 현재적으로 임한 하나님의 보응의 실례들과 잘 어울린다. 그러면 그 의미는 다음과 같을 것이다. 하나님은 경건한 자들을 심지어 이생에서 시험으로부터 건지는 방법과, 당신이 이 땅에서 일시적인 심판으로 벌하는 악인들을 마지막 심판 날의 훨씬 더 가혹하며 두려운 형벌을 위해 남겨두는 방법을 아신다.

10. 특별히 육체를 따라 더러운 정욕 가운데서 행하며 주관하는 이를 멸시하는 자들에게는 형벌할 줄 아시느니라 이들은 당돌하고 자긍하며 떨지 않고 영광 있는 자들을 비방하거니와.

특별히 육체를 따라 더러운 정욕 가운데서 행하며 … 자들에게는. 베드로는 여기에서 일반적인 원리를 거짓 선생들에게 적용한다. 그 의미는 이것이다. 하나님은 모든 악인들을 심판 날까지 지키시지만 그 가운데서도 특별히 악한 행실로 자신들의 거짓 교훈을 뒷받침하는 자들에게 그렇게 하신다.

육체를 따라 … 행하며. 육체를 따라 행하는 것은 다음을 의미할 수 있다. (1) 마치 금수(禽獸)처럼 육체의 욕구가 이끄는 대로 따라 행하는 것. 그들은 이성(理性)이나 판단력이 아니라 육체의 욕구에 의해 이끌린다. (2) 좀 더 특별한 의미로 이것은 그들이 스스로를 더러운 정욕(아마도 부자연스러운 변태적인 정욕)에 내어주는 것을 의미할 수 있다. 유다서 1:7에서 우리는 "다른 육체를 따라 가다가"라는 표현을 보게 되는데, 이 역시 비슷한 의미인 것으로 보인다.

더러운. 혹은 오염된. 즉 그들이 오염된 정욕 가운데서 혹은 그들의 오염된 정욕 가운데서. 정욕 가운데서. 정욕을 통해 혹은 정욕으로부터. 바로 이것이 그들의 실제적인 더러움이 나오는 원인 혹은 근원이다. 주관하는 이를 멸시하는. 즉 통치자들을 멸시하는. 베드로전서 2:17을 보라.

당돌하고(presumptuous). 헬라어, 대담하고 혹은 뻔뻔스럽고. 그들이 당돌한 것은 영광 있는 자들을 비방하는 것을 두려워하지 않기 때문이다.

자긍하며(self-willed). 완고하며, 고집불통이며, 그들 자신의 길에 빠져 있으며. 그러므로 그들은 다른 사람들에 의해 다스림을 받지 않는다.

영광 있는 자들. 즉 하나님이 영광스럽게 하신 혹은 하나님이 다른 사람들보다 더 큰 영광을 주신 통치자들. 이들을 하나님은 이 땅에서 자신의 대리자와 대행자로 삼으셨다.

11. 더 큰 힘과 능력을 가진 천사들도 주 앞에서 그들을 거슬러 비방하는 고발을

하지 아니하느니라.

더 큰. 여기의 당돌하며 자긍하는 거짓 선생들보다 더 큰, 혹은 바로 앞에 언급된 영광 있는 자들보다 더 큰. 더 큰 힘과 능력을 가진. 즉 자연적인 힘과 영광에 있어 더 큰. 천사들. 선한 천사들(유 1:9).

그들을 거슬러. (1) 10절의 "영광 있는 자들"을 거슬러. 그렇다면 그 의미는 다음과 같을 것이다. 선한 천사들은 더 큰 힘과 능력을 가지고 있음에도 불구하고 주 앞에서 통치자들을 비방하는 고발을 하지 않고 도리어 하나님이 그들에게 주신 영광에 합당한 경의와 정중함으로 그들을 대하느니라. 왜냐하면 나라를 세우신 자도 하나님이시고, 그것을 다스리는 통치자들을 세우신 자도 하나님이시기 때문이다. 이것은 심지어 악한 나라의 경우에도 마찬가지이다(단 10:1-21; 11:1-45). 혹은 (2) 난외(欄外)처럼, 그들 자신을 거슬러. 그렇다면 그 의미는 다음과 같을 것이다. 천사들은 서로를 비방하며 책망하지 않는다. 유다서 1:9에 나타나는 것처럼, 심지어 마귀 자신에게조차도 그렇게 하지 않는다. "천사장 미가엘이 모세의 시체에 관하여 마귀와 다투어 변론할 때에 감히 비방하는 판결을 내리지 못하고 다만 말하되 주께서 너를 꾸짖으시기를 원하노라 하였거늘"(유 1:9). 그러므로 천사들보다 훨씬 못한 여기의 거짓 선생들이 통치자들을 경멸하며 욕하며 비방하는 것은 너무나 합당치 못한 일이다. 왜냐하면 통치자들은 그들을 다스리며 주관하는 권세를 하나님으로부터 받았기 때문이다.

비방하는 고발을 하지 아니하느니라. 욕하며 책망하는 언어를 사용하지 아니하느니라. 앞 절의 "비방하거니와"와 같은 단어이다.

12. 그러나 이 사람들은 본래 잡혀 죽기 위하여 난 이성 없는 짐승 같아서 그 알지 못하는 것을 비방하고 그들의 멸망 가운데서 멸망을 당하며.

이 사람들. 앞에 언급한 거짓 선생들. 잡혀 죽기 위하여 난. 사람들에 의해 이용되고 결국에는 도축되기 위해 난. 그러한 짐승들은 먹을 것을 좇아다니다가 결국 올가미에 걸려 잡혀 죽는다. 이성 없는 짐승. 이성(理性)이 없음으로 말미암아 오로지 자신의 육체의 욕구를 따르는 짐승. 그 알지 못하는 것을 비방하고. "그 알지 못하는 것"은 믿음의 위대한 비밀이거나 혹은 그것보다도 앞에 언급한 "영광 있는 자들"을 가리킨다. 거짓 선생들은 그들이 하나님으로부터 말미암은 자들이라는 사실을 알지 못한 채 자신들의 타락한 본성을 따라 그들을 비방한다.

그들의 멸망 가운데서 멸망을 당하며. 즉 그들 자신의 어리석음과 잘못으로 말미암아 완전한 멸망을 당할 것이며. 요지는 이것이다. 이성 없는 짐승이 마침내 멸망에 이를 때까지 자신의 육체의 욕망을 따르는 것처럼, 여기의 거짓 선생들 역시도 성령의 빛은 고사하고 심지어 이성에 의해서조차 인도함을 받지 못하는 가운데 오로지 자신들의 육체의 타락한 본성을 따라 하나님이 세우신 통치자들을 비방하다가 마침내 멸망을 당할 것이다.

13. 불의의 값으로 불의를 당하며 낮에 즐기고 노는 것을 기쁘게 여기는 자들이니 점과 흠이라 너희와 함께 연회할 때에 그들의 속임수로 즐기고 놀며.

불의의 값으로 불의를 당하며. 여기의 "불의"라는 일반적인 용어 아래 그들이 행한 모든 다양한 죄들이 포함된다. 낮에 즐기고 노는 것을 기쁘게 여기는 자들이니. 이것은 그들의 죄가 더욱 막중함을 보여주는 표현이다. 그리고 여기에 그들의 뻔뻔스러움이 나타난다. 그들은 모든 부끄러움을 내팽개쳐 버리고 대낮에 향락을 좇았다. 일반적으로 죄인들은 밤을 택하여 향락을 좇으며 어둠의 일을 행한다(롬 13:12, 13; 살전 5:7). 그러나 여기의 이성 없는 짐승 같은 자들은 자신들의 인생의 낮을 향락을 좇으며 보냈다. 그들은 미래의 영원한 상태에 대해서는 전혀 무관심한 채, 자신들의 행복을 오로지 현재의 향락에만 두었다.

점과 흠이라. 스스로 더러워졌을 뿐만 아니라 다른 사람들을 더럽히며 교회의 흠이 되는 자들이라. 너희와 함께 연회할 때에. 즉 너희의 사랑의 만찬 가운데. 그들은 그럴듯한 허울로 자신들의 악함을 감추었다. 그들의 속임수로 즐기고 놀며. 어떤 사람들은 "그들의"라고 번역되는 대명사를 배제하고 '아파타이스' (απαταις) 대신 '아가파이스' (αγαπαις)라고 읽으면서 이것을 애찬(愛餐) 즉 사랑의 만찬으로 이해한다. 거기에서 그들이 게걸스럽게 먹고 떠들며 놀았다는 것이다. 이것은 유다서 1:12과 잘 어울린다. "그들은 기탄없이 너희와 함께 먹으니 너희의 애찬에 암초요." 그러나 대부분의 헬라어 사본들은 '아파타이스' 로 읽는다. 그 단어는 속임 혹은 속음을 의미하는 "deceivings"로 번역된다. 그 단어를 수동적으로 취할 때, 그것은 "잘못된 것들"(errors)이 된다. 다시 말해서, 그들이 잘못된 것들 즉 죄를 가지고 희롱하며 스스로를 즐겁게 했다는 것이다. 이것 역시 유다서 1:12과 잘 어울린다. 반면 그 단어를 능동적으로 취할 때, 그것은 "다른 사람들을 속이며 기만하는 것들"이 된다. 즉 그들이 너희와 더불어 연회할 때 사랑을 가장하는 가운데 너희를 그럴듯하게 속이면서 스스로를 즐겁게 했다는 것이다. 그들이 그렇게 한 것은 단지 자신들의 욕망을 만족시키기 위한 것이었을 뿐인데 말이다. 결국 그들이 너희를 속이며 기만하는 것으로 스스로를 기쁘게 하며 즐겁게 했다는 것이다.

14. 음심이 가득한 눈을 가지고 범죄하기를 그치지 아니하고 굳세지 못한 영혼들을 유혹하며 탐욕에 연단된 마음을 가진 자들이니 저주의 자식이라.

음심이 가득한. 음녀(淫女)로 가득한. 이것은 추상적인 개념을 구체적인 단어로 묘사하는 히브리적 표현방법이거나, 혹은 그들의 마음의 악함을 묘사하는 잠언적인 표현방식일 수 있다. 눈. 베드로가 눈을 언급하는 것은 첫째로 갈망하는 대상이 그것을 통해 마음 안으로 들어오기 때문이요(욥 31:1; 마 5:28), 둘째로 마음의 갈망의 표증이 특별히 그것에 나타나기 때문이다(창 39:7; 잠 6:25). 범죄하기를 그치지 아니하고. 갈망하는 대상을 바라보는 것만으로는 결코 만족하지 못한 채. 굳세지 못한 영혼들. 믿음과 거룩의 참된 교훈 안에 견고하게 세워지지 못한 자들. 그러므로 그들은 쉽게 넘어질 수 있었다. 유혹하며. 여기의 거짓 선생들은 사람들로 하여금 자신들의 잘못된 교훈을 받아들이도록 하고 그렇게 함으로써 그들을 음탕함과 방탕함으로 이끌었다(18절). 탐욕에 연단된 마음. 전적으로 이득을 얻고자 하는 목적으로 이끌려진 마음.

저주의 자식(cursed children). 즉 저주받은 자식들. 헬라어로는 "저주의 자녀들"(children of the curse). 이것은 능동적으로나 혹은 수동적으로 취하여질 수 있다. 전자의 경우 즉 "저주하는 자식들"로 취할 때, 그것은 여기의 거짓 선생들이 사람들에게 저주를 가져다주는 저주의 원인이라는 것이다. 반면 후자의 경우 즉 "저주받은 자식들"로 취할 때, 그것은 여기의 거짓 선생들이 저주받기에 합당한 자들이라는 것이다. 마치 에베소서 2:3의 "진노의 자식들"처럼 말이다.

15. 그들이 바른 길을 떠나 미혹되어 브올의 아들 발람의 길을 따르는도다 그는 불의의 삯을 사랑하다가.

바른 길. 진리의 길(2절). 즉 인생을 참된 행복으로 이끄는 유일한 길인 믿음과 거룩의 길. 떠나. 잘못된 샛길로. 오직 하나의 바른 길이 있을 뿐이다. 반면 잘못된 샛길들은 많다. 그들은 바른 길을 떠나 잘못된 샛길에서 방황하고 있다. 여기에서 베드로는 발람을 언급한다(민 22:1-41). 하나님의 백성들을 저주하기 위해 발락의 사자들과 함께 갔을 때, 그는 하나님의 길을 떠나 죄의 길로 달려간 것이다. 그러므로 그의 길은 "사악한" 길이었다(민 22:32).

발람의 길을 따르는도다. (1) 그들의 거짓 교훈과 관련해서. 발람이 하나님의 명령에 불순종하고 발락에게 간 것처럼, 여기의 거짓 선생들은 하나님의 말씀이 규정하는 진리의 길을 버렸다. (2) 그들의 악한 행실과 관련해서. 발람은 발락에게 이스라엘 백성들로 하여금 행음하며 우상의 제물을 먹도록 이끌 것을 지시했다(계 2:14). 그와 같이 여기의 거짓 선생들은 사람들로 하여금 육욕과 음행에 탐닉하도록 가르쳤다. (3) 뒤이어 나오는 말씀처럼, 특별히 그들의 탐심과 관련해서.

보솔의(of Bosor). 한글개역개정판에는 "브올의 아들"이라고 되어 있음. 이것은 그의 고향인 "브돌"(Pethor)을 가리키는 것일 수 있다(민 22:5). 그렇다면 두 개의 철자가 바뀐 것이 된다(즉 'P'가 'B'로 그리고 'th'가 's'로). 이러한 변화는 수리아 계통의 언어에서 흔히 일어나는 변화이다. 혹은 이것은 민수기에서 "브올"이라고 불렸던 그의 아버지의 이름일 수 있다.

불의의 삯. 발락이 불의한 행동 즉 하나님의 백성들을 저주하는 행동의 대가로 발람에게 제시한 돈.

16. 자기의 불법으로 말미암아 책망을 받되 말하지 못하는 나귀가 사람의 소리로 말하여 이 선지자의 미친 행동을 저지하였느니라.

책망을 받되. 천사에 의해서 뿐만 아니라 나귀에 의해.

말하지 못하는 나귀가 사람의 소리로 말하여 … 저지하였느니라. 나귀는 발람 앞에서 있는 천사를 인식하고 뒤로 움츠리면서 사람의 소리로 그를 책망했다. 왜냐하면 그가 탐심에 눈이 어두워진 채 계속해서 앞으로 나아가고자 했기 때문이었다. 나귀가 사람의 소리로 말하는 것은 발람으로 하여금 충분히 자신의 죄를 깨닫게 만들 수 있을 정도로 너무나 기이한 일이었다. 나귀의 책망을 받아야만 했던 것은 그에게 있어 결코 작은 수치가 아니었다.

이 선지자. 여기에서 발람이 선지자로 불리는 것은 (1) 그가 스스로 그렇게 자처했기 때문이었다. 이와 같이 거짓 선지자들도 종종 그냥 "선지자"로 불린다(렘 6:13; 26:7, 8, 11). 혹은 (2) 그가 비록 악하고 탐욕스러운 자였다 하더라도 실제로 선지자였기 때문이었다. 그는 하나님께 묻기도 하고, 응답을 받기도 했다(민 6:22; 8:9, 10, 18, 19). 또 모세는 "여호와께서 그의 입에 말씀을 주셨다"고 분명하게 말한다(민 23:5, 16). 그리고 메시야와 관련한 민수기의 그 유명한 예언은 하나님으로부터 온 것일 수밖에 없다. "그 물통에서는 물이 넘치겠고 그 씨는 많은 물 가에 있으리로다 그의 왕이 아각보다 높으니 그의 나라가 흥왕하리로다"(민 24:17). 그럼에도 불구하고 발람은 탐심으로부터 때로 점을 사용했을 수 있다. 아니, 어떤 때는 그가 실제로 점을 사용한 것이 확실하다(민 24:1).

미친 행동. 하나님의 명령을 거스른 채 그가 축복하신 백성들을 저주하기 위해 가는 행동. 반론: 발람은 발락의 사자들과 함께 가도록 하나님으로부터 허락을 받지 않았던가?(민 22:20). 또 발락의 제안을 거절하지 않았던가?(18절). 대답: (1) 발람은 발락이 제시한 예물을 경멸하지 않고 도리어 열망하는 마음을 품었다. 이러한 사실은 하나님이 그에게 이미 자신의 뜻을 충분하게 계시하셨음에도 불구하고 그가 그 일을 하나님께 두 번째로 물은 사실에 그대로 나타난다(12, 19절). (2) 하나님은 발람에게 발락의 사자들과 함께 가서 이스라엘 백성들을 축복하라고 말씀하셨다(20절). 그러나 그는 여호수아 24:9, 10에 나타나는 것처럼 하나님의 응답과 관련하여 갔다기보다 탐욕에 사로잡힌 마음으로 이스라엘을 저주하기 위해 갔다. 그리고 그는 결국 이스라엘 백성들을 음행과 우상 숭배에 빠지도록 이끌었다(민 25:1; 31:16; 계 2:14).

17. 이 사람들은 물 없는 샘이요 광풍에 밀려 가는 안개니 그들을 위하여 캄캄한 어둠이 예비되어 있나니.

이 사람들은 물 없는 샘이요. 베드로는 거짓 선생들을 "물 없는 샘"으로 비유한다. 여행자는 자신의 목마름을 해결할 수 있는 것이라는 소망을 가지고 샘으로 달려가지만, 그러나 물 없는 샘은 그러한 여행자의 기대를 조롱한다. 그와 같이 거짓 선생들은 마치 참된 지혜와 구원에 이르는 지식을 가지고 있는 양 꾸미면서 사람들을 자신들에게로 이끌지만, 그러나 실제로는 그것을 결여하고 있음으로 해서 그들을 속인다.

광풍에 밀려 가는 안개. 계속해서 베드로는 그들을 "안개"로 비유한다. 안개는 종종 사람들에게 비와 상쾌함을 약속하지만, 그러나 바람이나 혹은 광풍에 흩어져 사라진다. 그와 같이 거짓 선생들은 사람들에게 하나님의 진리를 약속하지만, 그러나 그들 자신이 그것을 결여하고 있음으로 인해 사람들에게 아무런 유익도 가져다주지 못하고 도리어 거짓 교훈과 타락한 삶의 모범으로 큰 해악을 끼친다. 이러한 비유로 베드로는 (1) 그들의 한결같지 못함을 제시한다. 안개가 광풍에 밀려다니는 것처럼, 그들은 한 가지 교훈으로부터 또 다른 교훈으로 계속해서 요동치며 떠밀려 다닌다. "이는 우리가 이제부터 어린 아이가 되지 아니하여 사람의 속임수와 간사한 유혹에 빠져 온갖 교훈의 풍조에 밀려 요동하지 않게 하려 함이라"(엡 4:14). (2) 그들의 속임을 제시한다. 안개가 자신 안에 비가 없음에도 불구하고 마치 있는 듯이 꾸미는 것처럼, 그들은 자신들이 가지고 있지 않은 것을 마치 가지고 있는 것처럼 꾸민다.

캄캄한 어둠. 바깥 어둠(outer darkness)이라고 불리는 가장 어두운 어둠(마 8:12; 22:13; 25:30). 지옥은 종종 이와 같은 표현으로 묘사된다.

18. 그들이 허탄한 자랑의 말을 토하며 그릇되게 행하는 사람들에게서 겨우 피한 자들을 음란으로써 육체의 정욕 중에서 유혹하는도다.

그들이 … 유혹하는도다. 미끼를 가지고. 이것은 낚시로부터 취한 은유이다.

허탄한 자랑의 말. 알맹이 즉 최소한의 진리조차 없으면서 소리만 요란한 허풍의 말. 베드로는 유혹하는 자들이 꾸며낸 헛된 말을 비난하고 있는 것으로 보인다. 그들은 자신들의 거짓 교훈을 해괴망측한 미사여구로 꾸몄다. 언뜻 볼 때 그것은 어느 정도 심오한 신비를 가진 것처럼 보이지만 그러나 견고한 기초를 가지고 있지도 못하고 사람들을 올바로 세워주지도 못하는 거짓 교훈 외에 아무것도 아니었다.

그릇되게 행하는 사람들에게서. "from them who live in error" 즉 오류 가운데 사는 사람들로부터. 예전에 그들은 유대교의 오류 혹은 이교(異敎)의 오류 속에서 살고 있었으며, 다른 사람들은 지금도 여전히 그 가운데 빠져 살고 있다. 이것은 실제적인 변화가 일어나지 않은 사람들의 경우를 가리키는 것일 수도 있고, 거짓된 삶의 방식으로부터 벗어났다가 나중에 다시 예전의 모습으로 되돌아간 사람들의 경우를 가리키는 것일 수도 있다(마 12:43; 13:21).

겨우 피한 자들. 흠정역은 "those that were clean escaped" 즉 "완전하게 피한 자들" 혹은 "실제적으로 피한 자들"이라고 읽는다. 그들은 다음과 같은 측면에서 그와 같이 말하여진다. (1) 그들이 참된 회심과 관련하여 한 신앙 고백의 측면에서. (2) 그들이 부름 받은 말씀에 대하여 한 동의(同意)의 측면에서. (3) 그들의 외적 행실에 나타난 변화의 측면에서. 음란으로써. 이것은 뒤의 "육체의 정욕"을 설명하면서 그것이 무엇인지를 보여준다. 그것은 다름 아닌 음란한 것들과 더러운 것들이다. 육체의 정욕 중에서. 그들은 육체의 정욕을 사람들을 유혹하는 미끼로 삼았다.

19. 그들에게 자유를 준다 하여도 자신들은 멸망의 종들이니 누구든지 진 자는 이긴 자의 종이 됨이라.

그들에게 자유를 준다 하여도. 여기의 "자유"는 그들의 정욕을 위한 자유 즉 신적 율법의 멍에로부터의 자유를 가리킨다. 그들은 기독교적 자유의 이름을 오용(誤用)하면서 그것을 방종으로 확장시켰다. 멸망의 종들. 죄의 권능과 통치 아래 있는 종들. 누구든지 진 자는 이긴 자의 종이 됨이라. 여기에서 베드로는 전쟁의 법칙을 원용(援用)한다. 전쟁의 법칙에 따르면, 싸움에 패하여 포로가 된 자는 승리한 자의 종이 된다. 여기의 거짓 선생들은 그들 자신의 정욕에 패하여 그것의 포로가 됨으로 말미암아 가장 비참한 종이 된 자들이었다.

20. 만일 그들이 우리 주 되신 구주 예수 그리스도를 앎으로 세상의 더러움을 피한 후에 다시 그 중에 얽매이고 지면 그 나중 형편이 처음보다 더 심하리니.

우리 주 되신 구주 예수 그리스도를 앎으로. 비록 마음을 변화시키는 데까지는 이르지 못했다 하더라도 그 안에 외적인 삶의 변화를 수반하는 종류의 그리스도를 아는 지식. 14절에 나타나는 것처럼, 여기에서 베드로가 말하는 자들은 마음을 정결케 하는 믿음으로 말미암아 그리스도 안에 뿌리를 박은 자들이 아니었다.

세상의 더러움. 대부분의 세상이 빠져 있는 악의 총체. "또 아는 것은 우리는 하나님께 속하고 온 세상은 악한 자 안에 처한 것이며"(요일 5:19). 다시 그 중에 얽매이고 지면. 다시 그들의 옛 죄로 돌아가 스스로를 그것에 굴복시키며 그 안에 계속해서 빠져 살면.

21. 의의 도를 안 후에 받은 거룩한 명령을 저버리는 것보다 알지 못하는 것이 도리어 그들에게 나으니라.

의의 도(the way of righteousness). 복음에 규정된 그리스도로 말미암아 의를 얻고 그 안에서 경건하게 사는 길(딤후 3:12). 이것은 15절에서 "바른 길"로, 그리고 3절에서 "진리의 도"로 불린다.

거룩한 명령. 그것이 "거룩한" 것은 무엇보다도 그것이 거룩하신 하나님으로부터 나왔기 때문이다. 또 그것은 그것이 세상의 더러운 것들과는 반대되는 것으로서 오직 거룩한 것만을 가르치기 때문이다. 하나님은 그것을 도구로 사용하셔서 사람들을 거룩하게 만드신다. 알지 못하는 것이 도리어 그들에게 나으니라. 차라리 처음부터 진리를 알지 못했더라면 그들의 죄는 더 작았을 것이다. 그러나 그들은 지금 알면서 죄를 짓는다. 그러므로 그들의 배교는 훨씬 더 크고 악한 것이 된다.

22. 참된 속담에 이르기를 개가 그 토하였던 것에 돌아가고 돼지가 씻었다가 더러운 구덩이에 도로 누웠다 하는 말이 그들에게 응하였도다.

참된 속담에 이르기를 … 그들에게 응하였도다. 베드로가 이것을 덧붙인 것은 그들이 배교로 말미암아 제기할 수 있는 반론을 막기 위함이다. 마음의 온전한 변화가 없는 상태에서 그들이 다시금 예전의 더러운 것들로 돌아가 그것과 뒤엉키는 것은 조금도 놀랄 일이 아니다. 변화의 외양(外樣)에도 불구하고 그들은 여전히 (율법에 따라 부정한 짐승인) 개와 돼지였다. 그들은 악한 배교로써 자신들의 그러함을 그대로 나타냈다.

개가 그 토하였던 것에 돌아가고. 개는 과도하게 먹음으로써 자신의 위장에 부담이 되는 것을 토해낸다. 그러나 위장에 있는 것을 토해냈다고 해서 개의 본성이 변화된 것은 아니다. 개는 여전히 개로서 자신이 토해낸 것을 다시 핥아 먹는다. 그와 같이 여기의 사람들은 말씀의 능력으로 말미암아 약간의 깨달음을 얻고는 자신들의 양심에 부담이 되는 죄들을 토해낸다. 그렇게 함으로써 어느 정도의 편안함을 얻기는 하지만, 그러나 그들의 옛 본성과 옛 정욕에 대한 사랑은 그대로 남아 있다. 그리하여 그들은 얼마 동안 버렸던 옛 죄들로 다시 돌아간다.

돼지가 씻었다가 더러운 구덩이에 도로 누웠다. 돼지는 본성적으로 오물과 진창을 사랑한다. 비록 그것으로부터 씻음을 받았다 하더라도, 옛 본성이 그대로 남아 있는 돼지는 다시금 그것으로 되돌아간다. 그와 같이 여기에 언급된 사람들은 복음전파로 말미암아 세상의 더러운 것들로부터 씻음을 받고 과거의 죄의 길로부터 벗어났음에도 불구하고 여전히 옛 본성과 타락한 성정을 가지고 있음으로 말미암아 다시금 그것에 사로잡혀 예전의 가증한 것들로 되돌아간다.

MATTHEW POOLE'S COMMENTARY

베드로후서 3장

개요

1. 베드로가 그들에게 두 개의 편지를 쓴 것은 그들에게 그리스도의 강림하심을 일깨워주기 위한 것이었음(1–7).
2. 주의 강림이 연기되는 것은 사람들에게 회개를 위한 기회를 주기 위한 것임(8–9).
3. 베드로가 그들에게 주의 날을 묘사하면서 그날을 기다리며 거룩하게 살 것을 훈계함(10–14).
4. 베드로가 바울 역시도 그의 편지들에서 같은 것을 가르쳤음을 보임(15–16).
5. 베드로가 미혹을 조심하는 가운데 그리스도 안에서 은혜와 지식 가운데 자라갈 것을 격려하면서 편지를 마침(17–18).

1. 사랑하는 자들아 내가 이제 이 둘째 편지를 너희에게 쓰노니 이 두 편지로 너희의 진실한 마음을 일깨워 생각나게 하여.

이 둘째 편지. 이러한 말씀은 이것이 앞 편지와 마찬가지로 베드로 자신에 의해 쓰여진 사실을 확증한다. 너희의 진실한 마음을 일깨워. 혹은 정결한 마음. 이것의 의미는 다음과 같다. (1) 너희의 마음을 정결하며 진실하도록 일깨워. 그렇다면 이것은 베드로가 그들의 현재의 모습을 칭찬하는 것이라기보다 그들이 마땅히 어떠해야 함을 가르치며 훈계하는 것이 될 것이다. 그들은 자신이 쓴 편지로부터 은택을 받게 될 것인데, 말씀을 즐겁게 받아들임에 있어 마음의 정결함과 진실함보다 더 중요한 것은 아무것도 없다. 그렇지 못한 마음은 말씀의 은택을 가로막는다. "그러므로 모든 악독과 모든 기만과 외식과 시기와 모든 비방하는 말을 버리고 갓난 아기들 같이 순전하고 신령한 젖을 사모하라 이는 그로 말미암아 너희로 구원에 이르도록 자라게 하려 함이라"(벧전 2:1, 2). 혹은 (2) 너희의 정결하며 진실한 마음을 너희가 받은 정결한 교훈에 계속해서 착념하도록 일깨워. 생각나게 하여. 베드로후서 1:13을 보라.

2. 곧 거룩한 선지자들이 예언한 말씀과 주 되신 구주께서 너희의 사도들로 말미암아 명하신 것을 기억하게 하려 하노라.

거룩한 선지자들이 예언한 말씀. 베드로후서 1:19을 보라. 여기에서 베드로는 선지자들과 사도들을 하나로 연합시킨다. 다시 말해서, 그 교훈에 있어 그들이 서로 일치함을 보여주면서, 그것을 복음의 불변성을 증명하는 증거로 사용한다. 다시 말해서, 사도들이 그들에게 전파한 것은 옛 언약 하에서 선지자들이 그들의 조상들에게 가르친 것에 의해 확증된다는 것이다(행 26:22; 엡 2:20).

주 되신 구주께서 너희의 사도들로 말미암아 명하신 것. 이러한 표현으로 베드로는 그와 다른 사도들이 전파한 복음의 전체적인 교훈을 의미한다. 베드로후서 2:21; 요한일서 3:23을 보라. 또 이러한 말씀으로 말미암아 우리는 우리 구주께서 그것 즉 사도들이 전파한 복음의 전체적인 교훈의 창시자이시며 그것을 주심에 있어서의 제1 원인임을 알 수 있다. 사도들은 그것을 그분으로부터 받았으며, 그것을 다른 사람들에게 전달하는 도구와 사역자들일 뿐이었다.

3. 먼저 이것을 알지니 말세에 조롱하는 자들이 와서 자기의 정욕을 따라 행하며 조롱하여.

먼저 이것을 알지니. 이것이 첫 번째로 알아야만 하는 가장 중요한 것이니. 앞 장에서 베드로는 여기의 성도들에게 복음의 원수들, 즉 미혹하는 자들과 거짓 선생들을 주의할 것을 가르쳤다. 그리고 계속해서 여기에서 그는 한층 더 노골적인 원수들인 조롱하는 불경건한 자들에 대해 예언한다. 말세에. "in the last days" 즉 마지막 날에. 고린도전서 10:11; 디모데후서 3:1을 보라. 조롱하는 자들. 하나님에 대해 불경건하게 경멸하며 그의 진리를 업신여기는 자들(시 1:1; 119:51; 사 28:14, 22). 자기의 정욕을 따라 행하며. 자신의 정욕을 따라 행하는 것은 불경건한 자들에게 있어 지극히 자연스러운 일이다. "그들이 너희에게 말하기를 마지막 때에 자기의 경건하지 않은 정욕대로 행하며 조롱하는 자들이 있으리라 하였나니"(유 1:18).

4. 이르되 주께서 강림하신다는 약속이 어디 있느냐 조상들이 잔 후로부터 만물이 처음 창조될 때와 같이 그냥 있다 하니.

이르되 … 약속이 어디 있느냐. 그들은 복음의 큰 진리들에 대해 의문을 제기하거나 혹은 부인함으로써 정욕을 따라 행하는 스스로를 격려했다.

그의 강림하신다는(of his coming, 한글개역개정판에는 "주께서 강림하신다는"이라고 되어 있음). 즉 2절에 언급된 바대로 사도들이 전파한 그리스도의 강림의 약속. 여기의 조롱하는 자들은 경멸의 의미로서 고의적으로 그리스도의 이름을 누락시킨 채 단순히 "그의"(his)라고 말한 것으로 보인다. 이렇게 하는 것은 유대인들에게 흔한 일이었다(요 9:29). 요컨대 그들은 경멸적인 어조로 "너희가 기다리는 자가 온다는 약속이 어디 있느냐?" 고 물은 것이다.

조상들. 그리스도의 오심의 약속을 받고 그것을 믿는 믿음 안에서 죽은 조상들.

잔 후로부터. 즉 죽은 후로부터. 죽음을 자는 것으로 표현하는 것은 성경의 통상적인 표현방식이다. 여기의 조롱하는 자들은 비아냥거리는 투로 그렇게 말하고 있는 것으로 보인다. 그 요지는 이를테면 이런 것이다. 조상들이 잠든 것이, 깨어날 수 있는 시간이 충분할 정도로, 너무나 오래 되지 않았는가? 그러나 우리는 아무것도 보지 못하는도다.

만물이 처음 창조될 때와 같이 그냥 있다. 즉 세상이 처음 창조될 때와 마찬가지로 계속되고 있다. 우리는 변한 것을 아무것도 보지 못하며, 폐하여진 것을 아무것도 보지 못하노라. 도리어 자연은 여전히 자신의 옛 길을 계속해서 지키고 있노라. 이와 같이 그들은 지금까지 특별히 변화된 것이 없으므로 앞으로도 그럴 것이라고 변론한다. 마찬가지로 그들은 그리스도가 심판하기 위해 아직 오지 않았으므로 앞으로도 오지 않을 것이라고 논증한다. 그들은 하나님의 능력도 하나님의 뜻도 고려하지 않았다. 하나님은 세상을 창조한 것처럼 또한 모든 것을 파괴할 수 있으시다. 뿐만 아니라 하나님은 자신의 말씀 가운데 세상의 종말에 대해 분명하게 계시하셨다.

5. 이는 하늘이 옛적부터 있는 것과 땅이 물에서 나와 물로 성립된 것도 하나님의 말씀으로 된 것을 그들이 일부러 잊으려 함이로다.

이는 … 그들이 일부러 잊으려 함이로다. 그들은 마땅히 알아야만 하는 것을 고의적으로 알지 않으려고 하는도다. 그것은 성경을 찾기만 하면 충분히 알 수 있는 것이로다. 하늘이 … 있는. 하늘이 창조된, 혹은 하늘이 자신에게 주어진 존재를 갖게 된(창 1:6). 옛적부터. 창세로부터. 땅. 바다와 강까지도 포함하는 지구 전체.

물에서 나와 물로 성립된. 여기의 말씀을 흠정역은 "standing out of the water and in the water" 즉 "물로부터 그리고 물 안에 서 있는"이라고 읽는다. 이러한 번역에 따를 때, 여기의 의미는 땅이 바다와 강에 의해 둘러싸인 채 부분적으로 물로부터(해수면보다 높은 마른 땅의 경우처럼) 또 부분적으로 물 안에(해수면보다 낮은 지역의 경우처럼) 서 있다는 것이다. 그러나 대부분의 주석가들은 흠정역 난외(欄外)의 독법을 따르면서 여기의 헬라어 단어를 "성립된"(consisting) 혹은 "구성된"이라고 읽는다. 그렇다면 그 의미는 다음과 같을 것이다. (1) 땅은 그 형성된 재료로서 물로 구성되었으며, 물로부터 자신의 단단한 형체를 갖게 되었으며, 물이 없었다면 완전히 메마름으로 말미암아 생육하고 번성하기에 적합하지 못한 쓸모없는 티끌이 되었을 것이다. 만일 우리가 여기의 말씀을 이와 같이 이해한다면, 조롱하는 자들에 대한 다음과 같은 반론이 가능해진다. 그와 같이 땅이 물로 구성되고 물에 의해 성립되었음에도 불구하고, 하나님은 세상을 멸하기 위해 물을 사용하셨다. 그러므로 세상을 붙잡는 하나님의 능력 없이 자연적인 원인들만으로는 세상을 보존하기에 결코 충분하지 못하다. 만일 모든 자연적인 원인들에도 불구하고 하나님이 자신의 능력을 거두신다면, 세상은 필연적으로 멸망을 당한다. 혹은 (2) 하늘은 옛적부터 있었으며, 땅은 물로부터 있었고, 물에 의해 혹은 물 안에서 성립되었다. 이것이 의미하는 바는 땅이 물로부터 혹은 물 위로 솟아올랐다는 것이다. 다시 말해서, 하나님이 물을 한 곳으로 모으심으로써 마른 땅이 나타났으므로 땅이 앞에서 설명한 것처럼 물에 의해 혹은 물 가운데 구성되었다는 것이다.

하나님의 말씀으로 된 것을. 하나님의 명령으로 혹은 히브리서 1:3처럼 그의 능력의 말씀으로 된 것을. 창세기 1:6, 9; 시 33:6; 148:5을 보라.

6. 이로 말미암아 그 때에 세상은 물이 넘침으로 멸망하였으되.

이로 말미암아. 앞 절에 언급된 하늘과 물로 말미암아. 즉 큰 깊음의 샘들이 터지고 하늘의 창들이 열려(창 7:11). 혹은 제1 원인으로서 하나님의 말씀과 그 도구로서 물로 말미암아. 물은 하나님의 명령에 따라 땅 위와 아래로부터 터져 나와 온 땅을 가득 채웠다. 세상. 땅과 거기에 사는 여덟 사람을 제외한 모든 거주자들. 베드로는 이것을 제시하면서 앞에서 언급한 조롱하는 자들을 반박한다. 왜냐하면 홍수에 의해 세상에 큰 변화가 일어났음에도 불구하고 그들이 만물이 처음 창조될 때와 같이 그냥 있다고 말했기 때문이다(4절).

7. 이제 하늘과 땅은 그 동일한 말씀으로 불사르기 위하여 보호하신 바 되어 경건하지 아니한 사람들의 심판과 멸망의 날까지 보존하여 두신 것이니라.

하늘. "heavens" 즉 하늘들. 허공(虛空)의 하늘뿐만 아니라 물질적인 혹은 에테르의 하늘. 본 장 10절과 12절에서 베드로는 불에 타 풀어질 하늘들(heavens)과 물질들(elements) 사이를 구별한다. 또 13절에서 그는 불에 타 풀어질 하늘과 새 하늘을 대비시킨다. 그러나 새 하늘은 단순히 허공의 하늘을 의미하지 않는다. 여기의 하늘은 성경의 다른 곳에서 사라질 것으로 말하여지는 바로 그 하늘이다(욥 14:12; 시 102:26). 동일한 말씀으로. 앞의 5절에 언급된 것과 같은 말씀으로. 불사르기 위하여 보호하신 바 되어. 하늘과 땅이 불에 의해 소멸되도록. 마지막 날 불에 의해 세상이 멸망을 당할 것은 노아의 때에 물에 의해 세상이 멸망을 당한 것과 대비된다. 경건하지 아니한 사람들의 심판과 멸망의 날. 보편적인 심판의 날. 베드로가 여기에서 "경건하지 아니한"을 특별히 강조하는 것은 그들이 자신의 가르침을 거스르며 대적하는 불경건한 사람들이었기 때문이다.

8. 사랑하는 자들아 주께는 하루가 천 년 같고 천 년이 하루 같다는 이 한 가지를 잊지 말라.

이 한 가지를 잊지 말라. 즉 이 한 가지를 확실하게 알아라. 여기와 동일한 단어가 5절에서 사용된다. 그러므로 베드로는 지금 조롱하는 자들의 "무지"(無知)를 가리키면서 "너희는 그렇게 하지 말라"고 경고하고 있는 것이다. 그들은 "이 한 가지" 즉 성경에 보존되어 있는 그리스도의 강림의 약속을 반드시 알아야만 했다.

주께는 하루가 천 년 같고 천 년이 하루 같다. 이 말이 의미하는 바는 이것이다. 우리는 시간에 예속되어 있다. 그런 우리에게 시간은 길고 짧음의 큰 차이가 있다. 그러나 주님은 시간에 예속됨이 없이 영원하시다. 그에게는 과거도 없고 미래도 없다. 모든 것이 현재이다. 그에게는 시간의 차이가 없다. 긴 것도 없고 짧은 것도 없다. 그에게는 천 년 아니 심지어 창세 이후 지나간 모든 시간조차도 단지 하루에 불과하다. 우리는 주님의 더디 오심을 우리 자신의 개념으로 판단해서는 안 된다. 오직 하나님의 영원하심에 의해 판단해야 한다.

9. 주의 약속은 어떤 이들이 더디다고 생각하는 것 같이 더딘 것이 아니라 오직 주께서는 너희를 대하여 오래 참으사 아무도 멸망하지 아니하고 다 회개하기에 이르기를 원하시느니라.

주의 약속은 … 더딘 것이 아니라. 즉 주님은 자신의 약속이 이루어지는 것을 정해진 시간 너머까지 늦추지 않으신다(사 60:22).

어떤 이들이 더디다고 생각하는 것 같이. 예컨대 앞에서 언급한 조롱하는 자들. 그들은 그리스도가 아직 오지 않았으므로 앞으로도 오지 않을 것이라고 생각했다. 마치 하나님이 자신의 계획을 바꾸기라도 한 듯이, 혹은 그것을 이루지 않을 것이라는 듯이 말이다. 혹은 연약한 믿음과 큰 고난으로 더 이상 인내하지 못한 채 그리스도께서 더디 오신다고 생각했던 어떤 신자들. 우리는 요한계시록 6:10에서 그와 비슷한 종류의 신자들을 볼 수 있다. "큰 소리로 불러 이르되 거룩하고 참되신 대주재여 땅에 거하는 자들을 심판하여 우리 피를 갚아 주지 아니하시기를 어느 때까지 하시려 하나이까." 너희를 대하여 오래 참으사. 신자인 너희들에게 혹은 택한 백성인 너희들에게 오래 참으사. 아무도 멸망하지 아니하고. 비록 아직 부름 받지 못했다 하더라도, 그가 생명을 주시기로 정하신 모든 자들.

다 회개하기에 이르기를. 그가 택하신 모든 사람들. 그는 마침내 그들 모두를 취하실 것이며, 그때까지 심판 날을 연기하실 것이다. 혹은 이것은 하나님의 은밀하며 효과적인 부르심이 아니라, 그의 계시된 의지(意志)를 의미하는 것일 수도 있다. 다시 말해서, 하나님은 남녀노소를 불문하고 모든 사람을 복음을 듣고 회개하도록 부르신다. 하나님은 복음을 듣고 회개하는 것을 모든 사람의 의무로 삼으셨으며, 그것을 구원의 길로 정하셨다. 그리고 모든 사람으로 하여금 그와 같은 방법으로 구원을 찾도록 명하셨다. 그리고 하나님은 그들의 회개 위에서 그들을 받으시고 구원하신다. "하나님은 모든 사람이 구원을 받으며 진리를 아는 데에 이르기를 원하시느니라"(딤전 2:4).

10. 그러나 주의 날이 도둑 같이 오리니 그 날에는 하늘이 큰 소리로 떠나가고 물질이 뜨거운 불에 풀어지고 땅과 그 중에 있는 모든 일이 드러나리로다.

주의 날. 심판의 날은 여기에서는 그 날의 특별함으로 인해 "주의 날"로, 유다서 1:6에서는 "큰 날"로, 계시록 16:14에서는 "전능하신 하나님의 큰 날"로, 그리고 고린도전서 1:8; 5:5; 고린도후서 1:14; 빌립보서 1:6, 10에서는 "주 예수의 날"로 불린다. 도둑 같이. 집에 있는 모든 것이 안전하다고 생각할 때 예기치 못하게 갑자기 오는 도둑 같이. 하늘. 영화로워진 영들의 처소인 천상의 하늘과 구별되는 보이는 하늘. 큰 소리로. 신속하고 격렬하게, 혹은 그와 같은 격렬한 행동에 의해 통상적으로 야기되는 요란한 굉음과 함께. 떠나가고. 더 이상 존재하기를 그칠 정도로 완전하게. 혹은 그것보다도 현재의 존재와 상태를 그칠 정도로, 다시 말해서 지금의 상태를 그치고 새 하늘에게 자리를 내어줄 정도로(계 21:1). 같은 단어가 마태복음 24:35; 누가복음 16:17에 사용된다. 물질(elements). 공기, 물, 흙 등 우주를 구성하는 요소들. 뜨거운 불에 풀어지고(melt). 또 다른 단어가 사용된 12절과 비교하라(한글개역개정판에는 둘 모두 "풀어지고"라고 되어 있지만, 흠정역 10절은 "melt"로 그리고 12절은 "dissolve"로 되어 있음). 결국 물질들은 뜨거운 불에 "녹아"(melt) "해체될"(dissolve) 것이다. 요한복음 2:19; 요한일서 3:8을 보라. 땅. 세상 가운데 사람과 동식물이 거주하기 적당한 부분. 설령 땅이 세상의 한 부분으로서 앞에 언급된 물질들 가운데 포함된다 하더라도, 동시에 그것은 여기에서 그 안에 포함되어 있는 것들과 거기에 거주하는 생명들과 관련하여 취하여질 수 있다. 그 중에 있는 모든 일이 드러나리로다. 흠정역에는 "the works that are therein shall be burned up" 즉 "그 중에 있는 모든 일들이 불탈 것이로다"라고 되어 있다. 사람들의 인위적인 일들과 생물과 무생물을 포함한 모든 자연의 일들, 즉 육신적인 사람들이 자신의 행복을 위해 추구하는 모든 즐거운 것들이 불탈 것이다.

11. 이 모든 것이 이렇게 풀어지리니 너희가 어떠한 사람이 되어야 마땅하냐 거룩한 행실과 경건함으로.

이 모든 것이 이렇게 풀어지리니. 주의 강림하심이 세상과 그 안에 있는 모든 것들을 소멸시킬 정도로 너무나 두려울 것이니. 너희가 어떠한 사람이 되어야 마땅하냐. 너희가 마땅히 신중하며, 올바르며, 부지런하며, 열심을 품으며, 모든 면에서 탁월한 사람이 되어야 하지 않겠느냐. 여기의 헬라어는 종종 사람이나 혹은 사물 안에 있는 어떤 특별한 탁월함을 칭찬할 때 사용된다(마 8:27; 막 13:1; 눅 1:29). 거룩한 행실과 경건함으로. 여기의 헬라어 단어들은 모두 복수형으로 되어 있다. 그것은 우리의 인생 전체를 통한 거룩한 삶의 계속적인 과정뿐만 아니라 모든 종류의 의무들을 행하며 은혜들을 실천함에 있어서의 부지런함을 함축하는 것처럼 보인다.

12. 하나님의 날이 임하기를 바라보고 간절히 사모하라 그 날에 하늘이 불에 타서 풀어지고 물질이 뜨거운 불에 녹아지려니와.

바라보고. 인내로써 기대하며 기다리고. 간절히 사모하라. 그에 대한 뜨거운 열망으로 그리고 그것을 위해 부지런히 준비하면서.

13. 우리는 그의 약속대로 의가 있는 곳인 새 하늘과 새 땅을 바라보도다.

그의 약속대로. 이사야 65:17; 66:22; 요한계시록 21:1, 27을 보라.

의가 있는 곳인. "wherein dwelleth righteousness" 즉 "의가 거하는 곳인." 일시적이 아니라 영속적으로 거하는(롬 8:11; 고후 6:16; 딤후 1:14). 여기의 "의"는 단순한 추상명사로 이해될 수 있다. 세상의 멸망과 함께 죄의 통치가 멸망될 것이다. 그리고 새 세상의 거주민인 하나님의 택하신 자들은 — 죄가 그들 안에 내주했었던 과거와는 반대로 — 의로 가득 채워질 것이다. 혹은 여기의 "의"는 구체적인 것들을 의미하는 추상명사로 이해될 수 있다. 다시 말해서, 여기의 "의"는 의로운 사람들을 의미할 수 있다. 악인들은 지옥으로 떨어지고 오직 의인들만 새 세상의 거주민이 될 것이다(계 21:27). 또 이와 같은 표현방식으로 그것은 또한 그러한 사람들의 의의 완성을 함축하는 것일 수 있다. 새 하늘만이 아니라 새 땅이 언급되는 것은 그때 전체적인 세상(whole world)이 성도들의 소유가 될 것이기 때문이다. 그들은 그리스도께서 어디로 가시든 그를 따르른다.

새 하늘과 새 땅을 바라보도다. 불에 타 풀어지게 될 현재의 세상 대신에(10, 12절), 혹은 사라지는 처음 하늘과 처음 땅 대신에(계 21:1). 그것은 그것의 물질적인 측면에서 뿐만 아니라 그것의 질(質)의 측면에서 새 하늘과 새 땅일 것이다. 왜냐하면 그것은 모든 더러운 것들로부터 정결하게 되고, 피조물이 인간의 죄로 말미암아 굴복하게 된 모든 "허무함"(vanity)으로부터 자유로워졌기 때문이다. "피조물이 허무한 데 굴복하는 것은 자기 뜻이 아니요 오직 굴복하게 하시는 이로 말미암음이라 그 바라는 것은 피조물도 썩어짐의 종 노릇 한 데서 해방되어 하나님의 자녀들의 영광의 자유에 이르는 것이니라"(롬 8:20, 21).

14. 그러므로 사랑하는 자들아 너희가 이것을 바라보나니 주 앞에서 점도 없고 흠도 없이 평강 가운데서 나타나기를 힘쓰라.

이것. "such things" 즉 이러한 것들. 다시 말해서 심판을 위한 그리스도의 강림, 이 세상의 멸망, 의가 거하는 새 하늘과 새 땅 등. 주 앞에서. 심판주이신 그리스도 앞에서.

점도 없고 흠도 없이. 이러한 표현으로 베드로는 (1) 절대적인 완전함을 의미한다. 이와 같이 베드로는 우리가 이생에서 이것을 목표로 삼아야 함을 — 비록 다음 세상에 도달할 때까지 이루지 못한다 하더라도 — 보여준다. 혹은 (2) 그리스도를 믿는 믿음으로 말미암은 충분한 거룩함을 의미한다. 이것은 육체의 정욕과 세상의 불결함에도 불구하고 얻어지는 것이다(딤전 6:14). 그 안에 여전히 죄가 남아 있는 자들은 오직 이런 의미로서만 하나님 앞에서 "점도 없고 흠도 없다"고 말하여질 수 있다. 그 안에 여전히 죄가 남아 있음에도 불구하고 그들은 자신들에게 전가된 그리스도의 의로 말미암아 하나님 앞에서 의롭다 함을 받았으며, 사랑받는 아들로 받아들여졌다(엡 1:6). 하나님은 그들의 허물을 간과하시고, 그들에게 아무런 죄도 전가하지 않으시며, 그들 안에서 아무런 점도 보지 않으신다. 여기에서 베드로는 앞에서 언급한 미혹하는 자들을 생각하고 있었던 것으로 보인다. 앞 장 13절에서 그는 그들을 "점과 흠"으로 불렀다. 그러고는 여기에서 성도들에게 스스로를 돌아볼 것을 권면한다. 그럴 때 그들은 그리스도로 말미암아 "점도 없고 흠도 없는" 모습으로 혹은 에베소서 5:27의 표현처럼 "흠이 없는" 모습으로, 다시 말해서 의롭다 함과 거룩하게 하심을 받은 상태로 발견될 것이다.

평강 가운데서 나타나기를. 먼저 하나님과 더불어 화평을 이루고, 그에 기초하여 양심의 평화와 다른 사람들과의 화평을 이룬 모습으로 나타나기를.

15. 또 우리 주의 오래 참으심이 구원이 될 줄로 여기라 우리가 사랑하는 형제 바울도 그 받은 지혜대로 너희에게 이같이 썼고.

우리 주의 오래 참으심. 즉 그가 아직 심판을 위해 강림하지 않으신 것, 그리고 세상의 많은 죄를 즉각적으로 벌하지 않으시고 참으시는 것. 구원이 될 줄로. 구원으로 귀결될 줄로. 그렇게 하심으로써 그는 택함을 받았지만 아직 회심하지 않은 자들에게 회개할 기회를, 그리고 회심한 자들에게는 자신의 구원을 온전하게 할 시간을 주신다(9절). 여기라. 확신하는 마음으로 그렇게 받아들여라, 혹은 당연한 것으로 생각하라. 우리가 사랑하는 형제 바울. 성도로서 그리스도 안에서 형제일 뿐만 아니라 그 직분에 있어 사도인 바울. 그 받은 지혜대로. 바울은 복음의 비밀을 아는 심원하면서도 탁월한 지식을 가졌다(고전 2:6, 7; 엡 3:3, 4). 베드로가 이와 같이 바울을 존대(尊待)함으로써 어떤 결과가 야기되는가? (1) 그렇게 함으로써 베드로는 여기의 유대 그리스도인들로 하여금 바울이 전파한 교훈을 존중하며 중시하도록 이끌었다. 비록 그가 무할례자의 사도였다 하더라도 말이다. (2) 그렇게 함으로써 베드로는 예전에 그로부터 큰 책망을 받았음에도 불구하고 그에 대해 어떤 나쁜 감정도 갖고 있지 않음을 나타냈다(갈 2:1-21). (3) 그렇게 함으로써 베드로는 여기의 성도들에게 그의 글을 함부로 비방하며 자의적으로 왜곡했던 거짓 선생들을 경계하도록 일깨워 줄 수 있었다.

너희에게 이같이 썼고. 유대 그리스도인인 너희에게. (1) 로마서를 통해. 왜냐하면 여기의 "우리 주의 오래 참으심이 구원이 될 줄로 여기라"가 로마서 2:4과 의미적으로 매우 유사하기 때문이다. "혹 네가 하나님의 인자하심이 너를 인도하여 회개하게 하심을 알지 못하여 그의 인자하심과 용납하심과 길이 참으심이 풍성함을 멸시하느냐"(롬 2:4). 혹은 (2) 히브리서를 통해. 히브리서는, 설령 그 편지의 표제에 분명하게 명시되어 있지는 않다 하더라도, 흩어진 유대인들에게 보낸 편지였다. 그리고 그 편지의 몇몇 곳에서 우리는 여기와 비슷한 취지의 글을 발견한다(히 9:28; 10:23, 25, 36, 37을 보라). 이것 외에 바울이 유대인들에게 보낸 다른 편지를 우리는 알지 못한다. 어쨌든 그는 복음의 비밀과 관련하여 하나님이 그에게 주신 큰 지혜를 나타냈다. 그리고 거기에는 또한 "알기 어려운" 것들도 더러 있었다.

16. 또 그 모든 편지에도 이런 일에 관하여 말하였으되 그 중에 알기 어려운 것이 더러 있으니 무식한 자들과 굳세지 못한 자들이 다른 성경과 같이 그것도 억지로 풀다가 스스로 멸망에 이르느니라.

그 모든 편지에도. 즉 그가 쓴 모든 편지에도. 이런 일. 즉 그리스도의 재림과, 세상의 종말과, 참음으로 그때를 기다리는 인내와, 여기의 두 서신(즉 베드로전후서) 특별히 본 서신의 앞의 두 장에 담겨 있는 교훈들. 그 중에 알기 어려운 것이 더러 있으니. 편지들 중에, 혹은 그것보다도 그러한 편지들 안에 담겨 있는 교훈들 중에. 특별히 후자로 보는 것이 합당한 까닭은 여기의 헬라어 관계사가 "편지들"과 성(性)이 다르기 때문이다. 다시 말해서, 바울이 가르친 교훈들 가운데 알기 어려운 것이 더러 있다는 것이다. 그러므로 이것은 바울의 편지들이 — 하물며 전체적인 성경은 말할 것도 없고 — 애매모호하며 확실하지 않음을 증명하는 것이 아니다. 다만 문체와 표현 방식은 명확하지만, 그러나 그렇게 표현되는 내용들 가운데 일부는 알기 어렵다는 것이다. 그것은 그것들의 예언으로서의 모호함과 신비한 교훈으로서의 탁월함과 장엄함 때문이기도 하고, 또 사람들의 지성의 약함과 영적인 것들을 이해하는 능력의 부족 때문이기도 하다. 고린도전서 2:14과 13:9, 10을 보라. 무식한 자들. "의의 말씀을 경험하지 못한" 성경에 무지한 자들(히 5:13). 혹은 가르침을 받을 준비가 되어 있지 않은 완고한 자들. 굳세지 못한 자들. 터가 견고하지 못함으로 인해 흔들리며 쉽게 속는 자들(벧후 2:14). 에베소서 4:14을 보라. 억지로 풀다가. 이를테면 성경으로 하여금 거짓 의미를 자백하도록 하기 위해 그것을 비틀며, 폭력을 가하며, 고문하며, 괴롭히다가. 스스로 멸망에 이르느니라. 영원한 멸망. 그들은 성경을 자신들의 거짓 교훈을 뒷받침하기 위한 목적으로 자의적으로 사용했다. 그러는 가운데 그 안에 있는 모호한 것들에 걸려 넘어져 마침내 그것을 하나님의 진리를 부인하는 근거로 삼았다. 결국 그들은 하나님이 구원의 도구로 주신 성경을 그들의 멸망의 도구로 사용했다.

17. 그러므로 사랑하는 자들아 너희가 이것을 미리 알았은즉 무법한 자들의 미혹에 이끌려 너희가 굳센 데서 떨어질까 삼가라.

너희가 이것을 미리 알았은즉. 내가 지금 너희에게 쓰는 것, 즉 심판주가 반드시 오실 것이라는 것 혹은 이단자들과 속이는 자들과 조롱하는 자들이 올 것이라는 것. 혹은 둘 다 포함될 수 있다. 너희가 … 삼가라. 다른 사람들도 종종 떨어지곤 하였느니라. 그러므로 너희도 조심하라. 굳센 데서 떨어질까. 너희 믿음의 견고한 터로부터 떨어질까. 베드로가 그들에게 이렇게 훈계하는 것은 배교의 두려움으로 그들을 낙심시키기 위함이 아니라 그들을 거룩한 염려로 각성시키기 위함이다. 그러한 염려는 그들을 그와 같이 떨어지는 것으로부터 막아주는 도구가 될 것이었다. 그리고 그들로 하여금 스스로를 믿고 의지하는 대신 하나님과 그의 약속을 믿고 의지하도록 지켜줄 것이었다.

18. 오직 우리 주 곧 구주 예수 그리스도의 은혜와 그를 아는 지식에서 자라 가라 영광이 이제와 영원한 날까지 그에게 있을지어다.

그리스도의 은혜. 너희가 그리스도로부터 받은 거룩하게 하심을 비롯한 모든 영적인 선물들. 그를 아는 지식. 너희가 거룩함을 받고 그의 은혜에 참여하는 자가 된 믿음.

영광이 이제와 영원한 날까지 그에게 있을지어다. 이러한 영광은 오직 하나님에게만 속한다. 그러므로 이것은 그리스도가 하나님이심을 증명한다.

MATTHEW POOLE'S COMMENTARY

요한1서

MATTHEW POOLE'S COMMENTARY

서론

요한1서의 저자와 관련해서는 어떤 의심의 여지도 없는 것으로 보인다. 옛 학자들은 공통적으로 그것을 사도 요한에게 돌렸다. 그가 이 편지를 쓴 때는 확실하지 않다. 어떤 학자들은 좀 더 이른 시기도 돌리고, 또 어떤 학자들은 좀 더 늦은 시기로 돌린다. 그것은 직접적으로 유다 지역이 아니라 멀리 떨어진 파르티아 지역에 사는 유대 그리스도인들에게 쓰인 것으로 생각된다(그곳에 많은 유대인들이 살고 있었던 것으로 나타난다). 한 유명한 교부는 본 서신에다가 "파르티아인들에게 보내는 편지"(the Epistle to the Parthians)라는 이름을 붙이기까지 했다. 이 편지를 쓴 목적은 그들을 "우리 주 예수가 메시야"라는 기독교의 가장 근본적인 진리 위에 굳게 세우기 위한 것이었다. 그들은 이와 같은 가장 근본적인 진리를 부인하는 당시의 여러 배교자들과 타락한 그리스도인들에 맞서 자신들의 믿음을 굳게 지켜야 했다. 요한은 그들 모두로 하여금 그러한 진리를 굳게 믿을 뿐만 아니라 그들의 영혼 위에 그것을 더 선명하게 새기고자 했다. 그럼으로써 그들로 하여금 방종에 빠지지 않고 살아 있는 기독교 신앙 위에 살아가도록 이끌고자 했다.

그리고 더 나아가 요한은 그들 사이에 기독교적 형제 사랑을 불붙이고자 했다. 그렇게 함으로써 그들은 미혹하는 자들의 궤계에 대항하여 스스로를 더욱 굳게 지킬 수 있게 될 것이었으며, 그럼으로써 그들의 교제는 더욱 복되고 즐거운 것이 될 것이었다.

다른 두 편지 즉 요한2서와 3서에 대해서도 여기와 동일한 논증이 적용될 수 있다(비록 세 번째 편지는 다른 두 편지와는 다소 다른 특이한 주제를 다루고 있다 하더라도 말이다). 그럼에도 불구하고 어떤 학자들은 매우 불충분한 근거 위에서 두 번째 편지와 세 번째 편지가 같은 저자에 의해 기록된 것인지에 대해 의문을 제기한다. 그러나 나는 다루는 내용이나 문체 등이 그것들이 같은 저자의 작품이라는 사실을 보여주기에 충분하다고 생각한다.

MATTHEW POOLE'S COMMENTARY

요한1서1장

개요

1. 요한이 생명의 말씀에 대해 보고 들은 것을 그들에게 전한 것은 그들과 더불어 사귐을 갖고자 함이었음을 고백함(1-4).
2. 요한이 가르친 것들의 요지 : 하나님과 더불어 사귐을 갖는 것. 하나님이 거룩하신 것처럼 우리도 거룩해야 함. 죄를 자백할 때, 우리는 그리스도의 피로 말미암아 사함을 받을 것임.

1. 태초부터 있는 생명의 말씀에 관하여는 우리가 들은 바요 눈으로 본 바요 자세히 보고 우리의 손으로 만진 바라.

생명의 말씀. "말씀"은 하나님의 영원한 아들을 가리키는 것으로서 사도 요한에 의해 매우 친숙하게 사용되는 단어이다(유대인들과 이방인들이 이 단어를 전에 어떤 의미로 취하였는지에 대해서는 지금 다루지 않고자 한다). 그의 복음서 첫 구절에 나타나는 것처럼, "말씀"은 예수 그리스도를 가리키기 위해 그가 통상적으로 사용하는 용어이다. "태초에 말씀이 계시니라 이 말씀이 하나님과 함께 계셨으니 이 말씀은 곧 하나님이시니라"(요 1:1). 뿐만 아니라 그것은 또한 그의 계시록에도 나타난다. "또 그가 피 뿌린 옷을 입었는데 그 이름은 하나님의 말씀이라 칭하더라"(계 19:13). 이와 같이 요한은 "말씀"이라는 호칭으로 그리스도를 언급함에 있어 조금의 거리낌도 갖지 않는다. 나아가 "말씀"이라는 호칭 앞에 붙여진 "생명의"라는 수식어는 여기의 "말씀"의 특별함과 탁월함을 한층 더 분명하게 나타낸다. 요컨대 그는 살아 있는 말씀이며, 또한 살리는 말씀이다. 계속해서 요한은 다음 절에서 그를 단순한 "말씀"으로, 또 "영원한 말씀"으로 부른다. 여기에서 우리는 생명의 말씀, 말씀, 영원한 말씀의 세 표현이 모두 같은 것을 의미하는 사실을 주목할 필요가 있다. 그리고 그러한 호칭들로써 요한은 그를 그의 말씀에 참여하는 모든 자들에게 본래적이며 근본적인 생명, 거룩한 신적 생명의 뿌리로 표현하고자 했다. "그(즉 말씀) 안에 생명이 있었으니 이 생명은 사람들의 빛이라"(요 1:4, 즉 말씀은 사람들에게 생명을 불어넣어 주는 빛이라). "그(즉 하나님의 아들)는 영생이시라"(요일

5:20). "나는 생명이니"(요 11:25; 14:6). "아버지께서 자기 속에 생명이 있음 같이 아들에게도 생명을 주어 그 속에 있게 하셨고(그럼으로써 다른 사람들에게 생명의 근원 혹은 원천이 되게 하셨고)"(요 5:26). 그런가 하면 "말씀" 혹은 "생명의 말씀"은 종종 복음을 가리키기도 한다(요일 2:5; 빌 2:16 등을 보라). 여기에서 요한이 하나의 표현으로 두 의미 모두를 포괄하고 있다고 보는 것은 결코 문맥과 상충되지 않는 것으로 보인다. 둘은 의미적으로 서로 멀리 떨어져 있지 않다. 한쪽에 하나님의 내적 말씀으로서의 하나님의 아들이 있다. 그는 하나님의 마음의 말씀, 하나님의 지혜(이 역시 하나님의 아들을 가리키는 또 하나의 호칭이다, 잠 8:1-36), 그 광채로 말미암아 우리가 신적 형상으로 변화되는 빛과 생명의 직접적인 근원이다. 그리고 다른 한쪽에 하나님의 외적 말씀으로서의 복음, 즉 그의 입으로부터 나오는 말씀이 있다. 우리는 먼저 마음속에서 생각하며 개념을 구성하고 난 후 말을 하거나 표현한다. 우리의 생각이나 혹은 마음의 말은 유동적이며 곧 사라진다. 그러나 (그 안에 변함이 없는) 하나님의 생각이나 혹은 마음의 말씀은 영구하며, 그와 함께 영원히 함께 계신다. "이 말씀이 하나님과 함께 계셨으니 이 말씀은 곧 하나님이시니라"(요 1:1). 이와 같이 "생명의 말씀"의 두 의미(즉 하나님의 아들과 복음)는 하나의 표현 안에 함께 포괄된다. 태양에 대해 이야기할 때, 우리는 종종 그 의미 안에 태양의 본체 자체와 그것의 광채를 함께 포함시킨다. 태양이 우리를 비춘다든지 우리를 소생시킨다든지 혹은 창문에 비친다고 말할 때, 우리는 두 의미 가운데 어느 하나를 배제하지 않는다. 여기의 "생명의 말씀"의 경우에도 우리는 그것을 두 의미 모두로 적용할 수 있다.

태초부터 있는. 이와 같이 첫 번째 의미로서 생명의 말씀은 태초부터 계셨다. "태초에 말씀이 계시니라 이 말씀이 하나님과 함께 계셨으니 이 말씀은 곧 하나님이시니라"(요 1:1). 여기에서 "말씀"이라는 이름으로 말하여지는 것은 잠언 8장에서 "하나님의 지혜"라는 또 다른 이름으로 말하여진다. "만세 전부터, 태초부터, 땅이 생기기 전부터 내가 세움을 받았나니 … 하나님이 아직 땅도, 들도, 세상 진토의 근원도 짓지 아니하셨을 때에라 … 내가 그 곁에 있어서 창조자가 되어 날마다 그의 기뻐하신 바가 되었으며 항상 그 앞에서 즐거워하였으며"(22-30절). 또 요한일서 2:13, 14을 보라. "아비들아 내가 너희에게 쓰는 것은 너희가 태초부터 계신 이를 알았음이요."

우리가 들은 바요 눈으로 본 바요 자세히 보고 우리의 손으로 만진 바라. 여기의 말씀은 다음의 둘 모두에 똑같이 적용될 수 있다. (1) 하나님의 아들에. 바로 이것이 생명의 말씀의 일차적인 의미이다. 태초부터 아버지와 함께 계셨던 영광스러운 아들은 이제 성육신하셔서 나와 다른 사도들이 감각적으로 지각(知覺)할 수 있는 대상이 되셨도다. 나와 다른 사도들은 그를 듣고, 보고, 심지어 손으로 만질 수 있는 많은 기회를 가졌도다(눅 24:39; 요 20:25). (2) 복음 계시에. 이것은 생명의 말씀의 이차적인 의미이다(그러나 의도되지 않은 것은 아니다). 그러나 여기의 뒷부분의 표현(즉 "우리의 손으로 만진 바라")은 좀 더 특별하게 복음 계시를 의미하는 것으로 보인다. 여기의 말씀은 사도들이 증언했던 진리에 대해 그들이 가졌던 완전한 확신을 나타낸다. 진리를 증언하는 것은 사도로서 그들의 일이며 임무였다. 요한복음 15:27; 사도행전 1:21, 22; 4:20을 보라. 그러므로 그들이 여기의 표현이 의미하는 것과 같은 확신을 가지고 증언할 수 있게 되는 것이 꼭 필요했다. 그들은 먼저 생명의 말씀을 "들었다." 그리고 한층 더 강렬한 주목의 의미가 담긴 표현으로서 베드로후서 1:16, 17처럼 "눈으로 본 바요"가 덧붙여진다. 그리고 계속해서 — 욥기 19:27에서 욥이 자신의 구속자를 바라볼 때와 같은 확실함을 나타내는 — 한층 더 생생한 표현인 "자세히 보고"가 덧붙여지는데, 이러한 표현은 그것이 우발적이며 일시적으로 본 것이 아니었음을 함축한다. 여기의 헬라어 '에테아사메타' (ἐθεασάμεθα)는 목적을 가지고 세심하며 면밀하게 관찰하는 것을 의미한다. 그리고 마지막으로 "우리의 손으로 만진 바라"가 덧붙여진다(엡셀라페산, ἐψηλάφησαν). 이것은 문자적으로는 성육신하신 우리 주님 외에 다른 것에 적용될 수 없지만, 그러나 은유적으로 자신들이 증언한 복음에 대한 그들의 확신에 찬 앎을 표현하는 것일 수 있다. "손으로 만질 수 있는 진리"라는 표현이 통상적으로 가장 확실한 진리를 가리키는 표현인 것처럼 말이다. 그와 같이 생명의 말씀은 가장 확실한 진리였다(행 17:27).

2. 이 생명이 나타내신 바 된지라 이 영원한 생명을 우리가 보았고 증언하여 너희에게 전하노니 이는 아버지와 함께 계시다가 우리에게 나타내신 바 된 이시니라.

사도 요한은 여기와 같은 시의적절한 삽입구와 함께 자신의 이야기의 흐름을 잠깐 끊는다. 그리고 여기에서 그는 (일차적으로 하나님의 아들을 의미하는, 그리고 아버지와 함께 계셨음으로 인해 본질적으로 육체를 가진 우리가 볼 수 없었던 존재인) 생명의 말씀, 생명, 영원한 생명이 어떻게 우리가 감각적으로 지각(知覺)할 수 있도록 오셨는지를 설명한다. 그것을 요한은 "그가 나타나셨다"는 말로 설명한다. 그가 우리가 감각적으로 지각할 수 있도록 "혈과 육을 입고" "육체 가운데" "사람의 모양으로" 나타나신 것은 그가 누구이며 무슨 목적으로 오셨는지를 보여주기에 충분하다(요일 3:5; 딤전 3:16). 또 그의 신적인 행실과 그가 행한 기사(奇事)들은 그의 신성의 영광을 선명하게 드러낼 뿐만 아니라 그의 메시지가 분명한 사실임을 확증하기에 충분했다. 그리고 그것은 그가 우리의 가련한 세상에 내려오신 하나님의 아들이라는 사실을 다시 한 번 분명하게 보여주면서 동시에 그가 이 땅에 오신 목적을 분명하게 나타냈다. 요한은 여기에서 간단히 이야기한 것을 자신의 복음서에서 좀 더 충분하게 설명한다. "말씀이 육신이 되어 우리 가운데 거하시매 우리가 그의 영광을 보니 아버지의 독생자의 영광이요 은혜와 진리가 충만하더라"(요 1:14). 그는 자신이 직접 보고 들은 바를 전하는데, 바로 그것이 그의 사도적 직임이었다.

3. 우리가 보고 들은 바를 너희에게도 전함은 너희로 우리와 사귐이 있게 하려 함이니 우리의 사귐은 아버지와 그의 아들 예수 그리스도와 더불어 누림이라.

우리가 보고 들은 바를 너희에게도 전함은 너희로 우리와 사귐이 있게 하려 함이니. 계속해서 요한은 자신이 보고 들은 바를 증언하는 목적을 분명하게 밝힌다. 그것은 그들 역시도 그것을 알 뿐만 아니라, "우리"(즉 사도들과 살아 있는 그리스도인들의 전체적인 공동체)와 더불어 "사귐"(fellowship)을 갖도록, 다시 말해서 그들이 "우리"와 함께 복음에 속하는 모든 생명의 능력과 거룩한 예배와 영광과 즐거움과 위로에 참여하며 교제하도록 하기 위함이었다.

우리의 사귐은 아버지와 그의 아들 예수 그리스도와 더불어 누림이라. 그러한 사귐은 사람들과 더불어 누리는 감각적이며 현세적인 것일 뿐만 아니라 동시에 "아버지와 그의 아들 예수 그리스도와 더불어" 누리는 천상적이며 신적인 것이다. 나아가 아버지와 아들과 더불어 사귐을 누리는 것은 마찬가지로 우리가 참으로 성도들과 더불어 사귐을 갖는 것으로 말하여진다. 또 그것은 "성령의 교통하심"(communion of the Holy Ghost)으로 표현될 수 있는데(고후 13:14), 실제로 성령은 아버지와 아들의 영으로서 모든 교제와 사귐의 직접적인 창시자이시다.

4. 우리가 이것을 씀은 우리의 기쁨이 충만하게 하려 함이라.

여기의 "기쁨"은 육신적인 기쁨처럼 생명도 없고 생기도 없는 공허한 기쁨이 아니라, 생명력이 넘치는 왕성하며 충만한 기쁨이며 확실한 기초를 가진 기쁨이다(요이 1:12; 요 16:24). 그것은 올바른 종류의 기쁨이며, 완전한 충만에 이르기까지 자라게 될 기쁨이다(시 16:11).

5. 우리가 그에게서 듣고 너희에게 전하는 소식은 이것이니 곧 하나님은 빛이시

라 그에게는 어둠이 조금도 없으시다는 것이니라.

앞에서 요한은 자신이 편지를 쓰는 목적이 사람들을 하나님과의 최종적인 교제와 사귐 안으로 이끄는 것이었다고 말했다. 그리고 그렇게 하기 위해, 그는 그들의 마음 안에 하나님에 대한 올바른 개념을 심어주는 것보다 더 중요한 것은 아무것도 없다고 생각한다. 그러한 작업을 그는 다음과 같은 장엄한 서언(序言)으로 시작한다.

소식(message)은 이것이니. "This is the message" 즉 "이것이 메시지이니." 이러한 표현은 (1) 하나님과 관련한 이어지는 이야기가 그 자신의 상상력으로부터 나온 것이 아님을 보여준다. (2) 그것이 다른 사람들에게 전달되고 나누어지도록 하기 위해 그에게 맡겨진 것임을 보여준다. 메시지는 자기 자신으로부터 말미암은 것도 아니고, 자기 혼자 간직하기 위한 것도 아니다.

우리가 그에게서 듣고 너희에게 전하는. 그것 즉 하나님이 단순한 능력이나 혹은 단순한 긍휼이 아니라는 사실은 마땅히 온 세상에 전파되고 모든 사람에게 알려져야만 한다. 왜냐하면 그것이 하나님의 기쁘신 뜻이기 때문이다. 하나님과 관련하여 그러한 관념보다 더 터무니없고 쓸모없는 것은 아무것도 없다. 선함이 없는 능력은 격노로 달려가기 쉬우며, 지혜와 의가 없는 선함은 자연스럽게 선과 악을 구별함이 없는 순전한 무관심으로 변질되기 쉽다. 그러한 것들은 세상을 다스리는 자와 어울리지 않으며, 절대적으로 완전한 존재에게 있어 결코 가능할 수 없다.

하나님은 빛이시라. 하나님 안에 모든 참된 완전함들과 탁월함들이 있다. 그 모든 것들이 여기에서 "빛"이라는 한 단어로서 표현되며, 그 안에 포함된다. 다시 말해서 하나님은 가장 생명력이 충만하며, 생기로 가득하며, 모든 것을 통찰하며, 절대적으로 단순하며, 불변하며, 절대적인 지식과 지혜와 성실과 의와 고요함과 인자하심과 기쁨과 행복을 가지고 계시며, 특별히 가장 밝고 영광스러운 거룩함과 정결함을 가지고 계신 존재이시다. 그 안에는 어둠이 조금도 없으며, 그 안에 있는 모든 완전함들과 탁월함들은 서로 모순되거나 상충되지 않는다.

6. 만일 우리가 하나님과 사귐이 있다 하고 어둠에 행하면 거짓말을 하고 진리를 행하지 아니함이거니와.

빛과 어둠은 종종 거룩함과 악함을 상징하는 것으로서 제시된다(눅 16:8; 롬 13:12; 엡 5:8; 살전 5:5). 요지는 만일 어떤 사람이 하나님과 사귐이 있다고 하면서 혹은 그로부터 거룩한 은혜와 감화를 받았다고 하면서 악한 삶을 산다면 그는 거짓

말을 하고 있는 것이라는 것이다. 그는 실제로 거짓말을 한 죄책을 가지며, 자신의 신앙 고백을 스스로 거짓된 것으로 만든다.

7. 그가 빛 가운데 계신 것 같이 우리도 빛 가운데 행하면 우리가 서로 사귐이 있고 그 아들 예수의 피가 우리를 모든 죄에서 깨끗하게 하실 것이요.

우리도 … 행하면. 거룩함 가운데 계속적으로 전진하면서 걸어가면. 빛 가운데. 하나님의 거룩한 형상과 모양으로 변화되어, 그리고 그가 빛이며 또 빛들의 아버지인 것처럼 자신들도 빛의 자녀임을 나타내면서.

우리가 서로 사귐이 있고. 어떤 사본은 "그와의 사귐"이라고 읽는다. 그러나 그렇게 읽지 않는다 하더라도, 어쨌든 여기의 "서로 사귐"에는 사람들 사이의 사귐만이 아니라 하나님과의 사귐도 포함된다.

그 아들 예수의 피가 우리를 모든 죄에서 깨끗하게 하실 것이요. '카타리제이'(καθαρίζει). 여기에서 요한은 그러한 특권이 우리 자신의 정결함과 거룩함 때문이 아님을 분명히 하기 위해 하나님의 아들 예수의 피가 우리의 모든 죄를 속죄했다고 덧붙인다. 우리는 예전에 죄 가운데 빠져 있었고 지금도 불완전한 거룩함 가운데 있다. 그러므로 우리 자신으로 말미암아 우리가 하나님과 더불어 사귐을 갖도록 받아들여지는 것은 결코 가능하지 않다. 그것은 오직 하나님의 아들 예수의 속죄의 희생제사로 말미암아서만 가능해진다. '카타르마타'(καθαρμαθα)는 통상적으로 속죄를 의미한다. 그리고 만일 우리가 씻음의 개념을 내적 정결을 의미하는 데까지 확장시킨다면, 여기의 의미는 이것이다. 즉 지금 우리를 빛 가운데 행할 수 있도록 이끈 그러한 정결케 하는 능력은 전적으로 우리 구주의 피의 공로로 말미암는다는 것이다.

8. 만일 우리가 죄가 없다고 말하면 스스로 속이고 또 진리가 우리 속에 있지 아니할 것이요.

만일 우리가 … 말하면. 하나의 원리로서 공적으로 고백하든지 혹은 마음으로 생각하면. 죄가 없다고 말할 때의 마음의 태도는 다음 절에 나타나는 "죄를 자백할" 때의 마음의 태도와 반대된다. 말 속에는 통상적으로 마음과 행동의 습관적인 성향과 기질이 나타난다(욥 21:14; 렘 22:21).

죄가 없다고. 즉 앞에서 언급한 것과 같은 속죄의 희생제사와 정결케 하는 능력을 필요로 하지 않는다고, 그리고 그리스도의 피와 상관없이 우리 자신의 공로로 말미암아 하나님과 사귐을 가질 수 있다고.

스스로 속이고. 우리가 우리 자신의 영혼을 속이고. 진리가. 즉 복음의 틀과 체계가(요이 1:1, 2, 4). 우리 속에 있지 아니할 것이요. 우리 안에 올바르게 받아들여질 수 없을 것이요. 혹은 우리 안에 효과적으로 자리를 잡을 수 없을 것이요.

9. 만일 우리가 우리 죄를 자백하면 그는 미쁘시고 의로우사 우리 죄를 사하시며 우리를 모든 불의에서 깨끗하게 하실 것이요.

만일 우리가 우리 죄를 자백하면. 만일 우리가 스스로를 죄인의 상태로 그에게 합당하게 드리면서 스스로 그러함을 자백하며 자신을 낮춘다면, 그리고 그가 제시하는 치료책을 기꺼이 받아들일 준비를 갖는다면.

그는 미쁘시고. 그는 자신의 약속에 진실하시고. 의로우사. 진실함은 의로움의 일부이다. 우리 죄를 사하시며. 그에게는 의와 공평이 있으므로 그는 결코 우리의 죄를 사하는데 실패하지 않을 것이다.

우리를 모든 불의에서 깨끗하게 하실 것이요. 이것은 앞의 사실을 반복하기 위해 덧붙인 것일 수도 있고, 하나님이 그리스도의 영의 정결케 하는 능력을 주시는 것을 가리키는 것일 수도 있다. 그리스도의 피는 우리를 정결케 하면서 동시에 그와의 거룩한 사귐을 불가능하게 만드는 부정한 것들을 막아준다.

10. 만일 우리가 범죄하지 아니하였다 하면 하나님을 거짓말하는 이로 만드는 것이니 또한 그의 말씀이 우리 속에 있지 아니하니라.

만일 우리가 범죄하지 아니하였다 하면. 앞의 8절과 9절을 보라.

하나님을 거짓말하는 이로 만드는 것이니. 하나님의 말씀을 믿지 않는 자들은 하나님을 거짓말하는 자로 만드는 것이다. "하나님을 믿지 아니하는 자는 하나님을 거짓말하는 자로 만드나니 이는 하나님께서 그 아들에 대하여 증언하신 증거를 믿지 아니하였음이라"(요일 5:10). 로마서 3:19, 23은 모든 사람들을 죄의 굴레 아래 가둔다. "우리가 알거니와 무릇 율법이 말하는 바는 율법 아래에 있는 자들에게 말하는 것이니 이는 모든 입을 막고 온 세상으로 하나님의 심판 아래에 있게 하려 함이라 … 모든 사람이 죄를 범하였으매 하나님의 영광에 이르지 못하더니."

또한. 결과적으로. 그의 말씀. 혹은 그의 진리(8절). 우리 속에 있지 아니하니라. 전체적인 요지는 이것이다. 즉 무죄하며 범죄하지 않았다는 관념을 가지고 있는 한 우리는 하나님과의 거룩한 교제 안으로 받아들여지지 못할 것이라는 것이다. 우리가 그 안으로 받아들여지는 것은 오직 사함을 받고 정결해진 죄인으로서일 뿐이다.

MATTHEW POOLE'S COMMENTARY

요한 1서 2장

개요

1. 우리의 대언자이시며 세상의 죄를 위한 화목제물이신 그리스도(1–2).
2. 하나님의 계명을 지키는 것이 그를 올바로 아는 것임(3–6).
3. 서로 사랑하는 것이 가장 중요한 계명임(7–11).
4. 요한이 각각의 세대들에게 개별적으로 당부함(12–14).
5. 요한이 그들에게 세상에 대한 과도한 사랑을 경고함(15–17).
6. 요한이 그들에게 많은 적그리스도들에 대해 경고함(18–19).
7. 요한이 그들에게 진리를 알고 거짓 선생을 분별하며 이미 배운 진리 가운데 굳게 거할 것을 훈계함(20–28).
8. 의를 행하는 자가 곧 하나님으로부터 난 자임(29).

1. 나의 자녀들아 내가 이것을 너희에게 씀은 너희로 죄를 범하지 않게 하려 함이라 만일 누가 죄를 범하여도 아버지 앞에서 우리에게 대언자가 있으니 곧 의로우신 예수 그리스도시라.

여기에서 요한은 그들을 중간 길로 이끌고자 애를 쓴다. 그들은 죄를 범하는 것을 대수롭지 않게 생각해서도 안 되었고, 또 죄를 범했다고 해서 절망해서도 안 되었다. 요한은 그들을 "나의 자녀들"이라는 권위와 사랑 모두를 함축하는 호칭으로 따뜻하게 부른다. 이러한 호칭은 당시 그들의 가장 따뜻한 영적 아버지요, 선생이요, 연로한 노(老) 사도인 그에게 잘 어울리는 호칭이었다. 그들은 그가 지금 자신들에게 편지를 쓰고 있는 첫 번째 목적이 그들이 죄를 범하지 않게 하려는 것임을 알아야만 했다. 그리고 계속해서 요한은 설령 그들이 인간의 연약함으로 말미암아 죄를 범했다 하더라도 그들에게 아버지와 함께 대언자 곧 의로우신 예수 그리스도가 계심을 덧붙인다. 이것은 우리가 처음 죄 사함을 받을 때뿐만 아니라 계속적인 새로워짐을 위해서도 그리스도를 필요로 한다는 사실을 함축한다. 또 우리는 그의 죽음뿐만 아니라 그의 계속적인 중보(仲保)를 필요로 한다. 그는 두 가지 측면에서 우리를 위해 중보하기에 충분하다. 첫째는 그의 아버지로서의 하나님에 대한 그의 관계이며, 둘째는 그의 완전한 의(義)이다. 그의 완전한 의로 말미암아, 그는 그의 아버지이신 하나님께 받아들여지지 않을 수 없다.

2. 그는 우리 죄를 위한 화목 제물이니 우리만 위할 뿐 아니요 온 세상의 죄를 위하심이라.

그는 우리 죄를 위한 화목 제물이니. 이러한 말씀은 죄 사함을 위한 우리 주님의 중보가 그가 전에 사람들을 위해 이루신 속죄의 기초 위에 세워지는 것을 분명하게 보여준다. 그는 무작정 은총을 간구하지 않는다. 대언자로서 그는 율법과 의를 탄원한다. 이러한 사실을 앞 장 9절과 정확하게 일치된다. "만일 우리가 우리 죄를 자백하면 그는 미쁘시고 의로우사 우리 죄를 사하시며 우리를 모든 불의에서 깨끗하게 하실 것이요"(요일 1:9).

우리만 위할 뿐 아니요 온 세상의 죄를 위하심이라. 화목제물로서의 그의 은택은 신자들 가운데 어떤 특정한 사람들에게만 한정되지 않는다. 도리어 그는 모든 사람을 위한 대언자로서 이해되어야 한다. 그는 모든 사람, 즉 참으로 그를 믿는 모든 사람을 위한 효과적인 화목제물이다. "이 예수를 하나님이 그의 피로써 믿음으로 말미암는 화목제물로 세우셨으니 이는 하나님께서 길이 참으시는 중에 전에 지은 죄를 간과하심으로 자기의 의로우심을 나타내려 하심이니"(롬 3:25).

3. 우리가 그의 계명을 지키면 이로써 우리가 그를 아는 줄로 알 것이요.

성경에서 믿음은 종종 "아는" 것, 즉 변화시키는 힘을 가진 앎으로 묘사된다(사 53:11; 요 17:3). 그러한 앎에 의해 우리는 그리스도 안에서 하나님을 우리의 하나님으로 시인하고 영접하며(엡 1:17; 골 2:2) 또 그의 형상으로 변화된다(고후 3:18). 여기의 의미는 이것이다. 즉 그의 계명을 지키는 것이 우리의 일상적인 습관이 될 때, 우리는 자신이 참된 신자라는 사실, 그러므로 그리스도가 우리의 화목제물과 대언자가 되신다는 사실을 깨닫게 된다는 것이다.

4. 그를 아노라 하고 그의 계명을 지키지 아니하는 자는 거짓말하는 자요 진리가 그 속에 있지 아니하되.

거짓말하는 자. 앞 장 6절처럼, 거짓되며 위선적으로 꾸미는 자.

5. 누구든지 그의 말씀을 지키는 자는 하나님의 사랑이 참으로 그 속에서 온전하게 되었나니 이로써 우리가 그의 안에 있는 줄을 아노라.

믿음은 사랑으로 말미암아 역사(役事)한다(갈 5:6). 그리고 사랑은 순종 안에서 완성되며 그 최종적인 목적지에 도달한다(요일 5:3; 요 14:15). 그러므로 하나님을 아는 효과적인 지식은 그것이 산출하는 사랑의 능력으로 말미암아 우리의 영혼을 그 앞에 순복하며 순종하도록 이끈다. 그리고 그것은 우리가 그와 연합되었음을 보여주는 확실한 증거이다. "또 아는 것은 하나님의 아들이 이르러 우리에게 지각을 주사 우리로 참된 자를 알게 하신 것과 또한 우리가 참된 자 곧 그의 아들 예수 그리스도 안에 있는 것이니 그는 참 하나님이시요 영생이시라"(요일 5:20).

6. 그의 안에 산다고 하는 자는 그가 행하시는 대로 자기도 행할지니라.

우리는 이러한 증거를 분명하게 나타내야 한다. 왜냐하면 우리 주 예수 그리스도는 우리에게 입법자(立法者)이면서 동시에 우리의 모범이기 때문이다. 그는 우리에게 명하신 것을 그 자신이 친히 행하셨다. 만일 우리가 정말로 그 안에 거하며 그와의 실제적인 연합을 가지고 있다면, 우리는 필연적으로 그의 영에 참여한다. "만일 너희 속에 하나님의 영이 거하시면 너희가 육신에 있지 아니하고 영에 있나니 누구든지 그리스도의 영이 없으면 그리스도의 사람이 아니라"(롬 8:9). 이러한 사실은 그가 행하셨던 것처럼 우리도 (그의 영에 참여하는 우리 각자의 분량대로) 행할 수 있음을 함축한다.

7. 사랑하는 자들아 내가 새 계명을 너희에게 쓰는 것이 아니라 너희가 처음부터 가진 옛 계명이니 이 옛 계명은 너희가 들은 바 말씀이거니와.

여기의 말씀은 뒤에 나오는 9-11절 말씀과 일맥상통한다. 그리고 거기에서와는 다른 측면에서 여기에서 요한은 "옛" 계명과 "새" 계명이라는 표현을 사용한다. 그는 영지주의자들에 반대하여 그것이 "새" 계명이 아니라고 말한다. 이것은 그가 — 영지주의자들과는 달리 — 새롭게 만들어 낸 헛된 이론들로 그들을 기쁘게 하려고 하지 않았음을 함축한다. 그가 가르친 모든 교훈들은 새로운 것이 아니었다. 그것은 "옛" 계명 즉 원래 기독교의 일부였다. 그것은 우리 주 예수 그리스도로부터 처음으로 순전하게 나온 것이었다. 그것은 그들이 "처음부터" 가진 혹은 들은 계명 혹은 말씀이었다. 여기에서 "가진" 혹은 "들은" 등의 그들의 특정한 행동과 연결되어 제시되는 "처음부터"(from the beginning)는 두말할 필요도 없이 본서 1:1의 "태초부터"(from the beginning)보다 훨씬 나중 시대를 가리킨다. 본 서신의 수신자가 유대인들임을 감안할 때, 그것은 모세가 율법을 준 때까지 혹은 심지어 사람의 마음에 자연법이 처음 새겨진 창조의 때까지 높이 소급될 수 있다.

8. 다시 내가 너희에게 새 계명을 쓰노니 그에게와 너희에게도 참된 것이라 이는 어둠이 지나가고 참빛이 벌써 비침이니라.

그럼에도 불구하고 요한은 그것을, 우리 구주께서도 그렇게 부르셨던 것처럼,

"새 계명"이라고 부른다(요 13:34).

참된 것. 즉 명백한 것 혹은 성취되고 증명되고 예증된 것. 그에게와(in him), 즉 그의 사랑의 크기와 진실함에 대해 그가 주신 새롭고 강력한 증거 안에서. 너희에게도(in you). 혹은 (어떤 사본들이 읽는 것처럼) 우리 안에서. 즉 이 점에서 하나님의 마음이 새로운 참빛에 의해 너희 안에서 혹은 너희 가운데 가장 명백하고 영광스럽게 나타나느니라.

어둠이 지나가고. 즉 세상을 야만적으로 만들었던 이교의 무지(無知)가 지나가고. 세상을 또 다른 지옥으로 만들었던 사람들의 격렬한 정욕과 욕정의 어둠은 상당 부분 사라진다(시 74:20). 그리고 하나님의 사랑이 흐릿하게 밖에는 나타나지 않았던 유대교의 어두운 그늘 역시도 사라진다(어떤 사람들은 여기의 '어둠'을 의미하는 '스코티아, σκοτια'를 '그늘'을 의미하는 '스키아, σκια'로 읽는다).

참빛이 벌써 비침이니라. 죄인들에 대한 하나님의 사랑과 은혜가 참빛과 함께 비친다. 그 빛은 어둠과 반대로 선명하며, 모형과 반대로 실체적이다(요 1:9, 14, 17). 그 빛은 하나님의 은혜로우신 계획과 그의 본성인 사랑을 나타낸다(요일 4:8, 16). 그리고 그 빛은 자기의 찬란하며 영광스러운 광채로써 우리를 그의 형상으로 변화시키며, 우리가 서로 미워하는 것을 빛의 자녀인 우리에게 있어 가장 어울리지 않는 것으로 만든다.

9. 빛 가운데 있다 하면서 그 형제를 미워하는 자는 지금까지 어둠에 있는 자요.

빛 가운데 있다 하면서. "빛 가운데 있다"는 것은 그 빛의 변화시키는 능력 아래 있음을 가리킨다. "육체 가운데 있다" 혹은 "성령 안에 있다"가 "육체를 따라 행하는" 혹은 "성령을 따라 행하는" 것을 의미하는 것과 마찬가지로 말이다(롬 8:9; 요일 2:1).

그 형제를 미워하는 자는. 그러므로 빛 가운데 있다 하면서 그 형제를 미워하는 자는 (이것은 복음의 의도와 완전히 상반되는 것이다) 여전히 어둠 가운데, 즉 불결하며 악독한 어둠의 거듭나지 못한 원리의 권능 아래 있는 것이다. 그는 복음으로부터 아무런 은택도 받지 못했으며, 그에게 복음은 무능하며 무력한 빛에 불과했다. 그리고 그는 순전하며 거룩한 빛을 완악한 마음으로 거절한 채 스스로를 지옥과 같은 어둠의 밤으로 만든다.

10. 그의 형제를 사랑하는 자는 빛 가운데 거하여 자기 속에 거리낌이 없으나.

그의 형제를 사랑하는 자는. 여기의 "형제"는 보편적으로 이해되어야 한다. 즉 어떤 개인적인 이유로 이 형제나 혹은 저 형제만을 사랑하는 것이 아니라, 하나의 동일한 기독교적 이유로 모든 형제를 사랑하는 것으로 말이다.

빛 가운데 거하여. 거듭난 신적 원리가 그를 주관하고 있음을 나타내어.

자기 속에 거리낌이 없으나. 헬라어, 걸려 넘어지게 하는 것이 없으나. 즉 그의 형제를 사랑하는 자는 스스로에 대해 달리 판단하도록 만드는, 혹은 다른 사람들로 하여금 그에 대해 다르게 생각하도록 만드는 것이 없다는 것이다.

11. 그의 형제를 미워하는 자는 어둠에 있고 또 어둠에 행하며 갈 곳을 알지 못하나니 이는 그 어둠이 그의 눈을 멀게 하였음이라.

그는 자기 안에 자신을 주관하는 신적 원리를 가지고 있지 못하다. 이것은 거듭나지 못한 세상에 있어 공통적인 것이다. 그러므로 그의 전 생애는 계속적인 오류 가운데 있다. 뿐만 아니라 그는 자신이 나아가는 인생길의 방향이 어둠의 권세 아래 있음도 알지 못한다. 왜냐하면 어둠이 그의 눈 혹은 이성(理性)을 멀게 하였기 때문이다.

12. 자녀들아 내가 너희에게 쓰는 것은 너희 죄가 그의 이름으로 말미암아 사함을 받았음이요.

여기에서 요한은 앞에서 모든 사람들에 대해 사용했던 호칭을 다른 사람들과 구별되는 특정한 사람들에게 한정하여 사용한다. 그들은 새롭게 교회 공동체 안으로 들어온 사람들이다. 그들에게 요한은 그들의 죄가 "그의 이름으로 말미암아", 즉 "그로 말미암아" 값없이 사함을 받았노라고 말한다. 그들에게 있어 죄 사함을 받은 것은 첫 번째 특권이었다. 그것은 그들의 참된 기독교 신앙과 함께 시작되고, 그들이 받은 세례로써 인쳐진 것이었다. 죄 사함에 대해 언급한 것은 첫째 단계의 그리스도인들에게 있어 매우 적절한 것이었다.

13. 아비들아 내가 너희에게 쓰는 것은 너희가 태초부터 계신 이를 알았음이요 청년들아 내가 너희에게 쓰는 것은 너희가 악한 자를 이기었음이라.

아비들아 내가 너희에게 쓰는 것은 너희가 태초부터 계신 이를 알았음이요. "아비들"(fathers)은 많은 경험과 옛 것들(ancient things)에 대한 지식을 가진 자들이다. 그리하여 여기에서 요한은 "태초부터 계신 이" 혹은 "옛적부터 항상 계신 이"(Ancient of days)에 대한 지식(앎)을 그들에게 돌린다. 그들은 그들의 오랜 신앙생활의 여정에 의해 그를 아는 것으로 — 즉 무엇이 그의 기쁘신 뜻이며, 무엇이 그를 기쁘게 하거나, 혹은 진노하게 만드는지를 아는 것으로 — 상정(想定)된다.

청년들아 내가 너희에게 쓰는 것은 너희가 악한 자를 이기었음이라. 여기의 "청년들"(young men)은 어느 정도 연륜의 기독교 신앙과 함께 그 강함에 있어 절정에 있는 사람들을 가리키는데, 요한은 그들에게 악한 자에 대한 승리를 돌린다. 그러므로 악한 자, 즉 이 세상의 신에 대하여 얻은 승리의 영광을 다시금 그의 올무에 얽힘으로 말미암아 가리는 것은 그들에게 있어 불명예스러운 일이었다(고후 4:4).

14. 아이들아 내가 너희에게 쓴 것은 너희가 아버지를 알았음이요 아비들아 내가 너희에게 쓴 것은 너희가 태초부터 계신 이를 알았음이요 청년들아 내가 너희에게 쓴 것은 너희가 강하고 하나님의 말씀이 너희 안에 거하시며 너희가 흉악한 자를 이기었음이라.

아이들아 내가 너희에게 쓴 것은 너희가 아버지를 알았음이요. 요한은 "아이들아"라는 호칭과 함께 앞에서 이야기한 것을 다시 반복한다. 여기에서 그는 앞에서 "자녀들"(테크니아, τεκνια)이라고 불렀던 사람들을 "아이들"(파이디아, παιδια)라는 새로운 호칭으로 부른다. 여기에는 아무런 차이도 없다. 굳이 차이가 있다면 후자의 호칭에 훈육(訓育)의 의미가 좀 더 담겨 있다는 것뿐이다. 여기에서 요한은 그들에게 또 하나의 특권을 부여한다. 요한은 그들을 "죄 사함"의 특권을 받은 수동적인 주체로서 간주할 뿐만 아니라(죄 사함을 받은 순간이 그들이 그리스도인으로 태어난 최초의 순간인데, 이러한 개념이 '테크니아'라는 단어에 암시되어 있는 것처럼 보인다), 또한 지각(知覺)을 사용하여 자신들이 누구의 자녀인지 생각할 수 있는(왜냐하면 그들이 아버지를 알았기 때문에) 자들로서 간주한다.

아비들아 내가 너희에게 쓴 것은 너희가 태초부터 계신 이를 알았음이요. 13절 참조.

청년들아 내가 너희에게 쓴 것은 너희가 강하고 하나님의 말씀이 너희 안에 거하시며 너희가 흉악한 자를 이기었음이라. 여기에서도 요한은 앞에서 이야기한 것을 다시 반복하는데, 이러한 반복은 그들이 계속해서 이것을 되새기기를 바라는 그의 간절한 열망을 반영한다. 특별히 여기에서 요한은 그들의 능동적인 힘과 강함을 좀 더 강조한다. 그들이 흉악한 자를 이긴 것은 그들이 강하고, 하나님의 말씀이 그들 안에 있었기 때문이었다.

15. 이 세상이나 세상에 있는 것들을 사랑하지 말라 누구든지 세상을 사랑하면 아버지의 사랑이 그 안에 있지 아니하니.

여기에서 "이 세상이나 세상에 있는 것들을 사랑하지 말라"는 말로 요한이 의미하는 것은 다음 절에 나타나는 그 자신의 설명으로부터 추론되어야만 한다. "이는 세상에 있는 모든 것이 육신의 정욕과 안목의 정욕과 이생의 자랑이니 다 아버지께로부터 온 것이 아니요 세상으로부터 온 것이라"(16절). 그가 이 세상을 사랑하지 말라고 강한 어조로 경고하는 것은 세상에 대한 과도한 사랑과 세속적인 것들에 대한 과도한 집착이 하나님에 대한 사랑과 서로 모순되기 때문이다. "한 사람이 두 주인을 섬기지 못할 것이니 혹 이를 미워하고 저를 사랑하거나 혹 이를 중히 여기고 저를 경히 여김이라 너희가 하나님과 재물을 겸하여 섬기지 못하느니라"(마 6:24).

16. 이는 세상에 있는 모든 것이 육신의 정욕과 안목의 정욕과 이생의 자랑이니 다 아버지께로부터 온 것이 아니요 세상으로부터 온 것이라.

여기에서 요한은 "세상과 세상에 있는 것들"이라는 표현으로 그가 의미하는 것을 설명하면서, 동시에 우리가 어떤 의미에서 "세상과 세상에 있는 것들"을 사랑해서는 안 되는지를 가르친다. 그것은 여기에 언급된 정욕들의 대상들을 포괄하는 것으로서의 세상이다. 먼저, 그것은 총체적으로 육적인 것으로서 "육신의 정욕"으로 불리는데, 여기에 탐식과 술 취함과 호색 등이 포함된다(롬 13:13, 14). 또 그것은 좀 더 직접적으로 생각에 의해 충동되는 것으로서, 특별히 여기에 눈(目)이 관여한다. 그것은 더 큰 소유와 더 많은 재물에 대한 과도한 욕망으로서, 여기에서 "안목의 정욕"으로 불리는데 눈이 바라는 것은 결코 만족되지 못한다(전 2:8-10; 4:8). 나아가 그것은 세상의 화려함과 영광, 헛된 칭찬, 다른 사람들의 주목과 과도한 찬사에 대한 야심을 가리킨다. 그것은 스스로를 높이며 헛된 목적을 품으며 힘으로 다른 사람들을 주관하고자 하는 것으로서, 여기에서 "이생의 자랑"으로 불린다. 우리 구주께서는 제자들에게 이것에 빠지지 말도록 경고하셨다. "예수께서 제자들을 불러다가 이르시되 이방인의 집권자들이 그들을 임의로 주관하고 그 고관들이 그들에게 권세를 부리는 줄을 너희가 알거니와 너희 중에는 그렇지 않아야 하나니 너희 중에 누구든지 크고자 하는 자는 너희를 섬기는 자가 되고"(마 20:25, 26). 어떤 학자들은 여기의 삼중 표현이 고대의 어떤 유대인들과 일부 이교도들에 의해 이미 사용되어 온 것이었음을 주목한다. 그렇지만 그것이 이미 알려진 것이었다 하더라도, 요한은 얼마든지 그것을 원용(援用)하여 사용할 수 있었다. 어쨌든 요한은 그러한 정욕들을 아버지의 사랑과 조화되지 않는 것으로서 말한다. 그것은 아버지로부터 온 것이 아니라 세상으로부터 온 것이다. 다시 말해서, 그것은 아버지의 영으로부터 온 것이 아니라 세상의 영으로부터 온 것이다.

17. 이 세상도, 그 정욕도 지나가되 오직 하나님의 뜻을 행하는 자는 영원히 거하

느니라.

요한은 세상의 정욕 즉 세상의 일반적인 뜻 혹은 경향을 따라 사는 것과 하나님의 뜻을 따라 사는 것 사이의 차이를 제시한다. 자신의 뜻과 소욕을 지나가는 세상의 정욕과 일치시키는 자는 필연적으로 그것과 함께 지나간다. 그러나 자신의 뜻과 소욕을 하나님의 뜻의 영원한 선(善)과 일치시키는 자는 영원히 거하며 또 그와 함께 영원히 거하는 행복에 참여한다.

18. 아이들아 지금은 마지막 때라 적그리스도가 오리라는 말을 너희가 들은 것과 같이 지금도 많은 적그리스도가 일어났으니 그러므로 우리가 마지막 때인 줄 아노라.

마지막 때. 여기의 "마지막 때"는 예루살렘의 멸망과 유다 나라의 종식(終熄)을 가리키는 것으로 보인다. 왜냐하면 미드(Mr. Mede)가 이해하는 것처럼 그것은 마지막 때의 배교와 관련되는 다니엘의 칠십 이레와 연결되기 때문이다. 적그리스도 혹은 적그리스도적 상태가 올 것이라는 것은 그리스도인들 사이에서 알려진 일이었다(특별히 그것은 살후 2:1-17에서 상세하게 예언되었다). 여기에서 요한이 "너희가 들은 것과 같이"라고 말한 것도 바로 그 때문이었다. 그는 "지금 많은 — 이를테면 적그리스도의 선구자들인 — 적그리스도들이 일어났다"고 말한다(이에 대해서는 우리 구주께서도 예언한 바 있다; 마 24:5, 24). 그들은 당시 특별하게 일어난 이단자들과 미혹하는 자들이었다. 그들은 거짓으로 스스로를 그리스도로 자처하지는 않았다. 다만 그들은 유대인들이 메시야로부터 기대했던 것, 즉 그들을 로마 제국의 폭정으로부터 건져내는 일을 마치 자신들이 행하는 양 꾸몄다. 다음 절에 나타나는 것처럼 그들은 전에 기독교 신앙을 고백했지만, 그러나 지금은 그리스도인이 아니었다. 도리어 그리스도께서 육체로 오신 것을 부인함으로써 기독교를 근본적으로 뒤집어엎고자 했다(요일 2:22; 요이 1:7).

19. 그들이 우리에게서 나갔으나 우리에게 속하지 아니하였나니 만일 우리에게 속하였더라면 우리와 함께 거하였으려니와 그들이 나간 것은 다 우리에게 속하지 아니함을 나타내려 함이니라.

만일 우리에게 속하였더라면 우리와 함께 거하였으려니와. 참된 그리스도인들은 그리스도 및 참된 기독교 공동체와 더불어 생명의 연합으로 강력하게 연결된다. 그들은 그와 같은 연합 안에 영생이 있음을 기대하면서 그러한 거룩한 교제 안에서 즐거움을 발견한다. 그리고 의심의 여지 없이 그러한 교제는 단절되지 않고 계속된다.

그들이 나간 것은 다 우리에게 속하지 아니함을 나타내려 함이니라. 외적인 동기(動機)에 의해 그리스도인이 된 자들은 여기의 사람들처럼 결국 참된 기독교 공동체로부터 분리된다. 그리고 그럼으로 말미암아 참된 그리스도인들과 거짓 그리스도인들 사이의 차이가 나타난다. "너희 중에 파당이 있어야 너희 중에 옳다 인정함을 받은 자들이 나타나게 되리라"(고전 11:19).

20. 너희는 거룩하신 자에게서 기름 부음을 받고 모든 것을 아느니라.

27절에 대한 저자의 주석을 참조하라.

21. 내가 너희에게 쓰는 것은 너희가 진리를 알지 못하기 때문이 아니라 알기 때문이요 또 모든 거짓은 진리에서 나지 않기 때문이라.

요한은 그들에 대한 자신의 신뢰를 표명함과 함께 그들이 자신이 전한 거룩한 진리를 받아들인 것을 생각하며 기뻐한다. 그러면서 그는 거짓은 진리와 일치되지 않으므로 참된 그리스도인이라면 능히 그것을 분별할 수 있음을 말한다.

22. 거짓말하는 자가 누구냐 예수께서 그리스도이심을 부인하는 자가 아니냐 아버지와 아들을 부인하는 그가 적그리스도니.

근본으로부터 어긋날 때 거짓은 가장 분명하게 드러난다. 그러므로 예수가 그리스도이심이 부인되는 곳에서 참된 진리와 거짓 사이의 불일치는 가장 분명하게 나타난다. 예수가 그리스도이심을 부인하는 자는 그리스도를 대적하는 적그리스도일 뿐만 아니라 실제로 그를 증언하신 아버지를 부인하는 자이다.

23. 아들을 부인하는 자에게는 또한 아버지가 없으되 아들을 시인하는 자에게는 아버지도 있느니라.

믿음과 사랑과 순종으로 아버지와 아들을 붙잡을 때, 우리는 아버지와 아들을 소유한다. 본 절의 후반부는 통상적인 헬라어 사본들에서는 나타나지 않고 일부 사본들에서만 나타남에도 불구하고 요한의 통상적인 글 쓰는 방식 및 본 서신의 전체적인 취지와 잘 어울린다.

24. 너희는 처음부터 들은 것을 너희 안에 거하게 하라 처음부터 들은 것이 너희 안에 거하면 너희가 아들과 아버지 안에 거하리라.

요한은 그들에게 처음에 받은 믿음을 계속해서 견지(堅持)할 것을 훈계한다. 그럼으로써 그리스도 안에서의 그들과 하나님 사이의 연합은 온전하게 유지될 것이었다.

25. 그가 우리에게 약속하신 것은 이것이니 곧 영원한 생명이니라.

요한은 마침내 영원한 생명을 얻게 될 것이라는 위대한 약속으로 그들에게 오래 참고 인내할 것을 격려한다.

26. 너희를 미혹하는 자들에 관하여 내가 이것을 너희에게 썼노라.

요한은 그들이 처한 위험한 상황 즉 미혹하는 자들에 의해 미혹을 당할 수 있는 위험한 상황으로 인해 본 서신을 써야만 할 필요성을 느꼈다. 비록 그들의 안전은 근본적으로 다음 절에 언급된 사실에 의존한다 하더라도 말이다.

27. 너희는 주께 받은 바 기름 부음이 너희 안에 거하나니 아무도 너희를 가르칠 필요가 없고 오직 그의 기름 부음이 모든 것을 너희에게 가르치며 또 참되고 거짓이 없으니 너희를 가르치신 그대로 주 안에 거하라.

주께 받은 바 기름 부음. 구약 시대에 특별한 사람들에게 행한 기름부음은 그들을 특별한 직분에 임직하거나 혹은 권위를 부여하는 외적인 의식(儀式)이었을 뿐만 아니라 또한 그때 그들 위에 임한 성령으로 말미암아 그들에게 자격과 능력이 부어지는 상징이기도 했다. 우리 주 예수는 특별한 의미에서 그리스도 혹은 기름 부음 받은 자였다. 그것은 그가 왕과 제사장과 선지자로 엄숙하게 임직된 것뿐만 아니라 또한 그에게 성령이 임한 것을 나타냈다. 그리고 이로써 그는 왕과 제사장과 선지자로서 가장 완전하게 자격을 갖추게 되었다. 또 그는 자신을 믿는 자들을 훨씬 더 낮은 의미에서 그의 아버지 앞에서 왕들과 제사장들로 만든다. 그는 그들에게 같은 영을 나누어 주시며(롬 8:9), 따라서 그들 역시도 기름 부음을 받은 자들로 말하여 진다(고후 1:21, 22). 그리하여 그들은 여기에서 어떤 사람의 가르침도 필요로 하지 않는 것으로 말하여진다. "너희는 주께 받은 바 기름 부음이 너희 안에 거하나니 아무도 너희를 가르칠 필요가 없고." 이것은 그들이 사람의 가르침을 절대적으로 필요로 하지 않음을 의미하는 것은 아니다. 왜냐하면 정말로 그렇다면 지금 요한 자신도 아무 쓸모없는 일을 하고 있는 셈이 될 것이기 때문이다. 다만 그것은 그들 안에 빛과 생명의 내적 원리들이 있으므로 그들이 사람의 가르침을 훨씬 덜 필요로 한다는 의미이다. 그들 안에 스스로의 인생행로를 이끌어 가는 강한 힘이 작동하고 있다. 그들은 자기 안에 접붙임을 받은 살아 있는 말씀을 가지고 있으며, 그것이 그들과 함께 있으면서 그들을 가르칠 것이었다(신 30:11, 12; 롬 10:7-9). 다시 말해서 그들 자신의 내적 원리가 그들을 가르칠 것이었다. "밤마다 내 양심이 나를 교훈하도다"(시 16:7). 요컨대 그들 자신이 스스로를 풍성하게 가르칠 것이었다. "그리스도의 말씀이 너희 속에 풍성히 거하여 모든 지혜로 피차 가르치며"(골 3:16). 그러므로 그들은 하나님 말씀의 기본적인 원리들을 알지 못하는 사람들처럼 다른 사람들로부터 가르침을 받을 필요가 없었다.

모든 것을 너희에게 가르치며. 즉 생명과 기독교 신앙에 본질적으로 필요한 모든 것. 이 가운데 요한이 지금 그들에게 가르치고 있었던 메시야와 관련한 교훈이 있었다. 여기에서 "모든 것"이라고 말했다고 해서 요한이 그들에게 매우 깊고 심오한 지식 혹은 심지어 오직 하나님 자신에게만 속하는 지식을 돌리고 있는 것은 아니다. 뿐만 아니라 그것은 직접적인 영감(靈感)의 결과로 얻어지는 지식을 가리키는 것도 아니다. 그것은 다만 그들이 이미 배운 통상적인 외적 수단들에 의해 얻어지는 — 그러나 성령의 거룩하게 하는 능력에 의해 실제적인 효력을 일으키는 — 지식을 가리킨다. 성령은 경건을 따라 살아가는 사람들 안에서 위대한 진리의 흔적을 남기며, 그들을 진리의 말씀으로 새로운 피조물로 만든다. 그리고 그렇게 함으로써 그들을 영적인 감각에 의해 그들 안에 있는 새로운 피조물의 생명을 보양(保養)하는 것들과 그것을 거스르며 훼방하는 것들 사이를 분별할 수 있도록 만든다(빌 1:9, 10). 참된 진리와 경건을 떠나서는 어느 누구도 스스로 이러한 특권을 가졌노라고 확신할 수 없다. 그러나 참된 경건에 속한 자들은 자신들의 진지한 노력과 기도의 삶 가운데 은혜의 습관의 결과로서 그것을 기대하며 계속해서 생명의 길을 달려갈 수 있다. 그리고 그것은 자신의 마음과 영혼을 참된 진리 앞에 순복시킨 자들에게 주어지는 상급이다. 우리 구주께서도 "사람이 하나님의 뜻을 행하려 하면 이 교훈이 하나님께로부터 왔는지 내가 스스로 말함인지 알리라"라고 말씀하셨는데, 이러한 말씀 역시 바로 이런 사람들에게 대한 것으로서 이해되어야 한다(요 7:17). 그리고 그럼으로써 그들은 "그 안에 거하는" 자신들의 위치를 굳게 지킬 수 있게 될 것이었다.

28. 자녀들아 이제 그의 안에 거하라 이는 주께서 나타내신 바 되면 그가 강림하실 때에 우리로 담대함을 얻어 그 앞에서 부끄럽지 않게 하려 함이라.

여기에서 요한은 겸손하게도 스스로를 그들 가운데 포함시킨다. "우리로 담대함을 얻어." 그리고 이것은 그리스도께서 나타나실 때 그들이 갖게 될 공통의 기쁨을 함축하는 것으로서 그들을 격려하기 위한 것이다. 요한은 그들이 잘 인내할 수 있도록 많은 애를 썼으며, 그들은 결국 잘 인내했다.

29. 너희가 그가 의로우신 줄을 알면 의를 행하는 자마다 그에게서 난 줄을 알리

라.

요한이 원한 것은 단순히 그들이 올바른 기독교 교리를 붙잡는 것만이 아니었다. 마치 그것이 그들의 구원과 축복에 충분한 것처럼 말이다. 바로 이것이 당시의 영지주의자들의 생각이었다. 그들은 실제적인 삶의 모습은 어떻든 상관없이 어떤 특정한 교리 혹은 지식을 받아들이는 것으로 충분하다고 생각했다. 요한은 이와 같은 잘못된 개념을 바로잡기 위해 여기의 말씀을 덧붙인다. 여기의 말씀이 의미하는 바는 의를 행하는 것이 없이 단순히 하나님에 대해 무엇인가를 아는 것은 아무런 유익도 가져다주지 못한다는 것이다. 만일 어떤 사람이 의를 행하지 않는다면, 그는 실제로 하나님의 형상으로 변화된 것이 아니다. 오직 의를 행하는 것만이 그의 거듭남을 증명한다. 왜냐하면 하나님의 형상이 결여된 혹은 하나님을 닮지 않은 하나님의 자녀는 존재하지 않기 때문이다.

MATTHEW POOLE'S COMMENTARY

요한 1서 3장

개요

1. 우리가 지금 그의 아들로 일컬음을 받는 것과 우리 앞에 더 큰 행복이 준비되어 있는 것이 우리를 향하신 하나님의 놀라운 사랑의 증표임(1-2).
2. 그러므로 우리는 그의 계명을 지켜야 함(3-10).
3. 또 우리는 참된 마음과 실제적인 행동으로 서로 사랑해야 함(11-24).

1. 보라 아버지께서 어떠한 사랑을 우리에게 베푸사 하나님의 자녀라 일컬음을 받게 하셨는가, 우리가 그러하도다 그러므로 세상이 우리를 알지 못함은 그를 알지 못함이라.

앞 장 말미에서 하나님으로부터 난 자에 대해 이야기한 요한은 여기에서 그 결과로서 그의 자녀로 일컬음을 받는 영광스러운 특권을 생각하면서 큰 희열에 사로잡힌다.

어떠한. '포타펜' (ποταπὴν). 얼마나 큰. 하나님의 자녀라 일컬음을 받게. 혹은 하나님의 자녀가 되게(마 5:9, 45; 요 1:12; 롬 4:17). 요한은 실체는 없이 단지 이름만 갖다 붙이지 않는다. 그들은 거듭남으로 말미암아 신성한 성품에 참여하는 자가 되었으며(벧후 1:4), 하나님의 자녀로 받아들여지는 실제적인 은택과 존귀를 받았으며, 그의 은혜를 힘입어 의롭다 하심을 받아 영생의 소망을 따라 상속자가 되었다(딛 3:5-7). 그러므로 우리는 "세상이 우리를 알지 못하는" 것으로 인해 — 다시 말해서 세상이 우리를 자기에게 속한 자로서 인정해주지 않고 미워하며 핍박하는 것으로 인해 — 슬퍼할 필요가 없다. 히브리 어법에서 "아는" 것은 종종 마음의 다정함을 함축한다(고전 8:3; 딤후 2:19). 따라서 "알지 못하는" 것은 무정함과 그로 말미암은 결과들을 함축한다(마 7:23). 우리는 "세상이 아버지를 알지 못하는" 것에 대해서도 이상하게 생각해서는 안 된다. 세상에서 아버지와 그의 자녀들은 똑같이 미움의 대상이다.

2. 사랑하는 자들아 우리가 지금은 하나님의 자녀라 장래에 어떻게 될지는 아직 나타나지 아니하였으나 그가 나타나시면 우리가 그와 같을 줄을 아는 것은 그의 참

모습 그대로 볼 것이기 때문이니.

우리의 현재 상태를 요한은 조금의 머뭇거림도 없이 하나님의 자녀의 상태로서 확인한다. 비록 우리가 잠시 동안 세상으로부터 시련과 역경을 겪으며 또 때로 우리 아버지로부터 가혹한 훈련을 받아야만 한다고 하더라도 말이다.

장래에 어떻게 될지는 아직 나타나지 아니하였으나. 우리의 미래의 상태와 미래의 영광을 우리는 아직 충분히 깨닫지 못한다. 그것은 아직 계시되지 않은 사실이다. "생각하건대 현재의 고난은 장차 우리에게 나타날 영광과 비교할 수 없도다"(롬 8:18). 그러나 하나님의 아들들이 나타날 때, 그것을 가렸던 휘장은 온전히 젖혀질 것이다(롬 8:19).

그가 나타나시면. 혹은 그가 자기 아들의 나타남 안에서 자신의 영광을 나타내시면. 그때 아들은 자기 아버지의 영광으로 오실 것이다(마 16:27; 딤전 6:14-16).

우리가 그와 같을. 자녀가 아버지와 닮는 것은 지극히 당연한 일이다. 그가 나타나실 때, 그의 형상이 우리 안에서 온전하게 될 것이다. 죄로 말미암아 심대하게 훼손된 그의 형상은 거듭남 안에서 불완전하게 회복되었다(엡 4:24; 골 3:10). 따라서 그것은 점진적인 거룩함 안에서 매일같이 증진되며 자라가야 한다. 그와 함께 하나님이 빛이신 것처럼 그리스도인들도 그의 자녀로서 책망할 것이 없는 빛으로 비춤으로써 그들의 아버지를 나타내며 그에게 영광을 돌려야 한다(마 5:16; 빌 2:15; 벧전 2:9).

그의 참모습 그대로 볼 것이기 때문이니. 다시 말해서 우리의 유한한 본성이 받아들일 수 있는 만큼. 우리가 그의 참모습 그대로 보게 되는 것은 우리가 그와 같이 되었기 때문이다. "나는 의로운 중에 주의 얼굴을 뵈오리니 깰 때에 주의 형상으로 만족하리이다"(시 17:15).

3. 주를 향하여 이 소망을 가진 자마다 그의 깨끗하심과 같이 자기를 깨끗하게 하느니라.

자기를 깨끗하게 하느니라. 그리스도인들은 의무적으로 그렇게 한다기보다 이러한 소망의 효과적인 영향력으로 말미암아 그렇게 한다. 하나님의 자녀로 난 그리스도인들은 그 마음이 거룩하신 하나님을 향해 계속적으로 기울어감으로 말미암아 신적 정결의 형상으로 매일같이 점진적으로 변화된다. 그러므로 우리가 장차 그 영광과 축복에 있어 하나님과 같이 되는 것은 지금 여기에서 그와 같이 거룩하게 되고자 하는 우리의 현재적인 추구에 달려 있다(마 5:8; 히 12:14).

4. 죄를 짓는 자마다 불법을 행하나니 죄는 불법이라.

지금 스스로를 죄의 길에 내어 주면서, 혹은 그의 거룩한 율법을 거스르면서 장차 하나님의 영광과 축복에 참여할 것을 기대하는 것보다 더 터무니없는 것은 아무것도 없다. 이러한 개념은 다음 절에 언급되는 우리 구주께서 나타나신 목적에 의해 한층 더 강화된다.

5. 그가 우리 죄를 없애려고 나타나신 것을 너희가 아나니 그에게는 죄가 없느니라.

스스로를 죄 가운데 내어 주면서 죄가 없으신 구주에 의한 구원과 축복을 기대하는 것은 너무나 터무니없는 일이다. 그가 나타나신 목적이 무엇인가? 그것은 우리의 죄를 속죄할 뿐만 아니라 우리로 하여금 그와 같이 죄 없이 살도록 만들기 위함이다.

6. 그 안에 거하는 자마다 범죄하지 아니하나니 범죄하는 자마다 그를 보지도 못하였고 그를 알지도 못하였느니라.

여기의 "범죄하지"(sinneth)는 9절의 "죄를 짓지"(committeth sin)와 같은 의미이다. 또 "보는" 것과 "아는" 것은 "그 안에 거하는" 것과 마찬가지로 내적 연합과 교제와 친교를 함축한다. 요한복음 5:37; 요한3서 1:11을 보라.

7. 자녀들아 아무도 너희를 미혹하지 못하게 하라 의를 행하는 자는 그의 의로우심과 같이 의롭고.

여기의 경고는 우리에게 당시의 미혹하는 자들의 열심과 그에 대한 요한의 염려를 보여준다. 그들은 성도들에게 자신들의 거짓 교리들과 육신적인 원리들을 주입시키고자 했으며, 요한은 그로 말미암아 성도들에게 해가 끼쳐지지 않을까 염려했다. 당시의 미혹하는 자들은 단순한 관념적 지식이 사람들을 구원하며 하나님 앞에 서게 하기에 충분하다고 가르쳤다. 사람들이 실제로 어떻게 사는지 여부와는 상관없이 말이다. 이에 대해 요한은 오직 의를 행하는, 다시 말해서 복음의 규범에 합당하게 사는 자들만이 실제로 의로운 자들이라고 가르쳤다.

그의 의로우심과 같이. 그리스도의 의로우심과 거룩한 삶은 그들의 믿음의 대상이면서 동시에 그들이 따라 행해야 할 모범이었다.

8. 죄를 짓는 자는 마귀에게 속하나니 마귀는 처음부터 범죄함이라 하나님의 아들이 나타나신 것은 마귀의 일을 멸하려 하심이라.

죄를 짓는 자. "죄를 짓는" 것에 대한 요한의 개념을 우리는 그 자신의 말로부터 이해할 수 있다. 이와 관련하여 요한3서 1:11을 보라. "선을 행하는 자는 하나님께 속하고 악을 행하는 자는 하나님을 뵈옵지 못하였느니라." '카코포이온' (κακοποιῶν) 즉 악을 행하는 자. 이러한 표현은 구약과 신약에서 "불법을 행하는 자"를 의미하기 위해 사용된다. 그것은 어떤 특정한 한 가지 죄의 행동을 행한 모든 사람을 가리키지 않는다. 마찬가지로 요한1서 3:7의 "의를 행하는 자"(ὁ ποιῶν την δικαιοσύνην)와 요한3서 1:11의 "악을 행하는 자"(αγαθοποιῶν) 역시 단순히 의나 혹은 악의 어떤 한 행동을 한 모든 사람을 가리키지 않는다. 그것은 어떤 하나의 일(work)을 했다고 해서 우리가 그를 일꾼(worker)이라고 부르지 않는 것과 마찬가지이다. 오직 습관적인 기술을 가지고 계속적으로 그 일을 행하는 자를 우리는 일꾼이라고 부른다. 죄를 행하는 자(worker of sin, 혹은 "죄의 일꾼") 역시도 마찬가지이다(우리는 이것을 ὁ ποιῶν τὴν ἁμαρτίαν' 으로 표기할 수 있다). 그는 의도함이 없이 갑작스럽게 죄를 짓는 것이 아니라 습관적으로 죄를 짓는 자이다. 그는 진지한 회개와 함께 자신이 행한 죄로부터 하나님께로 돌이키지 않는다. 또 그러한 회개로써 또 다른 죄의 행동으로부터 스스로를 억제시키지도 않을 뿐만 아니라 죄로 얼룩진 자신의 모든 습관과 성격들을 고치려고 하지도 않는다. 여기의 "죄를 짓는"과 같은 의미로 그는 6절과 9절에서 "범죄하는"이라는 표현을 사용한다. 그리고 그러한 죄인을 그는 "마귀에게 속하나니"라고 말한다. 마치 그가 마귀로부터 태어난 마귀의 자녀인 것처럼, 그리고 마귀의 형상을 닮고 마귀의 본성을 이어받은 자인 것처럼 말이다. 우리 구주께서도 죄를 범하는 자들에 대해 같은 표현을 사용하셨다. "죄를 범하는 자마다 죄의 종이라 … 너희는 너희 아비 마귀에게서 났으니 너희 아비의 욕심대로 너희도 행하고자 하느니라"(요 8:34, 44). 여기의 사도 요한 역시도 그의 세 번째 편지 1:11에서 "선을 행하는 자는 하나님께 속하고"라고 말한다. 다시 말해서 그는 하나님으로부터 난 그의 자녀라는 것이다. "하나님으로부터 났다"는 것과 "하나님께 속했다"는 것은 아무 차이도 없는 똑같은 표현이다(요일 3:9-10; 5:18-19). 굳이 차이가 있다면 후자가 전자에 비해 좀 더 에둘러 말한 표현이라는 것뿐이다. 이와 같이 죄는 본래 마귀의 일인데, 요한은 그것을 멸하기 위해 — 다시 말해서 그러한 일의 모든 구조물(frame)을 허물어뜨리기 위해 — 하나님의 아들이 (육체 가운데) 나타나셨다고 혹은 스스로를 이 세상에 보이셨다고 덧붙인다.

9. 하나님께로부터 난 자마다 죄를 짓지 아니하나니 이는 하나님의 씨가 그의 속에 거함이요 그도 범죄하지 못하는 것은 하나님께로부터 났음이라.

하나님께로부터 난 자마다. 하몬드 박사(Dr. Hammod)는 "하나님께로부터 나는" 것을 다음과 같이 설명한다. "하나님께로부터 나는 것은 하나님으로부터 어떤 특별한 영향력을 받고 그것의 도움과 능력으로 말미암아 경건의 삶으로 일으킴을 받는 것을 말한다. 그러므로 '게게네메노스 에크 투 테우'(γεγεννημένος εκ τοῦ θεοῦ) 즉 '하나님께로부터 난 자'는 문자 그대로 하나님의 영의 작용으로 말미암아 자기 안에 그와 같은 복된 변화가 일어난 자이다. 그는 어둠의 권세로부터 하나님의 사랑하는 아들의 나라로 옮겨진다. 그리고 그는 그의 마음의 영 안에서 모든 악으로부터 모든 선으로, 육체에 순종하는 것으로부터 하나님께 순종하는 것으로 변화된다. 나아가 여기의 표현은 단순히 그와 같은 변화의 행동, 즉 단회적이며 일시적인 거듭남의 행동만을 가리키는 것으로 취하여져서는 안 된다. 도리어 그것은 계속적인 과정과 영속적인 상태를 가리키는 것으로서 취하여져야 한다. 그러므로 거듭난 사람과 하나님의 자녀는 같은 표현으로서 경건한 삶을 계속적으로 살아가는 사람을 가리킨다." 본 저자도 요한복음 1:13의 "하나님께로부터 난 자들"을 주석할 때 그와 같은 취지로 다음과 같이 썼다. "하나님께로부터 난 자들은 자연이나 혹은 육신이나 혹은 단순한 도덕적인 원리들이 아니라 하나님의 뜻을 따라 살아가는 자들이다." 이러한 변화는 성경의 다양한 성구들에서 설명된다(요 3:3-6; 고후 5:17; 엡 2:10; 4:24; 약 1:18). 이와 같이 "하나님께로부터 난 자"와 관련하여 본문은 "그는 죄를 짓지 아니하나니 이는 하나님의 씨가 그의 속에 거함이요"라고 말한다.

하나님의 씨. 생명으로 약동하는 거룩한 진리의 원리들(벧전 1:23; 약 1:8).

그도 범죄하지 못하는 것은. 이것은 마치 그가 전혀 죄를 지을 수 없는 것처럼 이해되어서는 안 된다. 왜냐하면 그렇게 이해하는 것은 그가 앞에서 말한 것과 모순되기 때문이다(1:8; 2:1). 다만 그것은 그가 앞 절의 의미처럼 죄를 지을 수 없다는 것을 의미한다. 요한은 여기의 두 표현으로 같은 것을 의미했음이 분명하다. 그는 마치 선을 미워하는 마음으로부터 범죄한 가인처럼 악의적이며 냉혹하며 고의적으로 죄의 행동을 행할 수 없다(12절). 또 그는 그와 같은 행동을 습관적으로 행할 수 없으며, "사망에 이르는 죄"를 지을 수도 없다(5:16). 설령 일시적으로 넘어진다 하더라도, 그 안에 새겨진 내적 원리들과 하나님의 씨와 은혜와 성령과 그리스도 안에서의 하나님의 언약으로 말미암아 그는 속히 회복될 것이다.

하나님께로부터 났음이라. 그는 거듭남으로 말미암아 새로운 본성을 받았으며, 그러므로 앞에서 묘사한 것과 같은 죄의 행동들(혹은 죄의 길)을 미워한다. 창세기

39:9; 사도행전 4:20; 고린도후서 13:8; 갈라디아서 5:17을 보라. 그는 그리스도 안에서 하나님의 자녀가 되었다. 따라서 그는 하나님의 은혜를 탄원하며 의지(依支)하며 증진시킬 수 있으며, 그로 말미암아 그와 같은 파괴적인 범죄로부터 지켜지게 된다. 또 그는 자신의 철저한 변화에 의해 하나님께로부터 났고, 또 영생의 상속자로 택함을 받았기 때문에 그와 같이 지켜질 것을 기대할 수 있고 또 마땅히 기대해야 한다. 그리스도인의 상태와 관련한 이와 같은 강한 확신은 조금도 이상할 것이 없다. 하나님께로부터 난 자가 의의 길로부터 벗어나는 것보다 차라리 태양이 그 궤도로부터 벗어나는 것이 더 쉽다.

10. 이러므로 하나님의 자녀들과 마귀의 자녀들이 드러나나니 무릇 의를 행하지 아니하는 자나 또는 그 형제를 사랑하지 아니하는 자는 하나님께 속하지 아니하니라.

지금까지 이야기한 것에 기초하여 요한은 모든 사람들을 하나님의 자녀들과 마귀의 자녀들로 환원시킨다. 그는 앞에서 이야기한 것의 토대 위에서 누가 하나님과 그의 권속에 속하지 않은 자들인지를 보인다. 두 아버지가 있으며, 그러한 아버지들에게 속한 두 권속이 있다. 먼저, 일반적으로 의를 행하지 않는 자들은 하나님에게 속하지 않으므로 결과적으로 마귀에게 속한다. 마귀는 최초의 범죄자로서, 그들은 그에게 속한 그의 자녀들이다. 다음으로, 특별하게 그 형제를 사랑하지 않는 자들 역시도 마귀에게 속한 그의 자녀들이다. 왜냐하면 그 형제를 사랑하지 않는 것은 마귀의 본성을 가장 분명하게 드러내는 것이기 때문이다.

11. 우리는 서로 사랑할지니 이는 너희가 처음부터 들은 소식이라.

처음부터. 요한일서 2:7-9을 보라. 거기에서 그는 "빛 가운데 있다 하면서 그 형제를 미워하는 자는 지금까지 어둠에 있는 자"라고 분명하게 말한다. 그러므로 그와 같은 근본적인 교훈과 배치되는 자들, 즉 그 형제를 사랑하지 않고 미워하는 자들은 하나님께로부터 난 자들일 수 없다.

12. 가인 같이 하지 말라 그는 악한 자에게 속하여 그 아우를 죽였으니 어떤 이유로 죽였느냐 자기의 행위는 악하고 그의 아우의 행위는 의로움이라.

요한은 가인에게서 가장 마귀적인 성품을 발견한다. 아우(brother)에 대한 그의 미움은 결국 살인으로 폭발했는데, 그것은 그의 아우가 그보다 더 의로웠기 때문이었다. 그것은 그가 악한 자, 뱀의 후손에 속했음을 보여주었다. 이와 같이 뱀의 후손과 여자의 후손 사이의 적의(敵意)는 너무나 일찍 발아(發芽)했다.

13. 형제들아 세상이 너희를 미워하여도 이상히 여기지 말라.

하나님의 자녀들을 미워하는 것은 가장 마귀적인 자질이다. 세상은 전반적으로 마귀의 권세 아래 있으며, 그는 이 세상의 신으로 일컬어진다(고후 4:4). 선한 자들이 세상의 미움의 대상과 표적이 되는 것을 우리는 조금도 이상하게 생각해서는 안 된다.

14. 우리는 형제를 사랑함으로 사망에서 옮겨 생명으로 들어간 줄을 알거니와 사랑하지 아니하는 자는 사망에 머물러 있느니라.

여기의 "형제"의 개념은 단지 우리 주변에 있는 가까운 사람들만을 가리키는 것으로서 좁게 이해되어서는 안 된다. 왜냐하면 우리의 사랑의 대상을 그와 같은 소수의 사람들에게 한정시키는 것은 결코 우리를 "사망으로부터 옮겨 생명으로 들어가게" 만들지 못하기 때문이다. 또 그와 같은 종류의 사랑은 가장 악한 자들 가운데서도 얼마든지 발견된다. "너희가 너희를 사랑하는 자를 사랑하면 무슨 상이 있으리요 세리도 이같이 아니하느냐 또 너희가 너희 형제에게만 문안하면 남보다 더하는 것이 무엇이냐 이방인들도 이같이 아니하느냐"(마 5:46, 47). 뿐만 아니라 그것은 또한 오직 거듭난 자들에게만 배타적으로 해당되는 것으로 이해되어서도 안 된다. 일차적으로 그것은 좀 더 일반적인 의미에서 인류 전체에 해당되는 것으로 취하여져야만 한다. 그것은 "네 이웃을 네 몸처럼 사랑하라"는 둘째 계명에 나타나는 "이웃"과 같은 범위를 포괄한다. 여기의 "이웃"이 가리키는 것은 근본적으로 유대인들이 아니라 보편적인 의미에서 사람들이다. 그러므로 거기에는 심지어 우리의 원수들조차 배제되지 않는다(마 5:43, 44). 나아가 이차적으로 그것은 좀 더 특별한 의미에서 거듭남으로 말미암아 우리의 형제 된 자들, 다시 말해서 우리와 더불어 같은 아버지의 자녀가 된 자들을 가리킨다. 우리의 사랑의 첫 번째 대상은 두말할 필요 없이 복되신 하나님이다. 그리고 다른 모든 것들(사람들과 사물들)은 그 안에 담긴 신적 탁월함의 흔적들의 분량에 비례하여 우리의 사랑의 대상이 되어야 한다. 인간의 본성 안에는 하나님의 영적이며, 지적이며, 쇠하지 아니하는 본성과 그의 거룩하심의 흔적들이 있다. 하나님은 인생들을 사랑하시되 그들 자신으로부터 말미암은 악을 그들 안에 있는, 그리고 그 자신으로부터 말미암은 실제적인 선으로부터 분리하시면서 그렇게 하신다. 우리는 우리 안에 이와 같은 사랑의 흔적이 새겨져 있음을 기억해야 한다. 사랑이신 그의 형상은 우리 안에서 새로워진다. 반면 마귀는 세상에서 그러한 형상을 심대하게 훼손시켰다. 그는 사람들의 상호 미움과 적의

(敵意)로써 그들의 영혼을 소유한다. 그러나 우리는 우리 안에 회복된 하나님의 형상으로 말미암아 다른 사람들을 사랑할 수 있게 되며, 그럴 때 우리는 그로부터 난 그의 자녀들로 나타나게 된다. "이같이 한즉 하늘에 계신 너희 아버지의 아들이 되리니 이는 하나님이 그 해를 악인과 선인에게 비추시며 비를 의로운 자와 불의한 자에게 내려주심이라"(마 5:45). 그러나 그 형제를 사랑하지 않는 모든 자들은 여전히 사망에 머물러 있다.

15. 그 형제를 미워하는 자마다 살인하는 자니 살인하는 자마다 영생이 그 속에 거하지 아니하는 것을 너희가 아는 바라.

거듭난 자들은 새로운 생명으로 태어나는데, 그러한 생명은 영원한 생명의 시작 혹은 첫 번째 원리 외에 아무것도 아니다. "내가 주는 물을 마시는 자는 영원히 목마르지 아니하리니 내가 주는 물은 그 속에서 영생하도록 솟아나는 샘물이 되리라"(요 4:14). 그러나 그 형제를 미워하는 자들에게는 그러한 생명이 없다. 그들 안에는 신적 생명과 본질과 형상과 상반되는 것이 거하는데, 그것이 그들을 그들 마음의 기질과 습관 안에서 살인자로 만든다.

16. 그가 우리를 위하여 목숨을 버리셨으니 우리가 이로써 사랑을 알고 우리도 형제들을 위하여 목숨을 버리는 것이 마땅하니라.

그가 우리를 위하여 목숨을 버리셨으니. 그리스도 안에서 신성과 인성이 완전하게 결합된 사실은 사람으로서의 그리스도의 생명을 하나님의 생명으로 부르기 위한 토대를 마련해 준다. 사도행전 20:28을 보라. "성령이 그들 가운데 여러분을 감독자로 삼고 하나님이 자기 피로 사신 교회를 보살피게 하셨느니라." 여기에서 그리스도의 피는 하나님 자신의 피로 말하여진다. "그가 우리를 위하여 목숨을 버리셨다"는 우리에 대한 하나님의 사랑의 증언을 주목해 보라. 그러한 사랑은 우리를 변화시켜 우리 역시도 그와 같이 행하도록 만든다. 그러한 신적 원리 즉 우리 안에 있는 하나님의 사랑의 능력으로부터, 우리는 기독교 공동체를 위해 혹은 사람들의 공동의 선과 복리(福利)를 위해 우리의 목숨을 버리기를 주저하지 않게 된다.

17. 누가 이 세상의 재물을 가지고 형제의 궁핍함을 보고도 도와 줄 마음을 닫으면 하나님의 사랑이 어찌 그 속에 거하겠느냐.

만일 우리 안에 있는 하나님의 사랑이 우리를 변화시켜 우리로 하여금 형제를 위해 목숨을 버리도록 만든다면, 하물며 자신의 재물을 가지고 궁핍한 형제를 돕고자 하는 것이야 얼마나 쉬운 일이겠는가!

18. 자녀들아 우리가 말과 혀로만 사랑하지 말고 행함과 진실함으로 하자.

실제적인 사랑의 증거는 없이 단순히 말로만 사랑하는 척 꾸미는 것은 헛된 일이다.

19. 이로써 우리가 진리에 속한 줄을 알고 또 우리 마음을 주 앞에서 굳세게 하리니.

이로써 우리가 진리에 속한 줄을 알고. 다시 말해서 우리가 진리를 본받을 때 그것이 우리에게 우리가 진리로부터 난 진리의 자녀임을 나타낼 것이라는 것이다. "그가 그 피조물 중에 우리로 한 첫 열매가 되게 하시려고 자기의 뜻을 따라 진리의 말씀으로 우리를 낳으셨느니라"(약 1:18). 또 우리 마음을 주 앞에서 굳세게 하리니. 그럼으로써 우리 마음은 평온함과 만족함을 얻게 될 것이다.

20. 이는 우리 마음이 혹 우리를 책망할 일이 있어도 하나님은 우리 마음보다 크시고 모든 것을 아시기 때문이라.

우리 마음이. 혹은 우리 양심이. 우리를 책망할. 예컨대 형제를 사랑하는 것과 같은 명백한 일들에 있어. 이 부분에 있어 하나님의 마음은 우리 자신의 양심과 명백하게 동일하다. 하나님이 재판장이라면 우리의 양심은 그보다 하위에 있는 배석판사들과 같다. 이와 같은 하나님의 우월성은 우리를 훨씬 더 두렵게 만든다. 특별히 우리가 우리 자신을 아는 것보다 그가 우리를 훨씬 더 잘 아는 것을 생각할 때 말이다.

21. 사랑하는 자들아 만일 우리 마음이 우리를 책망할 것이 없으면 하나님 앞에서 담대함을 얻고.

만일 우리 마음이 우리를 책망할 것이 없으면. 이것은 물론 소극적인 표현이기는 하지만 그러나 여기에는 일부 적극적인 것도 포함된다. 왜냐하면 무지(無知), 무감각, 무관심, 방종 등으로부터 자기 마음이 자기를 책망하지 않는 자들도 많이 있기 때문이다. 그러나 만일 하나님 앞에서 철저히 살핌에도 불구하고 우리 마음이 우리를 책망할 것이 없고 도리어 우리가 하나님 앞에 올바로 서 있음을 확증해 준다면, 우리는 하나님 앞에서 담대함을 얻는다. 그리고 그럴 때 우리는 아무 거리낌 없이 그를 의지(依支)할 수 있게 된다.

22. 무엇이든지 구하는 바를 그에게서 받나니 이는 우리가 그의 계명을 지키고 그 앞에서 기뻐하시는 것을 행함이라.

그와 같이 하나님과 일치된 사람은 결코 하나님의 뜻에 어긋나는 것을 구하지 않을 것이다. 그러므로 그는 무엇을 구하든 그 구하는 것을 받을 것이다. "그를 향하여 우리가 가진 바 담대함이 이것이니 그의 뜻대로 무엇을 구하면 들으심이라"(요일 5:14). 이는 우리가 그의 계명을 지키고, 바로 이것이 우리가 그와 같이 확신할 수 있는 이유이다. "내가 나의 마음에 죄악을 품었더라면 주께서 듣지 아니하시리라 그러나 하나님이 실로 들으셨음이여 내 기도 소리에 귀를 기울이셨도다"(시 66:18, 19). 우리가 무엇이든지 구하는 바를 그에게서 받는 것은 전적으로 그리스도 안에서의 그의 값없이 베푸시는 긍휼에 기인한다.

23. 그의 계명은 이것이니 곧 그 아들 예수 그리스도의 이름을 믿고 그가 우리에게 주신 계명대로 서로 사랑할 것이니라.

마치 전도서 12:13의 간략한 요약처럼, 여기의 말씀 안에 하나님에 대한 우리의 의무와 서로에 대한 우리의 의무 전체가 포괄된다.

24. 그의 계명을 지키는 자는 주 안에 거하고 주는 그의 안에 거하시나니 우리에게 주신 성령으로 말미암아 그가 우리 안에 거하시는 줄을 우리가 아느니라.

그의 계명을 지키는 자. 즉 그 영혼 전체가 신적 의지(意志)에 온전히 순복하도록 형성된 자. 그는 주 안에 거하고, 주는 그 안에 거하신다. 그리고 그는 그리스도 안에서 하나님과 가장 친밀하게 연합되며, 그러한 사실을 우리는 우리에게 주신 성령으로 말미암아 알게 된다. "사람이 나를 사랑하면 내 말을 지키리니 내 아버지께서 그를 사랑하실 것이요 우리가 그에게 가서 거처를 그와 함께 하리라"(요 14:23).

MATTHEW POOLE'S COMMENTARY

요한 1서 4장

개요

1. 요한이 그들에게 영들을 다 믿지 말고 그것이 하나님께 속했는지 시험할 것을 가르침(1–6).
2. 요한이 그들에게 하나님의 명령과 모범에 따라 서로 사랑할 것을 교훈함(7–21).

1. 사랑하는 자들아 영을 다 믿지 말고 오직 영들이 하나님께 속하였나 분별하라 많은 거짓 선지자가 세상에 나왔음이라.

영을 다 믿지 말고. 영감(靈感) 혹은 계시를 받았노라고 주장하는 모든 사람들을 믿지 말고. 영. 선한 영이든 악한 영이든, 사람은 그 영에 따라 행동하게 된다.

오직 영들이 하나님께 속하였나 분별하라. 그리스도인들이 공통적으로 가지는 분별력 혹은 판단력이 있다. 그리스도인들은 다양한 상황에서 그러한 분별력을 사용해야 한다(행 17:11; 빌 1:9, 10; 살전 5:21). 구약 시대에도 이스라엘 백성들을 참 하나님으로부터 끌어내려고 하는 많은 시도들이 있었다(신 13:1-3). 마찬가지로 신약 시대에도 그리스도인들을 그리스도로부터 끌어내고자 애쓰는 사람들이 많이 있을 것이다. "많은 거짓 선지자가 세상에 나왔음이라."

2. 이로써 너희가 하나님의 영을 알지니 곧 예수 그리스도께서 육체로 오신 것을 시인하는 영마다 하나님께 속한 것이요.

여기에서 요한은 그들에게 적극적이면서 동시에 소극적인 일반적인 규칙을 제시한다. 그러한 규칙은 그들을 현 상황에서 영들을 분별할 수 있도록 만드는데 충분할 것이었다. "예수가 메시야인가? 혹은 메시야가 이미 왔는가 아니면 아직 오지 않았는가?" 하는 것이 당시 유대인들에게 큰 논쟁거리였다. 한편 영지주의자들과 관련해서는 "메시야가 실제로 육체 가운데 그리고 참된 인성 안에서 왔는가, 그렇지 않으면 단순한 환영(幻影)으로 나타난 것일 뿐인가?" 하는 것이 주된 논점이었다. 이에 대해 사도 요한은 다음과 같이 확언한다. "메시야가 육체로 왔다고 고백하는 자들은 하나님께 속한 자들이다. 그들이 옳았으며, 그러한 진리는 하나님께로부터 말미암은 것이다." 재판을 벌이는 두 당사자가 있는데, 이쪽은 하나님께 속하였고 저쪽은 하나님께 속하지 않았다. 이쪽은 하나님 편에 섰고, 저쪽은 하나님을 대적했다. 그렇다. 이와 같이 예수 그리스도에 대해 참된 고백을 할 뿐만 아니라 그를 진심으로 의지하며 순복하는 자들은 하나님으로부터 난 그의 자녀들이다. 그리고 그들은 하나님의 거룩한 영에 의해 행동하며 영향을 받는다(요일 5:1, 5; 마 16:16, 17; 고전 12:3).

3. 예수를 시인하지 아니하는 영마다 하나님께 속한 것이 아니니 이것이 곧 적그리스도의 영이니라 오리라 한 말을 너희가 들었거니와 지금 벌써 세상에 있느니라.

반면 명백한 증거에도 불구하고 메시야가 육체로 왔음을 부인한 자들에 대해 생각해 보도록 하자. 유대인들과 마찬가지로(요 8:24), 여기의 이단자들 역시도 그가 온 참된 목적을 부인할 수밖에 없었다. 그들은 공공연히 부정한 삶을 살면서 적그리스도의 영을 가장 분명하게 드러냈다.

4. 자녀들아 너희는 하나님께 속하였고 또 그들을 이기었나니 이는 너희 안에 계신 이가 세상에 있는 자보다 크심이라.

여기의 성도들은 하나님께로부터 났으며, 그의 인도하시며 강하게 하시는 영향력 아래 있었다. 그러므로 그들은 적그리스도적인 거짓 그리스도인들의 잘못된 교훈과 육체의 유혹과 박해의 두려움을 이길 수 있었다. 그것은 그들 안에 계신 성령이 그들의 거짓 영보다 더 강했기 때문이었다.

5-6. [5]그들은 세상에 속한 고로 세상에 속한 말을 하매 세상이 그들의 말을 듣느니라 [6]우리는 하나님께 속하였으니 하나님을 아는 자는 우리의 말을 듣고 하나님께 속하지 아니한 자는 우리의 말을 듣지 아니하나니 진리의 영과 미혹의 영을 이로써 아느니라.

여기에서 요한은 선생들과 그들이 가르치는 교훈을 분별하는 또 하나의 규칙을 제시한다. 여기의 그리스도인들을 미혹한 선생들과 그들이 가르친 교훈 속에서는 세속적인 냄새를 풍겼다. 그러한 냄새는 단지 세속적인 정욕만을 만족시키며 오로지 세속적인 문제들에 대해서만 도움이 될 수 있을 뿐이었다. 그러므로 세속적인 영을 가진 사람들은 그들의 가르침을 들으며 그것을 즐겁게 받아들였다.

우리는 하나님께 속하였으니. 반면 요한은 참된 기독교를 따르는 자들과 자신을 포함시켜 "우리는 하나님께 속하였으니"라고 말한다. 즉 우리의 교훈과 나아가는 길은 하나님으로부터 출발했으며, 그렇기 때문에 그분을 섬기며, 기쁘시게 하며, 영화롭게 하며, 모든 사람을 하나님께로 이끄는 것이 된다는 것이다.

하나님을 아는 자는 우리의 말을 듣고. 계속해서 요한은 하나님을 아는 자들 즉 하나님과 교제하는 그의 친구들은 우리의 말을 듣는다고 말한다. 즉 우리가 제안하며 제시하는 것들을 그들은 감사와 즐거움으로 받아들인다는 것이다(요 8:47). 그것은 그렇게 하는 목적이 그들의 경건을 증진시키는 것 외에 달리 아무것도 없기 때문이다.

진리의 영과 미혹의 영을 이로써 아느니라. 진리의 영은 사람들을 정결함과 거룩함과 경건한 삶으로 이끈다. 반면 미혹의 영은 사람들을 단지 육신을 좇는 동물적인 삶으로 이끌 뿐이다.

7. 사랑하는 자들아 우리가 서로 사랑하자 사랑은 하나님께 속한 것이니 사랑하는 자마다 하나님으로부터 나서 하나님을 알고.

사랑하는 자들아 우리가 서로 사랑하자. 참된 기독교를 대적하는 여기의 거짓 선생들의 적의와 반감과는 반대로, 요한은 서로 사랑할 것을 훈계한다. 그러나 여기의 사랑은 그들 상호 간의 사랑에만 한정되지 않는다. 그는 결코 그것만을 의미하지 않았다. 이를 위해서는 앞 장 14절에 대한 저자의 주석을 참조하라. 그가 의미한 것은 명백히 다른 모든 사람들에 대하여서까지도 사랑하는 것이었다. 설령 그것이 일방적인 사랑이라 하더라도 말이다.

사랑은 하나님께 속한 것이니. 요한은 이것을 진리의 영과 미혹의 영을 구별하는 또 하나의 판단기준으로 제시한다. 어떤 사람이 하나님과 더불어 올바른 관계를 맺고 있는지를 분별함에 있어 그가 다른 사람들을 사랑하는지 여부를 살피는 것보다 더 확실한 방법은 아무것도 없다.

8. 사랑하지 아니하는 자는 하나님을 알지 못하나니 이는 하나님은 사랑이심이라.

그렇다. 사랑은 하나님의 본성이다. 하나님은 사랑이시다. 그러므로 사랑하는 자들은 하나님께로부터 났으며, 그와 같은 그의 최고의 본성에 참여한다. 그들은 살아 있는 지식으로 그를 안다. 그러나 사랑하지 않는 자들은 하나님에 대하여 외인(外人)이며, 그와 아무런 관계도 가지고 있지 않다.

9. 하나님의 사랑이 우리에게 이렇게 나타난 바 되었으니 하나님이 자기의 독생자를 세상에 보내심은 그로 말미암아 우리를 살리려 하심이라.

하나님의 사랑을 이것보다 더 분명하게 나타낸 것은 아무것도 없다. “하나님이 세상을 이처럼 사랑하사 독생자를 주셨으니 이는 그를 믿는 자마다 멸망하지 않고 영생을 얻게 하려 하심이라”(요 3:16).

10. 사랑은 여기 있으니 우리가 하나님을 사랑한 것이 아니요 하나님이 우리를 사랑하사 우리 죄를 속하기 위하여 화목 제물로 그 아들을 보내셨음이라.

우리 죄를 속하기 위해 화목제물로 아들을 보내신 하나님의 놀라운 사랑과 비교할 때, 우리의 사랑은 사랑이라는 이름으로 불릴 자격조차 없다.

11. 사랑하는 자들아 하나님이 이같이 우리를 사랑하셨은즉 우리도 서로 사랑하는 것이 마땅하도다.

만일 우리가 사랑하지 않는다면, 우리는 우리에 대한 하나님의 사랑을 거의 깨닫지 못한다.

12. 어느 때나 하나님을 본 사람이 없으되 만일 우리가 서로 사랑하면 하나님이 우리 안에 거하시고 그의 사랑이 우리 안에 온전히 이루어지느니라.

하나님의 본질은 우리 눈에 보이지 않으며, 우리 마음에 이해되지 않는다. 그러나 우리 자신을 그의 사랑의 능력에 순복시킴으로써 우리가 그 사랑에 의해 변화되어 서로 사랑하게 될 때, 우리는 최고의 의미에서 그를 알게 된다. 그럴 때 우리는 그의 내주하시는 임재와 생명의 능력을 경험하게 되며, 그와 동시에 그는 우리 안에서 매일같이 자신의 모양과 형상을 이루어 가신다. 바로 이것이 하나님을 아는 최고의 방법이다. 왜냐하면 멀리 떨어져 계심으로 인해 볼 수 없는 하나님을 우리는 그와 같은 방법으로 가까이 그리고 우리 안에서 깨달으며 느낄 수 있기 때문이다.

13. 그의 성령을 우리에게 주시므로 우리가 그 안에 거하고 그가 우리 안에 거하시는 줄을 아느니라.

하나님과 우리 사이의 내적인 연합은 그의 영의 작용에 의해 가장 잘 분별된다. 그것은 모든 사랑과 선하심의 영이다(요일 3:24; 엡 5:9).

14. 아버지가 아들을 세상의 구주로 보내신 것을 우리가 보았고 또 증언하노니.

여기에서 요한은 우리가 어떤 불확실함들 가운데 버려져 있지 않음을 보여준다. 그리스도인들이 서로 사랑해야 하는 최고의 이유는 “하나님이 그 아들을 세상의 구주로 보내신” 사실이다. 여기에서 요한은 자신과 다른 사도들이 구주를 눈으로 직접 본 것에 근거하여 증언함을 다시금 되풀이하여 이야기한다.

15. 누구든지 예수를 하나님의 아들이라 시인하면 하나님이 그의 안에 거하시고 그도 하나님 안에 거하느니라.

여기의 말씀은 요한1서 3:23에 언급된 두 가지 위대한 것으로 완전하게 짜여 있다. "그의 계명은 이것이니 곧 그 아들 예수 그리스도의 이름을 믿고 그가 우리에게 주신 계명대로 서로 사랑할 것이니라." 그것은 메시야를 믿는 것과 서로 사랑하는 것이다. 이러한 두 가지는 배교자들이 은근히 주입한 독(毒)을 제거하는 최고의 해독제이다. 아울러 여기의 "시인"에 대하여는 본 장 2절에 대한 저자의 주석을 참조하라.

16. 하나님이 우리를 사랑하시는 사랑을 우리가 알고 믿었노니 하나님은 사랑이시라 사랑 안에 거하는 자는 하나님 안에 거하고 하나님도 그의 안에 거하시느니라.

우리를 변화시키는 하나님의 사랑의 효력은 우리가 그것을 확실하게 깨닫는 것에 달려 있다. 따라서 여기에서 요한은 그것의 확실함을 이중적인 표현으로 강화한다.

우리가 알고 믿었노니. 우리가 실험적 지식으로 알고, 또 믿음으로 믿었노니. "하나님은 사랑이시라"는 개념이 우리 영혼 안에 철저하게 뿌리내릴 때, 우리 역시도 그와 같이 철저하게 그의 본질과 형상으로 변화되어 "사랑 안에 거하는" 자가 될 것이다. 그럼으로써 우리는, 진실로 하나님이 우리 안에 거하시고 우리가 하나님 안에 거하는 것으로 말하여질 수 있을 정도로, 하나님과 온전하게 연합되게 된다.

17. 이로써 사랑이 우리에게 온전히 이루어진 것은 우리로 심판 날에 담대함을 가지게 하려 함이니 주께서 그러하심과 같이 우리도 이 세상에서 그러하니라.

이러한 방법 즉 하나님이 우리 안에 거하시고 우리가 하나님 안에 거하는 것에 의해, 우리의 사랑은 완전한 사랑으로 자란다. 그리고 그럼으로써 우리는 심판 날에 아무런 두려움 없는 영의 자유를 갖게 될 것이다. 우리의 마음은 심판장이신 하나님 앞에 나타나는 것을 두려워하지 않을 것이다. 그의 형상을 우리는 우리 자신 안에서 발견한다. 그는 사랑과 선에 있어 우리를 심지어 이 세상에서 자신과 같이 만드셨다 — 물론 그 수준에 있어서는 무한히 저급한 수준이라 하더라도 말이다. 어떤 사람들은 여기의 "심판 날"을 우리가 하나님으로 인해 이 세상 법정에 서는 날을 가리키는 것으로 이해한다. 그런 경우에도 우리의 새로워진 영(靈)은 우리에게 동일한 담대함을 줄 것이다.

18. 사랑 안에 두려움이 없고 온전한 사랑이 두려움을 내쫓나니 두려움에는 형벌이 있음이라 두려워하는 자는 사랑 안에서 온전히 이루지 못하였느니라.

그것을 요한은 두려움과 사랑의 서로 상반되는 본성으로부터 증명한다. 영을 짓누르는 노예적인 두려움은 사랑과 한자리에 함께 있을 수 없다. 두려움은 사랑에 의해 쫓겨난다 — 사랑이 자라는 분량에 비례하여 말이다. 그리고 마침내 사랑이 완성될 때, 두려움은 완전하게 쫓겨날 것이다. 사랑은 우리를 즐겁게 만드는 반면 두려움은 우리를 괴롭게 만든다. 두려움이 남아 있는 한, 사랑은 아직 완성되지 못한 것이다.

19. 우리가 사랑함은 그가 먼저 우리를 사랑하셨음이라.

그의 사랑이 샘이라면, 우리의 사랑은 그 샘으로부터 흘러나오는 물이다. 그의 사랑은 우리의 사랑의 효과적인 원인이며, 모범이며, 동기(動機)이다. 그가 먼저 값없이 사랑하셨으므로, 우리도 사랑할 의무를 갖는다.

20. 누구든지 하나님을 사랑하노라 하고 그 형제를 미워하면 이는 거짓말하는 자니 보는 바 그 형제를 사랑하지 아니하는 자는 보지 못하는 바 하나님을 사랑할 수 없느니라.

매일같이 친밀하게 접촉하는 사람들을 사랑하는 것보다 보이지 않는 하나님을 사랑하는 것이 훨씬 더 어렵다는 사실이 여기에 함축되어 있다. 하나님을 사랑하는 것과 형제를 사랑하는 것을 생각해 보라. 그러한 두 가지는 우리가 하나님과 사람들에게 빚지는 모든 의무들의 뿌리로서, 율법 전체를 성취하는 율법과 선지자의 강령이다(마 22:37-39). 여기에서 요한은 스스로 경건과 거룩함을 주장하면서 둘째 돌판의 의무들을 게을리하는 것이 얼마나 어리석으며 터무니없는 일일지 보여준다.

21. 우리가 이 계명을 주께 받았나니 하나님을 사랑하는 자는 또한 그 형제를 사랑할지니라.

하나님을 사랑하는 것과 형제를 사랑하는 것은 마땅히 하나로 결합되어야 한다. 하나님은 둘 모두를 동일한 권위로 요구하신다.

MATTHEW POOLE'S COMMENTARY

요한 1서 5장

개요

1. 하나님을 사랑하는 자들은 하나님의 자녀들을 사랑하며 그의 계명을 지킴(1–3).
2. 참된 믿음은 우리로 하여금 세상을 이기게 함(4–5).
3. 우리 믿음을 증언하는 것들(6–10).
4. 하나님이 신자들에게 자기 아들을 통해 영생을 주셨음(11–13).
5. 하나님이 당신의 뜻에 따라 신자들의 간구에 귀를 기울이시고 응답하실 것임(14–17).
6. 하나님의 자녀들은 죄를 멀리하는 것과 올바른 지식에 의해 세상으로부터 구별됨(18–20).
7. 우상 숭배에 대한 경고(21).

1. 예수께서 그리스도이심을 믿는 자마다 하나님께로부터 난 자니 또한 낳으신 이를 사랑하는 자마다 그에게서 난 자를 사랑하느니라.

여기에서 "예수께서 그리스도이심을 믿는다"는 것은 단순히 피상적이며 가벼운 입술의 고백을 의미하지 않는다. 도리어 예수를 그리스도로 믿는 효과적이며 영혼을 변화시키며 순종으로 연결되는 살아 있는 믿음을 의미한다. 이러한 믿음은 다른 곳에서 하나님의 거듭나게 하는 능력과 은혜의 결과로서 말하여진다(요 1:12, 13). 하늘로부터 난 믿음을 가진 자들을 생각해 보라. 그들에게 있어 그들을 낳으신 자를 사랑하는 것보다 더 자연스러운 것은 아무것도 없다. 마찬가지로 그들의 믿음이 참된 믿음임을 증명함에 있어 같은 아버지로부터 태어난 자들을 사랑하는 것보다 더 확실한 것은 아무것도 없다.

2. 우리가 하나님을 사랑하고 그의 계명들을 지킬 때에 이로써 우리가 하나님의 자녀를 사랑하는 줄을 아느니라.

우리가 하나님의 자녀를 사랑하는 것은 여기에 언급된 것들, 즉 우리가 하나님을 사랑하고 그의 계명들을 지키는 것 외에 다른 것으로는 알려지지 않는다. 왜냐하면 만일 우리가 하나님을 사랑하고 그의 계명들을 지킨다면, 우리는 틀림없이 하나님을 위하여 그리고 그의 뜻에 따라 그리고 그의 명령에 순종하여 그의 자녀들을 사랑할 것이기 때문이다. 하나님의 자녀들을 참으로 사랑하는 것은 하나님을 참으로 사랑하는 것을 전제하며, 하나님을 참으로 사랑하는 것은 하나님의 자녀들을 참으로 사랑하는 것에 의해 증명된다.

3. 하나님을 사랑하는 것은 이것이니 우리가 그의 계명들을 지키는 것이라 그의 계명들은 무거운 것이 아니로다.

하나님을 사랑하는 것은 이것이니. 하나님의 계명들을 지키는 것이야말로 그에 대한 우리의 사랑의 가장 확실하고 생생한 표현이며 결과이다. 하나님의 계명들은 결코 무거운 것이 아니다. 왜냐하면 참된 사랑이 그것을 행하는 것을 어렵지 않게 만들어 주기 때문이다(마 11:30; 시 19:11).

4. 무릇 하나님께로부터 난 자마다 세상을 이기느니라 세상을 이기는 승리는 이것이니 우리의 믿음이니라.

앞에서 요한은 하나님께로부터 난 자들에게 그의 계명들은 무거운 것이 아니라고 말했다. 그것은 신적 출생에 의해 그들에게 그들로 하여금 이 세상을 훨씬 능가하도록 만들어 주는 생명과 본성이 주어졌기 때문이다. 바로 그것이 그들로 하여금 세상의 영을 이기도록 만들어 준다. "무릇 하나님께로부터 난 자마다 세상을 이기느니라." 뿐만 아니라 바로 그것이 또한 그들로 하여금 하나님께 순종하는 것을 방해하는 모든 세속적인 소욕들과 두려워하는 것들과 바라는 것들과 즐거워하는 것들을 이기도록 만들어 준다.

승리는 이것이니. 즉 그들이 승리하는 무기는 이것이니. 그러한 무기 안에 이미 세상을 이기는 승리가 포함된다. 마치 원인 안에 결과가 포함되는 것처럼 말이다. 그리고 그 무기는 그들이 거듭날 때 그들 안에 심겨진 원리인 "믿음"이다.

5. 예수께서 하나님의 아들이심을 믿는 자가 아니면 세상을 이기는 자가 누구냐.

왜냐하면 예수께서 하나님의 아들(혹은 1절처럼, 그리스도)이심을 믿는 믿음은 우리의 영혼을 그와 관련한 위대한 사실들로 채우기 때문이다. 그럴 때 우리는 그가 우리 가운데 오신 목적이 무엇이며, 우리가 그로부터 무엇을 기대할 것인가 하는 것을 알게 된다. 또 그럴 때 이 세상은 우리에게 하찮은 그림자와 같은 것이 되고 그럼으로 말미암아 예전에 우리를 짓눌렀던 자신의 권세를 빼앗기게 된다.

6. 이는 물과 피로 임하신 이시니 곧 예수 그리스도시라 물로만 아니요 물과 피로 임하셨고 증언하는 이는 성령이시니 성령은 진리니라.

여기의 말씀은 다소 난해하므로 단계적으로 이해하는 것이 필요하다. (1) 여기에서 "물과 피"는 명백히 문자적으로 이해될 수 없다. (2) 그러므로 그것들은 상징적인 표현으로서 다른 어떤 것을 의미하는 것으로 혹은 어떤 신비한 의미를 갖는 것으로 이해되어야 한다. (3) 그것들은 각자에게 할당된 의미를 갖되 여기에서 요한이 가지고 있었던 의도 및 취지와 부합해야 한다. (4) "물"은 우리의 복된 구주의 정결하심을, 그리고 "피"는 그의 고난을 가리키는 것으로 보는 것은 매우 타당한 이해이다. (5) 요한의 명백한 의도와 취지는 우리가 가진 증인들의 충분한 신뢰성을 보이는 것이었다. 그는 우리에게 예수께서 그리스도(혹은 메시야)이심을 확증하면서 우리로 하여금 그러한 사실을 믿도록 설득하고자 했다. 그러한 믿음은 우리를 변화시키는 효과적인 믿음으로서, 우리가 하나님께로부터 난 자들임을 증명하면서 동시에 우리로 하여금 세상을 이기도록 만들어 줄 것이었다. 세상의 모든 유혹과 두려움을 거스르면서 믿음과 순종으로 예수를 계속적으로 붙잡음으로써 말이다. (6) 여기에서 요한이 말하고자 하는 취지는 예수의 정결하심과 고난이 그가 그리스도로서 오신 목적을 이루는 수단임을 나타내고자 하는 것으로 추측된다. 그가 사용한 '디아' (διὰ)가 그것을 암시하는 것으로 보인다(물과 피로). 이런 관점으로부터 볼 때 요한은 예수께서 물과 피로 오신 것 안에 그가 하나님의 아들이시며 메시야이신 매우 강력한 증거가 담겨 있음을 말하고자 한 것으로 보인다. 그를 우리의 믿음과 순종의 대상으로 제시하기에 충분한 증거 말이다. (7) 예수의 오심은 여기에서 다소 조정된 의미로 이해될 필요가 있다. 다시 말해서, 그것은 여기에서 그가 세상에 오신 단회적인 행동을 가리키는 것이 아니라 그의 사명과 관련한 행동의 처음부터 마지막까지의 연속적인 과정을 가리키는 것으로서 취하여져야 한다. 그의 오심을 이렇게 이해할 때, 우리는 데살로니가후서 2:9, 10에 언급된 적그리스도의 나타남에 대해서도 어느 정도의 빛을 얻을 수 있게 된다. 거기에서 적그리스도는 "사탄의 활동을 따라 모든 능력과 표적과 거짓 기적과 불의의 모든 속임으로 나타날" 것이라고 언급된다. 여기에서 "오는 것" 혹은 "나타나는 것"은 명백히 그의 임무와 관련한 행동의 계속적인 과정을 의미한다. 이것은 본문의 경우에도 마찬가지이다. 여기의 우리 주님의 오심은 보내심을 받은 일과 관련한 그의 행함의 연속적인 과정을 가리킨다. (8) 그가 보내심을 받은 사명과 목적은 죄인들을 하나님께로 돌이키는 것이었다. (9) 그렇게 볼 때 여기의 두 가지, 즉 그의 물과 피는 복음의 전체적인 구조가 보여주는 그의 오심의 목적에 얼마나 적합한 수단인가! 그의 고난, 즉 그가 자신을 희생제물로 드리는 것은 우리를 구속하기 위해 꼭 필요했다. 그러므로 그는 "피로" 임하셔야만 했다. 또 그의 희생제사가 열납되기 위해서는 반드시 그의 정결하심이 필요했다. 그러므로 그는 "물로" 임하셔야만 했다. 히브리인들의 속담처럼, 물이 없이는 희생제사도 있을 수 없었다. (10) 이와 같이 요한은 예수께서 물과 피로 임하셨다고 말함으로써 우리로 하여금 그를 메시야로 믿도록 이끌고자 했다. 그리고 그러한 믿음과 함께 우리로 하여금 그의 정결하심을 본받고 그의 고난의 공로를 의지(依支)하도록 하고자 했다. 우리는 8절에서도 여기의 두 가지, 즉 물과 피가 여기와 같은 순서로 제시되는 것을 주목할 수 있다. (11) 그와 같은 목적을 위해 요한이 이러한 신비한 표현을 사용한 것은 조금도 이상한 일이 아니었다. 무엇이 그로 하여금 이와 같은 신비한 표현을 사용하도록 이끌었는지 생각해 보도록 하자. 첫째로, 우리는 그가 우리 주님의 십자가를 직접 목격한 사실을 기억할 필요가 있다. 그는 주님의 옆구리가 창이 찔리는 것과 거기로부터 물과 피가 흘러나오는 것을 보았다. 그가 자신의 복음서에 직접 기록한 사실에 나타나는 것처럼, 그러한 장면은 그의 마음에 매우 강한 인상을 남겼다. "그 중 한 군인이 창으로 옆구리를 찌르니 곧 피와 물이 나오더라 이를 본 자가 증언하였으니 그 증언이 참이라 그가 자기의 말하는 것이 참인 줄 알고 너희로 믿게 하려 함이니라"(요 19:34, 35). 여기에서 요한은 자신의 증언이 참임을 매우 강조적인 언어로 반복하는데, 그러한 사실은 그가 여기에서 어떤 큰 신비를 인식했음을 암시한다. 그리고 둘째로, 우리는 그가 유대인이며 지금 (아마도) 유대인들에게 이 편지를 쓰고 있음을 기억할 필요가 있다. 유대인들 사이에서 희생제물의 피가 흘려지는 것과 물로 씻음을 받는 것은 너무나 익숙한 개념이었다. 이런 관점에서 여기의 물과 피는 메시야의 정결과 죽음을 상징하는 것으로서 의도된 것으로 보인다. 이와 같은 방식의 가르침은 그다지 특이한 것이 아니었다. 뿐만 아니라 여기의 표현은 우리 주님이 스스로를 목자, 양의 문, 포도나무 등으로 부르신 것보다 더 난해한 것도 아니었다.

7. 증거하는 이는 성령이시니 성령은 진리니라.

증거하는 이는 성령이시니. 성령은 증인 혹은 증거하는 이로 말하여진다. 8절을 보라.

8. 증거하는 이가 셋이니 성령과 물과 피라 또한 이 셋이 합하여 하나이니라.

증거하는 이가 셋인데, 첫째는 "성령"이다. 성령은 특별하게 사도들과 최초의 제자들이 기독교 교리를 확증하기 위해 행한 모든 기사(奇事)들 안에서 증거한다. 그리고 일반적으로 참된 그리스도인들의 전체 교회를 통해 증거한다. 그리스도의 몸에 생명을 불어넣음으로써 그것으로 하여금 하나님과 하늘을 바라보도록 하기 위해 그리고 세상으로 하여금 기독교 진리와 신적 능력의 증거를 보도록 하기 위해 말이다. 다음은 "물" 즉 우리 주 예수의 더럽혀지지 않은 신적 정결하심이다. 물 즉 그의 정결하심은 그의 지상 생애 전체를 통해 그가 성육신하신 하나님의 아들이라는 사실을 분명하게 나타냈다. 그리고 마지막으로 "피" 즉 그의 죽음의 고난이다. 피 즉 그의 고난은 그가 누구인지를 보여주는 가장 확실한 증거였다. 그의 십자가 고난과 그와 함께 일어난 여러 가지 사건들은 선지자들의 예언과 정확하게 일치했으며, 마침내 영광스러운 부활로 귀결되었다. 성령은 6절 하반절에 암시된 것처럼 이러한 두 가지, 즉 물과 피 안에서 그리고 그것들과 함께 증거한다. 그러면서 동시에 성령은 그리스도의 흠도 없고 점도 없는 정결한 삶(물)과 그의 고난의 죽음(피)을 증거한다. 그리고 그럼으로써 마침내 그가 하나님의 아들이라는 사실이 온전히 드러나게 하신다. "성결의 영으로는 죽은 자들 가운데서 부활하사 능력으로 하나님의 아들로 선포되셨으니 곧 우리 주 예수 그리스도시니라"(롬 1:4). 이와 같이 성령은 진리의 영이면서 동시에 진리 그 자체이다(6절).

9. 만일 우리가 사람들의 증거를 받을진대 하나님의 증거는 더욱 크도다 하나님의 증거는 이것이니 그 아들에 관하여 증거하신 것이니라.

예수 자신이 말씀하신 것처럼, 논란의 여지가 없는 최종적인 증거는 하나님 자신의 증거이다(요 5:36, 37; 8:13, 14, 17, 18).

10. 하나님의 아들을 믿는 자는 자기 안에 증거가 있고 하나님을 믿지 아니하는 자는 하나님을 거짓말하는 자로 만드나니 이는 하나님께서 그 아들에 대하여 증언하신 증거를 믿지 아니하였음이라.

만일 어떤 사람이 참으로 믿는다면, 그는 자기 영혼 위에 이러한 증거의 실제적인 흔적을 가지고 있는 것이다. 그러나 만일 믿지 않는다면, 그는 결과적으로 하나님을 거짓말하는 자로 만드는 것이다. 요한복음 3:33에 대한 저자의 주석을 참조하라.

11. 또 증거는 이것이니 하나님이 우리에게 영생을 주신 것과 이 생명이 그의 아들 안에 있는 그것이니라.

예수가 자신의 아들이라는 하나님의 증거는 매우 큰 의미를 함축한다. 그것은 영생이 그 안에 있으며 그가 영생의 근원이라는 것이다. 하나님은 우리에게 영생을 주시되 오직 자기 아들 안에서 그리고 그로 말미암아 주신다.

12. 아들이 있는 자에게는 생명이 있고 하나님의 아들이 없는 자에게는 생명이

없느니라.

그러므로 만일 우리가 믿음으로 말미암아 그와 연합되면, 우리는 그 생명에 참여한다. 그러나 그와 연합되지 않으면, 우리는 그 생명에 참여하지 못한다.

13. 내가 하나님의 아들의 이름을 믿는 너희에게 이것을 쓰는 것은 너희로 하여금 너희에게 영생이 있음을 알게 하려 함이라.

자신들의 믿음을 확인함으로써 그들은 자신들 안에 영생이 있음을 의심치 않을 수 있게 된다. 그리고 그럼으로써 그들은 그러한 믿음 안에 계속적으로 거할 수 있는 힘을 얻게 된다.

14. 그를 향하여 우리가 가진 바 담대함이 이것이니 그의 뜻대로 무엇을 구하면 들으심이라.

여기의 "그의 뜻대로"가 의미하는 것은 다음과 같다. (1) 그의 명령으로 말미암아. 다시 말해서 우리가 구하는 것이 영적으로 선한 것일 때. 예컨대 우리가 하나님이 요구하시는 것을 행할 수 있도록 은혜를 구할 때. 바로 이것이 기도에 있어서의 우리의 의무이다. (2) 그의 약속들로 말미암아. 하나님의 뜻대로 구하는 것은 곧 그의 약속들로 말미암아 구하는 것이다(마 5:6; 눅 11:13).

15. 우리가 무엇이든지 구하는 바를 들으시는 줄을 안즉 우리가 그에게 구한 그것을 얻은 줄을 또한 아느니라.

여기의 후반부는 앞 절의 내용과 거의 동일하다. 만일 어떤 것이 하나님이 보실 때 우리에게 최선이라면, 우리는 그것을 갖게 될 것이다. 반면 그렇지 않다면, 우리는 그것을 구하지 않을 것이다. 왜냐하면 모든 사람은 자신에게 해로운 것이 아니라 유익한 것을 구하기 때문이다. 하나님은 자기 자녀들에게 그들의 기도의 각각의 특별한 의미에 따라서가 아니라(왜냐하면 종종 잘못된 기도일 수 있기 때문에) 일반적인 의미에 따라 응답하신다. 만일 어떤 것이 실제로 해롭다면, 하나님은 그것을 허락하지 않으실 것이다. 해로운 것을 구했음에도 불구하고 응답되는 것은 응답되지 않는 것보다 훨씬 더 나쁘다. 요한1서 3:22을 보라. 주기도문이 보여주는 것처럼 기도의 궁극적인 목적이 하나님의 영광을 구하는 것임을 깨달을 때, 비로소 우리는 하나님의 뜻대로 구하는 것이 무엇인지 이해할 수 있게 된다. 참된 마음으로 기도하는 어떤 사람을 생각해 보라. 하나님이 스스로를 거스르면서 그의 기도에 응답하시는 것이 도대체 어떻게 가능할 수 있겠는가? 예컨대 요한복음 14:13, 14을 보라. "너희가 내 이름으로 무엇을 구하든지 내가 행하리니 이는 아버지로 하여금 아들로 말미암아 영광을 받으시게 하려 함이라 내 이름으로 무엇이든지 내게 구하면 내가 행하리라." 이런 종류의 말씀들은 대체로 이와 같은 취지로 이해되어야 한다.

16. 누구든지 형제가 사망에 이르지 아니하는 죄 범하는 것을 보거든 구하라 그리하면 사망에 이르지 아니하는 범죄자들을 위하여 그에게 생명을 주시리라 사망에 이르는 죄가 있으니 이에 관하여 나는 구하라 하지 않노라.

누구든지 형제가 사망에 이르지 아니하는 죄 범하는 것을 보거든. 다시 말해서 그의 심령이 치료할 수 없을 정도로 강퍅하지 않거든. 구하라. 즉 14절처럼 믿음으로.

사망에 이르는 죄가 있으니. 이것은 그 삯이 사망인 죄를 가리키는 것이 아니다. 왜냐하면 모든 죄의 삯이 사망이기 때문이다. 또 이것은 어떤 사람이 현재적으로 죄 혹은 거듭나지 못한 상태에 있는 것을 가리키는 것도 아니다. 다만 여기의 표현이 가리키는 사람들은 예전에 그럴듯하게 신앙 고백을 했다가 배교하여 도무지 회복할 수 없을 정도로 이단과 방탕의 완악함 가운데 빠져 있는 사람들이다. 그들은 유다서 1:12의 표현처럼 "죽고 또 죽어 뿌리까지 뽑힌 열매 없는 가을 나무" 같은 자들이다(유 1:12). 나는 구하라 하지 않노라. 즉 나는 그런 자들을 위해 다른 사람들의 경우처럼 희망과 기대를 가지고 기도하라고 격려하지 않노라.

17. 모든 불의가 죄로되 사망에 이르지 아니하는 죄도 있도다.

앞 절에서 요한은 모든 죄를 조심하되 특별히 그가 "사망에 이르는 죄"라고 표현한 죄를 더욱 조심할 것을 가르쳤다. 그리고 계속해서 그는 여기에서, 그러나 모든 죄가 희망이 없는 것은 아님을 덧붙인다.

18. 하나님께로부터 난 자는 다 범죄하지 아니하는 줄을 우리가 아노라 하나님께로부터 나신 자가 그를 지키시매 악한 자가 그를 만지지도 못하느니라.

여기에 거듭난 자들에게 주어지는 큰 은택이 언급된다. 그들은 그들 안에 거하는 하나님의 씨로 말미암아 스스로를 지키는 원리로 구비(具備)된다(요일 3:9). 그리고 그러한 원리와 함께 신적 은혜의 능력이 역사(役事)하여 악한 자, 즉 그들의 영혼을 파괴하는 큰 원수가 그들을 건드려 그들로 하여금 사망에 이르는 죄를 짓게 하지 못하도록 만든다.

19. 또 아는 것은 우리는 하나님께 속하고 온 세상은 악한 자 안에 처한 것이며.

요한은 하나님께 속하는 특권을 자신에게만 속하는 것으로 배타적으로 취하지 않는다. 도리어 그는 그것을 자신을 포함하여 자신이 지금 편지를 쓰고 있는 자들에게 공통적으로 속하는 것으로서 표현한다. 반면 그리스도 밖에 있는 대다수의 사람들은 그가 앞에서 언급한 "악한 자" 혹은 모든 부정함과 악의(惡意) 가운데 있다.

20. 또 아는 것은 하나님의 아들이 이르러 우리에게 지각을 주사 우리로 참된 자를 알게 하신 것과 또한 우리가 참된 자 곧 그의 아들 예수 그리스도 안에 있는 것이니 그는 참 하나님이시요 영생이시라.

여기에서 요한은 참된 그리스도인들이 가진 확실한 지식, 즉 그리스도께서 실제로 오셔서 그들에게 지각 즉 분명한 빛을 그들의 마음속에 비추어 주심으로 말미암아 그들이 "참된 자"에 대해 더 확실하게 깨닫고 예수 그리스도와 연합하여 그 안에 있게 된 사실에 대해 말한다. "영생은 곧 유일하신 참 하나님과 그가 보내신 자 예수 그리스도를 아는 것이니이다"(요 17:3).

그는 참 하나님이시요 영생이시라. 예수 그리스도는 요한복음 1:1처럼 "참 하나님"이시며, 요한1서 1:2처럼 "영생"이시다. "태초에 말씀이 계시니라 이 말씀이 하나님과 함께 계셨으니 이 말씀은 곧 하나님이시니라"(요 1:1). "이 생명이 나타내신 바 된지라 이 영원한 생명을 우리가 보았고 증언하여 너희에게 전하노니 이는 아버지와 함께 계시다가 우리에게 나타내신 바 된 이시니라"(요일 1:2).

21. 자녀들아 너희 자신을 지켜 우상에게서 멀리하라.

즉 이방인들이 그들의 신전에서 벌이는 우상과의 교제로부터. 여기의 거짓 그리스도인들은 종종 바울의 강화(講話)에 나타나는 것과 같은 행동을 하곤 했다(고전 8:1-13; 10:14). 그들은 아버지와 아들과 교제하는 대신 바울이 묘사하는 것처럼 귀신들과 교제했다(고전 10:20, 21). 또 여기의 말씀은 여기의 거짓 그리스도인들이 자신들의 지도자에 대해 행했던 특별한 우상 숭배와 관련되는 것일 수도 있다.

MATTHEW POOLE'S COMMENTARY

요한 2 서

MATTHEW POOLE'S COMMENTARY

요한 2서 1장

개요

1. 요한이 어떤 부녀와 그의 자녀들에게 자신의 사랑과 기쁨을 전함(1–4).
2. 그가 그들에게 상급을 잃지 않도록 기독교적 믿음과 사랑 안에서 인내할 것을 훈계함(5–9).
3. 그가 그들에게 미혹하는 자들과는 일체 관계하지 말 것을 훈계함(10–11).
4. 요한이 그들을 직접 보기를 바라면서 문안인사와 함께 편지를 마무리함(12–13).

1. 장로인 나는 택하심을 받은 부녀와 그의 자녀들에게 편지하노니 내가 참으로 사랑하는 자요 나뿐 아니라 진리를 아는 모든 자도 그리하는 것은.

장로. 직분을 가리키는 일반적인 이름. 특별히 여기에서는 그것의 탁월함이 부각된다. 아마도 지금 요한은 아직까지 생존해 있는 유일한 사도였을 것이다.

택하심을 받은 부녀. 아마도 이 여인은 높은 신분의 사람이었던 것으로 보인다. 그녀는 특별한 경건함과 세상에서의 높은 신분으로 인해 많은 사람들에게 알려진 유명한 사람이 되었다. 아마도 그녀는 기독교적 사업을 후원함에 있어 상당한 영향력을 가지고 있었던 것으로 보인다.

2. 우리 안에 거하여 영원히 우리와 함께 할 진리로 말미암음이로다.

여기의 "영원히 우리와 함께 할 진리"라는 표현은 우리 영혼 안에 그것이 깊이 뿌리를 내린 것과, 그것이 가진 변화의 강력한 효력과, 요한복음 17:17처럼 거룩함을 산출하는 그것의 능력을 함축한다. "그들을 진리로 거룩하게 하옵소서 아버지의 말씀은 진리니이다"(요 17:17). 진리로 거룩하게 됨에 있어 그리스도인들 사이에서 서로 사랑하는 것보다 더 강력한 것은 아무것도 없다.

3. 은혜와 긍휼과 평강이 하나님 아버지와 아버지의 아들 예수 그리스도께로부터 진리와 사랑 가운데서 우리와 함께 있으리라.

요한은 하나님 아버지와 그 아들 예수 그리스도께로부터 모두에게 은혜와 긍휼과 평강이 있기를 기원한다.

4. 너의 자녀들 중에 우리가 아버지께 받은 계명대로 진리를 행하는 자를 내가 보

니 심히 기쁘도다.

아마도 요한은 어떤 이유 때문에 (아마도 지금 그가 거주하고 있는 장소로 여겨지는) 에베소에서 그녀의 아들들 가운데 일부를 만났던 것으로 보인다. 그때 그는 그들에게서 아름다운 신앙의 향기가 풍겨나는 것과 함께 그들이 말씀의 법도를 따라 행하는 것을 발견하고는 크게 기뻐했던 것으로 보인다.

5. 부녀여, 내가 이제 네게 구하노니 서로 사랑하자 이는 새 계명 같이 네게 쓰는 것이 아니요 처음부터 우리가 가진 것이라.

요한은 "서로 사랑하라"는 위대한 교훈을 첫 번째 편지에서처럼 두 번째 편지에서 또다시 반복하여 가르친다(요일 2:7, 8).

6. 또 사랑은 이것이니 우리가 그 계명을 따라 행하는 것이요 계명은 이것이니 너희가 처음부터 들은 바와 같이 그 가운데서 행하라 하심이라.

요한은 "서로 사랑하라"는 특별한 명령으로부터 처음에 받은 복음의 근본적인 교훈을 온전히 따라 행하라는 좀 더 일반적인 명령으로 나아간다. 그렇게 하는 것이 하나님을 사랑하는 것의 최고의 표현이며, 서로 사랑하는 것의 참된 중심이다(요일 5:1, 5).

7. 미혹하는 자가 세상에 많이 나왔나니 이는 예수 그리스도께서 육체로 오심을 부인하는 자라 이런 자가 미혹하는 자요 적그리스도니.

요한일서 2:18, 22; 4:3을 보라.

8. 너희는 스스로 삼가 우리가 일한 것을 잃지 말고 오직 온전한 상을 받으라.

여기에 나타나는 인칭의 변화(즉 "너희"가 "우리"로 바뀐 것)는 특이한 것도 아니고 투박한 것도 아니다. 이것은 훈계의 상황에서 흔히 사용되는 어법이다. 그런가 하면 어떤 사본들은 뒤의 "우리가"를 "너희가"로 읽기도 한다. 어쨌든 여기에서 요한은 그들에게 오염되지 않은 참된 기독교 신앙을 계속적으로 견지(堅持)할 것을 가르친다.

온전한 상을 받으라. 갈라디아서 3:3, 4의 경우처럼, 기대하는 상을 한 부분도 잃지 말라.

9. 지나쳐 그리스도의 교훈 안에 거하지 아니하는 자는 다 하나님을 모시지 못하되 교훈 안에 거하는 그 사람은 아버지와 아들을 모시느니라.

요한일서 2:23을 보라.

10-11. [10]누구든지 이 교훈을 가지지 않고 너희에게 나아가거든 그를 집에 들이지

도 말고 인사도 하지 말라 [11]그에게 인사하는 자는 그 악한 일에 참여하는 자임이라.

이와 같이 우리는 갈라디아서 1:8처럼 거짓된 교훈을 가지고 오는 자들을 반가운 얼굴로 영접하거나 혹은 집에 들여서는 안 된다. 왜냐하면 그렇게 함으로써 자칫 그들의 죄책에 참여하게 될 수 있기 때문이다. "아무에게나 경솔히 안수하지 말고 다른 사람의 죄에 간섭하지 말며 네 자신을 지켜 정결하게 하라"(딤전 5:22).

12. 내가 너희에게 쓸 것이 많으나 종이와 먹으로 쓰기를 원하지 아니하고 오히려 너희에게 가서 대면하여 말하려 하니 이는 너희 기쁨을 충만하게 하려 함이라.

"종이와 먹으로" 다음의 "쓰기를"은 헬라어 본문에는 나타나지 않지만, 그러나 거기에는 이미 그러한 의미가 포함되어 있다. 요한은 그들에게 할 말이 많이 있었지만, 그러나 편지로 쓰기보다 직접 가서 대면하여 말하기를 바랐다.

13. 택하심을 받은 네 자매의 자녀들이 네게 문안하느니라.

아마도 이들은 요한과 함께 에베소에 있었던 것으로 보인다. 그들은 지금 편지를 쓰고 있는 요한을 통해 자신들의 문안인사를 전하는 기회를 얻었다.

MATTHEW POOLE'S COMMENTARY

요한 3 서

MATTHEW POOLE'S COMMENTARY

요한 3서 1장

개요

1. 요한이 가이오에게 그의 경건으로 인한 자신의 기쁨을 전함(1–4).
2. 복음을 전하는 자들을 영접하는 것이 마땅함(5–8).
3. 요한이 디오드레베의 악행을 책망함(9–10).
4. 그와 같은 악한 모범을 본받아서는 안 됨(11).
5. 요한이 데메드리오의 선한 성품을 칭찬함(12).
6. 요한이 가이오를 속히 보기를 바라면서 인사와 함께 편지를 끝맺음(13–14).

1-2. [1]장로인 나는 사랑하는 가이오 곧 내가 참으로 사랑하는 자에게 편지하노라 [2]사랑하는 자여 네 영혼이 잘됨 같이 네가 범사에 잘되고 강건하기를 내가 간구하노라.

여기의 "가이오"는 요한이 잘 아는 사람이었다. 그는 참된 신앙 고백과 오염되지 않은 믿음을 견지하는 사람이었을 뿐만 아니라, 모든 면에서 충분하게 성숙된 사람이었다. 그리하여 요한은 그가 영적으로 형통한 것처럼 다른 모든 부분에서도 형통하기를 기원한다.

3-4. [3]형제들이 와서 네게 있는 진리를 증언하되 네가 진리 안에서 행한다 하니 내가 심히 기뻐하노라 [4]내가 내 자녀들이 진리 안에서 행한다 함을 듣는 것보다 더 기쁜 일이 없도다.

"진리"는 종종 순전한 기독교 교리를 의미하는 표현으로서 사용된다. 그리고 순전한 기독교 교리는 그에 상응하는 실천적인 삶을 그 주된 목표로 한다. 또 여기의 "내 자녀들"이라는 표현은 그의 사역으로 말미암아 그리스도께로 회심한 자들을 가리킨다. 고린도전서 4:15의 "그리스도 예수 안에서 내가 복음으로써 너희를 낳았음이라"라는 말씀처럼 말이다. 그들 가운데 특별히 여기의 가이오는 "진리 안에서 행하는" 자였다. 그리고 바로 이것이 요한에게 가장 큰 기쁨이었다. 어떤 사람이 경건한 삶을 살아가는 가운데 다른 사람들로부터 인정과 칭찬을 받는다면, 그를 그리스도께로 이끈 사역자의 기쁨은 얼마나 크겠는가?

5. 사랑하는 자여 네가 무엇이든지 형제 곧 나그네 된 자들에게 행하는 것은 신실한 일이니.

그리스도인 형제들을 대접하는 것은 그리스도를 대접하는 것으로 간주된다. 여기의 가이오도 그런 일에 크게 힘쓴 것으로 보인다. 그는 나그네 된 형제들을 사랑으로 대접했다.

6. 그들이 교회 앞에서 너의 사랑을 증언하였느니라 네가 하나님께 합당하게 그들을 전송하면 좋으리로다.

하나님께 합당하게. 즉 하나님의 이름을 가진 자들에게 합당하게, 혹은 하나님의 일에 열중하는 자들에게 합당하게. 특별히 후자의 개념은 이어지는 말씀에 의해 확증된다.

7-8. [7]이는 그들이 주의 이름을 위하여 나가서 이방인에게 아무 것도 받지 아니함이라 [8]그러므로 우리가 이같은 자들을 영접하는 것이 마땅하니 이는 우리로 진리를 위하여 함께 일하는 자가 되게 하려 함이라.

이는 그들이 … 나가서 이방인에게 아무 것도 받지 아니함이라. 여기의 "그들"은 복음을 위해 자신의 나라를 떠나 수고한 유대인들을 가리키는 것으로 보인다. 그러므로 형제들에게 있어 그들을 영접하며 돕는 것은 지극히 마땅한 일이었다

9-10. [9]내가 두어 자를 교회에 썼으나 그들 중에 으뜸되기를 좋아하는 디오드레베가 우리를 맞아들이지 아니하니 [10]그러므로 내가 가면 그 행한 일을 잊지 아니하리라 그가 악한 말로 우리를 비방하고도 오히려 부족하여 형제들을 맞아들이지도 아니하고 맞아들이고자 하는 자를 금하여 교회에서 내쫓는도다.

내가 … 교회에 썼으나. 여기의 "교회"는 아마도 가이오가 속해 있는 교회였을 것이다. 디오드레베. 이 사람은 교회 안에서 어떤 직분 혹은 권위를 받은(혹은 찬탈한) 사람이었다. 그는 자신의 직분 혹은 권위를 매우 악한 목적을 위해 사용했다. 그는 형제들을 맞아들이지 않았을 뿐만 아니라, 다른 사람들까지도 그렇게 하지 못하도록 막았다. 그는 유대 그리스도인들이 자신과 같은 이방인 그리스도인들과 다소 다르다는 이유로 그들을 자신들의 공동체로부터 쫓아냈다.

11. 사랑하는 자여 악한 것을 본받지 말고 선한 것을 본받으라 선을 행하는 자는 하나님께 속하고 악을 행하는 자는 하나님을 뵈옵지 못하였느니라.

악한 것을 본받지 말고 선한 것을 본받으라. 가이오에게 요한은 어떤 사람들의 행

실 가운데 나타나는 못된 악을 본받지 말고 다른 사람들의 행실 가운데 나타나는 아름다운 선을 본받으라고 훈계한다(전자의 실례는 9절에 나타나는 디오드레베이고, 후자의 실례는 12절에 나타나는 데메드리오이다). 그는 이어지는 강력한 명제로 그러한 훈계를 강화한다. 선을 행하는 자. 사랑과 인애로 구성된 자. '아가토포이온' (αγαθοποιων)과 '카코포이온' (κακοποιων)은 습관적으로 선 혹은 악을 행하는 자를 가리킨다(요일 3:7, 8). 하나님께 속하고. 하나님께로부터 난 그의 자녀로서 하늘과 연합되고. 악을 행하는 자는 하나님을 뵈옵지 못하였느니라. 반면 악의와 심술과 시기로 구성된 "악을 행하는 자"는 하나님에 대하여 외인(外人)이며, 그를 알지도 못하고, 그와 아무 관계도 없다.

12. 데메드리오는 뭇 사람에게도, 진리에게서도 증거를 받았으매 우리도 증언하노니 너는 우리의 증언이 참된 줄을 아느니라.

이 사람은 요한이 확신을 가지고 본보기로 추천할 수 있었던 뛰어난 그리스도인이었다.

13. 내가 네게 쓸 것이 많으나 먹과 붓으로 쓰기를 원하지 아니하고.

요한이서 1:12의 경우처럼, 요한은 가이오에게 할 말이 많이 있었다. 그러나 그는 편지를 통해 말하는 대신 속히 만나 직접적으로 말하고자 결심했다.

14. 속히 보기를 바라노니 또한 우리가 대면하여 말하리라.

대면하여 말하리라. '스토마 프로스 스토마 랄레소멘' (στομα προσ στομα λαλησομεν) 즉 언어와 언어로써 말하리라. 요한은 오래 전부터 그렇게 할 수 있는 기회가 오기를 바랐다.

15. 평강이 네게 있을지어다 여러 친구가 네게 문안하느니라 너는 친구들의 이름을 들어 문안하라.

요한은 통상적인 기독교적 인사와 함께 자신의 편지를 끝맺는다.

MATTHEW POOLE'S COMMENTARY

유다서

MATTHEW POOLE'S COMMENTARY

서론

본 서신의 저자와 관련하여 몇 가지 의문이 제기되어왔다. 어떤 사람들은 본 서신의 저자 유다가 사도 유다가 아니라고 생각한다. 그들이 제기하는 이유들은 다음과 같다.

(1) 그가 스스로 사도의 칭호를 제시하지 않기 때문에. 그러나 이것은 야고보서의 경우에도 마찬가지였으며, 그 문제와 관련해서는 이미 거기에서 충분하게 답변되었다.

(2) 그가 스스로를 사도들 다음에 오는 존재로서 말하기 때문에. "사랑하는 자들아 너희는 우리 주 예수 그리스도의 사도들이 미리 한 말을 기억하라"(17절). 그러나 이러한 표현으로부터 그가 스스로를 그 직분과 권위에 있어 사도들 다음에 오는 존재로서 말했다는 결론이 필연적으로 따르는 것은 아니다.

(3) 그가 미가엘과 사탄이 모세의 시체를 두고 다툰 것과 에녹의 예언에 대해 언급하기 때문에. 이것은 성경 어디에서도 발견되지 않는 것들이다. 그러나 유대인들 가운데 다양한 전승들이 있었음을 감안할 때(모세의 시체를 두고 다툰 것도 그러한 전승들 가운데 하나였던 것으로 보인다), 도대체 어째서 성령께서 여기의 사도로 하여금 그러한 전승들 가운데 사실인 어떤 것을 사용하도록 할 수 없었을 것이란 말인가! 바울 역시도 "얀네와 얌브레"라고 하는 성경 어디에서도 발견되지 않는 이름들을 사용하고 있지 않은가! "얀네와 얌브레가 모세를 대적한 것 같이 그들도 진리를 대적하니"(딤후 3:8). 그러한 이름들은 오직 전승에서만 발견될 뿐이다. 또 히브리서 12:21에 묘사된 "내가 심히 두렵고 떨린다"는 시내 산에서의 모세의 말 역시 성경 어디에서도 나타나지 않는다. 또 에녹의 예언에 대해서도 생각해 보자. 그것 역시 전승들 가운데 하나인 것으로 보인다. 그러므로 이에 대해서도 우리는 앞에서 이야기한 것을 똑같이 적용할 수 있다. 설령 그것이 외경(外經)이었다 하더라도 마찬가지이다. 본 서신의 저자인 유다가 외경의 한 구절을 인용했다고 해서 그것이 본 서신의 정경성(正經性)을 훼손하는 것은 아니다. 왜냐하면 바울이 이교도 저술가들의 글을 인용한 것처럼, 유다 역시도 외경으로부터 인용할 수 있었기 때문이다

(행 17:28; 고전 15:33; 딛 1:12).

(4) 본 서신의 상당 부분이 베드로후서 2장으로부터 옮겨 쓴 것으로 보이기 때문이다. 그렇기 때문에 성령에 의해 인도된 것으로 보기 어렵다는 것이다. 설령 본 서신의 많은 부분이 베드로후서와 비슷하다 하더라도, 그럼에도 불구하고 우리는 둘 사이에 전체적으로 큰 차이가 있다는 사실을 간과해서는 안 된다. 그러므로 유다서의 상당 부분이 베드로후서로부터 옮겨 쓴 것이라는 주장은 전혀 사실이 아니다. 그러나 동시에 도대체 어째서 성령께서 같은 사실을 다양한 저자들을 통해 전달할 수 없단 말인가! 성령께서는 얼마든지 같은 사실을 다양한 저자들을 통해 기록하게 하실 수도 있고, 같은 진리를 다양한 사람들을 통해 선포하게 하실 수도 있다. 또 같은 사람이 같은 사실을 다양한 시대에 여러 차례 기록하거나 혹은 선포할 수도 있다. 오바댜의 예언 가운데 대부분은 예레미야의 예언 가운데 발견된다. 또 시편 60:1-12은 상당 부분 시편 108:1-13과 겹친다. 또 시편 14:1-7은 시편 53:1-6과 거의 동일하다. 또 바울은 같은 성령으로 말미암아 같은 이야기를 에베소인들과 골로새인들에게 썼다.

우리는 지금까지 본 서신의 권위에 대해 의문을 제기하는 몇 가지 근거들을 살펴보았다. 그러나 그 가운데 결정적인 것은 아무것도 없다. 도리어 그러한 주장들을 통해 본 서신의 권위는 한층 더 강화되고 다시금 확증된다. 우리는 사도의 영이 다른 서신들과 마찬가지로 본 서신을 감동했다고 분명하게 말할 수 있다. 본 서신 안에 다른 서신들 안에 있는 것과 동일한 장엄함과 정결함과 능력이 나타난다. 본 서신은 신적 권위와 함께 유대 그리스도인들에게 쓰여진 것이다. 본 서신의 주제는 베드로후서 2장과 상당 부분 일치한다. 그리고 그 목적 역시 거의 비슷하다. 다시 말해서, 둘 모두 성도들을, 은밀하게 들어와 거짓 교훈을 퍼뜨리는 악한 유혹자들에 대항하여 무장시키기 위한 것이었다. 왜냐하면 그들로 말미암아 자칫 성도들 역시도 같은 심판에 노출될 수 있었기 때문이었다.

MATTHEW POOLE'S COMMENTARY

유다서 1장

개요

1. 통상적인 문안인사 후 유다가 여기의 성도들에게 믿음을 굳게 지킬 것을 훈계함(1–3).
2. 유다가 어떤 거짓 선생들이 은밀하게 교회 안으로 들어올 것을 예언하면서 그들의 악한 교훈과 행실을 묘사함(4–19).
3. 유다가 참된 그리스도인들에게 올바른 믿음과 하나님에 대한 사랑을 굳게 견지할 것을 훈계함(20–21).
4. 그리고 다른 사람들을 긍휼히 여기며 구원할 것을 훈계함(22–23).
5. 그가 하나님께 영광을 돌리면서 편지를 끝마침(24–25).

1. 예수 그리스도의 종이요 야고보의 형제인 유다는 부르심을 받은 자 곧 하나님 아버지 안에서 사랑을 얻고 예수 그리스도를 위하여 지키심을 받은 자들에게 편지하노라.

예수 그리스도의 종. 그는 일반적인 의미에서 즉 한 사람의 신자로서 예수 그리스도의 종이었을 뿐만 아니라, 좀 더 특별한 의미에서 즉 한 사람의 사도로서 예수 그리스도의 종이었다. 구약에서 제사장들과 선지자들은 특별하게 하나님의 종으로 불렸으며(시 134:1-3; 암 3:7), 신약에서 사역자들도 마찬가지이다(딤후 2:24).

야고보의 형제. 여기의 야고보는 알패오의 아들 야고보이다(마 10:3). 여기에서 유다가 자신의 형제를 언급한 것은 스스로를 가룟 유다와 구별하기 위함이었다. 그리고 그의 아버지 대신 그의 형제를 언급한 것은 야고보가 당시 교회에서 매우 유명했기 때문이었다(행 15:1-41; 갈 2:9; 고전 9:5). 뿐만 아니라 여기에서 유다가 자신의 형제 야고보를 언급한 것은 자신의 교훈과 그의 교훈이 서로 일치함을 보이고 그럼으로써 자신의 편지가 성도들에게 좀 더 잘 받아들여지게 하고자 한 것으로 보인다. 유다. 이 사람은 또한 레바오(Lebbaeus)와 다대오(Thaddaeus)로도 불렸다(마 10:3). 부르심을 받은. 즉 효과적인 부르심으로 부르심을 받은. 바로 이것이 그들이 받은 거룩함의 시작이다. 여기의 순서를 주목하라. "부르심을 받은" 자는 "하나님 아버지로 말미암아 거룩하게 하심을 받고" 계속해서 "예수 그리스도 안에서 지키심을 받는다."

하나님 아버지 안에서 사랑을 얻고. 혹은 하나님 아버지로 말미암아 거룩하게 하심을 받고(sanctified by God the Father, 흠정역). 거룩하게 하심의 제1 원인으로서 하나님은 신자들 안에서 아들로 말미암아 그리고 성령을 통해 역사(役事)하신다.

예수 그리스도를 위하여 지키심을 받은. 혹은 예수 그리스도 안에서 지키심을 받은(preserved in Jesus Christ, 흠정역). 신자들의 구원과 위험으로부터의 안전과 지키심은 그들 자신의 능력으로부터 말미암지 않는다. 여기에서 유다는 그리스도가 그들의 왕과 머리와 수호자와 "믿음의 주요 온전케 하시는 자"로 세움을 받았음을 암시한다(히 12:2). 그는 그들의 보호와 안전을 위한 능력을 부음 받았으며, 그들은 그로 말미암아 온전한 구원에 이르기까지 지켜진다. 그리고 그들의 믿음과 그와의 연합 역시 그의 능력의 역사(役事)와 은혜로 말미암아 유지된다.

2. 긍휼과 평강과 사랑이 너희에게 더욱 많을지어다.

긍휼. 바로 이것이 우리에게 주어진 화해와 모든 은혜의 근원이다. 디모데전서 1:2; 데살로니가후서 1:2; 디도서 1:4을 보라. 사랑. 그들에 대한 하나님의 사랑, 혹은 하나님과 다른 사람들에 대한 그들의 사랑. 더욱 많을지어다. 긍휼의 효과와 평강을 느끼는 것과 사랑(즉 그들에 대한 하나님의 사랑과 하나님과 이웃에 대한 그들의 사랑)의 실제적인 표현이 더욱 풍성할지어다.

3. 사랑하는 자들아 우리가 일반으로 받은 구원에 관하여 내가 너희에게 편지하려는 생각이 간절하던 차에 성도에게 단번에 주신 믿음의 도를 위하여 힘써 싸우라는 편지로 너희를 권하여야 할 필요를 느꼈노니.

일반으로 받은 구원에 관하여. 즉 우리 모두가 공통적으로 받은 구원에 관하여, 혹은 우리 모두에게 공통적인 구원에 관하여. 모든 신자들을 위한 오직 하나의 구원이 있을 뿐이며 또 거기에 이르는 오직 하나의 길이 있을 뿐이다.

내가 너희에게 편지하려는 생각이 간절하던 차에. 유다는 여기에서 자신이 그들에게 편지를 쓰는 첫 번째 이유를 설명한다. 그것은 사도로서의 의무에 따른 그 자신의 간절함이었다. 그는 지금 그들과 함께 있지 않았으며, 따라서 멀리서 편지로나마 그들의 믿음과 복리(福利)을 증진시키기를 간절히 바랐다.

성도에게 … 주신. 즉 하나님으로 말미암아. 그것은 사람들에 의해 창안된 것이 아니라 하나님으로부터 말미암은 것이었다. 단번에. 한 번으로 영원히. 왜냐하면 그것은 모든 사도들에 의해 삶과 구원을 위한 유일 불변의 규범으로서 전달되었기 때문이다. 여기에 아무것도 더해지거나 감해지지 않는다. 그러므로 그들은 결코 그것을 버려서는 안 되었다. 만일 버린다면, 그들은 그들의 구원을 잃어버린다. 왜냐하면 구원에 이르는 또 다른 길은 없기 때문이다. 믿음의 도를 위하여. 복음의 진리를 위하여.

힘써 싸우라는. 즉 믿음과 진리를 위한 열심과 거룩한 삶과 서로 권면할 것과 기도와 복음을 위한 고난 등을 위해, 그리고 복음을 왜곡시키는 자들에 대항하여.

편지로 너희를 권하여야 할 필요를 느꼈노니. 여기에 그가 그들에게 편지를 쓰는 두 번째 이유가 나온다. 그것은 그들이 지금 처해 있는 위험과 관련한 필요성이었다. 다음 절을 보라.

4. 이는 가만히 들어온 사람 몇이 있음이라 그들은 옛적부터 이 판결을 받기로 미리 기록된 자니 경건하지 아니하여 우리 하나님의 은혜를 도리어 방탕한 것으로 바꾸고 홀로 하나이신 주재 곧 우리 주 예수 그리스도를 부인하는 자니라.

옛적부터 … 미리 기록된 자니. 혹은 옛적부터 미리 정해진 자니(흠정역). 그들은 하나님의 영원한 작정 안에서 "옛적부터 이 판결을 받기로 미리 정해진" 자들이었다. 여기에서 하나님의 작정은 한 권의 책으로 비유되며, 그 안에 이루어질 일들이 기록되어 있다. 유다가 이 말을 덧붙인 것은 여기의 이단자들로 말미암아 성도들이 입을 수 있는 해악을 미리 막기 위함이었다. 그럼으로써 여기의 성도들은 그들이 은밀하게 들어오는 것이 결코 하나님의 섭리와 무관하게 이루어지는 일이 아님을 알 수 있었다.

이 판결을 받기로. 혹은 이 정죄를 받기로. 이것은 책망의 의미로 이해될 수 있다. 복음을 왜곡시키는 자들은 하나님의 미리 정하심에 따라 그러한 판결 혹은 정죄에 넘겨질 것이었다. 또 이것은 저주의 의미로도 이해될 수 있다. 그들의 악행에 하나님의 저주가 따를 것이었다. 왜냐하면 그들의 악행에 의해 다른 사람들의 배뿐만 아니라 그들 자신의 배까지도 파선(破船)될 것이었기 때문이다. 여기의 말씀은 베드로후서 2:3과 병행된다. "그들이 탐심으로써 지어낸 말을 가지고 너희로 이득을 삼으니 그들의 심판은 옛적부터 지체하지 아니하며 그들의 멸망은 잠들지 아니하느니라."

우리 하나님의 은혜를 도리어 방탕한 것으로 바꾸고. 하나님의 은혜의 진리와 복음에 계시된 그리스도의 은택 특별히 기독교적 자유의 진리를 마치 그것이 제멋대로 방탕하게 사는 삶을 부추기는 것인 양 오용(誤用)하고(벧전 2:1).

홀로 하나이신 주재 곧 우리 주 예수 그리스도를 부인하는 자니라. 여기에서 유다가 특별히 그리스도의 주 되심을 강조하는 것은 여기의 성도들을 미혹했던 당시의 이단자들이 특별히 그리스도의 신성을 공격했기 때문이었다. 따라서 유다는 그것을 좀 더 분명하게 강조할 필요가 있었다.

5. 너희가 본래 모든 사실을 알고 있으나 내가 너희로 다시 생각나게 하고자 하노라 주께서 백성을 애굽에서 구원하여 내시고 후에 믿지 아니하는 자들을 멸하셨으며.

백성을 … 구원하여 내시고. 즉 이스라엘 백성을. 후에 … 멸하셨으며. 즉 광야에서 역병과 불뱀 등으로. 믿지 아니하는 자들을. 여기에서 유다는 이스라엘 백성들의 불신앙을 그들의 모든 불순종과 반역의 근원으로 제시한다. 바로 그것이 그들의 멸망의 가장 큰 원인이었다. 히브리서 3:17-19; 4:2을 보라.

6. 또 자기 지위를 지키지 아니하고 자기 처소를 떠난 천사들을 큰 날의 심판까지 영원한 결박으로 흑암에 가두셨으며.

자기 지위를 지키지 아니하고. 그들이 창조된 본래의 위치. 즉 그들의 본래의 존귀뿐만 아니라 본래의 탁월함과 진실함과 거룩함과 정결함(요 8:44).

자기 처소를 떠난. 즉 하늘의 처소. 물론 그들은 하나님에 의해 쫓겨났지만(벧후 2:4), 그러나 스스로 떠난 것으로도 충분히 말하여질 수 있다. 왜냐하면 그들은 자발적으로 창조의 법을 거슬러 반역을 저질렀기 때문이다.

영원한 결박으로 흑암에 가두셨으며. 한편 베드로는 그들이 그곳으로 던져졌다고 말한다. "하나님이 범죄한 천사들을 용서하지 아니하시고 지옥에 던져 어두운 구덩이에 두어 심판 때까지 지키게 하셨으며"(벧후 2:4).

7. 소돔과 고모라와 그 이웃 도시들도 그들과 같은 행동으로 음란하며 다른 육체를 따라 가다가 영원한 불의 형벌을 받음으로 거울이 되었느니라.

그 이웃 도시들. 즉 아드마와 스보임(렘 49:18; 호 11:8). 그들과 같은 행동으로. 소돔과 고모라가 행했던 것과 같은 방식으로. 같은 죄를 범하면 같은 형벌이 따른다.

다른 육체. 이러한 표현으로 유다는 악한 육체를 의미한다. 이것은 하나님이 지으신 육체와 다른 육체이다. 혹은 이것은 흠정역처럼 "이상한 육체"(strange flesh)로 번역될 수 있다. 다시 말해서, 그것은 이상하며 부적절한 육체이다. 이것은 소돔 사람들의 해괴한 추악함을 묘사한다(창 19:5). 로마서 1:26, 27을 보라.

영원한 불의 형벌을 받음으로 거울이 되었느니라. 영원한 불은 다음과 같은 것들과 연결될 수 있다. (1) 거울. 그렇다면 이것이 의미하는 바는 그들이 당한 불의 형벌이 영원한 (지옥) 불의 거울 혹은 모형이라는 것이 된다. (2) 형벌. 그렇다면 이것이 의미하는 바는 그들이 영원한 불의 형벌을 받음으로써 (경건치 않게 살아가는 후대 사람들에게, 벧전 2:6) 거울 혹은 본보기로서 제시되었다는 것이다. 그들이 당한 형벌은 다른 사람들로 하여금 같은 재앙에 떨어지지 않도록 막아주는 거울 혹은 본보기가 될 것이었다. 여기의 불이 "영원한" 것으로 말하여지는 것은 그것이 지금까지 계속적으로 효과를 나타내고 있기 때문이든지, 혹은 그것보다도 그것이 지옥 불을 예표하는 모형이기 때문일 것이다.

8. 그러한데 꿈꾸는 이 사람들도 그와 같이 육체를 더럽히며 권위를 업신여기며 영광을 비방하는도다.

그러한데. 그럼에도 불구하고. 다시 말해서 다른 사람들에게 임한 하나님의 심판을 보면서 마땅히 같은 죄를 피해야 함에도 불구하고.

꿈꾸는 이 사람들. 그들이 "꿈꾸는 자들"(dreamers)이라고 불리는 것은 그들의 마음이 육체의 쾌락에 의해 사로잡힌 채 잠자고 있을 뿐만 아니라 또한 그들이 마치 꿈속에 있는 사람들처럼 자신들의 어리석은 망상에 사로잡혀 있기 때문이다.

육체를 더럽히며. 이것은 모든 방탕한 행동들을 가리킨다. 소돔 사람들처럼 그들은 스스로를 육체를 더럽히는 일에 내주었다. 그리고 그렇게 함으로써 그들은 자신들과 다른 사람들을 더럽게 했다. 이것은 "육체를 따라 더러운 정욕 가운데서 행하는" 것과 같은 것이다(벧후 2:10). 권위를 업신여기며. 그들은 마음과 판단과 소욕 속에서 공권력을 불필요한 것으로서 무시하며 배척했다.

영광(dignities)을 비방하는도다. 여기의 "영광"은 통치자들을 가리킨다. 영적인 통치자들과 세속적인 통치자들. 그들이 이와 같은 이름으로 불리는 것은 그들에게 영광스러운 칭호와 은사가 주어졌기 때문이다. 베드로후서 2:10을 보라.

9. 천사장 미가엘이 모세의 시체에 관하여 마귀와 다투어 변론할 때에 감히 비방하는 판결을 내리지 못하고 다만 말하되 주께서 너를 꾸짖으시기를 원하노라 하였거늘.

천사장 미가엘. 이것은 천사들의 왕이신 그리스도로 이해되거나(성경에서 그리스도는 종종 "천사"로 불린다), 혹은 창조된 한 천사로 이해된다. (1) 천사장들 가운데 하나. "그런데 바사 왕국의 군주가 이십일 일 동안 나를 막았으므로 내가 거기 바사 왕국의 왕들과 함께 머물러 있더니 가장 높은 군주 중 하나인 미가엘이 와서 나를 도와 주므로"(단 10:13). 여기에서 미가엘은 "가장 높은 군주 중 하나"(one of the chief princes)로 불린다. 천사장이라는 단어는 성경에서 복수형으로는 전혀 나타나지 않지만 그러나 충분히 복수형으로 사용될 수 있다. 천사들 가운데 "가장 높은 군주중 하나"가 천사장(archangel)이 아니면 도대체 무엇이겠는가? (2) 으뜸 천사(principal angel). 혹은 천사들 가운데 으뜸인 천사.

모세의 시체에 관하여 … 변론할 때에. (1) 만일 천사장 미가엘이 그리스도를 의미한다면, 모세의 시체(body)는 모세의 의식(儀式)들이 그림자처럼 보여주었던 몸통(body, 혹은 실체) 즉 모세에 의해 주어진 율법이 성취된 것을 의미하는 것으로서 상징적으로 취하여질 수 있다. "이것들은 장래 일의 **그림자**이나 **몸**은 그리스도의 것이니라"(골 2:17). 그러한 성취는 여호수아로 상징된 그리스도 안에서 이루어질 것이었다. 스가랴 3:1-10을 보라. 여기에서 우리는 여호수아가 그의 직분을 행함에 있어 사탄이 그를 대적하는 것을 발견한다. 그리고 그를 대적하는 것을 통해 사탄은 그리스도를 대적한다. 왜냐하면 그는 그리스도의 모형이었기 때문이다. 그리고 사탄은 훗날 그리스도께서 육체로 오셔서 그의 직분을 행하실 때 그를 대적한다. 혹은 (2) 만일 우리가 여기의 미가엘을 창조된 한 천사로 이해한다면, 우리는 여기의 모세의 시체를 문자적으로 취해야만 한다. 그렇다면 여기의 변론은 "모세의 시체가 이스라엘 백성들로부터 감추어지도록 장사되었는가?"와 관련한 것이 될 것이다. "이에 여호와의 종 모세가 여호와의 말씀대로 모압 땅에서 죽어 벳브올 맞은편 모압 땅에 있는 골짜기에 장사되었고 오늘까지 그의 묻힌 곳을 아는 자가 없느니라"(신 34:6). 여기에서 우리는 "하나님이 그를 장사하셨고 … 아무도 그가 묻힌 곳을 아는 자가 없느니라"라는 말씀을 발견한다(흠정역 : He buried him … but no man knoweth of his sepulchre). 그러므로 마귀는 모세가 묻힌 곳을 알고자 하여 미가엘과 변론을 벌였다. 왜냐하면 훗날 그곳은 이스라엘 백성들을 우상 숭배로 이끌 올무가 될 수 있었기 때문이다. 마귀가 성자들과 순교자들의 시체를 가지고 세상에서 행한 일을 생각할 때, 이것은 매우 개연성이 높아 보인다. 왜냐하면 마귀는 성자들과 순교자들의 시체를 가지고 수많은 사람들을 우상 숭배로 이끌었기 때문이다. 이 구절을 아마도 유다는 유대인들 가운데 잘 알려진 어떤 전승으로부터 취한 것으로 보인다. 우리는 지금 그것이 사실임을 확신할 수 있다. 왜냐하면 그것이 유다에 의해 인용됨으로써 사실로서 확증되었기 때문이다.

마귀와 다투어. 이것은 마태복음 4:1-25; 스가랴 3:1, 2; 계시록 12:7처럼 그리스도가 마귀와 다투는 것을 의미할 수 있다. 혹은 그것보다도 창조된 천사인 미가엘이 마귀와 다투는 것을 의미할 수 있다.

감히 비방하는. 베드로후서 2:11을 보라. "더 큰 힘과 능력을 가진 천사들도 주 앞에서 그들을 거슬러 비방하는 고발을 하지 아니하느니라."

판결을 내리지 못하고. 혹은 (여기의 헬라어가 이교도 저술가들 사이에서 종종 취하여지는 것처럼) 견디지 못하고. 형벌에 대한 두려움으로부터가 아니라 그의 본성의 거룩함으로 인해. 또 우리에게 본보기를 제공하기 위해. 여기의 천사장을 그리스도로 이해하든 혹은 창조된 천사로 이해하든, 이것은 여기의 의미와 잘 맞는다 (히 12:3; 벧전 2:23). 주께서 너를 꾸짖으시기를 원하노라. 주께서 너의 입을 막으시고, 너의 오만을 꺾으시며, 너의 궤계를 좌절시키시기를 원하노라. 이와 같이 그 천사는 모든 일을 하나님께 맡긴다.

10. 이 사람들은 무엇이든지 그 알지 못하는 것을 비방하는도다 또 그들은 이성 없는 짐승 같이 본능으로 아는 그것으로 멸망하느니라.

이 사람들은 무엇이든지 그 알지 못하는 것을 비방하는도다. 여기의 표현은 베드로후서 2:12과 병행된다. "이 사람들은 본래 잡혀 죽기 위하여 난 이성 없는 짐승 같아서 그 알지 못하는 것을 비방하고 그들의 멸망 가운데서 멸망을 당하며." 여기에서 "그 알지 못하는 것"은 "그들이 알지 못하는 영적인 것들"을 의미한다.

본능으로 아는. 이성이나 혹은 판단력 없이. 그것으로 멸망하느니라. 극도의 육욕(肉慾)으로 스스로를 타락시키는 바로 그것으로 스스로에게 멸망을 가져다주느니라.

11. 화 있을진저 이 사람들이여, 가인의 길에 행하였으며 삯을 위하여 발람의 어그러진 길로 몰려 갔으며 고라의 패역을 따라 멸망을 받았도다.

화 있을진저 이 사람들이여. 이것은 그들에게 재앙이 임하기를 기원하는 것이 아니라, 다만 그것이 임할 것을 예고하면서 그것을 애통해하는 것이다. 마태복음 11:21; 고린도전서 9:16을 보라.

가인의 길에 행하였으며. 가인의 행태를 따라 행하다가 결국 그의 형벌 아래 떨어졌으며. 그들은 두 가지 측면, 즉 그들의 행동과 그 결과에서 가인과 비슷했다. 가인은 그의 형제를 미워하여 죽였다. 마찬가지로 그들 역시도 그들의 형제들을 미워하여 자신들의 거짓과 악독한 교훈으로 그들의 영혼을 죽였다.

삯을 위하여 발람의 어그러진 길로 몰려 갔으며. 탐욕에 과도하게 도취된 나머지 그들은 더러운 이득을 위해 그리스도의 교훈을 왜곡시켰다. 베드로후서 2:15을 보라.

고라의 패역을 따라 멸망을 받았도다. 여기에서 유다는 주동자로서 고라의 이름만을 언급하지만 그러나 많은 사람들이 그의 패역에 동참했다(민 16:1). 고라는 레위 자손으로서의 존귀로 만족하지 않고 모세와 아론을 대적하여 일어났다가 멸망을 당했다. 마찬가지로 여기의 이단자들은 고라의 패역을 따라 그리스도 자신을 거슬러 반역을 행했다. 마치 반역자들이 통치권을 경멸하고 통치자들을 비방하면서 국가를 전복시키는 것처럼, 그들은 그리스도의 교회를 뒤집어엎어 혼란에 빠뜨리고자 했다.

12. 그들은 기탄 없이 너희와 함께 먹으니 너희의 애찬에 암초요 자기 몸만 기르는 목자요 바람에 불려가는 물 없는 구름이요 죽고 또 죽어 뿌리까지 뽑힌 열매 없는 가을 나무요.

애찬. 초창기 그리스도인들 사이에 행해졌던 만찬. 이것은 형제들 상호간의 사랑을 유지하고 증진시키기 위한 것으로서 그들 사이의 연합을 보여줄 뿐만 아니라 그들 가운데 가난한 자들을 구제하기 위한 것이었다. 암초(spots). 즉 점과 흠. 베드로후서 2:13을 보라. "낮에 즐기고 노는 것을 기쁘게 여기는 자들이니 점과 흠이라."

바람에 불려가는 물 없는 구름. 이와 같이 그들은 외양(外樣)은 그럴듯하지만 속은 텅 비고 변덕스러운 자들이었다(잠 25:14), 베드로후서 2:17을 보라. 죽고 또 죽어. 완전히 죽어. 그들은 자연적으로 죽었고 또 마음의 완고함으로 말미암아 죽었다.

뿌리까지 뽑힌. 그러므로 그들은 결코 열매를 맺을 수 없고 오직 땔감으로만 적합할 뿐이다. 이러한 표현은 그들의 배교의 회복불능성과 그들의 멸망의 가까움을 나타낸다. 열매 없는. 그들 자신들만 열매가 없는 것이 아니라 그들을 따르는 자들 역시도 마찬가지였다. 그들을 따르는 자들은 그들로부터 아무런 유익도 얻지 못했다.

가을 나무. 여기에서 유다는 그들을 잎과 꽃은 있지만 열매는 없는 외양만 그럴듯한 나무에 비유한다. 거기에 달린 열매들은 제대로 자라지 못한 채 썩었다. 그와 같이 진리와 거룩함에 있어 그들은 마치 그것이 자신들에게 있는 양 꾸몄지만 실상은 아무것도 없었다.

13. 자기 수치의 거품을 뿜는 바다의 거친 물결이요 영원히 예비된 캄캄한 흑암으로 돌아갈 유리하는 별들이라.

자기 수치의 거품. 그들이 마땅히 부끄러워해야 할 악함. "악인은 평온함을 얻지 못하고 그 물이 진흙과 더러운 것을 늘 솟구쳐 내는 요동하는 바다와 같으니라"(사 57:20).

바다의 거친 물결. 마치 바다의 거친 물결처럼, 그들은 죄 가운데 잠시도 쉬지 않고 끊임없이 흔들리며 요동하는 자들이었다. 영원히 예비된 캄캄한 흑암으로 돌아갈. 가장 빽빽한 어둠 즉 지옥의 어둠. 그들은 결국 그들을 위해 예비된 완전한 어둠 안으로 던져진다(벧후 2:17). 어둠의 캄캄함이 그들의 형벌의 두려움을 보여주는 것처럼, 그것이 그들을 위해 예비되어 있는 것은 그것의 확실함을 보여준다.

유리하는 별들. 움직임이 일정하지 못하고 빛도 미미하며 잠깐 나타났다가 속히 사라지는 떠돌이 별들. 그들의 교훈이 바로 이와 같았다. 그들의 교훈은 약간의 빛을 가지고 있는 것 같았으나 결국 속이는 빛이었고 금방 사라지는 빛이었다.

14. 아담의 칠대 손 에녹이 이 사람들에 대하여도 예언하여 이르되 보라 주께서 그 수만의 거룩한 자와 함께 임하셨나니.

아담의 칠대 손 에녹. 여기에서 유다가 굳이 "아담의 칠대 손"이라는 수식어를 덧붙인 것은 여기의 에녹을 가인의 아들 에녹과 구별하기 위함이거나 혹은 그의 예언의 오래됨을 보이기 위함이었을 것이다. 이 사람들에 대하여도. 에녹이 여기의 이단자들에게 직접 예언한 것은 아니었지만, 그러나 세상의 멸망과 관련한 그의 예언은 같은 죄책을 가진 여기의 이단자들에게도 충분히 미쳤다. 이런 차원에서 에녹은 다른 사람들과 마찬가지로 "이 사람들에 대하여도" 예언한 것이다.

예언하여. 유다는 "기록하여"라고 말하지 않는다. 그러므로 여기의 말씀으로부터 유대인들에 의해 정경(正經)으로 받아들여진 에녹의 예언서가 있었음이 증명되지 않는다. 다만 그의 몇 가지 예언들이 전승으로 그들에게 전해졌으며, 여기에서 유다는 바로 그것을 가리키고 있는 것이다. 그들은 주께서 경건치 않은 자들을 심판하기 위해 오실 것이라는 에녹의 예언을 알고 있었으며, 실제로 그들 자신이 그러한 경건치 않은 자들 가운데 일부였다. 그러므로 그 예언이 바로 그들 자신에게 이루어진 것이다. 수만의. 헤아릴 수 없이 많은. 거룩한 자. 거룩한 천사들(마 16:27; 단 7:10; 슥 14:5; 살후 1:7; 계 5:11). 그리스도께서 심판을 위해 오실 때 그를 따르는 신자들도 마찬가지로 여기에 포함될 수 있다.

15. 이는 뭇 사람을 심판하사 모든 경건하지 않은 자가 경건하지 않게 행한 모든 경건하지 않은 일과 또 경건하지 않은 죄인들이 주를 거슬러 한 모든 완악한 말로 말미암아 그들을 정죄하려 하심이라 하였느니라.

이는 뭇 사람을 심판하사. 여기의 "뭇 사람"은 "모든 사람"을 가리킨다. 그러므로 이것은 모든 악인들에 대한 심판을 가리킬 수도 있고, 혹은 선인과 악인 모두에 대한 보편적인 심판을 가리킬 수도 있다. **모든 경건하지 않은 자들을 … 정죄하려 하심이라.** 만일 우리가 앞 구절을 후자와 같이 취한다면, 여기의 말씀은 주께서 모든 사람을 심판하사 그들 가운데 악인들을 정죄할 것이라는 의미가 될 것이다. 반면 앞 구절을 전자와 같이 취한다면, 여기의 "경건하지 않은 자들"은 한층 더 특별하게 악한 자들 즉 완악한 마음으로 복음을 배척하거나 혹은 복음을 왜곡시키거나 혹은 성도들을 박해한 자들을 가리키는 것으로서 취하여질 수 있다. **경건하지 않게 행한.** 다시 말해서 불경건한 마음으로부터 고의적이며 자발적으로 행한.

경건하지 않은 죄인들이 주를 거슬러 한. 하나님은 모든 악인들에게 심판을 행하시되 특별히 경건하지 않은 죄인들 즉 그와 그의 진리와 그의 길과 그의 규례와 그의 백성들에 대해 악한 말과 행동을 하는 가장 악독한 죄인들에게 그렇게 하신다.

완악한 말. 하나님과 그의 진리와 그의 길에 대한 신성모독적이며 패역한 말.

16. 이 사람들은 원망하는 자며 불만을 토하는 자며 그 정욕대로 행하는 자라 그 입으로 자랑하는 말을 하며 이익을 위하여 아첨하느니라 .

원망하는 자(murmurers)며 불만을 토하는 자(complainers)며. 여기의 두 단어는 같은 것을 의미하는 것일 수도 있고, 혹은 전자는 하나님의 뜻과 율법과 교회와 세상에서의 그의 섭리와 관련된 것인 반면(고전 10:10) 후자는 스스로 만족하지 못하는 그들 자신의 상태와 관련된 것일 수도 있다. **그 정욕대로 행하는 자라.** 그들은 하나님의 법도 개의치 않고 사람의 법도 개의치 않는다. 오로지 자신들의 정욕을 법으로 삼아 그것을 따르며 그것에 복종한다. "특별히 육체를 따라 더러운 정욕 가운데서 행하며 주관하는 이를 멸시하는 자들에게는 형벌할 줄 아시느니라 이들은 당돌하고 자긍하며 떨지 않고 영광 있는 자들을 비방하거니와"(벧후 2:10).

그 입으로 자랑하는 말을 하며. 그들은 그들 자신의 정욕의 노예임에도 불구하고 사람들로부터 찬사를 받기 위해 허탄한 말을 하며 요란한 소리로 떠벌린다. "그들이 허탄한 자랑의 말을 토하며 그릇되게 행하는 사람들에게서 겨우 피한 자들을 음란으로써 육체의 정욕 중에서 유혹하는도다"(벧후 2:18). **이익을 위하여 아첨하느니라.** 그들은 부자들이나 높은 사람들에게, 그들이 어떤 사람들인지 상관없이 오로지 그들로 말미암아 이익을 취하기 위해, 입에 발린 말을 하며 아첨을 한다.

17. 사랑하는 자들아 너희는 우리 주 예수 그리스도의 사도들이 미리 한 말을 기억하라.

특별히 바울과 베드로. 사도행전 20:29과 베드로후서 3:2을 보라. 여기의 구절로부터 우리는 본 서신이 비교적 늦은 시기에 — 아마도 요한을 제외하고 다른 사도들이 죽은 후에 — 기록되었음을 알게 된다.

18. 그들이 너희에게 말하기를 마지막 때에 자기의 경건하지 않은 정욕대로 행하며 조롱하는 자들이 있으리라 하였나니.

너희에게 말하기를. 설교를 통해서든 혹은 편지를 통해서든. 경건하지 않은 정욕(ungodly lusts). 헬라식 표현으로는 불경건의 정욕(lusts of ungodliness). 히브리어식 표현으로는 악한 정욕(vilest lusts).

19. 이 사람들은 분열을 일으키는 자며 육에 속한 자며 성령이 없는 자니라.

이 사람들은 분열을 일으키는 자며. 즉 그리스도의 교회와 참된 진리로부터. 그들은 육신적인 자유를 사랑하고 그리스도의 멍에를 메는 것을 싫어함으로 말미암아 그리스도의 교회와 참된 진리로부터 분열을 일으켰다.

육에 속한 자. 육신적인 자 혹은 동물적인 자. 고린도전서 2:14을 보라. 이들은 자기 안에 인간의 본성 이상(以上)의 원리를 가지고 있지 못한 자들이다. 그들은 거룩하게 하는 영을 결여한 자들로서 육체의 감각과 정욕에 지배된다.

성령이 없는 자. 그러므로 그들은 성령의 빛도 은혜도 위로도 없는 자들이었다.

20. 사랑하는 자들아 너희는 너희의 지극히 거룩한 믿음 위에 자신을 세우며 성령으로 기도하며.

자신을 세우며. 여기에서 유다는 그들을 그 기초가 믿음인 집에 비유한다. 여기와 같은 은유가 고린도전서 4:9; 에베소서 2:20-22; 베드로전서 2:5에 사용된다.

믿음. (1) 믿음의 은혜(grace of faith). 이것은 그리스도인 안에 있는 최초의 그리고 가장 기본적인 은혜로서의 믿음을 가리킨다. 여기의 성도들은 믿음과 그에 이어지는 다른 은혜들 위에 스스로를 세우라고 명령받는다. 혹은 (2) 믿음의 교리(doctrine of faith). 즉 그들의 믿음 자체가 세워지는 믿음의 교리. 그렇다면 여기의 말씀이 의미하는 바는 이미 도달한 믿음의 분량으로 만족하지 말고 그것을 계속 증진시켜 나가라는 것이 될 것이다. 그들은 자신들이 이미 받고 또 그 위에 세워진 복음의 진리를 굳게 붙잡을 뿐만 아니라, 말씀을 계속적으로 연구하고 묵상함으로써 그 위에 더 견고하게 세워져 나가야 한다.

지극히 거룩한. 여기에서 유다가 믿음을 "지극히 거룩한" 것으로서 부르는 것은 그것이 그들의 마음을 정결하게 할 뿐만 아니라 그들 안에서 거룩함을 만들어내는 도구이기 때문이다. 반면 여기의 이단자들의 거짓 믿음은 "지극히 불결한" 것이다.

성령으로 기도하며. "Praying in the Holy Ghost" 즉 성령 안에서 기도하며. 다시 말해서, 성령의 도우심으로 말미암아 기도하며. 성령은 우리에게 무엇을 기도하며 또 어떻게 기도할지를 가르친다. 그리고 그로부터 믿음과 뜨거움과 기도에 있어서의 모든 은혜들이 나온다. 로마서 8:26, 27을 보라. 여기의 "성령 안에서 기도하며"라는 표현은 성령과 우리의 기능이 서로 협력하는 것을 함축한다.

21. 하나님의 사랑 안에서 자신을 지키며 영생에 이르도록 우리 주 예수 그리스도의 긍휼을 기다리라.

하나님의 사랑 안에서 자신을 지키며. 하나님에 대한 사랑 안에서 혹은 우리로 하여금 하나님을 사랑하도록 만드는 그 사랑 안에서. 이것은 서로 간의 사랑을 함축한다. 마치 원인과 결과가 서로 상응하는 것처럼 말이다.

기다리라. 즉 소망으로 말미암아. 이와 같이 여기에서 우리는 세 가지 기본적인 은혜인 믿음과 소망과 사랑을 보게 된다. 영생에 이르도록 우리 주 예수 그리스도의 긍휼을. "내 아버지께 복 받을 자들이여 나아와 창세로부터 너희를 위하여 예비된 나라를 상속받으라"는 심판주 되시는 예수 그리스도의 긍휼의 판결(마 25:34). 이와 같은 영생의 상급은 값없이 그리고 긍휼로부터 약속된다. 그리고 이런 의미에서 그것은 긍휼 그 자체로 불린다(딤후 1:18).

22. 어떤 의심하는 자들을 긍휼히 여기라.

어떤 … 자들을 긍휼히 여기라. 그들을 얻을 수 있도록 그들을 온유하게 대하며 부드럽게 책망하고 권고하라. 의심하는(흠정역에는 "making a difference" 즉 "차이를 만드는"이라고 되어 있음). 여기에서 유다는 형제들을 거치게 하는 혹은 잘못된 길로 이끄는 자들을 두 종류로 구분한다. 한 종류는 회복될 수 없는 자들이고, 또 한 종류는 회복될 수 있는 자들이다. 그들은 마땅히 서로 다른 방식으로 다루어져야 한다. 특별히 후자의 사람들은 비록 어느 정도의 어려움과 부딪힘이 있다 하더라도 온유함과 긍휼로 다루어져야 한다.

23. 또 어떤 자를 불에서 끌어내어 구원하라 또 어떤 자를 그 육체로 더럽힌 옷까지도 미워하되 두려움으로 긍휼히 여기라.

또 어떤 자를. 잘못된 길로 더 멀리 나아감으로 말미암아 더 큰 위험 가운데 있는 자들. 불에서 끌어내어. 이것은 속담 형식의 표현이다(슥 3:2). 이것이 의미하는 바는 분명하다. 그들은 이를테면 불 속에 있어 곧 타 없어질 장작들과 같다. 따라서 그들에게 스스로 나오라고 부드럽게 타일러서는 안 된다. 도리어 그들의 절박한 위험을 생각하면서 속히 그리고 강제적으로 끌어내야 한다. 이와 같이 여기의 사람들은 한층 더 완악한 죄인들로서 자신들의 정욕의 불에 의해 멸망을 당할 절박한 위험 가운데 빠져 있다. 다시 말해서, 그들은 지금 지옥의 입구 앞에 서 있다. 따라서 유다는 여기의 성도들에게 그들 앞에 주님의 두려움을 분명하게 제시하면서 그들을 엄중하며 단호하게 다룰 것을 권면하고 있었던 것이다(고후 5:11).

구원하라. 즉 하나님 아래 있는 도구로서 그들을 구원하도록 힘쓰라.

그 육체로 더럽힌 옷까지도 미워하되. 이것은 의식법(儀式法)을 빗댄 표현이다. 레위기 15:4, 17을 보라. 여기에서 더럽혀진 옷은 만진 자도 더러워진다. 그 의미는 다음과 같다. (1) 이단자들의 거짓 교훈과 완악한 죄인들의 악한 삶의 태도로부터 오염될 위험이 있는 장소에 가서는 안 된다. 혹은 (2) 다른 사람들을 책망할 때는 그에 합당한 태도로 해야 한다. 그들을 구원하고자 할 때에도 그들의 악은 마땅히 미워해야 한다.

24. 능히 너희를 보호하사 거침이 없게 하시고 너희로 그 영광 앞에 흠이 없이 기쁨으로 서게 하실 이.

능히 너희를 보호하사 거침이 없게 하시고. 즉 영적인 길로 행하는 가운데 넘어짐으로부터. 이와 같이 하나님은 우리를 마지막 결승점까지 지켜 주실 수 있다.

그 영광 앞에. 혹은 그의 영광스러운 임재 앞에, 즉 그 자신 앞에(엡 5:27). 여기의 성도들에게 믿음을 지킬 것을 훈계한 후, 계속해서 유다는 그들에게 그들이 누구의 능력 가운데 굳게 설 것인지 그리고 누구에게 영광을 돌릴 것인지를 이야기한다.

25. 곧 우리 구주 홀로 하나이신 하나님께 우리 주 예수 그리스도로 말미암아 영광과 위엄과 권력과 권세가 영원 전부터 이제와 영원토록 있을지어다 아멘.

홀로 하나이신(흠정역에는 "to the only wise" 즉 "홀로 지혜로우신"이라고 되어 있음). 홀로 무한히 그리고 스스로 지혜로우신. 우리 구주 … 하나님. 이것은 때로 이와 같은 호칭으로 불리는 아버지 하나님을 가리키든지(딤전 2:3; 딛 1:3; 3:4), 혹은 그보다도 그리스도를 가리킨다. 영광. 베드로전서 4:11; 5:11을 보라. 위엄. 혹은 존귀(히 1:3; 8:1). 이것은 하나님의 영광의 높음과 탁월함을 가리키는 것으로 보인다. 권력과 권세(dominion and power). 통치를 위한 권위와 권리. 이것은 여기에서 그것을 위한 능력과 함께 하나님에게 돌려진다.

MATTHEW POOLE'S COMMENTARY

요한계시록

MATTHEW POOLE'S COMMENTARY

서론

케르돈(Cerdon)이나 마르키온(Marcyon) 같은 이단자들과 초창기 교회의 몇몇 학자들이 이 책의 신적 권위를 의심한 사실과, 오직 극소수의 사람들만이 이 책의 사본을 가지고 있었던 ― 왜냐하면 이 책 안에 로마제국과 관련한 일이라든지 혹은 그 제국의 운명 같은 것이 담겨 있었기 때문에 ― 사실에도 불구하고, 우리는 이 책이 후대 모든 세대들을 통해 교회에 의해 보편적으로 받아들여진 사실과 여기에 담긴 예언이 구약의 다니엘의 예언과 거룩한 선지자들에 의해 사용된 각종 모형들과 조화를 이루는 사실을 주목할 필요가 있다. 뿐만 아니라 하나님과 그리스도와 그의 부활과 마지막 심판 등과 관련하여 이 책 안에 담겨 있는 교리들은 구약과 신약의 교리들과 완전하게 일치된다. 또 여기에 담겨 있는 약속들과 경고들 역시도 성경의 다른 곳에 있는 약속들과 경고들과 완전하게 일치된다. 그러므로 성경의 전체적인 정경성(正經性)을 의심하지 않는 사람들은 결코 이 책의 신적 권위에 의문을 제기하지 않을 것이다.

이 책 첫 구절에 그것을 기록한 자가 요한이라는 사실이 분명하게 나타난다. "예수 그리스도의 계시라 이는 하나님이 그에게 주사 반드시 속히 일어날 일들을 그 종들에게 보이시려고 그의 천사를 그 종 요한에게 보내어 알게 하신 것이라"(계 1:1). 여기의 요한이 주님으로부터 특별한 사랑을 받았던, 그리고 넷째 복음서를 기록한 바로 그 사도 요한이라는 것은 오직 극소수의 사람들에 의해서만 의심되었을 뿐 거의 대다수의 사람들에 의해 보편적으로 받아들여졌다. 이 책에 사용된 용어들은 대부분 사도 요한에 의해 특별하게 사용된 것들이다. 예컨대 예수 그리스도를 말씀으로 부르는 것은 이 책과 요한복음 외에 다른 어디에서도 거의 발견되지 않는다. 그런가 하면 넷째 복음서에서는 요한이 스스로를 감추는 반면 이 책에서는 그렇지 않다는 반론이 있는데, 이러한 반론 역시 별다른 힘을 갖지 못한다. 복음서에서 그는 이미 일어난 일들을 기록했다. 그것은 많은 사람들이 직접 눈으로 보고 귀로 들은 것들이었다. 반면 여기의 계시록에서 그는 장차 일어날 일들에 대한 예언 혹은 계시를 기록한다. 이러한 일들을 기록함에 있어 그의 이름은 반드시 필요했다. 왜냐하면 그의 이름을 통해 사람들이 이 책과 여기에 담겨 있는 예언들의 권위를 제대로 받아들일 수 있었기 때문이었다.

이제 요한이 이 책을 기록한 때를 생각해 보도록 하자. 이에 대해서는 그 자신이 분명하게 이야기한다. 계시록 1:9을 보라. "나 요한은 너희 형제요 예수의 환난과 나라와 참음에 동참하는 자라 하나님의 말씀과 예수를 증언하였음으로 말미암아 밧모라 하는 섬에 있었더니." 이 책을 기록한 것은 그가 "하나님의 말씀과 예수를 증언하였음으로 말미암아 밧모라 하는 섬에 있었을" 때였다. 이때는 도미티아누스 황제가 통치할 때로서 주후 94년 혹은 95년경이었다. 그러므로 이 책은 1,600년 가까이 거의 대부분의 사람들에 의해 신적 권위를 의심받지 않고 정경(正經)으로 받아들여져 온 셈이다.

이제 이 책이 어떤 내용을 다루고 있는지 살펴보도록 하자. 그것은 이 책 1장 1절이 분명하게 말해준다. "반드시 속히 일어날 일들을 그 종들에게 보이시려고." 여기와 비슷한 말씀이 계시록 22:6에서 반복된다. "이 말은 신실하고 참된지라 주 곧 선지자들의 영의 하나님이 그의 종들에게 반드시 속히 되어질 일을 보이시려고 그의 천사를 보내셨도다." 그것은 단순히 지나간 사건을 다루는 이야기 혹은 역사(歷史)가 아니라, 한 마디로 계시 혹은 예언이다.

나는 이 책에 담겨 있는 신비한 예언들과 관련한 각각의 구절들에 대해 그것의 정확한 의미를 제시하고자 하지 않을 것이다. 다만 다음과 같은 몇 가지 전제 위에서 이 책에 대한 주석을 진행하고자 한다.

(1) 이 책은 주후 95년 혹은 96년 이전에 일어난 일들과 특별한 역사적(歷史的) 관련성을 갖지 않는다. 대부분의 경우 이 책은 장차 일어날 일들과 관련된다. 이런 측면에서 나는 그로티우스(Grotius)와 하몬드 박사(Dr. Hammond)의 해석을 전적으로 배격한다. 왜냐하면 그들은 이 책의 대부분의 예언들을 예루살렘의 멸망과 연결시키기 때문이다. 그 사건은 요한이 이 계시를 들은 때로부터 26년 혹은 27년 전에 이미 일어난 일이었다. 나는 그와 같은 해석이 어떻게 이 책 1장 1절 혹은 22장 6절과 조화될 수 있는지 도무지 이해할 수 없다.

(2) 이 책은 당시 로마제국과 교회에 일어난 가장 주목할 만한 일들에 대한 예언과 로마제국의 쇠퇴 이후 세상의 종말까지 교회를 통해 일어날 일들에 대한 예언을 포함한다.

(3) 이때는 세 시기로 구분된다. 첫째 시기는 로마제국이 이교도 국가로 남아 있

었던 주후 310년 혹은 325년까지이다. 둘째 시기는 그때로부터 적그리스도가 완전하게 멸망을 당할 때까지이다. 그때가 언제일지 나는 알지 못한다. 그리고 셋째 시기는 그리스도께서 마지막 심판을 위해 오실 때이다. 어떤 학자들은 첫째 시기를 "이방 나라들을 통한 용의 통치 시기(Regnum draconis ethnicum)"로, 둘째 시기를 "적그리스도를 통한 용의 통치 시기(Vicariatus draconis antichristianus)"로, 그리고 셋째 시기를 "그리스도의 통치 시기(Regnum Christi)" 혹은 "교회에 의한 안정된 통치 시기(Status ecclesiae tranquillus)"로 부른다.

(4) 일부 학자들은 계시록에서 첫째 시기와 관련되는 부분, 다시 말해서 콘스탄티누스 황제의 때(즉 주후 310년 혹은 325년)까지 하나님의 교회에 일어날 일들을 예언하는 부분이 계시록 4:1-11부터 시작해서 7:1-17로 끝난다고 생각하는데, 나는 이러한 의견에 반대할 특별한 이유를 알지 못한다. 또 그들은 계시록 8:1에 언급된 "하늘이 반 시간쯤 고요하더니"라는 말씀을 나머지 기간 즉 콘스탄티누스의 때로부터 테오도시우스의 통치가 끝날 때까지의 70년 혹은 75년과 연결시키는데, 그에 대해서도 마찬가지이다.

(5) 일천이백육십 년 혹은 마흔두 달의 시작이 정확하게 언제인지 나는 알지 못한다. 데살로니가후서 2:7로부터 우리는 "불법의 비밀"이 사도들의 시대에 이미 활동하기 시작했음을 분명하게 알 수 있다. "불법의 비밀이 이미 활동하였으나 지금은 그것을 막는 자가 있어 그 중에서 옮겨질 때까지 하리라"(살후 2:7). 또 이성(理性)은 우리에게 로마가 하루아침에 세워진 것이 아니므로 그것이 무너지는 것 역시 점진적으로 이루어짐을 가르쳐줄 것이다. 또 나는 적그리스도의 통치를 어떻게 계산할지 알지 못한다. 그렇지만 나는 교황에게 "최고의(supreme)" 혹은 "우주적 주교(universal bishop)"라는 칭호를 수여해 준 포카스(Phocas) 황제의 때로부터 일천이백육십 년을 계수하기 시작하는 것이 비교적 가장 무난하다고 생각한다(Phocas: 주후 602년부터 610년까지 재위한 비잔틴 제국의 황제).

(6) 나는 이 책의 처음 열한 장이 앞에서 언급한 처음 두 시기와 관련한 예언을 포함하고 있다고 생각하는 학자들의 견해에 동의한다. 설령 거기에 나타나는 많은 것들이 12-19장에서 좀 더 구체적이며 충분하게 열려진다고 하더라도 말이다. 12장은 우리에게 처음 두 시기 동안의 교회의 정황에 관해 좀 더 상세하게 설명해 준다. 13장은 우리에게 적그리스도에 대해 — 특별히 그의 세속적인 권력과 종교적인 권력에 대해 — 좀 더 상세하게 설명해 준다. 15장과 16장은 우리에게 여섯 나팔 아래 이

루어지는 일들을 좀 더 충분하게 보여준다. 17장에서 우리는 13:11에 언급된 "두 뿔 달린 짐승"에 대한 좀 더 상세한 묘사를 보게 된다. "내가 보매 또 다른 짐승이 땅에서 올라오니 어린 양 같이 두 뿔이 있고 용처럼 말을 하더라"(계 13:11). 그는 하나님의 성전에 앉은 적그리스도를 의미한다. 18장은 14장에서 간략하게 언급된 바 있는 그의 멸망을 좀 더 충분하게 묘사한다. 그리고 19장은 이로 인해 하나님께 찬미가 드려지는 것을 묘사한다.

(7) 나는 20장을 (우리가 아직 도달하지 못한) 교회의 세 번째 상태를 예언하며 묘사하는 것으로서 취한다. 그 후에 지상의 모든 악인들과의 전쟁이 있을 것인데, 그러한 전쟁은 그리스도께서 세상을 심판하기 위해 오실 때 끝날 것이다.

(8) 나는 마지막 두 장을 승리한 교회(church triumphant)를 묘사하는 것으로서 — 그러므로 마땅히 그에 따라 해석되어야 하는 것으로서 — 취한다.

지금까지 나는 계시록을 이해하는 나의 기본적인 입장을 이야기했다. 그러나 분명 이와 다른 생각을 가진 사람들이 있을 것이다. 설령 어떤 사람이 나의 의견에 동의하지 않는다 하더라도, 그것은 조금도 놀랄 일이 아니다.

나는 계시록에 대한 나의 이해가 모두 옳다고 감히 말할 수 없다. 나는 다만 그와 같이 이해하는 것이 가장 개연성이 높아 보인다고 말할 수 있을 뿐이다. 프로테스탄트 신학자들 가운데 적그리스도의 오명(汚名)으로부터 교황권을 자유롭게 하고자 애쓴 사람들이 있었다. 그런 학자들 가운데 그로티우스(Grotius)가 있었는데, 그는 그러한 목적을 위해 계시록을 주석했다. 그는 계시록을 예언이라기보다 역사(歷史)로서 이해했다. 그리고 설령 예언이라 하더라도 이후 250년 이내에 모두 성취된 것으로서 이해했다. 그러나 이와 같은 그의 관점과 관련하여 나는 그가 성경의 법정에서 뿐만 아니라 이성(理性)의 법정에서도 결코 정당화되지 못할 것이라고 생각한다.

MATTHEW POOLE'S COMMENTARY

요한계시록 1장

개요

1. 서문(1–3).
2. 요한이 아시아의 일곱 교회에 문안함(4–6).
3. 그리스도의 강림(7).
4. 그의 영원한 존귀(8).
5. 요한이 인자에 대한 환상을 일곱 별과 일곱 금촛대와 연결시킴(9–20).

1. 예수 그리스도의 계시라 이는 하나님이 그에게 주사 반드시 속히 일어날 일들을 그 종들에게 보이시려고 그의 천사를 그 종 요한에게 보내어 알게 하신 것이라.

예수 그리스도의 계시라. 여기의 "계시"(revelation)라는 단어는 묵시(apocalypse) 즉 감추어진 어떤 것을 드러내는 것을 의미한다. 이것이 "예수 그리스도의 계시"라고 불리는 것은 다음 구절이 보여주는 것처럼 그리스도께서 그것을 그의 아버지로부터 받았기 때문이다. 하나님이 그에게 주사. 이와 같이 그리스도는 중보자였다. 여기의 "하나님"은 아버지를 가리키는 것으로서 이해되어야 한다. 이러한 표현이 그리스도의 하나님 되심을 배제하는 것은 결코 아니다. 여기의 표현은 단지 성 삼위일체 안에서 역사(役事)하는 순서를 보여주는 것일 뿐이다(요 7:16; 14:10). 그리스도는 비하(卑下)의 상태에서 아버지로부터 배웠다고 말하여지며, 승귀(昇貴)의 상태에서 아버지로부터 받았다고 말하여진다.

반드시 속히 일어날 일들을. '하 데이 게네스타이 엔 탁세이'(ἄδεῖ γενέσθαι εν τάχει). 이러한 말씀은 우리에게 이 책이 단순히 과거의 일들에 대한 이야기가 아니라 장차 일어날 일들에 대한 계시 혹은 예언이라는 사실을 분명하게 보여준다. 또 계시록 22:6, 16을 보라. 그럼에도 불구하고 일부 주석가들이 이 책에 기록된 대부분의 내용을 예루살렘의 멸망이나 혹은 이교도 국가 로마의 멸망과 연결시키는 사실 앞에서 나는 놀라지 않을 수 없다. 예루살렘의 멸망은 여기의 계시가 있기 20여 년 전에 이미 일어난 일이며, 이교도 국가 로마는 실제로 여기의 계시 이후 200년 이상을 존속했다. 그러나 그러한 관점은 대부분의 해석가들의 — 고대의 교부들이든 현대의 주석가들이든 — 일반적인 관점과 상반된다. 여기의 "속히 일어날"이라는 표현은 그것이 이미 일어난 일이 아님을 분명하게 보여준다. 뿐만 아니라 그러한 표현은 반드시 빠른 시간 안에 일어날 것을 의미하는 것도 아니다. 누가복음 18:8; 로마서 16:20을 보라. 하나님에게는 "천 년이 지나간 어제 같다"는 말씀을 생각해 보라(시 90:4). 또 하나님이 없는 것을 있는 것처럼 부르시며 그리스도께서 오신 때와 세상의 종말 사이의 모든 기간을 "마지막 날들"(last days)이라고 부르시는 사실을 생각해 보라. 그러한 사실들을 생각할 때, 우리는 그 모든 일들을 하나님이 "속히 일어날" 일들로서 얼마든지 말씀하실 수 있음을 인정할 수밖에 없다. 그러므로 우리는 여기의 말씀을 계시록 전체를 여는 열쇠로 받아들일 수 있다. 그리고 그럴 때 우리는 앞에서 언급한 일부 주석가들이 계시록 해석과 관련하여 잘못된 관점을 가지고 있었다고 충분히 판단할 수 있게 된다. 그리스도께서는 분명 예루살렘의 멸망에 대해 예언하셨다(마 24장). 그러나 그것은 지금 예언의 재료가 아니라 역사(歷史)의 재료였다. 또 처음 여섯 인(印)은 명백히 이교도 로마 아래서의 기독교회의 상태를 보여준다. 그러나 일곱째 인 아래 표현된 모든 것들에 대해서는 어떻게 이해해야 할 것인가?

그 종들에게 보이시려고. 요한과 그를 통해 모든 성도들에게. 그의 천사를 … 보내어 알게 하신 것이라. 처음에 한 천사를 보내고 다음에 또 다른 (혹은 또다시 같은) 천사를 보내어. 그 종 요한에게. 여기의 요한이 누구인지에 대해 우리는 2절과 4절에서 좀 더 상세히 보게 될 것이다.

2. 요한은 하나님의 말씀과 예수 그리스도의 증거 곧 자기가 본 것을 다 증언하였느니라.

본 절을 흠정역은 "who bare record of the word of God, and of the testimony of Jesus Christ, and of all things that he saw" 즉 "하나님의 말씀과 예수 그리스도의 증언과 그가 본 모든 것을 기록한"이라고 읽는다. 이러한 말씀은 이 책의 저자가 누구인지에 대한 모든 논쟁을 종결짓는다. 그는 다름 아닌 넷째 복음서의 저자 사도 요한이었다. 여기의 말씀은 요한복음 1:19, 32, 34; 19:35과 정확하게 상응된다.

하나님의 말씀. 여기의 표현은 원어적(原語的)으로 "하나님의 말씀에 대한 증언"을 의미한다. 그리고 어떤 사람들은 여기의 "증언"을 복음을 가리키는 것으로 이해한다. 그렇게 본다면 여기의 "하나님의 말씀의 증언을 기록"했다는 것은 곧 복음을 기록했다는 의미가 된다. 그들은 다른 곳에서 그리스도가 "말씀"으로는 불리지만

"하나님의 말씀"으로는 불리지 않는 사실과 여기에서 그것이 여격이 아니라 목적격으로 사용된 사실을 제시하면서 그와 같이 이해하는 것이 좀 더 개연성이 높다고 생각한다. 나는 이러한 해석에 반대할 특별한 이유를 알지 못한다.

예수 그리스도의 증언. 여기의 "그리스도의 증언"은 그리스도의 교훈을 의미하는 것으로 이해되어야 한다. 그리스도의 교훈이 이와 같은 이름으로 불리는 것은 그것이 그에 관한 증언이기 때문이거나 혹은 그보다도 그가 증언한 것이기 때문이다. 그는 다른 곳에서 "참되고 신실한 증인"으로 불린다.

자기가 본 것을 다. 이것은 그가 과거에 본 것들을 가리키는 것일 수 있다. 그렇다면 이것은 요한일서 1:1-10과 일치된다. 혹은 이것은 이 책에 기록된 모든 환상들을 가리키는 것일 수도 있다.

3. 이 예언의 말씀을 읽는 자와 듣는 자와 그 가운데에 기록한 것을 지키는 자는 복이 있나니 때가 가까움이라.

이 예언의 말씀을 읽는 자와 듣는 자가 … 복이 있나니. 여기의 거룩한 말씀은 사적으로도 읽혀져야 하고 공적으로도 읽혀져야 했다. 그렇기 때문에 요한은 그것을 읽는 자와 듣는 자가 복이 있다고 선언한다. 이 책은 이미 이루어진 일들에 대한 역사(歷史)가 아니라, 장차 이루어질 일들에 대한 예언이었다. 설령 예언이 많은 경우 넓은 의미로 신적 의지(意志)의 계시를 의미한다 하더라도, 그러나 여기에서 그것은 좀 더 엄격한 의미로 장차 일어날 일들을 예고하는 것으로서 이해되어야 한다.

그 가운데에 기록한 것을 지키는 자는 복이 있나니. 믿음 가운데 항상 그것을 기억하고 그것에 따라 사는 자들은 복이 있나니 그들이 모든 고난 가운데 위로를 받을 것임이라. 때가 가까움이라. 즉 이러한 일들이 성취될 때. 이러한 일들이 일어나기 시작할 때는 결코 멀지 않다.

4. 요한은 아시아에 있는 일곱 교회에 편지하노니 이제도 계시고 전에도 계셨고 장차 오실 이시며 그의 보좌 앞에 있는 일곱 영과.

요한은 아시아에 있는 일곱 교회에 편지하노니. 넷째 복음서를 기록한 사도 요한은 일곱의 개념 아래 아시아의 모든 교회들에게 혹은 문자 그대로 11절에 언급된 일곱 교회들에게 — 에베소 교회, 서머나 교회, 버가모 교회, 두아디라 교회, 사데 교회, 빌라델비아 교회, 라오디게아 교회 — 편지를 쓴다. 여기의 일곱 교회가 위치한 일곱 장소는 당시 소아시아 지역에 위치한 유명한 일곱 도시였다. 여기의 일곱 교회는 당시 소아시아 지역에서 가장 유명한 교회들이었는데, 요한은 이 예언을 그들에게 전달하라는 명령을 받았다. 그러면 이 예언은 그들을 통해 또 다른 교회들에게 전달될 것이었다. 여기의 교회들은 소아시아 지역에서 가장 유명한 도시들 안에 있었다. 어떤 학자들은 요한이 소아시아 지역에서 복음을 전파하고 여기의 교회들을 세웠다고 생각한다. 반면 또 어떤 학자들은 여기의 교회들이 베드로와 바울에 의해 세워졌다가 그들이 죽은 후 요한에게 맡겨진 것이었다고 생각한다. 또 많은 학자들은 소아시아의 교회들에게 보내는 편지들 속에서 요한이 의도한 것이 단순히 그들의 잘못을 지적하고 그것을 어떻게 바로잡을 것인지에 대한 처방을 주고자 한 것이 아니라, 그때로부터 심판 날까지 모든 세대의 교회의 상태와 관련한 예언적인 교훈을 제시하면서 동시에 모든 교회들에게 책망과 조언을 주기 위함이었다고 생각한다. 이에 대해서는 나중에 좀 더 상세하게 살펴보도록 하자.

이제도 계시고 전에도 계셨고 장차 오실 이. 이것은 하나님을 묘사하는 표현인데, 여기에서 예수 그리스도에게 — 특별히 그의 영원성과 불변성에 — 돌려진다. 그는 영원부터 계셨으며, 지금도 계시며, 영원히 계실 것이다. 혹은 (어떤 사람들이 생각하는 것처럼) 그는 그의 약속 안에서 성육신 이전에 계셨으며, 지금 육체 가운데 나타나신 하나님이시며, 심판주로서 산 자와 죽은 자를 심판하기 위해 오실 것이다. 또 이것은 하나님의 옛 이름이었다. "나는 스스로 있는 자이니라 … 스스로 있는 자가 나를 너희에게 보내셨다 하라"(출 3:14). 이러한 말씀은 "여호와"(Jehovah)라는 이름을 해석해 준다.

그의 보좌 앞에 있는 일곱 영. 이것이 의미하는 바를 결정하는 것은 결코 쉽지 않은 일이다. 여기와 비슷한 표현을 우리는 계시록 3:1; 4:5; 5:6에서도 발견한다. 3:1에서 그리스도는 "하나님의 일곱 영을 가진" 자로서 묘사된다. 또 우리는 4:5에서 "보좌 앞에 켠 등불 일곱이 있으니 이는 하나님의 일곱 영"이라는 말씀을, 그리고 5:6에서 "어린 양의 일곱 눈은 온 땅에 보내심을 받은 하나님의 일곱 영"이라는 말씀을 읽는다. 이것이 우리가 성경으로부터 얻을 수 있는 모든 빛이다. 어떤 사람들은 "그의 보좌 앞에 있는 일곱 영"이 다름 아닌 일곱 천사들이라고 생각한다. 우리는 계시록 8:2에서 "하나님 앞에 선 일곱 천사"를 보게 된다. 또 15:6-8에서도 일곱 천사에 대한 언급이 나타난다. 또 스가랴는 자신의 책 4장 2절에서 "일곱 등잔과 일곱 관"에 대해, 그리고 같은 장 10절에서 "온 세상에 두루 다니는 여호와의 일곱 눈"에 대해 이야기한다. 그러나 여기에서 요한은 아시아의 일곱 교회에 일곱 영으로부터 은혜와 평강이 있기를 기원하면서 그러한 일곱 영을 그리스도와 연결시킨다. 그렇게 볼 때 여기의 일곱 영이 의미하는 것은 단순한 피조물이나 혹은 천사들이 아닌 것으로 보인다. 왜냐하면 그는 그로부터 은혜와 평강이 나오는 존재이기 때문이다. 그러므로 다른 사람들은 여기의 "일곱 영"을 세상사(世上事)를 주관하는 신적 섭리의 일곱 역사(役事)로서 이해한다. 이것은 상당히 난해한 개념으로서 나중에 좀 더 상세하게 살펴보도록 하자. 지금까지 "일곱 영"과 관련한 몇몇 이론들을 살펴보았는데, 내가 볼 때 그것은 다름 아닌 성령을 의미하는 것으로 보인다. 물론 성령은 단일한 영적 존재이다. 그럼에도 불구하고 여기에서 "일곱 영"(seven Spirits)으로 불리는 것은 그가 자신의 영향력을 다양한 방식과 다양한 표현으로 나타내며 발휘하기 때문이다. 또 여기의 "일곱 영"은 계시록 4:5에서 "보좌 앞에 켠 일곱 등불"로 불린다. 성령은 불로 비유되며(마 3:11), 또 불의 나타남으로 임하기도 한다(행 2:3, 4). 또 "일곱 영"은 계시록 5:6에서 "어린 양의 일곱 뿔과 일곱 눈"으로 불린다. 또 그리스도에게 성령이 한량없이 부어짐으로 말미암아 성령은 종종 그리스도의 영으로 불린다. 나는 바로 이것이 "일곱 영"에 대한 가장 좋은 해석이라고 생각한다.

5. 또 충성된 증인으로 죽은 자들 가운데에서 먼저 나시고 땅의 임금들의 머리가 되신 예수 그리스도로 말미암아 은혜와 평강이 너희에게 있기를 원하노라 우리를 사랑하사 그의 피로 우리 죄에서 우리를 해방하시고.

충성된 증인으로 … 예수 그리스도로 말미암아. 여기에 예수 그리스도의 이름이 직접적으로 언급되는 것은 그가 우리의 구속자와 중보자이기 때문이며 또한 그에게 아버지께서 교회와 관련한 모든 권세를 위임하셨기 때문이다. 그는 "참되며 충성된" 증인이다. 그는 "본디오 빌라도를 향하여 선한 증언"을 하셨으며(딤전 6:13), 자기 자신에 대해서도 증언하셨다(요 8:13, 14). 또 이사야 43:10; 55:4; 요한복음 18:37을 보라.

죽은 자들 가운데에서 먼저 나시고. 다시 말해서 죽은 자들 가운데에서 처음으로 부활하시고. 그는 그 자신의 능력으로 살아나셨으며(요 10:18), 다시 죽지 않으신다. 사도행전 13:34; 고린도전서 15:20을 보라.

땅의 임금들의 머리가 되신. 즉 만왕의 왕(계 17:14; 19:16; 딤전 6:15). 본 절에서 그리스도에게 돌려진 첫 번째 이름은 그의 선지자직을, 두 번째 이름은 그의 제사장직을, 그리고 마지막 이름은 그의 왕직을 가리킨다.

은혜와 평강이 너희에게 있기를 원하노라. 은혜와 평강을 기원하는 것은 사도들의 통상적인 인사였다. 여기에서도 요한은 그들에게 "은혜" 즉 하나님의 값없는 사랑과, "평강" 즉 하나님과의 평강과 그들 자신의 양심과의 평강과 서로간의 평강을 기원한다.

우리를 사랑하사 그의 피로 우리 죄에서 우리를 해방하시고. 여기에서 그리스도께 영광을 돌리는 영광송이 시작된다. 첫째로, 그는 그의 피로 우리를 우리의 죄로부터 — 다시 말해서 죄의 권능과 통치와 죄책으로부터 — 해방하셨다. 그리고 그렇게 하기 위해 그는 값을 치르셨으며, 그럼으로 말미암아 하나님의 공의를 만족시키셨다. 히브리서 9:14; 요한일서 1:7을 보라,

6. 그의 아버지 하나님을 위하여 우리를 나라와 제사장으로 삼으신 그에게 영광과 능력이 세세토록 있기를 원하노라 아멘.

그의 아버지 하나님을 위하여 우리를 나라와 제사장으로 삼으신. 흠정역은 "왕과 제사장으로 삼으신"(made us kings and priests)이라고 읽는다. 그는 우리로 하여금 스스로의 욕망을 통제하며, 스스로를 그의 말씀의 법으로 다스리며, 세상과 육체와 마귀와 더불어 싸워 이길 수 있도록 우리를 "왕"으로 삼으셨다. 여기의 "왕"은 물론 영적인 의미에서의 왕이다. 왜냐하면 그의 나라가 "이 세상에 속하지 않은" 것처럼, 우리의 나라 역시 마찬가지이기 때문이다. 그리하여 그는 "하나님에 대하여"(unto God)를 덧붙인다(한글개역개정판에는 "하나님을 위하여"라고 되어 있음). 또 그는 우리를 하나님이 받으실 만한 영적 희생제사를 드리는 "제사장"으로 삼으셨다. "너희도 산 돌 같이 신령한 집으로 세워지고 예수 그리스도로 말미암아 하나님이 기쁘게 받으실 신령한 제사를 드릴 거룩한 제사장이 될지니라"(벧전 2:5). 제사장으로서 우리는 우리의 몸을 "거룩한 산 제물"로 드리며(롬 12:1), 우리의 소유를 드리며(빌 4:18), 입술의 열매로서 "찬미의 제사"를 드려야 한다(히 13:15). 이와 같이 유대인들의 모든 특권들이 한층 더 특별한 방식으로 우리에게 속한다. 그리스도로 말미암아 우리는 "왕 같은 제사장이요 그의 소유가 된 백성"이다(벧전 2:9).

그에게 영광과 능력이 세세토록 있기를 원하노라 아멘. 모든 찬미와 존귀와 감사와 능력이 영원히 그에게 돌려져야 한다.

7. 볼지어다 그가 구름을 타고 오시리라 각 사람의 눈이 그를 보겠고 그를 찌른 자들도 볼 것이요 땅에 있는 모든 족속이 그로 말미암아 애곡하리니 그러하리라 아멘.

요한은 이제부터 하나님의 교회에 임하는 여러 가지 환난들에 대해 이야기할 것이었다. 그러한 환난들은 이제 곧 시작될 것이었으며, 로마가 이교도 국가로 남아

있는 동안 계속될 것이었으며, 일천이백육십 년 후 짐승이 통치하는 동안 펼쳐질 것이었다. 그러한 환난들을 이야기하기에 앞서 요한은 먼저 여기에서 믿음의 눈을 뜨고 심판주로서 오시는 그리스도를 바라보라고 초청하면서 그들을 준비시킨다. 여기에서 요한은 그를 이미 오고 계신 자로서 묘사한다. 이것은 선지자들이 사용하는 통상적인 어법이다. 그들은 곧 확실하게 이루어질 일을 이미 이루어진 혹은 이미 이루어지기 시작한 것으로서 말하곤 했다. 요한은 그리스도께서 심판을 위해 오시는 방식을 묘사하면서 "그가 구름과 함께 오신다"(He comes with clouds)고 말한다 (한글개역개정판에는 "구름을 타고"라고 되어 있음). 그는 "능력과 큰 영광과 함께 구름 안에서" 오실 것이며(마 24:30), "자기 영광 가운데 모든 거룩한 천사들과 함께" 오실 것이며(마 25:31), "수만의 거룩한 자들과 함께" 오실 것이며(유 1:14), "호령과 천사장의 소리와 하나님의 나팔 소리와 함께" 오실 것이다(살전 4:16). 여기의 "구름과 함께"(with clouds)라는 표현으로 우리는 구름이 그를 가려 잘 보이지 않게 할 것이라고 생각해서는 안 된다. 도리어 구름은 그의 강림을 더욱 영광스럽고 두렵게 만들 것이다.

각 사람의 눈이 그를 보겠고. "every eye shall see him" 즉 모든 눈이 그를 보겠고. 그는 승천하실 때 눈에 보이는 모습으로 승천하셨다. 그와 같이 다시 오실 때에도 눈에 보이는 모습으로 다시 오실 것이다(행 1:11).

그를 찌른 자들도 볼 것이요. 스가랴 12:10을 보라. 창으로 그를 찌른 자들뿐만 아니라 자신의 죄로 그를 찌른 모든 죄인들이 그를 볼 것이다(히 6:6). 여기의 말씀으로부터 우리는 부활이 보편적일 것이라는 사실을 주목할 수 있다. 그리스도인들과 마찬가지로 무굴제국의 사람들도 무덤으로부터 깨어날 것이다.

땅에 있는 모든 족속이 그로 말미암아 애곡하리니. 땅의 모든 민족들이(헬라어, 땅의 모든 지파들이) 회개의 애곡으로가 아니라 절망과 두려움의 애곡으로 애곡할 것이요.

그러하리라 아멘. 이것은 자신이 말한 것이 사실임을 인치는 선지자적 확증일 수도 있고, 혹은 경건한 기원 혹은 바람일 수도 있다. 혹은 둘 모두일 수도 있다.

8. 주 하나님이 이르시되 나는 알파와 오메가라 이제도 있고 전에도 있었고 장차 올 자요 전능한 자라 하시더라.

알파와 오메가. 알파와 오메가는 헬라어 알파벳의 첫 번째와 마지막 문자이다. 마치 알렙과 타우가 히브리어 알파벳의 첫 번째와 마지막 문자인 것처럼 말이다. 그러므로 알파와 오메가는 처음과 끝을 의미한다. 그는 만물이 있기 전에 계셨으며, 만물이 사라진 후에도 계속 계실 것이다. 그는 처음과 나중이다(계 22:13). 또 이사야 41:4; 43:13을 보라.

이제도 있고 전에도 있었고 장차 올 자요 전능한 자. 앞의 4절을 보라. 여기에서 요한이 "전능한 자"를 덧붙이는 것은 그가 능히 자신의 말씀을 이루실 수 있기 때문이다. 이와 같이 여기에서 전능하심과 영원하심과 불변하심이 모두 하나님에게 돌려진다. 그리고 그것은 동시에 우리 구주 예수 그리스도의 속성이기도 하다.

9. 나 요한은 너희 형제요 예수의 환난과 나라와 참음에 동참하는 자라 하나님의 말씀과 예수를 증언하였음으로 말미암아 밧모라 하는 섬에 있었더니.

나 요한은 너희 형제요. 같은 이름이 4절에서도 언급되었다. 예수 그리스도의 사도였음에도 불구하고, 그는 함께 그리스도인이 된 자들을 "형제"라 부르기를 부끄러워하지 않았다. 왜냐하면 그의 주님도 그들을 그와 같이 부르셨기 때문이었다.

예수의 환난에 … 동참하는 자. 이교도들의 박해가 이제 시작되었다. 그리스도께서 승천하시고 23년 정도 지난 후, 네로 황제가 처음 박해를 시작했다. 그러나 그는 박해가 시작된 후 3년이 지나지 않아 죽었다. 그러자 그리스도인들에게 12년 동안의 평온의 때가 찾아 왔다. 그동안 갈바와 오토와 비텔리우스와 베스파시아누스와 티투스의 단기간의 통치들이 계속적으로 이어졌다. 그러다가 주후 82년에 도미티아누스의 통치가 시작되었다. 그리고 90년 즈음에 그리스도인들에 대한 박해가 또다시 시작되었다. 그러나 그는 오래 살지 못했다. 왜냐하면 그는 96년 암살을 당해 죽었기 때문이다. 그러나 그 사이 6-7년 동안 그는 많은 사람들을 죽이고, 감옥에 가두고, 유배시켰다. 여기의 요한 역시도 주후 91년에 도미티아누스에 의해 밧모 섬으로 유배되었다가 94년 혹은 95년경에 계시를 받은 것으로 보인다. 이 사건 이후 도미티아누스는 불과 1-2년밖에 살지 못했다. 그가 죽은 후 요한은 다시 에베소로 돌아왔다가 98년경에 죽은 것으로 알려진다. 이렇게 볼 때 요한은 5년 동안(즉 91년부터 96년까지) "예수의 환난에 동참한 자"였다.

예수의 … 나라와 참음에 동참하는 자. "예수의 나라와 참음에 동참하는 자"는 곧 기독교회의 한 지체로서 예수 그리스도를 위해 고난을 참고 기다림으로써 도달하는 영광의 나라에 속한 자를 의미한다.

하나님의 말씀과 예수를 증언하였음으로 말미암아. 여기에서 요한은 자신이 밧모 섬에 오게 된 이유를 설명한다. 그것은 하나님의 말씀과 그리스도께서 증언하신 진리들을 전파했기 때문이었다. 그는 복음을 전하기 위해 자발적으로 그곳에 가지 않았다(왜냐하면 당시 그 섬에는 거의 사람들이 살지 않았기 때문이었다). 다만 그는 도미티아누스 휘하의 당국자들에 의해 그곳으로 유배된 것이었다. 유배 혹은 추방은 로마인들 사이에서 특별히 선동이나 폭동 등의 죄를 범한 사람들에게 가해지는 매우 흔한 형벌이었다. 유세비우스는 이때 집정관의 조카였던 플라비아 도메틸라(Flavia Dometilla)까지도 같은 죄목으로 추방을 당했음을 말해준다.

밧모라 하는 섬에 있었더니. 밧모 섬은 둘레가 56km 정도 되는 에게 해의 한 섬이었다. 그 섬은 키클라데스(Cyclades) 군도라 불리는 53개의 섬들 가운데 하나였다.

10. 주의 날에 내가 성령에 감동되어 내 뒤에서 나는 나팔 소리 같은 큰 음성을 들으니.

주의 날에. 주의 날 혹은 주일이라고 불리는 기독교의 안식일에(마치 성찬 혹은 떡을 떼는 것이 "주의 만찬"이라고 불리는 것처럼, 고전 11:20). 이 날이 주의 날로 불리는 것은 그리스도께서 자신의 부활을 기념하도록 하기 위해 그 날을 정하셨기 때문이든지 혹은 그 날이 그리스도의 영광을 위해 정해졌기 때문이다.

내가 성령에 감동되어. 여기의 말씀을 흠정역은 "I was in the Spirit" 즉 "내가 성령 안에 있었더니"라고 읽는다. 이것은 그가 기도와 묵상 등 영적 상태뿐만 아니라 영적 황홀경(ecstasy) 가운데 있었음을 함축한다. 그의 영혼은 이를테면 그의 몸으로부터 분리되어 있었으며, 영의 통상적인 영향력 이상(以上)의 상태에 있었다. 사도행전 10:10; 11:5; 16:9; 18:9을 보라.

내 뒤에서 나는 나팔 소리 같은 큰 음성을 들으니. 요한은 밧모 섬에서 영적 예배와 기도와 묵상으로 기독교의 안식일을 지키는 가운데 영적 황홀경에 빠져 있었다. 그리고 그 안에서 그는 성령과의 좀 더 직접적인 교통을 경험했는데, 그러한 경험은 그가 뒤에서 나는 나팔 소리 같은 큰 음성을 듣는 것과 함께 시작되었다.

11. 이르되 네가 보는 것을 두루마리에 써서 에베소, 서머나, 버가모, 두아디라, 사데, 빌라델비아, 라오디게아 등 일곱 교회에 보내라 하시기로.

네가 보는 것을 두루마리(book)에 써서. 요한은 이제부터 그가 보게 될 것들을 낱장의 종이들이 아니라 책(book)에 쓰라는 명령을 받았다. 이로부터 우리는 이 책이 그리스도의 뜻을 계시한 것일 뿐만 아니라 그의 명령에 의해 기록된 것임을 알게 된다. 일곱 교회에 보내라. 일곱 도시에 사는 모든 사람들에게가 아니라 그리스도의 지체가 된 자들에게.

에베소. 이곳은 바울이 3년 동안 머물면서 복음을 전파한 것으로 유명한 도시로서, 이오니아라고 불렸던 그리스의 한 지역에 위치한 훌륭한 도시였다(행 19:10). 서머나. 이곳은 이오니아 지역에 위치한 항구도시였다. 버가모. 이곳은 드로아 혹은 브루기아의 한 도시였다. 두아디라. 이곳은 루디아 혹은 무시아의 한 도시였다. 사데. 이곳은 루디아의 한 도시로서 트몰루스(Tmolus) 산 근처에 있었다. 빌라델비아. 이곳 역시도 루디아의 한 도시로서 무시아와 인접해 있었다. 라오디게아. 이곳은 아시아의 한 도시로서 루쿠스(Lycus) 강 인근에 있었다. 이 모든 도시들 안에 그리스도인들의 공동체가 있었다. 그리고 지금 하나님은 요한에게 이제부터 그가 보게 될 환상들을 책에 기록하여 여기의 교회들에게 보내라고 명령하고 계신다. 이와 관련하여 브라이트맨(Brightman)은 다음과 같은 흥미로운 질문을 던진다. "이 모든 동안 로마는 도대체 어디에 있었는가? 도대체 무슨 연유로 하나님은 이러한 비밀들을 로마에는 보내지 않으셨단 말인가? 만일 그곳의 감독이 정말로 그리스도의 계승자라면 말이다." 이러한 질문에 그 스스로 다음과 같이 냉소적으로 대답한다. "로마 교회는 절대로 오류가 있을 수 없으므로 주님으로부터 책망과 훈계의 말씀을 들을 필요가 없었던 모양이로군."

12. 몸을 돌이켜 나에게 말한 음성을 알아 보려고 돌이킬 때에 일곱 금 촛대를 보았는데.

몸을 돌이켜 나에게 말한 음성을 알아 보려고. 다시 말해서 나에게 말한 음성이 누구의 음성인지 알기 위해. 단순히 그 음성이 무슨 뜻인지 분별하고자 한 것뿐이었다면, 요한은 몸을 돌이키지 않고도 그렇게 할 수 있었다. 그러므로 그가 몸을 돌이킨 것은 말하는 자가 누구인지 보고자 함이었다.

돌이킬 때에 일곱 금 촛대를 보았는데. 그가 본 일곱 금 촛대는 일곱 교회를 의미하는 것이었다(20절). 우리는 이 책에서 유대 성전이 종종 언급되는 (때로는 명시적으로 또 때로는 암시적으로) 것을 발견하게 되는데, 그것이 여기에서 시작된다. 유대 성막에 한 개의 금 촛대와 일곱 등대가 있었다(민 8:2; 슥 4:2). 그런데 여기에서 요한은 일곱 개의 금 촛대를 본다. 하나님은 유대인들의 한 교회와 이방인들 사이에서 많은 교회들을 가지고 계신다. 여기에서 교회가 촛대로 비유되는 것은 우리에게 그리스도의 교회들의 본질과 임무를 보여준다. 촛대는 스스로 빛을 내지 않고 단지 빛을 품을 뿐이다. 이와 같이 자기 안에 하나님의 순전한 말씀을 지키는 것이 교회들의 본질적인 의무이다. 또 그것은 우리에게 교회들이 교리적인 모든 오염으로부터 스스로를 그리고 잘못된 모든 행실로부터 그 지체들을 정결하게 지켜야만 한다는 사실을 보여준다.

13. 촛대 사이에 인자 같은 이가 발에 끌리는 옷을 입고 가슴에 금띠를 띠고.

촛대 사이에. 다시 말해서 촛대로 비유된 교회들 사이에.

인자 같은 이. 17, 18절에 나타나는 것처럼, 이러한 표현이 의미하는 것은 두말할 필요 없이 그리스도이다. 공생애 전체를 통해 그는 스스로를 "인자"로 부르셨다. 그러므로 오직 그만이 여기의 표현과 합치될 수 있다. 그는 "죄 있는 육신의 모양"으로 오셨으며, 참된 사람의 육체를 입고 오셨으며, "사람들과 같이 되셨다"(빌 2:7). 요한은 일곱 금 촛대 사이에 한 사람으로서 자기에게 나타난 자를 보았다. 그것은 자신의 교회들 가운데 계시는 그리스도였다. 그리스도께서 교회들 가운데 계신다는 것은 그가 교회들을 도우시고 보호하시고 지키시기 위해 항상 가까이 계시며 지켜보고 계신다는 사실을 보여준다.

발에 끌리는 옷을 입고. '포데레'(ποδήρη)는 발까지 내려오는 긴 옷을 의미한다. 여기에 그 옷이 세마포로 만든 것인지, 혹은 양털로 만든 것인지, 혹은 또 다른 재료로 만든 것인지는 나타나지 않는다. 그러므로 그것이 그의 제사장직을 의미하는 것인지 혹은 왕직을 의미하는 것인지 혹은 또 다른 것을 의미하는 것인지 결정하는 것은 어려운 일로 보인다. 어쨌든 그것은 근엄함을 나타내는 옷이다.

가슴에 금띠를 띠고. 나는 그의 가슴에 띤 금띠의 의미를 감히 결정하고자 하지 않는다. 그것은 다니엘의 환상에 나오는 것과 같은 복장이었다. "그 때에 내가 눈을 들어 바라본즉 한 사람이 세마포 옷을 입었고 허리에는 우바스 순금 띠를 띠었더라"(단 10:5). 그것은 위엄과 권세와 존귀를 상징하는 것이었으며, 그 모습은 대제사장이며 왕인 자와 가장 잘 어울린다.

14. 그의 머리와 털의 희기가 흰 양털 같고 눈 같으며 그의 눈은 불꽃 같고.

그의 머리와 털의 희기가 흰 양털 같고 눈 같으며. 흰색은 정결을 상징한다. 또 흰 머리는 통상적으로 많은 경험과 신중함을 수반하는 노년(老年)을 상징한다. 그러므로 그리스도의 이와 같은 모습은 "옛적부터 항상 계신 이"로서의 그의 정결함과 지혜를 나타내는 것일 수 있다. 다니엘 7:7, 13, 22을 보라. 물론 다니엘에서 "옛적부터 항상 계신 이"라는 표현은 하나님 아버지를 가리키는 것이지만, 그러나 그것은 또한 그 신적 본성에 있어 아버지와 동등이신 그리스도와도 합치된다.

그의 눈은 불꽃 같고. "불꽃 같은 눈"이란 표현은 지식과 지혜와 전지하심을 나타내기 위해 하나님과(겔 1:27; 단 10:6) 그리스도에게(계 19:12) 적용된다. 또 그것은 영혼을 정결케 하는 — 마치 불이 금속을 정결케 하는 것처럼 — 하나님 혹은 그리스도의 은혜를 나타내기도 하며, 또 어떤 경우에는 원수들에 대한 그의 진노와 분개를 나타내기도 한다.

15. 그의 발은 풀무불에 단련한 빛난 주석 같고 그의 음성은 많은 물 소리와 같으며.

그의 발은 … 빛난 주석 같고. 여기의 '칼콜리바노'(χαλκολιβανω) 즉 "빛난 주석"이 무엇이냐에 관해 탐구한 훌륭한 연구들이 많이 있다. 나는 그것을 결정하는 것이 무슨 유익이 있는지 알지 못한다. 그리스도의 발은 아마도 그의 교회를 주관하며 다스리는 그의 길과 계획과 방법들을 의미하는 것으로 보인다. 또 그것이 여기에서 "빛난 주석"(fine brass)으로 비유되는 것은 그의 길과 계획과 방법들의 아름다움과 영광과 강함과 확실함과 견고함을 나타내기 위한 것으로 보인다. 그의 음성은 많은 물 소리와 같으며. 해변에 몰아치는 성난 파도소리처럼 크고 두려운 소리.

16. 그의 오른손에 일곱 별이 있고 그의 입에서 좌우에 날선 검이 나오고 그 얼굴은 해가 힘있게 비치는 것 같더라.

그의 오른손에 일곱 별이 있고. "오른손"은 권능의 손이며(시 21:8), 호의의 손이며(시 44:3), 영광과 존귀의 손이다(시 110:1). 그리고 "일곱 별"은 20절에서 그의 교회에 보낸 그의 사자들 즉 복음의 사역자들로 설명된다. 모든 시대에 그들은 원수들의 적의(敵意)와 격노에 가장 크게 노출되어 있었다. 따라서 그들을 그의 오른손에 붙잡고 계시는 그리스도의 모습은 그가 그들에게 준 영광과 그들에게 베푼 호의를 나타내기에 충분했다. 또 그것은 그의 약속에 따라 그들을 보호하고자 하는 그의 결연한 의지를 보여준다. "내가 너희에게 분부한 모든 것을 가르쳐 지키게 하라 볼지어다 내가 세상 끝날까지 너희와 항상 함께 있으리라 하시니라"(마 28:20).

그의 입에서 좌우에 날선 검이 나오고. 예수 그리스도의 복음과 말씀은 좌우에 날선 검 혹은 공의의 검으로 비유된다(히 4:12). 그는 그 검을 그의 원수들을 완전하게 이기고 정복할 때까지 사용할 것이다. 그 얼굴은 해가 힘있게 비치는 것 같더라. 그의 얼굴은 요한이 바라볼 수 없을 정도로 너무나 영광스러웠다.

17. 내가 볼 때에 그의 발 앞에 엎드러져 죽은 자 같이 되매 그가 오른손을 내게 얹고 이르시되 두려워하지 말라 나는 처음이요 마지막이니.

그의 발 앞에 엎드러져 죽은 자 같이 되매. 그의 영광과 존귀에 너무나 놀라. 여호수아 5:14; 다니엘 8:17, 18; 마태복음 17:6; 사도행전 9:4을 보라. 그가 오른손을 내게 얹고 이르시되 두려워하지 말라. 나를 위로하기 위해 그리고 나로 하여금 두려워할 이유가 전혀 없음을 알게 하기 위해. 나는 처음이요 마지막이니. 8절과 11절을 보라.

18. 곧 살아 있는 자라 내가 전에 죽었었노라 볼지어다 이제 세세토록 살아 있어 사망과 음부의 열쇠를 가졌노니.

곧 살아 있는 자라 내가 전에 죽었었노라 볼지어다 이제 세세토록 살아 있어. 나는 내 안에 생명을 가지고 있으며 또 세상에 생명을 주는 살아 있는 하나님이라. 그러나 나는 인성을 취함으로써 사람이 되었으며, 인성 안에서 죽었노라. 그러나 나는 죽은 자 가운데 다시 살아났으며, 다시 죽지 아니할 것이며, 내 백성을 위해 기도하기 위해 영원히 살아있을 것이라.

사망과 음부의 열쇠를 가졌노니. 죽여 지옥에 던질 권세를 가졌노니. 혹은 사망과 사망의 상태를 이기는 그러므로 죽은 자들을 다시 살리는 권세를 가졌노니. 나는 사망에 대해 — 일시적인 사망이든 영원한 사망이든 — 명령할 수 있는 권세를 가졌노라. 열쇠를 가진 사람이 자기 마음대로 어떤 사람을 들어오게 할 수도 있고 또 어떤 사람을 들어오지 못하게 할 수도 있는 것처럼, 나는 내가 원하는 대로 어떤 사람을 천국으로 데려갈 수도 있고 다른 사람을 지옥에 던질 수도 있도다.

19. 그러므로 네가 본 것과 지금 있는 일과 장차 될 일을 기록하라 .

그러므로 네가 본 것과 … 기록하라. 네가 나의 공생애 사역 초기부터 본 것들을 기록하라. 요한은 그리스도께서 세례를 받으시고 광야에서 시험을 받으신 직후부터 그를 따르며 그와 함께 했다(마 4:21). 혹은 네가 지금 본 나에 대한 환상을 기록하라. 나는 여기의 말씀의 의미가 후자일 것이라고 생각한다. 왜냐하면 여기의 요한뿐만 아니라 마태와 마가와 누가에 의해 사복음서에 기록되고 또 사도행전에 기록된 것을 굳이 그리스도께서 여기에서 또다시 그에게 기록하라고 명령하실 까닭이 없기 때문이다. 뿐만 아니라 거기에서는 달려가는 자도 읽고 이해할 수 있을 정도로 명백하게 기록된 반면, 여기에서 요한이 기록하게 될 것들은 여러 가지 환상들로 되어 있음으로 해서 그 의미가 모호하며 수수께끼와 같을 것이었다. 같은 사건이 처음에는 명백하게 계시되었다가 나중에 모호하게 다시 계시되는 것은 이성(理性)에도 반하는 일이다.

지금 있는 일과. 교회의 현재적인 일들. 장차 될 일을. 세상 끝날까지 될 일들. 용(이교도 로마제국)과 적그리스도 혹은 짐승의 통치 아래 될 일들. 일천이백육십 년간 그리고 그때부터 그리스도께서 심판을 위해 다시 오실 때까지 될 일들.

20. 네가 본 것은 내 오른손의 일곱 별의 비밀과 또 일곱 금 촛대라 일곱 별은 일곱 교회의 사자요 일곱 촛대는 일곱 교회니라.

일곱 별의 비밀과 또 일곱 금 촛대라. 12절과 16절을 보라.

일곱 별은 일곱 교회의 사자요. 일곱 별은 일곱 교회의 사자들(angels)을 의미한다. 여기의 "사자"라는 단어로서 요한은 사신(使臣) 혹은 대사(大使)를 의미한다. 그들이 "사자" 혹은 "천사"를 의미하는 "angels"인 것은 그리스도의 대사로서의 그들의 직분의 측면에서 그러할 뿐만 아니라(고후 5:20), 또한 그들이 그들의 삶과 교훈 가운데 나타내야 할 거룩함의 측면에서 그러하다. 여기의 "angels"를 그들의 본성의 측면으로부터 이해하는 것은 이후에 나타나는 그들에 대한 언급들과 합치되지 않는 것으로 보인다. 왜냐하면 주님은 그들에게 "네가 처음 사랑을 버렸느니라" "회개하라" "죽도록 충성하라" 등의 말씀으로 책망하시기 때문이다. 나는 여기에서 "사자"가 그러한 교회들의 최고위 사역자 혹은 감독을 가리키는 것인지 혹은 모든 사역자들을 집합적으로 가리키는 것인지에 대해서는 논의하지 않을 것이다. 다만 성경이 하나님의 모든 사역자들 혹은 사신(使臣)들을 "앙겔로스"(ἄγγελος)로 부르는 것은 분명한 사실이다.

일곱 촛대는 일곱 교회니라. 11절에 언급된 일곱 교회. 혹은 일곱은 완전수를 가리키는 것으로서 모든 교회들. 여기에서 교회들이 "촛대"(candlesticks)로서 표현되는 것은 바울서신에서 그것이 "진리의 기둥"으로 표현되는 것과 같은 맥락이다. 그것은 교회들이 스스로 빛을 발하는 것이 아니라 그리스도로부터 빛을 받기 때문이다. 어떤 학자들은 우리 주님이 여기의 "일곱 교회"로서 세상 끝날까지의 모든 교회들을 의미했으며, 또 그가 그들에게 말씀하시는 것들은 모든 세대의 교회들의 상태와 그들의 의무가 무엇인지를 보이기 위한 것이었다고 생각한다. 다시 말해서, 에베소 교회는 이 책이 기록되기 30년 전까지의 모든 교회들의 가장 순결한 상태를, 서머나 교회는 주후 300년까지의 모든 교회들의 상태를, 버가모 교회는 적그리스도가 말 안장에 올라 알비파(Albigenses)와 발도파(Waldenses)를 박해할 때까지의 모든 교회의 상태를, 두아디라 교회는 그때부터 종교개혁 때까지의 모든 교회들의 상태를, 그리고 나머지 세 교회는 지난 150년과 세상의 종말까지의 모든 교회들의 상태를 나타내는 것으로 말이다. 모어(More)와 미드(Mede)와 코케이우스(Cocceius)와 포브스(Forbes) 등이 그와 같이 생각한 학자들이다. 그들은 자신들의 이론을 정당화하기 위해 다음과 같은 다양한 이유들을 제시한다. (1) 오직 여기의 일곱 교회에게만 편지가 기록되고 나머지 다른 교회들에게는 기록되지 않은 특별한 이유를 찾을 수 없기 때문에. (2) 요한이 아시아의 일곱 교회라고 말하지 않고 그냥 일곱 교회라고 말하기 때문에. (3) 숫자 7은 완전수를 의미하기 때문에. (4) 오른손에 별들을 붙잡고 금 촛대 사이를 거니는 주님의 모습은 단순히 여기의 일곱 교회만이 아니라 모든 교회들 가운데 거하는 그의 모습과 합치되기 때문에. (5) 그가 그의 사역자들을 "사자"로 부르는 것은 이것이 예언임을 보여주기 때문에. (6) 여기의 교회들과 사역자들의 숫자가 인(印)의 숫자와 같은 사실은 이것이 더 큰 계시의 일부임을 보여주기 때문에. (7) 만일 여기의 편지들이 예언적인 것이 아니라 단순히 역사적(歷史的)인 것으로서 실제적인 교훈을 위한 것일 뿐이라면, 편지들 속에 여기와 같은 특별한 환상이 동반되지는 않았을 것이기 때문에. (8) 19절에서 주님이 요한에게 "지금 있는 일"뿐만 아니라 "장차 될 일"을 기록하라고 말씀하시기 때문에. (9) 편지들 안에 담겨 있는 실제적인 내용들을 볼 때. 이러한 주제와 관련하여 좀 더 충분하게 연구하기를 원하는 독자들은 그들의 저서를 직접 참조하면 좋을 것이다.

MATTHEW POOLE'S COMMENTARY

요한계시록 2장

개요

1. 에베소 교회에 보낸 편지(1–7).
2. 서머나 교회에 보낸 편지(8–11).
3. 버가모 교회에 보낸 편지(12–17).
4. 두아디라 교회에 보낸 편지(18–29).

각각의 편지들로 들어가기에 앞서 먼저 모든 편지들에 대하여 공통적으로 주목해야만 하는 것들을 생각해 보도록 하자. (1) 그리스도께서 이와 같이 교회들에게 편지를 보내는 것은 (마치 어떤 사람이 그의 친구에게 편지를 보내는 것처럼) 그의 배필인 교회에 대한 그의 사랑을 보여준다. (2) 일곱 편지가 있는 (일곱 책이 아닌) 하나의 책이 있었다. 그러한 하나의 책으로부터 각각의 교회들 혹은 각각의 시기를 대표하는 교회들은 자신과 관련한 것들을 배울 수 있었다. (3) 교회의 믿음과 행실에 대해 이야기하는 여기의 편지들은 수수께끼 같은 표현이 아니라 명백한 표현으로 기록되었다. (4) 여기의 모든 편지들의 목적은 교훈하며, 책망하며, 칭찬하며, 위로하기 위한 것이었다. (5) 여기의 편지들은 모두 각 교회의 지도자인 사역자들에게 전달된 것이지만 그러나 그 내용은 교회 전체와 관련된다. (6) 모든 편지들의 서두에서 그리스도는 앞 장의 환상에 언급된 모습 가운데 어떤 한 가지 모습으로 스스로를 나타낸다.

1. 에베소 교회의 사자에게 편지하라 오른손에 있는 일곱 별을 붙잡고 일곱 금 촛대 사이를 거니시는 이가 이르시되.

여기에서 예수 그리스도는 "오른손에 있는 일곱 별을 붙잡고 일곱 금 촛대 사이를 거니시는 이"로서 나타난다. 이러한 표현은 1:16, 20과 대응된다. 또 2:8에서는 "처음이며 마지막이요 죽었다가 살아나신 이"로서 나타나는데, 이것은 1:17, 18과 대응된다. 또 2:12에서는 "좌우에 날선 검을 가지신 이"로서 나타나는데, 이것은 1:16과 대응된다. 또 2:18에서는 "그 눈이 불꽃 같고 그 발이 빛난 주석과 같은 하나님의 아들"로서 나타나는데, 이것은 1:14, 15과 대응된다. 또 3:1에서는 "하나님의 일곱 영과 일곱 별을 가지신 이" 로서 나타나는데, 이것은 1:4, 16과 대응된다. 또 3:7에서는 "거룩하고 진실하사 다윗의 열쇠를 가지신 이 곧 열면 닫을 사람이 없고 닫으면 열 사람이 없는 자" 로서 나타나는데, 이것은 1:5, 18과 대응된다. 그리고 마지막으로 3:14에서는 "충성되고 참된 증인" 으로서 나타나는데, 이것은 1:5과 대응된다.

에베소 교회의 사자(angel)에게 편지하라. 에베소는 소아시아에서 가장 주된 도시였다. 그곳은 소아시아 서쪽에 위치하면서 이오니아 해(海)와 연접해 있었다. 또 에베소는 매우 부유하며 상업이 발달한 도시였다. 그러나 그곳은 우상 숭배와 미신이 성행했으며 특별히 아데미(아르테미스) 신전으로 유명했다. 바울은 그곳에 두 번 갔으며, 특별히 두 번째 갔을 때에는 그곳에서 3년을 머물렀다(행 18:1–20:38). 그러나 소요(騷擾)로 말미암아 그는 그곳에 디모데를 남겨둔 채 그곳으로부터 마게도냐로 갔다(딤전 1:3). 사도행전 20:17로부터 우리는 그곳에 여러 명의 사역자들이 있었음을 알 수 있다. 그들 모두가 사자들(angels)이었다. 그러나 그들은 모두 그 사역에 있어 하나였기 때문에 여기에서 단수로 "사자" (angel)라고 불린다.

오른손에 있는 일곱 별을 붙잡고. 1:16, 20을 보라. 이와 같이 그리스도는 자신의 사역자들을 존귀케 하며, 그들에게 특별한 은총을 나타내며, 그들을 보호할 것이다.

일곱 금 촛대 사이를 거니시는. 그는 자신의 교회를 바라보는 특별한 눈을 가지고 계신다. 그는 멍하니 그냥 바라보고만 계시는 자가 아니다. 그는 자신의 교회와 함께 계시며 또 교회의 모든 지체들을 항상 주목하신다.

2. 내가 네 행위와 수고와 네 인내를 알고 또 악한 자들을 용납하지 아니한 것과 자칭 사도라 하되 아닌 자들을 시험하여 그의 거짓된 것을 네가 드러낸 것과.

내가 네 행위를 … 알고. 일곱 편지의 첫 머리에 나오는 이러한 말씀은 시편 1:6처럼 단순한 인정(認定)이 아니라 그리스도의 전지하심을 나타낸다. 물론 그리스도께서 에베소 교회의 행위 가운데 어떤 것들을 기꺼이 인정해 주신 것은 분명한 사실이라 하더라도 말이다. 수고와 네 인내. 그리스도에 대한 지식과 복음을 전파함에 있어서의 그들의 수고와 십자가를 짊어짐에 있어서의 그들의 인내. 악한 자들을 용납하지 아니한 것. 열심과 뜨거운 믿음으로 잘못된 교리를 전파하며 패역하게 행동하는 자들을 자신들의 교제 안으로 받아들이지 아니한 것.

자칭 사도라 하되 아닌 자들을 시험하여. 초창기 교회에는 그리스도로부터 직접 부르심을 받았노라고 거짓으로 주장하는 자들이 많이 있었다. 그러나 에베소 교회는 그들을 받아들이지 않았다. 디모데후서로부터 우리는 에베소 교회에서 거짓 선생들이 매우 분주하게 활동했던 사실을 알 수 있다. 아마도 그들은 에비온파와 케린투스파였을 것이다(이들 모두 이 시기에 활동했으며, 특별히 케린투스는 소아시아 지역에서 활동했다). 그러나 에베소 교회의 사역자들은 아마도 하나님의 말씀으로 그들을 시험한 것으로 보인다. 다시 말해서, 그들은 하나님의 말씀의 기초 위에서 "영들이 하나님께 속했는지" 시험한 것이다. "사랑하는 자들아 영을 다 믿지 말고 오직 영들이 하나님께 속하였나 분별하라 많은 거짓 선지자가 세상에 나왔음이라"(요일 4:1). 그의 거짓된 것을 네가 드러낸 것. 즉 그들이 그리스도로부터 직접 부르심을 받은 적도 없고 또 특별한 권위를 갖고 있는 것도 아님을 드러낸 것.

3. 또 네가 참고 내 이름을 위하여 견디고 게으르지 아니한 것을 아노라.

또 네가 참고. 거짓 선생들의 공격과 유대인들과 이교도들의 박해를 견디고. 왜냐하면 이때 도미티아누스 황제에 의한 두 번째 박해가 시작되었기 때문이다.

내 이름을 위하여. 즉 나를 위하여. 너는 나를 위하여 적극적인 측면에서 나의 복음의 진리를 전파하는 일로 수고하며, 소극적인 측면에서 시련과 박해의 풀무 속에서 수고하였도다. 견디고. 혹은 인내하고. 인내는 어떤 종류의 악 가운데서 하나님의 뜻을 견지(堅持)하는 은혜이다. 게으르지 아니한. 거짓 선생들에게 미혹을 당하지도 아니하고, 행실에 있어 거룩함과 성실함을 잃어버리지도 아니한.

4. 그러나 너를 책망할 것이 있나니 너의 처음 사랑을 버렸느니라.

그러나 너를 책망할 것이 있나니. 너를 힐난하며 나무랄 것이 있나니.

너의 처음 사랑을 버렸느니라. 근래에 너는 복음을 전파하며 진리를 지키는 일에 뜨거운 열정이 없도다. 하나님과 형제들에 대한 에베소 교회의 많은 성도들의 사랑은 — 설령 완전히 소멸되지는 않았다 하더라도 — 많이 식었다.

5. 그러므로 어디서 떨어졌는지를 생각하고 회개하여 처음 행위를 가지라 만일 그리하지 아니하고 회개하지 아니하면 내가 네게 가서 네 촛대를 그 자리에서 옮기리라.

그러므로 어디서 떨어졌는지를 생각하고. 예전에 네가 가지고 있었던 사랑을 생각하고 그것을 지금의 사랑과 비교해 보라. 회개하여. 회개는 마음의 변화와 행동의 변화 모두를 포함한다. 처음 행위를 가지라. 사랑에 대한 예전의 뜨거움과 선한 행위에 대한 예전의 열심을 회복하라. 만일 그리하지 아니하고 회개하지 아니하면 내가 네게 가서. 만일 네가 그렇게 하지 않는다면, 내가 네 적이 될 것이라. 네 촛대를 그 자리에서 옮기리라. 그리고 너를 교회로부터 쫓아내면서 "내 백성이 아니라"는 뜻으로 '로암미'라 부를 것이라. 이러한 경고는 이미 오래 전에 그대로 이루어졌다. 오늘날 그 유명했던 에베소 교회가 어떻게 되었는지 생각해 보라.

6. 오직 네게 이것이 있으니 네가 니골라 당의 행위를 미워하는도다 나도 이것을 미워하노라.

오직 네게 이것이 있으니. 그러나 너를 크게 칭찬할 것이 있으니.

네가 니골라 당의 행위를 미워하는도다. 네가 아내를 공동으로 취하는 것과 우상에게 드려진 제물을 먹는 것을 합법적이라고 가르치는 자들의 행위를 미워하는도다. 바로 이런 것들이 니골라 당의 교리였다. 그들이 니골라 당이라고 불리는 것은 그들의 지도자가 니골라였기 때문이었다. 그러나 이 사람이 사도행전 6:5에 언급된 최초의 일곱 집사 가운데 한 사람이었는지 혹은 같은 이름을 가진 다른 사람이었는지 여부는 확실하지 않다.

나도 이것을 미워하노라. 사랑의 하나님은 이러한 교리와 행위를 당신의 말씀의 원리에 위배될 뿐만 아니라 공동체를 혼잡하게 만드는 것으로서 미워하신다.

7. 귀 있는 자는 성령이 교회들에게 하시는 말씀을 들을지어다 이기는 그에게는 내가 하나님의 낙원에 있는 생명나무의 열매를 주어 먹게 하리라.

귀 있는 자는 … 들을지어다. 들을 귀가 있는 자들에게 하나님은 당신의 말씀을 깨달을 수 있는 힘과 능력을 주신다. 이것은 우리 주님이 사람들의 주의를 환기시킬 때 자주 사용하신 화법(話法)이었다(마 11:15; 13:9, 43; 막 4:9, 23; 7:16). 우리는 이러한 표현이 일곱 교회에 보내진 매 편지들마다 나타나는 것을 보게 된다. 이러한 사실로부터 어떤 사람들은 여기의 편지들 속에 신비하며 비유적이며 예언적인 것이 있다고 결론 내린다. 왜냐하면 그것은 우리 주님이 여러 가지 비유들을 말씀하실 때 종종 사용하신 전형적인 표현이기 때문이다.

성령이 … 하시는 말씀을. 모든 성경은 성령의 감동으로 된 것이다. 교회들에게. 에베소 교회뿐만 아니라 소아시아에 있는 다른 교회들과 나아가 세상의 모든 교회들에게. 이기는 그에게는. 즉 세상과 육신과 마귀에 대한 믿음의 선한 싸움에서 승리한 자에게는.

내가 하나님의 낙원에 있는 생명나무의 열매를 주어 먹게 하리라. 내가 그에게 내 공로의 한 분깃과 영원한 생명을 주리라. 이와 같이 그의 공로의 분깃과 영원한 생명을 향유하는 것이 여기에서 "먹는" 개념으로 제시된다. 누가복음 12:37; 22:28; 요한

복음 10:28을 보라. 그가 우리에게 약속하신 것이 바로 이것이다. "그가 우리에게 약속하신 것은 이것이니 곧 영원한 생명이니라"(요일 2:25). 천국은 이와 같이 "하나님의 낙원에 있는 생명나무의 열매를 먹는" 개념으로 표현된다(창 2:9). 혹은 우리는 여기의 생명나무를 그리스도 자신을 가리키는 것으로 이해할 수 있다(계 22:2). 그렇다면 여기에서 천국의 행복은 "항상 그와 함께 있는" 것으로 제시되는 셈이 될 것이다(살전 4:17). 지금까지 우리는 에베소 교회에 보낸 편지를 대략적으로 살펴보았는데, 이러한 편지들을 예언적인 것으로 이해하는 사람들은 여기의 에베소 교회를 사도 시대의 모든 혹은 대부분의 초대교회들을 가리키는 것으로서 이해한다. 그것은 여기의 요한 자신이 두 번째 박해 아래 살았기 때문이다.

8. 서머나 교회의 사자에게 편지하라 처음이며 마지막이요 죽었다가 살아나신 이가 이르시되.

서머나 교회의 사자에게 편지하라. 서머나는 이오니아에 있는 한 도시였다. 언제 그리고 누구에 의해 그곳에 처음 복음이 전파되고 교회가 세워졌는지 우리는 듣지 못한다. 또 우리는 이 교회의 "사자"가 누구인지 알지 못한다. 1:20을 보라. 아마도 여기의 사자는 한 사람을 가리키는 것이 아닐 가능성이 높다. 왜냐하면 그리스도께서 10절에서 복수로 말씀하고 계시기 때문이다. "마귀가 장차 너희 가운데에서 몇 사람을 옥에 던져 시험을 받게 하리니."

처음이며 마지막이요 죽었다가 살아나신 이가 이르시되. 여기의 구절의 의미를 위해서는 1:8, 17, 18에 대한 저자의 주석을 참조하라. 당시 서머나 교회는 큰 환난과 박해 아래 있었다. 따라서 그러한 교회를 위로하기 위해 그리스도께서 여기와 같은 이름으로 나타나신 것은 참으로 적절한 일이었다. 왜냐하면 그 자신이 죽었다가 다시 살아나셨으며 그러므로 그가 살아 계시기 때문에 그를 믿는 자들 또한 살 것이기 때문이다(요 14:19). 뿐만 아니라 그는 처음이며 마지막이다. 그는 그의 모든 원수들보다 더 오래 살아계시며, 그러므로 마침내 그들을 이기실 것이다.

9. 내가 네 환난과 궁핍을 알거니와 실상은 네가 부요한 자니라 자칭 유대인이라 하는 자들의 비방도 알거니와 실상은 유대인이 아니요 사탄의 회당이라.

내가 네 환난을 알거니와. 여기의 "알거니와"에는 인정(認定)의 의미가 함축되어 있다. 다시 말해서 주님은 그들이 자신의 이름을 위해 고난을 견딘 것을 인정해 주셨다. **궁핍.** 그들은 그리스도의 복음을 위해 기꺼이 궁핍을 감수했다. **실상은 네가 부요한 자니라.** 실상 그들은 하나님의 사랑과 호의에 있어서도 부요한 자였으며, 하나님이 평가하실 때에도 부요한 자였다. 하나님은 그들을 영적인 측면에서 부요한 자들로 평가하셨다.

자칭 유대인이라 하는 자들의 비방도 알거니와 실상은 유대인이 아니요. 하나님은 교회의 원수들이 교회에 대해 행하는 비방과 악담을 아신다. 여기의 "유대인"은 아브라함의 자손으로서 할례와 율법을 자랑했던 본토 유대인들을 가리키는 것일 수도 있고, 상징적인 의미에서 종종 "유대인"으로 불렸던 거짓 그리스도인들을 가리키는 것일 수도 있다. 사탄의 회당이라. 마귀들의 모임이라. 혹은 마귀의 일을 행하는 그의 자녀들이라. 그들은 계속적으로 성도들을 욕하며, "처음부터 살인한 자"인 그들의 아버지의 행태를 따라 성도들을 죽인다.

10. 너는 장차 받을 고난을 두려워하지 말라 볼지어다 마귀가 장차 너희 가운데에서 몇 사람을 옥에 던져 시험을 받게 하리니 너희가 십 일 동안 환난을 받으리라 네가 죽도록 충성하라 그리하면 내가 생명의 관을 네게 주리라.

너는 장차 받을 고난을 두려워하지 말라. 너는 지금까지 받은 고난보다 더 큰 고난을 받게 될 것이라. 박해는 이제 시작일 뿐이니라. 그러나 용기를 내고 원수들을 두려워하지 말라(마 10:28). 볼지어다 마귀가 장차 너희 가운데에서 몇 사람을 옥에 던져. 너희는 마귀의 도구인 유대인들과 이교도들에 의해 옥에 던져지게 될 것이라. 그러나 너희의 싸움은 본질적으로 인류 공통의 원수인 마귀와의 싸움이니라. 그러므로 너희는 너희를 박해하는 자들을 긍휼히 여기며 그들을 위해 기도해야 할 것이라. 왜냐하면 그들은 단지 마귀의 도구일 뿐이기 때문이라. 그들의 마음 가운데 너희에 대한 적의(敵意)를 불어넣은 것은 바로 마귀니라.

시험을 받게 하리니. 너희의 믿음과 사랑과 인내와 순종을 시험하리니.

너희가 십 일 동안 환난을 받으리라. 여기의 "십 일"에 대한 해석과 관련하여 학자들의 견해가 나누어진다. 어떤 학자들은 여기의 "십 일"을 200년 이상 지속된 열 번의 박해 기간 전체로 생각한다. 또 어떤 학자들은 그것을 주후 99년부터 109년까지 10년 동안의 트라야누스의 박해 기간으로 생각한다. 또 어떤 학자들은 십 일을 240시간으로 환산하면서 그것을 (지금 요한이 처해 있는) 두 번째 박해가 시작된 주후 85년부터 모든 박해가 끝난 325년까지로 본다. 그러나 이러한 견해들은 단지 상상력의 산물일 뿐이다. 여기의 "십 일"은 단순히 불확실한 기간이나 혹은 여러 날을 의미하는 것일 수 있다. 예컨대 창세기 31:41의 "외삼촌께서 내 품삯을 열 번이나 바꾸셨으며"에서 "열 번"이 단순히 여러 번을 의미하는 것처럼 말이다. 이와 관련하여 사무엘하 19:43; 욥 19:3을 보라. 혹은 그것은 창세기 24:55; 아모스 5:3; 6:9처럼 짧은 기간을 의미하는 것일 수도 있다. 만일 우리가 이 편지를 전적으로 당시의 서머나 교회와 관련되는 것으로만 이해한다면, 여기의 "십 일"은 짧은 기간을 의미하는 것이 될 것이다. 반면 그것을 예언적으로, 다시 말해서 이교도들의 박해가 끝날 때까지의 모든 교회들의 상태를 묘사하는 것으로 이해한다면, 여기의 "십 일"은 긴 기간을 의미하는 것이 될 것이다.

네가 죽도록 충성하라. 네 신앙 고백과 거룩함을 네 생애의 끝날까지 굳게 지켜라. 그리하면 내가 생명의 관을 네게 주리라. 내가 네게 영원한 생명과 구원을 주리라. 그것은 큰 상급이 될 것이다. 여기의 "생명의 관"은 다른 곳에서 "의의 면류관"으로 불린다(딤후 4:8).

11. 귀 있는 자는 성령이 교회들에게 하시는 말씀을 들을지어다 이기는 자는 둘째 사망의 해를 받지 아니하리라.

귀 있는 자는 성령이 교회들에게 하시는 말씀을 들을지어다. 여기의 구절을 위해서는 7절에 대한 저자의 주석을 참조하라.

이기는 자는 둘째 사망의 해를 받지 아니하리라. 계시록 20:6, 14에 "둘째 사망"이라는 표현이 나온다. 여기의 의미는 그가 심판 날 영혼과 몸의 영원한 저주를 피할 것이라는 것이다. 일곱 편지를 예언적인 것으로 취하는 학자들은 여기의 서머나 교회를 (콘스탄티누스가 루키니우스에 대해 승리를 거두고 기독교에 안식과 평안을 준) 주후 325년까지의 모든 교회들의 모형으로 이해한다. 이때는 대체로 로마의 황제들 아래서 가혹한 박해를 당하던 때였다. 그리고 이때까지 로마의 황제들은 모두 이교도였다. 특별히 이 교회에 대해 그리스도께서 아무런 책망도 하지 않은 것은 매우 주목할 만하다. 하나님의 교회는 항상 불 가운데 있을 때 그 순결함을 가장 잘 지킨다. 그러나 이 기간 동안 의심의 여지 없이 많은 배교자들이 있었고, 또 여러 가지 오류들도 있었다. 그러나 하나님은 박해 아래 고통당하는 그들에게 많은 것을 용납하셨다. 이것은 욥의 경우에도 마찬가지였다. 그는 친구들과 대화하는 가운데 많은 허물을 나타냈지만, 그럼에도 불구하고 성경은 우리에게 인내의 표본으로서 그를 바라보라고 초청한다.

12. 버가모 교회의 사자에게 편지하라 좌우에 날선 검을 가지신 이가 이르시되.

버가모 교회의 사자에게 편지하라. 버가모는 드로아의 유명한 도시였다. 우리는 성경의 다른 곳에서 버가모에 대해 읽지 못한다. 그러나 드로아에 대해서는 바울이 그곳에 있으면서 그곳에서 그리스도를 전파했던 것을 읽는다(행 16:8, 11; 고후 2:12). 좌우에 날선 검을 가지신 이가 이르시되. 1:16에 대한 주석을 참조하라.

13. 네가 어디에 사는지를 내가 아노니 거기는 사탄의 권좌가 있는 데라 네가 내 이름을 굳게 잡아서 내 충성된 증인 안디바가 너희 가운데 곧 사탄이 사는 곳에서 죽임을 당할 때에도 나를 믿는 믿음을 저버리지 아니하였도다.

네가 어디에 사는지를 내가 아노니. 하나님은 당신의 모든 백성들이 사는 곳의 상황과 그들이 그곳에서 어떻게 행동하는지를 아신다. 거기는 사탄의 권좌가 있는 데라. 마귀가 그의 이교도 대리자들과 적그리스도의 대행자들로 말미암아 통치하는 데라. 네가 내 이름을 굳게 잡아서. 네가 나의 진리의 말씀을 굳게 붙잡아서. 나를 믿는 믿음을 저버리지 아니하였도다. 미혹하는 자들과 박해하는 자들의 시험과 위협에도 불구하고, 네가 나를 네 입의 말로도 저버리지 않았고 배교에 의해서도 저버리지 아니하였도다.

내 충성된 증인 안디바가 … 죽임을 당할 때에도. 우리는 교회사 가운데 여기의 순교자에 대해 아무것도 듣지 못한다. 이러한 사실은 우리에게 그가 이 세상에서 거의 알려지지 않은 사람이었음을 일깨워 준다. 그러나 그리스도께서는 여기의 "안디바"와 같이 자기에게 속한 작은 자들을 아시며 주목하신다. 설령 세상은 그들을 알지 못하며 주목하지 않는다 하더라도 말이다. 이 사람이 교회사 가운데 전혀 알려지지 않은 사람이라는 사실에 근거하여 일부 학자들은 이 편지가 전적으로 예언적인 것이며 여기의 안디바는 어떤 특정한 사람이 아니라 — 안티파스(Antipas)를 안티파파(Antipapa)로 취하면서 — 교황을 반대하는 모든 사람을 가리키는 것이라고 생각한다. 그러나 여기의 서머나 교회를 어떤 방식으로 취하느냐 여부와 상관없이 당시 이 교회에 안디바와 같이 진리를 위해 고난을 당한 순교자가 있었던 것은 분명하다.

14. 그러나 네게 두어 가지 책망할 것이 있나니 거기 네게 발람의 교훈을 지키는 자들이 있도다 발람이 발락을 가르쳐 이스라엘 자손 앞에 걸림돌을 놓아 우상의 제물을 먹게 하였고 또 행음하게 하였느니라.

그러나 네게 두어 가지 책망할 것이 있나니. 네게 칭찬할 것이 많이 있음에도 불구하고 동시에 책망할 것도 몇 가지 있도다. 거기 네게 발람의 교훈을 지키는 자들이 있도다. 여기의 "발람의 교훈"은 다음 절에서 분명하게 나타나는 것처럼 니골라 당의 교훈을 의미한다. 니골라 당의 교훈은 발람의 교훈과 거의 비슷했다.

발람이 발락을 가르쳐 이스라엘 자손 앞에 걸림돌을 놓아 우상의 제물을 먹게 하였고 또 행음하게 하였느니라. 여기의 발람에 대해 우리는 민수기 24:1-25:18에서 읽는다. 모압 왕 발락이 그로 하여금 와서 이스라엘을 저주하도록 그에게 사자들을 보냈다. 그는 하나님이 자신을 막는 것을 깨닫고는, 자신의 혀를 이스라엘에게 저주를 선언하는 것으로부터 축복을 선언하는 것으로 바꾸었다. 그러나 그는 마침내 발락에게 이스라엘 앞에 걸림돌을 놓음으로써 그들을 타락시키는 방법을 가르쳐 주었다. 그것은 모압 여인들로 하여금 그들을 유혹하여 그들과 더불어 부정한 일을 행하고 우상의 전에서 그들과 함께 잔치를 벌임으로써 그들로 하여금 우상에게 드려진 제물을 먹도록 만드는 것이었다.

15. 이와 같이 네게도 니골라 당의 교훈을 지키는 자들이 있도다.

이와 같이 그리스도는 버가모 교회의 사자에게 그가 자신들의 공동체에 부정한 자들을 받아들인 것을 책망하셨다. 그들은 음행과 우상에게 드려진 제물을 먹는 것을 합법적인 것이라고 주장했다. 그것은 이스라엘을 타락시키기 위해 발람이 발락에게 준 교훈 혹은 조언과 정확하게 일치하는 것이었다. 그의 조언으로 말미암아 결국 24,000명의 이스라엘 백성들이 멸망을 당했다.

16. 그러므로 회개하라 그리하지 아니하면 내가 네게 속히 가서 내 입의 검으로 그들과 싸우리라.

회개하라. 네게도 그와 같은 일을 묵인한 죄책이 있도다. 그러므로 네 마음과 행실을 바꿔라. 특별히 그들의 교훈을 받아들이고 그들의 추잡한 행실을 따라 달려간 자들은 더욱 그렇게 할 것이라. 그리하지 아니하면 내가 네게 속히 가서. 내가 그에게 속히 달려가 그를 징벌할 것이라. 5절에 대한 저자의 주석을 보라. 내 입의 검으로 그들과 싸우리라. 나의 말로 그들을 깨닫게 하거나, 혹은 그들에게 심판을 선언하거나, 혹은 나의 말을 신실하게 전파하는 다른 선생들을 세움으로 말미암아 그들과 싸우리라. 그리고 그러한 선생들의 교훈은 그들을 삼키며 멸망시키는 검과 같을 것이라.

17. 귀 있는 자는 성령이 교회들에게 하시는 말씀을 들을지어다 이기는 그에게는 내가 감추었던 만나를 주고 또 흰 돌을 줄 터인데 그 돌 위에 새 이름을 기록한 것이 있나니 받는 자 밖에는 그 이름을 알 사람이 없느니라.

귀 있는 자는 성령이 교회들에게 하시는 말씀을 들을지어다. 7절에 대한 주석을 참조하라. 내가 감추었던 만나를 주고. 여기에 하늘로부터 내린 떡에 대한 분명한 언급이 나타난다. 하나님은 광야에서 "천사의 떡"(angels' bread)으로 불리는 그 떡으로 자기 백성들을 먹이셨다(시 78:25, 한글개역개정판에는 "힘센 자의 떡"으로 되어 있음). 그것과 관련한 이야기는 출애굽기 16:31, 32에 나타난다. 하나님은 이스라엘 백성들로 하여금 자신의 긍휼을 기억하도록 하기 위해 그것을 담은 항아리를 언약궤 안에 넣어 보관하도록 명하셨다(히 9:4). 그것은 "하늘로부터 내려온 참 떡"이신 그리스도의 모형이었다(요 6:32, 33). 그리고 그것은 여기에서 그리스도 자신을 — 그의 은혜의 모든 영향력과 함께 — 의미한다. 잔치는 통상적으로 승리에 뒤따르는 것이다. 그와 같이 그리스도는 여기에서 영적 싸움에서 승리한 자들에게 자신과 함께 먹고 마실 것을 약속하신다.

또 흰 돌을 줄 터인데. 고대에 돌은 다양하게 사용되었다. 그러므로 여기의 "흰 돌"의 의미와 관련해서도 해석가들 사이에 의견이 다양하게 갈라진다. 옛 사람들은 돌을 숫자를 계수하기 위해 사용했다. 또 그들은 그것을 재판을 할 때 사용하기도 했다. 어떤 사람에 대해 무죄를 판결할 때는 흰 돌에 그의 이름을 썼으며, 유죄를 판결할 때는 검은 돌에 썼다. 또 그들은 투표권을 행사할 때에도 돌을 사용했으며, (그들이 생각할 때) 좋은 날과 흉한 날을 표시하기 위해서도 그것을 사용했다. 어떤 돌에는 좋은 날을 표시하고 다른 돌에는 흉한 날을 표시한 것이다. 또 그들은 경기에서 승리를 거둔 자들에게 상급으로 돌을 주기도 했다. 돌의 이와 같은 다양한 용례(用例)의 기초 위에서, 여기의 말씀에 대한 해석가들의 의견은 여러 가지로 갈라진다. 어떤 사람은 그것을 상급에 대한 일반적인 약속으로, 또 어떤 사람은 용서와 사면(赦免)의 좀 더 특별한 약속으로, 또 어떤 사람은 그들이 생명으로 선택된 것에 대한 확증으로 이해한다. 어쨌든 내가 볼 때 여기의 "흰 돌"은 용서 혹은 죄 사함, 또는 좀 더 일반적으로 상급을 나타내는 것일 가능성이 가장 높아 보인다.

그 돌 위에 새 이름을 기록한 것이 있나니 받는 자 밖에는 그 이름을 알 사람이 없느니라. 여기의 "새 이름"은 "성령이 친히 우리의 영과 더불어 우리가 하나님의 자녀인 것을 증언하시나니"라는 말씀이 의미하는 것과 같은 것을 의미하는 것으로 보인다(롬 8:16). 그리고 흰 돌 위에 무죄 판결을 받거나 혹은 투표에서 선택된 사람의 이름이 기록된 것으로 보인다. 일곱 교회를 상징적으로 취하는 사람들은 여기의 버가모 교회를 발도파와 알비파에 대한 박해가 끝난 때까지, 혹은 적그리스도가 처음 하나님의 성전에 앉고(계 13:1-18) 여자가 광야로 도망친(계 12:1-17) 때까지의 교황 시대 아래서의 복음교회들을 상징하는 것으로서 이해한다.

18. 두아디라 교회의 사자에게 편지하라 그 눈이 불꽃 같고 그 발이 빛난 주석과 같은 하나님의 아들이 이르시되.

두아디라 교회의 사자에게 편지하라. 두아디라는 마게도냐의 주도(主都)였던 빌립보로부터 멀리 떨어지지 않은 무시아 혹은 루디아의 한 도시였다. 우리는 사도행전에서 자색 옷감 장사 루디아가 두아디라에 살면서 장사를 위해 빌립보에 온 것을 읽는다(행 16:12, 14). 그 눈이 불꽃 같고. 1:14, 15을 보라. "불꽃 같은 눈"은 분노의 눈을 의미하기도 하고, 통찰하며 꿰뚫는 눈을 의미하기도 한다. 그 발이 빛난 주석과 같은. 그의 발을 "빛난 주석"으로 비유하는 것은 그의 섭리의 정결함과 거룩함과 함께 그것의 확고함과 불변함을 의미하는 것으로 보인다.

19. 내가 네 사업과 사랑과 믿음과 섬김과 인내를 아노니 네 나중 행위가 처음 것보다 많도다.

내가 네 사업을 아노니. 우리 주님은 두아디라 교회에서 행해지는 일들을 아셨다. 여기의 앎은 단순한 인식뿐만 아니라 인정(認定)까지 함축한다. 사랑. 고통 가운데 있는 그리스도인들에 대한 그(즉 두아디라 교회의 사자)의 자비의 행동들. 믿음. 그리스도와 복음에 대한 그의 확고한 믿음. 섬김. 그가 부지런히 감당한 사역. 인내. 자신의 십자가와 시련을 묵묵히 감당한 것. 네 나중 행위가 처음 것보다 많도다. 영적인 습관들과 그것의 열매인 선행에 있어.

20. 그러나 네게 책망할 일이 있노라 자칭 선지자라 하는 여자 이세벨을 네가 용납함이니 그가 내 종들을 가르쳐 꾀어 행음하게 하고 우상의 제물을 먹게 하는도다.

그러나 네게 책망할 일이 있노라. 4절과 14절에 대한 주석을 참조하라.

자칭 선지자라 하는 여자 이세벨을 네가 용납함이니. 본 절 후반부에 6절과 15절에 언급된 니골라 당의 교훈이 분명하게 나타난다. 앞에서도 이야기했지만 그들은 음행과 우상에게 드려진 제물을 먹는 것을 합법적인 것으로 주장했다. 여기의 "이세벨"이 누구든 간에, 어쨌든 그녀가 니골라 당의 일원이었던 것은 분명하다. 또 그녀가 자기 남편 아합을 바알 숭배로 이끈 그 유명한 악녀의 이름을 빗대 "이세벨"로 불린 것 역시 분명하다(왕상 16:31). 그녀는 자기 자신을 "선지자"로 자칭하면서 스스로를 신적 계시를 받은 자로 자처했다. 그렇게 함으로써 그녀는 사람들을 공적으로 가르칠 수 있었다. 왜냐하면 사람들을 공적으로 가르치는 것은 선지자 외에 다른 여자들은 할 수 없었던 일이었기 때문이다(고전 14:34; 딤전 2:11, 12). 특별히 그녀는 여자들에게 음행과 우상에게 드려진 제물을 먹는 것을 합법적이라고 가르친 것으로 보인다. 그러나 그러한 교훈은 바울이 가르친 것과 상반되는 것이었다(고전 9:10). 그러나 그녀가 정확하게 누구인지 우리는 알지 못한다. 설령 우리가 여기의 두아디라 교회를 교황 시대의 교회를 상징하는 것으로 취한다 하더라도, 어쨌든 그 교회에 유명한 이교도 악녀가 있었던 것은 분명하다. 두아디라 교회의 지도자들은 그녀를 제지하지도 않고 공동체로부터 쫓아내지도 않았다. 그리스도께서는 바로 이 부분과 관련하여 그 교회와 그 교회의 지도자들을 책망하셨다. 그들은 마땅히 그녀의 잘못된 행동을 제지했어야 했다. 사도들이 가르친 것과는 상반되는 잘못된 교훈을 가르친 것과 자칭 선지자라고 하면서 사람들을 공적으로 가르친 것 모두를 말이다.

21. 또 내가 그에게 회개할 기회를 주었으되 자기의 음행을 회개하고자 하지 아니하는도다.

나는 그녀를 곧바로 심판하지 않고 그녀에게 회개할 기회를 주었노라. 그러나 그녀는 돌이키지 않고 계속해서 자신의 악한 길로 갔노라.

22. 볼지어다 내가 그를 침상에 던질 터이요 또 그와 더불어 간음하는 자들도 만일 그의 행위를 회개하지 아니하면 큰 환난 가운데에 던지고.

내가 그를 침상에 던질 터이요. 그녀가 범죄한 침상과는 다른 종류의 침상. 여기의 침상은 안일과 쾌락의 침상이 아니라 고통과 괴로움의 침상이다. 뿐만 아니라 "그녀와 더불어 간음한" 자들도 피하지 못할 것이다. 그들 역시도 큰 환난 가운데 던져질 것이다. 왜냐하면 그들 역시도 사람들의 손으로부터 혹은 좀 더 직접적으로 하나님의 손으로부터 양심의 고통과 실제적인 괴로움 가운데 던져질 것이기 때문이다.

그의 행위를 회개하지 아니하면. 하나님은 심판을 경고할 때마다 항상 이러한 조건을 덧붙인다. 일반적으로 하나님의 심판은 회개에 의해 저지될 수 있다. 가장 악한 죄인에게조차 회개의 기회를 주는 것이 하나님의 오래 참으심이다.

23. 또 내가 사망으로 그의 자녀를 죽이리니 모든 교회가 나는 사람의 뜻과 마음을 살피는 자인 줄 알지라 내가 너희 각 사람의 행위대로 갚아 주리라.

내가 사망으로 그의 자녀를 죽이리니. 여기의 "그녀의 자녀들"(her children)은 그녀에 의해 미혹을 당한 자들을 가리킨다. 여기에 예컨대 역병 같은 특별한 형태의 사망이 언급되지는 않았지만, 어쨌든 하나님은 그들을 사망으로 멸망시킬 것이다.

모든 교회가 나는 사람의 뜻과 마음을 살피는 자인 줄 알지라 내가 너희 각 사람의 행위대로 갚아 주리라. 내가 그들을 멸함으로 말미암아 두아디라 인근의 모든 교회들이 내가 사람들의 외적인 행동뿐만 아니라 그 마음의 은밀한 생각과 계획과 의도까지도 통찰하는 하나님임과 또 사람들의 모든 행위에 따라 심판하는 공의의 하나님임을 알게 될 것이라(시 7:10; 렘 11:20; 17:10).

24. 두아디라에 남아 있어 이 교훈을 받지 아니하고 소위 사탄의 깊은 것을 알지 못하는 너희에게 말하노니 다른 짐으로 너희에게 지울 것은 없노라.

두아디라에 남아 있어 이 교훈을 받지 아니하고. 두아디라 교회에서 이세벨이 가르친 니골라 당의 교훈을 받아들이지 않은 나머지 지체들. 소위. 미혹자들은 그들의 교훈을 "깊은 것"(deep things) 혹은 "큰 비밀"(great mysteries)이라고 불렀다. 하나님의 진리의 복음이 "하나님의 깊은 것"(the deep things of God)인 것처럼(고전 2:10), 그들은 감히 자신들의 교훈을 "깊은 것"이라고 참칭(僭稱)했다. 그러나 그리스도께서는 여기에서 그것을 "사탄의 깊은 것"이라고 부르신다.

너희에게 말하노니. 여기의 "너희"는 두아디라 교회에서 니골라 당의 교훈을 받아들이지 않은 다른 사람들을 가리킨다. 여기의 "너희"는 복수형이다. 이로써 우리는 여기의 편지들이 어떤 특정한 개인들에게 전달된 것이 아니었음을 알게 된다.

다른 짐으로 너희에게 지울 것은 없노라. 내가 너희에게 시련과 고통의 다른 짐을 지우지 않을 것이라.

25. 다만 너희에게 있는 것을 내가 올 때까지 굳게 잡으라.

다만 너희에게 있는 것. 너희가 사도들로부터 배워 이미 가지고 있는 다른 교훈들. 마태복음 11:30; 사도행전 15:28에서 하나님의 교훈은 "짐"으로 불린다. 내가 올 때까지 굳게 잡으라. 내가 심판을 위해 올 때까지 너희의 믿음과 거룩함과 신앙 고백을 굳게 붙잡으라.

26. 이기는 자와 끝까지 내 일을 지키는 그에게 만국을 다스리는 권세를 주리니.

이기는 자와 끝까지 내 일을 지키는 그에게. 7절과 11절과 17절에 대한 주석을 참조하라. "이기는" 것은 여기에서 "그리스도의 일을 지키는" 것으로 부연 설명된다. 여기에서 "그리스도의 일"은 그가 명령하신 일이거나 혹은 그가 행하신 대로 행하는 것 혹은 자신의 삶을 끝까지 그가 행하신 것 안에서 굳게 견지하는 것을 의미한다.

만국을 다스리는 권세. 이교도들을 심판하는 권세, 혹은 만국을 믿음으로 돌이키는 권세, 혹은 심판 날 그리스도와 함께 보좌에 앉아 세상을 심판하는 권세(마 19:28;

고전 6:2). 아마도 세 번째 것이 가장 가능성이 높아 보인다.

27. 그가 철장을 가지고 그들을 다스려 질그릇 깨뜨리는 것과 같이 하리라 나도 내 아버지께 받은 것이 그러하니라.

그가 철장을 가지고 그들을 다스려. 여기의 "철장"(鐵杖) 즉 쇠 지팡이는 쉽게 구부러지거나 휘지 않는 곧은 지팡이나 혹은 용서 없는 가혹한 지팡이를 의미한다. 아마도 후자가 더 개연성이 높아 보인다. "네가 철장으로 그들을 깨뜨림이여 질그릇 같이 부수리라 하시도다"(시 2:9). 이러한 말씀은 그리스도에게, 그리고 교회에게 적용된다(계 12:5). 한편 여기의 말씀은 그리스도 안에서 혹은 그리스도와 함께 만국을 다스릴 성도들에게 적용된다. 그들은 하나님의 말씀으로 세상을 죄와 의에 대하여 분명하게 깨닫게 함으로써 그렇게 할 것이다.

질그릇 깨뜨리는 것과 같이 하리라. 모든 이교(異敎)와 이교도 우상 숭배자들이 산산조각이 날 것이라. 혹은 심판 날 하나님의 진리를 굳게 붙잡은 성도들이 그리스도와 함께 앉아 세상을 엄중하게 정죄하고 심판함으로써 그들이 산산조각이 날 것이라. 나도 내 아버지께 받은 것이 그러하니라. 내가 아버지로부터 받은 그러한 권세와 능력을 그들 모두에게 줄 것이라.

28. 내가 또 그에게 새벽 별을 주리라.

여기의 "새벽 별"은 영광의 빛 곧 하나님에 대한 복된 환상이나, 혹은 영원한 생명에 대한 확실한 소망이나, 혹은 성령이나(벧후 1:19), 혹은 그리스도 자신을 가리키는 것일 수 있다. 여기에서 그리스도가 "새벽 별"로 불리는 것은 그가 그 영광에 있어 다른 모든 별들을 능가할 뿐만 아니라 자신의 복음의 빛으로 거짓과 무지의 어둠을 비추기 때문이다(계 22:16). 내가 그를 나 자신에게 참여하는 자로 삼을 것이라.

29. 귀 있는 자는 성령이 교회들에게 하시는 말씀을 들을지어다.

여기의 편지도 다른 편지들과 똑같은 방식으로 종결된다(7, 11, 17). 7절에 대한 저자의 주석을 참조하라. 소아시아의 일곱 교회를 예언적이며 상징적으로 취하는 사람들은 여기의 두아디라 교회를 발도파에 대한 박해가 끝난 1260년경으로부터 대부분의 나라들이 프로테스탄트 교회를 인정한 — 잉글랜드와 스코틀랜드도 이때 프로테스탄트를 자신들의 종교로 공인했다 — 1560년경까지의 그리스도의 모든 교회들의 모형으로 이해한다.

MATTHEW POOLE'S COMMENTARY

요한계시록 3장

개요

1. 사데 교회에 보낸 편지(1–6).
2. 빌라델비아 교회에 보낸 편지(7–13).
3. 라오디게아 교회에 보낸 편지(14–22).

1. 사데 교회의 사자에게 편지하라 하나님의 일곱 영과 일곱 별을 가지신 이가 이르시되 내가 네 행위를 아노니 네가 살았다 하는 이름은 가졌으나 죽은 자로다.

교회의 사자. 2:12의 주석을 참조하라. 편지하라. 1:11의 주석을 참조하라. 하나님의 일곱 영과 일곱 별. 1:3과 1:20의 주석을 참조하라. 내가 네 행위를 아노니. 이러한 말씀은 단순한 인식(認識)을 의미할 뿐 인정(認定)을 의미하지 않는다. 다시 말해서, 그리스도께서 그들의 행위를 인식적으로 알고 계시다는 것이지, 그들의 행위를 인정하며 지지하는 것은 아니다. 네가 살았다 하는 이름은 가졌으나. 이 교회는 믿음과 부지런함과 거룩함이 있는 교회로 알려졌다. 그러나 그들의 믿음에는 그에 합당한 행함이 따르지 않았다. 따라서 그들의 믿음은 죽은 믿음이었으며, 그들은 외식하는 자 외에 아무것도 아니었다. 죽은. 영적으로 죽은.

2. 너는 일깨어 그 남은 바 죽게 된 것을 굳건하게 하라 내 하나님 앞에 네 행위의 온전한 것을 찾지 못하였노니.

일깨어. "Be watchful" 즉 경계하여. 너의 의무를 올바로 행할 수 있도록 죄를 경계하여. 그 남은 바 죽게 된 것을 굳건하게 하라. 너에게 아직까지 남아 있기는 하지만 그러나 너무나 희미하여 거의 소멸되게 된 은사들과 좋은 습관들을 다시금 되살려라. 내 하나님 앞에 네 행위의 온전한 것을 찾지 못하였노니. (사역에서든 혹은 행실에서든) 하나님 앞에서 네 온전한 행위를 찾지 못하였노니.

3. 그러므로 네가 어떻게 받았으며 어떻게 들었는지 생각하고 지켜 회개하라 만일 일깨지 아니하면 내가 도둑 같이 이르리니 어느 때에 네게 이를는지 네가 알지 못하리라.

네가 어떻게 받았으며 어떻게 들었는지 생각하고. 즉 주 예수 그리스도의 사도들로부터. 교리적인 측면에서든 실천적인 측면에서든, 모든 참된 회복과 갱신은 그것을 처음 받고 들었을 때로 되돌아가는 것에 놓여 있다. 지켜 회개하라. 우리는 사도들로부터 받고 들은 것을 굳게 붙잡으면서 그것으로부터 이탈된 것이 있으면 돌이켜 회개해야 한다. 만일 일깨지 아니하면 내가 도둑 같이 이르리니. 만일 네가 총체적인 죄와 허물로부터 스스로를 지키지 않는다면, 내가 네게 속히 이르되 너를 위로하며 즐겁게 하는 친구로서가 아니라 너를 늑탈하며 멸망시키는 도둑처럼 그렇게 할 것이라. 어느 때에 네게 이를는지 네가 알지 못하리라. 내가 나의 심판으로 너를 놀라게 할 것이며, 너는 나의 심판이 언제 덮칠지 알지 못할 것이라.

4. 그러나 사데에 그 옷을 더럽히지 아니한 자 몇 명이 네게 있어 흰 옷을 입고 나와 함께 다니리니 그들은 합당한 자인 연고라.

사데에 그 옷을 더럽히지 아니한 자 몇 명이 네게 있어. 부정한 것들로 가득한 곳에 있음에도 불구하고 그 옷이 더럽혀지지 않은, 즉 자신들의 순전함과 깨끗함을 잃어버리지 않은 몇 사람이 있어. 그리스도의 의의 옷은 한 번 입으면 결코 잃어지지도 않고 더러워질 수도 없다. 그러나 거룩함의 옷은 그렇지 않다. 이런 측면에서 바울은 그리스도인들에게 "겸손으로 옷 입으라"라고 초청한다(골 3:12). 죄가 벗음의 개념으로 표현되는 것처럼, 거룩함은 옷을 입는 개념으로 표현된다(겔 16:10; 벧전 5:5). 자신의 옷을 더럽히지 않은 자들은 자신의 순전한 양심을 지킨 자들이다.

흰 옷을 입고 나와 함께 다니리니. 로마의 귀족들은 통상적으로 흰 옷을 입었다. 또 유대인들 가운데 제사장들과 레위인들은 성전에서 섬길 때 흰 옷을 입었다(대하 5:12). 또 성경에서 하나님과 그의 거룩한 천사들은 흰 옷을 입은 모습으로 우리에게 나타난다(단 7:9; 마 17:2; 28:3). 또 로마인들 가운데 승리를 얻은 경주자들은 흰 옷을 입었다. 이러한 사실들을 통해 우리는 여기의 구절이 함축하는 것이 무엇인지 충분히 추론할 수 있다. 그것은 그들이 그리스도 앞에 왕과 제사장과 귀족이 될 것이라는 것이다. 다시 말해서, 그들이 그의 영광에 참여하는 자들이 될 것이라는 것이다.

그들은 합당한 자인 연고라. 설령 그들이 충분한 공로를 가지고 있는 것은 아니라 하더라도, 그러나 나는 그들을 "합당한 자"로 판결하노라. 그들은 그들의 공로의 측면에서가 아니라 나의 약속의 측면에서 합당한 자로다.

5. 이기는 자는 이와 같이 흰 옷을 입을 것이요 내가 그 이름을 생명책에서 결코 지우지 아니하고 그 이름을 내 아버지 앞과 그의 천사들 앞에서 시인하리라.

이기는 자는 이와 같이 흰 옷을 입을 것이요. 영적 싸움에서 이기는 자는 승리자로서 영광을 받을 것이요. 내가 그 이름을 생명책에서 결코 지우지 아니하고. 다시 말해서, 내가 그에게 영원한 생명을 주고. 이것은 사람들의 이름이 기록된 명부(名簿)를 관리하는 것으로부터 취한 표현이다. 여기의 "생명책"은 어떤 사람들을 천국으로 데려가는 하나님의 영원한 예정 혹은 계획을 의미한다. 여기에 한 번 기록된 이름은 결코 다시 지워질 수 없다. 그러나 사람들은 그 책으로부터 자신의 이름이 지워지는 것을 염려하며 두려워할 수 있다. 이에 그리스도는 그들의 구원의 확실함을 보증하신다. 그러나 우리는 그러한 확실함이 우리의 견인(堅忍, perseverance)에 달려 있음을 알아야만 한다. 그러므로 어떤 학자들은 여기의 표현을 보증이면서 동시에 약속으로 생각한다. 그 이름을 내 아버지 앞과 그의 천사들 앞에서 시인하리라. 심판 날 나의 아버지와 모든 천사들 앞에서 내가 그들을 나의 소유로 시인하며 인정할 것이라(마 10:32; 눅 12:8).

6. 귀 있는 자는 성령이 교회들에게 하시는 말씀을 들을지어다.

이것은 모든 편지들에 공통적으로 나타나는 결어(結語)이다. 2:7에 대한 저자의 주석을 보라. 또 2:11, 17, 29을 보라. 여기의 교회들을 상징적으로, 그리고 각각의 편지들을 예언적으로 취하는 학자들은 여기의 사데 교회를 1560년 이후의 개혁된 교회들(reformed churches)을 상징하는 것으로 받아들인다. 그들은 적그리스도로부터 벗어나기는 했지만 그러나 여전히 불완전한 상태 가운데 남아 있었다. 요컨대 그들은 가까스로 적그리스도로부터 벗어난 것으로 만족한 채 더 완전한 개혁으로 나아가지 않았다.

7. 빌라델비아 교회의 사자에게 편지하라 거룩하고 진실하사 다윗의 열쇠를 가지신 이 곧 열면 닫을 사람이 없고 닫으면 열 사람이 없는 그가 이르시되.

빌라델비아 교회의 사자에게 편지하라. 1:20과 2:1에 대한 저자의 주석을 참조하라. 빌라델비아와 관련하여 우리는 여기 외에 다른 곳에서는 전혀 듣지 못한다. 빌라델비아라는 이름을 가진 도시가 세 곳, 즉 이집트와 수리아와 브루기아 혹은 무시아 혹은 루디아에 있었다. 아마도 마지막 것이 여기의 빌라델비아였을 것이다.

거룩하고 … 그가 이르시되. 다시 말해서 그 거룩한 자가 이르시되. 이와 관련하여 사도행전 3:14을 보라. "너희가 거룩하고 의로운 이를 거부하고 도리어 살인한 사람을 놓아 주기를 구하여." 의로운 이. "He that is true" 즉 참된 이. 자신의 약속이나 혹은 경고에 참된 이. 다윗의 열쇠를 가지신 이. 즉 사무엘상 22:22에 언급된 다윗의 집의 열쇠. 혹은 교회의 열쇠. 다윗이 하나님을 위해 계획한 집인 성전은 교회와 상응된다. 열쇠의 용도는 열거나 닫는 것이다.

열면 닫을 사람이 없고 닫으면 열 사람이 없는 그. 그는 자신이 기뻐하는 자를 능히 하늘나라도 들어오게 할 수 있다. 아무도 그를 막을 수 없으며, 그가 기뻐하는 자로 하여금 들어오지 못하도록 하늘나라의 문을 닫을 수 없다. 다윗의 집은 교회를 상징하며, 교회는 구원받을 자들을 모두 포함한다. 여기에서 그리스도는 자신이 기뻐하는 자들을 구원하기도 하고 정죄하기도 하는 절대적이며 유일한 권세를 가진 자로서 묘사된다.

8. 볼지어다 내가 네 앞에 열린 문을 두었으되 능히 닫을 사람이 없으리라 내가 네 행위를 아노니 네가 작은 능력을 가지고서도 내 말을 지키며 내 이름을 배반하지 아니하였도다.

내가 네 행위를 아노니. 우리 주님은 여기의 사역자들과 관련하여 복음을 전파하고 가르친 그들의 수고를 아신다고 말씀하신다. 여기의 "아노니"는 단순한 인식(認識)뿐만 아니라 인정(認定)까지 포함한다. 주님은 그들의 수고를 인정해 주시면서, "열린 문"의 은유를 사용하여 그들에게 계속해서 수고할 수 있는 기회와 그러한 수고 가운데 풍성한 성공을 거둘 것을 약속하신다. 고린도전서 16:9; 고린도후서 2:12; 골로새서 4:3을 보라. 능히 닫을 사람이 없으리라. 어떤 원수도 너희의 성공을 가로막을 수 없을 것이라. 네가 작은 능력을 가지고서도. 내적인 강함에서든 혹은 외적인 도움과 이점(利點)에 있어서든. 내 말을 지키며. 믿음의 진리와 거룩한 삶의 원리들을 온전히 지키며. 내 이름을 배반하지 아니하였도다. 온갖 시험에도 불구하고 나의 복음의 진리를 버리지 아니하였도다.

9. 보라 사탄의 회당 곧 자칭 유대인이라 하나 그렇지 아니하고 거짓말 하는 자들 중에서 몇을 네게 주어 그들로 와서 네 발 앞에 절하게 하고 내가 너를 사랑하는 줄을 알게 하리라.

사탄의 회당. 여기에서 주님은 기독교를 대적하는 모든 유대인들과 거짓된 신앙고백을 하는 모든 사람들을 "사탄의 회당"으로 부른다. 자칭 유대인이라 하나 그렇지 아니하고 거짓말 하는 자들. 그들이 "자칭 유대인"인 것은 표면적인 유대인이 참 유대인이 아니기 때문이다. "무릇 표면적 유대인이 유대인이 아니요 표면적 육신의 할례가 할례가 아니니라 오직 이면적 유대인이 유대인이며 할례는 마음에 할지니"(롬 2:28, 29). 또 이러한 이름 속에 모든 거짓되며 위선적인 신앙인들이 포함될 수 있다. 복음의 진리를 엄격하게 지키는 자들을 미워하며 비방하며 반대하는 자들은 스스로를 하나님의 교회에 속한 지체들로 여기지만 실제로는 그것으로부터 너무나 멀리 떨어져 있다. 그들로 와서 네 발 앞에 절하게 하고. 내가 나의 강권적인 섭리로 말미암아 그들로 하여금 네게 경의와 예를 표하게 함으로써 너를 존귀케 할 것이라. 내가 너를 사랑하는 줄을 알게 하리라. 그리고 그렇게 함으로써 그들로 하여금 내가 그들보다 너를 훨씬 더 사랑하는 것을 알게 할 것이라.

10. 네가 나의 인내의 말씀을 지켰은즉 내가 또한 너를 지켜 시험의 때를 면하게 하리니 이는 장차 온 세상에 임하여 땅에 거하는 자들을 시험할 때라.

네가 나의 인내의 말씀을 지켰은즉. 여기에서 복음의 교훈이 "나의 인내의 말씀"이라고 불리는 것은 그것이 당시에 능동적으로 그 안에 계시된 약속들을 기다릴 때나 혹은 수동적으로 모든 형태의 시련과 십자가를 견딜 때 큰 인내가 없이는 결코 지키거나 따를 수 없는 교훈이었기 때문이다. 그 말씀을 지키는 것은 그 안에 계시된 믿음의 내용뿐만 아니라 그것이 요구하는 복음 전파의 의무를 포함한 거룩한 삶의 모든 의무들을 철저하게 지키는 것을 의미했다.

내가 또한 너를 지켜 시험의 때를 면하게 하리니 이는 장차 온 세상에 임하여. 이와 같이 그의 인내의 말씀을 지킨 빌라델비아 교회의 사역자들에게 주님은 로마제국 아래 살고 있는 모든 그리스도인들에게 곧 임할 트라야누스의 큰 박해로부터 지켜 주실 것을 약속하신다.

땅에 거하는 자들을 시험할 때라. 로마제국 아래 사는 그리스도인들을 시험할 때라. 여기의 "시험할 때"를 어떤 학자들은 마지막 심판 날로 해석한다. 그러나 나는 앞에서 해설한 것처럼 이해하는 것이 더 올바른 이해라고 생각한다.

11. 내가 속히 오리니 네가 가진 것을 굳게 잡아 아무도 네 면류관을 빼앗지 못하게 하라.

내가 속히 오리니. '탁수' (ταχυ). 이것은 '엔 탁세이' (εν τάχει)와 같은 의미이다. 이 책에 기록된 모든 것은 '엔 탁세이' (속히) 이루어질 것이다(1:1; 22:6). 여기의 그리스도의 오심은 마지막 심판을 위해 오시는 것 외에 다른 것을 의미할 수 없다.

네가 가진 것을 굳게 잡아. '크라테이' (κράτει). 네가 이미 가지고 있는 믿음의 교훈과 정결한 예배와 경건 훈련과 정결한 양심을 강한 손으로 붙잡아.

아무도 네 면류관을 빼앗지 못하게 하라. 마지막까지 인내하는 자들의 분깃이 될 상급을 잃지 않도록 하라.

12. 이기는 자는 내 하나님 성전에 기둥이 되게 하리니 그가 결코 다시 나가지 아니하리라 내가 하나님의 이름과 하나님의 성 곧 하늘에서 내 하나님께로부터 내려오는 새 예루살렘의 이름과 나의 새 이름을 그이 위에 기록하리라.

이기는 자는 내 하나님 성전에 기둥이 되게 하리니. 어떤 사람들은 여기의 "하나님의 성전"을 지상의 그리스도의 교회로 이해한다. 지상의 그리스도의 교회에 세상과 육체와 마귀로부터의 유혹을 이긴 자들이 항상 있었고, 지금도 있고, 항상 있을 것이라는 것이다. 그러나 앞에서 이긴 자에게 주어진 모든 약속들이 내생과 관련되는 것을 감안할 때, 여기의 말씀을 하나님이 그들을 하늘나라에서 큰 자가 되게 하시며 그곳의 보좌에 앉게 해주겠다는 약속으로 이해하는 것이 훨씬 더 나은 해석으로 보인다(마 5:19; 19:28). 그들은 훨씬 더 높은 등급의 영광을 얻게 될 것이다(왜냐하면 별들 사이에서도 영광이 서로 다르기 때문이다, 고전 15:41). 기둥은 단순히 건물을 지탱하기 위한 것일 뿐만 아니라 또한 건물을 아름답게 장식하기 위한 것이기도 하다. 어쨌든 기둥은 건물에서 매우 중요한 부분이다.

그가 결코 다시 나가지 아니하리라. 그는 영원한 기업을 얻고 그것을 결코 빼앗기지 아니하리라. 내가 하나님의 이름을 … 그이 위에 기록하리라. 마치 사람들이 자신의 존귀를 나타내기 위해 기둥이나 기념비 위에 자기 이름을 기록하는 것처럼, 내가 나 자신을 위해 그를 특별히 인정할 것이라.

하나님의 성 곧 하늘에서 내 하나님께로부터 내려오는 새 예루살렘의 이름과. 내가 그 위에 "이 사람은 새 예루살렘의 주민이라"라고 기록할 것이라. 나의 새 이름을 그이 위에 기록하리라. 내가 그를 내가 참여한 영광으로 영화롭게 하리라. "내게 주신 영광을 내가 그들에게 주었사오니"(요 17:22). 또 요한복음 17:24를 보라.

13. 귀 있는 자는 성령이 교회들에게 하시는 말씀을 들을지어다.

이것은 모든 편지들에 공통적으로 나타나는 결어(結語)이다. 7절에 대한 저자의 주석을 보라. 여기의 교회들을 상징적으로 그리고 각각의 편지들을 예언적으로 취하는 학자들은 여기의 빌라델비아 교회를 종교개혁의 기초 위에 세상에 있게 된 모든 복음 교회들의 모형으로 이해한다. 그러한 교회들은 더 철저하게 적그리스도를 쫓아냈으며, 다윗의 집의 열쇠 외에 다른 어떤 열쇠도 용납하지 않았으며, 말씀의 원리에 따라 스스로를 엄격하게 개혁했다.

14. 라오디게아 교회의 사자에게 편지하라 아멘이시요 충성되고 참된 증인이시요 하나님의 창조의 근본이신 이가 이르시되.

우리는 골로새서 4:16에서 이 교회에 대해 읽는다. 라오디게아는 루쿠스(Lycus) 강변에 위치한 루디아의 한 도시였다. 계시록 1:11을 보라.

아멘이신 … 이가 이르시되. "아멘"은 무엇인가를 확언하거나 혹은 기원하거나 혹은 기도할 때 사용하는 표현이었다. 그것은 여기에서 명사로 사용되면서 그가 "충성되고 참된 증인"임을 확증한다. 주님은 여기의 라오디게아 교회에 이와 같은 이름으로 스스로를 나타내심으로써 그 교회의 사역자들에 대한 자신의 책망과 경고와 약속이 분명한 사실임을 확증하신다. 또 그와 같은 목적을 위해 그는 또다시 스스로를 "충성되고 참된 증인"으로 부르신다. 1:5의 주석을 보라.

하나님의 창조의 근본(the beginning of the creation of God). 그리스도의 신성을 부인하는 자들은 여기의 구절이 마치 자신들의 잘못된 생각을 뒷받침해 주는 양 착각한다. 그러나 여기에 사용된 '아르케'(ἀρχὴ)는 원인과 함께 방백 혹은 우두머리를 의미한다(엡 3:10; 골 1:16). 그러므로 그리스도가 여기에서 '아르케'로 말하여지는 것은 그가 창조의 원인인 창조주로서 모든 창조세계에 대한 주권을 가지고 계시기 때문이다. 그에게 하늘과 땅의 모든 권세가 주어졌으며, 하늘에 있는 자들과 땅에 있는 자들이 모두 그 앞에 무릎을 꿇는다(빌 2:10). 어떤 사람들은 여기의 "창조"를 "새 창조"로 해석한다. 그렇다면 여기의 표현은 그리스도가 (새 창조를 세상 안에서의 새 창조로 이해할 때) "복음의 근본" 혹은 (새 창조를 개인의 영혼 안에서의 새 창조로 이해할 때) "거듭남과 거룩하게 하심의 근본"이라는 것이 될 것이다. 물론 이와 같은 개념은 진리와 완전하게 일치된다. 그러나 나는 아리우스파의 잘못된 교리를 반박하기 위해 굳이 이와 같이 비약해서 해석할 필요는 없다고 생각한다. 우리는 여기의 표현을 단순히 그리스도가 창조의 효과적인 원인이며, 모든 창조세계에 대한 주권과 통치권을 가지고 계신 창조의 근본이며, 그가 없이는 아무것도 된 것이 없음을 말하는 것으로서 이해하면 족할 것이다.

15. 내가 네 행위를 아노니 네가 차지도 아니하고 뜨겁지도 아니하도다 네가 차든지 뜨겁든지 하기를 원하노라.

내가 네 행위를 아노니. 내가 네가 한 일을 알고 주목하노니. 네가 차지도 아니하고 뜨겁지도 아니하도다. 네가 이교도들이나 혹은 불신자들처럼 노골적으로 불신앙적이지도 않고, "모든 경건하지 않은 것과 이 세상 정욕"을 부인할 만한 참된 열정과 뜨거움도 가지고 있지 않도다(딛 2:12). 너는 경건의 모양은 가지고 있으나 경건의 능력과 생명은 부인하는도다. 네가 차든지 뜨겁든지 하기를 원하노라. 우리는 그리스도께서 사람들이 절대적으로 차기를 원한다고 생각해서는 안 된다. 다만 여기의 말씀이 함축하는 것은 차라리 노골적으로 하나님을 부인하는 사람이 겉만 번드르르한 형식적인 위선자보다 더 소망이 있다는 것이다. 후자 또한 전자와 마찬가지로 지옥으로 가는 길 위에 있으며, 특별히 전자보다 나을 것이 아무것도 없다. 진리를 알면서 그것과 상반되게 사는 것보다 차라리 그것을 모르는 것이 더 낫다(눅 12:48; 벧후 2:21). 일반적으로 그런 사람들은 자신의 악한 상태를 깨닫지 못하는 가운데 교만하며, 자신의 양심을 거스르며, 스스로를 속인다(마 21:32, 33).

16. 네가 이같이 미지근하여 뜨겁지도 아니하고 차지도 아니하니 내 입에서 너를 토하여 버리리라.

네가 이같이 미지근하여 뜨겁지도 아니하고 차지도 아니하니. 이와 같은 종류의 사람들은 부분적으로 선하며 부분적으로 악하다. 그들에게 신앙 고백은 있지만 그러나 경건의 생명과 능력은 없다. 그들은 자신들이 유대인도 아니며, 이교도도 아니며, 미신을 믿는 자도 아니며, 우상 숭배자도 아닌 것으로 만족한다. 그들은 자신들이 그리스도인이며, 신교도이며, 사역자이며, 개혁교회의 한 지체인 것으로 만족한다. 그러나 그들은 육신의 정욕을 만족시키는 삶을 사는 가운데 사역자로서 혹은 한 사람의 그리스도인으로서 자신들의 의무를 소홀히 한다.

내 입에서 너를 토하여 버리리라. 사람들이 미지근한 것을 토해 버리는 것처럼 내가 너를 토해 버리리라.

17. 네가 말하기를 나는 부자라 부요하여 부족한 것이 없다 하나 네 곤고한 것과 가련한 것과 가난한 것과 눈 먼 것과 벌거벗은 것을 알지 못하는도다.

네가 말하기를 나는 부자라. 앞에서 형식적인 위선자가 노골적인 불신자보다 더 나쁜 이유를 설명했다. 그것은 형식적인 위선자는 노골적인 불신자와는 달리 통상적으로 교만하며, 스스로를 속이며, 스스로의 양심을 거스르기 때문이다. 여기의 라오디게아 교회의 사자의 경우가 바로 그러했다. 그는 영적인 의미에서, 그리스도인의 상태에서, 영적인 은사와 재능에 있어 스스로를 부자로 자처했다.

부요하여(increased with goods). 매일같이 더 부요해져. 부족한 것이 없다. 복된 상태가 되기 위해 더 이상 필요한 것이 없다. 네 곤고한 것과 가련한 것과 가난한 것과 눈 먼 것과 벌거벗은 것을 알지 못하는도다. 그러는 사이 그는 가장 비참한 상태가 되었다. 여기의 표현은 육체의 여러 가지 고통 가운데 있는 사람을 묘사한다. 바로 이것이 라오디게아 교회의 사자의 비참한 영적 상태이다. 그의 영적 상태는 총체적으로 가련하며, 비참하며, 긍휼을 필요로 한다. 그는 참된 의를 결여하고 있다. 왜냐하면 벌거벗은 상태로는 결코 하나님 앞에 설 수 없기 때문이다. 뿐만 아니라 그는 모든 참된 부요를 결여하고 있다. 그는 영적으로 맹인이며, 자신이 처한 슬픈 상태를 알지 못한다.

18. 내가 너를 권하노니 내게서 불로 연단한 금을 사서 부요하게 하고 흰 옷을 사서 입어 벌거벗은 수치를 보이지 않게 하고 안약을 사서 눈에 발라 보게 하라.

사는 것은 사람들 사이에서 자신이 원하는 것을 얻는 통상적인 방법이다. 여기에서 영적 축복들을 얻는 것이 그와 같이 사는 개념으로 표현된 것은 조금도 놀랄 일이 아니다. 설령 우리가 하나님의 선한 것들을 "돈 없이 값 없이" 산다고 하더라도 말이다(사 55:1). 여기에서 우리에게 사라고 제시되는 것들, 즉 "연단한 금"과 "흰 옷"과 "안약"이 그리스도와 그의 모든 은택들임은 의문의 여지가 없다. 그리스도 안에서 우리의 모든 영적 필요는 충분하게 채워진다. 금과 옷과 약은 모두 육체의 필요를 채운다. 그와 같이 그리스도와 그의 모든 은택들은 우리의 영혼의 모든 필요를 채운다. 여기에서 "연단한 금"은 우리의 영혼을 부요하게 하는 것을 상징하며, "흰 옷"은 하나님 앞에 서게 하는 의(義)를 상징하며, "안약"은 영적인 모든 상처와 질병을 치료하며 고치는 것을 상징한다.

19. 무릇 내가 사랑하는 자를 책망하여 징계하노니 그러므로 네가 열심을 내라 회개하라.

내가 … 책망하여 징계하노니. '엘렝코 카이 파이듀오'(ἐλέγχω καὶ παιδεύω). 여기의 말씀은 "내가 그들을 어린아이들처럼 깨닫게 하며 가르치노니"라고 번역될 수 있다. 그러나 그것은 또한 "징계하다"를 의미하며, 고린도전서 11:32; 히브리서 12:7에서 그와 같이 번역된다. 또 그것은 디모데전서 1:20에서 "훈계를 받다"로 번역된다. 여기의 말씀을 통해 주님은 라오디게아 교회의 사자로 하여금 지금까지의 자신의 모든 엄중하며 단호한 말씀에도 불구하고 자신이 그를 — 마치 아버지가 아들에게 하는 것처럼 — 사랑의 원리로부터 다루었음을 알게 하신다(히 12:7).

그러므로 네가 열심을 내라 회개하라. 주님은 라오디게아 교회의 사자에게 이제 미지근함을 끝내고 — 다시 말해서 지금까지의 냉랭함과 게으름을 회개하고 — 하나님을 위한 뜨거움과 열심을 회복할 것을 훈계한다.

20. 볼지어다 내가 문 밖에 서서 두드리노니 누구든지 내 음성을 듣고 문을 열면 내가 그에게로 들어가 그와 더불어 먹고 그는 나와 더불어 먹으리라.

여기의 말씀에 대해서는 두 가지 해석이 있다. 어떤 사람들은 이것을 그리스도께서 사람들의 영혼 안으로 들어오셔서 그들과 더불어 영적인 교제와 친교를 나눌 준비가 되어 있으심을 선언하는 것으로 이해한다. 반면 다른 사람들은 이것을 그리스도께서 마지막 심판을 위해 오셔서 성도들을 그와의 영원한 교제와 친교 안으로 데려갈 준비가 되어 있으심을 선언하는 것으로 이해한다. 이와 같은 두 가지 해석의 기조 위에서 각각의 구절들은 서로 다르게 해석되게 된다.

내가 문 밖에 서서. "I stand at the door" 즉 내가 문에 서서. 내가 죄인들의 마음의 문에 서서, 혹은 내가 세상을 심판하기 위해 올 준비가 되어 있어. 두드리노니. 내가 나의 영의 내적 감동과 부르심 그리고 나의 사역자들의 외적 훈계와 가르침으로 말미암아 너희 마음의 문을 두드리노니, 혹은 내가 마지막 나팔을 불 준비가 되어 있노니. 누구든지 내 음성을 듣고 문을 열면. 누구든지 나의 영의 내적 감동과 나의 사역자들의 외적 훈계를 듣고 그것을 거스르지 않으면, 혹은 누구든지 나의 음성을 듣고 그 마음을 내게 열면. 내가 그에게로 들어가. 내가 나의 영으로 말미암아 혹은 나의 은혜의 모든 능력으로 말미암아 그의 마음 안으로 들어가, 혹은 내가 심판주로서 그에게 임하여. 그와 더불어 먹고 그는 나와 더불어 먹으리라. 내가 이생에서 그와 더불어 교제할 것이며 그는 나의 살을 먹고 나의 피를 마실 것이라, 혹은 내가 나의 영광 가운데 그와 더불어 영원한 교제와 친교를 나눌 것이라.

본문의 전체적인 취지는 전자의 해석을 좀 더 선호하는 것으로 보인다. 반면 지금까지 각각의 사자들의 의무를 일깨우기 위해 반복적으로 언급된 심판을 위한 그리스도의 오심과 하늘의 상급과 관련한 말씀들은 후자의 해석을 좀 더 선호하는 것으로 보인다.

21. 이기는 그에게는 내가 내 보좌에 함께 앉게 하여 주기를 내가 이기고 아버지 보좌에 함께 앉은 것과 같이 하리라.

이기는 그에게는 내가 내 보좌에 함께 앉게 하여 주기를. 내가 그에게 나의 영광과 존귀와 권세를 줄 것이며, 그는 심판 날 세상과 이스라엘 열두 지파를 심판할 것이라(고전 6:3; 마 19:28). 그리고 그는 나의 영광에 참여하는 자가 될 것이라(요 17:22, 24). 내가 이기고 아버지 보좌에 함께 앉은 것과 같이 하리라. 그러나 그들은 내가 아버지 보좌에 앉은 방식과 같은 방식으로 거기에 앉을 것이라. 나는 세상과 죄와 사망과 마귀를 이기고, 승천한 후, 아버지와 함께 그의 보좌에 앉았도다. 그러므로 나와 함께 나의 영광의 보좌에 앉을 자들 역시도 같은 싸움을 싸우고, 이기고, 면류관을 얻고, 나와 함께 나의 보좌에 앉아야 할 것이라.

22. 귀 있는 자는 성령이 교회들에게 하시는 말씀을 들을지어다.

이것은 모든 편지들에 공통적으로 나타나는 결어(結語)이다. 2:7, 11, 17, 19과 3:6, 13을 보라. 소아시아의 일곱 교회를 모든 세대의 교회들을 단계적으로 보여주는 것으로서 상징적으로 취하는 학자들은 여기의 라오디게아 교회를 그리스도께서 강림하시는 세상 끝날까지의 교회들을 상징하는 것으로서 이해한다. 이러한 관점은 우리에게 종말 직전의 교회가 어떤 모습을 나타낼 것인지를 보여준다. 여기의 라오디게아 교회의 모습처럼 마지막으로 가까워져 갈수록 교회는 점점 더 나쁜 상태가 될 것이다. 마치 주님이 "인자가 올 때에 세상에서 믿음을 보겠느냐"라고 말씀하신 것처럼 말이다.

나는 여기의 일곱 편지를 상징적이며 예언적으로 취할 수 있지만 그러나 전적으로 그렇게만 취해서는 안 된다고 생각한다. 나는 요한이 편지를 쓸 때 실제로 그와 같은 교회들이 있었으며, 여기의 편지들에 묘사된 것은 그러한 교회들의 실제적인 모습이었다고 믿는다. 요한의 첫 번째 환상은 본 장과 함께 종결된다. 계속해서 우리는 주후 95년부터 세상의 종말까지 하나님의 교회와 관련하여 세상에서 일어날 일들이 환상 가운데 한층 더 놀라운 방식으로 표현되는 것을 보게 될 것이다. 여기의 환상들이 성취되는 때와 관련하여 학자들 사이에 큰 의견 차이가 있다. 나는 그것이 요한이 환상을 본 직후부터 시작되었다고 본다. 왜냐하면 그것이 "속히 일어날 일들"이라고 두 번이나 반복해서 언급되기 때문이다(1:1; 22:6). 그러나 우리는 확실한 연도를 확정할 수 없는데, 이것이 해석을 어렵게 만든다.

나아가 이 책에서 이교도 로마 아래서의 교회의 상태와 관련한 계시들이 어디에서 끝나며, 또 적그리스도 아래서의 교회의 상태를 예언하는 계시들이 어디에서 시작하는지에 대해서도 다양한 의견이 있다. 그러나 이에 대해서는 나중에 살펴보도록 하자.

MATTHEW POOLE'S COMMENTARY

요한계시록 4장

개요

1. 요한이 환상 가운데 하늘에 있는 하나님의 보좌를 봄(1–3).
2. 24명의 장로들이 그 보좌를 둘러싸고 있음(4–5).
3. 앞뒤에 눈이 가득한 네 생물(6–7).
4. 네 생물과 장로들이 보좌 위에 앉으신 자 앞에 계속적으로 경배를 드림(8–11).

1. 이 일 후에 내가 보니 하늘에 열린 문이 있는데 내가 들은 바 처음에 내게 말하던 나팔 소리 같은 그 음성이 이르되 이리로 올라오라 이 후에 마땅히 일어날 일들을 내가 네게 보이리라 하시더라.

이 일 후에. 1:20에 언급된 첫 번째 환상을 보고 그것을 일곱 교회들에게 보내기 위해 기록한 후에. 내가 보니. 하나님의 마음을 좀 더 풍성하게 알기를 바라는 간절한 소망으로 내가 다시 보니. 하늘에 열린 문이 있는데. 내가 하늘이 열린 것을 보았는데. 마태복음 3:16; 사도행전 7:56을 보라.

하늘에. 여기에서 사도 요한이 의미하는 것은 두말할 필요 없이 셋째 하늘이다. 이와 같이 하늘이 열리는 환상을 세례 요한도 보았고 스데반도 보았다. 세례 요한은 그리스도께서 세례를 받으실 때 보았으며(마 3:16), 스데반은 돌에 맞아 순교를 할 때 보았다. 이리로 올라오라. 계속해서 요한은 자기에게 "이리로 올라오라"고 말하는 큰 음성을 들었다. 그것은 그가 앞에서 들었던 "나팔 소리 같은" 음성이었다. "주의 날에 내가 성령에 감동되어 내 뒤에서 나는 나팔 소리 같은 큰 음성을 들으니"(1:10). 여기의 "이리"는 하늘, 즉 위에 있는 예루살렘을 가리킨다. 여기에서 "위(above)에 있는" 예루살렘이라는 표현을 주목해 보라. 이와 같이 참된 예루살렘은 "위"에 있다. 마치 옛 예루살렘이 산 위에 있어 사람들이 그곳으로 "올라가는" 것처럼 말이다(사 2:3; 행 11:2; 갈 1:17, 18; 2:1). 이 후에 마땅히 일어날 일들을 내가 네게 보이리라. 이제 요한이 보게 될 것들은 교회와 교회를 대적하는 원수들에게 과거에 일어난 일이 아니라 이후에 마땅히 일어날 일들이었다. 이로부터 우리는 하나님이 여기에서 요한에게 보여주고 계시는 것이 예루살렘의 멸망과 관련된 것이 아니라는 사실을 알 수 있다. 왜냐하면 그 일은 티투스 베스파시아누스(Titus Vespasian) 황제가 통치하던 주후 69년 혹은 70년에 이미 일어난 일이었기 때문이다. 반면 지금 즉 요한이 밧모 섬에서 여기의 계시를 받은 때는 도미티아누스 재위 11년 혹은 12년째 되는 해로서 예루살렘이 멸망되고 난 후 26년 혹은 27년이 지난 때였다.

2. 내가 곧 성령에 감동되었더니 보라 하늘에 보좌를 베풀었고 그 보좌 위에 앉으신 이가 있는데.

내가 성령에 감동되었더니. "I was in the Spirit" 즉 내가 성령 안에 있었더니. 다시 말해서, 내가 영적 황홀경(ecstasy) 안에 있었더니. 요한은 이전과 이후에도 이와 같은 경험을 했다(계 1:10; 17:3; 21:10). 마찬가지로 바울과(고후 12:2) 베드로와(행 10:10) 에스겔도(겔 3:12) 이와 같은 경험을 했다.

보라 하늘에 보좌를 베풀었고 그 보좌 위에 앉으신 이가 있는데. 선지자들의 환상 속에서 하나님은 항상 보좌 위에 앉아 계신 분으로서 묘사된다. 그것은 만왕의 왕과 만주의 주로서의 그의 권세와 능력을 나타낸다. 다니엘 7:9을 보라.

3. 앉으신 이의 모양이 벽옥과 홍보석 같고 또 무지개가 있어 보좌에 둘렸는데 그 모양이 녹보석 같더라.

이것은 요한의 환상 가운데 나타난 하나님의 영광을 묘사하는 표현이다.

벽옥(jasper stone). 이것은 그 투명함으로 유명한 보석이다. 벽옥은 보는 사람의 눈에 다양한 색깔로 나타나는데, 그것은 하나님의 다양하면서도 무한한 완전하심을 나타내는 것일 수 있다. 홍보석(sardine stone). 이것은 핏빛의 붉은색 보석으로서 하나님의 권능과 공의와 두려우심을 나타내는 것일 수 있다. 무지개. 이것은 하나님이 노아와 맺으신 언약의 표증으로서, 하나님이 세상과 화해하시면서 다시는 세상을 물로 심판하지 않으실 것을 확증한다(창 9:13). 녹보석(emerald). 이것은 초록색의 아름다운 보석이다. 이와 같이 여기의 환상은 하나님의 권능과 공의와 선하심과 완전하심을 나타낸다.

4. 또 보좌에 둘려 이십사 보좌들이 있고 그 보좌들 위에 이십사 장로들이 흰 옷을 입고 머리에 금관을 쓰고 앉았더라.

어떤 사람들은 이것이 하나님께서 옛 성전과 성소에서 섬기기 위해 세우신 제사장들과 레위인들의 24반차를 암시하는 것이라고 생각한다(대상 24:18; 25:31). 나는 이러한 생각이 결코 불가능한 것이 아니라고 생각한다. 그렇게 본다면 여기의 24장로는 신약 아래서의 전체 교회(여기의 24는 옛 언약의 교회를 구성했던 이스라엘

12지파의 갑절에 해당하는 숫자로서 새 언약 아래서의 교회의 확장을 나타내는 것으로 받아들여질 수 있다)를 상징하는 것이거나 혹은 구약과 신약 전체를 포괄하는 교회의 머리들(즉 12족장 + 12사도)을 상징하는 것이 될 것이다. 여기에서 그들은 "앉아 있는" 모습으로 묘사되는데, 그것은 그들의 안식과 평온의 상태를 나타낸다. 또 그들은 "흰 옷"을 입었는데, 그것은 그들의 거룩함과 정결함 혹은 그들이 그리스도의 의의 옷을 입은 것을 나타낸다. 또 그들은 머리에 "금관"을 썼는데, 그것은 하나님이 그들에게 주신 존귀와 영광의 상태를 나타낸다.

5. 보좌로부터 번개와 음성과 우렛소리가 나고 보좌 앞에 켠 등불 일곱이 있으니 이는 하나님의 일곱 영이라.

보좌로부터 번개와 음성과 우렛소리가 나고. 여기의 말씀은 하나님의 영광스러우며 두려운 현현(顯現)과 그의 원수들에 대한 그의 존귀와 능력을 나타낸다. 어쩌면 이것은 시내 산에서 율법을 주실 때의 하나님의 현현을 암시하는 것일 수 있다(출 19:16). 그러나 거기에서는 단지 그 뜻을 알 수 없는 나팔 소리만이 있었을 뿐이었다. 보좌 앞에 켠 등불 일곱이 있으니. 여기의 "일곱 등불"은 하나님의 집 전체를 비추었던 성막의 일곱 등대와 상응한다(출 27:20). 그리고 그것은 다음 구절에서 "하나님의 일곱 영"이라고 부연 설명된다. 그것은 모든 세대를 비추는 성령을 상징하는데, 성령은 교회의 참된 지체가 된 사람들의 영혼을 비추며, 살리며, 치료하며, 위로한다. 1:4에 대한 저자의 주석을 참조하라.

6. 보좌 앞에 수정과 같은 유리 바다가 있고 보좌 가운데와 보좌 주위에 네 생물이 있는데 앞뒤에 눈들이 가득하더라.

보좌 앞에. 2절에 언급된 보좌.

수정과 같은 유리 바다가 있고. 이것 역시 바다 즉 물로 가득 찬 물동이가 있었던 성막 혹은 성전을 암시한다. 그것은 아론과 그의 아들들이 자신들의 손과 발 그리고 희생제물을 씻기 위한 것이었다(출 30:19; 왕상 7:23). 그것은 폭이 10규빗, 높이가 5규빗, 둘레가 30규빗이었다. 여기에서 그것은 "유리"로 되어 있다고 언급된다. 아마도 이것은 그리스도의 피를 상징하는 것으로 보인다. 사람의 영혼이든 희생제물이든 하나님이 받으실 만한 것이 되기 위해서는 반드시 여기에 씻겨져야만 한다. 또 그것이 여기에서 유리로 표현된 것은 그 피를 흘린 자의 무죄함과 정결함을 나타내는 것으로 보인다. 여기의 "유리 바다"와 관련하여 다른 해석들도 많이 있지만, 그러나 내가 볼 때 이러한 해석이 가장 가능성이 높아 보인다. 왜냐하면 성전의 "바다"의 용도(用途)가 그리스도 안에서 온전히 성취되었기 때문이다.

보좌 가운데와 보좌 주위에 네 생물이 있는데 앞뒤에 눈들이 가득하더라. 계속해서 요한은 환상 가운데 "네 생물"을 보았다. 그러한 생물들은 (1) "보좌 가운데와 보좌 주위에" 있다고 언급된다. (2) "앞뒤에 눈들이 가득"하다고 언급된다. (3) 7절에서 그 첫째 생물은 사자 같고 그 둘째 생물은 송아지 같고 그 셋째 생물은 얼굴이 사람 같고 그 넷째 생물은 날아가는 독수리 같다고, 그리고 8절에서 각각 그 안과 주위에 눈들로 가득한 여섯 날개를 가지고 계속적으로 하나님께 영광을 돌린다고 언급된다. 질문: 이러한 생물들은 무엇을 가리키는가? 대답: 이러한 질문에 대해 여러 가지 대답이 있다. 어떤 사람들은 그들이 네 명의 복음서 저자들을 가리킨다고 생각한다. 그러나 요한 자신이 그들 가운데 한 사람임에도 불구하고 지금 살아 있다. 또 어떤 사람들은 그들이 주로 예루살렘에서 활동했던 네 명의 사도들이라고 생각한다. 그러나 나는 이에 대한 어떤 근거도 발견하지 못한다. 또 어떤 사람들은 그들을 천사들이라고 생각하고, 또 어떤 사람들은 영화로워진 성도들이라고 생각한다. 그러나 우리는 나중에 그들이 천사들이나 혹은 영화로워진 성도들과 구별되는 것을 발견하게 될 것이다. 그런가 하면 또 어떤 사람들은 그들을 전체적인 교회라고 생각한다. 그러나 가장 가능성이 높은 생각은 그들이 교회의 사역자들을 상징한다고 보는 것이다. 그들은 보좌와 장로들 사이에, 다시 말해서 하나님과 그의 교회 사이에 위치한다. 장로들은 24명인 반면 그들은 4명이다. 다수의 신자들과 비교할 때 사역자들은 소수이다. 그럼에도 불구하고 그들은 앞뒤에 눈들이 가득하므로 지상의 그리스도의 교회에서 일어나는 모든 일들을 볼 수 있다. 나는 이러한 해석을 지지한다. 다만 한 가지 의문이 남는데, 그것은 어떻게 그들이 "보좌 가운데와 보좌 주위에" 있는 것으로 말하여질 수 있는가 하는 것이다. 이러한 의문에 대해 다양한 대답이 제시된다. 그 가운데 나를 가장 만족시켜주는 대답은 '엔 메소'(ἐν μέσῳ)를 꼭 한가운데를 의미하는 것이 아니라, 좀 더 융통성 있게 "보좌 가까이" 혹은 "보좌에 앉으신 자 가까이"를 의미하는 것으로 이해하는 것이다.

7. 그 첫째 생물은 사자 같고 그 둘째 생물은 송아지 같고 그 셋째 생물은 얼굴이 사람 같고 그 넷째 생물은 날아가는 독수리 같은데.

여기의 네 생물과 관련하여 우리는 다음의 사실들을 주목할 필요가 있다. (1) 여기의 네 생물이 에스겔의 환상 가운데서도 비슷하게 언급되었다는 사실(겔 1:10). 다만 차이가 있다면 여기에서는 각각의 생물들이 하나의 얼굴을 가지고 있는 반면 거기에서는 각각의 생물들이 여기에 묘사된 네 가지 얼굴을 가지고 있었다는 점이다. "그 얼굴들의 모양은 넷의 앞은 사람의 얼굴이요 넷의 오른쪽은 사자의 얼굴이요 넷의 왼쪽은 소의 얼굴이요 넷의 뒤는 독수리의 얼굴이니"(겔 1:10). (2) 여기의 네 생물이 각각 세 지파씩으로 구성된 이스라엘의 네 무리의 깃발에 그려진 그림과 같다는 사실. 유다의 깃발에는 그 지파에 대한 야곱의 예언에 따라 사자가 그려져 있었다(창 49:9). 또 에브라임의 깃발에는 소가, 르우벤의 깃발에는 사람이, 단의 깃발에는 독수리가 그려져 있었다. 이것은 뛰어난 학자 미드(Mede)에 의해 증명되었다. 그는 여러 랍비들의 글로부터 그것을 확인했다. 또 여기의 네 생물은 성전의 네 그룹(Cherubim)과 대응되는 것으로 생각된다. 질문: 그러면 이러한 네 생물은 무엇을 상징하는가? 대답: 어떤 사람들은 네 명의 복음서 기자를, 또 어떤 사람들은 네 명의 사도들을 가리킨다고 말한다. 그러나 나는 그들을 하나님이 그의 사역자들에게 주시는 다양한 은사들을 상징하는 것으로 이해하는 것이 가장 좋다고 생각한다. 하나님은 어떤 사역자들에게 용기와 불굴의 정신을 주신다. 그들은 마치 사자와 같다. 또 어떤 사역자들에게는 부드러움과 온유함을 주신다. 그들은 마치 소와 같다. 또 어떤 사역자들에게는 지혜와 분별력을 주시는데, 이러한 은사들은 사람과 가장 잘 어울리는 것들이다. 또 어떤 사역자들에게는 하나님 나라의 비밀을 꿰뚫는 통찰력을 주시는데, 그들은 마치 독수리와 같다.

8. 네 생물은 각각 여섯 날개를 가졌고 그 안과 주위에는 눈들이 가득하더라 그들이 밤낮 쉬지 않고 이르기를 거룩하다 거룩하다 거룩하다 주 하나님 곧 전능하신 이여 전에도 계셨고 이제도 계시고 장차 오실 이시라 하고.

네 생물은 각각 여섯 날개를 가졌고. 이사야가 환상 가운데 본 스랍들도 이들과 같았다(사 6:2). 거기에서 여섯 날개는 다음과 같이 활용된 것으로 언급된다. "그 둘로는 자기의 얼굴을 가리었고 그 둘로는 자기의 발을 가리었고 그 둘로는 날며." 만일 우리가 여기의 모든 날개들을 날기 위한 것으로 이해한다면, 그러한 날개들은 하나님의 사역자들이 하나님이 자신들을 보내는 모든 곳으로 기꺼이 날아갈 준비가 되어 있음을 나타내는 것이 될 것이다. 반면 만일 우리가 여기의 여섯 날개를 이사야 6:2처럼 이해한다면, 그러한 날개들은 그들의 다양한 은혜들, 즉 하나님에 대한 그들의 두려움과 경외함, 그들의 겸비와 겸양, 그리고 하나님의 모든 명령에 기꺼이 순종하고자 하는 그들의 온전한 준비됨을 나타내는 것이 될 것이다.

그 안과 주위에는 눈들이 가득하더라. 이것은 그들의 풍성한 분량의 지식과 부지런함과 깨어 있음을 나타낸다. 이러한 것들은 그리스도의 사역자들에게 반드시 필요한 것들이다. 그들이 밤낮 쉬지 않고 이르기를 거룩하다 거룩하다 거룩하다 주 하나님 곧 전능하신 이여. 이것은 이사야 6:3의 스랍들의 노래였다. 이러한 노래는 사역자들이 하나님의 모든 속성들을 — 그 가운데서도 특별히 그의 거룩하심과 그의 능력을 — 알리는데 큰 관심을 기울여야만 하는 사실을 보여준다.

전에도 계셨고 이제도 계시고 장차 오실 이시라. 하나님은 변함도 없으시고, 회전하는 그림자도 없으시며, 어제나 오늘이나 영원토록 동일하시다.

9. 그 생물들이 보좌에 앉으사 세세토록 살아 계시는 이에게 영광과 존귀와 감사를 돌릴 때에.

앞에서 이야기한 것처럼 복음 사역자들을 상징하는 여기의 "생물들"은 영원하신 하나님을 찬미하면서 그에게 영광과 존귀와 감사를 돌린다.

10. 이십사 장로들이 보좌에 앉으신 이 앞에 엎드려 세세토록 살아 계시는 이에게 경배하고 자기의 관을 보좌 앞에 드리며 이르되.

24장로들로 상징되는 전체 교회(whole church) 역시도 하나님에게 경의와 예를 표한다. 그들은 자신들에게 행해진 혹은 자신들 안에서 이루어진 모든 선한 일들이 하나님으로부터 말미암았음을 기꺼이 인정하면서 그분께 모든 영광을 돌린다. 그리고 복음 사역자들은 바로 그와 같은 일의 도구 혹은 통로이다.

11. 우리 주 하나님이여 영광과 존귀와 권능을 받으시는 것이 합당하오니 주께서 만물을 지으신지라 만물이 주의 뜻대로 있었고 또 지으심을 받았나이다 하더라.

오직 주 하나님에게만 모든 피조물의 모든 찬미와 경의와 감사가 돌려지는 것이 합당하나이다. 주는 만물을 지으시고 존재하게 하셨나이다. 그러므로 만물이 주를 섬기며 순종하며 찬미하며 영광을 돌리는 것은 지극히 합당한 일이나이다.

MATTHEW POOLE'S COMMENTARY

요한계시록 5장

개요

1. 아무도 열 수 없는 일곱 인으로 봉한 두루마리(1–3).
2. 그로 말미암아 우는 요한에게 위로가 주어짐(4–5).
3. 죽임을 당한 어린 양이 그 두루마리를 취하심(6–7).
4. 네 생물과 이십사 장로가 그들을 구속한 자를 찬미함(8–10).
5. 천사들이 그들과 합하여 하나님과 어린 양에게 영광을 돌림(11–14).

지금까지 요한은 보좌와, 그 위에 영광스러운 모습으로 앉아 계신 자와, 그 주위에 둘러 있는 이십사 장로와 네 생물을 보았다. 첫째 생물은 사자 같고, 둘째 생물은 송아지 같고, 셋째 생물은 얼굴이 사람 같고, 넷째 생물은 날아가는 독수리 같은데, 그 모든 생물들은 각각 그 안과 주위에 눈들이 가득한 여섯 날개를 가지고 있었다. 계속해서 요한은 네 생물과 이십사 장로들이 하나님께 찬미와 영광을 돌리는 것을 듣는다. 이와 같이 환상은 계속 이어진다.

1. 내가 보매 보좌에 앉으신 이의 오른손에 두루마리가 있으니 안팎으로 썼고 일곱 인으로 봉하였더라.

보좌에 앉으신 이의 오른손에 두루마리가 있으니. 여기의 두루마리가 무엇인가 하는 질문과 관련해서는 거의 논쟁의 여지가 없다. 왜냐하면 우리는 곧이어 그것이 열리고 그 내용이 펼쳐지는 것을 보게 되기 때문이다. 요컨대 그것은 마지막 날까지 교회와 관련한 하나님의 계획과 목적과 훈계가 기록된 예언의 책 외에 다른 것일 수 없다. 우리는 여기에서 그 두루마리가 하나님의 손에 붙잡혀 있는 것을 주목할 필요가 있다. 안팎으로 썼고. 그 두루마리는 안팎으로 썼을 만큼 내용이 풍부했다. 일곱 인으로 봉하였더라. 여기에 담겨 있는 내용들은 지금까지 세상으로부터 감추어진 가운데 다만 부분적으로만 계시되었을 뿐이다.

2. 또 보매 힘있는 천사가 큰 음성으로 외치기를 누가 그 두루마리를 펴며 그 인을 떼기에 합당하냐 하나.

물론 연약한 천사는 없지만, 특별히 여기의 천사는 요한에게 다른 천사들보다 더 힘있게 보였다. 어쩌면 그의 "큰 음성"으로 인해 요한이 그렇게 판단한 것인지도 모른다. 누가 그 두루마리를 펴며 그 인을 떼기에 합당하냐. 이러한 표현은 어느 누구도 그렇게 할 수 없음을 함축한다. 이로부터 우리는 사람이 하나님의 깊은 것들을 찾으며, 발견하며, 설명하는 것은 전적으로 불가능한 일임을 알 수 있다.

3. 하늘 위에나 땅 위에나 땅 아래에 능히 그 두루마리를 펴거나 보거나 할 자가 없더라.

하늘 위에 있는 천사들, 땅 위에 있는 사람들, 몸은 땅 아래에 있고 영혼은 하늘에 있는 자들, 지옥의 악령들 — 그 어떤 존재도 그 두루마리를 펴고 보기에 충분하지 못했다.

4. 그 두루마리를 펴거나 보거나 하기에 합당한 자가 보이지 아니하기로 내가 크게 울었더니.

감추어진 은밀한 것들을 알고자 하는 것은 — 특별히 그것이 우리 자신과 혹은 우리가 사랑하는 자들과 관련된 것일 때 — 사람의 본성이다. 그러므로 그런 것들을 알 수 없을 때 우리는 낙담하며 슬퍼한다.

5. 장로 중의 한 사람이 내게 말하되 울지 말라 유대 지파의 사자 다윗의 뿌리가 이겼으니 그 두루마리와 그 일곱 인을 떼시리라 하더라.

우리는 요한이 여기에서 환상의 도입 부분을 묘사하고 있는 사실을 기억할 필요가 있다. 그는 환상 가운데 하나님 아버지의 오른손에 있는 한 두루마리를 보았다. 그리고 그와 함께 그는 한 천사가 큰 음성으로 "누가 그 두루마리를 펴며 그 인을 떼기에 합당하냐" 즉 "합당한 자가 있다면 누구라도 그 두루마리를 펴며 그 인을 뗄 것이라"라고 외치는 것을 들었다. 그러나 그 음성에 응답할 자가 아무도 나타나지 않았으며, 따라서 요한은 크게 낙담했다. 그때 그는 한 장로가 자신에게 다음과 같이 말하는 것을 들었다. "낙담하지 말라. 그 두루마리는 열릴 것이라. 유대 지파의 사자요 다윗의 뿌리인 그리스도께서 그 두루마리를 열고 그 인은 떼실 것이라." 우리는 여기에서 그리스도가 두 가지 이름으로 묘사되는 것을 발견한다. (1) 유대 지파의 사자. 이것은 의문의 여지 없이 야곱의 예언과 관련된 것이다(창 49:9, 10). 거기에서 유다는 "사자 새끼"로 비유된다. "유다는 사자 새끼로다 내 아들아 너는 움킨 것을 찢고 올라갔도다 그가 엎드리고 웅크림이 수사자 같고 암사자 같으니 누가 그를 범할 수 있으랴"(창 49:9). 그가 사자로 비유되는 것은 그가 이기고 또 이길 것이기 때문이다. 그리스도는 이 지파로부터 태어났으며, 유다 지파의 사자로서 위대한 승리자가 될 것이었다. (2) 다윗의 뿌리. 예수 그리스도는 사람으로서 "다윗의 가지" 면서 동시에 하나님으로서 "다윗의 뿌리" 였다. 그러므로 다윗은 시편 110:1에서 그를 "주"라 부른다. 비록 그가 자신의 자손이었음에도 불구하고 말이다.

그가 이겼으니 그 두루마리와 그 일곱 인을 떼시리라. 그가 아버지로부터 그 두루마리를 열고 일곱 인을 떼는 — 다시 말해서 세상 끝날까지 교회와 관련한 하나님의 계획과 목적을 계시하는 — 권세를 받았노라. 여기의 "장로 중의 한 사람" 이 누구인지를 따지는 것은 무익한 일이다. 비유 가운데 어떤 것들은 단순히 이야기를 꾸미기 위한 것일 뿐 특별한 의미를 갖지 않는 경우가 많이 있다. 이것은 환상의 경우에도 마찬가지이다. 그러므로 그런 것들에 대해서는 특별한 설명이 필요치 않다. 다만 전체적인 요지는 이것이다: "요한이 두루마리의 내용을 알 수 없어 낙담하고 있는 동안, 열두 장로 가운데 한 사람이 그에게 낙담하지 말라고 말했다. 왜냐하면 그리스도께서 아버지로부터 장차 일어날 일들과 관련한 하나님의 계획들을 계시하는 권세를 받았기 때문이다."

6. 내가 또 보니 보좌와 네 생물과 장로들 사이에 한 어린 양이 서 있는데 일찍이 죽임을 당한 것 같더라 그에게 일곱 뿔과 일곱 눈이 있으니 이 눈들은 온 땅에 보내심을 받은 하나님의 일곱 영이더라.

내가 또 보니. 앞 절의 이야기를 듣고 희망에 차서 보니.

보좌와 네 생물과 장로들 사이에 한 어린 양이 서 있는데. 요한은 사자 대신 한 어린 양을 보았다. 요한은 그의 복음서에서 예수 그리스도를 종종 어린 양으로 불렀던 것처럼(요 1:29, 36), 이 책에서도 종종 그렇게 부른다. 어린 양은 때로 정결함과 무죄함을 상징하며(벧전 1:19), 때로 온유함과 인내를 상징한다(행 8:32). 그러나 여기에서는 유월절 어린 양과 관련된다.

일찍이 죽임을 당한 것 같더라. 그에게는 마치 죽임을 당한 것처럼 많은 상처와 찔린 자국이 있었다. 그는 보좌 가운데 나타났는데, 그것은 그가 아버지와 동등한 자임을 보여준다. 또 그가 장로들과 생물들 사이에 서 있었던 것은 그가 그의 교회와 사역자들과 함께 계시는 것을 보여준다(마 28:20). 그것은 그가 일곱 금 촛대 사이를 거니시는 것과 같은 의미이다(2:1).

일곱 뿔. 여기에서 그는 일곱 뿔을 가진 자로서 나타나는데, 이것은 그의 영광과 권세와 아름다움을 상징한다. 일곱 눈이 있으니 이 눈들은 … 하나님의 일곱 영이더라. 하나님의 일곱 영에 대해서는 1:4과 4:5을 보라. 이것은 우리에게 그리스도에게 하나님의 영이 한량없이 부어진 것을 일깨워 준다. 온 땅에 보내심을 받은. 하나님의 영의 영적 은사들과 온전케 하심은 온 땅에 미친다.

7. 그 어린 양이 나아와서 보좌에 앉으신 이의 오른손에서 두루마리를 취하시니라.

일찍이 죽임을 당한 것 같은 어린 양, 일곱 뿔과 일곱 눈을 가진 어린 양, 교회와 관련한 하나님의 모든 계획과 목적과 비밀들이 기록된 두루마리와 인을 떼기에 합당한 어린 양 — 그 어린 양이 나아와 아버지의 오른손에 들려 있던 두루마리를 취한다. 여기서부터 본 장의 마지막까지는 네 생물과 이십사 장로와 무수한 천사들이 아버지의 오른손으로부터 두루마리를 취한 예수 그리스도의 영광과 존귀를 찬미하는 내용이다.

8. 그 두루마리를 취하시매 네 생물과 이십사 장로들이 그 어린 양 앞에 엎드려 각각 거문고와 향이 가득한 금 대접을 가졌으니 이 향은 성도의 기도들이라.

일찍이 죽임을 당한 것 같은 어린 양이 교회와 관련한 하나님의 은밀한 계획들이 기록된 두루마리를 받았을 때, 요한은 복음의 사역자들 혹은 전체적인 교회를 상징하는 것으로 보이는 네 생물과 역시 교회의 사역자들 혹은 전체적인 교회를 상징하는 것으로 보이는 머리에 금관을 쓴 이십사 장로들을 보았다.

그 어린 양 앞에 엎드려 각각 거문고와 향이 가득한 금 대접을 가졌으니. 여기의 표현은 옛 언약 아래서의 예배와 관련된다. 그때 백성들은 성전에서 여러 가지 악기들과 분향(焚香)으로 하나님을 찬미했다. 역대상 13:8; 15:16; 역대하 5:12; 느헤미야 12:27; 시 33:2; 141:2; 150:3을 보라.

이 향은 성도의 기도들이라. 요한은 하나님께 올려지는 향이 "성도의 기도들"을 상징한다고 말한다. 본 절은 우리에게 복음 아래서 하나님이 그의 사역자들과 백성들로부터 받으시는 모든 기도와 찬미와 경배를 보여준다. 하나님이 그 모든 것을 받으시기에 합당하신 것은 그가 자기 아들을 그의 교회의 머리로 세우시고 그를 그들의 선지자와 제사장과 왕으로 삼으셨기 때문이다.

9. 그들이 새 노래를 불러 이르되 두루마리를 가지시고 그 인봉을 떼기에 합당하시도다 일찍이 죽임을 당하사 각 족속과 방언과 백성과 나라 가운데에서 사람들을 피로 사서 하나님께 드리시고.

그들이 새 노래를 불러. 여기의 새 노래는 "훌륭한 노래" 혹은 "그 내용에 있어 새로운 노래"를 의미하는 것으로 이해된다. 나는 후자의 해석을 더 좋아한다. 왜냐하면 옛 언약의 백성들은 그리스도의 피로 말미암은 실제적인 구속으로 인해 하나님을 찬미할 수 없었기 때문이다. 그들은 단지 믿음의 눈으로 멀리 있는 것을 바라보며 소망 가운데 즐거워할 수 있었을 뿐이었다.

두루마리를 가지시고 그 인봉을 떼기에 합당하시도다. 그들은 그리스도가 교회와 관련한 하나님의 계획들을 계시하기에 합당한 자임을 인정한다.

일찍이 죽임을 당하사 … 사람들을 피로 사서. 예수 그리스도는 자신의 핏값으로 그의 교회를 죄와 사망과 지옥으로부터 구속하시고, 그들로 하여금 하나님을 섬기며 그와 함께 영원히 살도록 하셨다. 그러므로 하나님이 그를 지극히 높이셨다(빌 2:9).

10. 그들로 우리 하나님 앞에서 나라와 제사장들을 삼으셨으니 그들이 땅에서 왕 노릇 하리로다 하더라.

네 생물과 이십사 장로들은 계속해서 자신들이 그리스도를 그의 교회에 선지자가 되기에 합당한 자로서 선포하는 이유를 보여준다. 그것은 그가 하나님의 계획들을 기록한 두루마리를 열기에 합당한 자이기 때문이다. 그는 자신의 피로 그들을 죄의 권세와 죄책으로부터 구속하셨을 뿐만 아니라 그들을 왕들과 제사장들(kings and priests, 한글개역개정판에는 "나라와 제사장들"이라고 되어 있음)로 삼으심으로써 그들에 대한 자신의 큰 사랑을 보여주셨다. 그는 그들에게 유대 교회가 가졌던 "제사장 나라"로서의 특권과 동일한 특권을 주셨으며(출 19:6), 제사장으로서 유대 교회가 드렸던 혈과 육의 제사가 아니라 "예수 그리스도로 말미암아 하나님이 기쁘게 받으실 신령한 제사"를 드리는 권세를 주셨다(벧전 2:5). 뿐만 아니라 그는 그들에게 왕으로서 자신들의 정욕과 욕망을 다스리며, 장차 땅에서 왕 노릇 하며, 마지막 날 산 자와 죽은 자를 심판하실 큰 심판주와 함께 세상을 심판할 권세를 주셨다(고전 6:3),

11. 내가 또 보고 들으매 보좌와 생물들과 장로들을 둘러 선 많은 천사의 음성이 있으니 그 수가 만만이요 천천이라.

내가 또 보고 들으매 보좌와 생물들과 장로들을 둘러 선 많은 천사의 음성이 있으니. 또 요한은 네 생물과 이십사 장로들을 둘러싸고 있는 많은 천사들을 보았다. 여기의 말씀으로부터 우리는 네 생물과 이십사 장로들이 천사들을 가리키는 것이 아님을 알 수 있다. 나아가 그리스도께서 그의 피로 그들을 구속하셨다는 말씀 또한 그러한 사실을 재확인한다(9, 10절). 우리는 여기에서 천사들이 교회와 연합하여 그리스도께 영광을 돌리는 것을 발견한다. 그 수가 만만이요 천천이라. 그들의 수는 누구라도 능히 헤아릴 수 없을 정도로 무한하다. 비슷한 표현으로 다니엘 7:10을 보라.

12. 큰 음성으로 이르되 죽임을 당하신 어린 양은 능력과 부와 지혜와 힘과 존귀와 영광과 찬송을 받으시기에 합당하도다 하더라.

죽임을 당하신 어린 양은 … 합당하도다. 6절에 언급된 일곱 뿔과 일곱 눈을 가진 어린 양. 즉 예수 그리스도. 능력과 부와. 그는 그에게 주어진 권세와 능력을 상징하는 일곱 뿔을 가지기에 합당하다. 왜냐하면 그에게 하늘과 땅의 모든 권세가 주어졌기 때문이다. 지혜와. 그는 일곱 눈 즉 "지혜의 영" 혹은 "은혜와 지혜의 부요함"을 가진 자이다(사 11:2). 힘과 존귀와 영광과 찬송을 받으시기에. 사람들로부터 모든 경의와 영광과 찬미와 송축과 순종을 받으시기에. 여기에서 어린 양에게 돌려지는 일곱 가지가 하나님의 일곱 영의 일곱과 무슨 특별한 연관성을 갖는지에 대해 나는 아무것도 알지 못한다.

13-14. [13]내가 또 들으니 하늘 위에와 땅 위에와 땅 아래와 바다 위에와 또 그 가운데 모든 피조물이 이르되 보좌에 앉으신 이와 어린 양에게 찬송과 존귀와 영광과 권능을 세세토록 돌릴지어다 하니 [14]네 생물이 이르되 아멘 하고 장로들은 엎드려 경배하더라.

나는 여기에 나타나는 각각의 구절들의 의미를 개별적으로 살피고자 하지 않는다. 다만 전체적인 의미는 모든 천사들과 영화로워진 성도들과 전체 교회가 한 마음으로 하나님과 어린 양이신 주 예수 그리스도에게 영광을 돌리는 것이다. 그들 모두는 한 마음으로 그리스도를 아버지와 동일하게 경배한다. 그리고 모든 창조를 하나님의 계획과 섭리의 역사(役事)에 돌리며, 하나님이 그리스도를 그의 교회의 선지자와 제사장과 왕으로 세우셨음을 찬미한다. 심지어 무생물과 이성(理性) 없는 생명체들조차 이러한 찬미에 동참하는 것으로 말하여진다. 그것은 하나님의 영광이 그것들 가운데 비취며, 그것들이 그리스도로 말미암아 허무한데 굴복하는 것으로부터 해방되어 하나님의 자녀들의 영광의 자유에 이르게 될 것이기 때문이다(롬 8:19-21). 그것들은 모두 각자의 자리에서 그리스도께 무릎을 꿇고 그에게 복종하게 될 것이며(빌 5:9, 10), 하늘과 땅의 모든 권세를 실행함에 있어서의 그의 뜻을 성취할 것이다.

MATTHEW POOLE'S COMMENTARY

요한계시록 6장

개요

1. 첫째 인을 뗌(1–2).
2. 둘째 인을 뗌(3–4).
3. 셋째 인을 뗌(5–6).
4. 넷째 인을 뗌(7–8).
5. 다섯째 인을 뗌(9–11).
6. 여섯째 인을 뗌(12–17).

마침내 우리는 이 신비로운 책의 예언적인 – 그러므로 가장 난해한 – 부분에 도착했다. 본문으로 들어가기에 앞서, 먼저 나는 이 책을 읽는 독자들에게 어디에 난제(難題)가 있는지, 그리고 그것의 의미를 찾는 가장 좋은 방법이 무엇인지를 일깨워주는 몇 가지 전제들을 제시하는 것이 좋으리라 생각한다. 지금까지 우리는 그다지 큰 난제는 만나지 않았다. 다소간의 난제가 있었다면, 그것은 (1) 하나님의 일곱 영에 대한 것과 (2) 일곱 교회와 거기에 보내는 편지들에 대한 것일 것이다. 특별히 후자와 관련하여 일곱 교회를 상징적으로, 그리고 거기에 보내는 편지들을 예언적으로 이해할 때 나타나는 난제 말이다. 그러나 이제부터 우리는 훨씬 더 큰 난제들을 만나게 될 것이다. 그러한 것들을 본격적으로 다루기에 앞서 먼저 나는 다음과 같은 전제들을 분명히 하고 넘어가고자 한다.

I. 본 장부터 이 책 마지막까지에 요한이 밧모 섬에서 묵시를 받은 때로부터 세상 끝날까지 하나님의 교회에 일어날 가장 주목할 만한 일들이 계시되었다.

II. 그러므로 여기에 예언된 것들 가운데 많은 것들은 이미 성취되었다. 그러나 그러한 것들을 정확하게 결정하는 것은 어렵다. 왜냐하면 여기의 계시들이 정확하게 무엇을 가리키는지 확정하는 것은 매우 어려운 일이기 때문이다. 어떤 사람들은 기독교가 시작된 때부터라고 생각한다. 그러나 이것은 개연성이 떨어지는 것으로 보인다. 왜냐하면 지금은 그때로부터 이미 95년이 지난 때이기 때문이다. 그리고 여기의 예언은 요한이 밧모 섬에 있었던 때 이후에 일어날 일들과 관련되기 때문이다

(1:1; 22:6). 또 어떤 사람들은 유대 나라와 유대 교회가 종식된 때부터라고 생각한다. 그러나 그때는 여기의 계시가 있기 26년 혹은 27년 전이었다. 왜냐하면 여기의 계시는 주후 95년 어간에 주어졌기 때문이다. 우리가 밧모 섬의 계시를 주후 95년 어간에 있었던 일로 추정할 수 있는 근거는 다음과 같다. 그때는 도미티아누스가 황제가 되고 그리스도인들을 본격적으로 박해하던 때였다. 그런데 도미티아누스가 기독교를 박해하기 시작한 것은 그가 암살을 당하기 5년 전의 일이었으며, 그가 실제로 암살을 당한 것은 주후 97년 9월이었다. 그러므로 그가 기독교를 박해하기 시작한 것은 92년경이 될 것이며 그로부터 얼마 후 밧모 섬의 계시가 있었으므로 우리는 그때를 95년 어간으로 추정할 수 있는 것이다. 그러므로 이미 성취된 예언들의 경우 그것을 실제로 어떤 사건에 적용시켜야 하는가 하는 문제는 너무나 어려운 문제가 되며, 그렇기 때문에 그러한 예언의 의미를 확실하게 결정하는 것 역시 매우 어려운 문제가 된다.

III. 여기에 제시되는 계시들의 순서는 연대적인 순서와 일치한다. 예컨대 첫째 인 아래 예언된 사건들은 둘째 인 아래 예언된 사건들보다 연대적으로 선행한다.

IV. 어떤 사람들은 12-13, 17-18장에 나타나는 것들이 6-10장에 묘사된 사건들과 동시대에 일어난 다른 사건들을 예언한 것일 뿐이라고 생각하는데, 나는 그들의 생각에 동의한다.

V. 나는 일곱 인과 일곱 나팔과 일곱 대접의 환상들(6, 8, 15, 16장)이 장차 일어날 일들을 순차적으로 계시하는 것이며 그 가운데 일곱 인의 환상이 가장 주된 계시라고 믿는다.

VI. 어떤 사람들은 하나님이 처음 여섯 인으로 말미암아 이 책이 기록된 때로부터 로마제국이 이교(異教)로부터 벗어난 때까지의 — 어떤 사람들은 이때를 주후 310년으로 보기도 하고 또 어떤 사람들은 325년으로 보기도 한다 — 전체 기간을 의도하셨다고 생각하는데, 나는 그들의 생각에 동의한다. (요한이 밧모 섬에 있었던 도미티아누스의 때로부터 시작해서) 이 기간 동안의 로마의 황제들은 다음과 같다. 네르바, 트라야누스, 아드리아누스, 안토니누스 피우스, 안토니누스 필로소푸스, 안토니누스 베루스, 콤모두스, 세베루스, 카라칼라, 마크리누스, 헬리오가발루스, 알렉산더 세베루스, 막시미누스, 고르디아누스, 필리푸스, 데키우스, 발레리아누스, 갈리에누스, 클라우디우스, 아우렐리아누스, 타키투스, 프로부스, 카루스, 누메리아누스, 막시미아누스와 함께 디오클레티아누스, 클로루스, 갈레루스와 함께 콘스탄티우스, 콘스탄티누스. 모두 27명의 황제들로서 대략 200년 정도의 기간이다. 그들은 모두 박해자였으며, 하나님은 그들에게 짧은 기간 동안의 통치를 허락하셨다. 이와 같이 처음 여섯 인 아래 계시된 것들은 그리스도 이후 300년 혹은 320년밖에 안 되는 짧은 기간 안에 이루어졌다(그리고 그 가운데 95년 내지 100년은 이미 지나갔다). 이제 이러한 전제들 위에서 본문 속으로 들어가 보도록 하자.

1. 내가 보매 어린 양이 일곱 인 중의 하나를 떼시는데 그 때에 내가 들으니 네 생물 중의 하나가 우렛소리 같이 말하되 오라 하기로.

요한의 예언은 계속된다. 어린 양. 여기의 "어린 양"은 앞 장에서 여러 차례 언급되었던 그리스도를 의미한다. 일곱 인. 5:1을 보라. 이것은 하나님의 오른손에 있었던 두루마리를 인봉한 인(印)들이었다. 그리스도는 교회의 첫 번째 기간과 관련한 하나님의 계획들을 발견하기 시작했다. 그리고 요한은 네 생물 중의 하나가 "우렛소리"와 같은 크고 두려운 음성으로 자신에게 말하는 소리를 들었다. 그것을 그를 "오라" 혹은 "와서 보라"라고 초청하는 소리였다.

2. 이에 내가 보니 흰 말이 있는데 그 탄 자가 활을 가졌고 면류관을 받고 나아가서 이기고 또 이기려고 하더라.

흰 말. 여기의 "흰 말"을 어떤 사람들은 복음으로, 또 어떤 사람들은 로마제국으로 이해한다. 그리고 활을 가진 "그 탄 자"를 어떤 사람들은 열방을 회심시키는 권능을 가지고 나아가는 그리스도로, 또 어떤 사람들은 강력한 힘으로 무장한 면류관을 쓴 로마제국의 황제들로 이해한다. 후자의 해석에 따를 때, 하나님이 이러한 환상을 통해 요한에게 계시하고자 하신 것은 로마제국의 황제들이 계속해서 하나님의 교회를 향해 그들의 힘을 사용할 것이라는 것이 될 것이다. 반면 흰 말을 복음 혹은 첫 번째 시대의 교회에 대한 하나님의 섭리로 그리고 그 탄 자를 그리스도로 이해하는 사람들은 이때를 그리스도께서 승천하신 주후 34년경부터 모든 사도들이 죽은 100년경까지 그리스도의 복음이 세상을 강력하게 정복하던 때로서 이해한다. 이렇게 생각하는 사람들 가운데 가장 대표적인 사람이 미드(Mede)이다. 이때는 요한이 밧모 섬에서 계시를 받던 때와 겹친다. 그러므로 그때는 장차 있을 일의 일부가 될 수 있었다. 우리는 사도행전에서 바울이 로마에 도착할 때까지 단지 40년간의 역사(歷史)만을 볼 뿐이다. 이 기간 동안 아우구스투스(이 사람의 시대에 그리스도께서 탄생하셨다, 눅 2:1), 티베리우스, 클라우디우스, 네로, 갈바, 오토, 베스파시아누스, 티투스, 도미티아누스, 네르바, 트라야누스 등 열한 명의 황제들이 다스렸다. 그들은 세상을 이기고 또 이겼다. 다시 말해서, 계속해서 세상을 정복해 나갔다. 반면 네로가 통치하던 주후 66년경까지 그들은 그리스도인들을 박해하기 시작하지 않았으며, 베스파시아누스와 티투스와 도미티아누스 8년까지지도 별다른 박해는 없었다. 그러므로 나는 여기의 "흰 말"과 "그 탄 자"를 복음과 그리스도로 이해할 것인가 혹은 로마제국과 그 황제들로서 이해할 것인가 하는 문제는 정확하게 결정하기 어려운 문제로서 그냥 독자들의 몫으로 남겨두고자 한다.

3. 둘째 인을 떼실 때에 내가 들으니 둘째 생물이 말하되 오라 하니.

둘째 인. 5:1에 언급된 두루마리를 인봉한 일곱 인 가운데 둘째 인. 둘째 생물. 4:7에 언급된 송아지 같은 생물. 오라. 흠정역에는 "와서 보라"(come and see)라고 되어 있다. 이것은 요한에게 주의를 기울일 것을 촉구하는 표현이다.

4. 이에 다른 붉은 말이 나오더라 그 탄 자가 허락을 받아 땅에서 화평을 제하여 버리며 서로 죽이게 하고 또 큰 칼을 받았더라.

이에 다른 붉은 말이 나오더라. 붉은 색은 피와 살육을 상징한다. 그 탄 자가 허락을 받아 땅에서 화평을 제하여 버리며. 여기의 "그 탄 자"를 어떤 사람들은 그리스도로, 또 어떤 사람들은 로마제국의 황제들로 이해한다. 서로 죽이게 하고. 이때는 많은 피가 흘려진 때였다.

또 큰 칼을 받았더라. 큰 칼이 붉은 말을 탄 자에게 주어졌더라. 어떤 사람들은 이 기간이 네로와 함께 시작되었다고 생각한다. 그런가 하면 다른 사람들은 그것이 트라야누스 때부터 콤모두스 때까지 80년의 기간을 포함한다고 생각한다. 이 기간 동안 트라야누스와 하드리아누스와 세 명의 안토니누스가 차례대로 로마제국을 통치했다. 그 가운데 트라야누스와 하드리아누스의 통치가 전체 기간의 절반을 차지했으며, 이 기간 동안 여기의 예언이 가장 눈에 두드러지게 성취되었다. 왜냐하면 트라야누스 시대에 유대인들이 반란을 일으켜 많은 로마 신민(臣民)들을 죽였기 때문이었다. 그들은 어떤 도시에서는 22,000명의 로마 신민을 죽이고, 또 어떤 도시에서는 240,000명의 로마 신민을 죽였다. 그러므로 당시 유대인들은 트라야누스와 하드리아누스가 보낸 군대에 의해 가혹하게 다루어졌다. 당시 역사가들에 따르면, 트라야누스와 하드리아누스가 보낸 군대는 그들을 무려 580,000명이나 살육했다고 한다. 한편 유대인 자신들은 그때 죽은 사람들의 숫자가 모세 시대에 출애굽한 백성들의 숫자의 갑절이 되었다고도 하고, 혹은 느부갓네살에 의해 죽은 사람들의 숫자보다도 더 많았다고도 하고, 혹은 티투스에 의해 예루살렘이 멸망을 당할 때 죽은 사람들의 숫자보다도 더 많았다고도 한다. 이 기간 동안 그리스도인들 가운데서도 많은 사람들이 죽임을 당했다. 세 번째 박해와 네 번째 박해가 바로 이 기간 동안 있었던 것이다.

5. 셋째 인을 떼실 때에 내가 들으니 셋째 생물이 말하되 오라 하기로 내가 보니 검은 말이 나오는데 그 탄 자가 손에 저울을 가졌더라.

셋째 생물. 그 얼굴이 사람과 같은 생물. 그 역시도 요한에게 셋째 인이 떼어질 때 무슨 일이 일어나는지 "와서 보라"(come and see, 한글개역개정판에는 "오라"라고만 되어 있음)고 초청한다. 검은 말이 나오는데 그 탄 자가 손에 저울을 가졌더라. 요한이 눈을 들어 바라보자 그의 눈에 검은 말과 그 손에 저울을 든 그 탄 자가 보였다. 여기의 "검은 말"이 무엇을 의미하는가 하는 문제와 관련하여 해석자들 사이에 큰 의견 차이가 있다. 어떤 학자들은 그것을 기근으로 이해한다. 왜냐하면 기근의 때 사람들의 얼굴은 영양 결핍으로 인해 거무스름해지기 때문이다. 또 어떤 학자들은 그것을 공의로 이해한다. 왜냐하면 "그 탄 자"가 손에 저울을 가진 것으로 말하기 때문이다. 또 어떤 학자들은 그것을 이단과 그것으로 말미암은 교회의 큰 고통으로 이해한다. 그 탄 자가 손에 저울을 가진 것은 (기근의 때에 통상적으로 하는 것처럼) 사람들에게 떡을 용량대로 달아 주기 위함이었든지, 아니면 공의로써 모든 사람들을 달아보기 위함이었을 것이다.

6. 내가 네 생물 사이로부터 나는 듯한 음성을 들으니 이르되 한 데나리온에 밀 한 되요 한 데나리온에 보리 석 되로다 또 감람유와 포도주는 해치지 말라 하더라.

한 데나리온에 밀 한 되요 한 데나리온에 보리 석 되로다. 주석가들은 이러한 말씀의 의미를 확정하는데 매우 큰 어려움을 느낀다. 어떤 학자들은 이러한 표현이 기근과 결핍을 의미한다고 생각한다. 반면 다른 학자들은 이것이 큰 풍성함을 의미한다고 생각한다. 어떤 학자들은 여기의 "되"(measure)에 해당되는 헬라어가 반 말(half bushel)을 의미한다고 말한다. 반면 다른 학자들은 그것이 네 덩이의 빵을 만들 정도의 곡식을 의미한다고 말한다. 또 어떤 학자들은 그것이 한 쿼트(quart)가 조금 넘는 정도의 양이라고 말하는가 하면, 또 어떤 학자들은 종들이 하루 정도 먹을 만큼의 분량이라고 말한다. 그것이 무엇을 의미하든 간에, 어쨌든 나는 여기의 말씀이 큰 기근을 의미하는 것은 아니라고 생각한다. 왜냐하면 여기에 사용된 "페니"(penny, 한글개역개정판에는 "데나리온"이라고 되어 있음)는 그다지 큰 액수가 아니기 때문이다(a measure of wheat for a penny and three measures of barley for a penny).

뛰어난 학자 미드(Mede)는 앞 절의 "검은 말"이 기근과 결핍의 때가 아니라 도리어 풍요의 때를 의미한다고 생각하는데, 나는 그의 판단이 옳다고 생각한다. 왜냐하면 곧바로 "감람유와 포도주는 해치지 말라"는 말씀이 뒤따르기 때문이다. 또 우리는 여기의 "탄 자"의 손에 들린 "저울"이 양식을 계량하는 저울(scales)이 아니라 공의를 상징하는 평형저울(balances)인 것을 주목할 필요가 있다. 그러므로 여기의 예언의 전체적인 취지는 이 기간이 큰 풍요와 공의의 때가 될 것을 예언하는 것으로 보인다. 미드(Mede)는 셋째 인과 관련한 기간을 콤모두스가 로마제국의 황제가 된 주후 180년부터 세베루스, 마크리누스, 카라칼라, 헬리오가발루스를 거쳐 마침내 맘메아스의 아들 알렉산더 세베루스가 통치했던 237년까지로 보는데, 역사가들은 이 기간 중에 어떤 기근도 없었다고 말한다. 도리어 그 기간에는 큰 풍요와 함께 사회적인 공의가 잘 이루어졌다고 한다.

7. 넷째 인을 떼실 때에 내가 넷째 생물의 음성을 들으니 말하되 오라 하기로.

여기의 "넷째 생물"은 4:7에 언급된 날아가는 독수리 같은 생물을 말한다. 그는 요한에게 "와서 넷째 인이 떼어지는 것을 보라"고 말한다. 넷째 인이 떼어진다는 것은 곧 네 번째 기간 동안 교회에 일어날 일들과 관련한 하나님의 계획들이 계시되는 것을 의미한다. 그리고 네 번째 기간은 주후 237년 막시무스가 로마제국의 황제가 된 때로부터 시작해서 294년 디오클레티아누스의 통치와 함께 끝나는 것으로 여겨진다.

8. 내가 보매 청황색 말이 나오는데 그 탄 자의 이름은 사망이니 음부가 그 뒤를 따르더라 그들이 땅 사분의 일의 권세를 얻어 검과 흉년과 사망과 땅의 짐승들로써 죽이더라.

청황색 말이 나오는데 그 탄 자의 이름은 사망이니 음부가 그 뒤를 따르더라. 여기의 말의 색깔(청황색)은 그 탄 자의 이름이 보여주는 것처럼 "사망"을 상징한다. 사망은 사람들의 색깔을 푸르스름하고 누르스름하게 만들며, 그들을 "음부"로 데려간다. 땅 사분의 일. 땅의 큰 부분.

검과 흉년과 사망과 땅의 짐승들로써 죽이더라. 사람들을 칼과 기근과 전염병과 사나운 맹수에게 던지는 등 모든 방법으로 죽이더라. 어떤 주석가들은 여기에 막시미누스가 황제가 된 주후 237년부터 아우렐리아누스 시대인 271년까지 로마제국과 그 안에 있는 교회에서 일어날 일들이 예언되어 있는 것으로 판단한다. 그런가 하면 또 어떤 주석가들은 그 기간을 주후 294년의 디오클레티아누스 시대까지 확장하기도 하지만, 그러나 미드(Mede)는 이 기간은 다섯째 인을 위해 유보한다. 만일 여기의 넷째 인에 단지 앞의 기간만을 포함시킨다면, 그 안에 일곱 번째와 여덟 번째와 아홉 번째 박해가 있는 셈이 된다. 한편 디오클레티아누스는 가장 큰 열 번째 박해를 시작했다. 이러한 기간 동안 여기의 예언은 매우 놀랍게 성취되었다. 막시미누스는 독일에 있는 모든 도시들을 초토화시켰다. 또 갈루스 시대에 전염병이 15년 동안이나 계속되었다. 또 플라비우스 클라우디우스에 의해 320,000명의 고트족이 학살을 당했다. 막시미누스와 갈리에누스는 기독교도와 이교도를 막론하고 수많은 사람들을 죽인 큰 학살자였다. 갈리에누스는 매일같이 3,000명 내지 4,000명씩 죽였다고 말하여진다. 그리고 오랜 기간의 기근에 필연적으로 수많은 전쟁과 약탈과 참화가 따를 수밖에 없었다. 우리는 유세비우스와 특별히 그 시대에 살았던 키프리아누스의 증언으로부터 이 모든 사실을 분명하게 알 수 있다.

9. 다섯째 인을 떼실 때에 내가 보니 하나님의 말씀과 그들이 가진 증거로 말미암아 죽임을 당한 영혼들이 제단 아래에 있어.

다섯째 인을 떼실 때에. 다섯째 인과 여섯째 인이 떼어질 때, 우리는 요한에게 "오라" 혹은 "와서 보라"고 말하는 생물의 음성을 듣지 못한다. 그 이유와 관련하여 우리는 다음을 고려할 필요가 있다. (1) 생물들의 숫자가 넷이었다는 사실. 네 생물은 요한에게 차례대로 한 번씩 "오라" 혹은 "와서 보라"고 말했다. (2) 어떤 사람들은 그것이 여기의 환상이 새로운 박해가 아니라 단순히 앞의 박해가 계속해서 이어지는 것을 보여주는 것일 뿐이기 때문이라고 생각한다. (3) 그럼에도 불구하고 여기의 환상은 특별한 주석이 필요하지 않을 정도로 너무나 명백하다.

내가 보니 … 제단 아래에 있어. 요한은 계속해서 구약의 언어로 말한다. 성전 안에 번제를 위한 제단(번제단)과 분향을 위한 제단(향단)이 있었다. 여기의 "제단"은 아마도 후자인 것으로 판단된다.

하나님의 말씀과 그들이 가진 증거로 말미암아 죽임을 당한 영혼들. 여기의 말씀으로부터 우리는 어떤 사람들이 생각하는 것처럼 죽은 자들의 영혼이 잠자고 있다는 결론을 내릴 수 없다. 여기의 사람들은 하나님의 말씀을 전파하며, 복음을 고백하며, 그리스도의 진리를 증언한 것으로 인해 죽임을 당한 것으로 말하여진다. 여기의 다섯째 인 안에 미드(Mede)는 디오클레티아누스 시대의 10년간의 박해를 포함시킨다. 그것은 가장 혹독하며 가혹한 박해였다. 이교(異教)는 이 시기에 스스로의 생존을 위해 — 죽어가는 것들이 대개 그러는 것처럼 — 최후의 발악을 했다. 폭군

디오클레티아누스는 그의 통치 초기 30일 동안 이집트에서만 17,000명의 사람들을 죽이고, 10년간의 박해를 통해 모두 144,000명의 사람들을 죽인 것으로 알려진다. 미드는 다섯째 인이 떼어질 때 요한이 본 영혼들이 바로 디오클레티아누스에 의해 죽임을 당한 자들의 영혼이었을 것으로 생각한다.

10. 큰 소리로 불러 이르되 거룩하고 참되신 대주재여 땅에 거하는 자들을 심판하여 우리 피를 갚아 주지 아니하시기를 어느 때까지 하시려 하나이까 하니.

큰 소리로 불러 이르되. 하나님께 큰 소리로 부르짖은 것은 그들의 영혼이면서 동시에 그들의 피였다. 거룩하고 참되신 대주재여. 죄를 용납할 수 없으시며 자신이 경고하시고 약속하신 것에 진실하신 대주재여. 주는 피에 굶주린 자들에게 심판을 경고하시고, 자기 백성들에게 구원을 약속하셨나이다. 땅에 거하는 자들을 심판하여 우리 피를 갚아 주지 아니하시기를. 우리의 일을 심판하여 우리를 위해 복수해 주지 아니하시기를. 우리는 땅에 거하는 악인들에게 스스로 복수하지 아니하고 복수하는 일을 모두 주께 맡겼나이다. 주는 그들과 그들이 행한 모든 일을 아시나이다. 모든 것은 주의 권세 아래 있으며, 주는 주께서 원하시는 대로 행하실 수 있나이다.

11. 각각 그들에게 흰 두루마기를 주시며 이르시되 아직 잠시 동안 쉬되 그들의 동무 종들과 형제들도 자기처럼 죽임을 당하여 그 수가 차기까지 하라 하시더라.

각각 그들에게 흰 두루마기를 주시며. 영광의 흰 예복. 그리스도의 의와 거룩한 삶의 흰 옷은 그들이 죽임을 당하기 전에 이미 그들에게 주어졌다. 아직 잠시 동안 쉬되. 그들은 묵묵히 하나님의 섭리를 따르며 그의 때를 기다려야만 했다. 그들의 동무 종들과 형제들도 자기처럼 죽임을 당하여. 더 많은 충성된 증인들이 하나님을 위해 순교를 당해야만 했다. 그들 역시도 같은 믿음과 신앙 고백으로 인해 죽임을 당할 것이었다. 그 수가 차기까지. 순교자들의 수가 찰 때, 하나님은 그들의 원수들에게 그들의 피에 대해 복수하실 것이다.

12. 내가 보니 여섯째 인을 떼실 때에 큰 지진이 나며 해가 검은 털로 짠 상복 같이 검어지고 달은 온통 피 같이 되며.

내가 보니 여섯째 인을 떼실 때에. 5:1에 언급된 두루마리를 인봉한 인들 가운데 여섯 번째 인. 이것 역시도 장차 반드시 일어날 것들 가운데 어떤 것들이 계시되는 것을 의미하지만, 그러나 그때가 언제인지에 대해서는 주석가들 사이에 의견이 일치되지 않는다. 어떤 사람들은 이것을 예루살렘이 멸망을 당한 때라고 생각한다. 그러나 그것은 요한이 밧모섬에 있었던 때로부터 이미 26년 혹은 27년 전의 일이었다. 반면 그가 거기에서 받은 환상들은 "반드시 속히 될" 미래의 일들이었다(1:1; 22:6). 어떤 사람들은 이때 즉 여섯째 인이 떼어지는 때를 마지막 심판 날 직전의 때로서 생각한다. 그러나 이러한 생각 역시 합당하지 않은 것으로 보인다. 왜냐하면 아직 일곱째 인이 남아 있기 때문이다. 또 어떤 사람들은 교회가 적그리스도와 더불어 싸울 때라고 생각한다. 그러나 나는 이것이 최초의 그리스도인 황제인 콘스탄티누스가 이교 국가 로마를 전복시키고 기독교를 로마의 종교로 만듦으로써 교회에 평강을 가져다준 때를 가리킨다고 보는 미드의 견해가 가장 합당하다고 생각한다. 그것은 대략 주후 311년경이었으며, 그가 리키니우스를 완전히 물리친 것은 325년이었다. 나는 이러한 견해에 기꺼이 동의한다. 이제 본문이 이때와 어떻게 합치되는지 살펴보도록 하자.

큰 지진이 나며. 여기에 한 가지 의문이 있는데, 그것은 큰 지진과 해가 검어지는 것과 달이 피 같이 되는 것이 무엇을 의미하느냐 하는 것이다. 이러한 표현은 때로 예루살렘의 멸망이나 혹은 마지막 심판 날을 가리키는 것으로서 사용되기도 했다. 그러나 거기에는 동시에 나라에 큰 격변이 있을 것을 나타내는 은유적인 의미가 담겨 있는데, 이것은 예언서에서 흔히 나타난다. 나는 여기의 말씀은 바로 이와 같은 의미로 취하여져야 한다고 생각한다. 이와 같은 의미에서 하나님이 예루살렘에 일으킬 큰 변화를 이사야와 예레미야는 다음과 같이 묘사한다. "만군의 여호와께서 우레와 지진과 큰 소리와 회오리바람과 폭풍과 맹렬한 불꽃으로 그들을 징벌하실 것인즉"(사 29:6). "대낮에 그의 해가 떨어져서"(렘 15:9). 또 에스겔 선지자는 하나님이 애굽을 멸망시킬 것을 다음과 같이 묘사한다. "내가 너를 불 끄듯 할 때에 하늘을 가리어 별을 어둡게 하며 해를 구름으로 가리며 달이 빛을 내지 못하게 할 것임이여"(겔 32:7). 또 요엘 2:10, 31과 3:15을 보라. 지진이 무엇인가? 땅이 흔들리는 것 아닌가? 이와 같이 땅이 흔들리는 지진의 개념으로 하나님은 당신이 나라들 가운데 일으키는 격변을 표현하신다(사 2:19, 21; 24:18; 학 2:6, 7). 이와 같이 본문의 지진은 로마제국에서 일어날 큰 격변을 가리키는 것으로 이해된다.

해가 검은 털로 짠 상복 같이 검어지고 달은 온통 피 같이 되며. 해는 최고위 권력을 가진 자들을 가리키며, 달은 그 다음 계층의 사람들을 가리킨다.

13. 하늘의 별들이 무화과나무가 대풍에 흔들려 설익은 열매가 떨어지는 것 같이 땅에 떨어지며.

이것 역시 큰 격변을 가리키는 또 다른 표현일 뿐이다. 여기의 구절은 이사야 34:4

과 매우 비슷하다. "하늘의 만상이 사라지고 하늘들이 두루마리 같이 말리되 그 만상의 쇠잔함이 포도나무 잎이 마름 같고 무화과나무 잎이 마름 같으리라." 여기에 묘사된 표현들은 문자적으로는 아직까지 이루어지지 않았다. 그것은 권력자들과 강한 자들의 멸망을 가리키는 표현이다.

14. 하늘은 두루마리가 말리는 것 같이 떠나가고 각 산과 섬이 제 자리에서 옮겨지매.

여기의 두 표현 역시 같은 것을 의미한다. 하늘은 두루마리가 말리는 것 같이 떠나가고. 이것과 비슷한 표현이 앞에서 언급한 이사야 34:4에서 하나님이 에돔 족속들 가운데 일으킬 큰 격변을 묘사하기 위해 사용되었다. 또 예레미야 49:7-22; 에스겔 24:1-15을 보라. 각 산과 섬이 제 자리에서 옮겨지매. 이러한 표현은 모든 종류의 사람들이 멸망을 당하는 것이나 혹은 모든 이방 종교가 뿌리 뽑히는 것을 가리킨다.

15. 땅의 임금들과 왕족들과 장군들과 부자들과 강한 자들과 모든 종과 자유인이 굴과 산들의 바위 틈에 숨어.

두려움이 지위고하를 막론하고 모든 종류의 사람들에게 임할 것이다. 그리하여 모든 사람들이 스스로를 위해 숨을 곳을 찾을 것이다. 이사야 2:19을 보라.

16. 산들과 바위에게 말하되 우리 위에 떨어져 보좌에 앉으신 이의 얼굴에서와 그 어린 양의 진노에서 우리를 가리라.

산들과 바위에게 말하되 우리 위에 떨어져 … 우리를 가리라. 호세아 10:8; 누가복음 23:30을 보라. 그들은 극도의 두려움 가운데 안전을 위해서라면 무슨 일이든 하려고 할 것이다. 보좌에 앉으신 이의 얼굴에서와 그 어린 양의 진노에서. 하나님과 주 예수 그리스도의 진노에서.

17. 그들의 진노의 큰 날이 이르렀으니 누가 능히 서리요 하더라.

우리 위에 임하는 이 모든 심판은 우리가 하나님의 백성들을 능욕하고 박해한 것에 대한 그의 진노의 결과로다. 우리는 우리의 모든 힘과 권력과 용맹을 가지고도 그의 진노에 맞설 수 없도다. 여기의 표현은 제국의 대격변 속에서 권력자들과 대인들이 어찌할 바를 알지 못해 갈팡질팡 하는 것을 의미한다. 그들은 복음을 거스르며 그리스도인들을 박해한 것으로 인해 하나님의 보응이 자신들에게 임하는 것을 의식하면서 멸망을 당할 것이다.

여기의 해와 달과 별들과 하늘 등과 관련하여 다양한 해석들이 있지만, 그러나 그 모든 해석들은 지금까지 우리가 살펴본 것과 같은 일반적인 해석으로 초점이 모아

진다. 여기에 제국과 제국의 종교에 대 격변이 일어날 것이 예언되어 있으며, 그것이 이교도 통치자들에게 큰 두려움을 가져다줄 것이며, 그들의 모든 신전들과 제단들이 무너질 것이며, 그들의 권력자들과 강한 자들이 멸망을 당할 것이며, 그들이 마침내 이 모든 심판이 그리스도를 대적한 것으로부터 말미암은 것임을 깨닫게 된다는 해석 말이다. 이와 관련하여 더럼(Durham)과 미드(Mede)는 여기의 심판의 말씀들과 관련되는 권력자들의 목록을 제시한다. 특별히 미드는 갈레리우스와 막시미누스와 리키니우스를 제시한다. 갈레리우스는 벌레들에 의해 먹힘을 당했는데, 그는 죽기 전에 자신의 죄를 깨닫고 박해를 중지시키면서 그리스도인들에게 자신을 위해 기도해 줄 것을 부탁했다. 또 막시미누스는 리키니우스의 공격을 받고 타르소스(Tarsus)로 도망친 후 거기에서 거짓 신탁으로 자신을 속인 이교 사제들을 죽이고 그리스도인들에게 자유를 선포하는 칙령을 발표했다. 그러나 하나님은 이미 수많은 그리스도인들을 죽인 그 악인을 평안히 죽도록 내버려 두지 않으셨다. 그는 부하들에게 배신을 상한 채 끔찍한 고통 가운데 비참하게 죽었다. 또 리키니우스는 한때 그리스도인으로서 얼마 동안 콘스탄티누스와 함께 연합했지만, 그러나 배교한 후 두 번의 전투에서 콘스탄티누스에게 패하고 그에 의해 죽임을 당했다. 이 모든 일은 모두 18년이라는 짧은 기간 안에 이루어졌다. 한편 더럼(Durham)은 위의 세 사람에다가 그들 이전의 권력자들이었던 디오클레티아누스와 막시미아누스와 막센티우스 등 세 사람을 더한다. 그러면 전체 기간은 조금 더 늘어나게 될 것이다. 더럼은 앞에서 언급한 리키니우스가 죽기 전에 자신으로 하여금 콘스탄티누스의 하나님을 버리도록 설득한 이교 사제들에게 복수했다고 말한다. 이와 같이 로마제국에 대격변이 있고 난 연후에 콘스탄티누스가 황제가 되었다. 여러 명의 권력자들과 강한 자들이 죽었으며, 이교(異教)의 전체적인 틀과 악습이 허물어졌다. 바로 이러한 격변이 본문 가운데 큰 지진이 나며, 해가 검어지며, 달이 피 같이 되며, 별들이 땅에 떨어지며, 하늘이 떠나가며, 모든 산들과 섬들이 제 자리에서 옮겨지는 등의 표현으로 묘사된 것이다. 이와 같이 25년 내지 27년 정도에 해당되는 이 기간이 여섯째 인이 떼어지는 것과 관련된 기간으로 이해된다. 이와 같이 우리는 용(龍)의 통치가 주후 311년 혹은 325년에 종식(終熄)되는 것을 본다. 그리스도의 교회를 열 번이나 박해한 이교 제국 로마는 그리스도인 황제 콘스탄티누스가 제위에 앉음과 함께 완전하게 허물어졌다. 그러나 우리는 이러한 위대한 일들이 짧은 시간에 모두 완성되었다고 생각해서는 안 된다. 왜냐하면 이교의 일부 잔재들이 계속해서 남아 있었기 때문이었다. 콘스탄티누스가 이교의 신전들을 폐쇄시켰음에도 불구하고, 그 안에 있었던 모든 우상들은 테오도시우스의 때까지 파괴되지 않았다. 그는 주후 379년에 황제가 되고 이후 16년 동안 제국을 통치했다. 콘스탄티누스와 테오도시우스 사이에 콘스탄티우스와 콘스탄스와 배교자 율리아누스와 요비아누스와 발렌티니아누스와 발렌스와 그라티아누스가 있었다. 이러한 기간 중에도 때로 — 특별히 배교자 율리아누스의 때에 — 그리스도인들이 이교도나 혹은 아리우스파에 의해 많은 고통을 겪었다. 그러므로 그리스도인들은 주후 390년이 될 때까지 충분하면서도 완전한 평온을 얻지 못했다.

MATTHEW POOLE'S COMMENTARY

요한계시록 7장

개요

1. 요한이 환상 가운데 땅의 사방의 바람을 붙잡고 있는 네 천사를 봄(1).
2. 또 다른 천사가 하나님의 인을 가지고 옴(2–3).
3. 이스라엘 각 지파로부터 인 맞은 자들의 수(4–8).
4. 누구라도 능히 헤아릴 수 없는 큰 무리가 흰 옷을 입고 종려 가지를 들고 보좌 앞에서 하나님과 어린 양을 찬미함(9–10).
5. 천사들과 장로들과 생물들이 하나님께 경배하며 영광을 돌림(11–12).
6. 장로 중 한 사람이 요한에게 흰 옷을 입을 자들이 누구인지 설명해 줌(13–17).

1. 이 일 후에 내가 네 천사가 땅 네 모퉁이에 선 것을 보니 땅의 사방의 바람을 붙잡아 바람으로 하여금 땅에나 바다에나 각종 나무에 불지 못하게 하더라.

이교(異教) 로마 아래서의 교회의 초창기 고난들이 처음 여섯 인으로 예언되었다. 그러나 고난이 모두 끝난 것은 아니었다. 우리는 다음 장에서 마지막 일곱째 인이 떼어짐과 함께 또다시 고난이 펼쳐지는 것을 보게 될 것이다. 그러나 그에 앞서 우리는 본 장의 환상을 통해 하나님이 당신의 교회를 위로하는 것을 보게 된다. 여기의 환상은 여섯째 인과 일곱째 인을 연결시킨다. 그러면서 우리에게 일곱째 인이 떼어짐과 함께 나타날 고통 가운데 있게 될 당신의 교회를 향한 하나님의 관심과 돌보심을 보여준다.

내가 네 천사가 땅 네 모퉁이에 선 것을 보니. 네 명의 선한 천사들. 3절에서 그들은 하나님을 "우리 하나님"이라고 부른다. 땅의 사방의 바람을 붙잡아. 여기의 "사방의 바람"은 "four winds" 즉 "네 바람"을 의미한다. 하나님은 땅의 네 바람에게 땅의 모든 부분들에 대한 당신의 심판을 맡기셨다. 왜냐하면 선지자들에 따를 때 하나님은 종종 바람의 은유를 사용하여 당신의 심판을 행하시는 것으로 말하여지기 때문이다. 예컨대 예레미야 18:17; 49:36; 51:1을 보라.

바람으로 하여금 … 불지 못하게 하더라. 하나님이 바람을 사용하는 것은 다양하게 해석된다. (1) 심판을 위한 것으로. 하나님은 바람을 사용하여 집과 나무들을 넘어뜨리신다. (2) 긍휼을 위한 것으로. 하나님은 바람을 사용하여 공기를 깨끗하게 하시고, 그것의 부드러운 숨결로 만물을 기르신다. 어떤 사람들은 여기의 말씀을 하나님이 네 천사에게 하나님의 종들이 인침을 받을 때까지 잠시 동안 심판의 폭풍을 삼가도록 명령하시는 것으로 해석한다. 반면 다른 사람들은 그것을 하나님이 네 천사에게 여기에서 바람이 부는 것으로 상징되는 심판을 행하도록 명령하시는 것으로 해석한다. 다음 절의 "땅과 바다를 해롭게 할 권세를 받은"이라는 말씀을 볼 때, 후자의 해석이 좀 더 나은 것으로 보인다. 왜냐하면 그러한 말씀은 우리로 하여금 여기의 "바람이 부는" 개념을 부정적인 의미, 즉 해롭게 하는 의미로 해석하도록 이끄는 것처럼 보이기 때문이다. 땅에나 바다에나 각종 나무에. 이것은 모든 세상 특별히 교회를 가리키는 것으로 보인다.

2. 또 보매 다른 천사가 살아 계신 하나님의 인을 가지고 해 돋는 데로부터 올라와서 땅과 바다를 해롭게 할 권세를 받은 네 천사를 향하여 큰 소리로 외쳐.

여기의 "다른 천사"(other angel)를 어떤 사람들은 천사로, 또 어떤 사람들은 사람으로서 엘리야나 혹은 콘스탄티누스로 해석한다. 그런가 하면 또 어떤 사람들은 그리스도 자신으로 해석하기도 한다. 왜냐하면 성경에서 때로 그리스도가 "angel"(천사 혹은 사자)로 불리기 때문이다(예컨대 출 23:20). 여기의 천사를 그리스도로 이해하든 혹은 그냥 어떤 천사로 이해하든, 그것은 큰 문제가 아니다. 어쨌든 그는 하나님이 세상에 대해 자신의 진노와 공의를 실행하는 대행자로 삼으신 네 천사에게 명령한다.

3. 이르되 우리가 우리 하나님의 종들의 이마에 인치기까지 땅이나 바다나 나무들을 해하지 말라 하더라.

우리는 에스겔 9:4에서 여기와 비슷한 표현을 발견한다. "여호와께서 이르시되 너는 예루살렘 성읍 중에 순행하여 그 가운데에서 행하는 모든 가증한 일로 말미암아 탄식하며 우는 자의 이마에 표를 그리라 하시고." 어떤 사람들은 이것이 종의 이마에 주인의 이름을 새기는 — 그 종이 누구의 소유인지 분명하게 알려질 수 있도록 — 동방 사람들의 풍습과 관련되는 것으로 생각한다. 마치 우리가 소나 양의 몸뚱이에 주인의 표지를 찍는 것처럼 말이다. 여기에서 특별히 인이 찍히는 위치(즉 이마)는 그러한 인의 목적이 다른 사람들에게 그들이 하나님에게 속하는 자들임을 나타내기 위한 것임을 보여준다. 마치 애굽의 이스라엘 백성들의 집 문설주와 좌우 인방에 뿌려진 어린 양의 피처럼 말이다.(출 12:13).

4-8. [4]내가 인침을 받은 자의 수를 들으니 이스라엘 자손의 각 지파 중에서 인침

을 받은 자들이 십사만 사천이니 [5]유다 지파 중에 인침을 받은 자가 일만 이천이요
르우벤 지파 중에 일만 이천이요 갓 지파 중에 일만 이천이요 [6]아셀 지파 중에 일만
이천이요 납달리 지파 중에 일만 이천이요 므낫세 지파 중에 일만 이천이요 [7]시므
온 지파 중에 일만 이천이요 레위 지파 중에 일만 이천이요 잇사갈 지파 중에 일만
이천이요 [8]스불론 지파 중에 일만 이천이요 요셉 지파 중에 일만 이천이요 베냐민
지파 중에 인침을 받은 자가 일만 이천이라.

여기의 다섯 절을 이해하기 위해 우리는 다음의 몇 가지를 주목할 필요가 있다.

1. 전체 숫자는 144,000명이었다. 여기에서 세 개의 "0"을 제외하면 144가 되는데, 144는 12로부터 말미암은 숫자이다. 왜냐하면 그것은 12에다가 12을 곱한 숫자이기 때문이다. 우리는 계시록 21:17에서 예루살렘 성곽의 길이가 144규빗이었음을 보게 되는데, 숫자 144의 뿌리가 되는 12는 하나님의 수로서 성경에서 144회 사용되었을 뿐만 아니라 대부분의 경우 교회에 속한 것들을 가리키는데 사용된 것으로 보인다. 옛 언약 아래 열두 족장과 열두 지파가 있었으며, 새 언약 아래 열두 사도가 있었다. 또 하늘로부터 내려오는 새 예루살렘에 "열두 문과 문에 열두 천사"가 있었다(21:12). 또 거기에 "열두 기초석과 그 위에 열두 사도의 열두 이름"이 있었다(21:14). 뿐만 아니라 그 성의 길이는 "12,000스다디온"이었다(21:16).

2. 여기의 144,000은 실제적인 숫자가 아니라 매우 큰 수를 가리키는 상징적인 숫자로 이해되어야 한다.

3. 여기에 언급된 이스라엘의 각 지파들은 온 세계 열방의 복음 교회들을 가리키는 것으로서 이해되어야 한다. 왜냐하면 바로 그들이 지금 참 감람나무에 접붙여진 하나님의 이스라엘이기 때문이다.

4. 여기에 단 지파가 빠지고, 에브라임의 이름이 — 비록 요셉 안에 포함되었다 하더라도 — 나타나지 않는다. 단은 우상 숭배를 주도했으며, 에브라임도 마찬가지였다. 사사기 17장과 18장을 보라. 또 여로보암이 금송아지 우상을 세운 두 곳 가운데 한 곳이 바로 단이었다. 여기의 목록에 단 대신 레위가, 그리고 에브라임 대신 요셉이 나타나는데, 어쨌든 이와 같은 방식으로 열둘이 그대로 유지된다. 이것은 우리에게 그리스도인이라도 우상 숭배자라면 악한 날에 하나님으로부터 특별한 보호와 호의를 기대해서는 안 된다는 매우 중요한 교훈을 가르쳐 준다.

5. 여기의 지파들은 출생 순서대로 기록되지 않았다. 레아의 넷째 아들이었음에도 불구하고 유다가 제일 먼저 기록된 것은 그리스도가 그로부터 났기 때문이었다

(창 29:35). 르우벤은 레아의 첫째 아들이었음에도 불구하고 메시야 지파에 양보하여 유다 다음에 기록되었다. 세 번째로 야곱이 레아의 여종 실바를 통해 낳은 갓의 이름이 기록된다(창 30:11). 네 번째로 야곱이 실바를 통해 낳은 아셀의 이름이 기록된다(창 30:13). 다섯 번째로 야곱이 라헬의 여종 빌하를 통해 낳은 납달리의 이름이 기록된다(창 30:8). 여섯 번째로 요셉의 아들 므낫세의 이름이 기록된다. 일곱 번째로 야곱이 레아를 통해 낳은 둘째 아들 시므온의 이름이 기록된다(창 29:33). 여덟 번째로 레아의 셋째 아들 레위의 이름이 기록된다(창 29:34). 아홉 번째로 레아의 다섯째 아들 잇사갈의 이름이 기록된다. 열 번째로 레아의 여섯째 아들 스불론의 이름이 기록된다. 열한 번째로 요셉의 이름이 그의 아들 에브라임을 대신하여 기록된다. 그리고 마지막으로 라헬의 둘째 아들 베냐민의 이름이 기록된다.

열두 족장과 관련한 여기의 순서는 분명 성경의 다른 곳에서 일반적으로 나타나는 순서와 다르다. 만일 여기의 순서에 어떤 비밀이 있다면, 미드(Mede)가 추측한 것처럼 아마도 그것은 그들 혹은 그들의 이름으로 불리는 지파들의 공과(功過)과 관련된 것일 수 있다. 우리는 그것을 성경 안에 기록된 유대인들의 역사(歷史)로부터 배울 수 있다. 어쨌든 여기의 모든 구절들을 통해 우리가 배울 수 있는 것은 이것이다. "설령 일곱 째 인으로 상징되는 기간 동안 교회에 큰 박해가 있다 하더라도, 그러나 하나님은 자신의 모든 교회들 가운데 많은 수의 사람들을 보존하실 것이다. 그들은 박해 가운데 배교하지도 않을 것이며 해함을 당하지도 않을 것이다. 활 쏘는 자들이 아무리 많은 화살을 쏘아댄다 하더라도, 하나님의 교회는 결코 쓰러지지 않을 것이다. 사람들의 격노와 광분에도 불구하고. 하나님은 그 이마에 인침을 받은 자들을 주목하시고 보호하실 것이다."

9. 이 일 후에 내가 보니 각 나라와 족속과 백성과 방언에서 아무도 능히 셀 수 없는 큰 무리가 나와 흰 옷을 입고 손에 종려 가지를 들고 보좌 앞과 어린 양 앞에 서서.

만일 우리가 여기의 "큰 무리"가 누구인지 묻는다면, 그에 대한 최고의 대답은 14절이다. "이는 큰 환난에서 나오는 자들인데 어린 양의 피에 그 옷을 씻어 희게 하였느니라." 그러므로 이들은 4절에 언급된 144,000명이 아니라, 큰 환난으로부터 피한 혹은 그것으로부터 나온 사람들인 것으로 보인다. 전자의 숫자는 144,000으로 확실하게 규정되지만, 그러나 여기의 숫자는 "아무라도 능히 셀 수 없는 큰 무리"라고 말하여진다. 여기의 사람들은 전투하는(militant) 상태가 아니라 영화로워진

(glorified) 상태 가운데 있었다. 그들은 "흰 옷을 입고 보좌 앞과 어린 양 앞에 서" 있었다. 흰 옷을 입는 것은 전쟁에서 승리하고 개선한 로마인들에게 주어지는 영광스러운 특권이었다. 또 그들은 "손에 종려 가지를 들고" 있었는데, 이것 역시 승리의 개념을 함축한다. 왜냐하면 종려 가지는 승리를 상징하는 것이었기 때문이다.

10. 큰 소리로 외쳐 이르되 구원하심이 보좌에 앉으신 우리 하나님과 어린 양에게 있도다 하니.

그들은 자신들의 세상적·영적·영원한 구원이 하나님의 선물과 값없는 긍휼로 말미암은 것임을 인정한다. 그들은 하나님과 주 예수 그리스도에게 모든 것을 맡겼으며, 그리스도의 공로와 성령으로 말미암아 승리를 얻었다.

11. 모든 천사가 보좌와 장로들과 네 생물의 주위에 서 있다가 보좌 앞에 엎드려 얼굴을 대고 하나님께 경배하여.

모든 천사가 보좌 … 주위에 서 있다가. 선한 천사들. 그들은 항상 하늘에서 하나님의 얼굴을 뵈옵는다. 장로들. 4:4에 언급된 이십사 장로들. 네 생물. 4:6에 언급된 네 생물. 보좌 앞에 엎드려 얼굴을 대고. 천사들과 장로들과 네 생물 모두 땅에 얼굴을 댔다. 이러한 자세는 그들이 그들과 창조주 사이의 무한한 거리를 온전히 인정하는 것을 의미한다. 하나님께 경배하여. 이와 같이 그들은 그들의 영화로워진 상태에 합당하게 하나님께 예를 표했다.

12. 이르되 아멘 찬송과 영광과 지혜와 감사와 존귀와 권능과 힘이 우리 하나님께 세세토록 있을지어다 아멘 하더라.

여기의 말씀은 우리에게 천사들과 성도들이 함께 연합하여 하나님을 찬미하는 것을 보여준다. 5:12에 대한 저자의 주석을 참조하라.

13. 장로 중 하나가 응답하여 나에게 이르되 이 흰 옷 입은 자들이 누구며 또 어디서 왔느냐.

그가 물은 것은 알지 못해서가 아니라, 요한이 아는지 시험하기 위함이거나 혹은 그보다도 요한으로 하여금 그에 대해 묻도록 유도하기 위한 것이었다.

14. 내가 말하기를 내 주여 당신이 아시나이다 하니 그가 나에게 이르되 이는 큰 환난에서 나오는 자들인데 어린 양의 피에 그 옷을 씻어 희게 하였느니라.

요한은 자신의 무지(無知)를 고백하면서 그에게 가르침을 구한다. 그러자 그 장로는 그들이 "큰 환난에서 나오는 자들"의 영혼이라고 대답하면서, 곧바로 예수 그리스도의 피로 씻음을 받은 자들이라고 덧붙인다. 그리스도의 피로 씻음이 없이 단순히 환난 자체가 우리를 하늘로 데려가지 못한다.

15. 그러므로 그들이 하나님의 보좌 앞에 있고 또 그의 성전에서 밤낮 하나님을 섬기매 보좌에 앉으신 이가 그들 위에 장막을 치시리니.

그러므로 그들이 하나님의 보좌 앞에 있고. 그들이 하나님의 보좌 앞에 있게 된 것은 그들의 환난의 공로로 말미암은 것이 아니었다. 다만 그것은 전적으로 하나님의 값없는 은혜의 결과였다. 그렇기 때문에 그들이 큰 환난에서 나온 자들이라는 말씀에 이어 곧바로 어린 양의 피에 그 옷을 씻어 희게 하였다는 말씀이 이어진 것이다. 바로 그 피가 그들의 구원의 값을 치른 것이다.

또 그의 성전에서 밤낮 하나님을 섬기매. 어떤 사람들은 여기의 "성전"을 이 땅의 교회로 이해한다. 그러나 그러한 이해는 본문의 의미와 잘 어울리지 않는다. 왜냐하면 요한이 본 것은 보좌 앞에 있는 영혼들이었기 때문이다. 그들의 몸은 무덤에 있었다. 여기의 "성전"은 하나님이 거하시는 하늘을 의미한다. 하나님은 유대 성전이나 혹은 지상의 전투하는 교회에서보다 하늘에서 더 영광스럽고 지속적으로 경배를 받으신다. 보좌에 앉으신 이가 그들 위에 장막을 치시리니. 하나님은 그의 은혜의 임재 가운데 유대 성전에 장막을 치셨던 것처럼, 또한 그의 영광의 임재 가운데 그의 영화로워진 성도들 가운데 장막을 치실 것이다.

16. 그들이 다시는 주리지도 아니하며 목마르지도 아니하고 해나 아무 뜨거운 기운에 상하지도 아니하리니.

이것은 이사야 49:10로부터 취한 것이다. 여기의 구절들은 모두 은유적인 표현으로서, 모두 영화로워진 성도들의 완전한 상태를 묘사한다. 그들에게는 더 이상 어떤 결핍도 없을 것이다. 그리고 그들은 더 이상 어떤 고통스러운 섭리 가운데에도 노출되지 않을 것이다.

17. 이는 보좌 가운데에 계신 어린 양이 그들의 목자가 되사 생명수 샘으로 인도하시고 하나님께서 그들의 눈에서 모든 눈물을 씻어 주실 것임이라.

보좌 가운데에 계신 어린 양. 5:6에 언급된 어린 양인 예수 그리스도.

그들의 목자가 되사. 어린 양께서 그들의 목자가 되사 그들을 돌보시며, 보호하시며, 만족케 하시며, 그들에게 가장 좋은 것을 공급하시며, 그들로 하여금 예전의 모든 슬픔들을 잊게 하시며, 그들을 고통스럽게 만든 모든 원인들을 제거하실 것이다. 이것은 하늘에 있는 성도들의 영광스럽고 복된 상태를 묘사하는 가장 완전한 표현이다. 하늘의 행복을 묘사함에 있어 이생에서 우리를 고통스럽게 했던 모든 악들로부터 자유로워지고, 영원히 주 예수 그리스도와 함께 하며, 그의 인도하심 가운데 모든 복락을 누리는 것 외에 달리 무엇으로 묘사할 수 있단 말인가! 미드(Mede)를 비롯한 몇몇 학자들은 여기의 환상을 적그리스도를 쫓아낸 후의 이 땅의 교회의 복된 상태를 묘사하는 것으로 이해하면서 이 모든 환상의 목적이 순교자들의 복된 상급을 보여줌으로써 다음 장에서 설명하게 될 일곱째 인과 관련한 기간 동안 적그리스도와 짐승 아래 고난을 당하는 하나님의 교회를 격려하기 위한 것으로 이해하는데, 나는 그러한 견해에 동의할 수 없다.

MATTHEW POOLE'S COMMENTARY

요한계시록 8장

개요

1. 일곱째 인이 떼어짐(1).
2. 일곱 천사가 일곱 나팔을 받음(2).
3. 한 천사가 보좌 앞 금 제단에 성도들의 기도와 합하여 향을 드림(3–5).
4. 네 천사가 나팔을 붊과 함께 그에 따른 각각의 재앙들이 임함(6–13).

1. 일곱째 인을 떼실 때에 하늘이 반 시간쯤 고요하더니.

5:7에 언급된 어린 양은 계속해서 일곱째 인을 떼신다. 그는 보좌에 앉으신 자의 손으로부터 두루마리를 취했는데, 그것은 콘스탄티누스 황제의 때가 될 때까지 모든 이교도 황제들 아래서 그리스도의 교회에 일어날 일들과 관련한 하나님의 계획이 기록되어 있는 두루마리였다. 콘스탄티누스는 주후 325년경 배교자 리키니우스를 완전히 물리치고 기독교를 정착시킴과 함께 모든 우상의 신전들을 폐쇄시켰다.

일곱째 인을 떼실 때에. 어린 양이신 예수 그리스도는 요한에게 교회와 관련하여 계속해서 일어날 일들을 계시하기 위해 마지막 일곱째 인을 떼신다.

하늘이 반 시간쯤 고요하더니. 그러나 그 기간 동안 일어날 끔찍한 일들이 시작되기에 앞서, 교회에 잠깐 동안의 평온이 있었다. 이것은 콘스탄티누스가 제국의 전권을 장악한 주후 317년 혹은 그가 리키니우스에 대해 완전한 승리를 거둔 325년부터 그의 두 아들 콘스탄티우스와 콘스탄스에 의해 제국이 동서로 분열된 339년까지 교회에 잠깐 동안 큰 평온이 있었던 것을 가리킨다(콘스탄티우스는 동로마제국을 맡았고, 콘스탄스는 서로마제국을 맡았다). 콘스탄티우스는 그리스도의 신성을 부인하는 아리우스파로서 다시 그리스도인들을 박해하기 시작했다. 그리고 그 다음에 율리아누스가 배교하고 이교도가 되었다. 그러나 율리아누스 이후 그리스도인들은 테오도시우스가 죽은 395년까지 또다시 평온을 누렸다. 그리고 테오도시우스의 죽음과 함께 그리스도인들의 평온도 끝났다. 나는 여기의 "하늘의 고요"를 셋째 하늘의 고요로 이해하는 자들과 함께 하기보다 차라리 이와 같이 해석하고자 한다.

2. 내가 보매 하나님 앞에 일곱 천사가 서 있어 일곱 나팔을 받았더라.

나팔은 전쟁을 위해 백성들을 소집한다든지 혹은 절기를 선포할 때 사용되었다. 우리는 뒤에서 여기의 나팔들의 용도를 보게 되는데, 그것은 장차 있을 일과 관련한 하나님의 뜻과 계획을 선포하는 것이다.

3. 또 다른 천사가 와서 제단 곁에 서서 금 향로를 가지고 많은 향을 받았으니 이는 모든 성도의 기도와 합하여 보좌 앞 금 제단에 드리고자 함이라.

또 다른 천사가 와서. 많은 학자들이 그렇게 생각하는 것처럼, 나는 여기의 천사가 다름 아닌 그리스도라고 생각한다. 왜냐하면 여기에서 그와 관련하여 말하여지는 것은 그 외에 다른 어느 누구에게도 적용될 수 없기 때문이다. 그는 창세기 48:16에서 "사자"(Angel)로, 그리고 말라기 3:1에서 "언약의 사자"(Angel of the covenant)로 불린다. 여기에서 우리가 보는 것은 명백히 성막 혹은 성전에서의 예배 방식이다. 거기에 향단이 있었으며(출 30:1), 그 위에서 대제사장이 매일같이 아침저녁으로 향을 살라야만 했다(7, 8절). 누가복음 1:10에 나타나는 것처럼, 제사장이 향을 사르는 동안 백성들은 밖에서 기도하고 있었다. 여기에서 그리스도는 "금 향로를 가진" 것으로 말하여진다. 반면 옛 언약의 대제사장들의 향로는 놋으로 만들어진 것이었다. 이와 같이 그리스도는 대제사장들보다 훨씬 더 뛰어난 분이시다.

많은 향을 받았으니. 이것은 그의 죽음의 무한한 공로를 상징한다. 이와 같이 그의 죽음의 무한한 공로가 그 자신에 의해 모든 성도의 기도와 함께 하나님께 드려진다. 또 이와 같은 표현으로 그리스도는 이때 이후 그리고 곧 시작될 적그리스도의 통치 동안 온갖 고난 가운데 살게 될 그의 성도들을 위해 중보(仲保)하는 자로 나타난다.

4. 향연이 성도의 기도와 함께 천사의 손으로부터 하나님 앞으로 올라가는지라.

이것은 그리스도의 중보와 하나님의 백성들의 기도가 그의 공로로 말미암아 하나님께 열납되는 것을 상징한다.

5. 천사가 향로를 가지고 제단의 불을 담아다가 땅에 쏟으매 우레와 음성과 번개와 지진이 나더라.

여기의 "불"은 의심의 여지없이 하나님의 진노를 상징한다. 성경에서 하나님의 진노는 종종 불로 비유되는데, 지금 그러한 진노가 "땅" 즉 로마제국 혹은 보이는 교회에 쏟아진다. 그로 말미암아 땅에 큰 혼란과 변란이 따르게 되는데, 그것이 여기에서 우레와 음성과 번개와 지진으로 표현되었다.

6. 일곱 나팔을 가진 일곱 천사가 나팔 불기를 준비하더라.

천사들은 하나님의 일꾼들이다. 하나님은 그들로 말미암아 세상에 당신의 계획을 전달하신다. 그들은 우레와 음성을 듣고 세상에 하나님의 심판을 시작할 때가 왔음을 알았다. 하나님은 심판을 행하는 것을 그들에게 맡겼으며, 그러므로 그들은 사람들의 예대로 그 일을 준비했다.

7. 첫째 천사가 나팔을 부니 피 섞인 우박과 불이 나와서 땅에 쏟아지매 땅의 삼분의 일이 타 버리고 수목의 삼분의 일도 타 버리고 각종 푸른 풀도 타 버렸더라.

첫째 천사가 나팔을 부니. 일곱 나팔을 받은 일곱 천사 가운데 첫째 천사는 자신에게 맡겨진 일을 실행하기 시작했으며, 그 결과 "피 섞인 우박과 불이 나와서 땅에 쏟아졌다"(2절). 이러한 말씀을 어떤 사람들은 유대인들과 이교도 황제들에 의한 초창기 기독교 박해로서 이해한다. 그러나 그러한 박해는 이미 끝났다. 또 어떤 사람들은 그것을 유대인들에 대한 하나님의 보응으로 이해한다. 그러나 그것 역시 이미 오래 전에 지나갔다. 또 어떤 사람들은 그것을 세상 곳곳에서 일어나는 이상 기후로서 이해한다. 그러나 우리는 역사(歷史) 속에서 여기에 묘사된 것과 같은 것들을 읽지 못한다. 또 어떤 사람들은 그것을 교회에서 일어나는 분란들로 이해한다. 그런가 하면 또 어떤 사람들은 그것을 이단으로 이해한다. 그러나 나는 그것을 장차 일어날 큰 고통과 피와 살육으로 이해하면서 여기의 예언이 주후 395년 테오도시우스의 죽음과 함께 성취되기 시작했다고 보는 미드(Mede)의 견해에 동의한다. 왜냐하면 (미드에 따를 때) 바로 그 해 고트족의 왕 알라리쿠스가 큰 군대를 이끌고 테살리아와 아가야와 펠로폰네소스와 고린도와 아르고스와 스파르타를 침략하여 불바다를 만들고 전역을 황폐화시켰기 때문이다. 이러한 참화는 주후 400년까지 계속되었다. 이렇게 하여 그는 동로마를 초토화시키고, 계속해서 달마티아와 헝가리와 스티리아와 바바리아를 거쳐 마침내 이탈리아와 베네치아까지 이르렀다. 또 그 후 404년에 야만족들이 또다시 이탈리아를 침략하고 많은 지역을 점령했다. 또 406년에 반달족과 알란족이 다른 많은 야만족들과 합세하여 프랑스와 스페인과 아프리카를 침략했다. 이 모든 것을 미드는 제롬의 증언으로부터 증명한다(Ep. 3. 11). 그는 이것을 첫째 천사가 나팔을 분 결과로 이해하면서, 여기의 "피 섞인 우박과 불"을 야만족들의 침략으로 말미암은 참화로 이해한다. 여기와 마찬가지로 우리는 앗수르 왕 살만에셀의 침략이 이사야 28:2에서 "쏟아지는 우박"으로, 또 30:30에서 "맹렬한 화염과 폭풍과 폭우와 우박"으로 묘사하는 것을 읽는다. 계속해서 미드는 여기의 "타 버린 수목"은 부유한 자들과 강한 자들로, 그리고 "푸른 풀"은 보통사람들로 해석한다(사 2:13; 14:8; 슥 11:2). 지금까지 이야기한 것처럼 미드는 여기의 첫째 천사가 나팔을 분 결과를 주후 395년부터 410년까지 15년 동안 일어난 일들로서 해석하는데, 나는 그러한 해석에 동의한다.

8. 둘째 천사가 나팔을 부니 불 붙는 큰 산과 같은 것이 바다에 던져지매 바다의 삼분의 일이 피가 되고.

여기의 "바다에 던져진 불 붙는 큰 산"의 의미와 관련하여 주석가들 사이에 다양한 의견이 있다. 어떤 사람들은 그것을 유다로 이해하면서, 여기의 구절을 예루살렘의 멸망과 연결시킨다. 그러나 그것은 이미 오래 전에 일어난 일이었다. 또 어떤 사람들은 그것을 마귀로 이해하며, 또 어떤 사람들은 로마제국의 권력으로, 또 어떤 사람들은 백성들 사이에서 움트고 있는 어떤 큰 전쟁으로, 또 어떤 사람들은 어떤 유명한 이단으로, 또 어떤 사람들은 교회의 어떤 유명한 사람들로 이해한다. 그러나 여기에서도 나는 그것을 로마 혹은 서로마제국으로 이해하는 미드(Mede)의 해석을 가장 선호한다. 왜냐하면 우리는 성경에서 큰 도시들이 종종 "산"으로 상징되는 것을 보기 때문이다(사 37:24; 렘 51:25).

바다의 삼분의 일이 피가 되고. 이것은 단순히 로마가 적들의 침략으로 말미암아 많은 피를 흘리게 될 것을 묘사하는 표현일 뿐이다.

9. 바다 가운데 생명 가진 피조물들의 삼분의 일이 죽고 배들의 삼분의 일이 깨지더라.

여기의 모든 구절들은 사람들이 살육을 당하고 마을들과 집들이 파괴되는 등 로마에 임하게 될 끔찍한 참화를 묘사한다. 미드(Mede)가 보여주는 것처럼, 역사(歷史)는 이것과 정확하게 일치한다. 주후 410년에 로마는 알라리쿠스에게 점령을 당했으며, 그와 함께 프랑스와 스페인에 큰 참화가 뒤따랐다. 호노리우스는 제국을 회복하기 위해 고트족에게 프랑스에 대한 통치권을 주고, 부르군드족과 반달족에게 론 강 유역을 주었다. 그리고 415년에 반달족에게 스페인 지역을 주었다. 그럼에도 불구하고 455년에 로마는 또다시 반달족의 왕 겐세리쿠스에게 점령되었다. 그는 로마를 점령한 후 제국을 열 개의 왕국으로 분할했다. (1) 브리튼 — 통치자는 볼티메르. (2) 색슨 — 통치자는 헹기스트. (3) 프랑크 — 통치자는 킬데릭. (4) 부르군드 — 통치자는 군데리쿠스. (5) 비시고트족 — 통치자는 테오도리쿠스 2세. (6) 알란족과 수에비족 — 통치자는 리키아리우스. (7) 반달족 — 통치자는 겐세리쿠스.

(8) 게르만족 — 통치자는 수마누스. (9) 오스트로고트족 — 통치자는 테오데미루스. (10) 그레시안족 — 통치자는 마르키아누스. 이것은 미드가 말한 것을 요약한 것이다. 이와 같이 둘째 나팔은 주후 410년부터 455년까지의 기간과 관련되는 것으로 보인다.

10. 셋째 천사가 나팔을 부니 횃불 같이 타는 큰 별이 하늘에서 떨어져 강들의 삼분의 일과 여러 물샘에 떨어지니.

큰 별이 하늘에서 떨어져. 통상적인 은유법에서 별(stars)은 나라 혹은 교회에서 특별히 뛰어난 사람들을 상징한다. 그러면 여기의 "큰 별"이 실제로 누구를 가리키느냐와 관련하여 주석가들 사이에 의견이 나누어진다. 어떤 사람들은 그것을 세속권력의 별로 이해하면서 그것을 아우구스툴루스 황제에게 적용시킨다. 주후 480년경 그는 오도아케르에게 제국을 넘겨줄 수밖에 없었다. 그렇게 생각하는 사람들 가운데 대표적인 사람이 바로 미드(Mede)이다. 또 어떤 사람들은 그것을 교회의 별로 이해하면서 그것을 배교한 펠라기우스에게 적용시킨다. 나는 펠라기우스가 여기의 예언이 가리키는 대상으로 충분히 지목될 수 있다고 생각한다. 왜냐하면 그는 당시 "횃불 같이 타는" 위대한 신학자였기 때문이다.

강들의 삼분의 일과 여러 물샘에 떨어지니. 펠라기우스는 교회의 큰 부분을 타락시켰다.

11. 이 별 이름은 쓴 쑥이라 물의 삼분의 일이 쓴 쑥이 되매 그 물이 쓴 물이 되므로 많은 사람이 죽더라.

펠라기우스의 교리는 쑥처럼 썼으며, 그는 많은 사람들의 영혼을 멸망으로 이끌었다. 그러나 만일 여기의 "별"을 세속권력의 별로 이해하고자 한다면, 나는 그것을 아우구스툴루스에게 적용시킨 미드의 해석에 기꺼이 동의할 준비가 되어 있다. 왜냐하면 서로마제국은 그와 함께 종말을 고했기 때문이다. 그는 매우 짧은 기간 동안 통치했다. 그는 비운(悲運)의 황제였으며, 그와 함께 많은 사람들이 멸망을 당했다. 여기의 별을 아우구스툴루스 같은 세속권력의 통치자로 이해하든 혹은 펠라기우스 같은 교회의 특별한 인물로 이해하든, 어쨌든 그들은 이 기간에 떨어졌다. 한 사람은 세속적인 권력으로부터 떨어졌으며, 다른 한 사람은 교회에서 가지고 있던 영적인 존귀로부터 떨어졌다. 그리고 그들과 함께 — 세속적인 영역에서든 혹은 교회적인 영역에서든 — 많은 사람들이 떨어졌다.

12. 넷째 천사가 나팔을 부니 해 삼분의 일과 달 삼분의 일과 별들의 삼분의 일이

타격을 받아 그 삼분의 일이 어두워지니 낮 삼분의 일은 비추임이 없고 밤도 그러하더라.

계시록을 요한의 때 이전에 유대에서 일어난 일들을 반복적으로 이야기하는 것 외에 아무것도 아니라고 생각하는 극소수의 사람들을 제외하고, 대부분의 해석가들은 여기의 넷째 천사의 나팔과 관련되는 기간이 서로마제국이 멸망을 당한 주후 480년부터 시작된다고 보는 견해에 대체적으로 동의한다. 실제로 480년 이후의 역사(歷史)는 여기의 예언과 정확하게 일치한다. 다만 여기의 예언을 정확하게 어떻게 적용시킬 것인가 하는 문제에 있어서는 해석가들 사이에 견해가 나누어진다. 어떤 해석가들은 여기의 예언을 로마제국에 떨어지는 재앙으로 이해하는가 하면, 또 어떤 해석가들은 그것을 그 시대의 교회에 떨어지는 재앙으로 이해한다. 왜냐하면 성경에 국가의 통치자들과 마찬가지로 교회의 지도자들도 — 사람들에 대한 그들의 영향력의 정도에 따라 — 해와 달과 별들의 개념으로 은유적으로 표현되기 때문이다. 미드(Mede)는 여기에서 해와 달과 별들로 표현된 것을 (요셉의 꿈에서와 마찬가지로) 국가의 통치자들로 이해한다. 그러면서 그는 우리에게 그 당시의 실제 역사가 여기의 예언과 어떻게 맞아떨어지는지 보여준다. (그에 따를 때) 오도아케르는 아우구스툴루스를 황제의 자리에서 퇴위시키고 그 자신이 왕의 칭호 아래 16년 동안 로마를 통치하면서 로마의 옛 계급구조를 모두 허물어뜨렸다. 그러나 그는 2년 후 그것을 다시 회복시켰다. 그리고 그를 이어 이탈리아를 통치한 테오도리쿠스는 로마의 옛 고관들과 귀족들의 권리를 다시 회복시켜 주었고, 이것은 이후 50년 동안 세 명의 고트 왕 아래 그대로 유지되었다. 그러나 주후 546년 이후 로마는 또다시 함락되고 불태워졌으며, 토틸라스에 의해 로마의 삼분의 일이 파괴되었다. 반면 다른 해석가들은 여기의 예언을 펠라기우스나 혹은 그 시대의 다른 어떤 유명한 이단자와 관련되는 것으로서 이해한다. 그러나 여기의 예언과 실제 역사를 함께 비교할 때, 그것을 국가의 통치자들과 관련되는 것으로 이해하는 미드의 해석이 좀 더 타당한 것으로 보인다. 왜냐하면 그 시대에 우리는 교회와 관련하여 여기의 예언과 특별하게 부합하는 인물을 — 주후 406년경에 본격적으로 활동하기 시작한 펠라기우스를 제외하고 — 찾을 수 없기 때문이다.

13. 내가 또 보고 들으니 공중에 날아가는 독수리가 큰 소리로 이르되 땅에 사는 자들에게 화, 화, 화가 있으리니 이는 세 천사들이 불어야 할 나팔 소리가 남아 있음이로다 하더라.

여기의 말씀은 단지 이후의 세 천사가 나팔을 부는 것에 대한 일종의 서론일 뿐이다. 본문은 그때 땅에 사는 자들에게 훨씬 더 큰 고통과 재앙이 있을 것을 선포한다. 여기의 "땅에 사는 자들"을 나는 그때 로마제국에 복속된 모든 나라들을 가리키는 것으로 이해한다. 반면 어떤 사람들은 그것을 교회의 좀 더 세속적이며, 건전하지 못하며, 외식적인 부분을 가리키는 것으로 이해한다. 여기에 "화"가 세 번 반복되는 것은 그들에게 임할 재앙의 크기를 나타내는 것이거나, 혹은 그보다도 아직 남아 있는 천사들의 숫자와 대응되는 것으로 보인다.

MATTHEW POOLE'S COMMENTARY

요한계시록 9장

개요

1. 다섯째 천사가 나팔을 부니 무저갱의 열쇠를 받은 별 하나가 하늘로부터 떨어짐(1).
2. 그가 무저갱을 여니 거기로부터 전갈과 같은 황충이 나옴(2–11).
3. 첫 번째 화가 지나감(12).
4. 여섯째 천사가 나팔을 부니 결박되었던 네 천사가 놓임을 받아 땅에 큰 재앙을 일으킴 (13–21).

1. 다섯째 천사가 나팔을 불매 내가 보니 하늘에서 땅에 떨어진 별 하나가 있는데 그가 무저갱의 열쇠를 받았더라.

다섯째 천사가 나팔을 불매. 8:2에 언급된 일곱 나팔이 주어진 일곱 천사 가운데 다섯째 천사. 이것은 세상과 교회에 새로운 재앙의 때가 시작되는 것을 의미한다.

내가 보니 하늘에서 땅에 떨어진 별 하나가 있는데. 여기의 하늘로부터 떨어진 별이 무엇을 의미하는지 해석하기는 쉽지 않다. 그것을 마귀라고 생각하는 사람들은 여기에서 요한이 말하고 있는 것이 창세 때의 이야기가 아니라 장차 있을 일이라는 사실을 잊고 있는 것이다. 같은 이유로 여기의 말씀을 예루살렘의 멸망과 연결시키는 것 역시 옳은 이해가 아니다. 왜냐하면 그 일 역시 요한이 밧모 섬에서 계시를 받기 오래 전에 이미 이루어진 일이었기 때문이다. 또 어떤 사람들은 여기의 별을 교회의 어떤 특별한 배교자를 가리키는 것으로 이해한다. 어떤 이는 그 별이 주후 606년에 로마 주교의 우위권을 획득한 보니파키우스 3세를 가리키는 것으로 또 어떤 이는 그것이 아리우스나 혹은 펠라기우스를 가리키는 것으로 생각하는데, 나는 전자의 생각이 후자의 생각보다 더 낫다고 생각한다. 왜냐하면 후자의 두 사람은 이때로부터 이미 200년 전에 떨어졌기 때문이었다. 또 어떤 사람들은 그 별이 그리스도나 혹은 하늘로부터 내려온 어떤 선한 천사를 가리키는 것으로 이해하기도 하는데, 그러나 이러한 이해는 매우 개연성이 떨어지는 것으로 보인다. 왜냐하면 여기의 '펩토코타'(πεπτωκότα)는 "내려온"(descending)이 아니라 "떨어진"(falling)으로 번역되어야 하기 때문이다. 어쨌든 나는 여기의 말씀이 로마 주교의 최초의 배교를 예언한 것일 가능성이 가장 높다고 생각한다. 그러면 그가 무저갱의 열쇠를 받았다는 말씀은 어떻게 이해되어야 하는가? 무저갱은 성경에서 종종 지옥을 가리키는 표현이다. 그것을 우리는 그가 그의 잘못된 교리와 예배로 수많은 사람들을 지옥으로 보내는 도구가 된 것으로 이해할 수 있을 것이다. 그의 열쇠는 오직 한쪽 방향으로만 돌아간다. 왜냐하면 그는 오직 무저갱을 여는 권세만을 가지고 있을 뿐이기 때문이다. 그것을 여는 권세뿐만 아니라 닫는 권세까지도 가지고 계시는 그리스도와는 달리 말이다.

2. 그가 무저갱을 여니 그 구멍에서 큰 화덕의 연기 같은 연기가 올라오매 해와 공기가 그 구멍의 연기로 말미암아 어두워지며.

그가 무저갱을 여니. 이와 같이 그는 지옥이 열리고 사탄이 풀려가는 일의 도구이다. 그 구멍에서 큰 화덕의 연기 같은 연기가 올라오매. 나는 이것이 지옥으로부터 풀려난 마귀가 세상에 대하여 끼치는 큰 영향력을 의미하는 것으로 해석한다. 그는 지옥으로부터 풀려나 무지와 오류와 악함으로 세상을 가득 채운다. 특별히 이 시대는 온갖 종류의 오류들로 가득 찬 시대였다.

해와 공기가 그 구멍의 연기로 말미암아 어두워지며. 그와 같은 마귀의 영향력은 복음의 해를 어둡게 했다. 다시 말해서, 그것은 무지와 오류와 하나님을 예배함에 있어서의 가증한 미신과 음란과 방탕으로 그 시대의 교회 전체를 어둡게 했다.

3. 또 황충이 연기 가운데로부터 땅 위에 나오매 그들이 땅에 있는 전갈의 권세와 같은 권세를 받았더라.

또 황충(locusts)이 연기 가운데로부터 땅 위에 나오매. 이와 같이 지옥으로부터 풀려난 마귀가 세상에 대하여 끼치는 영향력으로부터 그 행실이 황충을 닮은 사람들이 나왔다. 여기의 황충들(locusts)이 누구를 가리키는지를 이해하는 것은 쉽지 않다. 황충(혹은 메뚜기)은 하나님이 애굽에 재앙을 내릴 때 사용하신 곤충이었다. 그것은 동방 나라들 가운데 많이 서식하는데, 동풍이 그것을 애굽으로 이끌었다(출 10:12, 13). 하나님은 종종 그것으로 자기 백성들을 징벌하셨으며, 그러므로 그것은 종종 그들의 불순종에 대한 하나님의 심판의 도구로 말하여졌다(신 28:38, 42; 왕상 8:37; 욜 1:4; 2:25). 여기에서 우리는 황충과 관련하여 두 가지를 주목할 필요가 있다. (1) 그것은 무수한 떼로 다니는 습성이 있다. "임금이 없으되 다 떼를 지어 나아가는 메뚜기와"(잠 30:27). "네가 메뚜기 같이 스스로 많게 할지어다"(나 3:15). 또 시편 105:34을 보라. (2) 그것이 끼치는 재앙은 매우 크고 광범위하다. "그들의 땅에 있는 모든 채소를 먹으며 그들의 밭에 있는 열매를 먹었도다"(시 105:35). 황충 혹은 메뚜기 떼는 때로 가뭄이 심할 때 동풍을 타고 영국까지 오기도 한다. 여기의 황충과 관련한 세부 묘사와 그것이 끼치는 해악은 그것이 진짜 황충이 아니라 상징적인 황충임을 분명하게 보여준다(4, 7-10). 다시 말해서, 여기의 황충은 자연계의 진짜 황충이 아니라, 그 숫자와 그 끼치는 해악이 황충과 같은 사람들을 가리키는 것이다. 그러나 문제는 그들이 실제로 누구냐 하는 것이다.

나는 다음과 같은 두 가지 해석이 비교적 가능성이 높다고 생각한다. 하나는 그들을 교황체제 하에서의 성직자들이라고 생각하는 것이다. 이러한 해석은 다음의 측면들과 잘 합치된다. (1) 그들은 "연기 가운데로부터", 다시 말해서 마귀가 세상에 대하여 끼치는 큰 영향력 가운데로부터 나왔다. (2) 그들의 수가 매우 많다. (3) 그들의 왕은 아바돈이며, 그들은 모든 푸른 풀을 해한다. 다시 말해서, 그들은 모든 지역에서 참된 신앙을 왜곡시키며 망가뜨린다.

반면 그와 같은 해석은 다음의 측면들과는 잘 합치되지 않는 것처럼 보인다. (1) 여기의 황충들은 하나님의 인침을 받은 자들은 해하지 않는다. 반면 교황체제 하에서의 성직자들의 악의(惡意)는 주로 가장 정결하며 철저한 믿음을 가진 사람들에게로 향했다. (2) 여기의 황충들은 사람들을 죽이지는 않고 다만 괴롭게만 한다(5절). (3) 시기적으로 문제가 있다. 왜냐하면 여기의 예언은 여섯 번째와 일곱 번째 세대와 관련되는 것으로 보이는 반면 여기에 묘사된 모든 해악들은 후 세대의 가톨릭 성직자들이 가한 해악과 더 잘 합치되기 때문이다. 특별히 예수회(Jesuits)가 큰 숫자로 번성한 이후에 말이다. 베네딕투스 수도회는 주후 530년에 시작되었으며, 훨씬 더 큰 해악을 끼친 도미니쿠스 수도회는 1200년 이후에 그리고 예수회는 1500년 이후에 시작되었다.

그러므로 나는 여기의 황충들을 그와 같이 이해하는 대신 투르크인들과 사라센인들로 이해하는 미드(Mede)의 견해를 더 선호한다. 이와 같은 해석은 다음의 측면들과 잘 합치된다. (1) 시기적으로 일치한다. 왜냐하면 그들이 강력한 세력으로 세상에 처음 등장한 것은 주후 620년경이기 때문이다. (2) 그들은 항상 숫자가 매우 많았다. (3) 마치 메뚜기 떼가 동풍을 타고 동방으로부터 오는 것처럼, 그들은 동쪽의 아라비아로부터 왔다. 아라비아인들(사라센인들)은 "동방의 자녀"라고 불리며, "수다한 메뚜기 떼"와 같다고 묘사된다. 반면 이와 같은 해석은 다음의 사실들과는 잘 합치되지 않는다. (1) 여기의 황충들이 하나님의 인침을 받은 자들에게는 해를 끼칠 수 없었던 사실. (2) 그들에게 오직 다섯 달 동안만 권세가 주어진 사실. 전자에 대해서는 4절에서, 그리고 후자에 대해서는 5절에서 좀 더 상세하게 살펴보도록 하자.

그들이 땅에 있는 전갈의 권세와 같은 권세를 받았더라. 전갈이 가진 것과 같은 권세. 우리는 10절에서 이에 대한 좀 더 상세한 설명을 보게 된다.

4. 그들에게 이르시되 땅의 풀이나 푸른 것이나 각종 수목은 해하지 말고 오직 이마에 하나님의 인침을 받지 아니한 사람들만 해하라 하시더라.

그들에게 이르시되. 즉 황충들에게 이르시되. 하나님은 당신의 섭리로 말미암아 그들에게 명령하신다.

땅의 풀이나 푸른 것이나 각종 수목은 해하지 말고 오직 이마에 하나님의 인침을 받지 아니한 사람들만 해하라. 이러한 말씀을 통해 여기의 황충이 자연계의 진짜 황충이 아니라 상징적인 황충이라는 사실이 분명하게 나타난다. 왜냐하면 진짜 황충은 풀과 수목을 갉아먹고 살기 때문이다. 그들은 오직 하나님을 경외하지 않는 자들과 외식하는 자들만을 해할 것이었다. 이것은 황충의 본성과 맞지 않는 일이다. 그러므로 여기의 황충은 마땅히 문자적으로가 아니라 상징적으로 이해되어야 한다. 황충은 사람들을 죽이지 않는다. 그러므로 여기의 황충은 명백히 곤충이 아니라 그와 같은 특성을 가진 사람들을 의미한다.

5. 그러나 그들을 죽이지는 못하게 하시고 다섯 달 동안 괴롭게만 하게 하시는데 그 괴롭게 함은 전갈이 사람을 쏠 때에 괴롭게 함과 같더라.

여기의 황충을 투르크인들과 사라센인들로 이해할 때, 다음과 같은 두 가지 난제가 생긴다. (1) 어떻게 그들이 사람들을 죽이지는 못하고 오직 괴롭게 할 권세만 가지고 있다고 말하여질 수 있는가? (2) 어떻게 그들의 때가 다섯 달로 제한되는 것으로 말하여질 수 있는가? 그들은 이미 천 년 이상 세상을 괴롭게 했으며, 지금도 계속해서 그렇게 하고 있다. 이에 대해서는 오직 하나님만 아실 뿐이다. 어쨌든 위의 두 가지는 큰 난제이다. 알스테드(Alsted)는 다음과 같이 말한다. "마호메트는 주후 622년부터 본격적으로 활동하기 시작했으며, 사라센인들이 스페인에 들어온 것은 714년이었다. 스페인에서 그들은 무어인으로 불렸으며, 거기에서 그들의 왕국은 무려 800년 동안이나 지속되었다. 또 주후 719년 그들은 3,000척의 배와 300,000명의 병사들로 콘스탄티노플을 공격했다. 이때 이전에 이미 그들은 아라비아와 팔레스타인과 시리아와 페르시아와 이집트와 아프리카와 스페인을 장악하고 있었다.

또 726년에 그들은 375,000명의 병사들로 프랑스를 침략했다. 그러나 그들은 거기에서 피핀 왕의 아버지인 카를 마르텔(Charles Martell)에 의해 패배를 당했다." 또 미드(Mede)는 다음과 같이 말한다. "사라센인들은 로마에 복속된 지역의 나라들에게 극심한 괴로움을 가져다주었지만, 그러나 로마나 콘스탄티노플을 점령하지는 못했다. 콘스탄티노플은 주후 1457년 술탄 마호메트 휘하의 투르크인들에 의해 점령되었다." 그러나 이것은 "그들을 죽이지는 못하게 하시고"에 대한 매우 궁색한 해석에 불과하다. 이러한 사실은 다른 사람들로 하여금 여기의 황충들을 교황체제하의 성직자들로 해석하도록 이끌었다. 왜냐하면 그들은 실제로 상당 기간 동안 종교적인 문제로 인해 사람들을 죽이지는 않았기 때문이다. 어쨌든 사라센인들이나 교황체제 하의 성직자들이나 세상을 너무나 괴롭게 했다. 마치 전갈이 사람들을 독침으로 쏘아 큰 고통을 가져다주는 것처럼 말이다. 여기의 "다섯 달"이라는 표현을 우리는 10절에서 또다시 만나게 될 것이다.

6. 그 날에는 사람들이 죽기를 구하여도 죽지 못하고 죽고 싶으나 죽음이 그들을 피하리로다.

이 기간 동안 사람들이 당하는 고통은 차라리 죽기를 바랄 정도로 너무나 클 것이다.

7. 황충들의 모양은 전쟁을 위하여 준비한 말들 같고 그 머리에 금 같은 관 비슷한 것을 썼으며 그 얼굴은 사람의 얼굴 같고.

이러한 말씀 역시 여기의 황충들이 단순한 곤충이 아니라 많은 위해(危害)를 가하는 사람들임을 보여준다. 그들의 모양은 마치 전쟁을 위해 갑옷으로 무장한 말들처럼 두려웠다. 요엘 2:4을 보라. 그 머리에 금 같은 관 비슷한 것을 썼으며. 이것은 그들이 매우 강력하며 부유한 정복자들일 것을 보여준다. 그 얼굴은 사람의 얼굴 같고. 이와 같이 그들은 자연계의 진짜 황충이 아니라 그와 같은 특성을 갖는 사람들이었다.

8. 또 여자의 머리털 같은 머리털이 있고 그 이빨은 사자의 이빨 같으며.

여자의 머리털 같은 머리털이 있고. 그들의 머리털은 헝클어지거나 혹은 길게 늘어뜨려져 있었다. 아라비아인들은 대개 이와 같은 모습으로 다닌다. 혹은 어쩌면 이것은 그들이 매우 두려울 뿐만 아니라 또한 여자처럼 아름답게 보이는 것을 의미하는 것일 수도 있다. 그 이빨은 사자의 이빨 같으며. 날카롭고 강한 이빨. 요엘 1:6을 보라.

9. 또 철 호심경 같은 호심경이 있고 그 날개들의 소리는 병거와 많은 말들이 전쟁터로 달려 들어가는 소리 같으며.

철 호심경 같은 호심경이 있고. 이와 같이 그들은 최고의 갑옷으로 무장하고 있다.

그 날개들의 소리는 병거와 많은 말들이 전쟁터로 달려 들어가는 소리 같으며. 그들은 황충들처럼 매우 빠르게 움직인다. 이것은 사라센인들의 특징과 잘 맞는다. 왜냐하면 그들은 매우 빠른 속도로 상대방을 제압하고 정복했기 때문이다. 그들은 불과 80년 남짓 만에 팔레스타인과 시리아와 아르메니아와 소아시아 전역과 페르시아와 인도와 이집트와 누미디아와 바르바리와 포르투갈과 스페인을 정복했다. 그리고 수년 만에 시칠리아와 칸디아와 구브로를 정복하고 마침내 로마의 성문에까지 다다랐다. 이와 같이 그들의 머리에는 많은 면류관이 있으며, 그들은 마치 날개를 가진 것처럼 빠른 속도로 정복한다.

10. 또 전갈과 같은 꼬리와 쏘는 살이 있어 그 꼬리에는 다섯 달 동안 사람들을 해하는 권세가 있더라.

전갈과 같은 꼬리와 쏘는 살이 있어. 마치 독충처럼 그들은 꼬리의 쏘는 살로 사람들과 동물들을 즉사시킨다. 다섯 달 동안 사람들을 해하는 권세가 있더라. 여기의 "다섯 달"이 무엇을 의미하는지 이해하는 것은 매우 어렵다. 분명 그것은 확실한 숫자로 불확실한 기간을 표현하는 것일 것이다. 뿐만 아니라 그것은 황충이 사는 통상적인 기간이다. 어떤 학자들은 다섯 달을 150일로 계산한 후 (예언서에서 종종 그렇게 하는 것처럼) 하루를 일 년으로 환산하면서, 그것을 사라센인들이 이탈리아를 짓밟은 주후 830년부터 980년까지의 기간을 의미하는 것으로 해석하기도 한다.

11. 그들에게 왕이 있으니 무저갱의 사자라 히브리어로는 그 이름이 아바돈이요 헬라어로는 그 이름이 아볼루온이더라.

솔로몬은 잠언 30:27에서 "메뚜기들(황충들)은 임금이 없어도 다 떼를 지어 나아간다"고 말한다. 그러므로 본 절을 통해서도 우리는 여기의 황충들이 단순한 곤충이 아님을 알 수 있다. 그들에게 "무저갱의 사자"로 불리는 왕이 있는데, 그렇다면 그러한 표현은 분명 마귀를 가리키는 것이 아니다.

아바돈. 히브리어 "아바드"는 "파괴하다" "멸망시키다"를 의미한다. 아볼루온. 헬라어 아볼루온은 파괴자를 의미한다. 이러한 이름들은 그들이 행하는 모든 일이 나라들을 파괴하며 멸망시키는 일임을 암시한다.

12. 첫째 화는 지나갔으나 보라 아직도 이 후에 화 둘이 이르리로다.

하나님이 큰 심판으로 세상에 재앙을 내리는 한 때가 지났다. 그러나 아직도 그와 비슷하거나 혹은 그보다 더 가혹한 재앙이 될 두 때가 남아 있다.

13. 여섯째 천사가 나팔을 불매 내가 들으니 하나님 앞 금 제단 네 뿔에서 한 음성이 나서.

금 제단으로부터 나오는 음성은 곧 하나님 자신으로부터 나오는 음성을 의미한다(출 30:3). 왜냐하면 거기에서 하나님은 자기 백성들의 기도를 받으시기 때문이다. 그리고 그곳으로부터 나오는 음성은 그곳에서 복수를 호소하는 그의 종들의 기도에 대한 응답과 관련된 것일 수 있다. 6:9, 10을 보라.

14. 나팔 가진 여섯째 천사에게 말하기를 큰 강 유브라데에 결박한 네 천사를 놓아 주라 하매.

나는 여기의 "네 천사"를 투르크인들과 관련되는 것으로 보는 해석을 가장 선호한다. 투르크인들은 사라센인들을 이은 자들로서, 그들의 제국은 주후 1296년 오토만에 의해 시작되었다. 미드는 여기의 네 천사가 여러 술탄들 혹은 그들의 왕국들을 의미한다고 말한다. 투르크인들은 유프라테스 강 유역에 넓게 분산되어 살고 있었다. 유프라테스 강은 다음의 네 가지로 유명하다. (1) 그 강은 다윗과 솔로몬 왕국의 경계였다(신 11:24; 수 1:4). (2) 그 강 유역에 바벨론 왕국이 세워졌다(렘 13:4-6). (3) 그 강은 로마제국의 경계였다. 로마는 그 강을 넘어 제국을 확장할 수 없었다. (4) 그 강은 또한 투르크인들의 근거지였다. 그들은 유프라테스 강을 넘은 후 자신들의 제국을 넷으로 나누었다. 하나는 아시아에, 또 하나는 알레포에, 또 하나는 다메섹에, 그리고 마지막 하나는 안디옥에 있었다. 미드는 그들의 제국을 그림으로 우리에게 보여준다. 처음에는 자신들끼리만 모여 있었던 그들은 마침내 주후 1300년경부터 유럽을 침략하기 시작했다. 그것은 하나님의 가혹한 섭리로서, 여기에서 여섯 째 천사가 나팔을 부는 것과 관련되는 것으로 보인다. 지금까지 투르크인들은 하나님의 섭리 가운데 유프라테스 강 유역에 모여 있으면서 자신들의 영토를 확장하려고 하지 않았다. 그러나 이제 그들은 오토만 휘하의 사라센인들과 연합하여 유럽으로 침략해 들어왔으며, 마침내 콘스탄티노플을 함락시켰다.

15. 네 천사가 놓였으니 그들은 그 년 월 일 시에 이르러 사람 삼분의 일을 죽이기로 준비된 자들이더라.

그 년 월 일 시에. "for an hour, and a day, and a month, and a year" 즉 "한 시간 하루 한 달 일 년 동안." 어떤 사람들은 이것이 "언제든 하나님이 그들을 움직이실 때"

혹은 “하나님이 정하신 확실한 때”를 의미한다고 생각한다. 그러나 미드(Mede)는 그와 관련하여 매우 독특한 관점을 제시한다. 그는 “한 시간 하루 한 달 일 년”이 396년을 의미한다고 생각한다. 일 년은 365일이고 한 달은 30일이므로 일 년 한 달은 395일이 된다. 그리고 거기에다가 하루를 더하면 396일이 되고, 하루를 일 년으로 환산하면 396년이 된다. 투르크인들은 오토만의 깃발 아래 강력한 제국을 이루었으며, 그의 통치는 주후 1296년 시작되었다. 그러나 그들의 지도자 탕그롤리픽스(Tangrolipix)가 바그다드를 점령하고 처음 제국을 연 것은 주후 1057년이었다. 그리고 그들이 마침내 콘스탄티노플을 함락시킨 것은 그로부터 정확하게 396년 후인 1453년이었다. 이 기간 동안 그들은 여기에서 “삼분의 일”이라고 표현된 것처럼 헤아릴 수 없이 많은 사람들을 살육했다.

16. 마병대의 수는 이만 만이니 내가 그들의 수를 들었노라.

요한은 보병대와 관련해서는 아무 말도 하지 않는다. 다만 여기의 마병대(馬兵隊)의 수를 통해 보병대(步兵隊)의 수를 추측하는 것은 그냥 우리에게 남겨둔다. 우리는 여기의 숫자를 문자적으로 받아들여서는 안 된다. 다만 그것은 엄청난 수의 병사들을 의미한다. 우리는 투르크인들이 전쟁에 나올 때 항상 엄청난 수의 무리를 이루고 나오는 것을 안다. 에스겔은 마곡의 군대를 여기처럼 마병대로 묘사한다(겔 38:4, 15).

17. 이같은 환상 가운데 그 말들과 그 위에 탄 자들을 보니 불빛과 자줏빛과 유황빛 호심경이 있고 또 말들의 머리는 사자 머리 같고 그 입에서는 불과 연기와 유황이 나오더라.

우리는 성경의 다른 곳에서 여기와 같은 묘사를 보지 못한다. 어떤 사람들은 이것을 병사들이 여러 가지 색깔의 호심경을 착용한 것으로 이해한다. 어떤 병사들은 불타는 듯한 붉은색 호심경을, 또 어떤 병사들은 자줏빛 호심경을, 또 어떤 병사들은 유황빛 호심경을 착용했다는 것이다. 어쨌든 그러한 호심경들을 착용한 병사들은 모두 매우 두렵게 보였다. 한편 미드는 여기에서도 매우 독특한 관점을 제시한다. 그는 성령께서 여기에서 그들이 큰 대포(大砲)를 가지고 싸우는 것을 보여주신다고 생각했다(그것은 콘스탄티노플이 함락될 때까지 알려지지 않았다). 그들의 대포로부터 불과 연기가 나왔으며, 그로 말미암아 공기가 자욱해졌다. 그리하여 그들과 싸우는 상대방은 마치 그들이 붉은색과 자줏빛과 유황빛 호심경을 착용하고 있는 것처럼 보였을 것이라는 것이다. 이것을 증명하기 위해 미드는 당시 콘스탄티노플의 함락과 관련한 칼콘딜라스(Chalcondylas)의 보고서를 인용한다. 그는 당시 전투에 큰 대포들이 사용되었음을 보고한다. 대포들이 얼마나 컸던지, 각각의 대포들을 끌기 위해 70마리의 소와 2,000명의 병사들이 동원되었다고 한다. 이것은 정말로 기발한 추측이다. 나는 독자들이 미드처럼 여기의 말씀을 문자적으로 이해할 것인지 아니면 좀 더 일반적으로 단지 그들의 두려운 외양(外樣)을 묘사하는 것으로 이해할 것인지 판단하는 것은 그냥 독자들의 자유로 남겨두고자 한다.

18. 이 세 재앙 곧 자기들의 입에서 나오는 불과 연기와 유황으로 말미암아 사람 삼분의 일이 죽임을 당하니라.

즉 여기의 엄청난 수의 군대에 의해 매우 많은 사람들이 죽임을 당하리라. 역사적으로 투르크인들에 의한 참화보다 더 큰 참화는 결코 없었다. 또 그들이 만든 대포보다 더 큰 대포도 없었다. 그리고 그러한 대포들로부터 불과 연기와 유황이 나왔다.

19. 이 말들의 힘은 입과 꼬리에 있으니 꼬리는 뱀 같고 또 꼬리에 머리가 있어 이것으로 해하더라.

여기의 "꼬리"를 어떤 사람들은 그들의 보병대(步兵隊)를 가리키는 것으로 이해한다. 또 어떤 사람들은 그것을 그들의 뱀 같은 교활한 술책으로 이해한다. 10절에서 황충이 전갈에 비유되었던 것처럼, 여기의 군대에 대해서도 비슷한 표현이 사용된다. 그리고 이것은 투르크인들이 그들 앞서 왔던 사라센인들과 마찬가지로 교활한 술책으로 큰 해를 끼칠 것을 암시한다. 여기의 말들의 꼬리에 머리가 있는 것으로 묘사되는데, 이러한 특징은 황충에게서는 발견되지 않는 것이다.

20. 이 재앙에 죽지 않고 남은 사람들은 손으로 행한 일을 회개하지 아니하고 오히려 여러 귀신과 또는 보거나 듣거나 다니거나 하지 못하는 금, 은, 동과 목석의 우상에게 절하고.

이 재앙에 죽지 않고 남은 사람들. 아직까지 죽지 않은 삼분의 이의 사람들. 왜냐하면 18절에서 삼분의 일의 사람들이 죽임을 당할 것으로 예언되었기 때문이다. 이것 역시 과거에 로마제국에 복속되었던 지역의 나라들에 거주하는 사람들을 가리키는 것으로서 이해되어야 한다.

손으로 행한 일을 회개하지 아니하고 오히려 여러 귀신(devils)에게 절하고.

여기의 말씀은 교황주의자들에게 가장 잘 적용된다. 왜냐하면 그들만큼 귀신들(δαιμόνια)과 금과 은으로 만든 우상들에게 절하기를 좋아하는 자들도 없기 때문이다. 여기의 "마귀들"(devils)은 두말할 필요 없이 "귀신들"(demons)을 의미한다(한글개역개정판에는 그냥 "여러 귀신"이라고 되어 있음). 이교도들은 죽은 자들을 "귀신"으로 만든다. 그러면서 그들을 자신들과 신들 사이의 중간 존재로 여기면서 그들에게 절을 한다. 교황주의자들이 행하는 일이 딱 그와 같다. (미드가 지적하는 것처럼) 다만 한 가지 차이가 있다면, 이교도들은 많은 신들을 만든 반면 오늘날의 교황주의자들은 오직 하나의 신만을 인정한다는 것뿐이다. 교황주의자들이 자신들의 소원(desires)을 하나님에게 전달하는 중간 존재로서 성자들을 숭배하는 것과 이교도들이 죽은 자들을 귀신으로 만들고 그들을 자신들과 신들 사이의 중간 존재로 여기며 그들에게 절하는 것 사이에 도대체 무슨 차이가 있단 말인가? 바알(Baal)과 벨(Bel) 등의 이름은 어디로부터 나왔는가? 그것은 다름 아닌 벨루스(Belus)로부터 나왔다. 그는 죽은 후 사람들이 신으로 만들어 경배한 최초의 왕으로 알려진 사람이다. 여기에서 죽지 않고 남은 삼분의 이의 사람들은 사람들이 금과 은과 동과 목석을 가지고 손으로 만든 우상에게 절했다고 언급되는데, 우리는 여기와 비슷한 표현을 시편 115:4; 135:15에서도 발견한다. 동방 교회는 하나님으로부터 큰 심판을 받았음에도 불구하고 자신들의 우상 숭배와 미신을 회개하지 않았다. 그리하여 하나님은 그들을 이교도들의 권세 아래 완전하게 던지셨다. 또 로마의 교황주의자들은 그것을 분명하게 보았음에도 불구하고 지금까지도 자신들의 잘못된 행태를 조금도 회개하려고 하지 않는다.

21. 또 그 살인과 복술과 음행과 도둑질을 회개하지 아니하더라.

로마의 교황주의자들은 하나님의 성도들을 죽인 것을 회개하지 않고 계속해서 그 일을 행했다. 뿐만 아니라 그들은 그들의 음행과 도둑질과 신성모독과 다른 악들도 회개하지 않았다. 그들은 우상 숭배와 미신으로 유명한 것만큼 음행과 방탕으로도 유명하다. 그리스도인들에게 투르크인들의 이러한 큰 심판이 얼마나 오랫동안 계속될 것인지 우리는 말할 수 없다. 브라이트맨(Brightman)은 그것이 주후 1,696년에 끝났다고 말한다. 그러나 그에 대해 성경은 우리에게 아무것도 알려주지 않는다. 아무 근거 없이 막연히 추측하는 것은 무익한 일이다.

MATTHEW POOLE'S COMMENTARY

요한계시록 10장

개요

1. 힘 센 천사가 손에 두루마리를 가지고 나타남(1–4).
2. 그가 세세토록 살아 계신 자로 지체하지 아니할 것을 맹세함(5–7).
3. 천사가 요한에게 두루마리를 취하여 먹고 예언할 것을 명령함(8–11).

우리는 앞에서 장차 로마제국에서 일어날 일과 관련하여 그리스도께서 처음 여섯 인으로 요한에게 계시하신 것을 살펴보았다. 그때는 로마제국이 이교(異教) 아래 있을 때인데, 그때는 주후 310년 혹은 325년 콘스탄티누스의 때에 끝났다. 계속해서 그리스도는 일곱째 인으로 그때 이후 로마제국에 일어날 일을 계시하셨다(8:1부터). 그는 처음 네 나팔 아래 고트족과 반달족에 의해 일어날 일을, 다섯째 나팔 아래 사라센인들에 의해 일어날 일을, 그리고 여섯째 나팔 아래 투르크인들에 의해 일어날 일을 계시하셨다(투르크인들에 의한 고통은 지금도 계속되고 있다). 이제 일곱째 나팔이 남았다. 그러나 일곱째 나팔이 실제로 불리는 것은 11:15에 가서야 이루어지게 된다. 본 장과 다음 장 14절까지는 일종의 역사(歷史)의 중단으로 보인다. 그리고 여기에서 그리스도는 그러한 기간 동안 자신의 교회와 관련하여 일어날 일을 요한에게 계시한 것으로 보인다. 이것(즉 본 장과 다음 장 14절까지)의 의미에 대하여 해석가들의 견해가 나누어진다. 어떤 사람들은 이것이 교회의 일들과 관련하여 연속적인 이야기가 아니라 각각의 환상들로 구성된 별개의 예언이라고 생각한다. 그렇게 생각하는 사람들 가운데 대표적인 사람들이 바로 모어(More)와 미드(Mede)이다. 반면 이것이 별개의 예언이 아니라고 생각하는 학자들도 있다.

1. 내가 또 보니 힘 센 다른 천사가 구름을 입고 하늘에서 내려오는데 그 머리 위에 무지개가 있고 그 얼굴은 해 같고 그 발은 불기둥 같으며.

내가 또 보니 힘 센 다른 천사가. 대부분의 해석가들은 여기의 천사를 그리스도로 이해한다. 앞에서 어린 양으로 나타난 그는 여기에서는 천사로 나타난다. 오직 그만이 그를 증언하는 "두 증인"을 부를 수 있다(11:3). 뿐만 아니라 여기의 천사의 영광스러운 형상 역시 그가 보통 천사가 아님을 분명하게 보여준다. 구름을 입고. 그리스도는 "구름과 함께"(with clouds) 오시는 것으로 묘사된다(계 1:7, 한글개역개정판에는 "구름을 타고"라고 되어 있음). 하늘에서 내려오는데. 무언가 중요한 일을 행하거나 혹은 중요한 말씀을 하실 때, 하나님은 여기와 같이 종종 하늘에서 내려오는 것으로 말하여진다. 그 머리 위에 무지개가 있고. 무지개는 하나님이 노아와 맺으신 언약의 표증이었다(창 9:16). 그것이 그리스도의 머리 위에 있다는 것은 참으로 적절한 상징이다. 왜냐하면 그가 세상과 특별히 그의 교회에 평강을 가져다주셨기 때문이다. 그 얼굴은 해 같고. 마태복음 17:2을 보라. "그들 앞에서 변형되사 그 얼굴이 해 같이 빛나며 옷이 빛과 같이 희어졌더라." 그 발은 불기둥 같으며. 이것은 그의 행동의 확고함과 유효함을 나타낸다.

2. 그 손에는 펴 놓인 작은 두루마리를 들고 그 오른 발은 바다를 밟고 왼 발은 땅을 밟고.

그 손에는 펴 놓인 작은 두루마리를 들고. 어떤 사람들은 이것을 성경으로 이해하기도 하지만, 그러나 5:1에 언급된 두루마리와 같은 두루마리로 이해하는 것이 좀 더 합당해 보인다. 거기에서 그것은 일곱 인으로 인봉된 것으로 나타났지만, 여기에서는 "펼쳐진" 것으로 나타난다. 그것은 하나님의 모든 계획들이 우리에게는 인봉되었지만, 그리스도에게는 펼쳐져 있음을 보여준다. 그는 그 두루마리에 기록된 것, 즉 세상 끝날까지 그의 교회에 일어날 일들을 요한에게 펼쳐 보여주셨다.

그 오른 발은 바다를 밟고 왼 발은 땅을 밟고. 이것은 우리에게 세상 전체에 대한 그의 주권을 보여준다. 그는 땅뿐만 아니라 바다에 대한 주권도 가지고 계신다.

3. 사자가 부르짖는 것 같이 큰 소리로 외치니 그가 외칠 때에 일곱 우레가 그 소리를 내어 말하더라.

사자가 부르짖는 것 같이 큰 소리로 외치니. 사자의 부르짖는 것 같은 음성은 유다 지파의 사자인 자에게 참으로 적합한 음성이다. 사자의 음성은 크고 두렵다.

그가 외칠 때에 일곱 우레가 그 소리를 내어 말하더라. 대부분의 해석가들은 여기의 일곱 우레를 일곱째 나팔 아래 세상에 임할 하나님의 심판을 의미하는 것으로 판단한다. 우리는 그것이 일곱째 나팔 아래 일곱 대접이 쏟아지는 것으로 말미암아 좀 더 충분하게 열리는 것을 보게 될 것이다. 반면 어떤 해석가들은 여기의 일곱 우레를 강력한 복음 전파를 의미하는 것으로서 이해한다. 앞의 해석이 좀 더 가능성이 높은 것으로 보인다.

4. 일곱 우레가 말을 할 때에 내가 기록하려고 하다가 곧 들으니 하늘에서 소리가

나서 말하기를 일곱 우레가 말한 것을 인봉하고 기록하지 말라 하더라.

내가 기록하려고 하다가. 일곱 우레의 소리에 대해 내가 이해한 것을 기록하려고 하다가. 일곱 우레가 말한 것을 인봉하고 기록하지 말라. 요한이 그것을 인봉하고 기록하지 말아야 했던 것은 그것이 상당 시간이 지난 후에 이루어질 일들과 관련되는 것으로서 나중에 좀 더 충분하게 계시될 것이었기 때문이었다.

5. 내가 본 바 바다와 땅을 밟고 서 있는 천사가 하늘을 향하여 오른손을 들고.

내가 본 바 바다와 땅을 밟고 서 있는 천사가. 2절을 보라. 앞에서 이야기한 것처럼 여기의 천사는 그리스도를 가리킨다. 하늘을 향하여 오른손을 들고. 다니엘 12:7을 보라. 이것은 맹세할 때 일반적으로 취하는 자세이다.

6. 세세토록 살아 계신 이 곧 하늘과 그 가운데에 있는 물건이며 땅과 그 가운데에 있는 물건이며 바다와 그 가운데에 있는 물건을 창조하신 이를 가리켜 맹세하여 이르되 지체하지 아니하리니.

세세토록 살아 계신 이 … 를 가리켜 맹세하여. 즉 하나님을 가리켜 맹세하여. 하나님 외에 다른 것으로 맹세하는 것은 불법이다. 다니엘 12:7을 보라.

지체하지 아니하리니(there should be time no longer). 어떤 사람들은 여기의 말씀을 "세상의 끝이 있을 것이니"라고 읽는다. 그러나 그보다도 그것은 넷째 나라인 로마제국의 때가 끝날 것이라는, 혹은 교회의 고통의 때가 끝날 것이라는 의미로 이해되어야 한다.

7. 일곱째 천사가 소리 내는 날 그의 나팔을 불려고 할 때에 하나님이 그의 종 선지자들에게 전하신 복음과 같이 하나님의 그 비밀이 이루어지리라 하더라.

일곱째 천사가 소리 내는 날. 우리는 11:15에서 일곱째 천사가 나팔을 부는 것을 보게 된다. 그의 나팔을 불려고 할 때에 … 하나님의 그 비밀이 이루어지리라. 그가 나팔을 불기 시작하는 때로부터 하나님의 비밀이 이루어지기 시작할 것이라. 여기의 하나님의 비밀은 11:15에 언급된 비밀 즉 "세상 나라가 우리 주와 그의 그리스도의 나라가 되는" 비밀을 의미하는 것이거나, 혹은 좀 더 일반적으로 하나님이 복음 전파와 적그리스도의 멸망과 세상의 종말과 관련하여 계시하신 것을 의미한다. 하나님이 그의 종 선지자들에게 전하신. 하나님이 그의 종 선지자들로 말미암아 전하신. 이와 관련하여 이사야 24장; 26장; 27장; 66장; 다니엘 7:11, 12; 스가랴 14장; 말라기 3:4을 보라. 하나님이 그의 종 선지자들로 말미암아 전하신 모든 것은 일곱째 천사가 나팔을 불기 시작할 때 이루어지기 시작할 것이다.

8. 하늘에서 나서 내게 들리던 음성이 또 내게 말하여 이르되 네가 가서 바다와 땅을 밟고 서 있는 천사의 손에 펴 놓인 두루마리를 가지라 하기로.

하늘에서 나서 내게 들리던 음성. 10:4에 언급된 음성. 네가 가서 … 두루마리를 가지라. 10:2에 언급된 두루마리. 요한은 그 두루마리를 취할 것을 명령받는다. 여기의 두루마리를 어떤 사람들은 성경이라고 생각한다. 그러나 그것은 5:1에 언급된 전에는 인봉되었었으나 이제는 펼쳐진 두루마리일 가능성이 높다.

9. 내가 천사에게 나아가 작은 두루마리를 달라 한즉 천사가 이르되 갖다 먹어 버리라 네 배에는 쓰나 네 입에는 꿀 같이 달리라 하거늘.

갖다 먹어 버리라. 에스겔도 여기와 같이 두루마리를 취하여 먹으라는 명령을 받았다(겔 2:8; 3:3). 두루마리를 먹는 것은 그것을 읽고 소화시키며 그 내용을 묵상하는 것을 의미한다.

네 배에는 쓰나 네 입에는 꿀 같이 달리라. 그것은 하나님의 마음과 뜻의 계시로서 네 입에 달 것이다. 왜냐하면 하나님의 마음과 뜻은 경건한 백성들에게 너무나 달콤하기 때문이다. 예레미야 15:16을 보라. 그러나 그것은 회개하지 않는 자들에게 두려운 심판을 가져다주는 신적 의지(意志)의 계시로서 네 배에 쓸 것이다.

10. 내가 천사의 손에서 작은 두루마리를 갖다 먹어 버리니 내 입에는 꿀 같이 다나 먹은 후에 내 배에서는 쓰게 되더라.

내가 … 작은 두루마리를 갖다 먹어 버리니. 9절의 명령에 따라. 내 입에는 꿀 같이 다나. 왜냐하면 그것은 하나님의 마음과 뜻을 계시한 것이었기 때문에. 먹은 후에 내 배에서는 쓰게 되더라. 그러나 요한이 그 두루마리를 깊이 묵상했을 때, 그것은 그가 이해할 수 없을 정도로 큰 비밀이었을 뿐만 아니라 또한 그에게 큰 괴로움을 가져다줄 정도로 슬프며 쓰라린 것이었다.

11. 그가 내게 말하기를 네가 많은 백성과 나라와 방언과 임금에게 다시 예언하여야 하리라 하더라.

네가 … 다시 예언하여야 하리라. 이러한 말씀은 이것이 앞의 예언과는 구별되는 예언임을 보여준다. 많은 백성과 나라와 방언과 임금에게. 너는 많은 백성과 나라와 방언과 임금에게 다시 예언해야 할 것이다. 왜냐하면 그들 모두가 적그리스도의 출현, 그의 폭정, 그의 몰락과 멸망 등과 관련하여 지금 네게 계시되는 것을 들을 필요가 있기 때문이다. 그러한 것들은 이미 오래 전에 시작된 것들이었다. 그러한 것들은 이미 여섯 천사의 여섯 나팔과 함께 부분적으로 계시되었지만, 그러나 그때 충분하게 계시되지는 않았다. 이제 내가 네게 그러한 것들을 충분하게 계시할 것이며, 그럼으로 말미암아 너와 네 이후의 복음 사역자들은 각자 자기의 때에 그것을 많은 백성과 나라와 방언과 임금에게 계시할 수 있을 것이다. 여기에서 요한은 적그리스도 하에서의 교회의 상태와 그의 폭정과 그의 마지막 멸망을 계시하는 선지자로서 세움을 받는다. 그리고 그의 마지막 멸망은 일곱째 천사가 일곱째 나팔을 부는 것과 함께 시작된다(11:15).

MATTHEW POOLE'S COMMENTARY

요한계시록 11장

개요

1. 요한이 바깥 마당은 제외하고 성전을 측량하라는 명령을 받음(1-2).
2. 두 증인(3-4).
3. 그들의 권능(5-6).
4. 짐승이 그들과 더불어 전쟁을 일으킴. 그리고 그들을 이기고 그들을 죽일 것임(7).
5. 그들이 사흘 반 동안 무덤에 장사되지 못함(8-10).
6. 그들이 다시 살아나 하늘로 올라감(11-12).
7. 큰 지진(13).
8. 둘째 화가 지나감(14).
9. 일곱째 천사가 나팔을 불자 하늘의 합창단이 하나님 나라의 영광을 찬미함(15-19).

1. 또 내게 지팡이 같은 갈대를 주며 말하기를 일어나서 하나님의 성전과 제단과 그 안에서 경배하는 자들을 측량하되.

내게 지팡이 같은 갈대를 주며. 여기의 갈대의 용도는 다음 구절에 나타난다. 그것은 에스겔이 "놋 같이 빛나는" 사람의 손에서 보았던 것과 같은 것으로서 측량을 위한 갈대였다(겔 40:3). 에스겔에서 성전을 측량하는 것은 성전을 재건하기 위한 것이었다. 반면 여기에서 그것은 성전을 보존하며 지키기 위한 것이다.

일어나서 하나님의 성전을 측량하되. 성전의 구조를 이해함이 없이 여기의 말씀을 이해하는 것은 불가능하다. 유대인들의 첫 번째 예배 처소는 성막이었고, 다음은 성전이었다. 성막은 이동식 장막이었다. 그들은 광야여행 중 성막을 가지고 다니다가, 자신들의 장막을 치는 곳에 그것을 세웠다. 우리는 출애굽기 40장에서 그에 대해 읽는다. 성막에는 오직 하나의 마당만이 있었다. 그 마당에는 오직 제사장들과 레위인들만이 들어갔으며, 백성들은 그 밖에 있었다. 그리고 언약궤 앞에 향을 피우기 위한 금 제단이 있었으며, 성막 문 옆에 번제를 위한 단이 있었다(출 40:5, 29). 한편 성전은 솔로몬에 의해 건축되었다가, 포로에서 돌아온 후 스룹바벨에 의해 재건되었다(왕상 6장). 성막에는 한 개의 마당만이 있었던 반면 성전에는 두 개의 마당이 있었다. 안쪽에 제단이 있는 안마당이 있었다(왕상 6:36). 그리고 바깥쪽에 큰 마당이라고도 불리는 바깥 마당이 있었다(대하 4:9). 안 마당에는 오직 제사장들과 레위인들만이 들어갔으며, 바깥 마당에는 이스라엘 백성이라면 누구나 들어갈 수 있었다. 여기에다가 헤롯이 또 하나의 큰 마당을 새롭게 건축하여 추가했는데, 그것은 이방인의 마당 혹은 이방인의 뜰이라고 불렸다. 그러나 그것은 하나님의 지시 아래 추가된 것이 아니었다. 그것은 솔로몬의 성전이나 스룹바벨의 성전에는 없었던 것이었다. 이러한 성전은 새 언약 하에서의 교회의 모형이었다. 그러므로 그것은 이 책(계시록)에서 그와 같이 일반적으로 해석되어야 한다(고전 3:17; 고후 6:16). 왜냐하면 물리적인 예루살렘 성전은 이미 여기의 예언이 있기 20여 년 전에 완전하게 파괴되었기 때문이다. 그것은 다시 재건되지 못했으며, 지금 돌 하나도 돌 위에 남아 있지 않았다. 그러므로 여기에서 요한이 명령받고 있는 것은 다름 아닌 교회를 측량하라는 것이었다.

제단과 그 안에서 경배하는 자들. 요한은 교회 전체를 측량하라고 명령받지 않았다. 그는 오직 안 마당으로 상징되는 부분만을 측량하라고 명령받았다. 그는 오직 제단과 그 안에서 경배하는 자들만을 측량해야 했다. 옛 언약 하에서 그곳은 오직 제사장들과 레위인들만 들어가는 곳이었다. 그들이 상징하는 것은 분명하다. 그들이 상징하는 것은 새 언약 하에서 "예수 그리스도로 말미암아 하나님이 기쁘게 받으실 신령한 제사를 드릴 거룩한 제사장들"이다(벧전 2:5). 오직 그들만이 하나님의 갈대 즉 하나님의 말씀의 측량을 견딜 수 있다.

2. 성전 바깥 마당은 측량하지 말고 그냥 두라 이것은 이방인에게 주었은즉 그들이 거룩한 성을 마흔두 달 동안 짓밟으리라.

여기에 "성전 바깥 마당"으로 상징되는 사람들이 누구인지를 이해하는 데에는 다소 어려움이 있다. 바깥 마당은 성전에서 가장 큰 부분을 차지한다. 그러므로 우리는 그것을 기독교회의 이름 아래 나아온 대다수의 사람들을 상징하는 것으로서 이해할 수 있다. 그들 모두는 어떤 의미에서 거룩한 백성이다(고전 7:14). 마치 옛 언약 하에서 모든 유대인들이 그랬던 것처럼 말이다. 그러나 여기에서 요한은 그들 가운데 가장 큰 부분의 사람들을 측량하지 말라고 명령받는다. 아마도 그것은 그들이 갈대에 의한 측량을 감당할 수 없는 사람들이었기 때문인 것으로 보인다. 하나님은 그들을 보존하는 일에 큰 관심을 기울이지 않으셨다. 도리어 그들을 이방인들의 발 아래 짓밟히도록 그들에게 내어 주셨다. 이것을 많은 학자들은 하나님이 적그리스도에게 그들을 주관하는 권세를 주신 것으로 이해한다. 나는 앞 절의 "제단과 그 안에서 경배하는 자들"을 그리스도 이후 수백 년 동안 하나님의 법을 철저하게 지킴으로 말미암아 열 번의 박해 가운데 하나님이 지켜 주신 초창기 교회를 가리키는 것으로 이해한다. 그리고 여기의 "바깥 마당"은 하나님이 짐승과 적그리스도의 권세(즉 교황권의 권세) 아래 떨어지도록 내버려 둔 그때 이후의 교회를 가리키는 것으로서 이해한다. 교황주의자들은 충분히 이방인들로 말하여질 수 있다. 왜냐하면 그들은 또다시 교회 안으로 이방주의(gentilism)를 끌어들였기 때문이다. 그들은 이방인들과 다를 것이 거의 없다. 다만 한 가지 다른 점이 있다면 옛 이교도들은 많은 신들을 인정한 반면 새 이방인들은 하나의 신만을 인정한다는 것뿐이다. 여기에서 하나님은 요한에게 "바깥 마당"(혹은 "거룩한 성") 즉 다수의 그리스도인들을 그러한 이방인들로 하여금 마흔두 달 동안 주관하도록 그들에게 내어주셨음을 보여주신다. 여기의 마흔두 달에 대해서는 차후에 살펴보게 될 것이다.

최근의 어떤 한 저명한 학자는 이와는 다소 다른 견해를 제시한다. 그는 여기에서 하나님이 요한에게 그 이상의 것을 보여주고 계신다고 생각한다. 즉 여섯째 나팔 아래 하나님이 갈대의 측량을 감당하지 못할 다수의 소위 그리스도인이라 불리는 사람들을 적그리스도에게 내어 주심으로 말미암아 그들이 교황주의자들에게로 돌아가 두 증인을 죽이는 일에 협력할 것이라는 것이다(3절). 그러므로 이것은 새로운 예언이 아니라, 여섯째 나팔 후 일곱째 나팔 전에 일어날 일과 관련한 계속적인 예언이라는 것이다. 그렇다면 나는 "그들이 거룩한 성을 마흔두 달 동안 짓밟으리라"는 말씀은 "마흔두 달의 끝날 때까지"로 이해되어야 한다고 느낀다. 왜냐하면 적그리스도 혹은 짐승의 전체 때인 마흔두 달의 대부분은 여섯째 천사가 나팔을 불기 전에 지나가야 하기 때문이다. 오늘날의 개혁교회를 구성한다고 자처하지만 그러나 실제로는 바깥 마당에 불과한 다수의 사람들은 일곱째 천사가 나팔을 불기 전에 배교하여 1,260일이 끝날 때까지 교황주의자들의 권세 아래 떨어져 그들과 함께 두 증인을 죽이는 일에 동참할 것이라는 것이 그의 견해인 것으로 보인다. 이러한 견해가 사실인지 여부는 그것이 드러날 때까지 하나님의 섭리에 남겨져야 한다. 오늘날 유럽의 기독교회에서 벌어지는 제반 상황을 고려할 때, 나는 이러한 견해가 상당한 개연성이 있다고 판단한다. 그러나 그것의 옳고 그름에 대해 나는 결코 확정적으로 말할 수 없다.

3. 내가 나의 두 증인에게 권세를 주리니 그들이 굵은 베옷을 입고 천이백육십 일을 예언하리라.

내가 나의 두 증인에게 권세를 주리니. 여기의 "두 증인"이 누군지에 대해 학자들 사이에 큰 논쟁이 있다. 어떤 사람들은 그들이 에녹과 엘리야라고 생각한다. 그들이 다시 와서 예언을 하다가 죽임을 당할 것이라는 것이다. 그러나 이것은 교황주의 학자들의 일반적인 관념일 뿐이다. 또 어떤 사람들은 두 증인이 두 종류의 복음 교회라고 생각한다. 하나는 이방인들로 이루어진 교회이고, 다른 하나는 기독교 신앙으로 개종한 유대인들로 이루어진 교회이다. 또 어떤 사람들은 두 증인을 구약과 신약으로 해석한다. 또 어떤 사람들은 그들이 두 명의 특별한 사역자라고 생각한다. 이렇게 생각하는 사람들 사이에 그들이 실제로 누군지에 대해 다양한 추측이 있다. 또 어떤 사람들은 종교개혁과 관련하여 하나님이 세우신 특별한 사역자들이라고 생각하고, 또 어떤 사람들은 기독교의 성직(聖職)을 가리키는 것으로서 이해한다. 이제 나의 입장을 밝히고자 한다. "증인"은 초창기 복음 사역자들에게 흔히 적용된 이름이었다(행 1:22; 2:32; 3:15; 4:33; 5:32; 10:41; 22:15; 26:16; 벧전 5:1). 그러므로 나는 일단 "두 증인"을 적그리스도의 전체적인 통치 기간 동안 복음을 신실하게 전파하는 자들을 가리키는 것으로 이해할 수밖에 없다. 여기에서 나는 "둘"(two)이 단순히 그들의 실제적인 숫자를 가리키는 것이 아니라, 증언의 유효성과 관련되는 것이라고 생각한다. 증언이 유효하기 위해서는 "두 명"의 증인이 필요했다(신 17:6; 19:15; 마 18:16; 히 10:28). 우리는 구약에서 하나님을 위한 증언이 항상 둘이라는 숫자와 관련되는 것을 보게 된다. 모세와 아론, 여호수아와 갈렙, 엘리야와 엘리사, 포로 후의 스룹바벨과 여호수아, 그리고 스가랴 4장에 언급된 두 감람나무. 특별히 마지막 것(즉 두 감람나무)은 여기의 본문과 직접적으로 관련된다(4절을 보라). 여기에다가 어떤 사람들은 아브라함과 롯, 에스라와 느헤미야, 학개와 스가랴, 바울과 바나바, 베드로와 요한, 그리고 그리스도께서 처음 제자들을 보내실 때 두 명씩 보내신 것 등을 포함시킨다.

그들이 굵은 베옷을 입고 천이백육십 일을 예언하리라. 앞에서 우리는 거룩한 성 즉 참된 교회가 **마흔두** 달 동안 이방인들에게 짓밟힐 것이라는 말씀을 읽었다. 또 우리는 여기에서 두 증인이 "굵은 베옷을 입고 천이백육십 일을 예언할" 것이라는 말씀을 읽는다. 예언의 언어에서 하루는 통상적으로 일 년을 가리킨다. "너희는 그 땅을 정탐한 날 수인 사십 일의 하루를 일 년으로 쳐서 그 사십 년간 너희의 죄악을 담당할지니"(민 14:34). 그와 같이 다니엘 9:24의 "일흔 이레" 역시 490년을 의미한다(70주는 곧 490일이기 때문이다). 이와 같이 이해할 때 다니엘 9:24의 약속은 메시야의 강림과 정확하게 일치한다. 같은 맥락으로 예언의 언어에서 일 년은 365년을, 그리고 한 달은 30년을 가리킨다. 그러므로 마흔두 달은 1,260일 즉 1,260년이다. 우리는 계시록 12:6에서 여자(즉 교회)가 바로 이 기간 동안 광야에 있었음을 발견한다. "그 여자가 광야로 도망하매 거기서 천이백육십 일 동안 그를 양육하기 위하여 하나님께서 예비하신 곳이 있더라." 그리고 바다로부터 올라온 일곱 머리와 열 뿔을 가진 짐승에게 권세를 사용하도록 허락된 기간 역시 바로 이 기간이었다. "또 짐승이 과장되고 신성 모독을 말하는 입을 받고 또 마흔두 달 동안 일할 권세를 받으니라"(계 13:5). 이와 같이 우리는 다음의 네 가지가 동시에 진행되는 것을 발견한다 — 짐승이 일어나 자기의 권세를 행사하는 것, 새로운 이방인들이 거룩한 성(즉 교회)을 짓밟는 것, 여자가 광야에 거하는 것, 그리고 두 증인이 굵은 베옷을 입고 예언하는 것. 만일 우리가 여기의 네 가지 가운데 어느 하나가 언제 시작되는지 찾아낼 수 있다면, 우리는 나머지 모든 것들의 때도 찾아내게 될 것이다. 짐승이 일어나는 때를 주후 400년 정도로 보는 사람들은 거기에다가 여기의 1,260년을 더해야 한다. 그러면 적그리스도의 통치는 1660년에 종결된 것이 될 것이다. 그리고 그와 함께 교회의 박해의 때와 충성된 사역자들이 굵은 베옷을 입고 예언하는 때도 그때 종결된 것이 될 것이다. 그러나 만일 짐승이 일어나는 것이 주후 500년이라면, 그의 때가 끝나는 것은 1760년이 될 것이다. 또 짐승이 일어나는 것이 주후 600년이라면, 위의 네 가지가 모두 끝나는 때는 1860년이 될 것이다. 왜냐하면 네 가지 모두 명백히 함께 시작했다가 1,260년 후 함께 끝날 것이기 때문이다. 그러나 나는 그 때를 결정하는 것은 매우 어려운 일이라고 생각한다. 왜냐하면 짐승이 처음 일어나는 때를 찾아내는 것이 매우 어렵기 때문이다. 만일 우리가 짐승이 처음 일어난 때를 분명하게 발견할 수 있다면, 교황주의가 종식되고 교회의 박해와 특별히 교회의 사역이 끝나는 때를 찾아내는 일은 매우 쉬운 일이 될 것이다. 어쨌든 본 구절에서 하나님이 요한에게 보여주시는 것은 단지 그의 충성된 사역자들이 1,260년 동안 고통의 때를 보내야만 한다는 것이다.

4. 그들은 이 땅의 주 앞에 서 있는 두 감람나무와 두 촛대니.

물론 어느 정도의 차이는 있지만, 어쨌든 이것은 명백히 스가랴의 환상과 관련된다. 스가랴 4:2, 3, 11-14을 보라. 스가랴가 환상 가운데 본 것은 다음과 같았다. "내가 보니 순금 등잔대가 있는데 그 위에는 기름 그릇이 있고 또 그 기름 그릇 위에 일곱 등잔이 있으며 그 기름 그릇 위에 있는 등잔을 위해서 일곱 관이 있고 그 등잔대

곁에 두 감람나무가 있는데 하나는 그 기름 그릇 오른쪽에 있고 하나는 그 왼쪽에 있나이다"(슥 4:2, 3) 이에 대해 천사는 그에게 이렇게 말한다. "금 기름을 흘리는 두 금관 옆에 있는 이 감람나무 두 가지는 … 기름 부음 받은 자 둘이니 온 세상의 주 앞에 서 있는 자니라"(11-14). 여기의 "기름 부음 받은 자 둘"을 어떤 사람들은 스룹바벨과 여호수아로 이해한다. 또 어떤 사람들은 그것을 포로 후 유대 교회가 갖게 될 경건한 제사장들과 총독들로 이해한다. 그들은 지식과 은혜로 충만함을 입고 성령의 은혜와 은사로부터 주의 교회를 지혜와 명철로 먹일 것이다. 그리고 그러한 경건한 제사장들과 총독들은 복음 사역을 상징하며 예표한다. 그러므로 나는 계시록 11장의 "두 증인"을 여기의 스가랴의 환상과 연결시키면서 그것을 경건한 복음 사역으로 이해해야 한다고 확신한다.

이 땅의 주 앞에 서 있는 두 촛대. 스가랴의 환상에서는 오직 하나의 촛대만 있었다. 그러면 여기에서 "두 촛대"로 언급되는 것은 무슨 까닭인가? 미드(Mede)는 여기에 추가된 또 하나의 촛대는 그리스도께 회심한 이방인들로 구성된 교회를 상징한다고 생각한다. 반면 다른 사람들은 여기의 "두 촛대"가 계시록 1:20에서 일곱으로 계수된 복음 교회들을 축소한 것이라고 — 다시 말해서 일곱 촛대가 두 촛대로 축소되어 표현된 것이라고 — 생각한다. 혹은 어쩌면 그것은 하나님의 교회의 새로운 상태를 나타내는 것일 수도 있다. 구약시대에 하나님에게는 오직 하나의 교회 즉 유대인들의 교회만 있었다. 그러나 지금 하나님에게는 많은 교회들이 있으며, 그러한 교회들은 모두 충성된 사역자들에 의해 양육되며 양식을 공급받는다. 마치 감람나무 가지들이 자신의 은혜와 지식의 기름을 교회를 상징하는 촛대로 흘려보내는 것처럼 말이다.

5. 만일 누구든지 그들을 해하고자 하면 그들의 입에서 불이 나와서 그들의 원수를 삼켜 버릴 것이요 누구든지 그들을 해하고자 하면 반드시 그와 같이 죽임을 당하리라.

만일 누구든지 그들을 해하고자 하면. 다시 말해서 나의 충성된 사역자들을 혹은 촛대에 기름을 공급하는 두 감람나무 가지들을.

그들의 입에서 불이 나와서 그들의 원수를 삼켜 버릴 것이요. 명백히 여기에 하늘로부터 불을 내려오게 한 모세와 엘리야의 이야기가 암시되어 있다. 그러나 하나님은 복음 아래서의 그의 사역자들의 승리가 엘리야의 경우처럼 하늘로부터 내려온 기적의 불에 의한 것이 아니라 그들의 입으로부터 나오는 불에 의한 것임을 보여주신다. 이와 관련하여 예레미야 5:14을 보라. "볼지어다 내가 네 입에 있는 나의 말을 불이 되게 하고 이 백성을 나무가 되게 하여 불사르리라." 또 예레미야 1:9, 10을 보라. 이것은 또한 앞에서 언급한 스가랴의 환상과 그 안에 담긴 하나님의 뜻의 계시와도 일치한다. "이는 힘으로 되지 아니하며 능력으로 되지 아니하고 오직 나의 영으로 되느니라"(슥 4:6). 그 의미는 그들의 강력한 복음 전파와 뜨거운 기도에 의해 그들의 원수들이 삼켜질 것이라는 것이다.

6. 그들이 권능을 가지고 하늘을 닫아 그 예언을 하는 날 동안 비가 오지 못하게 하고 또 권능을 가지고 물을 피로 변하게 하고 아무 때든지 원하는 대로 여러 가지 재앙으로 땅을 치리로다.

여기에 명백히 엘리야가 암시되어 있다. 야고보서 5:17을 보라. "엘리야는 우리와 성정이 같은 사람이로되 그가 비가 오지 않기를 간절히 기도한즉 삼 년 육 개월 동안 땅에 비가 오지 아니하고." 이와 관련하여 열왕기상 17:1을 보라. 또 여기에 애굽에서 물을 피로 변화시키고 또 애굽 땅을 여러 가지 재앙으로 치는 일에 도구로 사용되었던 모세가 암시되어 있다. 그러나 여기의 복음 사역자들이 어떤 권능을 가졌는지를 확실하게 결정하는 것은 쉽지 않다. 사도들은 분명 기적을 행하는 권능을 가지고 있었다. 그러나 그들은 그러한 권능을 사람들에게 유익을 끼치는 경우를 제외하고는 매우 드물게 사용했다. 아나니아와 삽비라는 그들의 말에 의해 침을 받아 죽었다(행 5:1-11). 또 마술사 엘루마는 그들에 의해 침을 받아 맹인이 되었다. 그러나 이러한 권능은 오래 전에 그쳤다. 미드(Mede)는 여기의 권능을 복음 사역자들에게 맡겨진 교훈하며 책망하는 권능으로 이해한다. 내가 볼 때 이러한 견해가 그것을 보응하며 징벌을 내리는 권능으로 이해하는 견해보다 더 합당한 것으로 보인다. 그러면 복음 사역자들은 외인(外人)들에 대해 구체적으로 어떤 권능을 가지는가? 이와 관련하여 일반적으로 설명하는 것이 가장 좋으리라 생각한다. 만일 어떤 사람이 그들을 해한다면, 하나님이 그들을 위해 영적인 심판뿐만 아니라 현세적인 심판으로 보응하실 것이며 그들의 원수들에게 온갖 종류의 재앙을 가져다주실 것이다. 그들이 그와 같은 일들을 행하는 권능을 가진 것으로 말하여지는 것은 하나님이 그들을 위해 보응하는 과정에서 그와 같은 일들을 행하실 것이기 때문이다.

7. 그들이 그 증언을 마칠 때에 무저갱으로부터 올라오는 짐승이 그들과 더불어 전쟁을 일으켜 그들을 이기고 그들을 죽일 터인즉.

그들이 그 증언을 마칠 때에. 다시 말해서 그들이 굵은 베옷을 입고 1,260년의 대부분을 예언했을 때. 무저갱으로부터 올라오는 짐승. 다시 말해서 13:1, 4에 언급된 짐승. 이것은 교황주의(papacy)를 의미한다. 그들과 더불어 전쟁을 일으켜. 그 짐승은 다시금 소생하여 그들에게 가혹한 고통을 가할 것이다. 그들을 이기고 그들을 죽일 터인즉. 그들을 가혹하게 대하며 그들을 죽일 터인즉. 여기에 한 가지 큰 의문이 있다. 그것은 이것이 그들의 자연적인 목숨을 빼앗는 것으로 이해되어야 하는가 아니면 증인으로서의 그들의 사회적 죽음으로 이해되어야 하는가 하는 것이다. 내가 볼 때 후자가 좀 더 타당해 보인다. 그 이유는 다음과 같다. (1) 여기의 두 증인을 경건한 복음 사역으로 가정할 때, 교황주의가 교회의 모든 복음 사역자들을 문자적으로 죽일 정도로 이긴다는 것은 매우 개연성이 떨어지기 때문이다. (2) 성령께서 여기에서 그들을 "사람들"(men)로 말하지 않고 "증인들"(witnesses)로 말하기 때문이다. (3) 친구든 원수든 실제로 죽은 시체를 사흘 반 동안 매장하지 않은 채 큰 도시의 거리에 그대로 방치하지는 않기 때문이다(8, 9절). (4) 11절에 언급된 그들의 부활이 육체의 부활로 이해되지 않기 때문이다. 그러므로 나는 여기의 "죽음"을 그들로 하여금 더 이상 증인이 되지 못하게 하는 것, 다시 말해서 복음 사역자들을 그들의 직분으로부터 쫓아내는 것을 가리키는 것으로 이해한다.

8. 그들의 시체가 큰 성 길에 있으리니 그 성은 영적으로 하면 소돔이라고도 하고 애굽이라고도 하니 곧 그들의 주께서 십자가에 못 박히신 곳이라.

그들의 시체가 삼 일 반 동안 큰 성 길에 그대로 방치될 것에 대해서는 11절에서 이야기하도록 하자. 다만 여기에서는 (1) "큰 성"이 무엇을 의미하는지, (2) "큰 성 길"이 무엇을 의미하는지 살펴보고자 한다. 큰 성(the great city)을 어떤 사람들은 예루살렘으로 이해한다. 그러나 지금 예루살렘은 큰 성과는 너무나 거리가 먼 상태에 있었다. 뿐만 아니라 이어지는 구절 역시 우리에게 그것이 예루살렘이 아님을 보여준다. 왜냐하면 그리스도는 예루살렘 안에서 십자가에 못 박히지 않았기 때문이다. 그는 성문 밖에서 십자가에 못 박히셨다. 어떤 사람들은 여기의 "큰 성"을 로마로 이해한다. 실제로 로마는 (바벨론의 이름 아래) 이 책에서 일곱 내지 여덟 번 그와 같은 이름으로 불린다(14:8; 16:19; 18:10, 16, 18, 19, 21). 그리고 로마 외에 다른 어느 도시도 이 책에서 그와 같은 이름으로 불리지 않는다. 뿐만 아니라 본문은 그 성과 관련하여 "영적으로 하면 소돔이라고도 하고 애굽이라고도 하니"라고 말한다. 소돔은 음행과 부도덕으로 특징지어지며, 애굽은 이스라엘을 압제한 것으로 특징지어진다. 그러면 두 번째 질문에 대해 생각해 보도록 하자. 여기의 "큰 성

길”(the street of the great city)은 무엇을 의미하는 것인가? 미드는 그것이 이 도시의 어떤 지역이나 거리를 의미하는 것이 아님을 반박의 여지 없이 증명한다. (1) 왜냐하면 우리 주님은 예루살렘 성벽 안에 있는 어떤 지역이나 혹은 거리에서 십자가에 못 박히지 않았기 때문이다. (2) 예루살렘과 로마에는 하나 이상의 많은 길들이 있었기 때문이다. (3) 시체는 의심의 여지 없이 그들이 죽임을 당한 장소에 놓여 있게 마련이다. 그러나 사람들은 통상적으로 도시 안에 있는 거리에서 싸우지 않는다. (4) 도시 안에 있는 어떤 지역이나 거리는 모든 백성들과 족속과 방언과 나라들이 그들의 시체를 볼 수 있을 만한 장소가 아니기 때문이다. 그리하여 미드는 여기에서 “길”로 번역된 단어를 이 도시의 관할구역 혹은 통치영역(jurisdiction)을 의미하는 것으로서 판단한다. 이러한 해석을 그는 자신의 책 『Clavis Apocal. 40. p. 138』에서 충분하게 증명한다. 그리고 이러한 해석은 본문의 마지막 구절을 명확하게 만든다. 왜냐하면 우리 주님은 — 비록 어떤 도시 안에서 혹은 어떤 도시의 거리에서 십자가에 못 박히지 않았다 하더라도 — 로마 황제의 관할구역 혹은 통치영역에 속하는 장소에서 십자가에 못 박히셨기 때문이다. 여기의 두 증인이 유럽에서 죽임을 당할 것이라고 추측하는 것은 충분히 가능한 추측이다. 왜냐하면 역사적으로 유럽은 로마제국에 속하는 “길” 즉 로마제국의 관할구역 혹은 통치영역(jurisdiction)이었기 때문이다.

9. 백성들과 족속과 방언과 나라 중에서 사람들이 그 시체를 사흘 반 동안을 보며 무덤에 장사하지 못하게 하리로다.

백성들과 족속과 방언과 나라 중에서 사람들이. 모든 종류의 무수한 사람들이 두 증인이 하나님을 위해 증언하는 것을 금지당하는 것과 그들에 대한 모든 잔혹한 처사를 볼 것이다.

그 시체를 사흘 반 동안을 보며. 여기의 “사흘 반”이 무엇을 의미하는지에 대해 큰 논쟁이 있다. 그것은 문자적인 삼일 반으로 이해될 수 없다. 왜냐하면 그러한 시간은 모든 종류의 사람들이 “그들의 시체를 보며 즐거워하고 기뻐하여 서로 예물을 보내기”에는 너무나 짧은 시간이기 때문이다. 어떤 사람들은 여기의 “사흘 반”을 그들이 굵은 베옷을 입고 예언하는 1,260년으로 이해한다(3절). 그들은 그것이 예언적인 날들로서 “삼년 반”을 의미한다고 생각한다. 그러고 나서 일 년을 360일로 환산한다(왜냐하면 고대에 많은 나라들이 일 년을 360일로 생각했기 때문이다). 그러면 삼년 반은 1,260일 혹은 마흔두 달이 된다. 앞에서 살펴본 것처럼 이러한 기간은 짐승의 통치 기간과, 여자가 광야에 거하는 시간과, 두 증인이 굵은 베옷을 입고 예언하는 기간과, 이방인들이 바깥 마당을 짓밟는 기간과 정확하게 일치한다. (1) 그러나 예언적인 측면에서 사흘 반을 삼년 반으로 바꾸고 그것을 다시 1,260일로 바꾼 다음에 그것을 또다시 1,260년으로 바꾸는 것은 상당한 무리로 보인다. 내가 볼 때 그것은 마치 본문의 의미를 억지로 쥐어짜는 것처럼 보인다. (2) 그것은 명백히 두 증인이 베옷을 입고 예언하는 기간과 죽은 상태로 누워 있는 기간을 혼동하는 것이다. 물론 그들이 죽은 상태로 누워 있는 시간은 1,260일 안에 포함되어야 한다(왜냐하면 그 기간은 짐승의 통치 기간인 마흔두 달 안에 있어야만 하기 때문이다). 그러나 그 기간을 짐승의 통치 기간과 똑같이 놓는 것은 명백히 무리이다. 그것은 분명 짐승의 통치의 마지막 때를 나타낸다. 그때 충성된 그리스도의 증인들에 대해 예전과는 다른 좀 더 특별하고 보편적인 박해가 있을 것이다. 그러므로 우리는 그것을 단순히 "짧은 시간"을 의미하는 것으로(호 6:2의 경우처럼) 이해할 수도 있고, 또 그것을 그냥 "삼년 반"으로 환산하여 그 정도의 한정된 시간을 의미하는 것으로 이해할 수도 있다. 나는 특별히 여기에 "반"(half day)이 더해진 사실에 주목한다. 그리고 그에 근거하여 나는 후자의 해석이 좀 더 낫다고 판단한다. 왜냐하면 우리가 통상적으로 짧은 기간을 표현할 때 "이삼 일"이라고는 표현하지만 그러나 거기에다가 "반"을 덧붙이는 경우는 실제로 거의 없기 때문이다. 호세아의 경우에도 짧은 기간을 표현할 때 단순히 이틀 혹은 사흘이라고만 되어 있다. "여호와께서 이틀 후에 우리를 살리시며 셋째 날에 우리를 일으키시리니 우리가 그의 앞에서 살리라"(호 6:2). 그러므로 나는 여기의 "사흘 반"을 삼년 반으로 이해하는 사람들의 의견에 기꺼이 동의하고자 한다. 왜냐하면 바로 이 기간이 그리스도께서 바리새인들의 권세 아래 계셨던 기간이기 때문이다. 사흘 동안 사망의 권세 아래 계셨던 것처럼, 그는 또한 삼년 반 동안 — 즉 세상에 스스로를 나타내신 때로부터 십자가에 못 박혀 죽으실 때까지 — 모든 고난을 당하셨다. 또 삼년 반이라는 기간은 — 마카베오전서에 나타나는 것처럼 — 많은 사람들이 적그리스도의 모형이라고 생각하는 안티오코스가 유대인들을 압제했던 기간이었다. 이와 관련하여 다니엘 11장을 보라.

무덤에 장사하지 못하게 하리로다. 신학자들 사이에 이러한 말씀이 부정적인 의미로 이해되어야 하는지 혹은 긍정적인 의미로 이해되어야 하는지에 대해 의견이 나누어진다. 만일 이것이 긍정적인 의미로 이해된다면, 이것은 당신의 증인들을 위해 역사(役事)하시는 그리고 그들을 대적하는 교황주의자들로 하여금 그들을 완전히 멸망시키지 못하도록 막으시는 하나님의 섭리를 나타낸다. 이러한 섭리는 교회의 이야기 전체를 통해 나타난다. 비록 그들을 대적하는 자들이 그들에 대하여 전쟁을 벌이며 그들을 이기며 죽인다 하더라도, 그러나 대적자들은 그들을 결코 완전하게 장사할 수 없었으며 여기의 최후의 고통의 때에도 그렇게 할 수 없을 것이다. 그러나 내가 생각할 때 여기의 구절은 부정적인 의미로서 원수들의 행동을 가리키는 것으로 보인다. 그들을 대적하는 원수들이 심지어 그들의 시체까지도 장사하지 못하도록 함으로써 그들에 대한 자신들의 극도의 악의와 증오를 나타낸 것으로 말이다.

10. 이 두 선지자가 땅에 사는 자들을 괴롭게 한 고로 땅에 사는 자들이 그들의 죽음을 즐거워하고 기뻐하여 서로 예물을 보내리라 하더라.

여기의 "땅에 사는 자들"은 교황주의자든 무신론자든 자신들의 정욕을 따라 살아가는 세상적이며 육신적인 사람들을 의미한다. 하나님의 사역자들이 전파하는 말씀은 그들의 마음 가운데 불편함과 증오심을 불러일으킨다. 그리하여 그들은 항상 경건한 사역자들을 자신들의 원수로 여긴다. 아합이 엘리야에게 그랬던 것처럼 말이다. 그리고 그들은 그들이 전파하는 말씀을 감당할 수 없다. 이스라엘 백성들이 아모스가 전파하는 말씀을 감당할 수 없었던 것처럼 말이다.

이 두 선지자가 땅에 사는 자들을 괴롭게 한 고로. 두 선지자는 단지 그들의 입으로부터 나오는 불로 땅에 사는 자들과 더불어 싸웠을 뿐이었다. 그럼에도 불구하고 두 선지자가 전파한 말씀은 그들의 머리를 아프게 만들었다. 그것은 부분적으로 그것이 그들의 양심에 경종을 울렸기 때문이었다. 그럼으로 말미암아 그들은 하나님의 법을 직접적으로 거스르며 살아가는 자들로서 사람들 앞에 부끄러운 모습으로 드러나게 되었다. 이와 같이 두 선지자는 악인들을 괴롭게 했다. 그러므로 악인들은 자신들의 양심을 괴롭게 한 자들을 항상 대적했으며 앞으로도 항상 대적할 것이다. 그들의 죽음을 즐거워하고 기뻐하여 서로 예물을 보내리라. 그들은 자신들의 원수가 죽은 것을 보며 온갖 종류의 표현으로 자신들의 기쁨을 나타낸다. 왜냐하면 두 선지자가 그들로 하여금 정욕의 깊은 잠으로부터 깨어 일어나도록 흔들어 깨웠기 때문이었다.

11. 삼 일 반 후에 하나님께로부터 생기가 그들 속에 들어가매 그들이 발로 일어서니 구경하는 자들이 크게 두려워하더라.

삼 일 반 후에. 하나님이 적그리스도를 위해 정하신 짧은 시간 후에, 혹은 마흔 두 달 혹은 삼 년 반이 지난 후에. 이방인들이 그리스도의 증인들을 완전하게 이겼다고 생각하며 그들로 인해 더 이상 괴로움을 당하지 않게 되었다고 생각할 때.

하나님께로부터 생기가 그들 속에 들어가매 그들이 발로 일어서니. 홀로 죽은 자를 살리실 수 있는 하나님이 그들을 다시 살리시고 선지자로서의 그들의 직분을 다시 회복시키시니. 이것은 물론 육체적인 부활로 이해될 수 없다. 그 이유는 다음과 같다. (1) 그들의 죽음이 육체적인 죽음이 아니었기 때문에. (2) 성경은 어디에서도 그리스도께서 마지막 심판을 위해 오시기 전에 그와 같은 부활이 있을 것을 가르치지 않기 때문에.

구경하는 자들이 크게 두려워하더라. 그것을 구경하는 자들에게 큰 두려움이 임했다. 왜냐하면 그들은 큰 놀람 가운데 이제 하나님이 무슨 일을 행하실지 생각하지 않을 수 없었기 때문이었다. 그것은 충분히 그들의 멸망의 전조(前兆)가 될 수 있었다. 여기에서 한 가지 큰 의문이 생기는데, 그것은 여기에서 두 증인이 죽임을 당했다가 다시 살아나는 것으로 말하여지는 때가 이미 지나간 과거인가 아니면 장차 임할 미래인가 하는 것이다. 나는 1517년 독일에서 종교개혁이 시작되기 전 몇 세대 동안 교황주의가 충성된 그리스도의 증인들에 대해 그와 같은 승리를 얻었음을 인정하지 않을 수 없다. 그러다가 초창기 종교개혁 가운데 그들이 갑자기 다시 살아나는 특별한 섭리가 있었다. 그러므로 나는 어떤 사람들이 여기의 이야기를 이미 지난 과거의 일로 생각하는 것에 대해 특별히 이상하게 생각하지 않는다. 그러나 우리는 지금까지도 투르크인들이 ― 대부분의 주석가들은 유브라데 강에 결박되었다가 풀려난 네 천사를 그들로 생각한다 ― 계속해서 광분하고 있으며, 또 교황주의가 여전히 강력한 세력을 떨치는 가운데 매일같이 바깥 마당을 짓밟고 있는 것을 보고 있다. 그러므로 두 증인이 죽임을 당하는 것 혹은 일곱째 천사가 나팔을 부는 것을 이미 지나간 과거의 일로 보는 것은 분명 적절하지 않은 이해이다. 우리는 아직까지 여섯째 천사가 나팔을 부는 것으로 상징되는 시대 아래 있다. 그리고 이어지는 구절들로부터 우리는 여기의 사건이 일곱째 천사가 나팔을 불기 전에 일어나는 사건임을 충분히 추측할 수 있다.

12. 하늘로부터 큰 음성이 있어 이리로 올라오라 함을 그들이 듣고 구름을 타고 하늘로 올라가니 그들의 원수들도 구경하더라.

하늘로부터 큰 음성이 있어 이리로 올라오라 함을 그들이 듣고. 하나님은 특별한 섭리 가운데 그들을 그들의 예전의 사역과 직분으로 혹은 예전보다 훨씬 더 존귀하며 영광스러운 위치로 다시 부르셨다. 구름을 타고 하늘로 올라가니 그들의 원수들도 구경하더라. 이 일은 그들의 원수들의 눈 앞에서 행해졌다.

13. 그 때에 큰 지진이 나서 성 십분의 일이 무너지고 지진에 죽은 사람이 칠천이라 그 남은 자들이 두려워하여 영광을 하늘의 하나님께 돌리더라.

그 때에. 즉 하나님의 생기가 두 증인 속에 들어감으로 말미암아 그들이 다시 살아났을 때. 큰 지진이 나서. 여기의 "지진"은 의심의 여지 없이 세상의 큰 혼란을 의미한다. 6:12에 대한 저자의 주석을 참조하라. 성 십분의 일이 무너지고. 여기의 "성"(city)은 의심의 여지 없이 8절에 언급된 "영적으로 소돔이라고도 하고 애굽이라고도 하는 큰 성"을 가리킨다. 다른 곳에서 바벨론이라고도 불리는 그 성은 다름 아닌 로마를 가리킨다. 그 성의 십분의 일이 무너지는 것의 의미와 관련하여 학자들 사이에 많은 의견 차이가 있다. 어떤 사람들은 그것을 많은 나라들이 로마의 관할로부터 떨어져 나가는 것으로 이해한다. 반면 다른 사람들은 그것을 로마의 조세 혹은 주권의 큰 부분이 떨어지는 것으로 이해한다. 지진에 죽은 사람이 칠천이라. 여기의 말씀은 두 증인의 회복이 반대 없이 이루어지지 않을 것이지만 그러나 그러한 반대는 크지 않을 것을 암시하는 것처럼 보인다. 왜냐하면 이러한 혼란 가운데 칠천 명이 죽는 것은 그다지 큰 숫자가 아니기 때문이다. 그 남은 자들이 두려워하여. 그들 자신의 양심으로부터든 혹은 신적 섭리의 엄중함으로부터든, 그들은 큰 성이 무너지는 것을 보면서 두려워할 것이다.

영광을 하늘의 하나님께 돌리더라. 자신들의 오류를 고백하며 참된 진리를 솔직하게 인정할 때, 그들은 하나님께 영광을 돌리게 된다. 만일 교황주의자들이 자신들의 오류를 인정하며 성자들과 천사들과 형상들을 예배하는 대신 천지를 창조하신 살아 계신 참 하나님만을 예배한다면, 그들은 하나님께 영광을 돌리게 된다.

14. 둘째 화는 지나갔으나 보라 셋째 화가 속히 이르는도다.

둘째 화는 지나갔으나. 이제 여섯째 천사의 나팔과 관련한 기간 동안 세상에 임하는 재앙은 끝난다. 보라 셋째 화가 속히 이르는도다. 셋째 화는 일곱째 천사의 나팔과 관련한 때에 임할 재앙들을 가리킨다. 이것은 앞에서 이야기한 것, 즉 이방인들이 바깥 마당을 짓밟는 것과 두 증인이 죽임을 당했다가 다시 살아나는 것이 여섯째 나팔 아래 일어나는 일임을 보여준다. 그리고 여섯째 나팔과 관련한 때는 교회를 대적하는 원수들이 멸망을 당할 준비가 될 때까지 끝나지 않는다. 그리고 그들의 멸망은 나중에 일곱 천사가 일곱 대접을 쏟는 것 안에서 실제적으로 펼쳐진다.

15. 일곱째 천사가 나팔을 불매 하늘에 큰 음성들이 나서 이르되 세상 나라가 우리 주와 그의 그리스도의 나라가 되어 그가 세세토록 왕 노릇 하시리로다 하니.

일곱째 천사가 나팔을 불매. 8:2에 언급된 천사들 가운데 마지막 천사. 하늘에 큰 음성들이 나서 이르되. 요한은 환상 가운데 그리스도와 그의 복음이 짐승에 대하여 승리를 얻은 것을 기뻐하는 큰 함성을 듣는다.

세상 나라가 우리 주와 그의 그리스도의 나라가 되어 그가 세세토록 왕 노릇 하시리로다. 이와 같이 세상 나라들이 새로운 이방주의인 교황주의와 함께 그것의 모든 가증한 미신과 우상 숭배를 내던져 버리고 복음의 진리를 붙잡을 것이다. 여기에서 한 가지 큰 의문이 생기는데, 그것은 우리가 16장에서 보게 되는 일곱 대접이 모두 일곱째 나팔에 속하는지 아니면 그 가운데 일부는 여섯째 나팔에 속하는지 여부이다. 그러한 의문과 관련하여 학자들의 의견은 양편으로 나뉜다. 그에 대해 여기에서 간략하게 요약해 보도록 하자. 일곱 대접 모두를 일곱째 나팔과 연결시키는 자들은 자신들의 의견을 뒷받침하기 위해 다음과 같이 말한다.

(1) 일곱 인과 일곱 나팔과 일곱 대접은 모두 동일한 방식으로 언급된다. 그러므로 일곱 대접은 일부는 여섯째 나팔에 속하는 것으로, 그리고 일부는 일곱째 나팔에 속하는 것으로 나누어지지 않는다.

(2) 일곱째 나팔과 일곱 대접은 하나의 동일체이다. 일곱 대접에 의해 계시되는 것 가운데 일곱째 나팔에 속하지 않는 것은 아무것도 없다. 일곱째 나팔과 일곱 대접은 재앙의 내용에 있어, 계시의 성격에 있어, 그리고 그 대상에 있어 일치한다. 둘 모두 적그리스도의 멸망을 선포하며, 마지막 심판 전에 세상에 임하는 마지막 재앙들을 다룬다.

(3) 일곱 대접은 모두 같은 성격을 가지고 있다. 그것들 모두는 하나님이 그리스도의 나라를 세우기 위해 적그리스도를 멸망시킬 것을 선포한다. 그것들은 단지 각각의 재앙의 정도에 있어서만 차이가 있을 뿐이다.

(4) 일곱 대접이 쏟아지지 않는 한 일곱째 나팔은 결코 적그리스도의 멸망을 선포할 수 없다. 왜냐하면 일곱 대접이 그를 멸망시키는 방편들을 보여주기 때문이다.

(5) 일곱째 나팔은 두 증인이 죽임을 당한 직후에 불려지며, 그들의 사역이 다시 회복되는 전 과정과 동시대를 이룬다. 그러므로 일곱째 나팔로 상징되는 때는 여섯째 대접에 의해 선포되는 적그리스도의 멸망 이전이어야만 한다.

(6) 일곱째 나팔은 1,260일이 끝난 직후 그리고 일곱 대접이 쏟아지기 전에 불려

진다.

한편 일곱 대접 가운데 몇 개는 일곱째 나팔이 불려지기 전에 쏟아졌다고 혹은 쏟아질 것이라고 생각하는 학자들은 짐승의 나라가 여섯째 나팔 아래 멸망되기 시작하기 때문에 몇 개의 대접은 필연적으로 여섯째 나팔에 속할 수밖에 없다고 말한다. 계시록 11:7-15에서 — 그 가운데 특별히 11-13에서 — 우리는 적그리스도의 나라가 여섯째 나팔 아래 크게 약화되는 것을 보게 된다. 이에 대해 일곱 대접 모두 일곱째 나팔과 관련된다고 생각하는 학자들은 여섯째 나팔의 기간 동안 단지 적그리스도의 최종적인 멸망이 준비될 뿐이고 그의 완전한 멸망은 일곱째 나팔로 상징되는 때에 쏟아지는 일곱 대접에 의해 이루어진다고 말한다. 이러한 것을 전제하면서 본문으로 들어가도록 하자.

여기의 "세상 나라가 우리 주와 그의 그리스도의 나라가 되어"라는 말씀이 실제적으로 그와 같이 된 것으로 이해되어야 하는지, 아니면 지금 그와 같이 되기 시작하는 것으로 이해되어야 하는지에 대해 의문이 있다. 세상 나라들이 지금 실제적으로 그와 같이 되었다고 생각하는 사람들은 그때를 심판 날로 혹은 그 직후로 이해하는 가운데 그러므로 일곱 대접 가운데 최소한 다섯 대접은 여섯째 나팔에 속해야만 한다고 생각한다(16:1-21). 반면 그것을 세상 나라들이 주의 나라가 되기 시작하는 혹은 곧 그렇게 될 것으로 이해하는 사람들은 일곱 대접 모두를 일곱째 나팔에 속하는 것으로 만들 수 있다.

16. 하나님 앞에서 자기 보좌에 앉아 있던 이십사 장로가 엎드려 얼굴을 땅에 대고 하나님께 경배하여.

나는 이것을 주께서 적그리스도를 이기시고 그의 나라를 이루시는 것에 대한 하늘의 성도들과 천사들의 환호라고 생각한다. 만일 죄인 하나가 회개할 때 하늘에 큰 기쁨이 있다면, 나라들과 왕국들이 그리스도께 회심하여 돌아올 때 하늘에 얼마나 큰 기쁨이 있겠는가!(눅 15:7).

17. 이르되 감사하옵나니 옛적에도 계셨고 지금도 계신 주 하나님 곧 전능하신 이여 친히 큰 권능을 잡으시고 왕 노릇 하시도다.

옛적에도 계셨고 지금도 계신. 이것은 하나님의 영원성과 불변성을 나타낸다. 우리는 계시록 4:8에서도 이와 같은 표현을 보게 된다.

친히 큰 권능을 잡으시고 왕 노릇 하시도다. 하늘의 성도들과 천사들은 하나님이 권능을 사용하시며, 적그리스도의 손으로부터 그리스도의 나라를 회복하시며, 그의 왕을 그의 거룩한 산 시온에 세우신 것으로 인해 하나님을 송축한다.

18. 이방들이 분노하매 주의 진노가 내려 죽은 자를 심판하시며 종 선지자들과 성도들과 또 작은 자든지 큰 자든지 주의 이름을 경외하는 자들에게 상 주시며 또 땅을 망하게 하는 자들을 멸망시키실 때로소이다 하더라.

이방들이 분노하매. 참 이스라엘에 속하지 않는 옛 이방인들과 현대 이방인들. 그들은 오래 전부터 분노해왔다. 주의 진노가 내려. 지금은 주께서 주의 진노를 보이실 때이며 실제로 보이기 시작하셨나이다. 죽은 자를 심판하시며. 주께서 주의 충성된 증인들과 주의 진리를 증언하다가 죽은 자들의 일을 심판하실 때가 왔나이다. 종 선지자들 … 에게 상 주시며. 주의 뜻을 신실하게 계시한 자들에게 상 주시며. 성도들과. 선지자들뿐만 아니라 주의 모든 성도들에게. 작은 자든지 큰 자든지 주의 이름을 경외하는 자들에게. 세상에서의 그들의 신분이 높든지 낮든지 상관없이. 땅을 망하게 하는 자들을 멸망시키실 때로소이다. 주께서 오랫동안 땅과 그 안에 있는 주의 백성들을 망하게 한 적그리스도의 무리를 멸망시키실 때가 왔나이다.

19. 이에 하늘에 있는 하나님의 성전이 열리니 성전 안에 하나님의 언약궤가 보이며 또 번개와 음성들과 우레와 지진과 큰 우박이 있더라.

하나님의 성전. 어떤 사람들은 여기의 "하나님의 성전"을 예루살렘 성전을 가리키는 것으로 이해한다. 반면 다른 사람들은 그것을 승리한 교회(church triumphant)로, 또 다른 사람들은 지금 세상에 있는 전투하는 교회(church militant)로 이해한다.

하늘에 있는 … 열리니. 같은 맥락으로 여기의 "하늘"을 그들은 각자의 입장에 따라 실제적인 하늘로 이해하기도 하고, 기독교회로 이해하기도 한다. 여기의 말씀은 명백히 유대 교회를 빗댄 것이다. 우상 숭배를 하는 악한 왕들의 때에, 그들의 성전은 닫혀 있었다. 그와 같이 사울이 통치하던 모든 때에 언약궤는 오벧에돔이라는 한 개인의 집에 있었다. 또 요시야는 왕이 된 후 그의 아버지 아몬과 그의 할아버지 므낫세가 통치하던 모든 기간 동안 성전이 방치된 채 내버려져 있었음을 발견했다. 그리고 그때 율법 책까지도 하찮은 잡동사니처럼 아무렇게나 내버려져 있었다. 그러나 예컨대 히스기야나 요시야 같은 선한 왕들이 보좌에 오를 때, 그들은 성전을 열고 하나님에 대한 참된 예배를 회복시켰다. 이것은 신약 아래서도 마찬가지이다. 적그리스도가 통치하는 모든 기간 동안 미신과 우상 숭배가 득세하고 하나님에 대한 참된 예배는 억압된다. 그러나 그러한 적그리스도의 때는 지금 종결된다. 그리하여 하나님은 요한에게 하나님에 대한 참된 예배와 하나님의 뜻에 합당한 예배를 드리는 자유가 회복될 것을 보여주신다. 왜냐하면 비록 아직까지 적그리스도와 그의 무리가 완전하게 멸망되지는 않았다 하더라도 그는 이미 그의 권세와 통치권을 잃었고 하나님은 지금 성도들의 피를 계산하기 시작하고 계셨기 때문이다. 이 모든 일은 세상의 모든 나라들이 그리스도의 나라가 되기 전에 이루어질 것이다.

성전 안에 하나님의 언약궤가 보이며. 옛 성전 안에 있었던 언약궤는 하나님의 임재의 위대한 상징이었다. 그때 하나님은 그룹들 사이에 거하시는 것으로 말하여졌다. 그리고 언약궤 안에는 율법의 두 돌판이 있었다. 그러므로 여기의 말씀은 하나님의 율법이 적그리스도의 멸망으로 온전히 세워지는 것을 나타내는 것이거나 혹은 하나님이 당신의 교회에 좀 더 정결하며 새로운 방식으로 임재하는 것을 나타내는 것일 수 있다. 그러나 이 모든 섭리의 역사(役事)는 적그리스도의 멸망 없이는 이루어지지 않는다. 그러므로 하나님은 그와 함께 "번개와 음성들과 우레와 지진과 큰 우박"이 있을 것을 보이신다.

또 번개와 음성들과 우레와 지진과 큰 우박이 있더라. 이러한 것들은 일곱 대접이 쏟아질 때 적그리스도의 무리에게 임하는 재앙과 관련된 것들이다(16:1-21). 이로 말미암아 적그리스도의 무리는 완전하게 뿌리 뽑히고 그리스도께서 홀로 그의 교회에서 높여지시며 그의 거룩한 산 시온에서 왕으로 통치하실 것이다.

지금까지 읽은 모든 이야기들 속에서 우리는 하나님이 그의 종 요한에게 로마제국(즉 콘스탄티누스 이전의 이교 로마제국)의 최종적인 멸망과 적그리스도의 통치의 멸망에 대해 보여주신 것을 살펴보았다. 이제 다음 세 장(12-14장)은 전적으로 과거의 일들과 관련되는 것으로 판단된다. 거기에서 하나님은 그의 종 요한에게 그의 교회의 상태를 그리스도의 탄생과 연결지어 보여주신다. 그리고 계시록은 계속해서 일곱 대접의 재앙에 의해 적그리스도가 점차적으로 멸망당하는 것을 보여준다.

MATTHEW POOLE'S COMMENTARY

요한계시록 12장

개요

1. 해를 옷 입은 한 여자(1–2).
2. 그녀가 낳을 아기를 삼키려고 준비하고 있는 큰 붉은 용(3–4).
3. 그 여자가 건짐을 받고 광야로 도망감(5–6).
4. 미가엘과 그의 사자들이 용과 더불어 싸움(7–9).
5. 하늘에서 승리가 선포됨(10–12).
6. 땅으로 내쫓겨진 용이 그 여자를 박해함(13–17).

1. 하늘에 큰 이적이 보이니 해를 옷 입은 한 여자가 있는데 그 발 아래에는 달이 있고 그 머리에는 열두 별의 관을 썼더라.

하늘에 큰 이적이 보이니. 나는 이 모든 동안 요한이 하늘에 있었음을 조금도 의심하지 않는다. 그는 4:1에서 하늘로 끌어올려졌으며, 거기에서 환상 가운데 큰 이적을 보았다.

해를 옷 입은 한 여자. 대부분의 주석가들은 이 여자가 교회를 의미한다고 보는데 동의한다. 우리는 성경에서 교회가 항상 여자와 비교되는 것을 안다. (1) 교회는 그리스도의 신부이다. (2) 여자가 더 약한 성(性)인 것처럼 교회는 항상 세상의 더 약한 부분이다. (대부분의 교황주의 학자들은 이 여자를 동정녀 마리아로 본다. 그러나 그것은 참으로 어리석은 이해이다. 그녀가 도대체 언제 광야로 도망갔단 말인가? 또 그녀가 언제 아이를 배어 해산하게 되어 아파서 애를 쓰며 부르짖었단 말인가?) 대부분의 주석가들은 또한 그녀가 옷 입은 것으로 말하여지는 "해"가 그리스도를 의미한다고 보는데 동의한다. 그는 "의의 태양"이라 불리며, 해처럼 사람들에게 "비추는" 것으로 말하여진다(말 4:2; 엡 5:14). 나아가 (교회를 구성하는) 신자들도 여기의 표현처럼 "그리스도로 옷 입은" 것으로 말하여진다(롬 13:14; 갈 3:27).

그 발 아래에는 달이 있고. 대부분의 주석가들은 여기의 "달"을 세상으로 이해한다. 왜냐하면 세상은 달처럼 항상 변하며 불확실하기 때문이다. 그리스도의 교회는 하늘과 하늘에 속한 것들을 사모하는 가운데 세상을 대수롭지 않은 것으로 여기며 발 아래 놓는다. 반면 미드(Mede)는 그것을 유대 예배로 이해한다. 그것은 "우리를 거스르는 법조문으로 쓴 증서"와 같은 것으로서, 그리스도께서 "지우시고 제하여 버리사 십자가에 못 박으신" 것이다(골 2:14). 또 바울은 그것을 "육체의 예법"(히 9:10), "세상의 초등학문"(골 2:20), "약하고 천박한 초등학문"(갈 4:9) 등으로 부른다. 복음 교회는 그것을 자신의 발 아래에 둔다.

그 머리에는 열두 별의 관을 썼더라. 사도들과 열두 사도의 교훈의 참된 기초 위에 복음을 전파하며 그리스도의 나라를 세우는 것이 교회의 영광이다.

2. 이 여자가 아이를 배어 해산하게 되매 아파서 애를 쓰며 부르짖더라.

아이를 배어. 이것은 오래 전에 동정녀 마리아가 그리스도를 잉태한 것을 가리키는 것이 아니다. 그것은 교회가 진리와 그리스도의 복음 혹은 신비적인 의미에서 그리스도를 품고 있는 것을 상징한다. 부르짖더라. 그리스도의 나라에 많은 아이들을 데려가기를 바라는 가운데 혹은 다른 사람들의 영혼 안에 그리스도가 잉태되기를 바라는 가운데, 그녀는 이러한 수고와 무거운 짐으로부터 벗어나기를 간절히 바란다. 여기의 말씀은 복음을 전파하고자 하는 초창기 교회의 간절한 바람과 그것을 위해 감당해야만 하는 교회의 많은 고통을 나타내는 것으로 판단된다.

3. 하늘에 또 다른 이적이 보이니 보라 한 큰 붉은 용이 있어 머리가 일곱이요 뿔이 열이라 그 여러 머리에 일곱 왕관이 있는데.

하늘에 또 다른 이적이 보이니. 계속해서 환상 가운데 있는 요한에게 또 다른 놀라운 광경이 펼쳐진다. 보라 한 큰 붉은 용이 있어. 7, 9, 17절을 보라. 대부분의 사람들은 여기의 "큰 붉은 용"을 초창기 기독교회를 박해한 로마의 이교도 황제들을 상징하는 것으로 이해한다. 물론 일부 사람들은 그것을 옛 뱀 마귀로 이해하기도 하지만, 그러나 대부분의 사람들은 그것을 "큰 용"이라 불리는 마귀가 기독교회를 박해하기 위해 도구로 사용한 이교 황제들을 가리키는 것으로 이해한다. 여기에 묘사된 용의 "붉은" 색은 그리스도인들에 대한 그들의 잔인함을 나타낸다.

머리가 일곱이요 뿔이 열이라 그 여러 머리에 일곱 왕관이 있는데. 성령께서는 17:9에서 여기의 "일곱 머리"가 "일곱 산"을 상징하는 것임을 가르쳐 주신다. "지혜 있는 뜻이 여기 있으니 그 일곱 머리는 여자가 앉은 일곱 산이요." 또 "열 뿔"은 로마 제국에 속한 열 지역을 상징하는 것으로 판단된다. 그러한 열 지역의 총독들은 마치 열 명의 왕처럼 자신에게 맡겨진 지역을 통치했다. 이와 관련하여 17:12을 보라. "네가 보던 열 뿔은 열 왕이니 아직 나라를 얻지 못하였으나 다만 짐승과 더불어 임금처럼 한동안 권세를 받으리라." 스트라보(Strabo)는 아우구스투스 황제가 제국 전체를 스무 지역으로 나누었다고 말한다. 그 가운데 열 지역은 조용했으므로 자치권을 준 반면 나머지 열 지역은 그가 직접 통치했다고 한다. 한편 여기의 "일곱 왕관"에 대해서는 나중에 좀 더 자세히 살펴보도록 하자.

4. 그 꼬리가 하늘의 별 삼분의 일을 끌어다가 땅에 던지더라 용이 해산하려는 여자 앞에서 그가 해산하면 그 아이를 삼키고자 하더니.

붉은 용의 꼬리는 그를 따르는 자들을 상징한다. 그들은 붉은 용의 명령을 따르며 그가 시키는 일을 행한다. 또 여기의 "별들"(stars)은 기독교회의 사역자들이나 혹은 기독교 신앙을 고백하는 자들을 의미한다.

땅에 던지더라. 이것은 그들의 사역과 직분을 빼앗음으로 말미암아 그들로 하여금 아무 일도 할 수 없게 만드는 것을 의미하는 것으로 보인다.

용이 해산하려는 여자 앞에서 그가 해산하면 그 아이를 삼키고자 하더니. 용은 또 다른 교회를 낳을 준비가 되어 있는 교회 앞에서 새로 태어나는 교회를 삼킬 모든 준비를 갖추고 있었다. 내가 볼 때 이와 같이 이해하는 것이 그것을 콘스탄티누스와 관련하여 이해하는 것보다 훨씬 더 개연성이 높아 보인다. 왜냐하면 나는 여기의 아이를 콘스탄티누스로 이해할 때 그러면 붉은 용은 도대체 누구를 가리키는 것인지 도무지 알지 못하기 때문이다. 미드(Mede)는 매우 독창적인 시각으로 바로(Pharaoh)가 붉은 용의 모형임을 주목했다. 그는 종종 용으로 비유된다(시 74:13-14; 사 51:9; 겔 29:3). 그는 하나님의 옛 교회를 몰살시킬 모든 준비를 갖추고 있었다. 마치 로마의 이교도 황제들이 기독교회에 대해 그렇게 하고자 했던 것처럼 말이다.

5. 여자가 아들을 낳으니 이는 장차 철장으로 만국을 다스릴 남자라 그 아이를 하나님 앞과 그 보좌 앞으로 올려가더라.

아들(man-child). 어떤 사람들은 여기의 "아들"을 콘스탄티누스 대제로 이해한다. 그런가 하면 다른 사람들은 그를 신비적인 의미의 그리스도 혹은 하나님께로부터 낳은 많은 자녀들로 이해한다. 옛 이스라엘이 큰 무리로 번성하자 바로가 그들을 죽이려고 했던 것처럼, 원수들의 모든 악의와 격노에도 불구하고 교회가 크게 번성하자 여기의 붉은 용도 그렇게 하고자 한다. 이에 따라 주석가들은 여기의 "철장으로 만국을 다스릴 남자"가 가리키는 것에 대해 의견이 나누어진다. 시편은 예수 그리스도를 철장으로 열방을 깨뜨릴 자로 예언한다. "네가 철장으로 그들을 깨뜨림이여 질그릇 같이 부수리라 하시도다"(시 2:9). 한편 계시록은 그것을 끝까지 그리스도의 말씀을 지키는 그의 종들에게 적용시킨다. "이기는 자와 끝까지 내 일을 지키는 그에게 만국을 다스리는 권세를 주리니 그가 철장을 가지고 그들을 다스려 질그릇 깨뜨리는 것과 같이 하리라"(2:26, 27). 그러므로 나는 본문의 "철장으로 만국을 다스릴 남자"를 콘스탄티누스로 이해하기보다 차라리 그것을 교회가 낳을, 그리고 그리스도와 함께 세상을 심판할 신자들로 이해하는 것이 더 타당하다고 생각한다.

그 아이를 하나님 앞과 그 보좌 앞으로 올려가더라. 이 말씀은 해석하기가 쉽지 않다. 이것을 그리스도께서 승천하신 것으로 해석하는 것은 신비한 예언을 단순한 과거의 역사(歷史)로 바꾸는 것이다. 또 그것을 콘스탄티누스 대제와 관련되는 것으로 해석하는 것도 매우 난감한 일이다. 왜냐하면 그가 "하나님 앞과 그 보좌 앞으로 올려갔다"고 말하여지기 때문이다. 도대체 어째서 많은 그리스도인들 가운데 유독 그만이 "하나님 앞과 그 보좌 앞으로 올려갔다"고 말하여질 수 있단 말인가? 만일 그가 죽음으로 말미암아 그렇게 되었다면, 그것은 다른 그리스도인들도 마찬가지이다. 여기의 "그 보좌" 즉 하나님의 보좌를 황제의 보좌로 이해하는 것 역시 내가 볼 때 난감하기는 마찬가지이다. 물론 하나님이 방백들에 대해 "내가 너희를 신(神)이라 불렀노라"라고 말씀하신 것은 사실이다. 그럼에도 불구하고 그들의 보좌가 하나님의 보좌로 불린 적은 결코 없다. 그러므로 나는 여기의 말씀을 그냥 단순하게 하나님이 여자가 낳은 아들을 용이 삼키지 못하도록 그의 특별한 보호하심 안으로 취하신 것으로 해석하고자 한다.

6. 그 여자가 광야로 도망하매 거기서 천이백육십 일 동안 그를 양육하기 위하여 하나님께서 예비하신 곳이 있더라.

그 여자가 광야로 도망하매. 이스라엘 백성들이 바로로부터 도망하여 광야로 갔던 것처럼 그리고 요셉이 헤롯으로부터 도망하여 애굽으로 내려갔던 것처럼, 여기에서 "그 여자" 즉 교회는 적그리스도의 박해를 피하여 도망친다. 하나님께서 예비하신 곳이 있더라. 하나님은 자기 백성들이 피할 수 있는 은밀한 피난처를 예비하셨다.

7. 하늘에 전쟁이 있으니 미가엘과 그의 사자들이 용과 더불어 싸울새 용과 그의 사자들도 싸우나.

하늘에 전쟁이 있으니. 여기의 "하늘"은 의심의 여지 없이 하나님의 교회를 의미한다. 대부분의 학자들이 동의하는 것처럼 여기의 용(龍)이 이교도 황제들을 의미하는 것이라면, "하늘의 전쟁"은 분명 주후 64년부터 310년까지 초창기 교회가 감당했던 박해들을 가리키는 것이 될 것이다.

미가엘과 그의 사자들이 용과 더불어 싸울새 용과 그의 사자들도 싸우나. 여기의 "용과 그의 사자들"은 이교도 황제들과 그의 수하들을 가리킨다. 그러면 "미가엘과 그의 사자들"은 누구를 가리키는 것인가? 어떤 사람들은 여기의 미가엘을 유다서 1:9에서 천사장으로, 그리고 다니엘 10:13에서 가장 높은 군주 중 하나로 불리는 대천사를 가리키는 것으로 이해한다. 반면 다른 사람들은 그를 그리스도 자신으로 이해한다. 그들은 다니엘 12:1에 나타나는 미가엘도 그리스도 자신을 가리키는 것으로 이해한다. "그 때에 네 민족을 호위하는 큰 군주 미가엘이 일어날 것이요 또 환난이 있으리니 이는 개국 이래로 그 때까지 없던 환난일 것이며 그 때에 네 백성 중 책에 기록된 모든 자가 구원을 받을 것이라." 그러나 이것은 확실하지도 않을 뿐만 아니라 중요한 문제도 아니다. 확실한 것은 여기의 전쟁이 우리의 전쟁이 아니라 그리스도의 전쟁이라는 사실이다. 또 확실한 것은 그리스도께서 그의 사자들(angels)을 통해 그의 권능을 행하심으로써 그의 교회를 도우신다는 사실이다. 어쨌든 여기의 말씀이 의미하는 것은 그리스도와 그의 사자들이 이교도 박해자들과 그들의 무리들을 대적한다는 사실이다.

8. 이기지 못하여 다시 하늘에서 그들이 있을 곳을 얻지 못한지라.

이교도들은 마침내 이 전쟁에서 패배를 당했으며, 그리스도인들은 믿음과 인내와 복음 전파로 말미암아 그들을 이겼다. 이교(異敎)는 교회가 있는 곳에 함께 있을 수 없었다. 이것은 로마제국을 바꾸어 놓은 콘스탄티누스의 때에 성취되었다가, 주후 380년 테오도시우스의 때에 더 특별하게 성취되었다.

9. 큰 용이 내쫓기니 옛 뱀 곧 마귀라고도 하고 사탄이라고도 하며 온 천하를 꾀는 자라 그가 땅으로 내쫓기니 그의 사자들도 그와 함께 내쫓기니라.

큰 용이 내쫓기니. 3절에 언급된 이교도 황제들을 상징하는 용. 그들이 쫓겨날 때, 그들에게 영향을 끼친 여기에서 "옛 뱀"이라고 불리는 마귀도 함께 쫓겨난다.

마귀. 즉 형제들을 참소하는 자(우리는 욥기 1장에서 이에 대한 실례를 발견한다), 그는 사탄이라고도 불리는데, 그러한 이름을 그는 그리스도와 모든 그리스도인들을 대적하는 것으로부터 얻었다. 온 천하를 꾀는 자라. 사람들을 미신과 우상 숭배로 유혹함으로 말미암아. 그가 땅으로 내쫓기니. 그가 그의 예전의 상태로부터 떨어지니.

그의 사자들도 그와 함께 내쫓기니라. 그가 교회를 박해하기 위해 사용한 도구들도 마침내 권세를 잃었다. 미드(Mede)는 그들을 이교도들이 숭배했던 귀신들로 이해한다. 요한은 환상 가운데 큰 붉은 용을 보았다(그는 그것을 마귀로 판단했다). 그리고 그리스도와 그의 사자들이 그와 더불어 싸워 이기는 것과 마귀와 그를 돕는 악한 사자들이 땅으로 내쫓기는 것을 보았다. 이것이 상징적이며 예언적으로 의미하는 바는 설령 로마제국의 이교도 황제들이 300년 이상 교회를 박해할 것이라 하더라도 마침내 그들은 패배를 당하고 이교의 모든 미신과 우상 숭배는 근절될 것이며 그럼으로 말미암아 하나님의 백성들의 찬미와 감사를 통해 그분께 큰 영광이 돌려질 것이라는 것이다. 하나님의 백성들의 찬미와 감사는 다음 세 절에 표현된다.

10. 내가 또 들으니 하늘에 큰 음성이 있어 이르되 이제 우리 하나님의 구원과 능력과 나라와 또 그의 그리스도의 권세가 나타났으니 우리 형제들을 참소하던 자 곧 우리 하나님 앞에서 밤낮 참소하던 자가 쫓겨났고.

내가 또 들으니 하늘에 큰 음성이 있어. 의심의 여지 없이 요한은 이러한 음성을 자신이 끌어올려진 셋째 하늘에서 들었을 것이다. 이것은 단지 영광스러운 천사들과 영화로워진 성도들이 땅에서 행해진 일로 인한 그들의 큰 기쁨과 감사를 표현하는 것일 뿐만 아니라 또한 콘스탄티누스가 이교의 모든 미신과 우상 숭배를 쫓아내고 교회의 평강을 회복시킨 것으로 인한 모든 교회의 큰 기쁨을 예언적으로 표현하는 것이기도 하다.

우리 하나님의 구원이 … 나타났으니. 박해자들로부터의 현세적인 구원. 능력과. 여기에서 하나님은 스스로를 강하며 능하신 하나님으로 나타내신다. 나라와. 그는 온 세상을 다스리는 만왕의 왕이시다. 그의 그리스도의 권세가. 여기에서 그리스도는 자신의 권세를 보이신다.

우리 형제들을 참소하던 자 곧 우리 하나님 앞에서 밤낮 참소하던 자가 쫓겨났고. 마침내 형제들을 계속적으로 참소하던 마귀는 패배를 당했다. 여기에서 우리는 다음과 같은 두 가지 사실을 주목할 필요가 있다. (1) 거룩한 천사들이 성도들을 형제라 부르는 사실. (2) 그리스도인들을 참소하는 자들은 결국 그들의 아비인 마귀로부터 난 자들이라는 사실. 그것은 그가 행하는 일을 그들도 행하기 때문이다. 그들은 다른 사람들을 참소하며 하나님의 종들을 죽임으로써 자신들이 누구로부터 났는지를 스스로 나타낸다. 그들은 같은 아비로부터 난 형제들이다.

11. 또 우리 형제들이 어린 양의 피와 자기들이 증언하는 말씀으로써 그를 이겼으니 그들은 죽기까지 자기들의 생명을 아끼지 아니하였도다.

우리 형제들이 … 그를 이겼으니. 여기의 "우리 형제들"은 7절에 언급된 미가엘과 그의 사자들을 가리킨다. 그들은 용과 그의 사자들을 이겼다. 그리고 그리스도인들은 이교도들을 이겼다. 어린 양의 피와(by the blood of Lamb). 어떤 사람들은 여기의 '디아'(διά)를 공로적인 원인을 나타내는 "because of"로 번역한다. 이것은 사실이다. 왜냐하면 그리스도의 피는 분명 그들의 승리의 공로적인 원인이기 때문이다. 그러나 그것은 그 단어의 통상적인 용례와 부합되지 않는다. 그러므로 대부분의 사람들은 그것을 효과적인 원인을 나타내는 "by"로 번역한다(흠정역과 한글개역개정판도 이와 같은 의미로 번역함). 자기들이 증언하는 말씀으로써. 즉 그들의 신앙 고백과 복음전파로 말미암아.

그들은 죽기까지 자기들의 생명을 아끼지 아니하였도다. 그들은 죽음의 위험을 피하지 않고 기꺼이 자신들의 십자가를 감당했다. 그랬기 때문에 그들은 그리스도를 전파하며 그의 진리를 시인하는 등 복음의 거룩한 법도를 따라 살 수 있었다.

12. 그러므로 하늘과 그 가운데에 거하는 자들은 즐거워하라 그러나 땅과 바다는 화 있을진저 이는 마귀가 자기의 때가 얼마 남지 않은 줄을 알므로 크게 분내어 너희에게 내려갔음이라 하더라.

그러므로 하늘과 그 가운데에 거하는 자들은 즐거워하라. 요한은 천사들과 성도들에게 또다시 즐거워하라고 초청한다. 요한의 글에서 "땅과 바다에 거하는 자들"은 항상 교회의 원수인 세상적이며 육신적인 사람들을 가리킨다.

마귀가 … 크게 분내어 너희에게 내려갔음이라. 교회를 대적했던 마귀는 이제 땅과 바다에 거하는 자들에게로 내려갈 것이었다. 설령 일차적으로 미워하는 대상은 성도들이라 하더라도, 실상 마귀는 인류 전체를 미워한다.

자기의 때가 얼마 남지 않은 줄을 알므로. 그에게는 이제 그의 악의를 실행할 시간이 얼마 남지 않았다. 그는 이제 곧 무저갱에 갇히게 될 것이었다. 이것이 세상의 가장 악한 지역만을 의미하는 것인지 아니면 세상 전체를 의미하는 것인지 말하기는 매우 어렵다. 왜냐하면 이때 이후 큰 심판들이 고트족과 반달족에 의해 로마제국 전체에, 그리고 아리우스파와 적그리스도에 의해 교회에 임했기 때문이다. 특별히 적그리스도가 일어나는 것에 대해 우리는 다음 장에서 보게 될 것이다.

13. 용이 자기가 땅으로 내쫓긴 것을 보고 남자를 낳은 여자를 박해하는지라.

용이 자기가 땅으로 내쫓긴 것을 보고. 마귀가 더 이상 이교의 미신과 우상 숭배로 자신의 나라를 지탱할 수 없게 되었을 뿐만 아니라 더 이상 이교도 황제들을 통해 자신의 적의(敵意)를 실행할 수 없게 되었음을 보고.

남자를 낳은 여자를 박해하는지라. 여기의 말씀은 마귀가 예전의 권세를 잃었음에도 불구하고 여전히 하나님의 교회에 대해 적의를 품고 있음을 보여준다. 그는 또 다른 방식으로 하나님의 교회를 무너뜨리고자 애를 쓴다. 지금까지는 이교(異教)를 사용하여 그렇게 했지만, 이제는 기독교의 이름으로 그렇게 한다. 그는 아리우스, 포티누스, 펠라기우스, 네스토리우스, 유티케스 등의 이단자들을 통해(이들은 모두 주후 400년부터 500년 사이에 일어났다), 그리고 우리가 다음 장에서 읽게 될 일곱 머리와 열 뿔을 가진 짐승인 적그리스도를 통해 그렇게 하고자 했다.

14. 그 여자가 큰 독수리의 두 날개를 받아 광야 자기 곳으로 날아가 거기서 그 뱀의 낯을 피하여 한 때와 두 때와 반 때를 양육 받으매.

그 여자. 신실한 그리스도인들. 그들은 12:1에서 "여자"로, 그리고 11:1에서 "성전과 제단과 그 안에서 경배하는 자들"로 표현되었다.

큰 독수리의 두 날개를 받아. 독수리는 로마제국을 상징하는 동물이었다. 그리고 테오도시우스 황제에게는 호노리우스와 아르카디우스 등 두 아들이 있었다. 그는 제국을 둘로 나누어 호노리우스를 서로마의 황제로, 그리고 아르카디우스를 동로마의 황제로 세웠다. 어떤 사람들은 여기의 구절을 그와 같은 역사적 사실(즉 주후 390년의 로마제국의 분열)과 연결시켜 해석하면서 그것을 곧 일어날 큰 고통으로부터 자신의 교회를 보호하고자 하는 하나님의 섭리로 이해한다. 실제로 주후 411년 고트족의 왕 알라리쿠스의 침략으로 인해 로마에 큰 환난이 임했으며, 결국 480년 아우구스툴루스 황제의 때에 서로마제국이 완전하게 멸망당하고 말았다. 어떤 학자들은 계시록 8:10-11의 "쓴 쑥"이라는 이름을 가진 "횃불 같이 타는 큰 별"이 바로 여기의 아우구스툴루스를 가리킨다고 생각한다. "셋째 천사가 나팔을 부니 횃불 같이 타는 큰 별이 하늘에서 떨어져 강들의 삼분의 일과 여러 물샘에 떨어지니 이 별 이름은 쓴 쑥이라 물의 삼분의 일이 쓴 쑥이 되매 그 물이 쓴 물이 되므로 많은 사람이 죽더라."

광야로 … 날아가. 여기의 "광야"는 의심의 여지 없이 광야와 같은 한적한 장소를 의미한다. 거기에서 교회는 어느 정도의 안식을 누릴 수 있었다.

자기 곳. 하나님이 교회를 위해 예비하신 곳(6절).

거기서 … 양육 받으매. 거기에서 하나님은 정해진 기간 동안 자기 백성들을 감추시고, 보호하시고, 필요한 것을 공급하신다. 나는 여기의 말씀을 다음과 같이 그냥 단순하게 이해하면 좋으리라 생각한다. 즉 하나님이 은혜 가운데 자기 백성들을 위해 곧 로마제국 전체에 불어닥칠 큰 폭풍으로부터 피난처를 예비하셨으며 그들을 — 마치 옛 이스라엘을 애굽으로부터 나오게 하실 때 그렇게 하셨던 것처럼 — 독수리 날개로 업어 그곳으로 옮기셨다고 말이다. 특별히 마지막 표현은 하나님 자신이 친히 사용하신 표현이었다. "내가 애굽 사람에게 어떻게 행하였음과 내가 어떻게 독수리 날개로 너희를 업어 내게로 인도하였음을 너희가 보았느니라"(출 19:4).

한 때와 두 때와 반 때. 명백히 이것은 6절의 1,260일과 같은 기간이다. 대부분의 해석가들은 그것이 삼년 반을 의미한다고 보는데 동의한다. 여기에서 일 년은 360일로 계산된다. 물론 오늘날 우리는 일 년을 365일로 계산한다. 그러나 옛 사람들은 종종 5일은 그냥 우수리로 남겨둔 재 360일로 계산하곤 했다. 이와 같이 360일에다가 3년을 곱하고 거기에다가 180일을 더해서 1,260일이 나오게 된 것이다. 만일 어떤 사람이 6절에서 1,260일이라고 표현한 것을 왜 여기에서 "한 때와 두 때와 반 때"라는 표현으로 바꾸었느냐고 묻는다면, 나는 그것이 여기의 예언을 다니엘의 예언과 일치시키기 위함이라고 대답하고자 한다. 이와 관련하여 다니엘 7:25; 12:7을 참조하라.

15. 여자의 뒤에서 뱀이 그 입으로 물을 강 같이 토하여 여자를 물에 떠내려 가게 하려 하되.

뱀. 9절에 언급된 옛 뱀 마귀. 적의(敵意)에 가득 찬 마귀는 이교도 황제들의 권력으로 말미암아 그리스도인들을 갈기갈기 찢고자 했다. 그러나 교회가 하나님의 특별한 섭리에 의해 보호하심을 받는 것을 알고, 그는 다른 방법을 찾는다.

그 입으로 물을 강 같이 토하여. 그는 몇몇 사람들의 마음과 판단력을 혼돈케 하여 그들로 하여금 잘못된 교리를 전파하도록 만들었다. 아리우스, 네스토리우스, 유티케스, 펠라기우스 등이 그들이었다. "사람의 입의 말은 깊은 물과 같고"(잠 18:4). "악인의 입은 악을 쏟느니라"(잠 15:28).

여자를 물에 떠내려 가게 하려 하되. 교회를 허물어뜨리고자 하는 목적으로. 바로 이것이 이단이 가져다주는 악한 결과이다. 다섯째 세대(fifth age)의 역사(歷史)를 조금이라도 아는 사람이라면 누구든지 그 시대의 여러 이단들로부터 자신의 교회를 보호하신 하나님의 특별한 섭리를 찬미하지 않을 수 없을 것이다.

16. 땅이 여자를 도와 그 입을 벌려 용의 입에서 토한 강물을 삼키니.

땅이 여자를 도와. 여기의 "땅"의 의미와 관련하여 학자들 사이에 다양한 해석이 있다. 내가 볼 때 여기의 땅을 고트족과 반달족으로 보는 해석이 가장 개연성이 높아 보인다. 그들은 주후 410년 로마제국을 침략하여 제국에 큰 고통을 가져다주었으며, 마침내 480년 서로마제국을 완전히 멸망시켰다. 그런데 역설적이게도 그들과 로마제국에 속한 나라들 사이의 계속적인 전쟁으로 말미암아 교회는 신앙생활에 있어 어느 정도의 평온을 누릴 수 있었다. 물론 그동안 교회가 아리우스파와 펠라기우스파와 네스토리우스파와 유티케스파에 의해 많은 고통을 받은 것은 사실이다. 그러나 그들은 교회에 큰 해를 끼치지는 못했다. 도리어 그때 교회는 계속되는 전쟁의 혼란 가운데 두 번째 공의회와 세 번째 공의회를 통해 그들을 정죄할 수 있는 자유를 가질 수 있었다.

그 입을 벌려 용의 입에서 토한 강물을 삼키니. 마귀는 앞의 이단자들을 통해 하나님의 교회를 삼키고자 거짓 교리의 홍수를 쏟아냈다. 그러나 고트족과 반달족이 그러한 이단의 홍수를 막는데 큰 도움이 되었다.

17. 용이 여자에게 분노하여 돌아가서 그 여자의 남은 자손 곧 하나님의 계명을 지키며 예수의 증거를 가진 자들과 더불어 싸우려고 바다 모래 위에 서 있더라.

용이 여자에게 분노하여. 마귀는 두 가지 궤계로 하나님의 교회를 허물어뜨리고자 했다. 하나는 이교도 황제들에 의한 열 번의 박해였으며, 다른 하나는 자신의 입으로부터 나온 물 즉 잘못된 교리였다. 그러나 마귀는 그러한 것들로 교회를 완전히 멸망시킬 수 없었다. 그러므로 그는 여전히 분노하고 있으며, 그의 분노는 꺼지지 않았다.

그 여자의 남은 자손들과 … 더불어 싸우려고. 그는 교회 전체를 무너뜨리려는 계획을 포기하고 교회의 남은 자들에 대해 자신이 끼칠 수 있는 모든 해악을 끼치기로 결심한다. 그들은 여기에서 "예수의 증거"라고 불리는 믿음의 교훈과 "하나님의 계명"이라고 불리는 거룩한 삶의 법도를 전심으로 따르는 순전한 그리스도인들이다. 그러므로 이제 적그리스도의 분노는 모든 그리스도인들에게 보편적으로 임하지 않고, 오직 그의 잘못된 교리와 거짓 예배를 따르지 않는 순전한 그리스도인들에게만 임한다.

MATTHEW POOLE'S COMMENTARY

요한계시록 13장

개요

1. 바다로부터 올라온 일곱 머리와 열 뿔을 가진 짐승이 용으로부터 권세를 받아 하나님을 모독하며 성도들을 괴롭게 함(1–10).
2. 또 다른 짐승이 땅으로부터 올라와 땅에 거하는 사람들로 하여금 앞의 짐승에게 경배하도록 함(11–17).
3. 짐승의 수(18).

이제 하나님은 당신의 종 요한에게 적그리스도라고 불리는 교회의 큰 원수를 보여주신다. 1,260년에 이르는 그의 때가 끝난 후 그리스도의 나라가 시작될 것이다.

본 장은 적그리스도의 일어남과 그의 권세와 그가 세력을 얻는 것을 묘사한다. 이어 14장은 그리스도와 그리스도를 따르는 자들이 그와 맞서는 것을 다루며, 15장~18장은 그의 멸망을 다루며, 19장은 그로 인해 하나님께 찬미가 돌려지는 것을 다룬다.

교회의 원수는 요한에게 두 짐승의 상징 혹은 표현으로 나타난다. 하나는 표범의 머리와 곰의 발과 사자의 입을 가진 짐승이며, 다른 하나는 어린 양처럼 두 뿔을 가졌지만 그러나 용처럼 말하는 짐승이다(13:11).

이러한 두 짐승의 일어남과 그들의 분노와 그들이 거대한 세력을 얻는 것은 8장과 9장에 언급된 여섯 나팔과 대체적으로 동시대에 이루어지는 것으로 보인다. 왜냐하면 9:15에서 일곱째 천사가 나팔을 부는 것과 함께 적그리스도의 멸망이 시작되기 때문이다. 우리는 16장에서 일곱 대접이 쏟아지는 것에 의해 그의 점진적인 멸망이 좀 더 상세하게 묘사되는 것을 보게 될 것이다.

최고의 주석가들은 여기의 두 짐승을 적그리스도로 이해한다(왜냐하면 넓은 의미에서 볼 때 복수의 혹은 다수의 적그리스도들이 있기 때문이다). 그리고 그들은 적그리스도를 종교적인 권력과 함께 세속적인 권력으로 무장한 교황으로 이해한다.

교황주의가 시작된 때를 정확하게 결정하기는 매우 어렵다. 그것은 이교(異教)

하의 로마제국이 허물어진 주후 325년경 이전일 수 없다. 또 그것은 "하늘이 고요했던 반 시간쯤"이 끝나기 이전일 수도 없다(8:1). 만일 우리가 그것을 교회가 콘스탄티누스와 테오도시우스의 때에 얻은 평온을 의미하는 것으로 이해한다면, 그것이 끝나는 때는 대략 주후 390년 혹은 400년경이 될 것이다. 그러면 우리는 바로 이 때를 교황주의가 시작된 때로 결정할 것인가? 그러나 나는 그렇게 해야만 하는 특별한 이유를 알지 못한다. 뿐만 아니라 만일 그렇게 결정한다면 교황주의는 그로부터 1,260년 후인 1660년경에 종결된 것이 될 것이다. 그러므로 나는 우리가 적그리스도의 일어남과 그의 통치를 구별할 필요가 있다고 생각한다. 내가 볼 때 그의 통치가 교황 우위권(primacy)이 확립된 주후 600년 혹은 606년 이후에 시작된 것으로 보는 것은 합리적이지 않은 것 같다. 그때 동로마제국의 포카스 황제는 교황 보니파키우스 3세가 자신에게 베풀어준 호의에 대한 보답으로 그의 우위권을 확고히 해주었다. 포카스는 그의 주인 마우리티우스와 그의 모든 자녀들을 야비하게 죽이고 황제가 되었다. 그리하여 그는 교황의 지지가 절대적으로 필요한 상황이었는데, 그때 보니파키우스 3세가 그를 지지하는 호의를 베풀어주었던 것이다. 나는 대략 이즈음으로부터 1,260년이 계수되기 시작되어야 하는 것으로 판단한다. 그러나 최악의 일은 갑자기 일어나지 않는 법이다. 그러므로 나는 1,260년을 계수하기 시작하는 시점으로 주후 400년부터 600년까지 200년을 넉넉하게 허용하는 것이 좋겠다고 생각한다. 이와 같이 나는 본 장에서 계시되는 것이 대략 주후 400년에서 600년경으로부터 짐승의 통치 기간인 마흔두 달 혹은 1,260년 동안 교회에 일어나게 될 일들이라고 생각한다.

1. 내가 보니 바다에서 한 짐승이 나오는데 뿔이 열이요 머리가 일곱이라 그 뿔에는 열 왕관이 있고 그 머리들에는 신성 모독 하는 이름들이 있더라.

내가 보니 바다에서 한 짐승이 나오는데. 이것은 전혀 예상할 수 없는 일이었다. 도대체 어느 누가 바다로부터 표범 같이 생긴 짐승이 나오는 것을 예상할 수 있단 말인가?

뿔이 열이요 머리가 일곱이라 그 뿔에는 열 왕관이 있고. 여기의 짐승은 로마제국의 이교도 황제들 안에 있는 마귀를 상징하는 용과 비슷한 모습으로 묘사된다. "하늘에 또 다른 이적이 보이니 보라 한 큰 붉은 용이 있어 머리가 일곱이요 뿔이 열이라 그 여러 머리에 일곱 왕관이 있는데"(12:3). 다만 거기의 용은 일곱 왕관을 쓴 반면 여기의 짐승은 열 왕관을 쓰고 있는 점이 다르다. 또 우리는 다음 절에 묘사된 짐승의 모습이 네 나라를 상징하는 네 짐승과 관련한 다니엘의 환상과 비슷한 것을 발견한다(단 7:4-7). 그러므로 나는 여기의 짐승을 테오도시우스 이후의 로마제국의 황제들을 의미하는 것으로 이해하지 않을 수 없다. 그들 가운데 몇 명은 아리우스파였으며 또 상당수는 고트족과 반달족 출신이었다.

그 머리들에는 신성 모독 하는 이름들이 있더라. 아리우스파는 그리스도의 신성을 부인했는데, 그것은 "그 머리에 신성 모독 하는 이름이 있는" 것으로 충분히 말하여질 수 있었다. 그러나 여기의 "열 뿔"이 제국을 통치한 열 명의 통치자를 가리키는 것인지, 아니면 고트족과 반달족이 나눈 열 지역을 가리키는 것인지는 확실하지 않을 뿐만 아니라 중요한 문제도 아니다. 한편 여기의 짐승에 대한 다른 해석들도 있다. 어떤 사람들은 그것이 마귀를 가리키는 것으로 이해한다. 그러나 그는 2절과 4절에서 용과 분명하게 구별된다. 또 어떤 사람들은 그것을 투르크족으로 이해한다. 그러나 우리는 사람들이 여기의 짐승에게 경배하는 것을 보게 되는데, 실제로 투르크 황제들에게 그와 같은 일은 행해지지 않았다. 또 어떤 사람들은 그것을 우상 숭배 자체로 이해한다. 그로티우스(Gortius)가 그와 같이 생각했다. 또 어떤 사람들은 그것을 이교(異敎) 하의 로마제국으로 이해한다. 그러나 요한은 그것이 처음 일어나는 것을 결코 보지 못했다. 여기의 짐승은 용이 쫓겨난 후에 일어났다. 그러므로 그것은 교황주의 통치 하의 로마제국이 분명하다. 그런 관점에서 그것은 "한" 짐승이지만, 그러나 각각 왕관을 쓴 열 뿔 즉 열 개의 별개의 독립적인 왕국(王國)들 혹은 공국(公國)들로 나누어진다.

2. 내가 본 짐승은 표범과 비슷하고 그 발은 곰의 발 같고 그 입은 사자의 입 같은데 용이 자기의 능력과 보좌와 큰 권세를 그에게 주었더라.

네 나라(다니엘의 때로부터 요한의 때까지 세상을 지배한 갈대아와 바사와 헬라와 로마)와 관련한 환상 가운데 다니엘은 첫째 나라는 사자의 형상으로, 둘째 나라는 곰의 형상으로, 셋째 나라는 표범의 형상으로, 그리고 넷째 나라는 "매우 강하며 두려운 짐승"의 형상으로 나타나는 것을 보았다. 특별히 마지막 넷째 짐승은 열 뿔을 가지고 있었을 뿐만 아니라 쇠로 된 큰 이가 있어서 먹고 부서뜨리고 그 나머지를 발로 밟았다(단 7:4-7). 요한이 여기에서 본 짐승은 의심의 여지 없이 다니엘이 환상 가운데 본 짐승들과 연결된다. 요한은 먼저 그것이 붉은 용의 모습으로 나타나는 것을 보았는데, 붉은 용은 그리스도 이후 300년 동안의 이교 하의 로마제국을 가리킨다. 그 기간 동안 옛 뱀은 교회를 이길 수 없었다. 그 후 교회에 얼마 동안의 평온이 있었으며, 그러한 평온은 주후 380년 혹은 400년경 테오도시우스와 함께 끝났다. 다음으로 요한은 그것이 표범의 모습으로 나타나는 것을 보았는데, 그것은 제국이 주후 600년까지 아리우스파 황제들에 의해 통치된 것을 가리킨다. 이러한 짐승은 곰의 발과 사자의 입을 가지고 있었다. 아리우스파였던 고트족과 반달족과 함께, 이들 황제들은 참된 그리스도인들에 대해 옛 이교도 황제들 못지않게 잔인했다. 반달족의 왕 기티머는 주후 530년에, 그리고 고트족의 왕 토틸라스는 540년에 참된 그리스도인들에게 엄청난 참화를 가져다주었다.

용이 자기의 능력과 보좌와 큰 권세를 그에게 주었더라. 그들은 용으로부터 이교도 황제의 능력과 그들의 보좌인 로마제국을 받았으며, 거기에서 자신들의 큰 권세를 행사했다. 이 모든 것은 표범의 형상으로 행해졌다. 표범의 형상은 용의 형상만큼 두렵지는 않았다. 왜냐하면 아리우스파는 이교와 함께 이교의 우상 숭배를 버렸기 때문이었다. 이 모든 기간 동안 교황주의는 숨을 죽이고 가만히 있었지만, 그러나 주후 552년경까지 고트족과 반달족과 다른 야만족들은 이탈리아로부터 쫓겨나지 않았다. 주후 547년 로마를 점령했던 토틸라스는 그때 죽임을 당했으며, 그에 이어 테자스가 왕이 되었다. 테자스는 이탈리아에서 통치한 고트족의 마지막 왕이었다. 그는 왕이 되고 나서 20년 후에 나르세테스에게 패배를 당하고 이탈리아로부터 쫓겨났는데, 그것은 고트족과 반달족이 이탈리아를 통치한지 77년만이었다.

3. 그의 머리 하나가 상하여 죽게 된 것 같더니 그 죽게 되었던 상처가 나으매 온 땅이 놀랍게 여겨 짐승을 따르고.

그의 머리. 즉 표범의 머리. 상하여 죽게 된 것 같더니. 이 짐승의 일곱 머리는 성령 자신에 의해 일곱 왕 즉 로마제국의 일곱 형태의 통치권으로 해석된다(17:10). 그러한 통치권은 하나에서 다른 하나로 연속적으로 이어진 것이다. 왜냐하면 거기에서 "다섯은 망하였고 하나는 있고 다른 하나는 아직 이르지 아니하였으나"라고 언급되기 때문이다. 그러므로 여기의 "죽게 된 것 같았던 머리"는 지금 있는 것이거나 아니면 아직 이르지 않은 것이어야만 한다. 그러나 그것은 아직 이르지 않은 것일 수 없다. 왜냐하면 그것은 로마제국이 최종적으로 멸망될 때까지 치명적이며 결정적인 타격을 받지 않기 때문이다. 그러므로 그것은 "지금 있는" 머리, 즉 이교도 황제들의 머리임이 분명하다. 그리고 "죽게 되었던 상처"는 그리스도인 황제들에 의해 이교도 황제들이 패배를 당함으로써 모든 이교와 우상 숭배와 함께 참된 그리스도인에 대한 박해가 종식되는 것을 가리키는 것으로 보인다.

그 죽게 되었던 상처가 나으매. 이것은 로마교회의 거짓 교리에 의해 우상 숭배와 박해가 (점차적으로) 되살아난 것을 가리키는 것으로 보인다.

4. 용이 짐승에게 권세를 주므로 용에게 경배하며 짐승에게 경배하여 이르되 누가 이 짐승과 같으냐 누가 능히 이와 더불어 싸우리요 하더라.

짐승에게 권세를 주므로. 즉 이교도 황제들에게. 용에게 경배하며. 여기의 "용"은 마귀를 가리키는 것으로 이해된다. 이것은 사람들이 직접적으로 마귀에게 경배하는 것을 의미하지 않는다. 그들은 우상에게 경배함으로써 결과적으로 마귀에게 경배한다. 왜냐하면 성경에서 우상은 종종 마귀로 불리기 때문이다. 짐승에게 경배하여 이르되 누가 이 짐승과 같으냐. 여기의 경배는 신적 숭배가 아니라 정치적 예속으로 이해된다. 사람들은 우상 숭배적인 예배를 강요하는 로마의 황제들과 교황들에게 스스로를 예속시키며 그들 앞에 무릎을 꿇는다.

5. 또 짐승이 과장되고 신성 모독을 말하는 입을 받고 또 마흔두 달 동안 일할 권세를 받으니라.

또 짐승이 과장되고 신성 모독을 말하는 입을 받고. 여기의 "짐승"은 그의 때가 마흔두 달로 나타나는 것으로 보아 분명 적그리스도를 가리킨다. 로마 황제들의 세속 권력과 로마 교황들의 교회 권력이 합쳐서 하나의 적그리스도를 만든다. 하나님이 허락하시고 마귀가 영감(靈感)을 줌으로써 이 짐승은 다니엘 7:11처럼 과장되고 신성모독적인 말을 한다. 신성모독적인 말은 엄밀히 하나님을 거스르며 대적하는 말을 의미한다. 예컨대 하나님의 완전하심을 부인한다든지, 혹은 그에게 피조물의 불완전함을 돌린다든지, 혹은 피조물에게 오직 하나님에게만 속하는 것을 돌리는 등으로 말이다. 그러한 신성모독은 모두 우상 숭배와 연결된다. 왜냐하면 우러러 앙망하는 것은 오직 하나님에게만 합당하기 때문이다. 그러므로 우러러 앙망하는 것이 어떤 피조물에게 돌려질 때, 거기에 교리적인 측면에서 신성모독과 실천적인 측면에서 우상 숭배가 있는 것이다.

또 마흔두 달 동안 일할 권세를 받으니라. 앞에서 이야기한 것처럼 여기의 마흔두 달은 성전의 바깥 마당을 짓밟도록 적그리스도에게 허락된 1,260일과 동일한 기간이다. 그러므로 여기의 짐승은 분명 로마제국의 정치 권력과 로마 교황의 교회 권력을 결합시킨 적그리스도이다. 그의 권력과 비교할 때, 황제들의 권력은 사실상 매우 작은 것이었다.

6. 짐승이 입을 벌려 하나님을 향하여 비방하되 그의 이름과 그의 장막 곧 하늘에

사는 자들을 비방하더라.

이와 같이 적그리스도는 입을 벌려 하나님을 비방한다. 여기에서 미드(Mede)는 적그리스도의 때가 성도들을 박해하기 시작한 때로부터가 아니라, 악한 교리를 주장하는 것에 의해서든 혹은 우상 숭배적인 예배를 확립하는 것에 의해서든 하나님을 비방하기 시작한 때로부터 계수되어야 한다는 사실을 올바로 관찰한다. 왜냐하면 인노켄티우스 3세에 의해 반포된 화체설의 교리가 라테란 공의회에서 공식적으로 채택되고 종교재판소가 설치된 1206년까지, 박해는 크지 않았기 때문이다. 또 다른 탁월한 학자는 여기에 로마교회의 세 가지 우상 숭배가 묘사되어 있음을 관찰한다 — 형상들에게 신적 찬미를 돌림으로써 주의 이름을 비방한 것, 화체설의 교리로 말미암아 주의 인성(人性)을 비방한 것(여기의 "그의 장막"을 그는 주의 인성으로 이해한다), 그리고 성자(聖者)들에게 기도함으로 말미암아 그들을 이교도들의 귀신들처럼 만든 것(그는 여기의 "하늘에 사는 자들에 대한 비방"을 이와 같이 이해한다). 그의 이와 같은 관찰은 매우 기발하기는 하지만, 그러나 본문의 의미가 정말로 그러한지에 대해 나는 회의적이다. 왜냐하면 지금 우리는 적그리스도가 통치하기 시작하는 지점 즉 대략 주후 600년 직후쯤으로 추정되는 지점에 서 있기 때문이다. 여기에 언급된 비방(blasphemy) 혹은 신성모독은 그의 첫 열매였다. 반면 화체설의 교리는 이때로부터 수백 년이 지난 후에야 확립될 교리였다. 그러므로 그것은 적그리스도의 초창기 비방들에 포함될 수 없는 것이다. 그렇지만 주후 606년 이후의 교회 역사(歷史)를 어느 정도 알고 있는 사람이라면 누구든지 본문의 표현이 지극히 정당함을 충분히 발견할 수 있을 것이다. 설령 그들의 비방(혹은 신성모독)을 앞에 언급한 세 가지로 한정하지 않는다 하더라도 말이다.

7. 또 권세를 받아 성도들과 싸워 이기게 되고 각 족속과 백성과 방언과 나라를 다스리는 권세를 받으니.

하나님은 요한에게 적그리스도가 주의 이름과 그의 장막과 그의 성도들을 비방하는 것을 보여주신 후 또다시 마귀가 그에게 영향을 끼쳐 그로 하여금 하나님의 성도들과 더불어 싸우도록 만드는 것을 보여주신다. 그리고 하나님은 적그리스도가 성도들을 이기는 것을 허락하시며, 그리하여 적그리스도는 세상의 모든 족속들을 다스리는 권세를 갖게 된다. 이것은 화체설의 교리가 확립된 주후 1200년 이후에 특별하게 성취되었다. 1206년에 스페인에 종교재판소가 설치되었으며, 거기에서 너무나 많은 사람들이 죽임을 당했다. 그러나 그것은 시작에 불과했다. 교황은 곧

바로 알비파에 대항하여 큰 군대를 일으켰다. 교황 측 군대의 장군이었던 페리오니우스는 이 전쟁에서 백만 명 이상의 알비파 사람들이 죽임을 당했다고 말한다. 단지 로마 교회의 배교적인 교리를 따르지 않았다는 이유로 말이다. 그러나 독일에서 종교개혁이 시작된 1517년 이전에 피에몬테, 프로방스, 칼라브리아, 알사티아, 보헤미아 등에서 죽임을 당한 사람들의 숫자와 비교하면 그것은 아무것도 아니었다. 독일, 헝가리, 플랑드르, 아일랜드 등에서 얼마나 많은 사람들이 죽임을 당했는지 모두가 안다. 유럽에서 로마 교황에게 예속되지 않았던 나라는 한 나라도 없었다. 그와 같이 그는 "각 족속과 백성과 방언과 나라를 다스리는 권세"를 받았다. 가련한 알비파는 자신들이 여기의 예언과 관련된다고 생각했다. 왜냐하면 교황 측 군대의 장군이었던 몽포르가 그들을 대규모로 살육한 후 툴루즈 대주교가 교황주의를 받아들이는 조건으로 그들을 회유했을 때, 그들은 바로 여기의 말씀을 인용하여 "당신들이 하나님의 성도들을 이겼노라"고 말하면서 담대하게 대주교의 회유를 거절했기 때문이다. 결국 그들 모두는 여기의 말씀으로 스스로를 위로하면서 기꺼이 죽음을 택했다.

8. 죽임을 당한 어린 양의 생명책에 창세 이후로 이름이 기록되지 못하고 이 땅에 사는 자들은 다 그 짐승에게 경배하리라.

여기에서 하나님은 그의 종 요한에게 모든 사람들이 교황주의에 굴복할 것을 보여주신다. 하나님이 영원한 생명과 구원으로 택하신 소수의 사람들만 제외하고 말이다. 그들은 그리스도께서 그의 피로 구속하시고 순전한 진리 가운데 지켜주신 자들이다.

9. 누구든지 귀가 있거든 들을지어다.

여기의 표현은 앞의 말씀에다 적용시킬 수도 있고, 뒤의 말씀에다 적용시킬 수도 있다. 앞의 말씀에다 적용시킨다면, 그것은 지금까지 이야기한 것을 깊이 새겨 짐승에게 경배하는 자들 가운데 한 사람이 되지 않도록 조심하라는 뜻이 될 것이다. 반면 뒤의 말씀에다 적용시킨다면, 그것은 적그리스도와 그를 따르는 자들의 멸망과 관련한 이어지는 말씀을 잘 들으라는 뜻이 될 것이다. 그러나 성경에서 이러한 표현은 통상적으로 앞에서 이야기한 것을 깊이 되새길 것을 촉구하는 의미에서 사용된다.

10. 사로잡힐 자는 사로잡혀 갈 것이요 칼에 죽을 자는 마땅히 칼에 죽을 것이니 성도들의 인내와 믿음이 여기 있느니라.

사로잡힐 자는 사로잡혀 갈 것이요 칼에 죽을 자는 마땅히 칼에 죽을 것이니(한글개역개정판과는 달리 흠정역은 "he that leadeth into captivity shall go into captivity: he that killeth with the sword must be killed with the sword" 즉 "사로잡은 자는 사로잡혀갈 것이요 칼로 죽인 자는 마땅히 칼로 죽임을 당할 것이니"라고 되어 있음). 선지자들을 통해 자기 백성들에게 심판을 선언하실 때 그와 함께 그들의 원수들의 멸망을 예고하심으로써 그들을 위로하시는 것은 하나님의 통상적인 방식이었다. 그것은 여기에서도 마찬가지였다. 여기에서 하나님은 신약의 선지자인 요한을 통해 그의 백성들에게 적그리스도 역시도 마침내 종말을 맞이하고 그가 다른 사람들에게 행한 것을 그 자신도 받을 것을 확증하신다. 이와 같이 성도들을 박해한 적그리스도는 결국 하나님의 보응을 피하지 못할 것이었다. "너 학대를 당하지 아니하고도 학대하며 속이고도 속임을 당하지 아니하는 자여 화 있을진저 네가 학대하기를 그치면 네가 학대를 당할 것이며 네가 속이기를 그치면 사람이 너를 속이리라"(사 33:1).

성도들의 인내와 믿음이 여기 있느니라. 다시 말해서, 하나님의 백성들에게 있어 바로 지금이 그들의 인내와 믿음을 실행해야 할 때니라. 먼저 지금이 인내를 실행해야만 하는 때인 것은 아직까지도 그들이 구원을 위해 오랜 시간을 기다려야만 하고 또 그동안 많은 아픔을 겪어야만 하기 때문이다. 또 지금이 믿음을 실행해야만 하는 때인 것은 지금 그들의 눈에 구원이 보이지 않으므로 그들이 오직 하나님의 약속만을 의지하며 붙잡아야만 하기 때문이다.

11. 내가 보매 또 다른 짐승이 땅에서 올라오니 어린 양 같이 두 뿔이 있고 용처럼 말을 하더라.

여기의 "또 다른 짐승"이 무엇을 나타내는지 혹은 의미하는지와 관련하여 큰 논쟁이 있다. 교황주의 학자들은 그것이 적그리스도가 오기 전에 세상에 나타날 어떤 유명한 거짓 선생을 의미한다고 말한다. 또 어떤 학자들은 그것을 아폴로니우스 티아네우스(Apollonius Thyaneus)에 의해 행해진 마술로서 이해한다. 그러나 이러한 해석의 맹점은 모어 박사(Dr. More)에 의해 충분하게 증명되었다. 반면 대다수의 프로테스탄트 학자들은 그것을 적그리스도 자신으로 보는데 동의한다. 다시 말해서 여기의 또 다른 짐승은 앞에 언급된 짐승이 다른 모양으로 나타난 것이라는 것이다. 두 짐승의 목적과 때와 권능은 모두 같다. 그리고 본 장 끝 부분에서 우리는 오직 한 짐승에 대한 언급만을 보게 된다(16-18절). 짐승의 표와 이름과 수는 단지 하나의 짐승에 대한 것이다. 또 우리는 둘의 권능이 같은 사실을 보게 된다. 다만 둘째 짐승에게 "또 다른"이라는 수식어가 붙여진 것은 그것이 다른 모양으로 혹은 다른 상징으로 나타났기 때문이다. 앞의 짐승은 적그리스도의 정치 권력을 상징하는 반면 여기의 짐승은 그의 교회 권력을 상징한다. 그는 "땅에서 올라온" 것으로 말하여진다. 아마도 그것은 그가 앞의 짐승보다 미천한 혈통으로부터 나왔기 때문이거나, 아니면 그가 부지불식간에 세상을 훔쳤기 때문일 것이다. 최고의 주석가들은 대부분 여기의 짐승을 교황과 그의 성직자들을 의미하는 것으로 판단한다.

어린 양 같이 두 뿔이 있고. 그는 마치 자신이 그리스도의 대리자인양 그의 권세를 참칭(僭稱)한다. 이와 같이 그는 여기에서 "어린 양 같이 두 뿔이 있는" 것으로 말하여진다.

용처럼 말을 하더라. 이것은 그가 어린 양 같은 형상을 가졌음에도 불구하고 매우 두렵게 말하는 것을 가리키는 것이거나, 혹은 그의 교훈이 바울 사도가 "귀신의 가르침"이라고 부르는 것과 같은 종류의 교훈임을 가리키는 것이거나, 혹은 그의 말과 행실이 큰 붉은 용의 그것과 같은 종류의 것임을 가리키는 것일 수 있다.

12. 그가 먼저 나온 짐승의 모든 권세를 그 앞에서 행하고 땅과 땅에 사는 자들을 처음 짐승에게 경배하게 하니 곧 죽게 되었던 상처가 나은 자니라.

먼저 나온 짐승의 모든 권세. 이것은 "과장되고 신성 모독을 말하며 또 성도들과 싸워 이기는" 권세를 말한다(5, 7절). 이러한 권세는 실제로 교황권에 의해 행사되었으며, 역사(歷史)는 그것을 분명하게 증언한다. 권력의 정점에 도달하기 전에, 그는 미신과 우상 숭배를 확립하기 위해 황제들을 설득했다. 그리고 마침내 권력을 자신의 손 안에 쥐었을 때 그리고 첫째 짐승에 의해 교회의 머리로 공식화되었을 때, 그는 황제들이 반포한 칙령과 포고와 명령에 복종하도록 모든 사람들을 자신의 권세 아래 두었다. 그는 자기 자신이 아니라 다른 사람들의 이름으로 그렇게 하기로 선택했다. 그렇게 하여 어떤 사람들이 불복종하는 경우 그는 그들을 황제의 칙령에 불복종하는 반역으로 참소할 수 있었다. 이런 방식으로 그는 사람들을 자기에게가 아니라 "처음 짐승에게 경배하게" 했다.

13. 큰 이적을 행하되 심지어 사람들 앞에서 불이 하늘로부터 땅에 내려오게 하고.

큰 이적을 행하되. 이것은 하나님의 허락 아래 거짓 선지자들에 의해 행해지는 거짓 이적이다(살후 2:9; 신 13:1, 2). 어떤 선지자가 참 선지자인가 거짓 선지자인가 여부는 그가 행하는 어떤 표적이나 기사가 아니라 그가 가르치는 교훈에 의해 판단된다. 심지어 사람들 앞에서 불이 하늘로부터 땅에 내려오게 하고, 엘리야가 행한 것과 같은 이적.

14. 짐승 앞에서 받은 바 이적을 행함으로 땅에 거하는 자들을 미혹하며 땅에 거하는 자들에게 이르기를 칼에 상하였다가 살아난 짐승을 위하여 우상을 만들라 하더라.

주님은 그의 종 요한에게 어떤 방식으로 교황권이 세상을 속이는지 보여주신다. 그것은 다름 아닌 이적을 가장하는 것이다. 로마교회는 자신에게 이적을 행하는 권세가 있다고 주장한다(이와 관련한 로마교회의 교리는 충분히 알려져 있다). 그리고 모든 것은 "짐승 앞에서" 다시 말해서 짐승의 영광을 위해 행해진다. 하나님은 자신의 선지자들과 사도들에게 그들과 그들이 전파하는 메시지가 자신으로부터 말미암은 것임을 확증하기 위해 참된 이적을 행하는 능력을 주셨다. 마찬가지로 하나님은 어떤 사람들에게 그들이 가르치는 것이 거짓 교훈임을 확증하기 위해 거짓 기사(奇事)를 행하도록 허락하신다. 이런 측면에서 바울은 적그리스도의 나타남을 "모든 능력과 표적과 거짓 기적과 불의의 모든 속임"으로 임하는 것으로서 묘사한다(살후 2:9, 10).

땅에 거하는 자들에게 이르기를 칼에 상하였다가 살아난 짐승을 위하여 우상을 만들라. 여기의 말씀은 나중에 언급된 짐승의 목적을 보여준다. 그것은 "칼에 상하였다가 살아난 짐승을 위하여 우상을 만드는" 것이다. 여기의 "칼에 상하였다가 다시 살아난" 짐승은 3절에서 언급된 "머리 하나가 상하여 죽게 된 것 같더니 그 죽게 되었던 상처가 나은" 짐승을 가리킨다. 그는 하나님이 뿌리 뽑은 이교도 황제들의 모형이었다. 적그리스도의 목적은 옛 짐승의 우상을 만드는 것이었으며, 그렇게 함으로써 옛 짐승은 다시 살아날 수 있었다. 이 일을 그는 사람들로 하여금 형상들을 숭배하고 성자(聖者)들에게 기도하도록 함으로써 행했다. 이교도들의 우상 숭배는 본질적으로 그들 가운데 특별한 사람들을 숭배하는 것에 그 뿌리가 있다. 그런 사람들이 죽었을 때, 이교도들은 그들의 형상을 만들어 숭배함으로써 그들을 자신들과 신들 사이의 매개자로 만든다. 여기의 짐승의 우상(image) 혹은 형상을 만드는 것은 옛 우상 숭배를 다시 회복시키는 것이었다. 다만 이교도들이 숭배했던 왕들과 장군들의 이름을 성자들의 이름으로 바꾸었을 뿐이다. 그러한 형상 안에서 용은 다시 살아난다. 로마교회의 성직자들이 그러한 성자들에 의해 행해진 허탄한 기적 이야기로 사람들을 얼마나 속여 우상 숭배로 이끌었는지 우리 모두가 안다.

15. 그가 권세를 받아 그 짐승의 우상에게 생기를 주어 그 짐승의 우상으로 말하게 하고 또 짐승의 우상에게 경배하지 아니하는 자는 몇이든지 다 죽이게 하더라.

11절에 언급된 짐승은 새로운 형태의 우상 숭배에게 생기를 주는 권세를 가졌다. 새로운 형태의 우상 숭배는 이교도들의 우상 숭배와 다를 것이 없었으며, 그 안에서 옛 짐승은 다시 살아났다. 그는 그의 칙령과 교서와 종규(宗規)로 말미암아 그리고 자신의 우상 숭배에 순응하지 않는 사람들을 이단자로 정죄하고 파문한 후 그들을 세속 권력에 넘겨 죽임으로 말미암아 옛 짐승에게 생기를 주었다.

16. 그가 모든 자 곧 작은 자나 큰 자나 부자나 가난한 자나 자유인이나 종들에게 그 오른손에나 이마에 표를 받게 하고.

여기에 모든 종류의 사람들에게 로마교회의 신앙을 강요하는 것이 나타난다. 그의 표는 그의 신조(信條)를 고백하는 것이나 혹은 그의 명령에 복종할 것을 맹세하는 것 외에 아무것도 아니다. 우리가 아는 것처럼 이것은 교황주의가 가는 곳마다 요구되는 관례이다.

17. 누구든지 이 표를 가진 자 외에는 매매를 못하게 하니 이 표는 곧 짐승의 이름이나 그 이름의 수라.

누구든지 … 매매를 못하게 하니. 교황주의는 파문이라는 무기로 이와 같이 한다. 그것은 라테란 공의회에서 시작되었다. 라테란 공의회는 발도파뿐 아니라 그들과 매매하는 사람들까지도 모두 파문할 것을 결정했다. 최근에 작고한 한 저명한 주교는 그의 책(*De successione Ecclesiae*)에서 이단자들과의 매매를 엄격하게 금하는 칙령이 프랑스에서 실제로 반포되었음을 분명하게 보여준다. 또 파라에우스(Paraeus)는 교황 마르탱 5세가 콘스탄스 공의회에 첨부한 자신의 교서에서 여기의 예언을 가장 잘 해석했음을 보여준다. 거기에서 그는 로마가톨릭 교도들에게 이단자들이 거주하는 지역에서 사는 것과, 그들과 매매하는 것과, 그들에게 관직(官職)을 맡기는 것을 엄히 금한다.

이 표를 가진 자 외에는. 혹은 짐승의 이름이나 그 이름의 수를 가진 자 외에는. 짐승의 이름 및 그 수와 관련하여 큰 논쟁이 있다. 나는 짐승의 표와 이름과 수를 구별할 수 있는 능력이 없음을 고백하지 않을 수 없다. 그것들은 모두 같은 것, 즉 로마교회의 신앙 고백을 가리키는 것일 수 있다. 어떤 사람들은 그 이름 안에 그 수가 포함되어 있다고 생각한다. 이에 대해서는 나중에 좀 더 자세히 살펴보도록 하자.

18. 지혜가 여기 있으니 총명한 자는 그 짐승의 수를 세어 보라 그것은 사람의 수

니 그의 수는 육백육십육이니라.

지혜가 여기 있으니. 하나님의 측량할 수 없는 지혜가 그의 교회의 시련 가운데 나타나나니, 혹은 그보다도 이제야말로 사람의 지혜를 사용해야 할 때니. **총명한 자는 그 짐승의 수를 세어 보라.** 영적으로 지혜로운 자는 그 짐승의 수를 세어 보라. **그것은 사람의 수니.** 그것은 사람들이 계수하는 방식으로 계수할 수 있으니.

그의 수는 육백육십육이니라. 여기의 구절이 의미하는 바를 이해하기 위해 많은 학자들이 노력했다. 최근에 작고한 한 저명한 학자는 666이 명확한 숫자가 아니라 불명확한 혹은 막연한 숫자를 의미한다고 생각했다. 그러나 대부분의 학자들은 그것을 명확한 숫자로 이해한다. 그러나 그들은 또다시 나누어진다. 어떤 사람들은 그것을 그 짐승의 멸망의 때를 결정하는 것으로 생각한다. 또 어떤 사람들은 그것을 그의 통치가 시작되는 때, 즉 마흔두 달 혹은 1,260일에 이르는 그의 때가 시작되는 시점을 결정하는 것으로 판단한다. 그것을 짐승이 멸망을 당하는 때를 결정하는 것으로 생각하는 대부분의 사람들은 그것을 1666년으로 이해한다. 이러한 해석은 많은 사람들의 기대를 불러일으켰지만, 그러나 마침내 사실이 아닌 것으로 드러났다. 짐승의 이름과 수와 성격에 대해 논문을 쓴 최근의 한 학자는 이 숫자를 짐승이 "범세계적인 주교"(universal bishop)라는 이름 아래 통치하기 시작한 때를 결정하는 것으로서 판단한다. 그때는 대략 주후 606년경이었다. 그렇다면 거기에는 60년이 빠져 있다. 이러한 반론에 그는 606년이 다니엘의 연대법(年代法)에 따를 때 666년이 된다고 대답한다. 왜냐하면 606년이 로마정(Roman mornachy)으로 666년이기 때문이라는 것이다. 로마정은 로마제국이 처음 교회를 정복한 때로부터 계수되어야 한다고 그는 말한다. 그것은 키케로와 안토니우스가 집정관이었던 주전 60년경으로서, 그때 로마인들은 처음으로 하나님의 옛 교회인 유대인들을 정복했다. 그러나 이러한 이론 가운데 확실하게 증명된 것은 아무것도 없다. 만일 우리가 이러한 이론을 받아들인다면, 짐승의 통치가 시작되는 때는 666년이 된다. 나는 이에 대해 확실하게 말할 수 없다. 동시에 나는 그것이 아무 가치 없는 개념이라고 판단하지도 않는다. 어쨌든 그것은 여기의 예언을 짐승이 그의 권세를 나타내기 시작하는 때를 계시하는 것으로 만든다. 그리고 그러한 개념은 여기의 "그 이름의 수"라는 표현과도 어느 정도 어울리는 것으로 보인다. 왜냐하면 성경에서 이름은 종종 권세와 통치권을 나타내기 때문이다.

그러나 666과 관련하여 또 다른 개념이 있다. 그것은 포터 박사(Dr. Potter)가 그의 책 『숫자 666의 해석』(*The Interpretation of the Number Six Hundred and Sixty-six*)에서 제시한 개념이다. 그 책은 모어(More)와 미드(Mede)가 극찬한 매우 탁월한 책이다. 특별히 미드가 그 책의 서문을 썼는데, 거기에서 그는 다음과 같이 말한다. "이 책은 지금까지 세상에 나온 책들 가운데 가장 복된 책이다. 이 책을 처음 읽을 때는 상당한 편견을 가지고 있었지만, 그러나 다 읽고 나서는 정말로 큰 감동을 받았다." 포터 박사의 이론의 기초는 숫자 666이 그와 반대되는 숫자인 144에 의해 해석되어야 한다는 것이다. 이와 관련하여 21:17을 보라. "그 성곽을 측량하매 백사십사 규빗이니 사람의 측량 곧 천사의 측량이라." 이것은 새 예루살렘의 성곽(wall)을 측량한 수치이다. 그가 그의 책 6장에서 증명하는 것처럼 그것은 폭과 높이를 곱한 것으로 이해되어야 한다. 왜냐하면 성곽의 폭과 높이 모두 144 규빗일 수 없기 때문이다. 그것의 폭과 높이는 각각 12 규빗씩이다. 성곽의 길이는 나타나지 않는다. 그것은 144 규빗일 수 없다. 왜냐하면 그것은 도성을 두르기에는 너무 짧은 길이이기 때문이다. 마찬가지로 그는 666 역시도 어떤 수를 제곱한 것으로 이해되어야 한다고 생각한다. 그렇다면 그 수는 (우수리는 떼어버리고) 25가 될 것이다. 이와 같이 그는 144의 루트 값인 12가 하나님의 수인 것처럼, 25는 적그리스도의 수인 666의 루트 값이 된다고 결론 내린다. 이러한 수수께끼 같은 표현과 함께 그는 적그리스도가 정치적인 실체로서 숫자 25와 긴밀하게 관련되는 사실을 보여준다. 마치 하나님이 숫자 12와 긴밀하게 관련되는 것처럼 말이다. 옛 언약 아래 하나님은 열두 족장 위에 자신의 교회를 세우셨으며, 이와 같이 그의 옛 교회는 열두 지파로 이루어졌다. 그리고 에스겔과 계시록에 나타나는 것처럼, 예루살렘에는 열두 성문이 있었다(겔 48:31; 계 21:21). 열두 성문은 열두 진주로 되어 있으며, 열두 성문에 열두 천사가 있었다(21:12). 또 성곽에는 열두 사도의 이름이 적힌 열두 기초석이 있었다(21:14). 또 그 성의 너비는 만이천 스다디온이었으며, 생명나무는 열두 가지 실과를 맺었다(21:16). 이 모든 것을 통해 우리는 숫자 12가 하나님이 당신의 교회와 관련하여 사용하기를 기뻐하신 숫자였다는 사실을 알 수 있다. 그것은 앞에서 언급한 144와 다음 장에 나타나는 어린 양과 함께 시온 산에 선 144,000의 루트 값이다.

반대로 적그리스도의 수인 666의 루트 값은 (우수리를 떼어낼 때) 25이다. 이와 같이 포터 박사는 교황과 그의 성직자들이 처음 그들의 교회를 조직할 때 숫자 25를 매우 애호했음을 증명한다. 마치 하나님이 숫자 12를 매우 애호하셨던 것처럼 말이다. 처음에 그들은 로마를 25개의 교구로 나누었다. 그렇게 하여 그들은 25개의 교회와 25명의 추기경을 세웠다. 또 그들은 로마에 25개의 성문을 만들었으며, 최종적으로 25개의 신조를 만들었다. 이것을 포터 박사는 그의 책 17-20장과 22장에서 풍부하게 증명한다. 또 그는 24-26장에서 다른 사소한 부분들에서조차 그들이 숫자 25를 얼마나 애호하는지를 보여준다. 이것은 매우 개연성이 높은 개념인 것으로 보인다. 나는 독자들에게 그의 책을 한 번 읽어볼 것을 권한다. 거기에서 그는 이러한 것들을 학술적으로 잘 설명한다. 나는 지금까지 이야기한 것들에 대해 어느 것도 확정적으로 옳다든지 혹은 그르다고 말하지 않는다. 다만 666이라고 하는 신비한 숫자와 관련하여 내가 생각할 때 가장 개연성이 높아 보이는 것들만을 간단히 언급했을 뿐이다.

MATTHEW POOLE'S COMMENTARY

요한계시록 14장

개요

1. 시온 산에 선 어린 양과 그의 백성들(1–5).
2. 영원한 복음을 가진 천사(6–7).
3. 또 다른 천사가 바벨론의 멸망을 선포함(8).
4. 세 번째 천사가 짐승에게 경배하는 자들에게 임할 형벌을 선포함(9–12).
5. 주 안에서 죽는 자들이 복이 있음(13).
6. 세상의 추수(14–16).
7. 하나님의 진노의 포도주 틀(17–20).

1. 또 내가 보니 보라 어린 양이 시온 산에 섰고 그와 함께 십사만 사천이 서 있는데 그들의 이마에는 어린 양의 이름과 그 아버지의 이름을 쓴 것이 있더라.

여기의 환상 가운데 하나님은 그의 종 요한에게 적그리스도의 모든 통치 기간 동안, 다시 말해서 "무너졌도다 큰 성 바벨론이여"라는 환호성이 울려퍼질 때까지 그의 모든 격노에도 불구하고 당신께서 당신의 교회를 — 비록 그 수가 144,000명이라는 그다지 크지 않은 숫자라 하더라도 — 지키실 것을 분명하게 보여주신다(8절). 여기의 144,000은 각 지파에서 인 맞은 자들을 모두 더한 수로서 이스라엘 전체와 비교할 때 비교적 작은 숫자이다(7장). 여기에서 어린 양은 예수 그리스도를 가리키며(5:6), 시온 산은 유대인들 가운데 성전이 세워진 산으로서 복음 교회를 상징한다. 또 앞에서 이야기한 것처럼 여기의 144,000은 이스라엘의 각 지파에서 인 맞은 자들을 모두 더한 숫자와 같은 숫자이다(7장). 이것은 적그리스도의 박해 아래 꼭 그 숫자만큼의 사람들이 교회를 구성할 것을 말하는 것이 아니다. 다만 그것은 (1) 다른 인 즉 적그리스도의 표를 받을 자들에 비해 작은 수를 의미한다. (2) 그것은 열둘에다가 열둘을 곱한 숫자이다. 이것은 그들이 진실로 옛 언약의 이스라엘 백성들과 대응되는 백성들임을 나타낸다. 그들은 열두 지파로부터 하나님이 택하신 남은 자들로서 열두 사도의 교훈과 훈계를 굳게 지키는 자들이었다.

그들의 이마에는 … 그 아버지의 이름을 쓴 것이 있더라. 그들은 자신들이 하나님의 종이며 자녀임을 공개적으로 고백하는 자들이었다. 마치 고대의 종들과 병사들의 이마 위에 그들의 주인과 장군의 이름을 쓴 것이 있었던 것처럼 말이다. 고대에는 주인이나 혹은 장군이 자신의 종들 혹은 병사들에게 인을 치는 관습이 있었다. 오늘날 우리가 소나 말 같은 가축에게 그렇게 하는 것처럼 말이다.

2. 내가 하늘에서 나는 소리를 들으니 많은 물 소리와도 같고 큰 우렛소리와도 같은데 내가 들은 소리는 거문고 타는 자들이 그 거문고를 타는 것 같더라.

많은 물 소리와도 같고 큰 우렛소리와도 같은데. 그 소리는 적그리스도를 따르는 자들에게 크고 두려운 소리였다. 거문고 타는 자들이 그 거문고를 타는 것 같더라. 반면 그리스도를 따르는 자들에게 그 소리는 사람들이 즐거워하며 악기를 연주하는 소리 같았다. 미드(Mede)는 여기의 "많은 물소리"가 단순히 큰 무리를 의미하는 것이라고 생각한다. 이와 관련하여 19:6을 보라.

3. 그들이 보좌 앞과 네 생물과 장로들 앞에서 새 노래를 부르니 땅에서 속량함을 받은 십사만 사천 밖에는 능히 이 노래를 배울 자가 없더라.

그들이 보좌 … 앞에서 새 노래를 부르니. 여기의 "보좌"는 영광 가운데 계신 하나님의 보좌를 의미한다. 또 "새 노래"는 아마도 우리가 5:11에서 읽은 "보좌와 생물들과 장로들을 둘러 선 많은 천사의 음성"과 같은 것으로 보인다. 그것이 "새"(new) 노래인 것은 그것의 탁월함 때문이거나 아니면 그것이 그리스도께서 육체 가운데 나타나신 후 하나님에게 불려졌기 때문일 것이다. 그 노래의 주제는 "능력과 부와 지혜와 힘과 존귀와 영광과 찬송을 받으시기에 합당하신" 그리스도의 위대함을 선포하는 것이었다(5:12). 이에 대해 미드는 다음과 같이 말한다. "만일 언제든 하나님이 나로 하여금 그 노래에 대해 더 충분하게 깨닫게 만드신다면, 나는 그에 대해 기쁜 마음으로 더 잘 설명하게 될 것이다. 왜냐하면 나는 그 안에 참된 예배의 모든 신비가 담겨 있다고 굳게 믿기 때문이다." 성경 전체를 통해 "새 노래"는 통상적으로 하나님으로부터 받은 어떤 새로운 은택으로 인해 그를 찬미하는 노래를 의미한다. 네 생물과 장로들 앞에서. 4장에 묘사된 보좌와 생물과 장로들.

땅에서 속량함을 받은 십사만 사천 밖에는 능히 이 노래를 배울 자가 없더라. 적그리스도가 통치하는 동안 "조상들이 물려준 헛된 행실"로부터 주 예수 그리스도의 피로 속량함을 받은 소수의 사람들을 제외하고 아무도 이 노래를 배울 수 없다(벧전 1:18). 왜냐하면 그 노래는 그에게 "능력과 부와 지혜와 힘과 존귀와 영광과 찬송"을 돌림으로써 그에게 영광을 돌리는 노래이기 때문이다. 그들을 제외한 다른 모든 사람들은 그의 영광과 존귀를 성모 마리아와 천사들과 성자들에게 돌린다.

4. 이 사람들은 여자와 더불어 더럽히지 아니하고 순결한 자라 어린 양이 어디로 인도하든지 따라가는 자며 사람 가운데에서 속량함을 받아 처음 익은 열매로 하나님과 어린 양에게 속한 자들이니.

이 사람들은 여자와 더불어 더럽히지 아니하고 순결한 자라. 다시 말해서 그들은 적그리스도의 우상 숭배와 미신을 따르지 않는 자들이었다. 성경 전체를 통해 우상 숭배는 음행과 매춘에 비유된다. 어린 양이 어디로 인도하든지 따라가는 자며. 그들은 주 예수 그리스도를 온전히 따르며, 범사에 그가 주신 예배와 삶의 원리를 굳게 지키는 자들이다. 사람 가운데에서 속량함을 받아. 그들은 예수 그리스도의 피로 사람의 헛된 행실로부터 속량함을 받은 자들이다. 그리고 사람의 헛된 행실 속에는 그들의 미신적이며 우상 숭배적인 예배도 포함된다. 처음 익은 열매로 하나님과 어린 양에게 속한 자들이니. 그들은 첫 열매처럼 하나님에게 거룩하게 구별되어 드려진 자들이다.

5. 그 입에 거짓말이 없고 흠이 없는 자들이더라.

살면서 하나님에게 대하여 범죄하지 않는 사람은 아무도 없다. 다만 여기의 말씀은 상대적으로 이해되어야 한다. 다른 사람들과 비교할 때, 그들은 흠이 없는 자들이다. 그들은 그 안에 거짓과 외식이 없는 진실한 자들이다. 모든 우상 숭배자는 거짓말쟁이이며, 우상은 거짓으로 불린다(롬 1:25; 렘 16:19; 암 2:4). 미드는 본문을 스바냐 3:13에 의해 설명한다. "이스라엘의 남은 자는 악을 행하지 아니하며 거짓을 말하지 아니하며 입에 거짓된 혀가 없으며 먹고 누울지라도 그들을 두렵게 할 자가 없으리라." 어쨌든 본문은 좀 더 일반적으로 그들이 거짓과 외식으로부터 멀리 떨어진 거룩한 사람들임을 의미하는 것일 수도 있고, 혹은 좀 더 특별하게 그들이 적그리스도의 우상 숭배와 미신을 따르지 않는 정결한 사람들임을 의미하는 것일 수도 있다.

6. 또 보니 다른 천사가 공중에 날아가는데 땅에 거주하는 자들 곧 모든 민족과 종족과 방언과 백성에게 전할 영원한 복음을 가졌더라.

하나님은 앞 장에서 환상 가운데 자신의 종 요한에게 적그리스도의 통치와 격노를 보여주시고 난 후, 계속해서 본 장 앞부분에서 적그리스도가 통치하는 동안 자신의 교회를 향한 그의 돌보심을 보여주셨다. 이제 하나님은 계속되는 환상을 통해 요한에게 적그리스도가 통치하는 마흔두 달 동안 행해져야만 하는 일을 보여주신다. 그것은 다름 아닌 복음을 전파하는 일이다. 나는 바로 이것이 본 절의 요지라고 생각한다. 여기의 천사는 온 세상에 부지런히 복음을 전파하는 충성된 사역자들을 상징하는 것으로 보인다. 그가 전파하는 것이 "영원한 복음"이라고 불리는 것은 그것이 과거와 현재와 미래를 통틀어 유일한 복음이기 때문이다. 그것 외에 다른 복음은 과거에도 없었고, 지금도 없고, 앞으로도 없을 것이다. "다른 이로써는 구원을 받을 수 없나니 천하 사람 중에 구원을 받을 만한 다른 이름을 우리에게 주신 일이 없음이라 하였더라"(행 4:12).

7. 그가 큰 음성으로 이르되 하나님을 두려워하며 그에게 영광을 돌리라 이는 그의 심판의 시간이 이르렀음이니 하늘과 땅과 바다와 물들의 근원을 만드신 이를 경배하라 하더라.

여기의 (국가의 영역에서든 혹은 교회의 영역에서든) 하나님의 천사들 혹은 사역자들은 성자들과 형상들을 숭배하는 교황주의의 우상 숭배에 반대하여 오직 만유의 창조주이신 살아 계신 참 하나님만을 경배하라고 큰 음성으로 외친다. 형상들을 숭배하는 것은 적그리스도의 통치가 시작된 직후 시작되었다. 형상 숭배는 주후 710년 런던에서 열린 교회회의에서 처음 반포되었다. 그러나 그것은 712년 콘스탄티노플에서 열린 교회회의에서 폐지되었다가, 723년 멘츠에서 열린 교회회의에서 다시 채택되었다. 그것은 725년 시리아에서 열린 교회회의에서 다시금 재확인되었으며, 그때 레오(Leo Isaurus) 황제는 그것을 반대하다가 파문을 당했다. 그러나 730년 콘스탄티노플에서 열린 교회회의는 레오 황제의 편에 서서 그것에 반대하는 칙령을 반포했다. 그러나 765년과 766년에 열린 두 차례의 바바리아 교회회의는 또다시 그것을 옹호하는 칙령을 반포했다. 그리고 마침내 그것은 786년에 열린 제2차 니케아 교회회의에서 완전하게 확립됨으로써 이후 교황주의자들 사이에서 보편적으로 받아들여지게 되었다. 그러나 그러한 우상 숭배는, 그것이 처음 고개를 쳐들 때 콘스탄티노플의 다섯 황제들에 의해 반대되었던 것처럼, 영원한 복음을 전파하며 오직 하늘과 땅을 만드신 자만을 경배하라고 외치는 신실한 사역자들에 의해 계속적으로 반대를 받아 왔다.

8. 또 다른 천사 곧 둘째가 그 뒤를 따라 말하되 무너졌도다 무너졌도다 큰 성 바벨론이여 모든 나라에게 그의 음행으로 말미암아 진노의 포도주를 먹이던 자로다 하더라.

요한은 환상 가운데 적그리스도가 통치하는 동안 그의 멸망을 마치 그것이 이미 이루어진 과거의 사실인 양 확실하게 선포하는 또 다른 천사를 본다.

무너졌도다 무너졌도다 큰 성 바벨론이여. 여기의 구절은 이사야 21:9로부터 취한 것이다. "함락되었도다 함락되었도다 바벨론이여 그들이 조각한 신상들이 다 부서져 땅에 떨어졌도다." 이와 같이 예레미야도 "바벨론이 갑자기 넘어져 파멸되니"라고 말한다(렘 51:8). 여기의 두 선지자는 명백히 유대인들이 포로로 끌려갔던 바벨론에 대해 말하고 있었다. 그러나 그러한 옛 바벨론은 이 책에서 "큰 성" 혹은 "큰 바벨론" 혹은 "땅의 음녀들과 가증한 것들의 어미"라고 불리는 또 다른 바벨론의 모형이었다(16:19; 17:5; 18:10, 21). 세상에서 여기의 표현과 부합할 수 있는 곳은 오직 로마뿐이다. 로마야말로 "땅의 음녀들과 가증한 것들의 어미"로 충분히 불릴 수 있었다. 육신적인 추악함의 측면에서도 그렇고, 영적인 음행의 측면에서도 그렇다. 또 로마는 "소돔과 애굽"으로도 충분히 불릴 수 있었다(11:8). 동물적인 음행으로 유명한 소돔과 우상 숭배와 하나님의 백성을 압제한 것으로 유명한 애굽 말이다. 이사야 선지자가 옛 바벨론의 멸망을 선포한 것은 그들의 형상 숭배를 통한 우상 숭배 때문이었는데(사 21:9), 그러한 형상 숭배는 새 바벨론에서 완전하게 되살아났다.

모든 나라에게 그의 음행으로 말미암아 진노의 포도주를 먹이던 자로다. 여기에서 "진노"로 번역된 단어는 그렇게 번역되기보다 차라리 신명기 32:33과 욥기 20:16처럼 "독"(毒)으로 번역되는 것이 더 나아 보인다. 70인경은 앞의 구절들에서 여기에서 사용된 것과 같은 단어를 사용한다. 그렇게 본다면 여기의 구절이 의미하는 것은 바벨론의 우상 숭배의 독 포도주이다. 요컨대 로마교회가 자신의 우상 숭배와 미신의 독 포도주를 가지고 무지한 백성들을 유혹했다는 것이다. 마치 음녀들이 그들의 최음제와 독주(毒酒)로 사람들을 유혹하는 것처럼 말이다. 반면 만일 우리가 그 단어를 흠정역과 한글개역개정판처럼 그냥 "진노"로 번역하고자 한다면, 여기의 "그의 음행의 진노의 포도주"는 그에 동참하는 자들에게도 동일한 진노를 가져다주는 바벨론의 음행을 의미한다.

9. 또 다른 천사 곧 셋째가 그 뒤를 따라 큰 음성으로 이르되 만일 누구든지 짐승과 그의 우상에게 경배하고 이마에나 손에 표를 받으면.

앞에서 하나님은 그의 종 요한에게 적그리스도가 통치하는 동안 사람들로 하여금 진리 가운데 우상으로부터 스스로를 지키면서 오직 살아 계신 참 하나님만을 섬기도록 일깨워주는 신실한 복음 사역자들과 사람들에게 교황주의가 허물어지고 신비한 바벨론이 무너질 것을 선포하는 또 다른 사역자들이 있을 것을 보여주셨다. 이제 하나님은 계속해서 요한에게 바벨론에 동참하는 자들에게 임하는 끔찍한 재앙에 대해 경고하는 세 번째 사역자들을 보여주신다. 여기에서 바벨론에 동참하는 자들이란 이교도들의 방식대로 마귀를 숭배하는 자들이나, 혹은 짐승의 우상에게 절하는, 다시 말해서 적그리스도적인 교황주의 방식대로 우상 숭배를 행하는 자들이나, 혹은 교황주의를 수호하기 위해 싸우는 전사(戰士)들을 가리킨다. 하나님은 다음 절에서 그들에게 임할 심판이 어떤 것인지를 보여주신다(10절). 아마도 하나님의 책 전체를 통해 이것보다 더 가혹한 심판의 선언은 결코 없을 것이다.

10. 그도 하나님의 진노의 포도주를 마시리니 그 진노의 잔에 섞인 것이 없이 부은 포도주라 거룩한 천사들 앞과 어린 양 앞에서 불과 유황으로 고난을 받으리니.

짐승에게 굴복한 채 그의 교리를 따르는 자들은 결국 하나님의 진노의 포도주를 마시게 될 것이다. 다시 말해서 그들은 성경에서 "하나님의 진노의 술잔"이라고 표현되는 가혹한 심판을 받게 될 것이다(렘 25:15). 또 욥기 21:20; 시편 75:8; 이사야 51:17을 보라. 특별히 여기의 말씀 가운데 "섞인 것이 없이"라는 표현을 주목하라. 그러한 표현은 그들이 신적 진노를 완전하게 체감하게 될 것을 가리킨다.

거룩한 천사들 앞과 어린 양 앞에서 불과 유황으로 고난을 받으리니. 이것은 한 마디로 그들이 결국 지옥에 떨어지게 될 것을 의미한다. 그들이 겪게 될 고통의 격렬함이 여기에서 불과 유황으로 제시된다. 유황에 붙은 불은 오랫동안 꺼지지 않고 거세게 탄다. 그들에게 임하는 고통이 그와 같을 것이다.

11. 그 고난의 연기가 세세토록 올라가리로다 짐승과 그의 우상에게 경배하고 그의 이름 표를 받는 자는 누구든지 밤낮 쉼을 얻지 못하리라 하더라.

그 고난의 연기가 세세토록 올라가리로다. 다시 말해서 그들의 고통이 가장 쓰라리며 괴로울 뿐만 아니라 영원할 것이라.

밤낮 쉼을 얻지 못하리라. 이것은 앞 구절에 표현된 그들의 고통을 다른 말로 표현한 것이다. 그들의 고통은 단 한순간의 쉼도 가질 수 없을 정도로 가혹할 것이다.

짐승과 그의 우상에게 경배하고 그의 이름 표를 받는 자. 여기의 표현은 짐승에게 경배함으로써 결과적으로 (나무와 돌과 마귀들에게 절하는 등의) 이교도적인 우상 숭배를 행하고 천사들과 성자들과 그들의 형상들에게 절함으로써 결과적으로 적그리스도가 세운 짐승의 우상에게 경배하는 자들을 가리킨다. 그들은 이생에서 하나님의 보응을 받을 것이며, 마지막에 지옥에 떨어질 것이다. 이로부터 우리는 "오늘날 로마가톨릭교회라고 불리는 곳에 속한 사람들은 구원받을 수 있는가?"라는 질문에 쉽게 대답할 수 있게 된다. 만일 그들이 짐승이나 혹은 짐승의 형상에게 절한다면, 그들은 결코 구원받을 수 없다.

12. 성도들의 인내가 여기 있나니 그들은 하나님의 계명과 예수에 대한 믿음을 지키는 자니라.

성도들의 인내가 여기 있나니. 그의 종 요한에게 앞 장에서 마흔두 달 동안의 적그리스도의 통치와 격노에 대해, 그리고 본 장에서 그와 그를 따르는 자들의 최후에 대해 보여주신 하나님은 마침내 여기에서 이를테면 "지금은 구원을 바라보며 적그리스도의 압제와 폭정을 견디는 성도들의 인내가 시험되는 때로다"라는 말씀으로 결말을 지으신다. 그들은 하나님의 계명과 예수에 대한 믿음을 지키는 자니라. 어떤 사람들이 하나님의 계명과 예수에 대한 믿음을 지키는지 여부를 시험하는 것은 그들이 여기의 영적인 바벨론으로부터 나오는지 아니면 계속해서 그것과의 우상 숭배적인 교제를 지키는지 여부이다. 그것으로부터 나오는 자들은 하나님의 계명과 예수에 대한 믿음을 지키는 것이며, 그것과의 우상 숭배적인 교제를 계속하는 자는 그것을 지키지 않는 것이다.

13. 또 내가 들으니 하늘에서 음성이 나서 이르되 기록하라 지금 이후로 주 안에서 죽는 자들은 복이 있도다 하시매 성령이 이르시되 그러하다 그들이 수고를 그치고 쉬리니 이는 그들의 행한 일이 따름이라 하시더라.

하늘에서 음성이 나서 이르되 기록하라. 이것은 이어지는 말씀의 중요성을 나타낸다. 그것은 우리가 마땅히 귀를 기울여 들어야만 하는 "하늘로부터 난 음성"이다. 그것이 기록되어야만 했던 것은 그것이 하나님의 백성들의 위로와 격려를 위해 마땅히 보존되어야만 했기 때문이다. 왜냐하면 그들은 적그리스도의 통치 동안 그들이 직면해야만 하는 끔찍한 재앙에 대해 들으면서 낙담하며 두려워할 수 있었기 때문이었다. 주 안에서 죽는 자들은 복이 있도다. "주 안에서 죽는 자들"이라는 표현은 참된 믿음으로 그리스도와 연합된 상태로 죽는 모든 사람들에게 적용될 수 있다. 그런 사람들은 모두 주 안에서 죽는 것이다. 그러나 만일 우리가 그러한 표현에 대한 성경의 용례들을 유심히 살핀다면, 우리는 많은 경우 그것이 단순히 그런 사람들보다 주를 위해 죽는 순교자들을 가리키는 것을 발견하게 될 것이다. 왜냐하면 성경에서 '엔'(ἐν)은 종종 "for"(위하여)를 의미하기 때문이다(롬 16:2, 8, 12; 벧전 4:14). 만일 어떤 사람들이 그리스도를 위해 혹은 그리스도를 붙잡는 믿음 때문에 죽음을 당한다면, 그들은 결코 패배자가 아니다. 실상 그들은 진정으로 "복이 있는" 자들이다. 왜냐하면 그러한 죽음이 그들을 영원한 영광으로 데려갈 뿐만 아니라 또한 그들에게 참된 안식을 가져다주기 때문이다.

지금 이후로. 여기의 구절의 의미와 관련하여 해석가들 사이에 약간의 차이가 있다. 분명 그것은 배타적으로 여기의 계시 이후의 때만을 가리키는 것으로서 이해되어서는 안 된다. 왜냐하면 그 이전에 그리스도를 위해 죽은 자들도 마찬가지로 복이 있기 때문이다. 그들 역시도 수고를 그치고 쉰다. 도리어 여기의 구절은 "오는 때"(time to come)를 가리키는 것으로 보인다. 적그리스도의 격노 아래 죽임을 당하는 자들은 다소간의 의문을 가질 수 있었다. 왜냐하면 그들은 복음을 공공연히 대적하는 이교도들의 손에 의해 죽임을 당하는 것이 아니라 스스로를 그리스도인이라고 부르는 자들의 손에 의해 죽임을 당하기 때문이다. 그럼에도 불구하고 그들은 주를 위해 죽는 자들로서 진정으로 복된 자들이다.

성령이 이르시되 그러하다. 이와 같이 진리의 성령께서 그것을 확증하신다. **그들이 수고를 그치고 쉬리니.** 그들이 이생의 모든 고통으로부터 안식하게 되리니. **그들의 행한 일이 따름이라.** 그들의 선행과 인내가 그들을 따름이라. 마치 증인이 산 자와 죽은 자의 재판장 앞에서 그들을 위해 증언해 주는 것처럼 말이다.

계속해서 두 환상이 이어진다. 하나는 추수의 환상이고, 다른 하나는 포도수확의 환상이다. 두 환상의 의미를 이해하는 것은 어렵지 않다. 둘은 모두 하나님의 심판의 섭리를 나타내는데, 전자의 심판보다 후자의 심판이 더 크고 가혹하다. 그러나 주석가들 사이에 여기의 두 환상이 마지막 날의 하나님의 일반적인 심판을 가리키는 것인지, 아니면 그 날 이전의 특별한 심판들, 다시 말해서 우리가 15장과 16장에서 보게 되는 일곱 대접에 속하는 심판들을 가리키는 것인지에 대해 의견 차이가 있다. 여기의 두 환상을 마지막 심판을 가리키는 것으로서 이해하는 사람들은 여기에서 심판 날이 추수의 개념으로 표현되는 것으로부터 그와 같은 결론에 이른다(마 3:12; 13:39). 그러나 나는 여기에 언급된 추수가 마지막 심판 이전의 어떤 특별한 하나님의 심판의 섭리, 특별히 16장에 좀 더 충분하게 묘사되는 짐승에 대한 하나님의 보응을 나타내는 것이라고 생각하는 사람들의 견해에 동의한다. 그 이유는 다음과 같다. (1) 마지막 심판은 나중에 19장과 20장에서 좀 더 충분하게 묘사된다. (2) 마지막 심판을 표현하기 위해 굳이 두 개의 상징(추수의 상징과 포도수확의 상징)을 사용할 필요는 없었다. (3) 여기에 마지막 심판에 필연적으로 선행되는 부활에 대한 언급이 전혀 나타나지 않는다. 미드는 추수에 속하는 것이 세 가지 있음을 주목한다. (1) 곡식을 베는 것. (2) 그것을 곳간에 모아 들이는 것. (3) 그것을 타작하는 것. 성경에서 추수는 심판과 멸망을 의미하기도 하고, 안전과 보존을 의미하기도 한다. 전자의 예는 이사야 17:3, 5; 예레미야 51:33 등에 나타난다. 반면 후자의 예는 오직 누가복음 10:2에만 나타난다. 미드는 여기의 추수가 다름 아닌 19장에 언급되는 대살육 이전에 있을 유대인들의 회심을 의미한다고 생각한다. 그러나 나는 여기의 상징을 적그리스도에 대한 하나님의 심판을 가리키는 것으로서 이해하는 사람들의 견해에 동의한다. 여기의 두 상징의 전체적인 취지는 하나님이 적그리스도를 처음에는 상대적으로 덜 가혹하게, 그리고 나중에는 상대적으로 더 가혹하게 징벌하실 것을 선언하는 것이다. 이것은 다음 두 장에서 좀 더 충분하게 표현되는데, 나에게 있어 여기의 부분은 다음 두 장의 일종의 서론으로 보인다. 이제 본문 속으로 들어가 보도록 하자.

14. 또 내가 보니 흰 구름이 있고 구름 위에 인자와 같은 이가 앉으셨는데 그 머리에는 금 면류관이 있고 그 손에는 예리한 낫을 가졌더라.

여기에 묘사된 자는 그리스도 외에 다른 어느 누구와도 부합하지 않는다. 그는 구름 위에 앉아 원수들을 심판하신다. 그의 손에 예리한 낫이 있는 것은 바로 이런 목적 때문이다.

15. 또 다른 천사가 성전으로부터 나와 구름 위에 앉은 이를 향하여 큰 음성으로 외쳐 이르되 당신의 낫을 휘둘러 거두소서 땅의 곡식이 다 익어 거둘 때가 이르렀음이니이다 하니.

대부분의 주석가들은 이것을 하나님의 백성들의 기도로 이해한다. 그들은 주 예수 그리스도에게 이제 들판이 희어져 추수하게 되었으니(어떤 사람들이 생각하는 것처럼) 당신의 택하신 자들을 거두실 것을, 혹은 (다른 사람들이 생각하는 것처럼 — 나는 이들의 생각에 동의한다) 적그리스도와 그를 따르는 자들을 보응하실 것을 간구한다.

16. 구름 위에 앉으신 이가 낫을 땅에 휘두르매 땅의 곡식이 거두어지니라.

추수에 대한 상반된 두 개념에 따라, 주석가들은 여기의 구절을 서로 다르게 해석한다. 이것을 어떤 사람들은 복음전파로 말미암아 하나님이 당신의 택하신 자들을 모으는 것으로 해석하는 반면, 다른 사람들은 하나님이 적그리스도와 그를 따르는 자들을 보응하는 것으로 해석한다.

17. 또 다른 천사가 하늘에 있는 성전에서 나오는데 역시 예리한 낫을 가졌더라.

여기의 천사를 어떤 사람들은 하나님이 적그리스도를 멸망시키기 위해 사용하시는 어떤 특별한 도구로 이해한다. 반면 다른 사람들은 사역자들의 입에 있는 "살아 있고 활력이 있어 좌우에 날선 어떤 검보다도 예리하여 혼과 영과 및 관절과 골수를 찔러 쪼개기까지 하는" 하나님의 말씀으로 이해한다(히 4:12). 따라서 그들은 여기의 천사를 19:11-21의 "그 입에서 예리한 검이 나오는" 백마를 탄 자와 같은 존재로 판단한다(15절).

18. 또 불을 다스리는 다른 천사가 제단으로부터 나와 예리한 낫 가진 자를 향하여 큰 음성으로 불러 이르되 네 예리한 낫을 휘둘러 땅의 포도송이를 거두라 그 포도가 익었느니라 하더라.

불을 다스리는. 하나님의 심판을 실행하는 임무를 맡은. 성경에서 하나님의 심판은 종종 불로 비유된다(시 11:6; 21:9; 50:3). 제단으로부터. 희생제물과 번제를 드리는 장소. 예리한 낫 가진 자를 향하여 큰 음성으로 불러 이르되. 이것은 하나님이 성도들이 보응을 행하는 권세를 가진 자에게 부르짖는 것을 가리키는 것으로 보인다. 네 예리한 낫을 휘둘러 땅의 포도송이를 거두라. 적그리스도의 격노를 종식시키고 소돔과 고모라의 포도밭에서 자란 포도송이들을 거두라. 그 포도가 익었느니라. 왜냐하면 그들의 불법이 찼기 때문이다. 이제 그들은 심판에 이를 만큼 충분하게 익었다. 모어 박사는 포도가 익은 것을 멸망뿐 아니라 회심을 위해 준비된 것으로 이해한다. 그리고 특별히 여기에서 의미하는 것은 후자라고 생각한다. 그러나 다음 절은 나로 하여금 그와 반대로 생각하도록 만든다.

19. 천사가 낫을 땅에 휘둘러 땅의 포도를 거두어 하나님의 진노의 큰 포도주 틀에 던지매.

모어 박사는 여기의 말씀의 의미를 그리스도의 사역자들의 강력한 경책(警責)으로 말미암아 사람들이 자신들의 죄로 인한 큰 슬픔과 함께 하나님의 진노에 대한 두려움을 느끼면서 양심의 큰 눌림을 받는 것으로 생각한다. 그러나 미드는 포도주 틀을 밟는 것은 성경의 상징에서 항상 잔혹하며 피로 얼룩진 끔찍한 살육을 의미한다고 말하는데, 나는 이러한 생각에 동의한다. 그는 여기의 살육을 19:19-21에 언급된 것과 동일한 살육으로 본다. 특별히 여기의 은유는 19:15에 사용된 은유와 매우 유사하다. "그가 친히 하나님 곧 전능하신 이의 맹렬한 진노의 포도주 틀을 밟겠고."

20. 성 밖에서 그 틀이 밟히니 틀에서 피가 나서 말 굴레에까지 닿았고 천육백 스다디온에 퍼졌더라.

성 밖에서 그 틀이 밟히니. 모어 박사는 여기의 "성"(city)이 바벨론을 가리킨다고 말한다. 그러면서 그는 여기의 말씀을 앞에서 언급한 말씀의 강력한 경책이 바벨론 즉 로마교회의 성직체계에까지 이르지 못할 것을 ― 왜냐하면 그들의 마음이 극도로 강퍅해져 있기 때문에 ― 의미하는 것으로 이해한다. 그러나 미드와 다른 학자들은 여기의 "성"이 그 길이가 정확하게 1,600 스다디온(대략 300km)에 이르는 예루살렘 혹은 거룩한 땅을 의미한다고 생각한다. 그러나 그 성이 실제로 어디를 가리키는 것인지 그리고 여기의 살육이 어디에서 이루어질 것인지는 큰 비밀이다.

틀에서 피가 나서 말 굴레에까지 닿았고 천육백 스다디온에 퍼졌더라. 여기의 살육이 엄청난 규모의 살육인 것은 피가 "말 굴레에까지 닿았고 그 길이가 1,600스다디온에 퍼졌다"는 표현으로부터 분명하게 나타난다. 아마도 그것은 19:20-21에 언급된 큰 전쟁 곧 여섯째 대접과 관련하여 아마겟돈이라 불리는 장소에서 벌어지는 전쟁일 가능성이 높아 보인다. 그러나 이것은 확정적으로 말할 수 없는 매우 어려운 주제이다.

MATTHEW POOLE'S COMMENTARY

요한계시록 15장

개요

1. 마지막 일곱 재앙을 가진 일곱 천사(1).
2. 짐승을 이긴 자들의 노래(2-4).
3. 일곱 천사가 하나님의 진노로 가득 찬 일곱 금 대접을 받음(5-8).

1. 또 하늘에 크고 이상한 다른 이적을 보매 일곱 천사가 일곱 재앙을 가졌으니 곧 마지막 재앙이라 하나님의 진노가 이것으로 마치리로다.

또 하늘에 크고 이상한 다른 이적을 보매. 요한 앞에 크고 이상한 또 하나의 표적이 펼쳐졌다. 일곱 천사. 하나님이 당신의 섭리를 이루기 위해 사용하시는 그의 일꾼들. 일곱 재앙을 가졌으니. 그들은 적그리스도를 멸망시키는 일과 관련한 하나님의 마지막 일곱 심판을 실행하는 책임을 맡은 천사들이었다. 하나님의 진노가 이것으로 마치리로다. 왜냐하면 이것으로 말미암아 하나님의 진노가 적그리스도에게 완전하게 실행될 것이었기 때문이다.

2. 또 내가 보니 불이 섞인 유리 바다 같은 것이 있고 짐승과 그의 우상과 그의 이름의 수를 이기고 벗어난 자들이 유리 바다 가에 서서 하나님의 거문고를 가지고.

유리 바다. 모어 박사는 여기의 "유리 바다"가 4:5-6의 "보좌 앞에 켠 등불"에 반사된 "수정과 같은 유리 바다"를 가리키거나, 혹은 이스라엘 백성들이 지나가는 동안 불기둥에 의해 반사된 홍해 바다를 가리킨다고 생각한다. 또 어떤 사람들은 그것이 열방으로부터 모인 교회를 상징한다고 생각한다. 그들에게 있어 그것이 유리로 말하여지는 것은 그것의 영광과 광채 때문이다. 또 어떤 사람들은 그것이 세상을 상징한다고 생각한다. 이들에게 있어 그것이 유리로 말하여지는 것은 그것이 하나님 앞에 유리처럼 투명하게 드러나기 때문이다. 그러나 내가 볼 때 그것은 하늘을 상징하는 것으로 보인다. 왜냐하면 그것은 여기에서 (이교도들로부터든 혹은 적그리스도와 그의 무리로부터든) 모든 우상 숭배의 유혹을 이긴 영화로워진 성도들의 처소로서 나타나기 때문이다. 그들은 적그리스도가 강요한 교리를 단호히 거부한 자들이다.

하나님의 거문고(harps of God). 이러한 표현은 가장 훌륭한 거문고들이나 혹은 거룩한 거문고들을 의미한다. 포브스(Forbes)는 그것이 하나님의 긍휼에 대한 기쁨과 사랑과 감사로 조율(調律)된 마음을 상징한다고 말한다.

3. 하나님의 종 모세의 노래, 어린 양의 노래를 불러 이르되 주 하나님 곧 전능하신 이시여 하시는 일이 크고 놀라우시도다 만국의 왕이시여 주의 길이 의롭고 참되시도다.

하나님의 종 모세의 노래. 하나님이 바로의 손로부터 이스라엘 백성들을 구원하셨을 때 모세가 부른 노래(출 15장). 물론 그때 모세와 이스라엘 백성들이 여기와 똑같은 노래를 부른 것은 아니었다. 다만 의미적으로 동일한 노래이다. 어린 양의 노래. 그것은 또한 어린 양을 존귀케 하는 노래였다. 이르되 주 하나님 곧 전능하신 이시여 하시는 일이 크고 놀라우시도다. 그들은 하나님이 그들의 구원을 위해 행하신 크고 놀라운 일을 찬미하며 전능하신 하나님께 영광을 돌린다. 만국의 왕이시여 주의 길이 의롭고 참되시도다. 그들은 신적 섭리의 모든 행동들의 의로우심과 참되심을 고백한다. 그것이 의로운 것은 그가 각 사람들에게 각자에 합당한 분깃을 나누어 주시기 때문이다. 또 그것이 참된 것은 그가 그것을 통해 자신의 약속과 경고를 이루시기 때문이다. 여기의 말씀은 시편 145:17로부터 취한 것이다.

4. 주여 누가 주의 이름을 두려워하지 아니하며 영화롭게 하지 아니하오리이까 오직 주만 거룩하시니이다 주의 의로우신 일이 나타났으매 만국이 와서 주께 경배하리이다 하더라.

그들은 하나님이 온 세상으로부터 경배와 섬김을 받으시기에 합당한 것은 그의 길의 의로우심과 참되심 안에 분명하게 나타나는 그의 거룩하심 때문임을 고백한다. 그러면서 그들은 이제 만국이 그리스도를 시인하고 그에게 복종하며, 그가 적그리스도를 심판하며, 그의 의로우심이 세상에 완전하게 드러날 것이라는 그들의 믿음과 소망을 선언한다.

5. 또 이 일 후에 내가 보니 하늘에 증거 장막의 성전이 열리며.

이것은 명백히 유대 성막 혹은 성전을 빗댄 것이다. 그 안에 성소와 지성소가 있었으며, 지성소는 특별히 대제사장만 들어갈 수 있었다. 지성소 안에 언약궤가 있었으며, 언약궤 안에 종종 하나님의 증거들(the testimonies of God)이라고 불렸던 율법의 두 돌판이 있었다. 이러한 증거의 장막으로부터 하나님의 신탁(God' s oracles)이 나왔다. 왜냐하면 하나님이 그곳의 은혜의 보좌로부터 말씀하셨기 때문이다. 이런 측면에서 어떤 사람들은 여기의 표현이 의미하는 바를 하나님이 그의 종 요한에게 적그리스도의 멸망 후 복음을 전하는 자유가 있을 것을 보여주신 것으로서 이해한다. 그러나 나는 그것을 마침내 하나님이 적그리스도의 폭정으로부터 건져 달라는 그의 백성들의 기도에 응답하시고자 움직이기 시작하시는 것으로 이해한다.

6. 일곱 재앙을 가진 일곱 천사가 성전으로부터 나와 맑고 빛난 세마포 옷을 입고 가슴에 금 띠를 띠고.

일곱 천사. 적그리스도에게 하나님의 보응을 실행하는 임무를 맡은 일곱 일꾼들. 이들에게 일곱 대접이 주어졌다. 성전으로부터 나와. 다시 말해서 증거 장막으로부터 나와. 왜냐하면 모세의 성막에는 제사장들을 위해 오직 여기의 내소(inner court)만이 있었기 때문이다. 백성들은 밖에서 예배했다. 그들은 이곳으로부터 모든 백성들의 기도에 대한 하나님의 응답을 가지고 나왔다. 일곱 재앙을 가진. 하나님은 그들에게 일곱 재앙을 맡기셨다. 그러한 일곱 재앙은 적그리스도의 무리와 하나님의 교회의 모든 원수들에게 연속적으로 임할 것이었다. 맑고 빛난 세마포 옷을 입고 가슴에 금 띠를 띠고. 여기의 천사들은 하나님께 물으러 들어가거나 혹은 그로부터 응답을 받아 가지고 나올 때 대제사장의 예복을 입고 그렇게 했다.

7. 네 생물 중의 하나가 영원토록 살아 계신 하나님의 진노를 가득히 담은 금 대접 일곱을 그 일곱 천사들에게 주니.

네 생물 중의 하나. 보좌 주위에 있었던 네 생물 중의 하나(4:6). 금 대접 일곱. 대접은 흙이나 혹은 유리로 만든 입구가 넓은 평평한 그릇이다. 그 대접에는 "영원토록 살아 계신 하나님의 진노"가 가득 담겨 있었다. 이것이 의미하는 바는 하나님으로부터 일곱 천사에게 적그리스도에게 멸망을 가져다주는 일곱 재앙이 맡겨졌다는 것이다. 그러한 재앙들은 하나씩 하나씩 연속적으로 적그리스도와 그의 무리에게 부어질 것이었다. 그 일곱 천사들에게 주니. 15:6에 언급된 일곱 천사.

8. 하나님의 영광과 능력으로 말미암아 성전에 연기가 가득 차매 일곱 천사의 일곱 재앙이 마치기까지는 성전에 능히 들어갈 자가 없더라.

성전. 즉 교회. 계시록에서 성전은 거의 대부분의 경우 교회를 상징한다. 연기가 가득 차매. 여기의 "연기"는 의심의 여지 없이 혼란과 분란을 의미한다. 하나님의 영광과 능력으로 말미암아. 하나님이 당신의 능력을 영광스럽게 나타내심으로 말미암아. 하나님은 적그리스도를 멸망시키는 가운데 당신의 능력을 영광스럽게 나타내셨다. 적그리스도는 세속적인 권력을 사용하여 하나님의 일을 비틀었다. 그러므로 그의 멸망에는 필연적으로 땅이 흔들리며 요동하는 것이 따를 수밖에 없었다. 일곱 천사의 일곱 재앙이 마치기까지는 성전에 능히 들어갈 자가 없더라. 하나님이 이러한 재앙들로 적그리스도를 멸망시킬 때까지 교회는 결코 평안히 쉴 수 없었다. 또 이 큰 일이 완성될 때까지 교회의 어떤 평온도 기대될 수 없었다.

MATTHEW POOLE'S COMMENTARY

요한계시록 16장

개요

1. 일곱 천사들이 자신들의 대접을 땅에 쏟을 것을 명령 받음(1).
2. 그로 말미암아 큰 재앙들이 이어짐(2-14).
3. 그리스도께서 도둑처럼 갑자기 오심. 그러므로 깨어 있는 자가 복이 있음(15-21).

하나님은 당신의 종 요한에게 처음 여섯 인의 환상을 통해 로마제국의 이교도 황제들 아래서의 교회의 운명을 보여주셨으며(5, 6장), 계속해서 일곱째 인 아래서의 처음 여섯 나팔의 환상을 통해 적그리스도 아래서의 교회의 운명을 보여주셨으며(8, 9장), 계속해서 열린 두루마리의 환상과 거기에 담긴 내용을 통해 용과 용의 형상인 적그리스도가 통치하는 동안 교회와 관련하여 벌어질 일들을 보여주셨다(10, 12-14장). 이제 본 장에서 하나님은 어떤 방법으로 자신이 적그리스도를 멸망시키고 당신의 교회의 평강을 회복시키는지를 그에게 가르쳐주신다.

1. 또 내가 들으니 성전에서 큰 음성이 나서 일곱 천사에게 말하되 너희는 가서 하나님의 진노의 일곱 대접을 땅에 쏟으라 하더라.

또 내가 들으니 성전에서 큰 음성이 나서. 승리한 교회(church triumphant)로부터. 그렇다면 이것은 교회의 머리이신 그리스도께서 그의 공의를 실행하는 사자들에게 가서 공의를 시행할 것을 명령하는 것으로 이해될 수 있다. 혹은 전투하는 교회(church militant)로부터. 그렇다면 이것은 교회의 지체들이 하나님께 속히 짐승을 보응해 달라고 간구하는 것으로 이해될 수 있다. 짐승의 모든 세력권이 본 장에서 땅, 바다, 강과 물 근원, 해, 짐승의 왕좌 등으로 표현된다. 여기의 첫 번째 명령은 하나님의 진노를 땅에 쏟으라는 것이었다. 여기의 "땅"을 파레우스(Pareus)는 땅의 일부로 이해한다. 반면 그것을 어떤 사람들은 일반 백성들로, 또 어떤 사람들은 로마제국으로 이해한다. 그러나 다른 사람들은 땅이 우주에서 가장 단단한 부분임을 고려하여 그것을 교황주의의 기초인 그들의 성직체계로 이해한다. 나는 마지막 견해에 전적으로 동의한다. 왜냐하면 그들 안에 하늘의 요소라고는 거의 찾을 수 없을 뿐만 아니라 그들의 체계가 전적으로 땅에 속한 궤계의 산물이기 때문이다. 하나님은 첫째 대접을 쏟기 위해 다시 말해서 그들의 수도원을 허물어뜨리며 미사를 집행하는 사제들을 경멸과 냉소에 노출시키기 위해 많은 도구들을 — 세속적인 통치자들과 교회의 사역자들을 — 사용하셨다. 미드(Mede)는 이와는 다른 견해를 갖는다. 그는 여기의 "땅"을 일반 백성들을 의미하는 것으로 이해하면서, 그들이 교황으로부터 이탈하는 것이 여기의 첫 번째 재앙이었다고 생각한다. 그러나 나는 그의 견해에 동의하지 않는다. 왜냐하면 성경에서 "땅"은 통상적으로 적그리스도가 사랑하는 부분으로 제시되기 때문이다.

2. 첫째 천사가 가서 그 대접을 땅에 쏟으매 짐승의 표를 받은 사람들과 그 우상에게 경배하는 자들에게 악하고 독한 종기가 나더라.

여기의 첫째 재앙은 명백히 우리에게 애굽 왕 바로가 옛 이스라엘에게 행한 압제로 인해 하나님이 그에게 가져다주신 재앙을 일깨워 준다. 여기에서 하나님이 우리에게 보여주시는 것은 이것이다. 즉 하나님은 당신의 참된 교회를 박해하는 로마교회의 짐승에 대하여 과거에 애굽 왕 바로에게 행하셨던 것처럼 행하시겠다는 것이다. 하나님은 과거에 애굽의 강들을 피로 변하게 하심으로써 물고기들이 죽고 물에 악취가 나게 하셨으며, 애굽 사람들에게 독한 종기가 나게 하셨다(출 7:20, 21; 9:9). 그와 같이 하나님은 교황주의에 대하여 그에 버금가는 심판을 내리실 것이다. 그리고 바로와 그의 모든 군대를 홍해에 빠져 죽게 하신 것처럼, 하나님은 마침내 모든 적그리스도의 무리를 뿌리 뽑으실 것이다. 여기에 애굽에 내린 열 가지 재앙 가운데 두 가지가 언급된다. 그러나 여기의 환상은 애굽의 여섯째 재앙 즉 종기의 재앙과 함께 시작된다. 나는 여기의 "악하고 독한"이 의미하는 바를 충분히 이해하지 못한다. 모어 박사(Dr. More)는 그것을 교황주의자들이 최초로 자신들의 왕국이 기울어지는 것을 보며 괴로워하는 것을 의미하는 것으로 해석하는데, 나는 그러한 해석에 상당 부분 동의한다. 나뿐만 아니라 다른 많은 주석가들도 그러한 해석에 동의한다.

3. 둘째 천사가 그 대접을 바다에 쏟으매 바다가 곧 죽은 자의 피 같이 되니 바다 가운데 모든 생물이 죽더라.

여기의 재앙은 애굽의 첫째 재앙과 상응한다. "모세와 아론이 여호와께서 명령하신 대로 행하여 바로와 그의 신하의 목전에서 지팡이를 들어 나일 강을 치니 그 물이 다 피로 변하고"(출 7:20).

바다가 곧 죽은 자의 피 같이 되니 바다 가운데 모든 생물이 죽더라. 여기의 "바다"

를 모어 박사는 교황주의의 세력권을 상징하는 것으로서 이해하는데, 이 부분에서 그는 미드와 일치한다. 그러나 나는 그것을 전체적인 교황주의 체계로 이해하는 자들의 의견에 동의한다. 즉 그들의 의식(儀式)과 예법, 면죄부와 연옥 같은 교리체계 등 모든 것을 포괄하는 전체적인 교황주의 체계 말이다. 하나님은 그의 종 요한에게 다음과 같은 방법으로 교황주의를 무너뜨릴 것을 보여주신다. (1) 그들의 성직자들의 거짓과 허위를 드러내심으로써 그들을 경멸과 냉소 가운데 떨어뜨림으로 말미암아. (2) 그들의 외적으로 번듯하며 화려한 의식(儀式)의 어리석음과 헛됨을 드러내심으로 말미암아. 그들의 의식은 영적이며 정결한 요소는 결여된 채 오로지 외적인 화려한 것들로만 채워져 있다. 그들의 고해성사, 사죄의 선언, 미사, 면죄부 등을 생각해 보라. 그것들은 모두 허위와 거짓으로 가득 차 있다. 그것은 무익할 뿐만 아니라 유해하다. 참된 그리스도인들은 그들의 교회와 더불어 교제하면서 살 수 없다. 그들과의 교제를 계속해서 지키는 자들에게는 결국 저주가 따를 것이다.

4. 셋째 천사가 그 대접을 강과 물 근원에 쏟으매 피가 되더라.

미드와 모어는 공히 여기의 "강과 물 근원"을 예수회(Jesuits)와 다른 교황주의 전사(戰士)들로서 해석한다. 그리고 여기에는 지난 100년간 많은 피를 마신 스페인의 통치자들과 같은 적그리스도의 열렬한 옹호자들이 포함된다. 그러나 우리는 오늘날 영국과 스페인과 프랑스와 베네치아에서 여기의 전사들이 어떻게 다루어졌는지를 안다. 실제로 영국에서 그들을 반대하는 법령이 제정되기도 했지만, 그러나 그것은 일차적으로 영국의 신민으로서 배교한 자들과 관련된 것이다. 그러므로 나는 여기의 대접이 아직 쏟아지지 않았다고 생각한다. 다시 말해서 아직까지 우리는 두 번째 대접 이상까지는 나아가지 못한 것이다. 하나님은 진실로 로마교회 성직자들을 경멸의 대상이 되게 하셨으며 그들을 충분히 괴롭게 하셨다. 또 하나님은 그들의 겉만 번드르르한 의식(儀式)을 조롱의 대상이 되게 하셨다. 그러나 실제로 얼마만큼 더 나아가야 적그리스도의 멸망에 이르게 되는지 나는 알지 못한다.

5. 내가 들으니 물을 차지한 천사가 이르되 전에도 계셨고 지금도 계신 거룩하신 이여 이렇게 심판하시니 의로우시도다.

본 절부터 7절까지는 하나님께 돌려지는 존귀와 영광을 표현한다. 하나님이 여기의 "물을 차지한 천사"나 혹은 다른 도구들을 통해 짐승을 옹호하는 자들을 멸망시키는 큰 일을 이루실 때, 이와 같이 그에게 존귀와 영광이 돌려질 것이다.

전에도 계셨고 지금도 계신 거룩하신 이여 이렇게 심판하시니 의로우시도다. 이와 같이 그 천사는 적그리스도를 멸망시킴에 있어서의 하나님의 공의와 의로우심을 찬미한다.

6. 그들이 성도들과 선지자들의 피를 흘렸으므로 그들에게 피를 마시게 하신 것이 합당하니이다 하더라.

그들은 하나님의 신실한 사역자들과 백성들을 박해했다. 따라서 그들이 자신들의 피를 마시는 것, 다시 말해서 그들의 죄에 합당한 형벌을 받는 것은 지극히 정당한 일이었다.

7. 또 내가 들으니 제단이 말하기를 그러하다 주 하나님 곧 전능하신 이시여 심판하시는 것이 참되시고 의로우시도다 하더라.

그 날 다른 사람들도 ― 승리한 교회의 지체들이든 혹은 전투하는 교회의 지체들이든, 혹은 둘 다든 ― 하나님께 영광을 돌릴 것이다. 하나님은 전능하신 하나님으로서 능히 그와 같은 일을 행하실 수 있으시며, 의로우신 하나님으로서 그들에게 그들의 죄에 합당한 형벌을 내리실 수 있으시며, 진실하신 하나님으로서 자기 백성들에 대한 약속과 원수들에 대한 경고를 이루실 수 있으시다. 누가 이렇게 기뻐할 것인가를 결정하는 것은 비교적 쉽지만, 그러나 언제 이러한 기쁨이 있을 것인가를 결정하는 것은 상대적으로 어렵다. 이것은 분명 하나님의 일이다. 그러나 그것은 지금도 진행 중에 있으며 아직 완성되지 않았다.

8. 넷째 천사가 그 대접을 해에 쏟으매 해가 권세를 받아 불로 사람들을 태우니.

여기의 "해"가 의미하는 것을 정확하게 이해하기는 매우 어렵다. 다만 내가 볼 때 그것을 유력한 통치자들이나 혹은 적그리스도의 하늘 아래 펼쳐지는 세속 권력 전체로 이해하는 것이 가장 개연성이 높아 보인다. 여기의 표현은 그러한 세속 권력의 멸망이나 혹은 그들이 교황주의로부터 이탈하는 것을 가리키는 것으로 보인다. 그들은 적그리스도와 그의 무리를 마치 불로 태우는 것처럼 괴롭게 하며 분노하게 할 것이다. 나는 그것을 실제적인 해나 혹은 하나님의 말씀으로 해석하는 것보다 이와 같이 해석하는 것이 훨씬 더 개연성이 높다고 생각한다.

9. 사람들이 크게 태움에 태워진지라 이 재앙들을 행하는 권세를 가지신 하나님의 이름을 비방하며 또 회개하지 아니하고 주께 영광을 돌리지 아니하더라.

여기의 사람들은 저주받은 자들이 지옥에서 당하는 일을 이 땅에서 당한다. 그것은 하나님의 보응으로 크게 태움을 당하는 일이다. 그럼에도 불구하고 그들은 격노를 발하며 자신들에게 그러한 재앙을 가져다준 의로우신 하나님에 대하여 악담을 퍼붓는다. 그들은 자신들의 죄에 대해서는 아무 생각도 없다. 그들은 하나님께 돌이켜 자신들의 죄를 고백하며 그분께 영광 돌리려고 하지 않는다. 오로지 격노를 발하며 하나님께 악담을 퍼부을 뿐이다. 하나님이 교황주의에 대해 심판을 내리실 때 이와 같을 것이다. 그들은 하나님의 심판에 대해 격노하며, 하나님의 공의를 비방할 것이다. 그러나 그것은 그들 자신의 완고한 마음을 증명할 뿐이다. 그들은 멸망에 넘겨진 자들로서 그러한 심판이 그들의 미신과 우상 숭배 그리고 그들이 하나님의 성도들을 박해하고 그들의 피를 흘린 것으로부터 말미암은 것임을 전혀 깨닫지 못할 것이다. 물론 교황주의를 따르는 모든 사람들이 이와 같지는 않을 것이다. 그들 가운데 많은 사람들이 돌이킬 것이며, 진실을 알게 될 것이다. 그러나 그들 가운데 상당수의 사람들은 허상과 미망과 완고한 마음 가운데 계속해서 남아 있을 것이다.

10. 또 다섯째 천사가 그 대접을 짐승의 왕좌에 쏟으니 그 나라가 곧 어두워지며 사람들이 아파서 자기 혀를 깨물고.

다섯째 천사. 16:1에 언급된 천사들 가운데 다섯째. 여기의 천사들은 이를테면 하나님이 교황주의를 허물어뜨리기 위해 점진적으로 사용하시는 도구들이다.

그 대접을 짐승의 왕좌에 쏟으니. 다섯째 천사는 로마라는 도시 자체에 하나님의 진노를 쏟을 것이며, 그럼으로써 교황주의를 완전히 허물어뜨릴 것이다.

그 나라가 곧 어두워지며. 그렇게 하여 짐승의 나라는 고통과 고뇌와 비참함의 어둠으로 가득 찰 것이다. 어둠은 애굽에 임한 열 가지 재앙 가운데 하나였다.

사람들이 아파서 자기 혀를 깨물고. 그들은 마치 고통으로 인해 자신의 혀를 깨무는 사람들처럼 재앙으로 가득 찰 것이다. 언제 이렇게 될지는 오직 하나님만 아신다. 이 일이 1656년 혹은 1660년 혹은 1666년에 이루어질 것이라고 생각한 사람들은 결국 너무 성급했음이 드러났다. 나는 이 일이 1866년 이전에 혹은 그때로부터 1900년 사이에 이루어질 것이라고는 믿지 않는다. 그때를 결정하는 것은 예언적인 의미의 마흔두 달 혹은 1,260일의 시작을 언제로 결정하느냐에 달려 있다. 나는 그때가 주후 606년 혹은 (Stephens의 해석에 따를 때) 666년일 가능성이 가장 높다고 생각한다. 율리우스력에 따를 때 둘은 같다. 13:18에 대한 저자의 주석을 참조하라.

11. 아픈 것과 종기로 말미암아 하늘의 하나님을 비방하고 그들의 행위를 회개하지 아니하더라.

이것은 짐승에게 속한 무리와 관련하여 9절에서 말하여진 것과 동일하다. 이것은 그들 무리 전체를 관통하여 흐르는 마음의 완악함과 패역함을 나타낸다.

12. 또 여섯째 천사가 그 대접을 큰 강 유브라데에 쏟으매 강물이 말라서 동방에서 오는 왕들의 길이 예비되었더라.

큰 강 유브라데에 쏟으매. 투르크 제국에 쏟으매. 9:14에 대한 저자의 주석을 참조하라. 강물이 말라서. 그들의 힘과 권능과 능력이 허물어져서.

동방에서 오는 왕들의 길이 예비되었더라. 그럼으로써 유대인들의 회심을 위한 길이 예비되었더라. 계시록에 대한 가장 탁월한 해석자들은 여기의 말씀을 대체로 이와 같이 해석한다. 그런 사람들 가운데 미드, 모어 박사, 파레우스, 더럼 등이 있다. 그러나 나는 우리가 여기에서 한 걸음 더 나아갈 수 있다고 생각한다. 유브라데는 바벨론 옆으로 흐르는 큰 강이었다. 역사가들에 따르면 그 깊이는 대략 두 길 정도 되었다고 한다. 고레스와 다리오가 바벨론을 정복하기 위해 왔을 때, 그들은 그 강의 물길을 돌렸다(렘 51:32, 36). 나는 여기의 말씀에 그 때의 역사(歷史)가 암시되어 있다고 생각한다. 9:14을 주석할 때 이야기했던 것처럼, 투르크족은 처음에 이 강 유역을 그들의 거처로 취했다. 하나님은 당신의 섭리 가운데 그들을 그곳에 오랫동안 — 즉 여섯째 나팔이 불릴 때까지 — 묶어 두셨다. 제사장 나라가 될 것이라는 약속을 받은 유대인들은 동방 나라들 가운데 큰 숫자로 번성했는데, 나는 그러한 유대인들이 여기에서 "동방에서 오는 왕들"로 불린 것일 수 있다고 생각한다(출 19:6). 다음과 같은 두 가지가 그들로 하여금 기독교 신앙을 붙잡지 못하도록 막았다. (1) 교황주의자들의 형상 예배와 우상 숭배. (2) 투르크족의 무력. 그러나 이러한 두 가지 장애물이 바벨론의 멸망과 투르크족의 쇠퇴로 제거됨으로써 유대인들이 기독교 신앙을 붙잡을 수 있는 길이 예비된다. 이런 측면에서 여섯째 대접과 여섯째 나팔은 서로 상응하는 것처럼 보인다. 어쨌든 여기의 "강물이 말랐다"는 것은 그들의 멸망을 가리키는 것으로 보인다. 그리고 이것은 로마의 멸망과 교황주의의 총체적인 붕괴 이후에 이루어질 신적 섭리의 특별한 역사(役事)인 것으로 보인다. 이와 같이 여기에서 우리는 교황과 투르크족과 그들의 모든 옹호자들의 멸망을 본다. 그러나 우리는 그들이 완전하게 소멸되는 것으로 생각해서는 안 된다. 그들 가운데 일부는 세상에 남아 있을 것이다. 그리고 그들은 다시금 결합하여 아마겟돈에서 마귀의 마지막 전쟁을 수행하는 군대가 될 것이다. 이에 대해 우리는 16절에서 다시 보게 될 것이다.

13. 또 내가 보매 개구리 같은 세 더러운 영이 용의 입과 짐승의 입과 거짓 선지자

의 입에서 나오니.

하나님은 여기에서 그의 종 요한에게 교황과 투르크족의 권세가 깨어진 후 마귀가 새로운 반격을 시작하는 것을 보여주신다. 그렇게 하기 위해 마귀는 적그리스도의 영과 짐승의 영과 거짓 선지자의 영으로 어떤 사람들에게 영향을 끼친다.

14. 그들은 귀신의 영이라 이적을 행하여 온 천하 왕들에게 가서 하나님 곧 전능하신 이의 큰 날에 있을 전쟁을 위하여 그들을 모으더라.

그러한 영들은 마귀의 영향력으로부터 땅의 왕들에게 하나님의 교회에 대항하여 싸우는 전쟁에 동참할 것을 유혹한다. 의심의 여지 없이 이것은 아마겟돈 전쟁이다(16절).

15. 보라 내가 도둑 같이 오리니 누구든지 깨어 자기 옷을 지켜 벌거벗고 다니지 아니하며 자기의 부끄러움을 보이지 아니하는 자는 복이 있도다.

내가 도둑 같이 오리니. 다시 말해서 내가 갑자기 그리고 예기치 않게 오리니. 마태복음 24:43-44; 누가복음 12:39; 데살로니가전서 5:2; 계시록 3:3을 보라. 이것은 그리스도께서 마지막 심판을 위해 오시는 것으로 이해될 수도 있고, 혹은 특별한 섭리 가운데 그의 원수들에게 보응을 실행하기 위해 오시는 것으로 이해될 수도 있다. 깨어 자기의 옷을 지키는 … 자는 복이 있도다. 죄로부터 스스로를 지키는 것을 자신의 일로 삼는 자는 복이 있다. 또 나의 올 것을 바라보며 자기 옷을 지키면서 나의 길과 진리를 지키는 자는 복이 있다.

벌거벗고 다니지 아니하며 자기의 부끄러움을 보이지 아니하는. 이렇게 하지 않는 자들은 결국 나의 의로 옷 입지 않은 자들 가운데 한 사람으로 발견될 것이며, 그들의 외식(外飾)이 마침내 모든 사람들에게 드러날 것이다.

16. 세 영이 히브리어로 아마겟돈이라 하는 곳으로 왕들을 모으더라.

마귀가 그들을 모을 것이라, 혹은 하나님이 당신의 섭리 가운데 그들로 하여금 그가 그들과 그들의 무리를 멸하시기로 작정하신 장소로 함께 모이도록 이끌 것이라. 어떤 학자들은 아마겟돈이란 단어가 "멸하다"와 관련된다고 말한다. 반면 다른 학자들은 그것이 복음의 산(mountain of the gospel), 혹은 사과의 산(mountain of apples), 혹은 열매의 산(mountain of fruits)을 의미한다고 생각한다. 나는 첫 번째 견해가 가장 좋다고 생각한다. 그 단어는 어떤 특정한 장소를 의미하지 않는다. 다만 나는 여기에 바락이 시스라의 군대를 물리친 곳이었을 뿐만 아니라 요시야가 죽임을 당한 곳이었던 므깃도가 암시되어 있다고 생각한다(삿 5:19; 왕하 23:30). 이 전쟁의 결과에 대해 우리는 19장에서 좀 더 상세히 보게 될 것이다.

17. 일곱째 천사가 그 대접을 공중에 쏟으매 큰 음성이 성전에서 보좌로부터 나서 이르되 되었다 하시니.

일곱째 천사가 그 대접을 공중에 쏟으매. 나는 미드(Mede)와 함께 여기의 "공중"을 공중 권세와 관련하여 이해하는 것이 가장 좋은 해석이라고 생각한다. 사탄은 "공중 권세 잡은 자" 즉 공중 권세의 왕으로 불린다(엡 2:2). 이런 측면에서 여기의 "공중"은 오랫동안 그리스도의 교회를 괴롭게 한 마귀의 자녀들을 가리키는 것으로 보인다. 되었다. 하나님의 일이 이루어졌다. 다시 말해서, 그의 원수들을 멸망시키고 그의 백성들을 구원코자 하시는 그의 계획이 그의 섭리 가운데 성취되었다.

18. 번개와 음성들과 우렛소리가 있고 또 큰 지진이 있어 얼마나 큰지 사람이 땅에 있어 온 이래로 이같이 큰 지진이 없었더라.

4:5; 6:12; 11:13, 19을 보라. 이것은, 하나님이 이스라엘 백성들에게 율법을 주시기 위해 나타나셨을 때처럼, 그의 권능과 엄위하심을 선언하는 것일 수 있다(출 19:16). 그렇다면 이것은 하나님이 자신을 대적하는 자들을 징벌하기 위해 오시는 것을 가리키는 것이 될 것이다. 혹은 이것은 짐승의 권세 아래 있는 세상에 임하는 큰 혼란과 소동을 가리키는 것일 수 있다. 혹은 여기의 번개와 음성들과 우렛소리는 전자를, 그리고 큰 지진은 후자를 가리키는 것일 수도 있다.

19. 큰 성이 세 갈래로 갈라지고 만국의 성들도 무너지니 큰 성 바벨론이 하나님 앞에 기억하신 바 되어 그의 맹렬한 진노의 포도주 잔을 받으매.

큰 성. 로마. 이것은 본 절에서 또다시 "큰 성 바벨론"으로 불린다.

세 갈래(three parts)로 갈라지고. 모어 박사는 여기의 "세 부분"(three parts)을 이교도 부분과 기독교 부분과 적그리스도 부분을 가리키는 것으로 이해한다. 이러한 세 부분이 아마겟돈에서 서로 싸우는 군대를 이룬다는 것이다. 또 어쩌면 이것은 앞 절의 큰 지진의 결과일 수도 있다. 큰 성 바벨론이 하나님 앞에 기억하신 바 되어 그의 맹렬한 진노의 포도주 잔을 받으매. 우상 숭배와 박해에도 불구하고 1,260년 동안 참으셨던 하나님은 이제 비로소 교황주의와 그것을 따르는 모든 사람들에게 보응을 행하신다.

20. 각 섬도 없어지고 산악도 간 데 없더라.

이것은 앞 절의 큰 지진의 결과이다. 6:14을 보라. 어떤 사람들은 여기의 섬과 산악을 거기에 사는 사람들로 취하면서, 한 걸음 더 나아가 그들의 각종 우상 숭배와 미신들을 가리키는 것으로 이해한다. 왜냐하면 이교도들은 많은 경우 높은 곳에 산당을 짓고 그곳에서 각종 우상 숭배와 미신들을 행했기 때문이다. 그러나 이것은 확실하지 않다.

21. 또 무게가 한 달란트나 되는 큰 우박이 하늘로부터 사람들에게 내리매 사람들이 그 우박의 재앙 때문에 하나님을 비방하니 그 재앙이 심히 큼이러라.

우박은 애굽에 임한 열 가지 재앙 가운데 하나였다(출 9:22-25). 그것은 또한 하나님이 가나안의 다섯 왕과 싸우실 때 사용하셨던 우박덩이를 암시하는 것일 수도 있다(수 10:11). 어쨌든 그것은 짐승과 그의 무리가 모두 멸망을 당할 때까지 하나님이 그들에게 가져다주실 한층 더 큰 심판을 의미한다. 아울러 하반절은 짐승과 그의 무리가 계속적으로 그 마음을 완악하게 하는 것을 보여준다. 이 부분에서도 그들은 그들의 모형인 바로와 애굽 사람들과 대응된다. 왜냐하면 그들은 모두 홍해 바다에 빠져 멸망을 당할 때까지 자신들의 완악한 마음을 누그러뜨리지 않았기 때문이다. 교황주의의 마지막 멸망과 관련한 이 모든 예언 속에서 바로와 애굽 사람들은 명백히 교황과 그를 따르는 무리의 모형이 된다. (1) 그들의 죄와 관련하여. 그들의 죄는 우상 숭배와 하나님의 백성들을 압제한 것이었다. (2) 그들에게 임한 재앙들과 관련하여. 물이 피로 바뀌는 것, 독한 종기, 어둠, 우박 등이 그러하다. (3) 그들의 마음의 완악함과 관련하여. 반면 둘 사이에는 차이도 있는데, 그 악함에 있어 원형이 모형을 훨씬 능가한다. (1) 바로는 때로 그 마음을 누그러뜨리기도 했다. 비록 금방 다시 예전의 완악함으로 돌아가기는 했더라도 말이다. (2) 우리는 애굽 사람들이 재앙을 당하는 가운데 하나님을 모독하며 대적했다는 이야기를 듣지 못한다. 반면 여기의 새로운 애굽인들은 재앙 가운데 계속적으로 하나님을 비방하며 대적한다.

MATTHEW POOLE'S COMMENTARY

요한계시록 17장

개요

1. 붉은 빛 짐승을 탄 큰 음녀의 환상(1-4).
2. 그녀의 이름(5).
3. 그녀가 성도들의 피에 취함(6).
4. 짐승과 그의 일곱 머리와 열 뿔의 비밀에 대한 해석(7-17).
5. 음녀의 비밀에 대한 해석(18).

1. 또 일곱 대접을 가진 일곱 천사 중 하나가 와서 내게 말하여 이르되 이리로 오라 많은 물 위에 앉은 큰 음녀가 받을 심판을 네게 보이리라.

본 절은 요한이 본 새로운 환상에 대한 일종의 서론이다. 그러나 그것은 그 계시된 내용에 있어서는 새로운 것이 아니다. 왜냐하면 그것은 계속해서 적그리스도와 관련한 내용을 계시하고 있기 때문이다. 그리고 그 내용은 적그리스도의 멸망과 관련한 바로 앞의 세 대접과 동시대를 다룬다. 앞에서 **짐승**의 개념으로 묘사된 적그리스도는 여기에서는 **큰 음녀**의 개념으로 묘사된다. 음녀는 결혼을 했음에도 불구하고 남편을 배반한 여자를 가리키는데, 그것은 로마교회와 매우 잘 어울리는 상징이다. 그들의 믿음은 (만일 그들이 여전히 그와 같은 이름 즉 로마교회라는 이름으로 불릴 수 있다면) "온 세상에 전파"되었었지만, 그러나 이미 오래 전에 우상 숭배로 변질되었다(롬 1:8, 성경 전체를 통해 우상 숭배는 음행으로 불린다). 여기의 음녀는 "많은 물 위에 앉은" 것으로 말하여지는데, 아마도 이것은 그녀가 많은 사람들을 자기의 세력권 아래 두고 있기 때문이거나, 아니면 단순히 유브라데 강 유역에 위치했던 옛 바벨론을 암시하기 위함이었을 것이다. 유브라데는 많은 물이 흐르는 큰 강이었다. 여기에서 요한은 그 음녀의 멸망과 관련한 하나님의 계획을 들으라고 초청받는다. 물론 그녀의 멸망에 대해서는 앞에서도 여러 차례 계시되었다. 그러나 그때는 단지 일반적이며 간략하게만 계시되었을 뿐이었다. 이제 하나님은 요한에게 그것을 좀 더 충분하며, 구체적이며, 명확하게 계시하고자 하신다.

2. 땅의 임금들도 그와 더불어 음행하였고 땅에 사는 자들도 그 음행의 포도주에

취하였다 하고.

땅의 임금들도 그와 더불어 음행하였고. 세상의 많은 통치자들이 그 음녀와 더불어 영적인 간음을 행했다. 그들은 그녀의 우상 숭배적인 예배를 받아들였으며, 그녀의 권위에 굴복하였으며, 그녀의 모범을 따랐다.

땅에 사는 자들도 그 음행의 포도주에 취하였다. 땅의 임금들뿐만 아니라 일반 백성들까지도 그녀의 음행의 포도주에 취했다. 다시 말해서, 그녀는 그러한 포도주로 자신과 더불어 우상 숭배를 행하도록 그들을 유혹했다. 여기의 "포도주"는 부요, 존귀, 쾌락, 출세, 그녀의 화려한 예배 의식, 주교직의 위엄, 오랜 전통, 하나로 통일된 조직체 등을 의미한다. 다시 말해서, 교황주의자들은 그러한 것들로 사람들을 자신들과의 우상 숭배적인 교제 안으로 유혹하는 것이다.

3. 곧 성령으로 나를 데리고 광야로 가니라 내가 보니 여자가 붉은 빛 짐승을 탔는데 그 짐승의 몸에 하나님을 모독하는 이름들이 가득하고 일곱 머리와 열 뿔이 있으며.

성령으로 나를 데리고. 이것은 황홀경(ecstasy) 가운데 이루어진 일이었다. 4:2을 보라. 그는 바울이 고린도후서 12:2에서 표현한 것처럼 몸 안에 있었는지 몸 밖에 있었는지 알 수 없었다. 광야로 가니라. 광야는 사람들이 많이 거주하지 않는 곳으로서 묵상을 하기에 가장 적합한 장소이다. 혹은 어쩌면 이것은 그리스도의 신부를 광야로 좇아냈던 그 음녀가 옛 바벨론의 운명에 따라 곧바로 자신의 상태로 돌아온 것을 가리키는 것인지도 모른다(렘 1:13). 여자가 붉은 빛 짐승을 탔는데. 1절에 언급된 큰 음녀. 그녀는 로마의 황제들에 의해 지탱된다.

그 짐승의 몸에 하나님을 모독하는 이름들이 가득하고 일곱 머리와 열 뿔이 있으며. 13:1과 그것에 대한 저자의 주석을 참조하라. 여기에서 한 가지 큰 의문이 제기되는데, 그것은 이 여자가 누구냐, 혹은 5절에 언급된 "큰 바벨론"이 무엇을 의미하느냐 하는 의문이다. 이것은 매우 중요한 질문이다. 왜냐하면 이 여자가 누구인지 혹은 여기의 바벨론이 무엇을 의미하는지를 분명히 해야만 비로소 하나님의 백성들이 그것과의 교제를 피하며 그것으로부터 나올 수 있게 되기 때문이다(14:9, 10).

1. 어떤 사람들은 여기의 음녀 혹은 바벨론을 악인들의 세상 전체를 의미하는 것으로 이해한다. 이러한 견해에 대해 다름과 같은 반론이 제기된다. (1) 18절에서 요한은 땅의 왕들을 다스리는 어떤 큰 성에 대해 말하는데, 이것은 악한 세상을 의미하는 것일 수 없다. (2) 악인들의 세상은 곧 땅에 거하는 자들이다. 그들은 여기의

음녀가 자신의 음행의 포도주로 취하게 만든 자들이다. 그들을 취하게 만든 그녀와 취한 그들은 같을 수 없다. (3) 일곱 산 위에 앉은 것은 여기의 음녀이지, 세상의 모든 악인들이 아니다(9절). (4) 우리는 여기의 바벨론으로부터 나오라고 명령받을 뿐, 세상으로부터 나오라고 명령받지 않는다.

2. 또 어떤 사람들은 그것을 갈대아의 옛 바벨론을 가리키는 것으로 생각한다. 이러한 견해에 대해 다음과 같은 반론이 제기된다. (1) 그렇다면 이것이 도대체 무슨 비밀이란 말인가? 이와 관련하여 5절을 보라. "그의 이마에 이름이 기록되었으니 비밀이라, 큰 바벨론이라, 땅의 음녀들과 가증한 것들의 어미라 하였더라." (2) 여기에 언급된 바벨론이 적그리스도의 보좌라는데 모든 사람들이 동의한다. 그러나 옛 바벨론은 적그리스도의 보좌가 아니다.

3. 대부분의 사람들은 그것을 로마로 보는데 동의한다. 터툴리안, 제롬, 암브로스, 오이쿠메니우스, 아우구스티누스, 유세비우스 등의 옛 학자들과 베다, 아퀴나스, 살메론, 페레리우스, 벨라르민, 라피데, 리베라 등의 교황주의 학자들과 다수의 프로테스탄트 학자들이 그렇게 생각한다. 로마는 그 권세와 능력에 있어 그리고 하나님의 이스라엘을 압제하며 강포를 행한 것에 있어 옛 바벨론과 유사하다. 뿐만 아니라 본 절에 묘사된 그것의 특징은 로마 외에 다른 어느 도시와도 부합되지 않는다. "지혜 있는 뜻이 여기 있으니 그 일곱 머리는 여자가 앉은 일곱 산이요"(9절). 일곱 산은 다름 아닌 로마의 지리적 특징이다. 왜냐하면 최초의 로마는 세상에서 일곱 산 위에 세워진 유일한 도시였기 때문이다. 오비디우스, 베르길리우스, 호라티우스, 프로페르티우스 등의 옛 시인들이 일곱 산 위에 세워진 로마를 노래했다. 또 플루타르코스, 플리니우스, 디오니시오스, 할리카르나세우스 등이 로마가 일곱 산 위에 세워진 사실은 증언했다. 그러한 일곱 산의 이름은 다음과 같다: 팔라티누스, 퀴리날리스, 아벤티누스, 켈리우스, 베미날리스, 에스퀼리누스, 카피톨리누스. 교황주의 학자들과 프로테스탄트 학자들이 공히 여기의 바벨론이 로마를 의미한다고 보는데 동의한다. 그러나 그들은 그것이 옛 이교도 상태의 로마를 의미하는 것으로 이해되어야 하는지 혹은 현재 상태의 로마를 의미하는 것으로 이해되어야 하는지, 혹은 미래 상태의 로마를 의미하는 것으로 이해되어야 하는지에 대해 서로 나누어진다.

4. 어떤 사람들은 그것이 옛 이교도 상태의 로마로 이해되어야 한다고 생각한다. 이렇게 생각하는 사람들 가운데 그로티우스, 하몬드 등이 있다. 그러나 이러한 견

해에 대해 다음과 같은 반론이 제기된다. (1) 하나님은 여기에서 로마를 여섯째 머리(즉 이교도 황제들)의 상징으로 묘사하지 않으신다. 도리어 마지막 머리 즉 여덟째 왕의 상징으로 묘사하신다. "전에 있었다가 지금 없어진 짐승은 여덟째 왕이니 일곱 중에 속한 자라 그가 멸망으로 들어가리라"(11절). 뿐만 아니라 그는 8절에서 무저갱으로부터 올라오는 자로서 묘사된다. "네가 본 짐승은 전에 있었다가 지금은 없으나 장차 무저갱으로부터 올라와 멸망으로 들어갈 자니." (2) 요한이 여기에서 본 것은 성도들의 피와 관련하여 비밀이라고 언급된다. 그러면서 그는 그것을 매우 놀랍게 여긴다(5, 6절). 그러나 이교도 황제들이 성도들의 피를 흘린 것은 이미 오래 전에 행해진 일이었다. (3) 여기에 언급된 바벨론의 멸망은 18:21-23에 나타나는 것처럼 다시 회복될 수 있는 것이 아니라 최종적인 것이었다. 그러나 이교도 로마는 그렇게 멸망하지 않았다. (4) 만일 그것이 이교도 로마를 의미하는 것이라면, 그것이 무너진 후 기독교화된 로마는 귀신들의 처소가 되어야만 했을 것이다. "무너졌도다 무너졌도다 큰 성 바벨론이여 귀신의 처소와 각종 더러운 영이 모이는 곳과 각종 더럽고 가증한 새들이 모이는 곳이 되었도다"(18:2). (5) 이교도 로마는 하나님의 성도들을 달콤한 유혹이 아니라 끔찍한 폭력으로 박해했다. 반면 여기의 음녀는 그들을 자신의 음행의 포도주로 취하게 만든다(2절).

5. 대부분의 교황주의자들은 그것이 세상 종말 시의 로마를 가리키는 것으로서 이해되어야 한다고 생각한다. 그들은 그때 로마가 다시금 교황으로부터 떠나 이교(異教)로 돌아갈 것이라고 말한다. 그러나 이러한 개념은 아무런 성경적 기초도 갖지 못한다. 뿐만 아니라 일부 교황주의자들조차 그러한 개념을 터무니없는 것으로 여기며 배격한다.

6. 대부분의 프로테스탄트 학자들은 여기의 음녀 혹은 바벨론을 교황 휘하의 로마를 가리키는 것으로서 이해한다. 그들이 제시하는 근거는 다음과 같다. (1) 앞에서 이야기한 것처럼 여기의 로마는 결코 옛 이교도 상태의 로마나 혹은 세상 종말 시의 로마를 가리키는 것으로서 받아들여질 수 없기 때문에. (2) 마치 하나님처럼 적그리스도가 성전에 앉을 것이기 때문에. "그는 대적하는 자라 신이라고 불리는 모든 것과 숭배함을 받는 것에 대항하여 그 위에 자기를 높이고 하나님의 성전에 앉아 자기를 하나님이라고 내세우느니라"(살후 2:4). 그러므로 그가 있는 곳은 어떤 이교도 도시일 수 없다. 사도들의 시대에 불법의 비밀이 활동하고 있었지만, 그러나 로마제국이 적그리스도가 나타나는 것을 막았다. "불법의 비밀이 이미 활동하였으

나 지금은 그것을 막는 자가 있어 그 중에서 옮겨질 때까지 하리라"(살후 2:7). 그러나 교황들이 로마를 틀어쥐고 그곳의 실권자가 되었을 때, 적그리스도가 스스로를 나타냈다.

4. 그 여자는 자주 빛과 붉은 빛 옷을 입고 금과 보석과 진주로 꾸미고 손에 금 잔을 가졌는데 가증한 물건과 그의 음행의 더러운 것들이 가득하더라.

그 여자는 자주 빛과 붉은 빛 옷을 입고. 자주색은 왕들과 통치자들의 색이었다. 그녀는 스스로를 여왕이라고 불렀다(18:4). 붉은 색 역시도 부유함과 존귀함을 나타내는 색이었다. 우리는 교황과 추기경들이 어떤 색깔의 옷을 입는지 잘 안다.

금과 보석과 진주로 꾸미고. 이것은 교황주의의 세속적인 부(富)를 보여준다. 손에 금 잔을 가졌는데 가증한 물건과 그의 음행의 더러운 것들이 가득하더라. 마치 음녀가 자신의 최음제와 황홀한 술잔으로 사람들을 육체적 만족으로 유혹하는 것처럼, 교황주의는 사람들을 우상 숭배로 유혹한다.

5. 그의 이마에 이름이 기록되었으니 비밀이라, 큰 바벨론이라, 땅의 음녀들과 가증한 것들의 어미라 하였더라.

그의 이마에 이름이 기록되었으니. 고대에 음녀의 집 대문이나 혹은 그녀의 이마에 그녀의 이름을 기록하는 관습이 있었다. 이것은 여기의 영적 음녀의 노골적인 죄와 뻔뻔함을 나타낸다. 비밀. 그녀의 이름 속에는 비밀이 담겨 있었다.

큰 바벨론. 이것은 갈대아의 옛 바벨론으로 이해되어서는 안 된다. 도리어 그것은 그리스도 이후 하나님과 복음을 거스르는 어떤 도시 혹은 통치체제로 이해되어야 한다. 마치 11:8에서 그 음녀가 영적인 소돔과 애굽으로 불렸던 것처럼 말이다. 그녀가 여기에서 영적이며 신비적인 의미에서 바벨론으로 불리는 것은 그러한 도시 혹은 통치체제가 우상 숭배와 하나님의 이스라엘을 박해한 점에서 옛 바벨론과 비슷하기 때문이다. 음녀들의 … 어미. 그녀는 단순한 음녀가 아니라 음녀들을 기른 어미였다. 로마교회는 우상 숭배를 기르고 그것을 만국에 전파했다. 로마교회의 진짜 이름은 "거룩한 어머니 교회"(holy mother church)가 아니라 바로 이것이다.

땅의 가증한 것들. 그들은 우상 숭배뿐 아니라 모든 가증한 일들을 자행했다. 그들 사이에서 육체적인 음행뿐만 아니라 심지어 동성애까지도 행해졌다.

6. 또 내가 보매 이 여자가 성도들의 피와 예수의 증인들의 피에 취한지라 내가 그 여자를 보고 놀랍게 여기고 크게 놀랍게 여기니.

이 여자. 즉 교황주의. 성도들의 피와 예수의 증인들의 피에 취한지라. 그녀는 성도들의 피로 가득 찼다. 그리고 그녀가 그들을 죽인 것은 그들이 예수 그리스도를 증언했기 때문이다. 내가 그 여자를 보고 놀랍게 여기고 크게 놀랍게 여기니. 여기의 환상 가운데 요한이 본 것은 이교도 로마가 아니었다. 도리어 그녀는 그리스도를 시인하며 스스로를 거룩한 교회라고 부르면서 그리스도의 증인들과 그의 말씀을 따라 살아가는 사람들을 죽였다. 이러한 사실 앞에 요한은 크게 놀라지 않을 수 없었다.

7. 천사가 이르되 왜 놀랍게 여기느냐 내가 여자와 그가 탄 일곱 머리와 열 뿔 가진 짐승의 비밀을 네게 이르리라.

천사는 요한에게 여기의 환상의 의미를 알려줄 것을 약속한다. 그러므로 여기의 환상은 계시록 전체를 통해 그 의미가 설명되는 유일한 환상으로서 앞의 환상의 열쇠가 된다.

8. 네가 본 짐승은 전에 있었다가 지금은 없으나 장차 무저갱으로부터 올라와 멸망으로 들어갈 자니 땅에 사는 자들로서 창세 이후로 그 이름이 생명책에 기록되지 못한 자들이 이전에 있었다가 지금은 없으나 장차 나올 짐승을 보고 놀랍게 여기리라.

네가 본 짐승. 이 짐승은 음녀를 태운 붉은 빛 짐승으로서 로마제국을 가리킨다(3절). 전에 있었다가 지금은 없으나. 그 짐승은 전에 이교도 로마의 상태로 있었다. 그러나 지금은 그러한 상태 즉 이교 상태로 있지 않는다. 무저갱으로부터 올라와. 무수한 사람들을 상징하는 바다로부터 올라와. 혹은 지옥으로부터 올라와. 여기의 단어(즉 무저갱)는 둘 모두를 의미한다. 멸망으로 들어갈. 반드시 멸망으로 떨어질.

땅에 사는 자들로서 창세 이후로 그 이름이 생명책에 기록되지 못한 자들이 이전에 있었다가 지금은 없으나 장차 나올 짐승을 보고 놀랍게 여기리라. 그러나 그는 멸망으로 들어가기 전에 세상을 속일 것이다. 그러므로 영원한 구원으로 택함을 받은 소수의 사람들 즉 14:3에 언급된 144,000명을 제외한 대부분의 사람들은 그를 보고 놀랍게 여길 것이다. 많은 주석가들이 여기의 "지금은 없으나 그러나 있는"이라는 표현을 해석하기를 어려워 한다(is not, and yet is, 한글개역개정판에는 "지금은 없으나 장차 나올"이라고 되어 있음). 왜냐하면 "그러나 있는"(and yet is)이라는 구절이 상반절에는 나타나지 않기 때문이다. 그러나 나는 그것을 해석하는 것이 그다지 어려울 것이 없다고 생각한다. 왜냐하면 분명 로마제국은 그리스도 이전부터 있었고 주후 310년까지 이교 상태로 계속 유지되다가 이후 이교를 버리고 기독교화 되었지만 그러나 얼마 후 — 특별히 어린 양처럼 두 뿔을 가진 짐승인 교황에 의해 삼켜졌을 때 — 또다시 우상 숭배를 행하며 그리스도인들을 박해했기 때문이다. 마치 예전의 이교 상태였을 때처럼 말이다. 바로 이것이 일곱 머리와 열 뿔을 가진 짐승이다(13:1).

9. 지혜 있는 뜻이 여기 있으니 그 일곱 머리는 여자가 앉은 일곱 산이요.

지혜 있는 뜻이 여기 있으니. 다시 말해서, 영적인 지혜로 옷 입은 마음을 요구하는 것이 여기 있으니. 그 일곱 머리는 여자가 앉은 일곱 산이요. 짐승의 일곱 머리는 로마가 위치한 일곱 산을 의미한다. 나는 앞에서 그러한 일곱 산의 이름을 밝혔다(3절에 대한 주석을 보라).

10. 또 일곱 왕이라 다섯은 망하였고 하나는 있고 다른 하나는 아직 이르지 아니하였으나 이르면 반드시 잠시 동안 머무르리라.

또 일곱 왕이라. 일곱 머리는 일곱 산을 의미할 뿐만 아니라 또한 일곱 왕 다시 말해서 (내가 만난 최고의 해석에 따를 때) 로마를 다스렸던 일곱 종류의 통치 주체를 의미한다. 성경에서 "왕"은 통치하는 주체를 가리키는데, 그때의 통치 주체는 한 사람의 개인일 수도 있고 복수의 사람들일 수도 있다. 이와 관련하여 신명기 33:5을 보라. "여수룬에 왕이 있었으니 곧 백성의 수령이 모이고 이스라엘 모든 지파가 함께 한 때에로다." 로마에는 다음과 같은 일곱 종류의 통치 주체가 있었다. (1) 왕. (2) 집정관. (3) 호민관. (4) 십인관(十人官). (5) 독재관. (6) 이교도 황제. (7) 그리스도인 황제.

다섯은 망하였고. 다섯 종류의 통치 주체 즉 왕과 집정관과 호민관과 십인관과 독재관에 의해 통치되는 통치 체제는 요한의 때 이전에 이미 사라졌다. 하나는 있고. 지금 즉 요한의 때는 이교도 황제들에 의해 통치되는 때였다.

다른 하나는 아직 이르지 아니하였으나. 당시 그리스도인 황제들에 의해 통치되는 때는 아직 도래하지 않았다. 이르면 반드시 잠시 동안 머무르리라. 그리스도인 황제들에 의해 통치되는 때는 단지 짧은 기간밖에는 유지되지 못할 것이다. 교황들이 그들의 손으로부터 이탈리아를 다스리는 통치권을 빼앗을 때까지 말이다. 나는 이러한 해석이 여기의 난해한 구절에 대한 가장 개연성 높은 해석이라고 생각한다.

11. 전에 있었다가 지금 없어진 짐승은 여덟째 왕이니 일곱 중에 속한 자라 그가 멸망으로 들어가리라.

전에 있었다가 지금 없어진 짐승은 여덟째 왕이니. 그는 로마제국에서 여덟 번째 통치 주체가 된다. 일곱 중에 속한 자라. 그는 여덟째 통치 주체임에도 불구하고 여전히 일곱 머리 즉 우상 숭배적인 일곱 통치 주체들 가운데 하나였다. 그가 멸망으로 들어가리라. 그들처럼 멸망을 당할 것이라.

12. 네가 보던 열 뿔은 열 왕이니 아직 나라를 얻지 못하였으나 다만 짐승과 더불어 임금처럼 한동안 권세를 받으리라.

네가 보던 열 뿔은 열 왕이니. 여기의 "열 왕"(ten kings) 역시도 열 명의 통치자라기보다 열 통치 주체를 의미하는 것으로 보인다. 아직 나라를 얻지 못하였으나. 그들은 요한의 때와 이후 상당 기간 동안 존재하지 않았다.

다만 짐승과 더불어 임금처럼 한동안 권세를 받으리라. 그들은 짐승이 통치하는 얼마 동안 교황주의와 함께 권세를 얻을 것이다. 그들은 짐승의 우상 숭배를 확립하기 위해 자신들의 권세를 사용할 것이다. 그러나 여기의 열 왕, 다시 말해서 열 명의 통치자 혹은 열 통치 주체가 무엇인지 나는 알지 못한다. 그러나 다음의 것들은 분명해 보인다. (1) 그들은 짐승의 통치 기간과 동시대를 이룬다는 것. (2) 그들이 짐승과 연합하여 자신들의 권세를 사용한다는 것. (3) 그들은 나중에 교황주의를 멸망시키는 도구가 된다는 것. "네가 본 바 이 열 뿔과 짐승은 음녀를 미워하여 망하게 하고 벌거벗게 하고 그의 살을 먹고 불로 아주 사르리라"(16절). 짐승이 통치하는 1,260년 동안 그와 같은 군주들과 통치 주체들은 항상 있어 왔고 또 앞으로도 있을 것이다. 비록 그들이 누구일 것인지 구체적으로 결정하는 것은 매우 어려운 일이라 하더라도 말이다. 그러나 그들이 짐승과 동시대를 이루는 사실은 나로 하여금 짐승의 통치가 시작된 주후 606년 이전에 있었던 자들은 결코 그들일 수 없음을 확신하게 만든다(비록 불법의 비밀이 이미 활동하고 있었고 또 짐승의 형상이 이미 오래 전에 만들어지고 있었다고 하더라도 말이다). 그러므로 주후 410년부터 600년까지 이탈리아를 혼란에 빠뜨렸던 열 곳의 야만족들은 결코 그들일 수 없다. 왜냐하면 그들은 모두 적그리스도가 오기 전에 활동했기 때문이다. 뿐만 아니라 그들은 교황에 대해 특별한 애정이나 혹은 증오심을 나타내지 않았다. 다만 그들은 그들의 정치적인 이해관계에 따라 교황에 대해 때로 호의적이기도 했고, 때로 적대적이기도 했다. 내가 볼 때 아마도 여기의 예언은 적그리스도의 통치 마지막 때의 몇몇 왕들과 특별하게 관련되는 것으로 보인다. 비록 얼마 동안 교황주의와 함께 했다 하더라도, 그들은 결국 교황주의를 멸망시키는 도구가 될 것으로 보인다. 그러나 그들이 누구일지 그리고 언제 그 일이 이루어질지 나는 알지 못한다.

13. 그들이 한 뜻을 가지고 자기의 능력과 권세를 짐승에게 주더라.

그들은 모두 교황주의자들일 것이다. 그리고 얼마 동안 자신들의 모든 능력과 권세를 교황주의를 옹호하는 일에 사용할 것이다.

14. 그들이 어린 양과 더불어 싸우려니와 어린 양은 만주의 주시요 만왕의 왕이시므로 그들을 이기실 터이요 또 그와 함께 있는 자들 곧 부르심을 받고 택하심을 받은 진실한 자들도 이기리로다.

그들이 어린 양과 더불어 싸우려니와. 열 왕은 얼마 동안 적그리스도와 함께 하는 가운데 복음을 대적할 것이다.

어린 양은 … 그들을 이기실 터이요. 그리스도께서 그의 복음의 능력으로 말미암아 그들을 이기실 것이다. 혹은 그들 가운데 일부는 그와 같이 회심할 것이지만, 그러나 회심하지 않는 자들은 혼란에 빠져 결국 멸망에 이를 것이다.

어린 양은 만주의 주시요 만왕의 왕이시므로 … 그와 함께 있는 자들 곧 부르심을 받고 택하심을 받은 진실한 자들도 이기리로다. 하늘과 땅의 모든 권세를 가지신 예수 그리스도는 그의 도구들을 그의 쓰심에 합당하게 준비시키신다. 그러므로 그가 이 일을 위해 사용하실 자들은 택하심 받은 자들로서 자신들에게 맡겨진 일을 충성스럽게 감당하는 자들일 것이다.

15. 또 천사가 내게 말하되 네가 본 바 음녀가 앉아 있는 물은 백성과 무리와 열국과 방언들이니라.

요한은 그 음녀가 일곱 산 위에 앉은 것과 많은 물 위에 앉은 것을 보았다(1, 9절). 그것은 그녀가 많은 사람들을 자신의 세력권 안에 두고 있는 것을 나타낸다.

16. 네가 본 바 이 열 뿔과 짐승은 음녀를 미워하여 망하게 하고 벌거벗게 하고 그의 살을 먹고 불로 아주 사르리라.

네가 본 바 이 열 뿔과 짐승. 3절과 12절을 보라. 음녀를 미워하여 망하게 하고 벌거벗게 하고 그의 살을 먹고 불로 아주 사르리라. 열 왕은 결국 교황주의로부터 이탈할 것이다. 그리고 마침내 그것을 멸망시키는 일에 하나님의 큰 도구들이 될 것이다. 잉글랜드와 스코틀랜드와 스웨덴 등은 과거에 교황주의의 세력권 안에 있었지만 나중에 그것으로부터 이탈하여 그것과 맞서는 위치에 있게 되었다. 나중에 우리는 여기의 예언이 우리가 경험한 것보다 훨씬 더 확실하게 이루어지는 것을 보게 될 것이다.

17. 이는 하나님이 자기 뜻대로 할 마음을 그들에게 주사 한 뜻을 이루게 하시고

그들의 나라를 그 짐승에게 주게 하시되 하나님의 말씀이 응하기까지 하심이라.

이는 하나님이 자기 뜻대로 할 마음을 그들에게 주사. 다시 말해서, 하나님이 뜻하신 것이 이루어지도록. 이것은 하나님이 그들에게 그렇게 하도록 명령하셨다는 의미도 아니고, 그들의 행동을 인정한다는 의미도 아니다. 다만 그의 허용적인 의지(意志)를 말하는 것이다. 한 뜻을 이루게 하시고 그들의 나라를 그 짐승에게 주게 하시되. 하나님은 어느 누구도 강제로 짐승과 협력하도록 만듦으로써 결과적으로 자신과 자신의 아들을 대적하도록 만들지 않는다.

하나님의 말씀이 응하기까지 하심이라. 그들은 그 일을 마흔두 달이 종료된 이후까지 행하지 않을 것이다. 하나님은 당신의 섭리 가운데 그들이 마흔두 달 동안 성전의 바깥 마당을 짓밟는 것을 허락하셨다. 그 기간 동안 그들은 자신들의 권세를 짐승에게 주기로 동의할 것이다. 그러나 그 기간이 끝나면 그들은 짐승을 미워하여 그를 멸망시키는 일에 협력할 것이다.

18. 또 네가 본 그 여자는 땅의 왕들을 다스리는 큰 성이라 하더라.

네가 본 그 여자. 3절의 보라. 큰 성. 다시 말해서, 큰 바벨론. 5절을 보라.

땅의 왕들을 다스리는. 자신이 원하는 대로 명령하기도 하고 형벌을 내리기도 하는. 이러한 표현과 가장 잘 부합하는 존재가 교황 외에 달리 누구겠는가? 그는 황제들을 자기 수하에 두며, 통치자들에게 칙령을 내리며, 왕들을 마음대로 파문한다. 그리고 어떤 왕이 자신의 명령에 복종하기를 거부하면, 다른 왕들로 하여금 그에 대항하여 무장하도록 만든다. 이와 같이 만일 교황이 일곱 산(로마) 위에 앉았다면, 또 만일 교황주의가 땅에 거하는 사람들을 우상 숭배로 유혹했다면, 또 만일 많은 왕들이 그 음녀에게 그들의 권세와 능력을 주었다면, 또 만일 그 음녀가 땅의 왕들을 다스린다면, 이 모든 것을 통해 우리는 교황이 바로 적그리스도이며 로마가 바로 큰 바벨론임을 추호의 의심 없이 확신할 수 있다. 그러므로 로마 혹은 로마교회는 우상 숭배와 하나님의 성도들의 피를 흘린 것으로 인해 반드시 멸망을 당할 것이다. 왜냐하면 여기의 예언은 "반드시 속히 일어날 일들"을 하나님이 그의 종 요한에게 보여주신 것이기 때문이다. "예수 그리스도의 계시라 이는 하나님이 그에게 주사 반드시 속히 일어날 일들을 그 종들에게 보이시려고 그의 천사를 그 종 요한에게 보내어 알게 하신 것이라 요한은 하나님의 말씀과 예수 그리스도의 증거 곧 자기가 본 것을 다 증언하였느니라"(1:1, 2).

MATTHEW POOLE'S COMMENTARY

요한계시록 18장

개요

1. 한 힘 센 천사가 바벨론의 멸망을 선포함(1–3).
2. 하나님의 백성들에게 그로부터 떠나라는 명령이 내려짐(4–7).
3. 심판 이후(8).
4. 땅의 왕들과 상인들과 선원들이 바벨론의 멸망을 보며 애통함(9–19).
5. 그러나 성도들은 그로 인해 기뻐해야 함(20).
6. 바벨론의 되돌릴 수 없는 최종적인 멸망을 상징하는 것으로서 맷돌이 바다에 던져짐(21–24).

1. 이 일 후에 다른 천사가 하늘에서 내려 오는 것을 보니 큰 권세를 가졌는데 그의 영광으로 땅이 환하여지더라.

여기의 천사가 그리스도를 가리키는지 혹은 어떤 피조된 천사를 가리키는지는 그다지 중요한 문제가 아니다. 여기의 표현은 그리스도와 부합될 뿐만 아니라 피조된 천사와도 부합될 수 있다. 큰 권세를 가졌는데. 그에게 하나님이 바벨론의 멸망을 선포하는 권세와 능력을 주셨다. 그의 영광으로 땅이 환하여지더라. 또 하나님은 그에게 당신의 사자(使者)에 합당한 영광을 주셨다.

2. 힘찬 음성으로 외쳐 이르되 무너졌도다 무너졌도다 큰 성 바벨론이여 귀신의 처소와 각종 더러운 영이 모이는 곳과 각종 더럽고 가증한 새들이 모이는 곳이 되었도다.

힘찬 음성으로 외쳐 이르되 무너졌도다 무너졌도다 큰 성 바벨론이여. 여기의 천사의 정체가 무엇이든 간에 그의 임무는 세상 전체에 영적 음녀들의 어미인 큰 성 로마가 무너질 것을 선포하는 것이었다. 여기의 천사는 없는 것을 있는 것처럼 부르시는 자의 선지자와 사자이다. 그러므로 그는 선지자들이 종종 사용하는 방식대로 말한다. 선지자들은 장차 이루어질 일을 그것의 확실함을 강조하기 위해 종종 과거형이나 혹은 현재형으로 말한다. 이와 같이 여기의 "무너졌도다"는 장차 그것이 무너질 것의 확실함을 선포하는 표현이다. 또 그들은 자신들의 메시지를 두 번 반복함으로써 그것의 확실함을 강조한다. 여기의 말씀은 21절에서 "큰 성 바벨론이 이

같이 비참하게 던져져 결코 다시 보이지 아니할 것이라"라고 다시 설명된다. 우리는 이 천사에 대해 14:8에서 읽었다. "또 다른 천사 곧 둘째가 그 뒤를 따라 말하되 무너졌도다 무너졌도다 큰 성 바벨론이여 모든 나라에게 그의 음행으로 말미암아 진노의 포도주를 먹이던 자로다 하더라." 이와 같이 선지자들에게 있어 같은 것을 반복하는 것은 통상적인 일이다. 마찬가지로 여기의 바벨론의 모형이었던 갈대아의 옛 바벨론의 멸망에 대해서도 이사야와 예레미야가 반복적으로 예언했다. 여기의 말씀은 이사야 21:9로부터 취한 것이다. "보소서 마병대가 쌍쌍이 오나이다 하니 그가 대답하여 이르시되 함락되었도다 함락되었도다 바벨론이여 그들이 조각한 신상들이 다 부서져 땅에 떨어졌도다 하시도다." 이사야서에서도 본문과 마찬가지로 "함락되었도다"가 두 번 반복된다. 여기의 말씀은 또한 예레미야 51:8에서도 발견된다. "바벨론이 갑자기 넘어져 파멸되니 이로 말미암아 울라 그 상처를 위하여 유향을 구하라 혹 나으리로다." 그리고 하나님은 여기에서 자신이 앞에서(계 14:8) 말씀하신 것을 설명하신다.

귀신의 처소와 각종 더러운 영이 모이는 곳과 각종 더럽고 가증한 새들이 모이는 곳이 되었도다. 여기의 표현은 영적 타락과 배교를 나타내는 것일 수 있다. 여기의 귀신들의 처소는 "habitation of devils" 즉 마귀들의 처소를 가리킨다. 우상은 성경에서 종종 마귀로 불린다. 또 여기의 표현은 바벨론에 형벌이 떨어지는 것을 나타내는 것일 수도 있다. 무너진 후 바벨론은 마귀들의 처소와 더럽고 가증한 새들이 모이는 곳이 될 것이다. 여기와 비슷하게 옛 바벨론에 대해 말하여진 것을 보라. "열국의 영광이요 갈대아 사람의 자랑하는 노리개가 된 바벨론이 하나님께 멸망 당한 소돔과 고모라 같이 되리니 그 곳에 거주할 자가 없겠고 거처할 사람이 대대에 없을 것이며 아라비아 사람도 거기에 장막을 치지 아니하며 목자들도 그 곳에 그들의 양 떼를 쉬게 하지 아니할 것이요 오직 들짐승들이 거기에 엎드리고 부르짖는 짐승이 그들의 가옥에 가득하며 타조가 거기에 깃들이며 들양이 거기에서 뛸 것이요"(사 13:19-21). 바벨론이 멸망을 당한 후 그 폐허에 오직 들짐승들과 가증한 새들만이 찾아올 것이다.

3. 그 음행의 진노의 포도주로 말미암아 만국이 무너졌으며 또 땅의 왕들이 그와 더불어 음행하였으며 땅의 상인들도 그 사치의 세력으로 치부하였도다 하더라.

그 음행의 진노의 포도주로 말미암아 만국이 무너졌으며. 다시 말해서, 스스로에게 이러한 재앙을 가져다준 바벨론의 음행. 땅의 왕들이 그와 더불어 음행하였으며 땅의 상인들도 그 사치의 세력으로 치부하였도다. 그는 자신만 우상 숭배를 한 것이 아니라 다른 사람들까지도 그것으로 유혹했다. 그는 그들에게 하나님의 계명을 깨뜨리도록 가르쳤으며, 우상 숭배를 확립하며 전파하며 옹호하며 유지하기 위해 통치자들에게 영향력을 행사했다. 그리하여 모든 종류의 사람들이 그의 유혹에 넘어갔으며, 그의 부요로 말미암아 부요해졌으며, 그와 함께 사치에 빠졌다.

4. 또 내가 들으니 하늘로부터 다른 음성이 나서 이르되 내 백성아, 거기서 나와 그의 죄에 참여하지 말고 그가 받을 재앙들을 받지 말라.

또 내가 들으니 하늘로부터 다른 음성이 나서 이르되. 하나님으로부터의 명령.

내 백성아, 거기서 나와 그의 죄에 참여하지 말고 그가 받을 재앙들을 받지 말라. 하나님은 예전에 선지자 예레미야를 통해 자기 백성들에게 이와 같이 말씀하셨다(렘 50:8; 51:6). 그때 하나님은 그의 백성들에게 이제 포로의 때가 끝나고 예루살렘으로 돌아갈 수 있게 되었으니 더 이상 바벨론에 서 머뭇거리지 말고 그들의 죄에 참여하지 말라고 말씀하셨다. 왜냐하면 이제 하나님이 바벨론을 멸망시키실 것이었기 때문이다. 만일 그들이 바벨론에 남아 있는 상태로 — 특별히 바벨론의 죄에 참여한 상태로 — 발견된다면, 그들은 바벨론과 함께 멸망을 당할 위험에 처하게 될 것이었다. 뿐만 아니라 그 말씀은 또한 우상 숭배자들과 어떤 교제도 갖지 말라는 일반적인 경고이기도 하다. 바울도 그 말씀의 일부를 그와 같이 적용한다. "그러므로 너희는 그들 중에서 나와서 따로 있고 부정한 것을 만지지 말라"(고후 6:17). 어쨌든 여기에서 그 말씀은 적그리스도적인 로마를 상징하는 영적인 바벨론에 적용된다. 하나님은 당신과의 사랑의 교제를 위해서는 마땅히 바벨론과의 교제를 버려야만 한다고 말씀하신다. 왜냐하면 바벨론과의 교제를 계속하는 한 그들은 그 죄에 참여하며, 짐승에게 경배하게 될 수밖에 없기 때문이다. 그의 명령에 따라 성자들과 천사들과 동정녀 마리아의 형상에게 신적 경의를 표함으로 말미암아 말이다. 그럼으로써 그들은 결국 바벨론이 멸망을 당할 때 함께 멸망을 당하게 될 것이다. 본문은 (하나님의 명령에 순종하여) 그러한 우상 숭배로부터 나오는 대신 도리어 그것을 따라 간 자들에게 엄중한 음성으로 경고를 발한다.

5. 그의 죄는 하늘에 사무쳤으며 하나님은 그의 불의한 일을 기억하신지라.

그의 죄는 하늘에 사무쳤으며. 다시 말해서, 소돔의 경우처럼 그의 죄의 부르짖음이 하늘에 닿았으며(창 18:20, 21). 소돔 역시 적그리스도의 모형 가운데 하나이다.

하나님은 그의 불의한 일을 기억하신지라. 하나님이 그의 우상 숭배와 박해와 그가 행한 모든 가증한 일들로 인해 그에게 형벌을 내리실 때가 임했는지라.

6. 그가 준 그대로 그에게 주고 그의 행위대로 갑절을 갚아 주고 그가 섞은 잔에도 갑절이나 섞어 그에게 주라.

나의 귀에 이 구절은 마치 하나님께서 교황주의의 멸망이 그들이 박해한 프로테스탄트 신자들에 의해 이루어지는 것을 합당하게 여기시는 것처럼 들린다.

7. 그가 얼마나 자기를 영화롭게 하였으며 사치하였든지 그만큼 고통과 애통함으로 갚아 주라 그가 마음에 말하기를 나는 여왕으로 앉은 자요 과부가 아니라 결단코 애통함을 당하지 아니하리라 하니.

그가 얼마나 자기를 영화롭게 하였으며 사치하였든지 그만큼 고통과 애통함으로 갚아 주라. 이러한 표현이 의미하는 바는 교황주의의 멸망을 위한 하나님의 때가 언제 임하든 그때 그들의 상태는 지금의 사치스러움과 화려함과 정반대로 고통과 비참함으로 나타날 것이라는 것이다.

그가 마음에 말하기를 나는 여왕으로 앉은 자요 과부가 아니라 결단코 애통함을 당하지 아니하리라 하니. 그의 멸망의 한 가지 주된 이유는 그의 교만과 터무니없는 자만심이다. 그것은 옛 바벨론의 교만과 똑같은 것이었다(사 47:8). 옛 바벨론은 스스로를 난공불락이라고 생각했다. 마찬가지로 여기의 신비한 바벨론 역시도 스스로를 정확무오(正確無誤)하며 결코 무너지지 않는 존재로, 그리고 스스로를 음부의 권세가 이기지 못하는 유일한 교회로 생각한다.

8. 그러므로 하루 동안에 그 재앙들이 이르리니 곧 사망과 애통함과 흉년이라 그가 또한 불에 살라지리니 그를 심판하시는 주 하나님은 강하신 자이심이라.

그러므로 하루 동안에 그 재앙들이 이르리니. 옛 바벨론에 대해서도 여기와 비슷한 경고의 말씀이 내려졌었다. "한 날에 갑자기 자녀를 잃으며 과부가 되는 이 두 가지 일이 네게 임할 것이라"(사 47:9). 하루 동안에(in one day). 즉 짧은 시간에.

곧 사망과 애통함과 흉년이라 그가 또한 불에 살라지리니. 그가 완전히 소멸될 때까지 모든 종류의 심판들이 임할 것이다. 그를 심판하시는 주 하나님은 강하신 자이심이라. 그는 왕들과 방백들을 자신의 싸움에 동원시키면서 스스로 안전하다고 여기며 아무 문제 없다고 생각한다. 그러나 그를 심판할 자는 하나님이시다. 그러므로 마침내 그는 당신의 말씀을 능히 이루시는 하나님의 강하심을 발견하게 될 것이다.

9. 그와 함께 음행하고 사치하던 땅의 왕들이 그가 불타는 연기를 보고 위하여 울고 가슴을 치며.

물론 땅의 왕들 모두가 이렇게 하지는 않을 것이다. 왜냐하면 그들 가운데 일부는 그를 불태우는 일에 협력할 것이기 때문이다(17:16). 그러나 하나님이 완악한 마음 가운데 그대로 내버려 둠으로 말미암아 여전히 그와의 친밀한 교제 가운데 사는 자들은 이렇게 할 것이다. 혹은 만일 다른 왕들까지도 그렇게 한다면, 그것은 분명 그들의 인간적인 마음으로부터 말미암은 것일 것이다. 그토록 휘황찬란한 도시가 그토록 처참하게 무너지는 것을 긍휼과 동정하는 마음 없이는 차마 볼 수 없기 때문에 말이다.

10. 그의 고통을 무서워하여 멀리 서서 이르되 화 있도다 화 있도다 큰 성, 견고한 성 바벨론이여 한 시간에 네 심판이 이르렀다 하리로다.

그토록 그를 사랑했음에도 불구하고, 그들은 그가 고통하고 있을 때 그에게로 가까이 다가오지 못할 것이다. 왜냐하면 그를 태우는 불이 너무나 뜨거울 것이기 때문이다. 따라서 그들은 멀리 서서 안타까워하며 단지 발을 동동 구르는 수밖에 없을 것이다. 그렇게 하여 그 크고 화려한 성은 갑자기 무너질 것이다. 이와 같이 외적으로 볼 때 그토록 화려하고 단단하게 결속되어 있는 것처럼 보이는 로마교회는 마침내 갑자기 산산조각이 될 것이다.

11. 땅의 상인들이 그를 위하여 울고 애통하는 것은 다시 그들의 상품을 사는 자가 없음이라.

마치 상인들이 두로를 위해 울며 애통했던 것처럼(겔 27:27). 그들이 그렇게 했던 것은 더 이상 그곳에서 장사하며 돈을 벌 수 없었기 때문이다. 그와 같이 면죄부뿐만 아니라 추기경직과 주교직 등 성직을 팔아 돈을 벌던 교회 상인들은 교황주의가 무너지는 것을 보면서 울며 애통할 것이다. 왜냐하면 더 이상 그것을 통해 장사하며 돈을 벌 수 없기 때문이다.

12-14. [12]그 상품은 금과 은과 보석과 진주와 세마포와 자주 옷감과 비단과 붉은 옷감이요 각종 향목과 각종 상아 그릇이요 값진 나무와 구리와 철과 대리석으로 만든 각종 그릇이요 [13]계피와 향료와 향과 향유와 유향과 포도주와 감람유와 고운 밀가루와 밀이요 소와 양과 말과 수레와 종들과 사람의 영혼들이라 [14]바벨론아 네 영혼이 탐하던 과일이 네게서 떠났으며 맛있는 것들과 빛난 것들이 다 없어졌으니 사람들이 결코 이것들을 다시 보지 못하리로다.

여기에 다양한 상품들의 목록이 있다. 금, 은, 보석 등의 값비싼 상품들도 있으며, 세마포와 자주 옷감과 비단과 붉은 옷감 등 화려하게 꾸미는데 사용하는 상품들도 있으며, 향료와 향과 향유 등 사람의 후각을 만족시켜 주는 상품들도 있으며, 소와 양과 말과 수레 등 가장 필수적인 상품들도 있다. 이 모든 것이 사람들을 우상 숭배로 유혹했던 로마로부터 — 여기의 로마가 무엇을 의미하든 간에 — 떠날 것이다. 그들의 모든 우상과 형상, 추기경들의 근사한 모자, 사제들의 화려한 예복, 육신의 정욕과 안목의 정욕과 이생의 자랑을 만족시켜 주는 그들의 모든 화려한 의식(儀式), 그들 자신의 육신적이며 야심적인 마음, 여기의 음녀를 유혹한 다른 사람들의 육신적이며 야심적인 마음 — 이 모든 것이 사라지고 그 음녀는 그 모든 것을 빼앗길 것이다. 특별히 여기에서 우리는 로마 외에서는 다른 어느 곳에서도 거래되지 않는 한 가지 특이한 상품을 주목할 필요가 있다. 그것은 "사람들의 영혼"이다. 이를 통해 우리는 여기의 상인들이 단순히 세속적인 상인들이 아님을 알 수 있다. 사람의 영혼은 죄 사함을 위해 보속금(補贖金)을 지불한다든지 혹은 면죄부를 사고파는 등의 다양한 방법으로 사고팔 수 있다. 또 어리석은 상인들은 추기경이나 주교 등의 성직을 사고팖으로써 자신과 다른 사람들의 영혼을 사는 것으로 생각한다. 그러나 교황주의가 무너질 때, 이러한 것들은 더 이상 발견되지 않을 것이다.

15. 바벨론으로 말미암아 치부한 이 상품의 상인들이 그의 고통을 무서워하여 멀리 서서 울고 애통하여.

그를 어떻게 도울 수 있는지 알지 못하여, 그리고 그와 함께 자신들까지도 형벌을 받게 되지 않을까 두려워하여, 그리고 더 이상 장사할 수 없게 된 것을 슬퍼하여.

16. 이르되 화 있도다 화 있도다 큰 성이여 세마포 옷과 자주 옷과 붉은 옷을 입고 금과 보석과 진주로 꾸민 것인데.

화 있도다 화 있도다 큰 성이여. 그토록 화려하고 휘황찬란하며 부유하며 영광스러웠던 로마교회.

17. 그러한 부가 한 시간에 망하였도다 모든 선장과 각처를 다니는 선객들과 선원들과 바다에서 일하는 자들이 멀리 서서.

한 시간에. 다시 말해서, 갑자기. 여기의 표현은 심판이 짧은 시간에 이루어졌다는 것보다 그것의 돌연함을 나타낸다.

18-19. [18]그가 불타는 연기를 보고 외쳐 이르되 이 큰 성과 같은 성이 어디 있느냐 하며 [19]티끌을 자기 머리에 뿌리고 울며 애통하여 외쳐 이르되 화 있도다 화 있도다 이 큰 성이여 바다에서 배 부리는 모든 자들이 너의 보배로운 상품으로 치부하였더니 한 시간에 망하였도다.

우리 모두가 아는 것처럼, 선장들과 선원들은 상인들의 상품을 운송하는 일로 먹고 사는 사람들이다. 그러므로 그들은 여기의 신비한 바벨론을 섬김으로써 생계를 유지하는 모든 사람들을 상징한다. 예컨대 아데미 신상을 만드는 은장색들, 교회의 각종 직원들과 관리인들, 교회의 각종 이권을 통해 이득을 얻는 자들, 교회세를 받는다든지 혹은 면죄부를 파는 등의 방법으로 각종 이득을 얻는 자들 말이다. 요컨대 그들은 교황제도로 말미암아 먹고 살며 이득을 얻는 모든 사람들을 의미하는 것으로 보인다.

20. 하늘과 성도들과 사도들과 선지자들아, 그로 말미암아 즐거워하라 하나님이 너희를 위하여 그에게 심판을 행하셨음이라 하더라.

하늘아 … 그로 말미암아 즐거워하라. 즉 그의 멸망으로 인하여. 바벨론과 그를 따르는 자들이 멸망을 당하는 것은 하늘에 있는 모든 영적 존재들에게 있어 슬퍼하며 애통할 일이 아니라 기뻐하며 즐거워할 일이다. 왜냐하면 그들은 적그리스도의 회당이기 때문이다.

사도들과 선지자들아 … 하나님이 너희를 위하여 그에게 심판을 행하셨음이라. 또 너희 우리 주 예수 그리스도의 사도들과 사람들에게 하나님의 마음과 뜻을 계시한 선지자들아 기뻐하고 즐거워하라. 하나님이 그에게 보응하신 것은 그가 너희가 가르친 교리를 왜곡시키고, 너희가 가르친 예배의 원리를 비틀며, 너희의 피를 흘리며, 너희에게 온갖 악행을 가했기 때문이라.

21. 이에 한 힘 센 천사가 큰 맷돌 같은 돌을 들어 바다에 던져 이르되 큰 성 바벨론이 이같이 비참하게 던져져 결코 다시 보이지 아니하리로다.

한 힘 센 천사가 큰 맷돌 같은 돌을 들어 바다에 던져. 이것은 로마의 되돌릴 수 없는 멸망을 나타내는 상징이다. 여기에서 "큰 맷돌"은 많은 성도들을 갈아 가루로 만든 로마를 상징한다. 이러한 상징으로 하나님은 그의 종 요한에게 다음과 같은 사실들을 보여주신다. (1) 로마가 멸망을 당할 것이다. (2) 그 일은 격렬하게 이루어질 것이다. (3) 그것은 되돌릴 수 없는 총체적이며 완전한 멸망일 것이다.

22-23. [22]또 거문고 타는 자와 풍류하는 자와 퉁소 부는 자와 나팔 부는 자들의 소리가 결코 다시 네 안에서 들리지 아니하고 어떠한 세공업자든지 결코 다시 네 안에서 보이지 아니하고 또 맷돌 소리가 결코 다시 네 안에서 들리지 아니하고 [23]등불 빛이 결코 다시 네 안에서 비치지 아니하고 신랑과 신부의 음성이 결코 다시 네 안에서 들리지 아니하리로다 너의 상인들은 땅의 왕족들이라 네 복술로 말미암아 만

국이 미혹되었도다.

내가 볼 때 여기의 모든 표현들은 단순히 완전한 멸망과 황폐를 묘사하는 다양한 표현들로 보인다. 그곳에 더 이상 즐거워할 일이나 장사할 일이 없을 것이다.

거문고 타는 자와 풍류하는 자와 퉁소 부는 자와 나팔 부는 자들의 소리. 만일 어떤 사람이 이것을 예배에 사용되는 각종 악기들과 음악 하는 사람들로 이해하고자 한다면, 나는 굳이 그것을 반대하지 않을 것이다. 그러나 나는 이것을 상징적으로 이해하는 것이 더 타당하다고 생각한다.

너의 상인들은 땅의 왕족들이라 네 복술로 말미암아 만국이 미혹되었도다. 지금까지 너는 왕족들과 장사를 하고 또 네 음행의 황홀한 포도주로 만국의 많은 사람들을 취하게 했도다. 그러나 이제 너는 더 이상 장사하지 못할 것이요 만국은 더 이상 너에게 속지 않을 것이다. 이제 너의 멸망이 이르렀으니, 네가 만국을 우상 숭배로 유혹한 것이 마침내 너를 멸망으로 이끌었도다.

24. 선지자들과 성도들과 및 땅 위에서 죽임을 당한 모든 자의 피가 그 성 중에서 발견되었느니라 하더라.

무너진 로마의 쓰레기더미 안에서 하나님의 모든 거룩한 종들의 피가 발견될 것이다. 마치 영국에서 많은 수도원들과 수녀원들이 해체되었을 때 그곳의 연못이나 혹은 벽의 공동(空洞) 안에서 그들의 사생아들일 것으로 보이는 많은 어린 아기들의 유골이 발견되었던 것처럼 말이다. 거기에는 복음 사역자들의 피도 있을 것이며, 단순히 복음을 믿고 고백한 자들의 피도 있을 것이다. 그들은 교황이 처음 권력을 잡은 주후 606년 이후 예수 그리스도를 증언하며 그의 순전한 가르침과 정결한 예배를 충성되게 고수한 것으로 인해 죽임을 당한 자들이다. 이와 같이 교황주의가 그 종말을 고할 때, 그 무더기 안에서 선지자들과 의인들의 피가 발견될 것이다. 사람들로 하여금 그들을 그토록 잔인하게 죽이도록 이끈 것은 적그리스도적인 교황주의 원리들이었다. 아, 주 예수여! 도대체 언제 우리는 다음 장의 승리의 합창에 함께 연합하여 노래를 부르게 될 것이나이까? "때와 시기는 아버지께서 자기의 권한에 두셨으니 너희가 알 바 아니요"(행 1:7).

MATTHEW POOLE'S COMMENTARY

요한계시록 19장

개요

1. 큰 음녀를 심판하시고 그의 성도들의 피를 보응하신 것으로 인해 하나님께 찬미가 돌려짐(1–5).
2. 어린 양의 혼인잔치로 인한 즐거움(6–9).
3. 천사가 요한에게 자신에게 경배하지 말고 오직 하나님께 경배하라고 말함(10).
4. 백마를 탄 하나님의 말씀에 대한 환상(11–16).
5. 짐승과 거짓 선지자가 유황불 붙는 못에 던져짐(20–21).

1. 이 일 후에 내가 들으니 하늘에 허다한 무리의 큰 음성 같은 것이 있어 이르되 할렐루야 구원과 영광과 능력이 우리 하나님께 있도다.

이 일 후에. 즉 다섯째 천사가 대접을 쏟은 후에. 앞에서 이야기한 것처럼, 17장과 18장은 그 이야기 사이에 끼여 있는 일종의 삽입문과 같은 것이다. 본장에서 하나님은 다섯째 대접이 쏟아진 결과를 보다 더 충분하게 묘사하신다.

내가 들으니 하늘에 허다한 무리의 큰 음성 같은 것이 있어. 이것은 셋째 하늘로 이해될 수도 있고, 또 지상의 하늘 즉 하나님의 교회로 이해될 수도 있다. 왜냐하면 적그리스도의 권세가 무너진 것으로 인해 하늘의 승리한 교회와 지상의 전투하는 교회가 함께 하나님을 찬미할 것이기 때문이다.

할렐루야. "너희는 여호와를 찬양하라"를 의미하는 히브리어.

구원과 영광과 능력이 우리 하나님께 있도다. 그들은 한 목소리로 교회의 구원이 전적으로 하나님으로부터 말미암았음을 인정하면서 그분께 찬미와 영광을 돌린다. 그것은 전적으로 그의 능력의 결과로서 상상할 수 있는 모든 존귀와 영광이 그에게 돌려진다. 그는 그들을 구원하심으로써 자신이 그들의 하나님임을 나타내셨다.

2. 그의 심판은 참되고 의로운지라 음행으로 땅을 더럽게 한 큰 음녀를 심판하사 자기 종들의 피를 그 음녀의 손에 갚으셨도다 하고.

그의 심판은 참되고 의로운지라. 성경에서 하나님의 심판은 때로 그의 교훈을 의미하기도 하고, 또 때로 그의 섭리의 경륜이 나타나는 것을 의미하기도 한다. 특별히 후자의 의미에서 그것은 (여기에서처럼) 그가 죄인들에게 형벌을 내리시는 것을 의미한다. 그것은 참되고 의로우므로 "심판"이라 불린다.

음행으로 땅을 더럽게 한. 우상 숭배로 수많은 지역을 더럽힌. 큰 음녀를 심판하사. 교황주의를 심판하사. 자기 종들의 피를 그 음녀의 손에 갚으셨도다. 이와 같은 사법적 경륜에 의해 하나님은 성도들의 피를 위해 그들의 피를 흘린 자들에게 보응을 행하셨다. 계시록 전체를 통해 짐승의 죄가 우상 숭배와 성도들에 대한 박해로 나타나는 것은 참으로 주목할 만하다.

3. 두 번째로 할렐루야 하니 그 연기가 세세토록 올라가더라.

교회의 찬미와 함께 하나님은 큰 음녀에 대한 심판을 마침내 그녀가 완전한 멸망에 이를 때까지 계속 진행하신다.

4. 또 이십사 장로와 네 생물이 엎드려 보좌에 앉으신 하나님께 경배하여 이르되 아멘 할렐루야 하니.

4:1-11과 그에 대한 저자의 주석을 참조하라. 이 일로 인해 하늘의 모든 합창단이 하나님을 찬미한다. 그가 시작하신 일이 마침내 완성되기를 간절히 바라면서 말이다.

5. 보좌에서 음성이 나서 이르시되 하나님의 종들 곧 그를 경외하는 너희들아 작은 자나 큰 자나 다 우리 하나님께 찬송하라 하더라.

보좌에서 음성이 나서. 즉 그리스도로부터. 그 음성은 모든 성도들이 이 일로 말미암아 하나님을 찬미하는 것이 하나님의 뜻임을 선언한다.

6. 또 내가 들으니 허다한 무리의 음성과도 같고 많은 물 소리와도 같고 큰 우렛소리와도 같은 소리로 이르되 할렐루야 주 우리 하나님 곧 전능하신 이가 통치하시도다.

여기의 "허다한 무리"를 대부분의 사람들은 교회로 이해한다. 반면 어떤 사람들은 그들을 이때 직전에 회심하여 교회에 더해진 유대인들로 이해한다. 그들은 다음 절에 언급되는 혼인이 바로 그들의 회심을 가리킨다고 생각한다. 어쨌든 여기의 거룩한 자들은 원수들의 멸망으로 인해 기뻐하지 않고, 그로 말미암아 하나님의 영광이 나타나며 그의 나라가 이루어지는 것으로 인해 기뻐한다.

7. 우리가 즐거워하고 크게 기뻐하며 그에게 영광을 돌리세 어린 양의 혼인 기약이 이르렀고 그의 아내가 자신을 준비하였으므로.

모어 박사(Dr. More)는 성경에 세 가지 부활이 있다고 말한다. (1) 새로운 삶으로 깨어 일어나는 것(엡 5:14). (2) "죽은 자 가운데서 살아나는 것"으로 불리는 유대인들의 회심(롬 11:15). (3) 세상 끝에 있을 부활. 그와 같이 그는 어린 양의 세 가지 혼인이 있다고 말한다. (1) 각각의 영혼들과의 혼인. 믿음으로 말미암아 그들이 그리스도와 연합될 때. (2) 그의 완성된 교회와의 혼인. 유대인들이 부르심을 받을 때. (3) 그의 모든 택함 받은 자들이 부활 후 영광 가운데 그와 하나가 될 때. 그는 여기의 "어린 양의 혼인"을 유대인들의 회심과 연결시켜 이해하는 것으로 보인다. 어쩌면 유대인들의 회심은 교황주의로 인해 지체되고 있는지도 모른다. 왜냐하면 교황주의의 예배 방식과 그들에 대한 박해가 그들에게 큰 걸림돌이 되기 때문이다. 어쩌면 교황주의가 무너질 때 유대인들 외에도 많은 사람들이 회심하고 곧이어 보편적인 부활이 있게 될는지 모른다. 모어 박사는 그때 회심하는 사람들을 유대인들에게 한정하는 것으로 보이지만, 그러나 나는 그것을 좀 더 일반적으로 이해하고자 한다.

8. 그에게 빛나고 깨끗한 세마포 옷을 입도록 허락하셨으니 이 세마포 옷은 성도들의 옳은 행실이로다 하더라.

그에게. 즉 (유대인이든 이방인이든 혹은 둘 다든) 어린 양의 아내에게.

빛나고 깨끗한 세마포 옷을 입도록. 이와 같이 어린 양의 아내는 그리스도의 의로 옷 입는다. 바로 이것이 하나님의 의라 불리는 성도들의 의다. "복음에는 하나님의 의가 나타나서 믿음으로 믿음에 이르게 하나니 기록된 바 오직 의인은 믿음으로 말미암아 살리라 함과 같으니라"(롬 1:17). 그리고 그것은 그리스도를 믿는 믿음으로 말미암은 의이다. "내가 가진 의는 율법에서 난 것이 아니요 오직 그리스도를 믿음으로 말미암은 것이니 곧 믿음으로 하나님께로부터 난 의라"(빌 3:9). 그리고 그것을 받은 사람은 의롭다 하심과 거룩하게 하심을 받는다.

9. 천사가 내게 말하기를 기록하라 어린 양의 혼인 잔치에 청함을 받은 자들은 복이 있도다 하고 또 내게 말하되 이것은 하나님의 참되신 말씀이라 하기로.

천사가 내게 말하기를 기록하라. 왜냐하면 그것은 매우 중요한 것으로서 기록으로 보존되어야 하기 때문에.

어린 양의 혼인 잔치에 청함을 받은 자들은 복이 있도다. 어린 양의 혼인 잔치를 유대인들의 회심으로 이해하는 사람들은 여기의 말씀을 "유대인들이 회심하여 이방인들과 함께 하나의 복음 교회를 이루는 복된 시기에 사는 자들은 복이 있도다"라는 의미로 읽는다. 그러나 내가 볼 때 그것은 충분해 보이지 않는다. 혼인과 잔치는 별개이다. (통상적으로) 잔치는 혼인에 수반되는 행사이다. 내가 보기에 여기의 혼인 잔치에 청함을 받은 자들은 유대인이든 이방인이든 빛 가운데 성도의 기업을 얻기에 합당한 자로 부르심을 받은 자들로 보인다(골 1:12).

이것은 하나님의 참되신 말씀이라. 다시 말해서 이것은 의심의 여지 없는 그리고 어느 누구에 의해서도 의심되어서는 안 되는 하나님의 진리라.

10. 내가 그 발 앞에 엎드려 경배하려 하니 그가 나에게 말하기를 나는 너와 및 예수의 증언을 받은 네 형제들과 같이 된 종이니 삼가 그리하지 말고 오직 하나님께 경배하라 예수의 증언은 예언의 영이라 하더라.

내가 그 발 앞에 엎드려. 이것은 동방 나라들 가운데 통상적으로 행해진 관습으로서 종의 예를 표하기 위해 상전의 발 앞에 부복(俯伏)하는 것을 가리킨다(창 44:14; 삼상 25:24; 왕하 4:37; 에 8:3). 경배하려 하니. 그러므로 이것은 신적 공경의 일부로서 기도나 혹은 찬미의 행위로서 이해되어야 한다. 아마도 요한은 그를 피조되지 않는 특별한 사자로 여긴 것으로 보인다. 왜냐하면 그렇지 않다면 그토록 위대한 사도가 이와 같은 행동을 하지는 않았을 것으로 생각되기 때문이다.

그가 나에게 말하기를 … 삼가 그리하지 말고. 천사는 단순하게 거절하지 않고, 상당한 정도의 분개와 함께 그렇게 한다. "오라 메"(ορα μὴ), 즉 조심하여 그렇게 하지 말라는 것이다. 이로부터 우리는 교황주의자들의 우상 숭배가 얼마나 잘못된 것인지를 알 수 있다. 도대체 어떤 무화과 잎이 그들의 우상 숭배를 가릴 수 있단 말인가? 그들은 성찬식을 행하면서 떡에게 경배한다. 그것이 그리스도의 몸으로 변한다고 생각하면서 말이다. 그러나 그렇게 생각한다고 해서 우상 숭배가 되지 않는 것은 결코 아니다.

나는 너와 및 예수의 증언을 받은 네 형제들과 같이 된 종이니. 천사는 요한에게 어째서 자신에게 경배해서는 안 되는지 그 이유를 제시한다. 그것은 그 역시도 요한과 그 직분에 있어 — 비록 본성(nature)에 있어서는 달랐다 하더라도 — 같았기 때문이다. 그 역시도 복음을 전파함으로 말미암아 그리스도를 증언하는 요한과 그의 모든 형제들과 같이 된 종이었다. 이런 측면에서 우리는 계시록 2장과 3장에서 교회의 사역자들이 "사자"(angels)로 불린 까닭을 이해할 수 있다.

예수의 증언은 예언의 영이라. 여기의 구절은 다양하게 해석된다. 그러나 그 가운데 다음과 같은 두 가지가 가장 개연성이 높아 보인다. (1) 내가 너에게 계시한 예언의 영은 나의 것이 아니다. 그것은 예수의 증언이다. 그러므로 내가 아니라 그가 경배를 받으셔야 한다. (2) 네가 복음을 전파함으로써 그리스도를 증언하는 것은 나의 예언이 그러한 것과 마찬가지로 하나님의 영으로부터 말미암은 것이다. 그러므로 우리는 같으며, 그렇기 때문에 나에게 경배가 돌려져서는 안 된다. 우리는 22:8-9에서 여기와 똑같은 일이 벌어지는 것을 발견한다. "이것들을 보고 들은 자는 나 요한이니 내가 듣고 볼 때에 이 일을 내게 보이던 천사의 발 앞에 경배하려고 엎드렸더니 그가 내게 말하기를 나는 너와 네 형제 선지자들과 또 이 두루마리의 말을 지키는 자들과 함께 된 종이니 그리하지 말고 하나님께 경배하라 하더라." 이를 통해 우리는 선한 사람조차도 동일한 잘못을 두 번 반복할 수 있음을 알게 된다. 또 우리는 여기의 두 천사의 입을 통해 하나님 외에 어느 누구에게도 경배가 드려져서는 안 된다는 사실을 배우게 된다. 그런데 교황주의자들은 어떠한가? 그들은 천사는 고사하고 심지어 성자(聖者)들에게까지 신적 공경을 표하지 않는가? 성자들에게 기도하는 것이 그들에게 신적 공경을 표하는 것이 아니면 도대체 무엇이란 말인가? 요컨대 교황주의자들의 종교는 우상 숭배 외에 아무것도 아니다.

11. 또 내가 하늘이 열린 것을 보니 보라 백마와 그것을 탄 자가 있으니 그 이름은 충신과 진실이라 그가 공의로 심판하며 싸우더라.

본 장의 남은 부분(11-21절)은 16:12과 17절에 언급된 여섯째와 일곱째 대접과 — 좀 더 특별하게는 16절에 언급된 아마겟돈 전쟁과 — 관련하여 일어날 일들을 좀 더 충분하게 설명하는 것으로 채워진다. 거기에서는 단지 군대가 함께 모이는 것만 언급되었는데, 그것이 여기에서 좀 더 충분하게 설명된다. 환상 초기에 요한은 단지 "문이 열린" 것을 보았을 뿐이었다(4:1). 그러나 나중에 그는 "하늘이 열린" 것을 보았다(11:19). 마찬가지로 바벨론의 멸망 후 여기에서 그는 "하늘이 열린" 것을 보았다.

백마. 요한은 6:2에서 이러한 말을 보았다. 모어 박사는 말은 통치권을 상징하며, 흰 색은 성공과 형통을 상징한다고 말한다. 그 말을 탄 자는 분명 그리스도인 것으로 보인다. 왜냐하면 그의 이름이 "충신과 진실"(Faithful and True)이기 때문이다. 이러한 이름은 1:5과 상응된다. "또 충성된 증인으로 죽은 자들 가운데에서 먼저 나시고 땅의 임금들의 머리가 되신 예수 그리스도로 말미암아 은혜와 평강이 너희에게 있기를 원하노라." 여기에서 그와 같은 이름으로 불린 그는 계속해서 "하나님의 말씀"이라는 이름과 "만왕의 왕이요 만주의 주"라는 이름으로 불린다(19:13, 16).

12. 그 눈은 불꽃 같고 그 머리에는 많은 관들이 있고 또 이름 쓴 것 하나가 있으니 자기밖에 아는 자가 없고.

그 눈은 불꽃 같고. 1:14; 2:18을 보라. 이것은 그의 모든 것을 통찰하는 지식과 무한한 지혜와 명철을 나타낸다. 그 머리에는 많은 관들이 있고. 이것은 그가 "만왕의 왕이요 만주의 주"시기 때문이다(16절). 또 이름 쓴 것 하나가 있으니 자기밖에 아는 자가 없고. 이것은 신적 본질과 완전함의 불가해성(不可解性)을 나타낸다.

13. 또 그가 피 뿌린 옷을 입었는데 그 이름은 하나님의 말씀이라 칭하더라.

또 그가 피 뿌린 옷을 입었는데. 이것은 그가 그의 피로 말미암아 우리를 구속한 자임을 나타내는 것일 수 있다. 그러나 그것보다도 그가 지금 그의 원수들의 피를 흘리기 위해 오고 계심을 나타내기 위한 것으로 보인다. 어쨌든 이것은 그 자신과 그의 백성들의 영광과 존귀를 나타낸다. 그리고 여기의 환상은 그에 대한 이사야의 환상과 거의 완전하게 상응된다(사 63:1-3). "그들의 선혈이 내 옷에 튀어 내 의복을 다 더럽혔음이니." 그 이름은 하나님의 말씀이라 칭하더라. 요 1:1에 대한 저자의 주석을 참조하라. 그는 또한 "그 말씀"(the Word)으로도 불린다(계 1:2). 요한 외에 다른 사도는 이러한 이름을 그에게 거의 붙이지 않는다.

14. 하늘에 있는 군대들이 희고 깨끗한 세마포 옷을 입고 백마를 타고 그를 따르더라.

하늘에 있는 군대들이 … 그를 따르더라. 영광스러운 천사들과 수만의 거룩한 자들이 어린 양이 어디로 가든 그를 따른다(살후 1:7; 유 1:14). 백마를 타고. 이것은 승리와 성공을 예고하며 확증한다. 희고 깨끗한 세마포 옷을 입고. 이것은 그들의 영광과 정결과 거룩함을 나타낸다.

15. 그의 입에서 예리한 검이 나오니 그것으로 만국을 치겠고 친히 그들을 철장으로 다스리며 또 친히 하나님 곧 전능하신 이의 맹렬한 진노의 포도주 틀을 밟겠고.

그의 입에서 예리한 검이 나오니. 여기의 좌우에 날선 검은 그리스도의 입으로부터 나오는 말씀이지만 그러나 복음은 아니다. 왜냐하면 이제 구원의 때는 지났고, 지금은 보스라의 희생의 때이기 때문이다. "여호와의 칼이 피 곧 어린 양과 염소의 피에 만족하고 기름 곧 숫양의 콩팥 기름으로 윤택하니 이는 여호와를 위한 희생이 보스라에 있고 큰 살륙이 에돔 땅에 있음이라"(사 34:6). 여기에서 예수 그리스도는 그의 원수들 가운데 남은 자들에게 보응을 행하도록 그의 백성들을 부르신다. 그리고 여기의 "검"은 그의 검이면서 동시에 그의 백성들의 검이다.

그것으로 만국을 치겠고 친히 그들을 철장으로 다스리며. 검과 철장으로 그는 그의 원수들의 남은 자들을 쳐서 산산조각을 낸다.

또 친히 하나님 곧 전능하신 이의 맹렬한 진노의 포도주 틀을 밟겠고. 그의 원수들은 포도송이들처럼 하나님의 진노의 포도주 틀 안에 던져질 것이며, 그리스도께서 그들을 밟으실 것이다. "만민 가운데 나와 함께 한 자가 없이 내가 홀로 포도즙틀을 밟았는데 내가 노함으로 말미암아 무리를 밟았고 분함으로 말미암아 짓밟았으므로 그들의 선혈이 내 옷에 튀어 내 의복을 다 더럽혔음이니"(사 63:3).

16. 그 옷과 그 다리에 이름을 쓴 것이 있으니 만왕의 왕이요 만주의 주라 하였더라.

이러한 이름은 계시록 17:14과 디모데전서 6:15에도 나타난다. 디모데전서 6:15에 대한 저자의 주석을 참조하라. 이러한 이름은 그가 가진 주권적인 능력과 권세를 나타낸다. 그는 항상 이러한 이름을 가지고 계셨지만, 그러나 지금 그것을 완전하게 나타내기 위해 오신다. 그 이름이 "그의 옷과 그의 다리"에 쓰인 것은 모든 사람이 그것을 볼 수 있도록 하기 위함이다.

17. 또 내가 보니 한 천사가 태양 안에 서서 공중에 나는 모든 새를 향하여 큰 음성으로 외쳐 이르되 와서 하나님의 큰 잔치에 모여.

여기의 말씀은 아마도 복음 전파자들이 담대하고 분명하게 적그리스도의 멸망을 예고하는 것을 의미하는 것으로 보인다. 다양한 종류의 새들이 있는데, 그들 가운데에는 죽은 시체의 살을 뜯어 먹는 새들도 있다. 여기에 언급된 새들은 바로 그런 종류의 새들이다. 그들은 "하나님의 큰 잔치"에 모이라고 초청받는다. 그것이 하나님의 큰 잔치인 것은 그 잔치가 크신 하나님의 능력으로 말미암아 준비되었기 때문이든지, 아니면 그것이 하나님의 공의의 희생제사이기 때문이다. 사무엘상 17:46; 이사야 18:6; 예레미야 12:9; 에스겔 39:17을 보라. 성경에서 그의 원수들에 대한 하나님의 공의는 종종 희생 혹은 희생제사로 불린다(사 34:6; 렘 46:10; 겔 39:17). 우상숭배자들은 자신들의 희생제물을 가지고 잔치를 벌인다. 하나님 역시도 자신에게 드려진 희생제물을 가지고 잔치를 벌이신다. 그러나 죽은 시체의 살을 먹는 것은 새와 짐승들이다.

18. 왕들의 살과 장군들의 살과 장사들의 살과 말들과 그것을 탄 자들의 살과 자유인들이나 종들이나 작은 자나 큰 자나 모든 자의 살을 먹으라 하더라.

앞 절에서 모든 굶주린 새들을 자신의 잔치에 초청하신 하나님은 여기에서 그들의 먹이를 보여주신다. 이것이 의미하는 바는 분명하다. 즉 교회의 원수들 — 교황주의자들이든 혹은 무신론자들이든 혹은 투르크인들이든 — 가운데 모든 남은 자들의 멸망을 위한 아마겟돈 전쟁에서, 모든 종류의 사람들이 죽임을 당하여 그들의 시체가 굶주린 새들의 먹이가 될 것이라는 것이다.

19. 또 내가 보매 그 짐승과 땅의 임금들과 그들의 군대들이 모여 그 말 탄 자와 그의 군대와 더불어 전쟁을 일으키다가.

짐승은 — 이것이 용을 의미하든, 혹은 일곱 머리와 두 뿔을 가진 짐승을 의미하든, 혹은 두 뿔 가진 짐승을 의미하든, 혹은 모두를 의미하든 — 이때 이전에 이미 멸망을 당할 것이다. 그러나 그들 가운데 다시 말해서 이교도들과 투르크인들과 교황주의자들 가운데 남은 세력이 있을 것이다. 나는 본 절에 등장하는 자들이 바로 이들을 가리키는 것일 가능성이 높다고 생각한다. 하나님은 다섯째 대접의 쏟아짐과 함께 교황주의자들의 권세를 빼앗으실 것이며, 여섯째 대접의 쏟아짐과 함께 투르크인들의 권세를 빼앗으실 것이다. 그러나 아직까지 남아 있는 이교도들과 투르크인들과 교황주의자들이 함께 모여 하나의 큰 군대를 이룰 것이다. 그리하여 하나의 교회로 연합된 유대인들과 이방인들은 교회의 총사령관이신 그리스도의 지휘 아래 그들과 더불어 전쟁을 벌여 그들을 이길 것이다. 바로 이것이 16:16에 언급된 아마겟돈 전쟁일 것이다.

20. 짐승이 잡히고 그 앞에서 표적을 행하던 거짓 선지자도 함께 잡혔으니 이는 짐승의 표를 받고 그의 우상에게 경배하던 자들을 표적으로 미혹하던 자라 이 둘이 산 채로 유황불 붙는 못에 던져지고.

이 전쟁의 결과는 교회의 모든 원수들의 완전한 멸망일 것이다. 그들의 육체는 굶주린 새들의 먹이가 될 것이며, 그들의 영혼은 지옥의 무저갱 속으로 떨어질 것이다. 여기의 **짐승**은 적그리스도의 세속적인 부분을 의미하며, **거짓 선지자**는 그의 교회적인 부분을 의미한다. 특별히 여기의 거짓 선지자는 거짓 기적으로 어리석은 왕들과 백성들을 자신의 우상 숭배로 미혹했다. 그것은 귀신과 죽은 자들을 숭배하는 이교도들의 옛 우상 숭배를 따르는 것이었다.

이 둘이 산 채로 유황불 붙는 못에 던져지고. 이때까지 남아 있던 적그리스도의 세속적인 부분과 교회적인 부분은 이제 모두 완전한 멸망을 당할 것이다. 이 일이 언제 이루어질지 누가 확실하게 말할 수 있겠는가! 어쨌든 앞에서 이야기한 것처럼 13:1에 언급된 일곱 머리와 두 뿔 가진 짐승과 13:11에 언급된 두 뿔 가진 짐승은 모두 적그리스도를 가리키는 것으로서, 특별히 전자는 적그리스도의 세속적인 부분을 가리키고, 후자는 그의 교회적인 부분을 가리킨다. 이러한 적그리스도는 로마의 주교들(즉 교황들)에 의해 도입된 우상 숭배를 옹호한 로마의 황제들과 함께 시작되었다가, "우주적 주교"(universal bishop)인 로마의 교황들과 그들의 성직자들의 종말과 함께 끝나게 된다. 특별히 로마의 교황들은 황제들의 권력을 재빨리 탈취하고는 1,260년 동안 통치하면서 그들의 우상 숭배와 미신을 확립시키면서 동시에 믿음의 참된 교리를 왜곡시킨다. 그리고 그들은 600년 동안 그리스도의 참된 교회를 가혹하게 박해한다, 그러고 난 후 마침내 하나님은 그들을 심판하기 시작하면서, 그들에게 다섯 개의 대접을 연속적으로 쏟으신다. 나는 오늘날 우리가 이러한 대접들 가운데 둘째 대접이 쏟아지는 시대에 살고 있을 가능성이 매우 높다고 생각한다. 우리는 아직까지 교황주의가 무너지는 것을 보지 못한다. 다만 그들의 우상 숭배와 거짓의 실체가 지각 있는 많은 사람들에게 드러나고 있는 것을 볼 뿐이다. 이러한 하나님의 섭리는 아직까지 충분히 이루어지지 않은 것으로 보인다. 나머지 세 대접은 아직까지 교황주의에 쏟아지지 않았다. 그러나 마침내 그것은 하나님의 모든 원수들에게 온전히 쏟아질 것이다. 하나님이 그러한 일들을 행하실 때, 과연 누가 살아남을 것인가?

21. 그 나머지는 말 탄 자의 입으로부터 나오는 검에 죽으매 모든 새가 그들의 살로 배불리더라.

모든 군대에는 지도자들뿐만 아니라 일반 병사들도 있다. 그들의 지도자들과 관련한 이 전쟁의 결과는 앞 절에서 언급되었다. 이제 본 절은 우리에게 그들 아래 있는 나머지 병사들의 운명이 어떻게 될 것인지를 가르쳐 준다. 여기에서 우리는 지도자들이 명하는 대로 따랐던 일반 병사들조차도 심판으로부터 면제되지 않는 것을 보게 된다. 그들 역시도 그리스도의 입으로부터 나오는 검에 의해 죽임을 당한다. 모든 새가 그들의 살로 배불리더라. 이 날은 — 그 날이 언제 오든 간에 — 큰 살육의 날이 될 것이다. 그리고 그 날 그들의 시체는 모든 굶주린 새들의 먹이가 될 것이다.

MATTHEW POOLE'S COMMENTARY

요한계시록 20장

개요

1. 사탄이 천 년 동안 결박을 당함(1–3).
2. 첫째 부활(4–6).
3. 사탄이 다시 풀려나 곡과 마곡을 모아 전쟁을 일으킴(7–9).
4. 마귀가 불과 유황 못에 던져짐(10).
5. 일반 부활과 마지막 심판(11–15).

마침내 우리는 계시록 가운데 가장 어려운 부분에 도착했다. 본 장에 나오는 천 년, 첫째 부활과 둘째 부활, 곡과 마곡, 그리고 21장과 22장에 나오는 새 하늘과 새 땅, 하늘로부터 내려오는 예루살렘 등을 충분하게 이해하는 것은 매우 어려운 일이다. 나는 계시록의 마지막 세 장을 이해함에 있어 가장 개연성이 높아 보이는 해석을 선택하는 것은 그냥 독자들의 몫으로 남겨놓고자 한다. 그리고 그에 대한 완전하면서도 오류 없는 확실한 설명은 그냥 신적 섭리에 맡겨두고자 한다.

1. 또 내가 보매 천사가 무저갱의 열쇠와 큰 쇠사슬을 그의 손에 가지고 하늘로부터 내려와서.

여기의 천사에 대한 묘사는 오직 그리스도에게만 부합될 수 있다. 왜냐하면 1:18로부터 우리는 사망과 음부의 권세를 가진 자는 바로 그리스도임을 알게 되기 때문이다. 오직 그만이 마귀보다 더 강하다. 그러므로 여기의 마귀를 결박하는 자를 우리는 그라고 밖에 생각할 수 없다.

2. 용을 잡으니 곧 옛 뱀이요 마귀요 사탄이라 잡아서 천 년 동안 결박하여.

여기의 용과 옛 뱀이 누구를 가리키는지는 의문의 여지가 없다. 왜냐하면 성령 자신이 그것을 인류의 원수인 마귀로 해석하고 있기 때문이다.

천 년 동안. 여기의 "천 년"이 문자적인 천 년을 의미하는지 아니면 그냥 긴 기간을 의미하는지 나는 말할 수 없다. 다만 만일 그것이 문자적인 확실한 천 년이 아니라 불확실한 기간을 의미한다면, 그것은 틀림없이 사람들이 일반적으로 표현하는 다른 어떤 기간보다도 더 긴 기간일 것이다. 그러나 그러한 긴 기간 동안 세상이 어떤 모습일 것인가, 혹은 그러한 천 년의 시작이 언제일 것인가 등의 질문들은 정말로 대답하기가 너무나 어려운 질문들이다. 옛 천년왕국 신봉자들은 창세로부터 6,000년 후 적그리스도와 그를 따르는 모든 악인들이 멸망을 당할 것이며, 그러고 난 후 다음 천 년 동안 그리스도께서 나타나 그의 성도들과 함께 세상을 통치할 것이며, 그 후 잠깐 동안 극심한 박해의 때가 있은 연후에 그리스도께서 마지막 심판을 위해 오실 것으로 생각했다. 그러나 이들의 생각이 틀렸음은 이미 명백하게 드러났다. 왜냐하면 창세로부터 6,000년 이상이 이미 지났음에도 불구하고 위와 같은 일은 일어나지 않았기 때문이다. 이와는 달리 다수의 매우 훌륭한 학자들은 (앞에서 이야기한 것처럼 교황과 투르크족의 멸망 후에 있을) 아마겟돈 전쟁 후 그리스도의 교회가 그의 통치 아래 천 년 동안 큰 평강을 누리게 될 것이며, 그 후 (8절에서 곡과 마곡으로 표현되는) 교회의 원수들이 다시 세력을 결집할 것이지만 그리스도에 의해 멸망을 당하고, 이어 마지막 심판이 이루어질 것이라고 생각했다. 매우 많은 학자들이 이러한 의견에 동조한다. 나 역시도 여기의 천 년이 마지막 심판 전에 있을 그리고 오랫동안 지속될 하나님의 교회를 위한 큰 평강의 때를 가리키는 것일 것이라고 생각한다. 적그리스도의 때 다시 말해서 교황주의의 때와는 달리 그러한 기간 동안 사람들은 더 이상 우상 숭배와 미신을 강요받지 않을 것이며, 더 이상 죽임을 당하거나 혹은 박해를 당하지 않을 것이다. 다만 영과 진리로 예배하는 하나님의 종들은 모든 경건함과 정직함 가운데 고요하며 평온한 삶을 누릴 것이다. 내가 보기에 여기의 "천 년"은 문자적인 천 년이 아니라 단순히 긴 기간을 가리키는 것으로 보인다. 하나님의 교회가 우상 숭배와 미신과 다른 모든 악들로 이끄는 어떤 유혹도 없이 마음껏 자유를 누리는 그러한 긴 기간 말이다. 그러나 이에 대해 나는 확정적으로 말할 수 없다.

결박하여. 마귀를 결박하는 것은 그의 자연적인 능력 혹은 하나님이 전에 성도들의 믿음과 인내를 시험하기 위해 그에게 허락하신 능력을 실행하는 것을 제한하는 것을 의미한다. 마귀는 그의 도구들의 제한을 통해 제한된다. 다음 절에 그것이 설명되는데, 그것은 더 이상 만국을 미혹하지 못하게 되는 것이다.

3. 무저갱에 던져 넣어 잠그고 그 위에 인봉하여 천 년이 차도록 다시는 만국을 미혹하지 못하게 하였는데 그 후에는 반드시 잠깐 놓이리라.

무저갱에 던져 넣어. 다시 말해서, 그가 마땅히 있어야 할 지옥에. 그는 더 이상 혹은 최소한 여기의 천 년 동안 공중 권세 잡은 왕으로서의 자신의 권세를 실행할 수 없게 될 것이다(엡 2:2). 그리고 욥기 1:7처럼 사람들을 유혹하기 위해 "땅을 두루 돌아 여기저기 다니지" 못하게 될 것이다. 잠그고 그 위에 인봉하여. 그는 마치 그 문이 인봉된 감옥에 갇힌 자처럼 제한될 것이다. 천 년이 차도록 다시는 만국을 미혹하지 못하게 하였는데. 하나님의 교회의 평온을 위해 계획된 이러한 때가 끝날 때까지, 그는 더 이상 그의 옛 궤계로 사람들을 미혹하지 못할 것이다. 그 후에는 반드시 잠깐 놓이리라. 7절에 나타나는 것처럼, 그 후에 그는 잠깐 동안 다시 자유를 갖게 될 것이다.

4. 또 내가 보좌들을 보니 거기에 앉은 자들이 있어 심판하는 권세를 받았더라 또 내가 보니 예수를 증언함과 하나님의 말씀 때문에 목 베임을 당한 자들의 영혼들과 또 짐승과 그의 우상에게 경배하지 아니하고 그들의 이마와 손에 그의 표를 받지 아니한 자들이 살아서 그리스도와 더불어 천 년 동안 왕 노릇 하니.

이것은 매우 어려운 본문이다. "보좌"는 존귀와 통치와 심판의 장소인데, 여기에서 그것은 오직 존귀의 장소를 의미하는 것으로 보인다.

거기에 앉은 자들이 있어. 여기에서 나중에 거기에 앉은 것으로 언급되는 자들.

심판하는(judge) 권세를 받았더라. 고린도전서 6:2-3을 보라. "성도가 세상을 판단할(judge) 것을 너희가 알지 못하느냐 세상도 너희에게 판단을 받겠거든 지극히 작은 일 판단하기를 감당하지 못하겠느냐 우리가 천사를 판단할 것을 너희가 알지 못하느냐 그러하거든 하물며 세상 일이랴." 여기의 보좌에 앉은 자들은 다음과 같이 묘사된다. (1) 짐승의 형상으로든 혹은 짐승의 우상으로든, 스스로를 우상 숭배와 적그리스도를 따르는 것으로부터 지킨 자들. (2) 그와 같이 적그리스도를 따르지 않고 또 그리스도의 진리를 증언함으로 말미암아 죽임을 당한 자들. 이들은 앞에 묘사된 교회의 모든 평온과 평강의 때를 영광과 존귀 가운데 살면서 그리스도와 함께 왕 노릇 하는 자들로서 묘사된다. 모어 박사(Dr. More)는 여기의 "보좌들"과 "심판하는 권세"를 그 위에 용의 대리자들이 하나님의 성도들을 정죄하기 위해 앉아 있는 그리고 그것으로부터 많은 성도들에게 사형판결을 발하는 재판석과 연결하여 해석하면서, 여기의 환상 안에 둘째 우레가 암시되어 있다고 생각한다. 여기의 성도들은 "살아서 그리스도와 더불어 천 년 동안 왕 노릇 할" 것으로 말하여진다. 다시 말해서 (어떤 사람들이 생각하는 것처럼) 지상의 전투하는 교회가 땅에서 큰 안식과 평온을 누리는 동안, 그들이 하늘에서 그렇게 할 것이라는 것이다. 어떤 사람들은 여기의 성도들이 죽은 자 가운데 다시 살아나 천 년 동안 그리스도와 함께 땅에서 살 것이라고 생각한다. 그리고 이와 같이 생각하는 사람들은 두 번의 부활이 있을 것이라고 판단한다. 먼저 순교자들의 부활이 있고, 그로부터 천 년 후 일반 부활이 있을 것이라는 것이다. 그러나 성경은 여기 외에 다른 어디에서도 한 번 이상의 부활을 이야기하지 않는다. 나는 본 절과 이어지는 다음 두 절을 충분히 이해하지 못함을 독자들 앞에 고백하지 않을 수 없다. 따라서 나는 그것이 의미하는 바를 확신 있게 말할 수 없다. 만일 순교자들의 부활이 그들의 영적 부활을 말하는 것이라면, 그것은 실상 이미 오래 전에 이루어진 일이다. 왜냐하면 만일 그렇지 않다면 그들은 결국 그들의 죄 가운데 죽은 셈이 되기 때문이다. 어쨌든 이에 대해 다음 절에서 좀 더 자세히 다루어 보도록 하자.

5. (그 나머지 죽은 자들은 그 천 년이 차기까지 살지 못하더라) 이는 첫째 부활이라.

그 나머지 죽은 자들. 이들을 어떤 사람들은 순교자들 외에 나머지 모든 사람들을 가리키는 것으로 이해한다. 여기의 "나머지"를 오직 순교자들만을 제외하고 선인과 악인을 포함한 모든 사람들로 이해하는 사람들은 두 번의 부활이 있을 것으로 판단한다. 첫째는 특별 부활로서 그리스도를 위해 죽임을 당한 순교자들의 부활이다. 그리고 둘째는 일반 부활로서 나머지 모든 사람들의 부활이다. 나는 이러한 의견을 받아들이는데 상당한 어려움을 느낀다. 그것은 여기의 단 하나의 본문 위에 세우기에는 너무나 큰 주제이다. 더구나 그 하나의 본문이란 것이 은유와 상징으로 가득 찬 지극히 모호한 책(즉 계시록)에 속한 한 구절이 아닌가! 나는 그와 같은 해석을 뒷받침하는 또 다른 구절을 성경에서 전혀 발견하지 못한다. 그런가 하면 여기의 "나머지"를 단지 악인들만을 의미하는 것으로 이해하는 사람들도 있다. 그런 사람들은 "그들이 천 년이 차기까지 살지 못하더라"를 그들의 예전의 정치적인 생명(political life)이 회복되지 못하는 것을 의미하는 것으로 이해한다. 다시 말해서 그들이 교회가 안식과 평온을 누리는 천 년 동안 계속적으로 죽은 상태에 있음으로 해서 교회에 아무런 해도 끼칠 수 없게 된다는 것이다. 이러한 견해는 받아들여질 수 있는 상당한 여지를 가진 것으로 보인다. 그리고 그것은 여기의 구절들의 난제를 거의 대부분 해소시킨다. 왜냐하면 그렇다면 앞 절의 순교자들과 관련한 "살아서" 역시도 자연적인 죽음으로부터의 부활이 아니라 정치적인 생명을 의미하는 것이 되기 때문이다. 그러나 그렇게 하면 한 가지 의문이 제기된다. 그것은 만일 여기의 목 베임을 당한 순교자들이 자연적인 죽음으로부터 다시 살아난 것이 아니라면 도대체 어떻게 그들이 교회에서 그리스도와 함께 왕 노릇 하는 존귀한 위치로 회복될 수 있느냐 하는 의문이다. 이러한 의문에 그들은 다음과 같이 대답한다. "과거에 그리스도의 이름을 위해 고난을 당한 자들과 현재의 지상의 모든 성도들은 하나의 교회로서 한 몸으로 간주되어야 한다. 그러므로 전에 목 베임을 당한 자들은 그들과 동일한 믿음을 가진 그들의 후계자들 안에서 살아서 그리스도와 더불어 왕 노릇 하는 것이다. 다시 말해서 그때(즉 천 년 동안) 사는 자들은 평강과 자유와 명예를 회복하게 되는데, 그들과 한 몸인 과거의 순교자들도 그들 안에서 그와 같이 사는 것으로 충분히 말하여질 수 있다." 나는 그나마 이것이 가장 개연성이 높은 해석이라고 생각한다. 왜냐하면 내가 볼 때 영화로워진 성도들이 하늘을 버리고 다시 육체의 옷을 입은 채 천 년을 산다는 것, 그리고 천 년이 지난 후 교회가 맞게 될 고난에 또다시 참여한다는 것은 도무지 있음직하지 않은 일로 보이기 때문이다. 뿐만 아니라 내가 볼 때 그러한 개념은 또다시 새로운 많은 난제들을 낳는 기초를 제공하는 것으로 보인다. 그럼에도 불구하고 거기에 여전히 어려운 문제가 남아 있다. 그것은 하나님의 성도들이 더 나은 상태로 회복되는 것이 도대체 어떻게 첫째 부활로 불릴 수 있는가 하는 문제이다. 유대인들의 회심의 경우처럼, 그것이 부활로 불릴 수 있는 것은 분명하다. 유대인들이 하나님의 교회로서의 예전의 상태로 회복되는 것은 로마서 11:15에서 "죽은 자 가운데서 살아나는 것"으로 불린다. 그리고 계시록 11:11에서 두 증인이 다시 회복되는 것 역시 그와 같이 불린다. 두 경우 모두 실제로 죽었다가 다시 살아나는 것이 아님에도 불구하고 말이다. 예전의 더 나은 상태로 다시 회복되는 것을 죽은 자 가운데 다시 살아나는 것으로 표현하는 것은 성경에서 결코 낯선 일이 아니다. 나아가 그것이 훨씬 더 나은 상태라는 측면에서 다시 말해서 그들이 더 복되고 영광스러운 방식으로 그리스도와 함께 살며 왕 노릇 할 것이라는 측면에서 그것은 충분히 첫째로 불릴 수 있다. 나는 여기의 두 절(4절과 5절)의 의미와 관련하여 이러한 해석이 그나마 최선의 해석이라고 확신한다. 비록 확정적으로 말할 수는 없다 하더라도 말이다. 어쨌든 나는 이러한 해석의 기초 위에서 이어지는 구절들에 대한 설명을 계속 진행시켜 나가고자 한다.

6. 이 첫째 부활에 참여하는 자들은 복이 있고 거룩하도다 둘째 사망이 그들을 다스리는 권세가 없고 도리어 그들이 하나님과 그리스도의 제사장이 되어 천 년 동안 그리스도와 더불어 왕 노릇 하리라.

다시 말해서 오직 이들만이 이와 같이 회복되어 교회의 복에 참여할 그리고 영원히 멸망하지 않을 거룩한 자들이다. 그들은 하나님과 그리스도에게 제사장 같이 될 것이다. 그들은 기도와 찬미의 영적 제물로 하나님을 영화롭게 할 것이며, 그리스도와 더불어 땅 위에서 오랫동안 평강을 누리며 왕 노릇 할 것이다.

7. 천 년이 차매 사탄이 그 옥에서 놓여.

천 년으로 표현된 그러한 긴 기간이 끝날 때, 하나님은 마귀에게 가했던 제한을 푸실 것이다. 그럼으로써 마귀는 세상의 악인들로 하여금 다시 한 번 하나님의 교회를 대적하도록 충동할 것이다.

8. 나와서 땅의 사방 백성 곧 곡과 마곡을 미혹하고 모아 싸움을 붙이리니 그 수가 바다의 모래 같으리라.

나와서 땅의 사방 백성을 … 미혹하고. 신적 섭리의 제한으로부터 풀려난 마귀는 다시금 옛 일을 행하며 사람들을 미혹하기 위해 세상을 두루 돌아다닐 것이다. 사람들을 우상 숭배와 이단과 음란한 삶으로 미혹하며 특별히 하나님의 교회를 대적하도록 충동하기 위해서 말이다. 여기에서 그러한 사람들은 곡과 마곡으로 불린다. 이들의 의미에 대해 다양한 해석이 있다. 창세기 10:2에서 마곡이라는 이름이 나타난다. "야벳의 아들은 고멜과 마곡과 마대와 야완과 두발과 메섹과 디라스요." 그는 야벳의 아들들 가운데 한 사람이었다. 또 역대상 1:5을 보라. 그는 수리아라 불리는 땅에서 살았으며, 그곳으로부터 그의 자손이 번성했다. 그리고 어떤 사람들은 이들의 자손이 나중에 아메리카로 이주했다고 말한다. 한편 곡이라는 이름에 대해서는 우리는 에스겔 38장과 39장 외에 다른 어디에서도 발견하지 못한다. 여기에서 곡과 마곡은 옛 이스라엘의 큰 원수로 말하여진다. 특별히 에스겔 38:2에서 곡은 "메섹과 두발의 왕"으로 언급된다. 에스겔 38장과 39장에 나타나는 곡과 마곡의 의미에 대해 많은 논쟁이 있다. 유대 랍비들은 그것을 장차 메시야가 맞서 싸워 이길 나라들을 가리키는 것으로 해석했다. 그러나 그 예언이 포로로 끌려가 있는 백성들을 위로하기 위해 바벨론에서 발하여진 사실을 고려할 때, 그들을 그토록 먼 미래에 나타날 — 에스겔 이래 2,000년이 훨씬 더 지난 지금까지도 나타나지 않은 — 원수들로 생각하는 것은 정말로 개연성이 떨어지는 일이 아닐 수 없다. 그리하여 최고의 해석가들은 그것(곡과 마곡)이 의미하는 것을 안티오코스와 셀레우코스 왕가(王家)로 생각한다. 특별히 셀레우코스는 알렉산더의 후계자로 수리아의 왕이 된 자로서, 우리는 마카베오서에서 그에 대해 읽게 된다. 그들은 에스겔서가 바로 이들의 멸망을 예언하고 있는 것으로 이해한다. 왜냐하면 바로 이들이 포로에서 돌아온 후 유대인들에게 가장 큰 원수였기 때문이다. 그런가 하면 또 어떤 사람들은 에스겔 38장과 39장의 곡과 마곡이 계시록과 마찬가지로 교회의 마지막 원수들을 가리키는 것으로 이해한다. 적그리스도를 마지막 때에 나타날 자로 이해하는 교황주의자들은 여기의 곡과 마곡을 그가 나타날 때 그와 연합할 어떤 왕 혹은 왕들을 가리키는 것으로 이해한다. 그런가 하면 또 어떤 사람들은 그것을 좀 더 일반적으로 모든 악인들의 집합체로서 이해한다. 요컨대 그들은 땅의 사방으로부터 나아올 매우 큰 무리의 악인들이라는 것이다. (1) 그들은 그 숫자에 있어 매우 큰 무리이다. (2) 그들의 목적은 고요하며 평온한 상태에 있는 교회를 다시금 허물어뜨리는 것이다. (3) 마침내 그들은 하나님의 특별한 섭리에 의해 멸망을 당할 것이다. 에스겔에 언급된 곡과 마곡은 세 곳에서 북방으로부터 오는 자들로서 묘사된다. 반면 계시록에서는 땅의 사방으로부터 오는 자들로서 묘사된다. 내가 볼 때 그들을 특별한 민족으로 — 아메리카 인디언들이든 혹은 투르크인들이든 — 보는 의견보다 이것(즉 그들을 땅의 사방으로부터 오는 모든 악인들의 집합체로 보는 의견)이 훨씬 더 개연성이 높아 보인다.

그 수가 바다의 모래 같으리라. 그들은 바다의 모래에 비유할 수 있을 정도로 엄청나게 큰 수를 이룰 것이다. 에스겔에서도 그들은 "큰 군대"(38:4), "많은 백성의 무리"(38:6), "땅을 덮는 많은 백성"(38:9) 등으로 묘사된다.

9. 그들이 지면에 널리 퍼져 성도들의 진과 사랑하시는 성을 두르매 하늘에서 불이 내려와 그들을 태워버리고.

그들이 지면에 널리 퍼져. 다시 말해서 그리스도의 교회가 있는 모든 곳에.

성도들의 진과 사랑하시는 성을 두르매. 그들은 (하나님의 사랑하시는 성이었던 옛 예루살렘으로 상징되는) 하나님의 교회를 무너뜨리기 위해 혹은 교회로 하여금 자신들의 정욕에 복종하도록 만들기 위해 교회를 포위할 것이다. 마치 군대가 어떤 성을 함락시키기 위해 그것을 포위하는 것처럼 말이다.

하늘에서 불이 내려와 그들을 태워버리고. 에스겔도 곡과 마곡의 종말에 대해 이와 비슷하게 예언했다. "내가 또 전염병과 피로 그를 심판하며 쏟아지는 폭우와 큰 우박덩이와 불과 유황으로 그와 그 모든 무리와 그와 함께 있는 많은 백성에게 비를 내리듯 하리라"(38:22). 이것이 의미하는 바는 하나님이 그들을 빠르고 두려운 멸망으로 멸망시킬 것이라는 것이다. 마치 어떤 사람들이나 장소를 불로 순식간에 멸망시키는 것처럼 말이다.

10. 또 그들을 미혹하는 마귀가 불과 유황 못에 던져지니 거기는 그 짐승과 거짓 선지자도 있어 세세토록 밤낮 괴로움을 받으리라.

마귀가 영원한 고통의 장소인 지옥에 갇힌 후 세상의 종말이 있을 것이다. 그리고 그곳에 마귀와 함께 모든 이교도들과 적그리스도를 따르는 무리들이 있을 것이며, 그들은 그곳에서 영원무궁히 고통을 당할 것이다.

11. 또 내가 크고 흰 보좌와 그 위에 앉으신 이를 보니 땅과 하늘이 그 앞에서 피하여 간 데 없더라.

이제 하나님은 그의 종 요한에게 마지막 날 즉 심판 날의 환상을 보여주신다. 요한은 재판장이 앉는 자리인 **보좌**를 본다. 그것이 큰 것은 그것의 영광스러움을 나타내며, 그것이 흰 것은 세상을 심판함에 있어서의 그리스도의 정결하심과 거룩하심을 나타낸다. 요한은 그리스도께서 거기에 앉으신 것과 모든 옛 것이 사라지는 것을 본다. 마찬가지로 베드로도 하늘과 땅이 떠나가는 것을 다음과 같이 묘사한다. "그 날에는 하늘이 큰 소리로 떠나가고 물질이 뜨거운 불에 풀어지고 땅과 그 중에 있는 모든 일이 드러나리로다"(벧후 3:10). "이 모든 것이 이렇게 풀어지리니"(벧후 3:11).

12. 또 내가 보니 죽은 자들이 큰 자나 작은 자나 그 보좌 앞에 서 있는데 책들이 펴 있고 또 다른 책이 펴졌으니 곧 생명책이라 죽은 자들이 자기 행위를 따라 책들에 기록된 대로 심판을 받으니.

앞 절은 우리에게 마지막 날 산 자와 죽은 자를 심판하실 큰 재판장이신 그리스도를 보여주었다. 주 예수 그리스도는 마지막 심판을 행하기 위해 영광의 보좌 위에 앉아 계셨다. 이제 본 절은 큰 자와 작은 자를 포괄하는 심판받는 모든 사람들을 묘사한다.

책들이 펴 있고. 이것은 여기의 재판장이 의와 공의를 따라 심판하는 것을 나타낸다. **또 다른 책이 펴졌으니 곧 생명책이라.** 3:5에 언급된 생명책. 이것은 하나님의 택하심의 책으로 이해된다. 그 안에 영원 전부터 생명으로 택정되어 그리스도의 피로 구속된 자들, 다시 말해서 효과적인 부르심을 받아 의롭다 하심을 받고 거룩하여진 모든 사람들의 이름이 있다.

죽은 자들이 자기 행위를 따라 책들에 기록된 대로 심판을 받으니. 마지막 심판은 이러한 책들에 기록된 각자의 행위에 따라 이루어질 것이다. "곧 나의 복음에 이른 바와 같이 하나님이 예수 그리스도로 말미암아 사람들의 은밀한 것을 심판하시는 그 날이라"(롬 2:16).

13. 바다가 그 가운데에서 죽은 자들을 내주고 또 사망과 음부도 그 가운데에서 죽은 자들을 내주매 각 사람이 자기의 행위대로 심판을 받고.

여기의 "음부"는 죽은 자들이 있는 모든 장소를 의미한다. 사람의 영혼은 ─ 고통의 장소에 있든 혹은 복락의 장소에 있든 ─ 마지막 날 그들의 몸과 ─ 땅에 장사되었든 혹은 바다에 수장되었든 ─ 다시 결합될 것이다. 그리하여 그들은 몸과 영혼 모두를 가진 상태로 그들이 세상에서 살았던 바에 따라 마지막 운명을 ─ 영원한 복락의 운명이든 혹은 영원한 고통의 운명이든 ─ 맞이하게 될 것이다. 여기에서 그들은 **그들의 행위로 인해**(for their works) 심판을 받는다고 말하여지지 않고(설령 이것이 악인의 경우에는 사실이라 하더라도), **그들의 행위에 따라**(according to their works) 심판을 받는다고 말하여진다. 택함 받은 자들과 관련하여 이것은 분명한 사실이다. 왜냐하면 분명 그들은 ─ 설령 그들의 이름이 생명책에 기록되어 있다 하더라도 ─ 의를 따라 행했을 것이기 때문이다. 그들에게 모든 형벌로부터의 면제의 판결(judgment)이 내려지는 것은 그들의 완전함 때문이 아니라, 하나님의 뜻에 순종하여 행한 그들의 행위의 진실함 때문일 것이다.

14. 사망과 음부도 불못에 던져지니 이것은 둘째 사망 곧 불못이라.

사망과 음부도 불못에 던져지니. 더 이상 자연적인 죽음도 없고, 더 이상 영혼의 분리된 상태도 없을 것이다. 그들은 모두 마지막 심판의 결과에 삼켜질 것이다. 심판의 결과에 따라 어떤 사람들은 영생으로 들어갈 것이며 어떤 사람들은 영원한 정죄로 떨어질 것이다.

15. 누구든지 생명책에 기록되지 못한 자는 불못에 던져지더라.

여기의 "생명책"에 대하여는 12절에 대한 저자의 주석을 참조하라.

MATTHEW POOLE'S COMMENTARY

요한계시록 21장

개요

1. 새 하늘과 새 땅(1).
2. 새 예루살렘(2).
3. 하나님의 백성들의 축복(3–7).
4. 악인들에 대한 심판(8).
5. 하늘의 예루살렘에 대한 묘사(9–27).

본 장은 새 하늘과 새 땅에 대한 환상과 함께 시작된다. 새 하늘과 새 땅을 모든 사람들은 교회의 새로운 상태로 이해하지만, 그러나 그것이 지상의 전투하는 교회(church militant)를 가리키는 것인지 아니면 하늘의 승리한 교회(church triumphant)를 가리키는 것인지에 대한 부분에서는 의견이 나누어진다. 그것을 지상의 전투하는 교회로 이해하는 사람들은 그것이 나타나는 때와 관련하여 또다시 의견이 나누어진다. 어떤 사람들은 그것을 콘스탄티누스 이후의 천 년으로 이해한다. 그러나 나는 그렇게 이해할 어떤 근거도 알지 못한다(나는 정상적인 지성을 가진 사람이라면 결코 콘스탄티누스 이후의 천 년의 교회의 상태가 여기와 같았다고 생각하지는 않을 것이라고 믿는다). 또 어떤 사람들은 그것을 20:1-3에 언급된 (이른바 교회가 큰 평온과 평강을 누릴) 천 년으로 이해한다. 그러나 나는 여기의 새 하늘과 새 땅을 지상의 전투하는 교회로 이해하기보다 하늘의 승리한 교회로 이해하는 것이 훨씬 더 낫다고 생각한다. 그것을 하늘의 승리한 교회로 이해하는 사람들의 논거가 풀(Mr. Pool)의 『성경주석집요』(*Latin Synopsis*)에 정리되어 있는데, 그것을 간단히 요약하면 다음과 같다. (1) 그러한 해석은 역사(歷史)를 순서대로 진행시킨다. 반면 그와 반대로 해석하는 사람들을 따를 때(다시 말해서 새 하늘과 새 땅을 지상의 전투하는 교회로 해석하는 사람들을 따를 때), 우리는 20:1-5의 역사(歷史)가 뒤이어 7-15절에 언급되는 곡과 마곡과의 전쟁과 이어지는 심판 날에 대한 설명에 의해 중단되었다고 말해야만 한다. (2) 만일 앞 장 끝 부분이 우리에게 악인들에 대한 심판 날의 결과를 보여주는 것이라면, 본 장은 당연히 하늘에서의 성도들의 복락에 대한 한 설명이어야만 한다. 이것은 지극히 논리적이다. (3) 우리는 여기에서 새 예루살렘의 특징들을 보게 되는데, 그 가운데 몇몇 특징들은 지상의 교회의 상태와 결코 부합될 수 없다. 예컨대 22, 23절을 보라. "성 안에서 내가 성전을 보지 못하였으니 이는 주 하나님 곧 전능하신 이와 및 어린 양이 그 성전이심이라 그 성은 해나 달의 비침이 쓸 데 없으니 이는 하나님의 영광이 비치고 어린 양이 그 등불이 되심이라."

1. 또 내가 새 하늘과 새 땅을 보니 처음 하늘과 처음 땅이 없어졌고 바다도 다시 있지 않더라.

새 하늘과 새 땅. 교회와 관련한 것들의 새롭고 영광스러운 상태. 처음 하늘과 처음 땅이 없어졌고 바다도 다시 있지 않더라. 왜냐하면 지금은 세상에 종말이 임함으로 말미암아 물리적인 하늘과 땅과 바다뿐만 아니라 하나님의 백성들이 그 안에서 만났던 모든 고난들이 사라졌기 때문이다. 이러한 새 하늘은 오래 전에 이사야에 의해 그리고 나중에 베드로에 의해 예언되었다(벧후 3:13).

2. 또 내가 보매 거룩한 성 새 예루살렘이 하나님께로부터 하늘에서 내려오니 그 준비한 것이 신부가 남편을 위하여 단장한 것 같더라.

거룩한 성 새 예루살렘. 즉 예루살렘의 선민(選民)들과 대응되는 하나님의 선민들의 전체 숫자. 하나님께로부터 하늘에서 내려오니. 이것은 그들이 실제로 하늘로부터 내려오는 것을 의미하는 것이 아니라, 그들이 하늘에 속한 마음과 하늘의 본질을 가진 자들임을 의미하는 것이다. 그 준비한 것이 신부가 남편을 위하여 단장한 것 같더라. 신부가 입는 최고로 영광스러운 옷을 입고, 결혼식 날 신부는 신랑을 위해 스스로를 단장한다.

3. 내가 들으니 보좌에서 큰 음성이 나서 이르되 보라 하나님의 장막이 사람들과 함께 있으매 하나님이 그들과 함께 계시리니 그들은 하나님의 백성이 되고 하나님은 친히 그들과 함께 계셔서.

여기의 말씀은 지상의 하나님의 교회에도 적용될 수 있다. 참된 신자들의 몸은 주의 성전으로 불리며, 주님은 그들 안에 거하신다. 뿐만 아니라 그들과 관련하여 하나님이 그들과 함께 계시며 그들의 하나님이 될 것이라는 것 또한 사실이다. 그러나 여기의 말씀은 좀 더 특별하게 하늘의 승리한 교회에 적용된다. 하나님이 그들과 함께 계신다는 것은 하나님이 영속적으로 그들과 함께 하시며 그들에게 스스로를 좀 더 충분하게 나타내시는 것을 의미한다. 이와 같이 하늘의 영광 가운데 있는 성도들의 상태는 항상 주와 함께 있는 것으로 묘사된다(살전 4:17).

4. 모든 눈물을 그 눈에서 닦아 주시니 다시는 사망이 없고 애통하는 것이나 곡하는 것이나 아픈 것이 다시 있지 아니하리니 처음 것들이 다 지나갔음이러라.

여기의 말씀은 문자적인 의미로 이생의 교회에 상태에 적용될 수 없다. 물론 20:1-3에 언급된 천 년 동안 교회의 상태는 이전과는 비교할 수 없을 정도로 복되며 원수들의 학대와 박해로부터 자유로울 것이다. 그러나 그 기간 동안 어떤 지체도 죽지도 않고, 아프지도 않고, 슬픔과 고통도 없을 것이라고는 결코 생각할 수 없다. 만일 우리가 여기의 말씀을 지상의 전투하는 교회의 상태에 적용시킨다면, 거기에는 필연적으로 많은 무리가 따를 수밖에 없을 것이다. 그러나 여기의 모든 것은 하늘의 승리한 교회와 관련해서는 문자적으로 사실일 것이다.

5. 보좌에 앉으신 이가 이르시되 보라 내가 만물을 새롭게 하노라 하시고 또 이르시되 이 말은 신실하고 참되니 기록하라 하시고.

보좌에 앉으신 이. 즉 그리스도. 보라 내가 만물을 새롭게 하노라. 보라 내가 만물을 새로운 국면으로 이끌 것이라. 나의 백성들의 상태는 영원히 고난과 고통의 상태에 있지 않을 것이라.

또 이르시되 … 기록하라. 왜냐하면 이 환상은 정해진 때에 이루어질 것이기 때문이라. 지금 내가 네게 말하는 것은 오랜 세월이 지나기까지는 이루어지지 않을 것이라. 그럼에도 불구하고 나의 백성들이 그것을 알고 소망하며 묵상하는 것은 아직 끝나지 않은 용의 때(즉 로마제국의 이교도 황제들의 때)와 적그리스도가 통치하는 1,260년 동안의 모든 환난 가운데 자신의 영혼을 지킴에 있어 매우 중요한 일이 될 것이라. 그러므로 그것을 기록하라. 그럼으로써 모든 세대의 나의 모든 백성들이 그것을 알고, 믿으며, 소망 가운데 그 모든 때를 인내할 수 있게 하라.

이 말은 신실하고 참되니. 나는 신실하고 참된 증인이니, 내가 말한 모든 것은 그 정한 때에 반드시 이루어질 것이라.

6. 또 내게 말씀하시되 이루었도다 나는 알파와 오메가요 처음과 마지막이라 내가 생명수 샘물을 목마른 자에게 값없이 주리니.

또 내게 말씀하시되 이루었도다. 이제 세상의 종말이 이르렀으며, 나의 원수들에 대한 모든 경고와 나의 백성들에 대한 모든 약속이 이제 이루어졌도다. 이제 나의 원수들은 영원한 저주 가운데 떨어지며, 나의 백성들은 영원한 구원으로 들어가도다. 나는 알파와 오메가요 처음과 마지막이라. 내가 처음에 세상을 창조했으며, 이제 그것의 종지부를 찍노라. 처음에 준 모든 약속들과 경고들을 이제 내가 모두 이루었노라. 내가 생명수 샘물을 목마른 자에게 값없이 주리니. 나의 의와 구원에 목마른 백성들은 이제 그것을 받아 마음껏 마실 것이라.

7. 이기는 자는 이것들을 상속으로 받으리라 나는 그의 하나님이 되고 그는 내 아들이 되리라.

이기는 자는 이것들을 상속으로 받으리라. 요한에게 하나님은 이것을 거의 1,600년 전에 계시하셨다. 앞으로도 얼마나 더 기다려야 이러한 영광의 때가 올 것인지는 오직 하나님만 아신다. 대부분의 시간은 세상과 육체와 마귀와 싸우는 시간이었고 또 앞으로도 그럴 것이다. 그러나 이러한 선한 싸움을 싸워 승리하는 자들은 누구든지 하늘의 모든 복락과 즐거움을 상속으로 받을 것이다.

나는 그의 하나님이 되고 그는 내 아들이 되리라. 나는 그에게 모든 것이 될 것이라. 나는 그의 하나님이 되어 그를 사랑하며 영화롭게 할 것이며, 그는 나의 아들로서 나와 함께 있으며 영원무궁토록 나와 함께 살 것이라.

8. 그러나 두려워하는 자들과 믿지 아니하는 자들과 흉악한 자들과 살인자들과 음행하는 자들과 점술가들과 우상 숭배자들과 거짓말하는 모든 자들은 불과 유황으로 타는 못에 던져지리니 이것이 둘째 사망이라.

보이지 않는 교회 밖에 있는 모든 사람들은 ― 그들이 예컨대 살인자나 음행하는 자나 점술가나 거짓말하는 자와 같은 불경건한 자들이든 혹은 우상 숭배자들이든 혹은 불신자들이든 혹은 외식하는 자들이든 간에 ― 모두 지옥에 던져질 것이다.

두려워하는 자들. 자신의 평판이나 재산이나 명예나 혹은 목숨을 잃을까 두려워하여 나를 부인하거나 혹은 담대하게 시인하지 못하는 자들. 믿지 아니하는 자들. 복음의 진리에 동의하지 않는 자들, 혹은 생명을 얻기 위해 나에게 나오지 않는 자들. 흉악한 자들. 소돔 사람들처럼 동물적인 정욕 가운데 사는 자들. 살인자들. 하나님의 허락 없이 함부로 사람의 목숨을 빼앗는 자들. 음행하는 자들. 이웃의 아내를 더럽히는 자들. 점술가들. 마술을 행하며, 마귀에게 물으며, 악령과 교접하는 자들. 우상 숭배자들. 아합의 우상 숭배를 행하는 자들과 여로보암의 우상 숭배를 행하는 자들. 전자는 피조물을 숭배하는 것을 말하며, 후자는 참된 하나님을 우상이나 혹은 형상으로 바꾸어 섬기는 것을 말한다. 거짓말하는 모든 자들. 입으로 거짓을 말하는 모든 자들과 행실로써 거짓을 행하는 ― 스스로를 거짓으로 꾸미는 위선자들의 경우처럼 ― 모든 자들.

불과 유황으로 타는 못에 던져지리니 이것이 둘째 사망이라. 다시 말해서, 위에 열거된 부류의 모든 사람들은 영원한 저주를 받을 것이다.

9. 일곱 대접을 가지고 마지막 일곱 재앙을 담은 일곱 천사 중 하나가 나아와서 내게 말하여 이르되 이리 오라 내가 신부 곧 어린 양의 아내를 네게 보이리라 하고.

일곱 천사 중 하나. 15:6에 언급된 천사들 가운데 한 천사. 내가 신부 곧 어린 양의 아내를 네게 보이리라. 내가 네게 보이지 않는 전체 교회를 보이리라. 내가 네게 큰 성의 표현 아래 하늘의 승리한 교회의 영광스러운 상태를 보이리라.

10. 성령으로 나를 데리고 크고 높은 산으로 올라가 하나님께로부터 하늘에서 내려오는 거룩한 성 예루살렘을 보이니.

성령으로 나를 데리고. 황홀경(ecstasy) 가운데. 크고 높은 산. 도시의 전체적인 모습을 조망하기에 가장 좋은 곳은 바로 이와 같은 장소이다.

하나님께로부터 하늘에서 내려오는 거룩한 성 예루살렘을 보이니. 그곳으로부터 하나님은 요한에게 하늘의 승리한 교회를 보여주셨다. 그것은 옛 예루살렘과 대응되는 것으로서, 그것보다 더 거룩한 것이었다. 왜냐하면 옛 예루살렘은 그것의 모형에 불과한 것이었기 때문이다. 그것은 땅에 속한 것이 아니라 하늘에 속한 것으로서 하늘로부터 내려왔다. 그리고 그것은 하나님에 의해 기초가 놓여지고, 세워지고, 아름답게 꾸며졌다.

11. 하나님의 영광이 있어 그 성의 빛이 지극히 귀한 보석 같고 벽옥과 수정 같이 맑더라.

하나님의 영광이 있어. 하나님으로부터 받은 가장 찬란한 영광. 그 성의 빛. 그 성에 빛을 비추는 발광체(發光體). 지극히 귀한 보석 같고. 그 성에 빛을 비추는 지극히 귀한 보석 같은 발광체는 다름 아닌 그리스도 자신이다. "그 성은 해나 달의 비침이 쓸 데 없으니 이는 하나님의 영광이 비치고 어린 양이 그 등불이 되심이라"(23절).

벽옥. 4:3을 보라. 거기에서 하나님은 벽옥에 비유된다. 반면 여기에서는 "수정 같이 맑은 벽옥"(KJV)으로 묘사된다. 벽옥은 사람의 눈에 매우 영광스럽게 보이는 맑은 보석으로 알려져 있다. 그러므로 그것은 정결하며 영광스러운 하나님을 나타내는 매우 적절한 상징이 될 수 있다.

12. 크고 높은 성곽이 있고 열두 문이 있는데 문에 열두 천사가 있고 그 문들 위에 이름을 썼으니 이스라엘 자손 열두 지파의 이름들이라.

크고 높은 성곽이 있고. 하나님의 교회를 상징하는 이 성에는 "크고 높은 성곽"이 있다. 성곽(walls)은 성을 보호하며 방어하기 위한 것이다. 성곽이 크고 높을수록

성을 보호하며 방어하는 기능이 높아진다. 이와 같이 하나님은 종종 그의 백성들의 반석이며 그들을 보호하는 자로 불린다. **열두 문이 있는데.** 성문의 용도는 사람들의 출입을 위한 것이다. 여기에서 교회는 열두 문을 가진 것으로 말하여진다. 그것은 그것이 지상의 전투하는 교회로 남아 있는 동안 누구든지 그 안으로 들어올 수 있을 뿐만 아니라 하늘의 승리한 교회는 모든 열방으로부터 온 사람들로 이루어지기 때문이다. 나아가 그것은 교회의 큰 위용과 영광을 나타낸다. 그런가 하면 어떤 사람들은 이것이 최초의 복음 사역자인 열두 사도 때문이라고 생각한다. 왜냐하면 그들은 사람들을 그 안으로 들어오게 하는 문과 같은 존재들이기 때문이다.

열두 천사가 있고. 이것은 천사들이 교회를 지키는 것을 나타내는 것일 수도 있고, 혹은 교회의 각 부분들에 할당된 사역자들을 보여주는 것일 수도 있다. 왜냐하면 성경에서 사역자들은 종종 "천사들"(angels)로 불리기 때문이다.

그 문들 위에 이름을 썼으니 이스라엘 자손 열두 지파의 이름들이라. 구약시대에는 오직 하나님의 선민인 이스라엘 열두 지파만으로 교회가 구성되었다. 그러므로 오직 하나님이 특별하게 택하신 백성들만이 이러한 문들을 통해 교회 안으로 들어온다. 여기에서 우리는 하나님이 당신의 교회와 관련하여 열둘이라는 숫자를 특별히 애호하시는 것을 주목할 수 있다.

13. 동쪽에 세 문, 북쪽에 세 문, 남쪽에 세 문, 서쪽에 세 문이니.

이것은 하나님의 교회가 땅의 사방 즉 세상의 모든 곳으로부터 온 백성들로 이루어진 것을 보여준다. 이것은 에스겔의 환상과 일치한다(겔 48:31-34). 하늘의 승리한 교회는 모든 나라로부터 그 안으로 들어온 모든 신자들로 이루어질 것이다.

14. 그 성의 성곽에는 열두 기초석이 있고 그 위에는 어린 양의 열두 사도의 열두 이름이 있더라.

그 성의 성곽에는 열두 기초석이 있고. 옛 하나님의 교회인 이스라엘은 열두 족장과 열두 지파의 터 위에 세워졌으며, 신약 교회는 열두 사도의 터 위에 세워졌다. 그러나 구약의 교회든 신약의 교회든 참된 터는 예수 그리스도이다. "이 닦아 둔 것 외에 능히 다른 터를 닦아 둘 자가 없으니 이 터는 곧 예수 그리스도라"(고전 3:11). 그렇지만 사도들 역시도 때로 터로 일컬어진다. 왜냐하면 그들로 말미암아 신약의 교회가 시작되었기 때문이다.

그 위에는 어린 양의 열두 사도의 열두 이름이 있더라. 우리는 때로 기초석 위에 일꾼들의 이름을 기록하는 것을 본다. 그와 같이 여기에서 열두 기초석 위에 열두 사도의 이름이 기록된 것은 그들이 그 성곽을 건축했음을 나타내기 위함이다.

15. 내게 말하는 자가 그 성과 그 문들과 성곽을 측량하려고 금 갈대 자를 가졌더라.

이것은 전과 비교했을 때 여기의 교회의 위용의 탁월함을 나타내기 위한 것으로 보인다. 전에 그것은 사람에 의해 측량되었지만(11장), 그러나 지금은 천사에 의해 측량된다. 또 전에 그것은 보통 갈대로 측량되었지만, 지금은 금 갈대로 측량된다.

16. 그 성은 네모가 반듯하여 길이와 너비가 같은지라 그 갈대 자로 그 성을 측량하니 만 이천 스다디온이요 길이와 너비와 높이가 같더라.

말씀의 갈대로 측량된 지상의 전투하는 교회는 그 각각의 부분들이 같지 않았다. 어떤 부분은 상대적으로 더 정결했으며, 어떤 부분은 상대적으로 덜 정결했다. 그러나 새 예루살렘에서 모든 부분들은 그 완전함과 정결함에 있어 같을 것이다.

17. 그 성곽을 측량하매 백사십사 규빗이니 사람의 측량 곧 천사의 측량이라.

이것은 성곽의 둘레나 혹은 높이나 혹은 폭을 측량한 것일 수 없다. 왜냐하면 144 규빗은 성곽의 둘레를 의미하는 것이기에는 너무 짧고, 성곽의 높이나 혹은 폭을 의미하는 것이기에는 너무 길기 때문이다. 이와 관련하여 포터 박사(Dr. Potter)는 이것이 제곱수가 분명하다고 말한다. 다시 말해서 높이와 폭이 각각 12 규빗으로서, 여기의 144 규빗은 둘을 곱한 것이라는 것이다. 사람의 측량 곧 천사의 측량이라. 이것은 여기의 천사가 마치 사람들이 측량하는 것처럼 측량했다는 의미이다.

18. 그 성곽은 벽옥으로 쌓였고 그 성은 정금인데 맑은 유리 같더라.

그 성곽은 벽옥으로 쌓였고. 그 성은 성곽이 벽옥으로 되어 있음으로 인해 어떤 쇠망치로도 깨뜨릴 수 없는 난공불락의 강한 성이다. 그 성은 정금인데. 이 성을 이루는 모든 것은 완전하며 고결하다. 맑은 유리 같더라. 티 없이 맑은 유리.

19. 그 성의 성곽의 기초석은 각색 보석으로 꾸몄는데 첫째 기초석은 벽옥이요 둘째는 남보석이요 셋째는 옥수요 넷째는 녹보석이요.

그 성의 성곽의 기초석은. 앞에서 이야기한 것처럼, 여기의 기초석은 열두 사도를 의미한다. 그들은 반석이신 예수 그리스도의 유일한 기초 위에 최초의 돌들로서 신약의 교회를 출범시켰으며, 그들 위에 또 다른 사람들이 계속해서 쌓아 올려져가다가 마침내 전체 교회가 완성될 것이다.

20. 다섯째는 홍마노요 여섯째는 홍보석이요 일곱째는 황옥이요 여덟째는 녹옥이요 아홉째는 담황옥이요 열째는 비취옥이요 열한째는 청옥이요 열두째는 자수정

이라.

아마도 여기의 보석들은 열두 사도의 영적 은사들과 은혜의 습관들을 상징하는 것으로 보인다. 왜냐하면 앞 절에서 그것들은 "꾸미는" 것으로서 말하여지기 때문이다. 어쨌든 여기에서 나는 그것들이 교회를 유익하게 하기 위해 그들에게 주어진 성령의 다양한 나타남들을 상징하는 것이라고 이해하고자 한다. 그들은 그러한 것들로 복음을 아름답게 꾸밈으로써 이교도들을 얻고 또 그들에게 스스로를 아름다운 모습으로 나타낼 수 있었을 것이다. 이런 측면에서 우리는 어렵지 않게 각각의 보석들이 어떤 은혜를 상징하는지 추측할 수 있다. 첫째로, 벽옥(jasper)은 확고함과 불변함을 상징하는 것일 수 있다. 둘째로, 남보석(sapphire)은 천상의 마음을 상징하는 것일 수 있다. 셋째로, 옥수(chalcedony)는 열심을 상징하는 것일 수 있다. 넷째로, 녹보석(emerald)은 활기와 생명력을 상징하는 것일 수 있다. 다섯째로, 다양한 색깔을 가진 홍마노(sardonyx)는 다양한 은사들과 은혜들을 상징하는 것일 수 있다. 여섯째로, 홍보석(sardius)은 그리스도를 위해 기꺼이 피를 흘리고자 하는 용기와 불굴의 정신을 상징하는 것일 수 있다. 일곱째로, 황옥(chrysolyte)은 사랑과 지혜와 지식을 상징하는 것일 수 있다. 여덟째로, 녹옥(beryl)은 빠른 통찰력을 상징하는 것일 수 있다. 아홉째로, 담황옥(topaz)은 신적 비밀을 분별하는 능력을 상징하는 것일 수 있다. 열째로, 비취옥(chrysoprasus)은 신중함과 진지함을 상징하는 것일 수 있다. 열한째로, 청옥(jacinth)은 영적인 기쁨과 마음의 고요함을 상징하는 것일 수 있다. 그리고 마지막으로 자수정(amethyst)은 절제와 삼감을 상징하는 것일 수 있다. 그러나 이러한 보석들의 성격을 가지고 지나치게 상상의 나래를 펴는 것은 내가 볼 때 과도한 호기심의 발로로 보인다. 다만 그 모든 것을 함께 취하여 그것이 열두 사도의 모든 은사들과 은혜들을 나타낸다고 보는 것으로 족할 것이다.

21. 그 열두 문은 열두 진주니 각 문마다 한 개의 진주로 되어 있고 성의 길은 맑은 유리 같은 정금이더라.

그 성을 묘사하는 다양한 표현들이 의미하는 바를 추측하는 일은 이제 그만 하고자 한다. 나는 그것의 전체적인 취지가 단지 우리로 하여금 우리를 위해 준비된 하늘의 집이 얼마나 영광스러운지를 알게 하기 위한 것이라고 생각한다. 그것은 그 안에 들어가도록 허락받은 영혼들에게 세상의 가장 보배롭고 영광스러운 것들이 줄 수 있는 것과는 비교할 수 없는 무한한 만족을 줄 것이다.

22. 성 안에서 내가 성전을 보지 못하였으니 이는 주 하나님 곧 전능하신 이와 및

어린 양이 그 성전이심이라.

성 안에서 내가 성전을 보지 못하였으니. 여기의 "성전"을 나는 이 모든 것을 천 년 동안의 지상의 전투하는 교회의 복된 상태를 묘사하는 것으로 이해하는 자들처럼 엄격하게 취할 수 없다. 다만 나는 그것을 우리가 이생에서 하나님을 섬기는 모든 규례들과 예법들을 의미하는 것으로 이해한다. 이는 주 하나님 곧 전능하신 이와 및 어린 양이 그 성전이심이라. 거기에서는 하나님의 모든 것이 실체(實體)로 주어질 것이며, 하나님이 모든 것이 되실 것이다(고전 15:28). 각종 규례들과 예법들은 단지 이생에서 멀리 계신 하나님을 바라보기 위한 용도로 사용하는 것일 뿐이다. 이생에서 우리는 부분적으로 알지만, 거기에서는 하나님을 얼굴과 얼굴로 볼 것이다. 그리고 거기에서 우리는 하나님을 알되 하나님이 우리를 아시는 것처럼 그렇게 알게 될 것이다. 거기에서 성도들은 아무것도 필요로 하지 않을 것이다. 그들은 기도하는 집도 필요로 하지 않을 것이다. 또 그들은 모든 것을 알 것이므로 거기에 그들을 가르칠 어떤 사람도 필요치 않을 것이다. 또 그들은 항상 그리스도를 볼 것이므로 그를 기념하기 위한 어떤 성례도 필요치 않을 것이다.

23. 그 성은 해나 달의 비침이 쓸 데 없으니 이는 하나님의 영광이 비치고 어린 양이 그 등불이 되심이라.

해와 달은 세상을 비추는 두 개의 큰 발광체(發光體)다. 하나는 낮을 다스리기 위한 것이고, 다른 하나는 밤을 다스리기 위한 것이다. 그러나 하늘에서는 이러한 것들이 필요치 않을 것이다. 등불. 등불(light)은 성경에서 종종 지식 혹은 위로를 상징한다. 하늘에서는 우리에게 지식을 주거나 혹은 우리를 위로하기 위한 것들이 필요하지 않을 것이다. 왜냐하면 하나님과 그리스도가 거기에서 성도들의 영혼을 말할 수 없는 지식과 위로로 채우실 것이기 때문이다.

24. 만국이 그 빛 가운데로 다니고 땅의 왕들이 자기 영광을 가지고 그리로 들어가리라.

만국이 그 빛 가운데로 다니고. 천국에 들어가는 자들은 모두 이와 같이 복될 것이다. 땅의 왕들이 자기 영광을 가지고 그리로 들어가리라. 천국에 들어갈 땅의 왕들은 그들의 모든 존귀와 영광이 그곳의 존귀와 영광에 삼켜진 것을 보게 될 것이다. 그리고 그들은 자신들의 모든 면류관이 하늘의 영광스러운 면류관에 무한히 못 미치며 자신들의 모든 보좌가 하늘의 보좌에 비할 때 아무것도 아님을 고백하게 될 것이다.

25. 낮에 성문들을 도무지 닫지 아니하리니 거기에는 밤이 없음이라.

낮에 성문들을 도무지 닫지 아니하리니. 성문을 닫는 이유는 두 가지이다. 하나는 적들을 성 안으로 들어오지 못하게 하는 것이고, 다른 하나는 성 안에 있는 사람들을 나가지 못하게 하는 것이다. 그렇기 때문에 하늘에서는 더 이상 성문을 닫을 필요가 없을 것이다. 왜냐하면 거기에는 두려워해야 할 적들도 없고 또 그 안에 있는 사람들은 결코 성 밖으로 나가기를 바라지 않기 때문이다. 거기에는 밤이 없음이라. 통상적으로 우리는 낮에 성문을 닫지 않는다. 그러나 거기에는 문자적인 의미로든 혹은 은유적인 의미로든 오직 낮만 있을 뿐 밤은 없을 것이다.

26. 사람들이 만국의 영광과 존귀를 가지고 그리로 들어가겠고.

이 세상에서 바랄 만하며 좋은 모든 것이 하늘에 있는 자들에게 공급될 것이며, 그것들은 그들에게 무한히 더 만족스러운 것이 될 것이다.

27. 무엇이든지 속된 것이나 가증한 일 또는 거짓말하는 자는 결코 그리로 들어가지 못하되 오직 어린 양의 생명책에 기록된 자들만 들어가리라.

무엇이든지 … 결코 그리로 들어가지 못하되. 헬라어 원문은 부정을 두 번 반복함으로써 더욱 강한 부정을 만든다. 속된 것. 본문의 강한 부정은 모든 종류의 불결한 사람들이 하늘나라에 들어가지 못하는 것을 지극히 명백한 것으로 만든다. 그러나 이러한 사실은 얼마나 자주 많은 사람들에 의해 부정되어 왔던가! 그리고 그렇게 함으로써 얼마나 많은 사람들을 그들의 정욕을 도취되어 살도록 만들었던가! 여기에서 "속된 것"으로 번역된 단어는 일반적인 것을 의미한다. 거룩한 삶으로 말미암아 스스로를 세상과 죄와 악으로부터 분리시키고 하나님께 바치지 않는 모든 사람은 결국 그 성에 들어가지 못할 것이다. 가증한 일을 행하는 자. 음란하며 불경건한 사람들. 거짓말하는 자. 거짓말하는 위선자들과 우상 숭배자들. 우상 숭배자가 거짓말하는 자인 것은 우상이 거짓이기 때문이다.

오직 어린 양의 생명책에 기록된 자들만 들어가리라. 그 이름이 생명책에 기록된 자들, 즉 구원으로 예정되고 그리스도의 피로 구속받은 자들 외에는 어느 누구도 들어가지 못하리라. 어떤 사람들은 이러한 의미로 만족하지 못한다. 그러면 이것이 또 다른 어떤 것을 의미할 수 있는가? 우리는 이 책에서 이러한 말씀을 최소한 여섯 번 만난다(3:5; 13:8; 17:8; 20:12, 15). 또 여기의 말씀은 빌립보서 4:3에서도 언급된다. 또 출애굽기 32:32의 모세의 기도를 우리가 달리 어떻게 이해할 수 있단 말인가? "그러나 이제 그들의 죄를 사하시옵소서 그렇지 아니하시오면 원하건대 주께서 기록하신 책에서 내 이름을 지워 버려 주옵소서." 또 생명책에 이름들이 "창세 이후로" 기록되었다는 말씀이 이 책에 두 번 나온다(13:8; 17:8). 하나님은 누가 당신의 소유인지에 대한 구체적이며, 확실하며, 오류 없는 지식을 영원 전부터 가지고 계신다. 하나님이 어떤 방식으로 그것을 아시는지는 우리에게 너무나 어려운 주제라고 하더라도 말이다. 나아가 그것은 "어린 양의 생명책"이라 불린다. 그것은 우리에게 하나님의 택하심의 섭리가 그리스도의 구속 행위와 관련이 있음을 알게 해준다.

MATTHEW POOLE'S COMMENTARY

요한계시록 22장

개요

1. 생명수의 강과 생명나무(1–2).
2. 하나님의 종들의 영광스러운 상태(3–7).
3. 천사가 요한에게 자신에게 경배하지 말고 오직 하나님께만 경배하라고 말함(8–9).
4. 천사가 요한에게 이 두루마리의 말씀을 인봉하지 말라고 말함(10–11).
5. 그리스도의 오심과 영원하심(12–13).
6. 하나님의 계명을 행하는 자들이 복이 있음(14–17).
7. 이 예언으로부터 무엇인가 더해지거나 혹은 제하여져서는 안 됨(18–20).
8. 요한이 축도와 함께 글을 마침(21).

1. 또 그가 수정 같이 맑은 생명수의 강을 내게 보이니 하나님과 및 어린 양의 보좌로부터 나와서.

또 그가. 요한에게 앞에서 언급된 모든 것을 보여준 천사가.

수정 같이 맑은 생명수의 강을 내게 보이니. 물이 없는 곳은 결코 복된 장소일 수 없다. 강을 – 특별히 맑은 강을 – 끼고 있는 지역은 사람들이 살기에 가장 적합한 장소이다. 천국에는 성도들을 복되게 함에 있어 부족한 것이 아무것도 없다. 특별히 그곳은 여기에서 맑은 강이 흐르는 곳으로서 묘사된다. 거기에 흐르는 물은 보통 물이 아니다. 그것은 생명을 주며 생명을 보존시키는 물이다. 이것이 의미하는 바가 천국의 순전하며 온전한 기쁨이 아니면 무엇이겠는가! 하나님과 및 어린 양의 보좌로부터 나와서. 그곳에서 하나님과 예수 그리스도를 향유하는 성도들로부터 흘러나오는.

2. 길 가운데로 흐르더라 강 좌우에 생명나무가 있어 열두 가지 열매를 맺되 달마다 그 열매를 맺고 그 나무 잎사귀들은 만국을 치료하기 위하여 있더라.

길 가운데로 흐르더라 강 좌우에 생명나무가 있어. 그 성 안에는 매우 아름답고 유익할 뿐만 아니라 사람들에게 생명을 주는 다양한 열매를 맺는 많은 나무들이 있다. 그 성은 에스겔의 환상 가운데서도 이와 같이 묘사된다. "나를 인도하여 강 가로 돌아가게 하시기로 내가 돌아가니 강 좌우편에 나무가 심히 많더라"(겔 47:6-7).

나아가 이러한 표현은 우리에게 성도들이 하늘에서 누리게 될 무한한 즐거움과 영혼의 만족을 보여준다. 특별히 그 나무는 여기에서 "생명나무"로 불리는데, 그것은 명백히 에덴 동산에서 그와 같은 이름으로 불렸던 나무를 암시한다(창 2:9). 여기의 생명나무는 그리스도 외에 다른 누구와도 결코 부합될 수 없다.

열두 가지 열매를 맺되. 그리스도 안에 모든 충만이 거한다. 그는 신성(神性)으로 충만한 자며, 기름 부음을 받은 자며, 성령을 한량없이 받은 자다. 달마다 그 열매를 맺고. 그는 매일같이 그의 백성들에게 그의 충만을 나누어 주신다. 그 나무 잎사귀들은 만국을 치료하기 위하여 있더라. 그리스도 안에 쓸모없는 것은 아무것도 없다. 그는 만국으로부터 온 그의 백성들을 치료하며 그들을 생명으로 이끈다.

3. 다시 저주가 없으며 하나님과 그 어린 양의 보좌가 그 가운데에 있으리니 그의 종들이 그를 섬기며.

다시 저주가 없으며. 거기에 마귀에게 바쳐진 것은 아무것도 없을 것이다(*κατανάθεμα*). 거기에 저주받은 사람도 없고 저주받은 것도 없을 것이다. 하나님과 그 어린 양의 보좌가 그 가운데에 있으리니. 거룩하시며 정결하신 하나님의 임재가 모든 저주를 금하며 막을 것이다. 그의 종들이 그를 섬기며. 그곳에서 오직 하나님만이 그의 종들의 섬김을 받을 것이다.

4. 그의 얼굴을 볼 터이요 그의 이름도 그들의 이마에 있으리라.

그의 얼굴을 볼 터이요. 영화로워진 하늘의 성도들의 행복은 종종 이와 같은 표현으로 묘사된다(마 5:8; 고전 13:12; 히 12:14; 요일 3:2). 그들은 하나님을 직접적으로 향유할 것이다. 그의 이름도 그들의 이마에 있으리라. 거기에 그 이마에 짐승의 이름을 가진 자는 아무도 없을 것이다. 거기에는 오직 그 이마에 하나님의 이름이 있음으로 인해 스스로를 하나님의 자녀로 나타내는 자들만 있을 것이다.

5. 다시 밤이 없겠고 등불과 햇빛이 쓸 데 없으니 이는 주 하나님이 그들에게 비치심이라 그들이 세세토록 왕 노릇 하리로다.

21:23에 대한 저자의 주석을 참조하라.

6. 또 그가 내게 말하기를 이 말은 신실하고 참된지라 주 곧 선지자들의 영의 하나님이 그의 종들에게 반드시 속히 되어질 일을 보이시려고 그의 천사를 보내셨도다.

이 책의 모든 말씀, 그 가운데서도 특별히 마지막 환상과 관련한 말씀은 "충성된 증인"(1:5; 3:14)과 "충신과 진실"(19:11)이라고 불리는 자로부터 나온 것이로다. 그러므로 그것은 "신실하고 참된" 말씀이라. 하나님은 당신이 말씀하신 모든 것을 이루심으로써 당신의 신실하심과 진실하심을 나타내실 것이라. 하나님이 옛 언약 아래 그의 선지자들에게 부분적으로 계시하시고, 또다시 지금 그의 종인 나에게 계시하시는 것은 당신의 백성들에게 그것이 곧 이루어질 것을 나타내기 위함이라. 1:1에 대한 저자의 주석을 보라.

7. 보라 내가 속히 오리니 이 두루마리의 예언의 말씀을 지키는 자는 복이 있으리라 하더라.

내가 속히 오리니. 마지막 심판을 위해. 이 두루마리의 예언의 말씀을 지키는 자는 복이 있으리라. 이 책의 예언을 이해하고 믿고 그에 따라 살아가는 가운데 그것을 기억하고 지키는 자는 복이 있으리라.

8. 이것들을 보고 들은 자는 나 요한이니 내가 듣고 볼 때에 이 일을 내게 보이던 천사의 발 앞에 경배하려고 엎드렸더니.

내가 그 환상을 보고 그와 관련하여 내게 말하여진 말씀을 들을 때에.

9. 그가 내게 말하기를 나는 너와 네 형제 선지자들과 또 이 두루마리의 말을 지키는 자들과 함께 된 종이니 그리하지 말고 하나님께 경배하라 하더라.

그리하지 말고. 19:10에 대한 저자의 주석을 참조하라. 나는 너와 네 형제 선지자들과 … 함께 된 종이니. 나의 임무 역시 너와 네 형제 선지자들의 임무와 마찬가지로 하나님의 뜻을 계시하는 것이니. 또 이 두루마리의 말을 지키는 자들과 함께 된 종이니. 나 역시도 하나님의 모든 종들에게 형제일 뿐이니. 그러므로 네가 나에게 경배하는 것은 명백히 잘못된 일이로다. 나는 단지 창조된 존재로서, 신적 경배를 받기에 합당치 못한 자로다.

10. 또 내게 말하되 이 두루마리의 예언의 말씀을 인봉하지 말라 때가 가까우니라.

또 내게 말하되. 여기의 말하는 자는 12-13절에 나타나는 것처럼 그리스도시다. 이 두루마리의 예언의 말씀을 인봉하지 말라. 이 모든 것을 인봉하지 말고 개봉하라. 그리고 그것을 교회 전체에 반포하여 알게 하라. 때가 가까우니라. 머지않아 그것들이 성취되기 시작할 것이라.

11. 불의를 행하는 자는 그대로 불의를 행하고 더러운 자는 그대로 더럽고 의로운 자는 그대로 의를 행하고 거룩한 자는 그대로 거룩하게 하라.

불의를 행하는 자는 그대로 불의를 행하고 더러운 자는 그대로 더럽고. 이 두루마리를 인봉하지 않고 개봉하여 반포하는 것은 불의를 행하는 자들과 더러운 자들을 불쾌하게 할 것이라. 그러나 불쾌해하는 자들은 그냥 불쾌해하게 내버려 두라. 하나님의 진리는 결코 감추어져서는 안 될 것이라.

의로운 자는 그대로 의를 행하고 거룩한 자는 그대로 거룩하게 하라. 반대로 그렇게 하는 것은 하나님의 종들에게 있어 그들의 믿음과 인내와 거룩함과 모든 의의 열매를 맺는 것을 더욱 확실하게 할 것이라.

12. 보라 내가 속히 오리니 내가 줄 상이 내게 있어 각 사람에게 그가 행한 대로 갚아 주리라.

내가 속히 오리니. 앞의 7절처럼, 마지막 심판을 위해. 내가 줄 상이 내게 있어. 각 사람들에게 그들이 행한 대로 갚아줄 능력과 권세가 나에게 있어(계 20:13; 단 12:2; 마 25:34-35; 롬 2:6).

13. 나는 알파와 오메가요 처음과 마지막이요 시작과 마침이라.

1:8과 21:6에 대한 저자의 주석을 참조하라.

14. 자기 두루마기를 빠는 자들은 복이 있으니 이는 그들이 생명나무에 나아가며 문들을 통하여 성에 들어갈 권세를 받으려 함이로다.

자기 두루마기를 빠는 자들은 복이 있으니. 주 예수 그리스도를 믿고 하나님의 말씀을 따라 살아가는 자들은 복이 있으니. 이는 그들이 생명나무에 나아가며. 앞에서 생명나무라 불린 그리스도(2절). 또 그는 이기는 자에게 "하나님의 낙원에 있는 생명나무의 열매를 주어 먹게" 하겠다고 약속하셨다(2:7). 우리는 그 열매를 우리의 공로로 얻지 못한다. 오직 그의 약속으로 말미암아 얻는다. 성에. 천국에, 혹은 큰 성 또는 영광스러운 성의 은유로 묘사된 기쁨과 즐거움에.

15. 개들과 점술가들과 음행하는 자들과 살인자들과 우상 숭배자들과 및 거짓말을 좋아하며 지어내는 자는 다 성 밖에 있으리라.

성 밖에. 다시 말해서 지옥에. 하나님의 교회를 향해 짖어대며 물어뜯는 모든 개들과 모든 불경건한 자들과 우상 숭배자들과 외식하는 자들은 마침내 지옥에 떨어질 것이다. 계시록 21:8, 27; 고린도전서 6:9, 10과 그에 대한 저자의 주석을 보라.

16. 나 예수는 교회들을 위하여 내 사자를 보내어 이것들을 너희에게 증언하게 하였노라 나는 다윗의 뿌리요 자손이니 곧 광명한 새벽 별이라 하시더라.

나 예수는 교회들을 위하여 내 사자를 보내어 이것들을 너희에게 증언하게 하였노라. 여기에서 그리스도는 이 모든 계시가 바로 자신의 계시임을 확증하신다. 천사는 단지 증언할 뿐이며, 요한은 단지 듣고 기록할 뿐이다. 나는 다윗의 뿌리요 자손이니. 그리스도는 다윗의 주님이면서 동시에 그의 자손이다. 그는 하나님으로서 다윗의 뿌리이다. 그는 땅의 다른 모든 가문들과 마찬가지로 다윗의 가문을 세우셨다. 동시에 그는 다윗의 자손으로서 이새의 뿌리에서 난 가지이다.

곧 광명한 새벽 별이라. 새벽 별이 제일 먼저 세상에 빛을 비추며 찬란한 광명을 예조(豫照)하는 것처럼, 나는 내 백성들에게 마지막 날의 운명과 관련하여 빛을 비추기 위해 나의 복음 혹은 여기의 계시를 반포하노라.

17. 성령과 신부가 말씀하시기를 오라 하시는도다 듣는 자도 오라 할 것이요 목마른 자도 올 것이요 또 원하는 자는 값없이 생명수를 받으라 하시더라.

성령(Spirit). 신자들의 마음 안에 있는 영, 혹은 그것보다도 하나님의 성령. 신부. 여기에서 신부 즉 교회까지도 언급되는 것은 그들이 그리스도께서 심판을 위해 다시 오시는 것을 간절히 사모하기 때문이다. 듣는 자도 오라 할 것이요. 이것을 듣고 믿는 모든 사람들도 같은 것을 사모하게 될 것이다. 목마른 자도 올 것이요. 의 혹은 은혜에 주리고 목마른 모든 사람들은 그리스도에 의해 "원하는 자는 값없이 생명수를 받으라"고 초청을 받는다.

18. 내가 이 두루마리의 예언의 말씀을 듣는 모든 사람에게 증언하노니 만일 누구든지 이것들 외에 더하면 하나님이 이 두루마리에 기록된 재앙들을 그에게 더하실 것이요.

나 예수 혹은 나 요한은 이 책의 예언의 말씀을 듣는 모든 사람들에게 증언하노니 만일 어떤 사람이 이 책에 담겨 있는 예언들과 상치되는 새로운 예언을 창안한다면 하나님이 그에게 이 책에서 죄인들에게 경고하신 모든 재앙을 더하는 형벌을 내리실 것이요.

19. 만일 누구든지 이 두루마리의 예언의 말씀에서 제하여 버리면 하나님이 이 두루마리에 기록된 생명나무와 및 거룩한 성에 참여함을 제하여 버리시리라.

신학자들은 일반적으로 여기의 두 절을 우리 성경에서 제일 마지막 자리에 놓였을 뿐만 아니라 제일 마지막에 계시되고 기록된 것으로서 그 의미를 한층 더 확장시킨다. 요컨대 그들은 여기의 두 절을 정경(正經)을 최종적으로 인봉하는 것으로서 간주한다. 하나님은 여기에서 그의 뜻과 관련하여 새로운 계시 즉 구약과 신약에서 발견되는 것과는 다른 계시를 참칭(僭稱)하는 모든 자들과, 구약과 신약에 나타나는 자신의 계시의 어떤 부분을 부인하거나 왜곡하거나 오염시키는 모든 자들에게 저주를 선언하신다. 그리고 그러한 자들과 관련하여 하나님은 그들이 천국에서 어떤 분깃도 갖지 못할 것을 분명하게 선언하신다.

20. 이것들을 증언하신 이가 이르시되 내가 진실로 속히 오리라 하시거늘 아멘 주 예수여 오시옵소서.

이것들을 증언하신 이가 이르시되 내가 진실로 속히 오리라. 자신의 천사 혹은 자신의 종 요한으로 말미암아 이것들을 증언하신 그리스도께서 이르시되 내가 속히 심판을 위해 오리라. 아멘. 그렇게 될지니이다. 주 예수여 오시옵소서. 이것은 앞의 "아멘"이 여기에서 기원(祈願) 혹은 바람의 의미로 사용되었음을 보여준다.

21. 주 예수의 은혜가 모든 자들에게 있을지어다 아멘.

이것은 사도들에 의해 통상적으로 사용된 인사말이었다. 여기에는 그들에게 모든 은혜가 충만하게 더해지기를 바라는 마음이 담겨 있다. 요한은 여기의 계시 속에서 우리의 복된 구주 예수 그리스도의 영광스러운 나타남에 앞서 교회가 마주치게 될 크고 긴 환난을 보았는데, 그런 측면에서 이러한 인사말은 참으로 적절한 것이었다.

이 책과 성경의 다른 모든 책들의 저자이신 하나님께 영광과 존귀를 돌리나이다.